Wege zur Wiedervereinigung

Beiträge zur Militärgeschichte

Begründet vom
Militärgeschichtlichen Forschungsamt

Herausgegeben vom
Zentrum für Militärgeschichte und
Sozialwissenschaften der Bundeswehr

Band 75

Oldenbourg Verlag München 2013

Wege zur Wiedervereinigung

Die beiden deutschen Staaten
in ihren Bündnissen 1970 bis 1990

Im Auftrag
des Zentrums für Militärgeschichte und
Sozialwissenschaften der Bundeswehr
herausgegeben von

Oliver Bange und Bernd Lemke

Oldenbourg Verlag München 2013

Umschlagabbildungen:
   Angehörige des Bundesgrenzschutzes und der Grenztruppen der DDR an der
   deutsch-deutschen Grenze, *Bundespolizeimuseum Lübeck*
   Loch in der Mauer vom West-Berliner Stadtteil Tiergarten aus gesehen, 12.3.1990,
   ullstein bild - Danigel

Bibliografische Information der Deutschen Nationalbibliothek
Die Deutsche Nationalbibliothek verzeichnet diese Publikation in der Deutschen National-
bibliografie; detaillierte bibliografische Daten sind im Internet über http://dnb.dnb.de abrufbar.

Library of Congress Cataloging-in Publication Data
A CIP catalog record for this book has been applied for at the Library of Congress.

Das Zentrum für Militärgeschichte und Sozialwissenschaften der Bundeswehr (ZMSBw)
ist hervorgegangen aus dem Militärgeschichtlichen Forschungsamt (MGFA) und dem
Sozialwissenschaftlichen Institut der Bundeswehr (SOWI).

© 2013 Oldenbourg Wissenschaftsverlag GmbH
   Rosenheimer Straße 143, 81671 München, Deutschland
   www.degruyter.com/oldenbourg
   Ein Unternehmen von De Gruyter

Redaktion: ZMSBw, Schriftleitung
   Projektkoordination: Wilfried Rädisch
   Lektorat: Alexander Knaak, Berlin
   Grafiken: Bernd Nogli
   Satz: Antje Lorenz

Gedruckt in Deutschland
Dieses Papier ist alterungsbeständig nach DIN/ISO 9706.

ISBN 978-3-486-71719-8

Inhalt

Vorwort... IX

Oliver Bange und Bernd Lemke
    Einleitung.. 1

Gottfried Niedhart
    Ost-West-Konflikt und Deutsche Frage 1949–1969 31

I. Der Weg in die Ost- und Entspannungspolitik ab 1970

Csaba Békés
    Entspannung in Europa, die deutsche Frage und die Staaten
    des Warschauer Pakts 1970–1990... 47

Stephan Kieninger
    Den Status quo aufrechterhalten oder ihn langfristig überwinden?
    Der Wettkampf westlicher Entspannungsstrategien
    in den Siebzigerjahren 67

Oliver Bange
    Der KSZE-Prozess und die sicherheitspolitische Dynamik
    des Ost-West-Konflikts 1970–1990....................................... 87

II. Krisen und ihre Folgen 1970–1990

Wanda Jarząbek
    Konsequenzen der polnischen Krise für den Prozess der
    Wiedervereinigung Deutschlands 107

Mark Kramer
Die Nicht-Krise um »Able Archer 1983«:
Fürchtete die sowjetische Führung tatsächlich einen atomaren
Großangriff im Herbst 1983? 129

Joseph P. Harahan
Europäische Sicherheit, Rüstungskontrolle und die
Wiedervereinigung Deutschlands.. 151

III. Die Bündnisse und ihre deutschen Mitglieder

Tim Geiger
Die Bundesrepublik Deutschland und die NATO
in den Siebziger- und Achtzigerjahren 165

Jordan Baev
Die blockinterne Koordination des Warschauer Pakts und die DDR...... 183

Heiner Möllers
Sicherheitspolitik in der Krise. NATO-Doppelbeschluss,
parlamentarische Debatte und mediale Berichterstattung in der
Bundesrepublik Deutschland 203

IV. Die Interdependenz von innerer und äußerer Sicherheit

Holger Nehring
Für eine andere Art von Sicherheit. Friedensbewegungen, deutsche
Politik und transatlantische Beziehungen in den Achtzigerjahren 223

Rainer Eckert
Auf dem Weg zur Friedlichen Revolution:
Widerstand, Opposition und Dissidenz in der
Sowjetischen Besatzungszone und in der DDR 245

V. Operative Planungen:
Zum Verhältnis von Strategie und wechselseitiger Perzeption

Siegfried Lautsch
Die NVA-Operationsplanung für Norddeutschland 1983–1988 265

Helmut R. Hammerich
Die Operationsplanungen der NATO zur Verteidigung der
Norddeutschen Tiefebene in den Achtzigerjahren................................ 287

Bernd Lemke
　　Abschreckung, Provokation oder Nonvaleur? Die Allied Mobile
　　Force (AMF) in den Wintex- und HILEX-Übungen 1970–1985 311

VI. Bundesrepublik und DDR in globaler Perspektive

Roman Deckert
　　Die militärischen Beziehungen der beiden deutschen Staaten zum Sudan.
　　Ein Extrembeispiel für das Verhältnis von Bundesrepublik und DDR zur
　　»Dritten Welt« 335

Klaus Storkmann
　　Solidarität und Interessenpolitik.
　　Militärhilfen der DDR für die Dritte Welt.. 357

Jason Verber
　　An der Schnittstelle zwischen kolonialer Vergangenheit
　　und entkolonialisierender Gegenwart.
　　Ost- und westdeutsche Außenpolitik in Südwestafrika/Namibia 377

* * *

Abkürzungen.. 393
Personenregister... 397
Die Autoren 403

Vorwort

»Jetzt sind wir in einer Situation, in der wieder zusammenwächst, was zusammengehört. Die Winde der Veränderung, die über Europa ziehen, konnten nicht an Deutschland vorbeiziehen.« (Willy Brandt am 10. November 1989)

Dieses viel zitierte Diktum des ehemaligen Regierenden Bürgermeister von Berlin, Außenministers und Kanzlers der Bundesrepublik Deutschland führte im Moment des Mauerfalls scheinbar Gegensätzliches zusammen: Dass »zusammenwächst, was zusammengehört« mag folgerichtig und historisch geradezu gesetzmäßig erscheinen. Die »Winde der Veränderung« – an denen Brandt sicher seinen ganz eigenen Anteil hatte – wehten in den letzten beiden Jahrzehnten des Ost-West-Konflikts jedoch in durchaus unterschiedlicher Stärke und aus mancherlei Richtung. Und dass der Drang nach Veränderung auch an Deutschland nicht vorbeiziehen konnte, verweist zudem auf die spezifischen Abhängigkeiten der beiden deutschen Teilstaaten von ihren jeweiligen Hegemonialmächten, ihren Bündnissen und deren Wertesystemen.

Noch zu Beginn der Achtzigerjahre des letzten Jahrhunderts erschien vielen Deutschen in Ost und West die Wiedervereinigung der Nation zwar als erstrebenswertes Ziel, jedoch auch als gleichermaßen unerreichbar. Sie fand indes statt und führte zu erheblichen Veränderungen in Europa und der Welt. Im 2+4-Vertrag wurde eine neue, stabile Basis für das friedliche Zusammenleben in Europa gefunden. Die Wiedervereinigung war und ist das prägende historisch-politische Ereignis für Staat, Gesellschaft und Streitkräfte in Deutschland. Aber sie hatte auch für unsere Nachbarn und Verbündeten erhebliche Auswirkungen.

Der vorliegende Sammelband zur 51. Internationalen Tagung für Militärgeschichte beleuchtet jene Faktoren, Hintergründe, Strukturen und Dynamiken aus den letzten beiden Jahrzehnten des epochalen Systemkonflikts, die letztlich die militär- und sicherheitspolitischen Rahmenbedingungen für die Ereignisse von 1989/90 schufen, die wiederum die Wiedervereinigung erst denkbar und dann möglich machten. Die damit verbundenen Probleme und Konflikte ohne manifeste Aggression oder gar Gewalt bewältigt zu haben, ist zweifellos eine herausragende historische Leistung. Die Konferenz war Teil der Veranstaltungsreihe der Bundesregierung zum 20-jährigen Jubiläum der Wiedervereinigung.

Das Zentrum für Militärgeschichte und Sozialwissenschaften der Bundeswehr versucht, gerade auch mit diesem Band, einen aktiven Beitrag zur historisch-politischen Orientierung zu leisten. Sicherheit ist unteilbar – dies gilt auch über die Epochengrenzen hinweg. Damit erwächst zugleich die Chance, über das Studium der Geschichte von Kaltem Krieg und Ost-West-Konflikt Entscheidendes für die Zeit danach, für heute und für die Zukunft zu erfahren. Die hierfür von der internationalen Historiografie entwickelten Instrumente umfassen u.a. multifaktorielle, multiperspektivische und komparatistische Ansätze, wie sie dieser Band in beispielhafter Weise zusammenführt.

Die Wahrnehmung und die Deutung von Geschichte hängt – wie nicht nur die Historiker wissen – immer auch von der Perspektive ab. Auf welcher Seite der Geschichte man sich wiederfindet, ist oft Zufall, oft aber auch den persönlichen, familiären und gesellschaftlichen Normen und Werten geschuldet. Insofern kann die gelebte aber auch die geschriebene oder noch zu schreibende Geschichte niemals losgelöst von den Umständen ihrer Entstehung sein. Auch wenn wir sie vielleicht nie ganz erfassen können, so bleiben wir Historiker doch der Wahrheit – oder zumindest einer möglichst weitgehenden Annäherung an diese – verpflichtet.

Die Teilung und Wiedervereinigung Deutschlands als Thema der Historiografie besitzt viele Facetten. Die übergeordnete »Wahrheit«, der der Historiker nachzuspüren hat, findet sich wenn überhaupt aber nur im Zusammenspiel dieser Facetten. Während sich die einzelnen Perspektiven und Argumente manchmal widersprechen oder sich gar auszuschließen scheinen, so liegt ein tieferes Verständnis für Abläufe und Ergebnisse immer auch in der notwendigerweise rückblickenden Rekonstruktion des Zusammenwirkens dieser Faktoren.

In diesem Sinne leistet der vorliegende Band einen wichtigen Schritt für unser Verständnis der sicherheits- und militärhistorischen Dimension von Teilung und Wiedervereinigung.

Die drei-dimensionale Methodik des Bandes, also die Beleuchtung von westlichen, östlichen und übergreifenden Perspektiven zu jeweils einem Thema, bietet die Möglichkeit, Verlauf und Lösung der deutschen Frage in der entscheidenden zweiten Hälfte des Ost-West-Konflikts nicht nur aus »unserer« west- oder ostdeutschen Sicht, sondern tatsächlich auch aus vielfältigen anderen Blickwinkeln zu betrachten.

Damit erweitern die Autoren die internationale Debatte über die langfristigen Ursachen für die Zeitenwende von 1989/90 um eine historiografisch fundierte Aufarbeitung der sicherheits- und militärpolitischen Dimension jener Rahmenbedingungen, in denen Protest, Wende und Wiedervereinigung stattfinden konnten. Diese Arbeit kann nur eine moderne, interdisziplinär und multiperspektivisch arbeitende Geschichte der Militär- und Sicherheitspolitik leisten.

Ich danke allen, die zum Gelingen des Bandes beigetragen haben, in erster Linie den Herausgebern und den international renommierten Autorinnen und Autoren, die ihre aktuellen Forschungsergebnisse in überaus differenzierter und anspruchsvoller Weise eingebracht haben. Gleichfalls sei unserem langjährigen Partner, dem Oldenbourg Verlag, für die überaus professionelle Zusammenarbeit gedankt.

Ohne die Kompetenz der Mitarbeiter in der Schriftleitung des Zentrums für Militärgeschichte und Sozialwissenschaften hätte das Werk allerdings nicht Gestalt annehmen können. Mein besonderer Dank gilt hier dem Koordinator, Wilfried Rädisch, und Dr. Alexander Knaak, dem verantwortlichen Lektor. Bernd Nogli gestaltete die teils sehr detailgenauen Karten auf professionelle Weise, Antje Lorenz war zuständig für die Textgestaltung. Dank gebührt auch dem Bundessprachenamt (Frau Birgit Krüger und Frau Dagmar Zeh) für die Übersetzung der fremdsprachigen Aufsätze. Durch ihr Zusammenwirken ist ein inhaltlich gewichtiger Band von internationalem Rang zu einem zukunftsweisenden militärgeschichtlichen Thema entstanden.

Dr. Hans-Hubertus Mack
Oberst und Kommandeur des Zentrums für Militärgeschichte
und Sozialwissenschaften der Bundeswehr

Oliver Bange und Bernd Lemke

Einleitung

Der vorliegende Sammelband präsentiert die Ergebnisse der vom Militärgeschichtlichen Forschungsamt im September 2010 in Potsdam ausgerichteten 51. Internationalen Tagung für Militärgeschichte (ITMG). Als die Herausgeber ein Jahr zuvor mit der Konzeption der Veranstaltung betraut wurden, stand schnell fest, dass die Konferenz in der langen Reihe wegweisender ITMGs eine Sonderstellung einnehmen würde: Die Feierlichkeiten zum 20. Jahrestag der deutschen Wiedervereinigung schufen einerseits ein ganz besonderes Umfeld, andererseits war kurz zuvor ein internationaler Historikerstreit über die längerfristigen Ursachen für das Ende des Ost-West-Konflikts – und damit implizit auch für die deutsche Wiedervereinigung – ausgebrochen. Beides galt es adäquat zu reflektieren und, wenn möglich, miteinander zu verbinden. Daraus entstand die Idee, eine Konferenz über die in der internationalen Kontroverse bis dato wenig beachteten sicherheits- und militärpolitischen Aspekte der Auflösung des Warschauer Pakts[1] und der DDR, und damit auch des Wiedervereinigungsprozesses zu veranstalten. Die Konferenz, die ein Jahr später stattfand, wurde offizieller Bestandteil der unter dem Thema »Freiheit Einheit Demokratie« stattfindenden Feierlichkeiten der Bundesregierung.

Zwei Bilder

Es erscheint angebracht, ein wissenschaftliches Werk über den wichtigsten globalen Konflikt im »Jahrhundert der Bilder«[2] auch mit zwei in besonderer Weise symbolträchtigen Bildern zu beginnen.

Am 9. November 2009, während der großen Feier am Brandenburger Tor in Berlin anlässlich des 20. Jahrestages des Mauerfalls, durfte Lech Wałęsa als ehemaliger Führer der unabhängigen polnischen Gewerkschaft Solidarność den ersten von tausend überdimensionalen Dominosteinen aus symbolischen Mauersegmenten zum Einsturz bringen. Jeder der Styroporsteine war – wie die Westseite der Berliner

---

[1]   Im Folgenden wird durchgängig die westliche Bezeichnung »Warschauer Pakt« verwendet und nicht die in der DDR gebräuchliche, genauere Übersetzung als »Warschauer Vertragsorganisation« (WVO). Dies entspricht der in der internationalen Historiografie mittlerweile üblichen Terminologie, wie sie auch in den Beiträgen des Bandes benutzt wird. Für eine differenzierte, simultane Anwendung beider Begriffe siehe Frank Umbach, Das rote Bündnis. Entwicklung und Zerfall des Warschauer Paktes, Berlin 2005.

[2]   Das Jahrhundert der Bilder. Hrsg. von Gerhard Paul, Göttingen 2008/2009 (2 Bde).

Mauer vor 1989 – mit eindeutigen Symbolen und Sinnsprüchen bemalt. Auf dem von Wałęsa angestoßenen Stein konnten Fernsehzuschauer auf der ganzen Welt unter einem dominierenden rot-weißen Solidarność-Himmel einen Hammer erkennen, der eine erste Lücke in die Mauer vor dem Brandenburger Tor schlägt. Darunter stand, jedes Missverständnis ausschließend: »Es begann in Polen ...«[3]. Gleiches verkündete auf überdimensionalen Leinwänden auch ZDF-Historiker Guido Knopp.

Von einem polnischen Fernsehsender gefragt, wer denn für die Herbeiführung der deutschen Wiedervereinigung maßgeblich gewesen sei, wies Wałęsa 50 Prozent dem Papst zu, weitere 30 Prozent der Solidarność und nicht zuletzt auch sich selbst. Alle anderen, auch Michail Gorbačëv, mussten sich aus Wałęsas Perspektive die restlichen 20 Prozent teilen. Immerhin verwies der zweite Dominostein auf die Ereignisse in Ungarn im Sommer 1989 und begründete so eine Reihe kausal miteinander verknüpfter Ereignisse – symbolisiert durch die kippenden Dominosteine –, die geradezu unaufhaltsam auf den perspektivischen Endpunkt der deutschen Wiedervereinigung zugelaufen sein sollten.

Tatsächlich gibt es über die komplexen, multiplen Zusammenhänge während des »Endspiels«[4] im Ost-West-Konflikt seit einigen Jahren eine intensive internationale Historikerdebatte. Schon der 2009 auf der Berliner Veranstaltung axiomatisch verkündete »Beginn« mit der Entstehung von Solidarność in den Jahren 1980/81 wäre durch ein mögliches militärisches Eingreifen seitens der anderen Mitgliedsstaaten des Warschauer Pakts – wie zuvor 1968 in Prag – sicherlich verhindert worden. Die Entscheidung, nicht einzumarschieren, wurde im Kreml getroffen. Was aber bewog den damaligen Generalsekretär der KPdSU, Leonid Brežnev, dazu? Ein wichtiger Grund lag – neben der Illusion, dass die polnische Armee selbst die Lage unter Kontrolle bringen könnte – auch in den durch die sogenannte Entspannungs- oder Détente-Ära veränderten internationalen Rahmenbedingungen. Die Führung der UdSSR wie auch diejenigen der anderen Warschauer Pakt-Staaten waren Ende der Siebzigerjahre an einer Ausweitung ihres Handels und Technologietransfers mit dem Westen sowie an einer dauerhaften Stabilisierung des Systemkonflikts, etwa in und durch die Foren der KSZE, interessiert.

Und auch im Sommer und Herbst 1989 nahm Moskau eine entscheidende Position ein. Die sowjetische Führung weichte ihre politische und militärische Bestandsgarantie für die DDR zuerst – noch eher versteckt – auf und zog sie schließlich ganz zurück. Ohne diesen Prozess in Moskau sind die Ereignisse an der ungarischen Grenze, in Prag und die Massendemonstrationen in der DDR nicht vorstellbar. Das Umdenken in der Führung der KPdSU wurde von einer neuen Gewichtung der innenpolitischen, vor allem ökonomischen, und sicherheitspolitischen Aufgaben und Probleme bestimmt, die wiederum stark beeinflusst wurde durch den zunehmend konstruktiveren nuklear-strategischen Dialog der beiden Supermächte.

---

[3]   Zum Folgenden vgl. Die Welt, Berichte vom 9., 10., 11. und 12. November 2009 (mit den entsprechenden Bildern), www.welt.de/politik/20-jahre-mauerfall/article5146866/Walesa-bestreitet-fuehrende-Rolle-Gorbatschows.html.

[4]   Ilko-Sascha Kowalczuk, Endspiel. Die Revolution von 1989 in der DDR, 2. Aufl., München 2009.

Die deterministische Interpretation von Verlauf und Ende des Ost-West-Konflikts wird daher von der historiografischen Forschung zunehmend relativiert und differenziert. Derzeit sieht die internationale Forschergemeinschaft – um im Bild zu bleiben – daher nicht nur eine einzige Reihe von Dominosteinen, sondern mehrere Reihen, die parallel, aber durchaus nicht immer zeitgleich, in Bewegung gerieten, sich dabei mehrfach kreuzten, und letztendlich gemeinsam in den Ereignissen Ende 1989 mündeten.

Innerhalb dieser übergeordneten zeithistorischen Rahmenbedingungen stellt sich die Frage nach dem Einfluss des »deutschen Problems« und der Rolle der beiden deutschen Staaten in diesen letzten entscheidenden Jahrzehnten des Systemkonflikts in Europa. Auch hier mag ein Bild – das Titelbild des Bandes[5] – helfen, die unterschiedlichen Dimensionen des Handelns von, in und über Deutschland in diesen Jahren zu verdeutlichen. Obwohl Fotografien bekanntlich nur zweidimensional sind, lassen sich hier mindestens vier Ebenen entdecken. Die erste ist die Grenze, die das Bild von links nach rechts horizontal teilt – und so die Teilung des Kontinents und Deutschlands sinnfällig macht. Der zweite Blick gilt den beiden Uniformträgern, Mitgliedern der DDR-Grenztruppen und des Bundesgrenzschutzes, die sich im Vordergrund auf eine absurd kurze Distanz beobachten und ablichten – und damit die spezifische deutsch-deutsche Problematik des Kalten Krieges wiedergeben. Die dritte Dimension, die Tiefenwirkung des Bildes, entsteht durch die Blickführung auf den Beobachtungsturm im Hintergrund. Auch dieser wird von Grenztruppen der DDR besetzt gewesen sein, aber im übertragenen Sinne könnte man den Beobachtungsstand auch als den »Supervisor« der deutsch-deutschen Begegnung, also die jeweilige Hegemonialmacht deuten. In der Belauerung der Personen scheint aber auch noch eine vierte, nämlich die emotionale Dimension, geradezu allegorisch angelegt zu sein. Dieses Gefühl des Belauerns, das Gefühl der Bedrohung durch Unterschreitung der Fluchtdistanz, wird durch Uniformierung und Bewaffnung noch verstärkt. Diese Szene mag vielen heutigen Betrachtern absurd erscheinen, war aber im geteilten Deutschland fast 45 Jahre Realität.

Beide Bilder – das der fallenden Dominosteine und das der sich belauernden Grenzer – verweisen einerseits darauf, dass der Konflikt der Gesellschaftssysteme einerseits seinen geografischen Schwerpunkt in Europa, und dort insbesondere im geteilten Deutschland hatte; und erinnern andererseits daran, dass dieser systemische Konflikt auch in der Entspannungsära der Siebzigerjahre und in seiner Endphase in den Achtzigerjahren eine immanent militärische und sicherheitspolitische Dimension besaß. Aus diesen Überlegungen über die besondere Relevanz der deutschen Frage für den Ausgang des Ost-West-Konflikts, über die zentrale Rolle von sicherheits- und militärpolitischen Fragen auf dem Weg zur Wiedervereinigung 1989/90 und über die wegbereitende Bedeutung der Wandlungsprozesse im Ost-West-Konflikt während den Siebziger- und frühen Achtzigerjahren ergab sich das Thema dieses Buches: »Auf dem Weg zur Wiedervereinigung – Die beiden deutschen Staaten in ihren Bündnissen 1970 bis 1990«.

---

5   Unser besonderer Dank gilt der Bundespolizeiakademie Lübeck (Historische Sammlung), die uns die Nutzung des Bildes im vorliegenden Band gestattete.

Das Ende des »Kalten Krieges« –
ein internationaler Historikerstreit

Die »Deutsche Frage« als historisches Problem – der Einfluss der deutschen Teilung auf den Verlauf des Ost-West-Konflikts und ihre Wirkung auf die Entwicklung der Gesellschaften in der Bundesrepublik und in der DDR – kann ohne die Einbettung in die internationale, blockübergreifende, multiperspektivische Forschung weder umfassend erfasst noch hinreichend verstanden werden. Man kann die »Deutsche Frage« durchaus auch aus deutscher Sicht beleuchten. Sie indes nur aus deutscher Sicht zu betrachten, würde zu eingeschränkter Erkenntnis und zur Gefahr eklatanter Fehlurteile führen.

Die ausschließliche Fokussierung auf rein nationale oder regionale Phänomene wird den heutigen Erkenntnisinteressen nicht mehr gerecht. Die letzten zwanzig Jahre des Ost-West-Konflikts konstituieren insofern auch nicht nur eine in sich scheinbar geschlossene Vorbereitungsperiode für die Zeitenwende von 1989–91. Vielmehr bilden die ökonomischen, gesellschaftlichen und politischen Veränderungen, nicht zuletzt auch deren internationale Dimension, ein Grundmuster, das die Zeit nach 1990 nachhaltig prägte. Die Art und Weise, wie heute der Platz des Einzelnen und seiner Nation in internationalen Zusammenhängen verstanden wird, wie Probleme kontinental, sogar global inhaltlich und institutionell verhandelt und Lösungsansätze umgesetzt werden, verweist letztlich auf nachhaltige Veränderungen in der Wahrnehmung der eigenen Gesellschaft und ihrer immanenten Abhängigkeit von umfassenderen Entwicklungen. Die Wirkung dieses Wandels – mit all den von ihm implizierten Ängsten und Begrenzungen des eigenen Einflusses in einer multi- statt bipolaren Welt – hält bis heute unvermindert an.

Aufgabe eines Sammelbandes – mehr noch als einer Monografie – ist es, die verschiedenen Dimensionen der historischen Realität und ihres Wandels zu re- konstruieren und analytisch zu verdichten. Georges-Henri Soutou sprach auf der Abschlussdiskussion der Konferenz denn auch von der »Überhöhung« als dem ei- gentlichen Auftrag des Historikers. Um die Erforschung und Gewichtung der Ursachen für die Wiedervereinigung Europas und damit auch Deutschlands hat sich in den letzten Jahren eine ganze Reihe internationaler Historikerkonferenzen be- müht. Daraus entwickelte sich eine umfassende und bedeutsame Debatte, die sich nach wie vor prominent in den einschlägigen Fachzeitschriften – etwa dem Journal for Cold War Studies oder der Zeitschrift Cold War History[6] – niederschlägt.

Im und über den Verlauf dieser Kontroverse wurden nicht nur scheinbar längst etablierte Wahrheiten (etwa die, dass Präsident Reagan das sowjetische Imperium allein zu Tode gerüstet habe) in Frage gestellt, sondern auch neue meinungsfüh- rende und damit forschungsleitende Ansätze entwickelt. Nicht umsonst lautet

---

[6] Siehe außerdem Periodika wie Diplomatic History, Journal of Transatlantic Studies, Journal of Strategic Studies und die Zeitschrift International Security.

eine – allerdings verkürzende – Chiffre für diese Debatte auch »Gaddis-Lundestad Kontroverse«[7].

So haben in den letzten fünf Jahren thematisch und methodisch sehr unterschiedlich gelagerte Konferenzen in Trient[8], Belgrad[9], Rom[10], aber auch die Konferenzen des von Gottfried Niedhart geleiteten KSZE-Projekts[11] in Sofia, Budapest und Prag die Siebzigerjahre als das (vor-)entscheidende Jahrzehnt für den Ausgang des Ost-West-Konflikts definiert. Nahezu gleichzeitig beschrieb ein vielfach preisgekröntes Buch von Odd-Arne Westad die »Dritte Welt« als eigentlichen Austragungsort der militärischen Dimension des Kalten Krieges und setzte damit wichtige Akzente in diesem vergleichsweise neuen Themenfeld[12]. Der von Westad mitherausgegebene und

---

[7]   Die entscheidenden Texte der beiden Kontrahenten: John L. Gaddis, The Cold War. A New History, New York, London 2005; Geir Lundestad, The Cold War according to John Lewis Gaddis. In: Cold War History, 6 (2006), H. 4, S. 535–542. Vgl. zus. Jeremi Suri, Détente and Human Rights. American and West European Perspectives on International Change. In: Cold War History, 8 (2008), H. 4, S. 527–545; Richard Davy, Setting the Record straight. In: Cold War History, 9 (2009), H. 1, S. 1–22. Zur sogenannten Gundestad-Gaddis-Kontroverse vgl. Gottfried Niedhart, Der Ost-West-Konflikt. Konfrontation im Kalten Krieg und Stufen der Deeskalation. In: Archiv für Sozialgeschichte, 50 (2010), S. 557–594, hier S. 557–561 und S. 588–594.

[8]   Konferenz »Western Europe from the Golden Age to the Age of Uncertainty 1960s–1970s, organisiert von der Università degli Studi di Trento, 26.–27.5.2006.

[9]   Konferenz »From Helsinki to Belgrade. The First CSCE Follow-up Meeting in Belgrade 1977/78«, organisiert von der Zikic-Stiftung und der OSZE in Belgrad, 8.–10.3.2008. Die Beiträge wurden noch im gleichen Jahr von Vladimir Bilandzic und Milan Kosanovic in Belgrad unter demselben Titel herausgegeben. Für die englische Fassung vergleiche From Helsinki to Belgrade. The First CSCE Follow-up Meeting and the Crisis of Détente. Ed by Vladimir Bilandzic, Milan Kosanovic and Dittmar Dahlmann. Bonn 2012 (Internationale Beziehungen. Theorie und Geschichte, 10) mit überarbeiteten Beiträgen.

[10] Konferenz »From Helsinki to Gorbachev, 1975–1985. The Globalization of the Bipolar Confrontation«, organisiert von den Universitäten Florenz und Rom sowie dem Cold War International History Project (Wodrow Wilson Center, CWIHP) und dem Parallel History Project on Cooperative Security (PHP) in Artimino, 27.–29.4.2006. Die Konferenzbeiträge wurden nach einer intensiven Debatte der Autoren über den Terminus des sogenannten Zweiten Kalten Krieges unter einem anderen Titel veröffentlicht: The Crisis of Détente in Europe. From Helsinki to Gorbachev, 1975–1985. Ed. by Leopoldo Nuti, London, New York 2009.

[11] Für das von der VolkswagenStiftung geförderte internationale Forschungsprojekt »Détente and CSCE (Conference on Security and Cooperation in Europe) in Europe. The States of the Warsaw Pact and the Federal Republic of Germany in their Mutual Perception and Rapprochement, 1966–1975« der Universität Mannheim siehe www.ostpolitik.net/csce/index.html. Ein erster Sammelband des Projektes erschien 2008 (Helsinki 1975 and the Transformation of Europe. Ed. by Oliver Bange and Gottfried Niedhart, Oxford, New York 2008), ein weiterer ist unter dem Titel »Détente in Europe. Ostpolitik and Warsaw Pact Reactions 1966–1975« in Vorbereitung. Das Projekt organisierte Tagungen in Sofia vom 9.–12.11.2006 (»Détente and CSCE in Europe«), in Budapest vom 19.–20.10.2007 (»Transformation through Communication. Changes in the East-West Conflict in the Era of Détente«) und in Prag vom 12.–15.10.2008 (»The States of the Warsaw Pact and the Federal Republic of Germany in their Mutual Perception and Rapprochement, 1966–1975«), die beiden letztgenannten in Kooperation mit der Friedrich-Ebert-Stiftung.

[12] Odd Arne Westad, The Global Cold War. Third World Intervention and the Making of our Times, Cambridge 2007. Zus. The Globalization of the Cold War. Diplomacy and Local Confrontation, 1978–85. Ed. by Max Guderzo, London 2010. Vgl. auch die entsprechenden Beiträge im vorliegenden Band, hier insbesondere auch die einleitenden Bemerkungen von Klaus Storkmann. Es ist zu hoffen, dass diese spezifische Debatte in Zukunft auch von der deutschsprachigen Forschung stärker aufgegriffen wird.

2010 erschienene Kopenhagener Sammelband von Poul Villaume wiederum wendet den Fokus zurück auf Europa[13]. Demnach hätte die »Entspannung« auf unserem Kontinent – richtig verstanden als Stabilisierung der militärischen Konfrontation bei gleichzeitig erfolgender partieller Öffnung der Gesellschaften – erst den politischen Rahmen errichtet, innerhalb dessen die Ereignisse von 1989/90 möglich wurden.

Demgegenüber stehen die zu Beginn bereits thematisierten – teils monokausalen – Ansprüche aus Mittel- und Osteuropa, dass beispielsweise die Solidarność-Bewegung (wie von Lech Wałęsa vor dem Brandenburger Tor apostrophiert) oder das »Gorbachev-Miracle« (wie Malcolm Byrne vom National Security Archive 2009 in Prag formulierte)[14] oder »unsere Revolution« in der DDR (Ehrhart Neubert)[15] das bis dahin Undenkbare geschafft hätten.

Tatsächlich handelt es sich hier aber um ein Bezugs- und Wirkungsgeflecht verschiedenster Faktoren. Aufgabe des vorliegenden Sammelbandes ist es daher, innerhalb dieser historiografischen Ursachensuche vor allem zwei Perspektiven näher in den Blick zu nehmen: die sicherheits- und militärpolitische Dimension sowie die deutschen und deutschlandpolitischen Bezüge. Etwas zugespitzt formuliert könnte daher die Frage gestellt werden, ob die Existenz zweier deutscher Staaten, ihrer Bündnispflichten, ihrer Soldaten und Gesellschaften als Katalysatoren oder als Hindernisse auf dem gewundenen Weg zu 1989/91 angesehen werden sollten.

Konzept, Methode, Terminologie

Sicherheitspolitik in den Jahrzehnten des Ost-West-Konflikts hieß immer auch Sicherheit vor und mit Deutschland. Diese sicherheitspolitische Dimension wurde sowohl in der historiografischen Grundlagenforschung als auch in den öffentlichen Elogen zum 20. Jahrestag der Wiedervereinigung stark vernachlässigt. Sicherheitspolitik und »deutsches Problem« bilden aber auch eine schwierige, da äußerst facettenreiche Fragestellung, die nur von einem internationalen Netz aus Historikern und Zeitzeugen in kontinuierlichem Diskurs und ständiger Kontroverse beantwortet werden kann. Für die Herausgeber ergab sich daraus der Auftrag, im vorliegenden Sammelband möglichst viele Dimensionen dieser Fragestellung abzubilden:

I. Zum einen gilt es eine Zeitleiste zu bilden, die Prozesse, Brüche und Dynamiken verdeutlicht. Die Beiträge spannen daher einen Bogen von den Ideen und Vorstellungen für eine zukünftige Entspannungsära in den Fünfzigerjahren über

---

[13] Perforating the Iron Curtain. European Détente, Transatlantic Relations, and the Cold War, 1965–1985. Ed. by Poul Villaume and Odd Arne Westad, Kopenhagen 2010. Hingewiesen sei in diesem Zusammenhang auch auf das von Poul Villaume koordinierte Netzwerk zur Geschichte des Kalten Krieges in Bezug auf die Nordischen Staaten, http://norcencowar.ku.dk.

[14] Konferenz »Dropping, Maintaining and Breaking the Iron Curtain. The Cold War and East-Central Europe Twenty Years Later«, organisiert von der Tschechischen Akademie der Wissenschaften und der Karls-Universität in Prag, 20.–21.12.2009. Ein Konferenzband ist in Vorbereitung.

[15] Ehrhart Neubert, Unsere Revolution. Die Geschichte der Jahre 1989/90, 2. Aufl., München 2008.

die Krisen der späten Siebziger- und frühen Achtzigerjahre bis zu den sicherheitspolitischen Aspekten gegen Ende des Ost-West-Konflikts.

II. Sicherheitspolitik und damit Sicherheitsgeschichte besitzt nicht nur einen politisch-diplomatischen Aspekt, sondern insbesondere auch ausgeprägte militärische und gesellschaftliche Seiten. Die Kapitel 4 und 5 sind daher den Friedensbewegungen in Ost und West und der Operationsgeschichte der Achtzigerjahre gewidmet.

III. Die internationale Dimension von Sicherheit in und um Deutschland bedingt zudem eine facettenreiche Betrachtung von Rollen, Selbst- und Fremdsichten. Der Wirkmächtigkeit der Bündnisse und der beiden deutschen Staaten in ihren Bündnissen sowie ihrer globalen Rollen sind daher die Kapitel 3 und 6 gewidmet.

IV. Um der Mehrdimensionalität auch der spezifischen Fragestellungen gerecht zu werden, enthält jedes Kapitel einen Beitrag zur West-Sicht, einen zu östlichen Perspektiven und einen, der die blockübergreifende Qualität des Themas verdeutlichen soll. Besonders sinnfällig wird dieser Ansatz beispielsweise beim KSZE-Prozess, den internationalen Rüstungskontrollverhandlungen, dem NATO-Doppelbeschluss oder auch der Politik der beiden deutschen Staaten in Namibia.

Die Schlüsselfrage, die sich durch alle Themen und Beiträge zieht, betrifft die Dichotomie zwischen den gegebenen Verhältnissen und den Kräften der Veränderung. Der für das Verhältnis der Blöcke in der Spätphase des Ost-West-Konflikts gefundene Begriff der »antagonistischen Kooperation«[16] eröffnet eine Fülle methodologischer Aspekte. Im Kern geht es um die Beziehung zwischen dem inneren Zustand der beiden gegnerischen Systeme und der Kommunikation über die Systemgrenzen hinweg. Kommunikation meint dabei keineswegs nur sprachliches Handeln unterschiedlichster Akteure, sondern umfasst eine Fülle von Formen, so etwa Planung, Einsatz militärischer Verbände, das Abhalten von Übungen, ökonomisches Handeln, finanzielle Differenzen und anderes mehr. Infolge der Entwicklung der Technik, nicht zuletzt auch bei den Nachrichtendiensten, gab es spätestens seit den Siebzigerjahren kaum einen Bereich, in dem die eine Seite nicht ausführlich über das Handeln der anderen informiert war.

Alle in diesem Band vorgestellten Aspekte der Interaktion zwischen Ost und West, sei es auf staatlicher, militärischer, gesellschaftlicher oder ökonomischer Ebene, warfen immer auch Fragen nach der strukturellen Integrität der Bündnisse auf. Die sich zunehmend entfaltende Dynamik in den Ost-West-Beziehungen stellte, kaum verwunderlich, immer wieder Aspekte der etablierten Ordnungen in Frage. Dies führte innerhalb der jeweiligen Bündnisse zu einem ständigen Zwang, die sich verstärkt äußernden nationalen Partikularinteressen der Mitglieder mit dem Postulat der Bündnissolidarität in Einklang zu halten.

---

16 Zum Begriff siehe Werner Link, Der Ost-West-Konflikt. Die Organisation der internationalen Beziehungen im 20. Jahrhundert, Stuttgart 1980. Vgl. auch die Anfang der Neunzigerjahre geführte Historikerdebatte über die Nutzbarmachung von Jürgen Habermas' Theorie des kommunikativen Handelns. Hierzu: Jürgen Habermas, Theorie des kommunikativen Handelns, 2 Bde, Frankfurt 1981. Harald Müller, Internationale Beziehungen als kommunikatives Handeln. In: Zeitschrift für Internationale Beziehungen, 1 (1994), S. 15–44. Jürgen Habermas, Entgegnung. In: Kommunikatives Handeln. Beiträge zu Jürgen Habermas' Theorie des kommunikativen Handelns. Hrsg. von Axel Honneth und Hans Joas, Frankfurt a.M. 2002.

Zur Bearbeitung und weiterer Erforschung der skizzierten Zusammenhänge stehen zwei einschlägige methodische Instrumente zur Verfügung: Vergleich und Interdependenzanalyse[17]. Der Band orientiert sich in Struktur und Inhalt an beiden Methoden. Der Vergleich ist eine Methode der transnationalen Geschichtsschreibung, die aus nation-übergreifenden, unter anderem auch sozialgeschichtlichen Ansätzen heraus entwickelt wurde. Die Methode zielt auf eine Gegenüberstellung von Staaten, Gesellschaften oder auch Bündnissen unter besonderer Berücksichtigung ihrer inneren Befindlichkeiten in politischer, sozialer, wirtschaftlicher, organisatorischer und eben auch militärischer Hinsicht. Dabei sollen die jeweiligen Untersuchungsobjekte gerade nicht gleichgesetzt, sondern Unterschiede und Gemeinsamkeiten identifiziert und benannt werden. Der sprichwörtliche Blick über den Zaun eröffnet so eine Fülle neuer Perspektiven, die bei der Analyse nur eines Untersuchungsgegenstandes unerkannt bleiben würden. Insbesondere die spiegelbildlichen Strukturen in der Ära des Kalten Krieges der Fünfziger- und Sechzigerjahren laden zum Vergleich geradezu ein, dies sowohl auf nationaler (Bundesrepublik–DDR) als auch auf supranationaler Ebene (NATO–Warschauer Pakt). Gerade weil die Komparatistik wechselseitige Einblicke in Strukturen von Ländern, Gesellschaften und Bündnissen erlaubt, kann sie – wo nötig – eingefahrene Perzeptions- und Interpretationsmuster nachhaltig in Frage stellen.

---

[17] Die methodische Verknüpfung beider Elemente und ihre Anwendung gerade auf die Militärgeschichte des Ost-West-Konfliktes stehen im Gegensatz etwa zur Global- und Imperialforschung noch am Anfang. Die folgenden Bemerkungen können keinen Gesamtüberblick über die vielfältigen Ansätze der internationalen Komparatistik bieten, sondern sollen die methodische Zielrichtung des Sammelbandes verdeutlichen. Insbesondere die vergleichende Verknüpfung von Sozial-, Kultur-, Diplomatie-, Wirtschafts- sowie Militärgeschichte u.a.m. ist von hoher Bedeutung. Ihr ist der vorliegende Sammelband in seiner thematischen Breite verpflichtet. Zu Vergleich und transnationaler Beziehungsgeschichte vgl. einstweilen: Geschichte der internationalen Beziehungen. Erneuerung und Erweiterung einer historischen Disziplin. Hrsg. von Eckart Conze, Ulrich Lappenküper und Guido Müller, Köln, Weimar, Wien 2004, hier vor allem der Beitrag von Wolfram Kaiser, Transnationale Weltgeschichte im Zeichen der Globalisierung, S. 65–92; ferner: Comparative and Transnational History. Central European Approaches and New Perspectives. Hrsg. von Heinz-Gerhard Haupt und Jürgen Kocka, New York, Oxford 2009, v.a. S. 1–32 und Teil I, dazu: Hartmut Kaelble, Europäische Geschichte aus westeuropäischer Sicht? In: Transnationale Geschichte. Themen, Tendenzen und Theorien. Hrsg. von Gunilla Budde, Sebastian Conrad und Oliver Janz, Göttingen 2005, S. 105–116; sowie Heinz-Gerhard Haupt, Historische Komparatistik in der internationalen Geschichtsschreibung. In: Ebd., S. 137–149. Zus. Charles Bright und Michael Geyer, Globalgeschichte und die Einheit der Welt im 20. Jahrhundert. In: Globalgeschichte. Theorien, Ansätze, Themen. Hrsg. von Sebastian Conrad und Andreas Eckert, Frankfurt, New York 2007, S. 53–80. Zur Methodendiskussion vgl. auch Ab Imperio, Studies of New Imperial History and Nationalism in Post-Soviet Space, 2/2007 (Themenheft »The Politics of Comparison«). Zus. Jürgen Osterhammel, Geschichtswissenschaft jenseits des Nationalstaats. Studien zu Beziehungsgeschichte und Zivilisationsvergleich, Göttingen 2001, v.a. Kap. 1, 2, 10, 12 und 13. An internationalen Projekten sind u.a. besonders hervorzuheben das bereits erwähnte PHP (vgl. Anm. 10), das sich intensiv mit dem nationen- und systemübergreifenden Vergleich der Allianzen im Kalten Krieg beschäftigt. Für die Verknüpfung internationaler Geschichte im globalen Rahmen an ausgewählten Themen und Regionen (vor allem auch Osteuropa) leistet das CWIHP am Wodrow Wilson Center in Washington wichtige Beiträge, www.wilsoncenter.org/program/cold-war-international-history-project (vgl. Anm. 10).

Die notwendige Definition von Vergleichskriterien und -zeitpunkten zu Beginn von komparatistischen Studien bedingt jedoch eine gewisse Statik in der Perspektivenbildung. Systemübergreifende Dynamiken mit diachronen Wirkungen und entsprechende Handlungsmuster sowie wechselseitiger Austausch werden dagegen durch die Interdependenzanalyse besser erfasst. Diese Methode fragt weniger nach Grundbedingungen und Strukturen, als vielmehr nach dem aktiven Handeln der Beteiligten (Politiker, Staaten, Bündnisse) und deren Auswirkungen auf den jeweils Anderen. Dadurch können Veränderungen und ihre Wirkmächtigkeit umfassend erkannt und analysiert werden. Gerade deshalb eignet sich diese Methode in besonderer Weise zur multiperspektivischen Erforschung von inter- und transnationalen Prozessen[18]. Nach wie vor beispielhaft für die Anwendung der Methode auf internationale historiografische Fragestellungen ist die britische »International History«-Schule[19].

Vergleich und Interdependenzanalyse stehen keineswegs im Widerspruch, sondern ergänzen sich gegenseitig. So ist die Erfassung von Dynamiken kaum möglich, wenn der jeweilige Ist-Zustand nicht adäquat erfasst werden kann. Umgekehrt führt die komparatistische Erforschung von Systemen nur zu begrenzten Ergebnissen, wenn keine Erklärungen für historische Entwicklungen ausgearbeitet werden. Das vorliegende Sammelwerk soll diesen Befund in großer Bandbreite demonstrieren, sei es am Beispiel der Ost-West-Dynamik vor dem Hintergrund der strukturellen Integrität der Bündnisse oder der Krisen und ihrer systemischen Ursachen sowie ihrer Auswirkungen, der strukturellen Verhältnisse innerhalb der Bündnisse am Beispiel der gegenseitigen Bedingtheit von Innen- und Außenpolitik, der Frage nach dem politisch-strategischen Spannungsfeld über den Primat militärischer Offensive oder Defensive oder auch des globalen Engagements.

Die methodische und inhaltliche Vielfalt kommt auch in der Verwendung und der Diskussion der historischen Begriffe zum Ausdruck. So hat sich inzwischen eine Differenzierung in Bezug auf die Benennung der gesamten Epoche ergeben, die die unterschiedlichen Positionen abbildet. Die Anwendung der Bezeichnung »Kalter Krieg«/»Cold War« auf den Zeitraum von 1945 bis 1989/91 konnte auch deshalb nicht unwidersprochen bleiben, weil die historiografische Forschung inzwischen die Periode der Entspannungspolitik immer stärker in den Fokus gerückt hat. Angelehnt an zeitgenössische Terminologieänderungen gibt es die Forderung, den

---

[18] Dabei gibt es viele Möglichkeiten der methodischen Perspektivenbildung. Einige seien hier stellvertretend genannt: die Beziehungen und Probleme innerhalb von Bündnissen (auch im Vergleich), die Beziehungen zwischen Bündnissen als Ganzen bzw. die wechselseitigen Dynamiken zwischen einzelnen Staaten der unterschiedlichen Bündnisse, ferner die Interaktion zwischen Gesellschaften und den Herrschaftsapparaten, die Bedeutung wissenschaftlicher Institutionen oder Think-tanks, hier etwa zur Verdeutlichung von deren Einflüssen auf die Entscheidungsprozesse, u.v.a.m. Als Basiswerk hier: NATO and the Warsaw Pact. Intrabloc Conflicts. Ed. by Mary Ann Heiss and S. Victor Papacosma, Kent 2004.

[19] Einige Beispiele seien genannt: Department of International History der London School of Economics (www2.lse.ac.uk/internationalHistory/Introduction/history.aspx) bzw. das Cold War Studies Centre, jetzt Teil des LSE IDEAS Cold War Studies Programme (www2.lse.ac.uk/IDEAS/programmes/coldWarStudiesProgramme/Home.aspx) und das European Studies Center im St. Anthony's College (Oxford) (www.sant.ox.ac.uk/esc).

Begriff »Kalter Krieg« durch den Terminus »Ost-West-Konflikt« zu ersetzen oder zumindest den Begriff des »Kalten Krieges« in seinen Funktionen als Überbegriff oder
Epochenbegriff nur für die Fünfzigerjahre genauer zu definieren[20].

Nach der »Hochphase« des Kalten Krieges mit vornehmlich konfrontativen
Handlungsmustern, die an einigen Wegemarken fast zum Atomkrieg geführt hätten, änderten sich im Laufe der Sechzigerjahre Perspektiven und Zielsetzungen.
Beide Bündnisse begannen, zumindest was das Verhältnis zueinander betraf, trotz
der weiterbestehenden Hochrüstung und den entsprechenden Kriegsplanungen, sich
zunehmend als politische Akteure zu verstehen. Für die NATO etwa ergaben sich
mit dem Harmel-Bericht neue Leitlinien, aber auch im Warschauer Pakt entstanden
neue Impulse, die ihren Niederschlag im Budapester Appell vom März 1969 fanden.

Mit dem Ende der Krisen von Berlin und Kuba begann sowohl in Moskau und
Washington als auch in den Hauptstädten Europas eine Phase der Reorientierung.
Der französische Präsident Charles de Gaulle konstatierte eine Zangenlage der
UdSSR – zwischen Europa und dem immer stärker werdenden kommunistischen
China – und forderte eine »Ent«-Spannung (détente) zwischen Ost und West, die
seiner Meinung nach zu neuen Spielräumen für die kleineren Staaten und damit zu
einer Stärkung des Nationalgefühls im kommunistischen Herrschaftsraum führen
sollte. Die offensichtlich auf eine Absicherung des Status quo in Europa ausgerichtete Politik Chruščëvs führte bei Kanzler Konrad Adenauer zur Erkenntnis, dass
man die Sowjetunion nunmehr zu den friedliebenden Mächten in Europa zählen
müsse, was er vorerst aber nur intern zu äußern wagte[21]. In Washington bastelte
zunächst die Kennedy- und dann die Johnson-Administration an einem Programm
für einen umfassenden »Brückenschlag« (bridge-building) zur anderen, östlichen
Supermacht, einschließlich vermehrter Wirtschaftskontakte und einer Begrenzung
des nuklearen Wettlaufs. Dass hier aber nicht nur eine Stabilisierung des Status quo
angedacht war, sondern auch auf gesellschaftlichen Wandel abgezielt wurde, wurde
in der Öffentlichkeit bestenfalls angedeutet.

In Anlehnung an die amerikanischen Konzepte plädierte in Berlin der damali-
ge Regierende Bürgermeister Willy Brandt zunächst für eine »Politik der kleinen
Schritte«, die er in der Großen Koalition Ende der Sechzigerjahre in Bonn, zusammen
mit Egon Bahr, aber auch – zumindest partiell – mit Kanzler Kiesinger und Günter
Diehl zu einer Blaupause für eine »neue Ostpolitik« weiterentwickelte. In Moskau
warb derweil der neue Machthaber im Kreml, Leonid Brežnev, in Anlehnung an ein
Diktum Lenins für eine Politik der »friedlichen Koexistenz« mit dem kapitalistischen
Westen. Im Gegensatz zu dem Lenin'schen Paradigma zielte Brežnev damit aber we-
niger auf bestmögliche Bedingungen für eine Revolution im Westen, sondern primär

---

[20] Zuletzt Gottfried Niedhart, Der Ost-West-Konflikt. Konfrontation im Kalten Krieg und Stufen der
      Deeskalation. In: Archiv für Sozialgeschichte 50 (2010), S. 557–594 (insbes. S. 588–594). Nach
      wie vor hilfreich: Reviewing the Cold War. Approaches, Interpretations, Theory. Ed. by Odd Arne
      Westad, London, Portland 2000.

[21] Als Adenauer dies im März 1966 erstmals auf dem CDU-Parteitag in Bonn öffentlich äußerte,
      musste er angesichts des Sturms der Entrüstung der eigenen Parteifunktionäre die Äußerungen
      kurz darauf wieder zurückziehen. Siehe u.a. Die Zeit, 13, 25.3.1966. Die Rede Adenauers vom
      21.3.1966 ist online verfügbar, www.konrad-adenauer.de/index.php?msg=9766.

auf eine Anerkennung und damit Stabilisierung der Machtverhältnisse im eigenen Imperium[22].

In den späten Sechzigerjahren entstanden somit Konzepte, die für die Détente-Ära[23] handlungsbestimmend wurden, darüber hinaus jedoch auch für die verbleibenden Jahre des Ost-West-Konflikts und selbst für die darauffolgenden Jahre einen unkriegerischen – aber nicht unmilitärischen – Verhaltenskodex zum Austrag des zugrundeliegenden Systemkonflikts schufen. Während die »Politik der friedlichen Koexistenz« eher statisch angelegt war und auf die Absicherung des Status quo ausgerichtet war, verfolgten die westlichen Entspannungsstrategien[24] eine die Ost-West-Beziehungen und insbesondere die kommunistischen Gesellschaften deutlich dynamisierendere Absicht, und zielten letztlich auf die »Transformation der anderen Seite«[25].

Diesen »Transformationsstrategien« – wie sie nicht nur im Westen, sondern auch in Anlehnung an westliche, insbesondere westdeutsche Terminologie bald auch in osteuropäischen Aufzeichnungen genannt wurden – gemein war ein doppelter Ansatz: Einerseits sollten durch formelle Anerkennung des Status quo die sicherheitspolitischen Rahmenbedingungen stabilisiert und so den kommunistischen Machthabern ein Gefühl der Sicherheit vermittelt werden, um so andererseits eine partielle Öffnung der Gesellschaften des Ostblocks, beispielsweise durch Handel oder Kulturaustausch, zu ermöglichen. Dieser vielschichtige Austausch zwischen Ost und West würde dann, so die Hoffnung im Westen und die Befürchtungen im Osten zugleich, den endogenen Druck für Veränderungen und Reformen verstärken und letztlich zu einer schrittweisen Erosion der kommunistischen Parteiapparate führen.

Seit einigen Jahren ist der Begriff in der Historiografie, nicht zuletzt durch die Forschungen des Mannheimer Détente-Projekts, für diesen dialektischen Politikansatz gebräuchlich geworden[26]. »Transformation« wurde in öffentlichen Debatten und Reden der Siebziger- und Achtzigerjahre auf ökonomische und gesellschaftliche Prozesse bezogen, vornehmlich solchen in den Ländern des Warschauer Pakts. In den Monaten des Um- und Aufbruchs der Jahre 1989 bis 1991 erfuhr der Begriff eine wesentliche Erweiterung und wurde nunmehr für alle Reformentwicklungen, gerade auch den Abrüstungsmaßnahmen im militärischen Bereich, verwandt[27].

---

22 Vgl. Archie Brown, The Rise and Fall of Communism, New York 2009, Kapitel 19 und 20.

23 So der international verwandte Begriff für die Periode zwischen 1969 und 1975/79, die in der Bundesrepublik als »Entspannungspolitik« bezeichnet wurde und wird. Für eine Diskussion des Begriffes siehe u.a. die Einleitung in Crisis of Détente (wie Anm. 10).

24 Dies gilt nur eingeschränkt für die Ansätze von Nixon und Kissinger zur Entspannungspolitik. Siehe dazu den Beitrag von Stephan Kieninger in diesem Band, S. 67–85.

25 So Willy Brandt vor der Evangelischen Akademie in Tutzing, 15.7.1963. In: Dokumente zur Deutschlandpolitik (DzD), Reihe IV, Bd 9, Frankfurt a.M. 1978, S. 565–571.

26 Oliver Bange und Gottfried Niedhart, Introduction. In: Helsinki 1975 (wie Anm. 11), S. 1–21.

27 Im militärischen Bereich spielt der Begriff bis heute eine zentrale Rolle, umschreibt er doch die Summe aller politischen, militärischen, finanziellen und psychologischen Anstrengungen zur Anpassung an neue, nach 1990 entstandene sicherheitspolitische Verantwortungen. Die Bedeutung kommt auch darin zum Ausdruck, dass eines der beiden strategischen Hauptquartiere der NATO ausschließlich der Entwicklung und Umsetzung der »Transformation« dient (Allied Command Transformation (ACT), Norfolk, Virginia).

Während in der Phase des Kalten Krieges in den Fünfziger- und Sechzigerjahren konfrontative Verhaltensmuster vorherrschten, kann die vielschichtige Interaktion zwischen Ost und West in der Détente-Ära am treffendsten mit dem bereits erwähnten Begriff der »antagonistischen Kooperation« charakterisiert werden. Der grundlegende Systemkonflikt wurde – von beiden Seiten – keineswegs verwässert oder aufgehoben, aber zumindest in Europa mittels neuer und in Bezug auf die konventionellen und atomaren militärischen Potenziale weniger gefährlicher Formen ausgetragen.

Dabei ist für die zweite Hälfte der Siebzigerjahre eine für den gesamten Verlauf des Ost-West-Konflikts signifikante Asynchronizität festzustellen: Während auf diplomatischer, gesellschaftlicher und erst recht auf ökonomischer Ebene immer intensiver – wenn auch mit unterschiedlichen Zielsetzungen – kooperiert und kommuniziert wurde, blieben militär- und sicherheitspolitische Probleme weitgehend ungelöst. Speziell das SALT I-Abkommen wies einen bedeutsamen Geburtsfehler auf, den sogenannten »MIRV mistake«[28]. In den Verhandlungen über beiderseitige Truppenreduzierungen (MBFR) entzündeten sich an den offensichtlichen Asymmetrien bald hitzige Debatten und die KSZE-Verhandlungen kamen über eine hoffnungsfrohe Absichtserklärung über zukünftige Vertrauensbildende Maßnahmen nicht hinaus. Dieses Hinterherhinken der militärischen Entspannung war der Boden, auf dem Ende der Siebzigerjahre – bei Einführung der SS 20, NATO-Doppelbeschluss, Afghanistan-Invasion und Polenkrise – gegenseitiges Misstrauen und entsprechende Ängste sich erneut und scheinbar grenzenlos verstärkten[29].

1984/85 wurde eine weitere, die letzte Phase des Ost-West-Konflikts eingeläutet, und wieder spielten militär- und sicherheitspolitische Überlegungen dabei eine zentrale Rolle. Die Einführung neuer Militärtechnologien – nicht nur im atomaren Bereich – hatte die Vorwarnzeiten nochmals reduziert und eine Ausweitung des Einsatzgebietes über Deutschland hinaus vom Atlantik bis Moskau sehr wahrscheinlich gemacht. Auch ohne eine »Able Archer«-Krise 1983 war, wie Mark Kramer in diesem Band belegt, das Risiko einer schnellen militärischen Eskalation in Europa stark gestiegen[30]. Zugleich hatte sich das sogenannte »technology gap« zwischen Ost und West vergrößert und die Abhängigkeit der RGW-Staaten von Wirtschaftsbeziehungen mit den kapitalistischen Ländern hatte sich in den frühen Achtzigerjahren spürbar verstärkt.

Verbunden mit dem Ausbreiten oppositioneller Bewegungen in den Ländern des Warschauer Pakts führte dies in Washington zur Erkenntnis nunmehr günstiger Einwirkungsmöglichkeiten in den Gesellschaften jenseits des gar nicht mehr so Eisernen Vorhangs. Es war also nicht nur eine neue Konstellation von

---

[28]   SALT: Strategic Arms Limitation Talks; MIRV: Multiple Independently targetable Reentry Vehicle. Der Ausdruck »MIRV-Mistake« bezieht sich auf die (vergebliche) Hoffnung der US-Diplomatie, noch für längere Zeit den technologischen Vorsprung gegenüber der Sowjetunion im Bereich der Entwicklung von Raketen mit Mehrfachsprengköpfen wahren zu können und die daraus resultierende Ablehnung einer vertraglichen Begrenzung dieser Waffenart.

[29]   MBFR: Mutual and Balanced Force Reductions; KSZE: Konferenz für Sicherheit und Zusammenarbeit in Europa; SS: hier Surface-to-Surface.

[30]   Vgl. im vorliegenden Band: Mark Kramer, Die Nicht-Krise um »Able Archer«, S. 129–149.

Führungspersönlichkeiten – Michail Gorbačëv und Ronald Reagan –, sondern die Kombination langfristig verlaufender ökonomischer, technologischer, militärischer, sozialer, ideologischer und eben auch politisch-diplomatischer Entwicklungen, die neue, kooperative, nun wirkliches Vertrauen schaffende Rahmenbedingungen bedingte – in denen dann das »Endspiel« von 1989/90, eingeleitet durch die nicht mehr zu kontrollierende Ausreisebewegung und die Massendemonstrationen der Ostdeutschen, stattfinden konnte.

Am Ende stand der Zusammenbruch kommunistischer Herrschaften und der schrittweise, aber zügige Rückzug der UdSSR bzw. Russlands aus Mittel- und Osteuropa. Angesichts dieser deutlich zu differenzierenden Phasen des Systemkonflikts stellt sich in der Tat die Frage, ob der »Kalte Krieg« als Begriff nicht für die Fünfziger- und frühen Sechzigerjahre zu präzisieren und als Überbegriff durch den Terminus Ost-West-Konflikt zu ersetzen ist.

Zum Postulat einer modernen Militärgeschichte

Eine moderne Militärgeschichte muss – den international gültigen Standards der Geschichtswissenschaft entsprechend – zeithistorisch kontextualisierend arbeiten[31]. Zivile und militärische Probleme dürfen, bei allen notwendigen Differenzierungen, grundsätzlich nicht getrennt verstanden werden, sondern müssen in ihren Wechselwirkungen untersucht werden. Dies ist eine der vornehmsten Aufgaben des Militärgeschichtlichen Forschungsamtes und auch ein besonderes Anliegen dieses Bandes. Er enthält daher zahlreiche Beiträge, die politische Themen mit Operations- und Bündnisgeschichte in Beziehung setzen. Wichtige Fragen für die untersuchte Epoche sind beispielsweise, inwieweit die Militärs in den Bündnissen den Entspannungskurs mittrugen oder welche Möglichkeiten die neue NATO-Strategie der »flexible response« wirklich eröffnete. Die Beiträge im vorliegenden Band zeigen Zugänge zum Thema auf und sollen Anstöße für weitere Forschung geben.

Wie stets in der Geschichtswissenschaft gibt es unterschiedliche Erklärungsansätze und Deutungsmuster für ein Thema, in diesem Fall für die Frage nach Rolle und Bedeutung langfristiger sicherheitspolitischer und militärischer Aspekte für den Ausgang des Ost-West-Konflikts und die Realisierung der deutschen Wiedervereinigung. Der vorliegende Band soll hier einen Überblick ermöglichen und ist daher bewusst nicht als Sammlung gleichgerichteter Forschungsergebnisse und Interpretationen angelegt, sondern soll die Bandbreite relevanter Themen und Perspektiven verdeutlichen.

So gibt es in den Beiträgen zur globalen Dimension unterschiedliche Gewichtungen zur Verbindung der Ost-West-Problematik mit der Nord-Süd-Problematik bzw. der »Dritten Welt«. Auch bezüglich der Periodisierung und der entsprechenden Begriffsbildung sind unterschiedliche Ansätze auszumachen. Die Verwendung

---

31 So nachdrücklich betonend der Bundesminister der Verteidigung Thomas de Maizière auf der ITMG 52 (2011) (www.mgfa.de/html/einsatzunterstuetzung/downloads/52.itmgtagungsbericht. pdf) und auf der Berliner Sicherheitskonferenz desselben Jahres.

etwa des Begriffes »Kalter Krieg« bzw. »Ost-West-Konflikt« geschieht keineswegs willkürlich, sondern spiegelt die Meinung des jeweiligen Autors und seines Forschungsgebietes wieder. So wird etwa im Beitrag von Csaba Békés die These vertreten, dass die Rahmenbedingungen für eine Entspannungspolitik zwischen Ost und West bereits 1953 existierten. Ansätze für weitere Diskussionen und Forschungen ergeben sich aus den im- und explizit gebotenen Vergleichen und Parallelhistorien von NATO und Warschauer Pakt. Hier ist es vor allem die Frage, ob beide Bündnisse in ihren Strukturen und ihrem Handeln Gemeinsamkeiten aufwiesen oder doch eher die Unterschiede überwogen und den Verlauf des Ost-West-Konflikts nachhaltig beeinflussten.

In dem der Operationsgeschichte gewidmeten Kapitel wird erörtert, inwieweit der Warschauer Pakt offensive Ziele militärisch verfolgte und welche Annahmen über den Gegner den NATO-Planungen bis Ende 1989 zugrunde gelegt wurden. Durch die Zusammenstellung des Bandes entsteht im Idealfall ein Bild, das den Leser geradezu zum vergleichenden, abwägenden Nachdenken verleitet. Dies ist zumindest die Hoffnung der Herausgeber.

Themen – Kapitel – Beiträge

Die Kapitel dieses Sammelbandes wurden nach periodischen Prinzipien und thematischen Schwerpunkten zusammengestellt. Da der Fokus auf den Jahren 1970 bis 1990 – als der für den Ost-West-Konflikt entscheidenden Ära – liegt, bedarf es einer thematischen und periodischen Hinführung. Dies leistet der Essay von Gottfried Niedhart über die gegenseitigen Bedingtheiten von »Ost-West-Konflikt und Deutscher Frage 1949–1969«. Indem Niedhart den Systemkonflikt in Europa und die deutsche Teilung in größeren globalen und ideologischen Zusammenhängen verortet, gelangt er zu einer neuen Periodisierung und Gewichtung des Ost-West-Konflikts und damit auch zur Frage angemessener Begrifflichkeiten.

Demnach wurde das Junktim von Staat und globalem Missionsanspruch, das zuvor nur in den USA gepflegt worden war, ab 1917 auch von der kommunistischen Staatsideologie der Sowjetunion beansprucht. Aus dem Konflikt der Gesellschaftssysteme wurde aber erst nach 1945 der Kalte Krieg – als die Sowjetunion die Weltmacht USA auch machtpolitisch und militärisch herauszufordern begann. Einerseits, so der Autor, verbietet sich daher ein deutschlandzentrierter Blick auf die Genese des Kalten Krieges, andererseits blieben der Verlauf des Kalten Krieges und die »deutsche Frage« eng miteinander verbunden.

Den »Kalten Krieg« als eine spezifische, konfrontative Form des Ost-West-Konflikts lässt Niedhart folgerichtig Ende der Sechzigerjahre aber bereits enden. Ersetzt habe ihn die Periode der Entspannung oder »Détente« als eine neue Form des Konfliktaustrags. Letztlich ging es dabei, wie Niedhart anhand der Debatten zwischen Kennedy und Chruščëv und der Diskussionen zwischen Washington und Bonn nachweist, um die »Zivilisierung« des Konflikts durch »Kommunikation«, um ihn unterhalb der Schwelle zum – nuklearen – Krieg zu halten. Letztlich sollte – nach Präsident

Nixon – zwar die »Ära der Konfrontation« durch eine »Ära der Verhandlungen«[32] ersetzt werden, keineswegs aber der zugrundeliegende Systemkonflikts aufgelöst werden. Und das geteilte Deutschland war und blieb der Ort, wo sich die Systeme direkt gegenüberstanden und der politisch-ideologische Antagonismus in besonders intensiver Weise auch auf gesellschaftlicher Ebene ausgetragen wurde. Der sich aus dieser neuen machtpolitischen Konstellation ergebende Zwang zu Koexistenz und partieller Kooperation sollte, nach dem Willen der ost- und détente-politischen Vordenker im Westen, Richtung Osten zunächst systemöffnend und dann systemverändernd wirken. Zugleich war die Bundesrepublik in den Sechzigerjahren aber zu einer Mitführungsmacht in Europa aufgestiegen – während die Hegemonialmächte und die übrigen Länder Mitteleuropas ein gemeinsames Interesse an fortgesetzter Kontrolle über die Deutschen verband. Diesem Spannungsbogen zwischen einer herausgehobenen Rolle im gesellschaftlich-militärischen Systemkonflikt und blockübergreifenden Ängsten vor den wiedererstarkten Deutschen musste in den nächsten zwei Jahrzehnten die neue Ost- und Deutschlandpolitik Bonns gerecht werden. Keine leichte, aber weitgehend geglückte Aufgabe, wie die folgenden Beiträge aus unterschiedlichsten Ost-West-Perspektiven zeigen.

Das erste Kapitel des Buches will die Ausgangslage zu Beginn der Siebzigerjahre skizzieren: die Hoffnungen und Befürchtungen, die Ziele und Strategien, die Rollen von Politik, Militär und Gesellschaften am Beginn einer neuen Ära. Csaba Békés fällt dabei die Aufgabe zu, die teils sehr heterogenen Perspektiven der Staaten des Warschauer Pakts darzustellen und ihre jeweilige Bedeutung für den Verlauf der beiden Jahrzehnte auszudeuten. Das zentrale thematische Motiv von Békés ist dabei der sich aus der Hoch- und vor allem der nuklearen Rüstung ergebende Zwang zur mehr oder weniger friedlichen Koexistenz und den vielschichtigen Konsequenzen, die daraus in den letzten zwei Jahrzehnten des Konflikts zwischen Ost und West resultierten. Dieses übergeordnete Motiv erlaubt dem Autor, einen großen Bogen von der Proto-Détente der frühen Chruščev-Ära über den KSZE-Prozess bis zur Gorbačev-Zeit und zur deutschen Wiedervereinigung zu schlagen.

Gerade aufgrund dieses Zwanges zur Koexistenz, unterstützt durch die positiven Erfahrungen der Ost-West-Verhandlungen der Siebzigerjahre, habe es in Europa – anders als zwischen den Supermächten – zu Beginn der Achtzigerjahre auch keinen sogenannten »Zweiten Kalten Krieg« gegeben. Die Stabilisierung und Kontrolle der militärischen Dimension des Konflikts, die mittlerweile stark gewachsenen Abhängigkeiten der Länder des Warschauer Pakts von Hochtechnologie, Handelsverträgen und Krediten aus und mit den westlichen Staaten waren derartig wichtig geworden, dass der vielfältige Austausch von Gütern, Menschen und Informationen in Europa auch unter diffizileren Bedingungen weitergeführt wurden.

Als Präsident Reagan 1983 einen Kurswechsel und ein »re-engagement« mit dem Warschauer Pakt ankündigte, betraf dies weniger die Länder Europas – die waren schlichtweg miteinander »engaged« geblieben. Nicht unproblematisch blieb das damit eng verbundene Interesse der Regierungen in Ost und West an stabilen staatli-

---

[32]   Für nähere Ausführungen und die entsprechenden Zitationsbelege vgl. den Beitrag von Gottfried
        Niedhart im vorliegenden Band, S. 31–44.

chen Rahmenbedingungen. Noch im Juni 1989 wandte sich Kanzler Kohl öffentlich gegen jedwede Destabilisierung, da eine Veränderung der »europäischen Statik« die Entwicklung nur zurückwerfen könne. Gerade diese für die »Entwicklungen« der Siebziger- und Achtzigerjahre konstitutive Trennung zwischen dem Bemühen um internationale Stabilität einerseits und gesellschaftliche Dynamik andererseits musste Ende 1989 aber aufgehoben werden, um die Prozesse der Wiedervereinigung der beiden deutschen Staaten bzw. der Auflösung des Warschauer Pakts ohne größere, vielleicht sogar blutige Konflikte steuern und erfolgreich abschließen zu können. Dass dies gelang, führt Békés auf multiple Illusionen über die Effekte und Kontrollierbarkeit der Ost-West Détente zurück, denen die nationalen Führungen des Warschauer Pakts, aber in besonderem Maße in Moskau bis zuletzt folgten.

In seiner Analyse westlicher Entspannungsstrategien fokussiert Stephan Kieninger auf den Konflikt zwischen »dynamischen« und »statischen« Konzepten. Den – durchaus unterschiedlich gewichteten – Transformationsstrategien in Paris, Bonn oder auch im Washington der Kennedy- und Johnson-Jahre stellt der Autor das Interesse von Richard Nixon und seinem Sicherheitsberater Henry Kissinger an einer Absicherung des Status quo in Europa gegenüber. Ursächlich für diese überwiegend defensiv ausgerichtete Kontaktpolitik gegenüber der anderen Supermacht waren wohl Angst vor einer möglichen kommunistischen Unterwanderung, der ungeliebte Zwang zur Kooperation, Misstrauen gegenüber den eigenen Experten und den europäischen Verbündeten und spezifische Wahrnehmung schwindender eigener und offenbar ständig wachsender Machtpotentiale auf sowjetischer Seite.

Entgegen der dominierenden Fokussierung historiografischer Forschung auf die Personen Nixon und Kissinger weist Kieninger nach, dass die Proponenten eines offensiveren Transformationsansatzes auch in der Nixon- und Ford-Ära amerikanische Außenpolitik wirkmächtig mitgestalteten. Dabei halfen ihnen die in den Sechzigerjahren entstandenen informellen transatlantischen Netzwerke. Gerade weil Nixon und Kissinger gegenüber Peking und Moskau eine nicht unriskante Triangularisierung ihrer Globalpolitik betrieben und sich im bilateralen Verhältnis zu Moskau auf Verhandlungen über Nuklearwaffen (SALT) konzentrierten, fand die Europaabteilung des Außenministeriums in den KSZE-Verhandlungen ein vom Weißen Haus nur wenig kontrolliertes Aktionsfeld. Als es Ende der Siebziger- und zu Beginn der Achtzigerjahre zu einer Krise der Ost-West-Détente kam, waren es insbesondere die transatlantischen Netzwerke, die den multilateralen Gesprächsprozess am Leben hielten und schließlich zur Überwindung der Krise und zum Beginn der letzten, konstruktiveren Phase des Ost-West-Konflikts entscheidend beitrugen.

Der Frage, wie sich diese ausgesprochen unterschiedlichen strategischen Ansätze und nationalen Interessen aus West und Ost im sogenannten KSZE-Prozess verbanden, welche Dynamiken und Effekte daraus entstanden, ist der Beitrag von Oliver Bange gewidmet. Während die neuere historiografische Forschung zum KSZE-Prozess nahezu ausnahmslos auf die mit Korb III verbundenen Menschenrechtsfragen und damit die »Helsinki effects« innerhalb des kommunistischen Machtbereichs fokussiert, hebt der Autor Relevanz und Wirkmächtigkeit der sicherheits- und militärpolitischen Aspekte hervor. Der »Ersatz-Peace« von Helsinki – wie ein amerikanisches Delegationsmitglied die Schlussakte umschrieb – erlaubte es, beide deutschen Staaten zugleich weiter durch ihre Bündnisse zu kontrollieren und sie in einen nunmehr multilateralen Verhaltenskodex einzubinden. Der bereits apostrophierte »Zwang zur Koexistenz« wurde im KSZE-Prozess in den andauernden Gesprächen über Vertrauensbildende Maßnahmen gespiegelt – was Anfang der Achtzigerjahre entscheidend dazu beitrug, einen Rückfall in die dialogfreien, konfrontativen Verhaltensmuster der Fünfzigerjahre zu verhindern.

Die positiven Erfahrungen aus den Verhandlungen bei der Konferenz über Sicherheits- und Vertrauensbildende Maßnahmen und Abrüstung in Europa (KVAE) in Stockholm über diese Maßnahmen und aus ihrer erfolgreichen Umsetzung Ende der Achtzigerjahre wie auch die seit Anfang 1989 in Wien stattfindenden Verhandlungen über radikale Reduzierungen von konventionellen Waffen und Truppen bildeten dann 1989/90 den unabdingbaren sicherheitspolitischen Rahmen für die deutsche Wiedervereinigung. Ohne das in diesem Rahmen gerade erst gewachsene Vertrauen in die friedlichen Absichten der anderen Seite genauso wie der Deutschen selbst, so argumentiert Bange, wäre eine Wiedervereinigung zu diesem Zeitpunkt weder vorstellbar noch realisierbar gewesen. Nach der Auflösung des Warschauer Pakts im Sommer 1991 entstand aus der KSZE aber auch kein paneuropäisches Sicherheitssystem, wie es manche Vordenker in Ost und West noch zu Beginn der Siebzigerjahre proklamiert hatten. Stattdessen übernahm – und übernimmt – eine stark veränderte NATO schrittweise gesamteuropäische Funktionen, so dass mittlerweile selbst eine Mitgliedschaft Russlands nicht mehr unmöglich erscheint.

Die Beiträge im zweiten Kapitel beschäftigen sich mit »Krisen und ihren Folgen« zwischen 1970 und 1990. Gerade weil Krisen nicht nur, aber gerade auch in dieser Epoche als Katalysatoren weitreichender historischer Entwicklungen dienten, können sie in der retrospektiven historiographischen Analyse auch wichtige Erkenntnisse vermitteln. Nirgends werden die Grundlagen, Erwartungen, und (Denk)Strukturen von Systemen und Prozessen so deutlich wie bei Konflikten, vor allem dann, wenn diese offen ausgetragen werden. Krisen können unterschiedliche Formen annehmen. Sie erlauben es dem Historiker, in besonderer Weise sein Kerngeschäft zu betreiben, d.h. Tatsachen in Beziehung zu setzen, Akzentuierungen vorzunehmen, Periodisierungen zu erstellen, kurz, das herauszuarbeiten, was wichtig war, weil es den Gang der Dinge nachhaltig mitbestimmte.

Im Ost-West-Konflikt markierten Krisen, zumindest die bedeutenderen, wichtige Wegmarken und Wendepunkte. Dies gilt für die Kubakrise von 1962, die in Verbindung mit den Berlinkrise zwischen 1958 und 1961 dem westlichen Verteidigungsbündnis klarmachte, wie gefährlich und auch handlungsbeschränkend es war, die eigene Politik und Strategie vornehmlich auf die Drohung eines Atomwaffeneinsatzes zu stützen. Die Folgen waren bekanntermaßen ein grundlegendes Umdenken, die Einführung einer neuen Einsatzdoktrin – der »flexible response« – und eine deutlich stärkere Betonung der politischen Strukturen und Ziele der NATO.

Die internationale Krise anlässlich des Einmarsches von Truppen des Warschauer Paktes in der ČSSR im August 1968 bildet eine weitere wichtige Zäsur in der Epoche des Ost-West-Konflikts. Dabei hatte die Krise aus Ost-Perspektive nicht erst im Sommer, sondern schon viele Monate vorher mit den Liberalisierungshoffnungen der Tschechen im sogenannten »Prager Frühling« begonnen; aus dieser Perspektive wurde der Einmarsch notwendig, weil das Machtmonopol der Kommunistischen Partei in der Tschechoslowakei (KPČ) ernsthaft in Frage gestellt wurde[33]. Anders als die Aufstände in der DDR und in Ungarn 1953 und 1956 erwies sich die Krise in der Tschechoslowakei 1968 aber als ein Wendepunkt, weil sie – wie bereits beschrieben – in einer ost-westlichen Aufbruchssituation stattfand. Mit ihrem militärischen Handeln in der ČSSR hatten Brežnev, die KPdSU und die UdSSR ihre Präponderanz im eigenen Bündnis und ihren unbedingten Willen zu deren Erhalt dokumentiert. In dieser neuen Position scheinbarer Stärke glaubte erstmalig eine Mehrheit im Politbüro der KPdSU, eine partielle Öffnung nach Westen zugleich wagen und kontrollieren zu können[34].

Krisen sind Teil der historischen Entwicklung und in diese eingebettet, besitzen aber eine verdichtende Wirkung und eröffnen darüber hinaus Einblicke in Hintergründe und Strukturen. Dies gilt in besonderem Maße auch für die Krise in Polen zwischen 1980 und 1982 und ihre Folgen. Der Beitrag von Wanda Jarząbek zeigt, wie zunächst vor allem auch innenpolitisch motiviertes Krisengeschehen im Laufe der Zeit internationale Dimensionen gewann. Zwar führte die Krise nicht zur »nationalen Befreiung«, wie von manchen Polen vielleicht erhofft, sondern zunächst zu weiterer Unterdrückung und schließlich zur Etablierung der Militärdiktatur. Langfristig wurden dadurch aber Mechanismen in Gang gesetzt sowie bereits bestehende Tendenzen verstärkt, die dann zum Ende des Ost-West- Konflikts führten oder diesen zumindest maßgeblich mitbedingten.

Innenpolitischer Druck, die (im Vergleich zu den Fünfzigerjahren eher verhaltene) Reaktion der östlichen Regime zur Unterdrückung der innenpolitischen Opposition und westliches Handeln spielten ineinander. Die Gewichtung der einzelnen Faktoren bleibt letztlich dem Betrachter überlassen. Wanda Jarząbek betont zu Recht den Anteil der polnischen Volksbewegung und die Wirkung von Solidarność. Welche Schwerpunkte auch immer gesetzt werden: eine rückblickend konstruierte Teleologie gilt es allerdings zu vermeiden. Gerade deshalb sollte aber im öffentlichen Bewusstsein verankert werden, dass auch andere Optionen – bis hin zur nuklearen militärischen Konfrontation zwischen Ost und West – in der Polenkrise und bei anderen Ereignissen möglich gewesen wären.

---

[33] Siehe dazu Oliver Bange, Das Ende des Prager Frühlings 1968 und die bundesdeutsche Ostpolitik. In: Krisen im Kalten Krieg. Hrsg. von Bernd Greiner, Christian Th. Müller und Dierk Walter, Hamburg 2008, S. 411–445. Dieser Sammelband stellt ein Grundlagenwerk zu den Krisen im Kalten Krieg dar. Zur Verbindung europäischer Krisen mit dem »Arabischen Frühling« vgl. etwa die entsprechenden Äußerungen von Bundeskanzlerin Angela Merkel auf der Münchener Sicherheitskonferenz 2011, www.zeit.de/politik/deutschland/2011-02/sicherheitskonferenz-merkel (5.2.2011).

[34] Anatolij F. Dobrynin, In Confidence. Moscow's ambassador to America's six Cold War Presidents, New York 1995, S. 643 ff.

Auf die Gefahr von historiografischen Fehleinschätzungen im Zusammenhang mit Krisen weist ebenfalls Mark Kramer hin, wenn auch in anderer Fokussierung und aus anderer Perspektive als Jarząbek. In der Öffentlichkeit etablierte sich Anfang der Neunzigerjahre der Eindruck, dass die jährliche NATO-Stabsrahmenübung »Able Archer« 1983 fast zu einem echten Atomkrieg geführt habe. Die sowjetische Führung sei der Überzeugung gewesen, dass das westliche Bündnis tatsächlich entschlossen war, einen entsprechenden Schlag zu führen. Die Welt habe vor dem Abgrund gestanden[35]. Damit wurde einmal mehr auf ein zentrales Merkmal des Kalten Krieges verwiesen: die Bedeutung der Atomwaffen und deren Auswirkung auf Denken und Handeln.

Kramer belegt jedoch, dass die angenommenen Gefahren keineswegs so dramatisch waren, wie dies zeitgenössische Betrachter und in deren Gefolge auch etliche Historiker behaupteten. Im Gegenteil – es gab gar keine entsprechende Krise. Die Lage im Jahre 1983 war zwar politisch und militärisch durchaus explosiv, wie etwa der Abschuss einer südkoreanischen Passagiermaschine durch die sowjetische Luftverteidigung mit 269 Toten zeigte. Dennoch bestand nie die Gefahr eines allgemeinen Atomkrieges. Kramer verweist auf einen gewissen Gewöhnungseffekt im Kreml im Umgang mit der wechselseitigen Bedrohung. Auf jeden Fall hatte »Able Archer 83« keineswegs das historische Gewicht der Kubakrise von 1962. De facto durchbrach das unmittelbare Geschehen um die Stabsrahmenübung nicht einmal die üblichen Stabsroutinen in Ost und West.

Der Beitrag von Joseph P. Harahan über die internationalen Rüstungskontrollverhandlungen Ende der Achtzigerjahre zeigt, dass das (glückliche) Ende der konfliktreichen Periode nicht automatisch eintrat, sondern durch das Handeln der maßgeblichen Akteure entscheidend gestaltet wurde. An erster Stelle nennt Harahan hier den Generalsekretär der KPdSU, Michail Gorbačëv. Aber auch dessen Gegenüber – Präsident Reagan – hatte, wie der Autor detailliert nachzeichnet, im eigenen Bündnis, sogar in der eigenen Administration keinen leichten oder gar widerstandsfreien Weg hin zu mehr Rüstungskontrolle und Abrüstung mit der Sowjetunion vor sich. Bemerkenswert ist dabei nicht nur die fundamentale persönliche Neuorientierung Ronald Reagans im Jahre 1984 für ein »Re-engagement« mit der Kreml-Führung, die erheblich zur Abmilderung der Konfrontation beitrug, sondern auch die Tatsache, dass sich der US-Präsident bei der Annäherung an Gorbačëv zunächst gegen den Großteil seiner eigenen Berater durchsetzen musste. Durch die folgenden Verhandlungen wurde dann ein evolutionärer Prozess von Rüstungskontrolle und Abrüstung in Gang gesetzt. Dazu gehört sowohl der Abbau der Mittelstreckenraketen (INF-Vertrag) als auch die konventionelle Abrüstung (KSE-Vertrag), deren Umsetzung bzw. Vorbereitung 1989/90 bereits weit fortge-

---

[35] Zuletzt in Deutschland: Dokumentation ZDF-History (Wdh. Phoenix Sa, 12.3.11, 21.45 Uhr) von Guido Knopp, »1983. Die Welt am Abgrund«, www.youtube.com/watch?v=zAS64DzoxKM, sowie Rainer Rupp, Karl Rehbaum und Klaus Eichner, Militärspionage. Die DDR-Aufklärung in NATO und Bundeswehr, Berlin 2011.

schritten waren[36]. Krisen und konstruktives Handeln bedingten sich – so Harahan – gegenseitig.

Die speziellen politischen, geographischen und militärischen Rahmenbedingungen und die Bipolarität des Systemkonflikts in Europa erfordern geradezu eine vergleichende, gleichwohl verknüpfende Perspektive. Dies wird wohl nirgends so deutlich wie bei der Betrachtung der Stellung der beiden deutschen Staaten in ihren Bündnissen – dem Thema des dritten Kapitels des Bandes. Allein schon ein Blick auf die historische Landkarte illustriert dies: Bundesrepublik und DDR lagen direkt an der Grenze zwischen den Blöcken, gleichermaßen einander zugewandt und Teil zweier antagonistischer Bündnissysteme mit ihren jeweils spezifischen Konflikten und Hegemonialmächten. Aufgabe der zeithistorischen Ost-West-Forschung ist es, insbesondere für die Siebziger- und Achtzigerjahre jene Dynamik zu analysieren, die sich aus dem Zusammenspiel von Bündnisstrukturen, Freund-/Feindbildern und politisch-ökonomischen Zwängen ergab – und deren vielschichtige Wechselwirkungen mit dem Schicksal der beiden deutschen Staaten aufzuzeigen.

Der Beitrag von Tim Geiger zeigt, wie die Bundesrepublik ihr Gewicht innerhalb der NATO im Untersuchungszeitraum zunehmend zur Geltung brachte und welche Grenzen ihr dabei gesetzt wurden. Bonn war in den Fünfzigerjahren als spätes Mitglied mit erheblichen historischen Belastungen ins Bündnis aufgenommen worden, was sich nicht zuletzt im Verhalten der kleineren europäischen Bündnispartner nachhaltig manifestierte. Es folgte ein langer, schwieriger Prozess des militärischen Aufbaus und der Vertrauensbildung innerhalb des Bündnisses, der erst in den Siebziger- und Achtzigerjahren abgeschlossen werden konnte. Sowohl das militärische Gewicht der Bundeswehr als auch die Entspannungs- und Sicherheitspolitik der Bundesregierungen seit 1969 ließen, so Geiger, die BRD immer größeres Gewicht im Bündnis erlangen.

Nach dieser Lesart verschärfte der NATO-Doppelbeschluss eher die Konflikte innerhalb des Bündnisses, da er von vielen anderen Mitgliedern als sinnfälliges Zeichen für den Einfluss Bonns wahrgenommen wurde. Es gab indes auch klare Grenzen, so etwa in Fragen des Einsatzes von Atomwaffen. Diese Problematik sollte bis zum Ende des Ost-West-Konflikts virulent bleiben, da die Waffen auf deutschem Boden stationiert waren und dort im Ernstfall eingesetzt worden wären.

Bonn war gut beraten, sich im Bündnis trotz mancherlei Ambitionen nicht zu sehr zu exponieren und politisch eher zurückhaltend zu agieren. Dies galt nicht nur mit Rücksicht auf die kleineren Mitglieder. Die Sicherheit der Bundesrepublik als Frontstaat basierte in besonderer Weise auf der Funktionsfähigkeit der Allianz als Ganzem. Alle Bundesregierungen hatten daher ein besonderes Interesse an einer möglichst engen Abstimmung im Bündnis und stützten – wenn nötig – auch in erheblichem Maße schwächere Bündnispartner an der Südflanke der Allianz. Inwieweit die Handlungsspielräume und die Interessenpolitik der Bundesrepublik in der NATO repräsentativ für das gesamte Bündnis waren oder ein Spezifikum konstituierten, bleibt ein wichtiges Forschungsdesiderat. Gleiches gilt für die ab-

---

[36] INF: Intermediate Range Nuclear Forces; KSE: Konventionelle Streitkräfte in Europa.

schließende Frage von Geiger, ob das Ende des Ost-West-Konflikts zugleich auch ein Ende der Zurückhaltung der Deutschen im Bündnis bedeutete.

Jordan Baev beleuchtet in seinem Beitrag die unterschiedlichen Dimensionen der Mitgliedschaft der DDR im Warschauer Pakt. Dabei ergeben sich in Verbindung mit dem Beitrag von Tim Geiger interessante Vergleichsperspektiven, insbesondere bezüglich der Aufgaben und Handlungsspielräume in den jeweiligen Bündnisstrukturen. Gerade die Entspannungspolitik und die von ihr innerhalb des Warschauer Pakts ausgelöste Dynamik trugen zu einer immer defensiveren Politik der DDR-Führung entscheidend bei. Baev weist nach, dass die DDR sich in der Anfangsphase des Warschauer Paktes besonders unnachgiebig zeigte, wenn es um deutsch-deutsche Fragen ging. Auch wenn hier eine gewisse Analogie zum Verhalten der Bundesregierung vorlag (Hallstein-Doktrin, Alleinvertretungsanspruch), so gingen die Perspektiven seit der zweiten Hälfte der Sechzigerjahre doch zusehends auseinander. Während die Bundesrepublik sich gewissermaßen an die Spitze der Détente setzte[37], verharrte die DDR im Warschauer Pakt zumindest bündnisintern in Abwehrstellung. Baev zeigt, wie sich die Politik und die Interessen der einzelnen Staaten im Ostblock hier unterschieden.

Der Warschauer Pakt erwies sich indes keineswegs als so monolithisch, wie dies im Westen geglaubt und in der Öffentlichkeit kolportiert wurde. Gerade die Staaten in Südosteuropa, etwa Rumänien und Ungarn, entwickelten ein dezidiertes Interesse an offiziellen Beziehungen zu Bonn und einer damit einhergehenden Ausweitung der Wirtschaftskontakte. Der Hegemon wiederum sah sich bei seinen eigenen Bündnispartnern mit einem breiten Spektrum unterschiedlicher Interessen und Strategien konfrontiert, die er zu vereinheitlichen hatte. Die DDR wurde – ähnlich wie die Bundesregierung Mitte der Sechzigerjahre – zunehmend zum Objekt des sich immer schneller drehenden internationalen Ost-West-Karussells, ohne entscheidend eingreifen und damit die eigenen Interessen effektiv vertreten zu können.

Dies wurde nirgendwo sicht- und spürbarer als in den Verhandlungen über die KSZE-Schlussakte, deren sogenannter »Korb III« die nicht nur geografisch in Richtung Westen besonders exponierte DDR-Gesellschaft in besonderer Weise betreffen musste. Tatsächlich aber waren die Staaten des Warschauer Paktes, die zu Beginn der Détente-Ära erste behutsame Schritte zu Verhandlungslösungen unternommen hatten, auch diejenigen, über die 1989/90 die Öffnung der Grenzen und die Auflösung des östlichen Blocks vorrangig vonstatten ging. Die ostdeutschen Flüchtlinge kamen nicht über Helmstedt, sondern über Budapest und Prag. Insgesamt bietet der Beitrag von Jordan Baev viele Ansatzpunkte für weiterführende Überlegungen, etwa zu der Art und Weise, wie die antagonistische Kooperation der langen Détente-Ära in Europa die Spielräume und -regeln innerhalb der Bündnisse veränderte und wie sich dies wiederum auf die Ost-West-Beziehungen auswirkte.

Der Beitrag von Heiner Möllers zur parlamentarischen Debatte und medialen Berichterstattung über den NATO-Doppelbeschluss stellt die nicht nur me-

---

[37] Oliver Bange und Gottfried Niedhart, Die »Relikte der Nachkriegszeit« beseitigen. Ostpolitik in der zweiten außenpolitischen Formationsphase der Bundesrepublik Deutschland im Übergang von den Sechziger- zu den Siebzigerjahren. In: Archiv für Sozialgeschichte, 44 (2004), S. 415–448.

thodisch wichtige Frage nach der Interdependenz zwischen der Außen- bzw. Sicherheitspolitik und der Innenpolitik. Der Autor umreißt zunächst die Positionen der Bundestagsparteien vor dem Hintergrund ihrer Programme und politischen Strategien und kombiniert die Ergebnisse dann mit dem öffentlichen Meinungsbild und den Protesten in der Zivilgesellschaft.

Dabei zeigt sich, dass die argumentativen Auseinandersetzungen um die NATO-Nuklearstrategie und die entsprechenden Erwägungen bezüglich des NATO-Doppelbeschlusses in der westdeutschen Öffentlichkeit der Jahre ab 1979 keineswegs sofort hohe Aufmerksamkeit erregten. Zu Beginn herrschte angesichts der komplexen technologischen, strategischen und militärischen Materie eher öffentliches Desinteresse, das bald aber in eine teils stark emotionalisierte öffentliche Diskussion umschlug. Psychologische, ethische und religiöse Argumente traten in den Vordergrund. Es zeigte sich, dass sich Gesellschaft und veröffentlichte Meinung nicht mit einfachen Strategien vereinnahmen oder gar gewinnen ließen. Am deutlichsten traf dies auf die SPD und ihren Kanzler Helmut Schmidt zu[38].

Insgesamt verbieten sich, dies zeigt Möllers deutlich, simplifizierende Schlüsse und pauschale Urteile. »Die« deutsche Gesellschaft oder »der« zivile Bürger der Bundesrepublik waren nicht gegen oder für den Doppelbeschluss. Die Ergebnisse der entsprechenden Meinungsumfragen, die der Autor anschaulich auswertet, ergaben alles andere als ein eindeutiges Bild. Neben der Angst vor dem Atomkrieg und dem Unverständnis gegenüber den (Ir-)Rationalitäten der Nuklearstrategie existierten auch Ängste vor der Sowjetunion und ein prononciertes Schutzbedürfnis. Genauso gab es innerhalb der Bundestagsfraktionen ein vielschichtiges Meinungsspektrum. Und während tatsächlich Millionen Menschen in der Bundesrepublik gegen den Doppelbeschluss demonstrierten, blieben gleichzeitig eben auch Millionen von Bundesbürgern Zuhause. Umso wichtiger ist es, wie Möllers argumentiert, dass die historische Forschung den gegenseitigen Einflussnahmen von öffentlichen Meinungen, der Berichterstattung in allen ihren Formen, parlamentarischer Debatte sowie Außen-, Sicherheits- und Militärpolitik weiter nachspürt.

Gewissermaßen in Fortführung des methodischen Ansatzes von Möllers thematisiert das vierte Kapitel die »Interdependenz von innerer und äußerer Sicherheit«. Betrachtet werden die Friedensbewegungen sowohl in West- wie in Ostdeutschland und ihre über die gemeinsamen Ängste hinaus sehr unterschiedlichen Aktionsrahmen und sehr spezifischen Wirkungspotenziale auf die jeweiligen Gesellschaften in der Bundesrepublik und der DDR. Relevant für die Politik- und Militärgeschichte waren sie auf beiden Seiten, wenn auch – wie die Beiträge des Kapitels anschaulich zeigen – auf teils unterschiedliche Art und Weise.

Holger Nehring beschreibt, wie die Friedensbewegten in der Bundesrepublik und der DDR den jeweils in der Politik etablierten sicherheitspolitischen Konsens in Frage stellten und damit die Trennung zwischen Innen- und Außenpolitik zu über-

---

[38] Siehe Friedhelm Boll und Jan Hansen, Doppelbeschluss und Nachrüstung als innerparteiliches Problem der SPD. In: Zweiter Kalter Krieg und Friedensbewegung. Der NATO-Doppelbeschluss in deutsch-deutscher und internationaler Perspektive. Hrsg. von Philipp Gassert, Tim Geiger und Hermann Wentker, München 2011, S. 203–228.

winden trachteten. Die Rahmenbedingungen in beiden Systemen unterschieden sich allerdings fundamental. Die Bewegung in Ostdeutschland unterlag in Politik und Öffentlichkeit erheblichen Repressionen und Beschränkungen. »Zersetzung« von innen und gesellschaftliche Isolation waren dabei die erklärten Ziele der DDR-Sicherheitsorgane. Nicht zuletzt deshalb postulierten viele Forderungen der DDR-Friedensbewegung auch eher allgemeine Bürgerrechte. Im Westen gelang es derweil den in der Friedensbewegung organisierten Gruppen, die öffentliche Debatte in erheblichem Maße mitzuprägen.

Nehring folgert daraus, dass die Friedens- und Protestbewegungen der Achtzigerjahre über die Atomwaffenfrage hinaus auch die politische Kultur in Westdeutschland insgesamt veränderten. Der Beitrag wirft dabei zentrale Fragen für die weitere historiografische Beschäftigung mit dem Thema auf. Dies betrifft insbesondere die Wirkung der Friedensbewegung auf die Träger der internationalen Sicherheitspolitik und die systemübergreifenden Wechselwirkungen der Bewegungen.

Ein Band über die historischen Dimensionen der deutschen Wiedervereinigung wäre unvollständig, beleuchtete er nicht die Rolle des Volkes bei der Überwindung der europäischen und der deutschen Teilung. Dies leistet der Aufsatz von Rainer Eckert. Der Autor gibt zunächst einen Überblick über widerständiges Verhalten in Ostdeutschland und dessen Grundbedingungen. Eckert betont, dass es bereits vor dem 17. Juni 1953 Proteste in der SBZ und der DDR gab, die damit gleichermaßen eine Vorgeschichte der Dissidenz in den Achtzigerjahren und der Massendemonstrationen vom Herbst 1989 konstituieren. Die letzten zwanzig Jahre der DDR waren demnach von einem zunehmenden Legitimationsverlust des SED-Regimes geprägt. Von zentraler Wichtigkeit waren dabei die Ausbürgerung Wolf Biermanns und das Scheitern des »Prager Frühlings«, die bei vielen DDR-Bürgern – gerade auch SED-Parteimitgliedern – einen nachhaltigen Eindruck von der Nicht-Reformierbarkeit des kommunistischen Herrschaftssystems hinterließen.

Eckert ordnet die Opposition in der DDR und deren Rolle bei der Überwindung des Regimes und der deutschen Teilung 1989/90 in die Geschichte der Revolutionen seit 1789 ein. Dabei unterscheidet er zwischen »friedlichen« und »klassischen« Revolutionen, woraus er ein prononciertes Argument für die Anwendung des – friedlichen – Revolutionsbegriffs auf die Ereignisse vom Spätherbst 1989 entwickelt. Der Zusammenbruch der DDR und die daraus folgende Wiedervereinigung bilden jedenfalls wie andere markante Ereignisse des Ost-West-Konflikts ein historisches Vorbild, auf das nicht zuletzt auch von Protagonisten des »Arabischen Frühlings« verwiesen wird. Zwar gelten dort andere Rahmenbedingungen als im Deutschland der späten Achtzigerjahre. Allein die Tatsache, dass führende Politiker prominent auf die »friedliche Revolution« von 1989/90 verweisen, belegt die anhaltende Wirkmächtigkeit des Geschehens[39].

Indes ist in diesem Zusammenhang vor der Bildung allzu einfacher Parallelen zu warnen. Der »Prager Frühling«, der der Namenspate für den »arabischen« des

---

[39] So z.B. Bundeskanzlerin Angela Merkel auf der Münchener Sicherheitskonferenz 2011, www.zeit.de/politik/deutschland/2011-02/sicherheitskonferenz-merkel (5.2.2011).

Jahre 2011 ist[40], führte erst einmal zu Besatzung und noch stärkerer Kontrolle. Auf der anderen Seite kann zu große politische Korrektheit auch zu analytischer Einschränkung und nichtssagenden Begriffsbildungen führen. Rainer Eckert lehnt aus diesen Gründen den zeitgenössischen Begriff »Wende« als allzu blass und damit erkenntnishemmend ab.

Von den politischen Änderungen der Siebziger- und Achtzigerjahre blieben die militärischen Planungen der NATO und des Warschauer Paktes nicht unberührt. Das fünfte Kapitel beleuchtet daher das Verhältnis von militärischer Strategie und wechselseitiger Perzeption und versucht dabei Elemente des Wandels sowohl auf der Wahrnehmungs- als auch auf der Planungsebene und ihre gegenseitigen Bedingtheiten herauszuarbeiten.

Siegfried Lautsch, selbst an der Ausarbeitung von Operationsplänen der NVA zwischen 1983 und 1985 beteiligt, argumentiert, dass sich insbesondere im östlichen Militärbündnis in der zweiten Hälfte der Achtzigerjahre einschneidende Veränderungen vollzogen. Die Operationsplanung der NVA wurde in wesentlichem Maße von der Militärdoktrin der Sowjetunion bestimmt, die ihrerseits von den Erfahrungen des Zweiten Weltkrieges geprägt war. Danach bestand das primäre Ziel darin, ein tiefes Eindringen des Feindes auf das eigene Staats- und Bündnisgebiet zu verhindern, um eine Wiederholung der Erfahrungen von 1941–1944 zu vermeiden. Bis einschließlich 1983 wurden alle operativen Konzepte entsprechend ausgerichtet. Am Beispiel der Planungen von 1983 zeigt Lautsch, wie die Invasionskräfte möglichst früh aufgehalten und zerschlagen werden sollten, um dann in beweglicher Kriegführung in die Offensive zu gehen und – in der vorgestellten Teilstudie – über die norddeutsche Tiefebene in maximal einer Woche an die niederländische Grenze vorzustoßen. Noch vor der Gorbačëv-Ära wurde aber schrittweise auf ein zunächst defensiv-offensives, nach der Berliner Erklärung des Warschauer Pakts 1987 dann auf ein gänzlich defensives Operationskonzept umgestellt. Der planerische Schwerpunkt lag zunehmend auf dem Stoppen und Vernichten gegnerischer Verbände auf dem eigenen Territorium und der Wiederherstellung des territorialen Status quo. In den Planungen nach 1987 sollte der Gegenstoß sogar an der deutsch-deutschen Grenze eingestellt werden.

Damit glichen sich die Planungen der NVA sukzessive an das Verteidigungskonzept der NATO an. Inwieweit hier ein »mirror image« vorlag, inwieweit die östlichen als Planungen sui generis zu verstehen sind oder tatsächlich westliche Vorstellungen orientierungsbildend waren, ist weiter zu erforschen. Gab es mit zunehmender Erosion des sowjetischen Einflusses bereits vor 1989 einen direkten oder indirekten Austausch zwischen den Militärs in Ost und West[41]? Ob sich dieser Austausch in östlichen Planungen niederschlug oder ob sich vielleicht auch umgekehrt in der zunehmend flexibleren Operativplanung des Westens auch östliche Einsatzdoktrinen spiegelten, zählt nach wie vor zu den Forschungsdesideraten. Zu den bislang nur ansatzweise untersuchten Fragen gehört auch die nach den Offensivabsichten der

---

40 Dazu z.B. Abdel-Moneim Said, Israel's Arab Spring Dilemma. In: Al-Ahram weekly online, 12.–18.5.2011, Issue No. 1047, weekly.ahram.org.eg/2011/1047/op5.htm.
41 Derlei stützt sich keineswegs immer nur auf unmittelbare Kontakte etwa zwischen Generälen.

jeweiligen Bündnisse, nach der Wirkmächtigkeit der Annahme der Offensivabsicht der anderen Seite und die nach dem Einfluss des – angenommenen oder geplanten – Atomwaffeneinsatzes auf die Operationsplanungen.

In all diesen Fragen steht die historische Forschung erst am Anfang. Vergleichende Studien oder gar solche zu wechselseitigen, systemübergreifenden Perzeptionen auf multinationaler Quellenbasis sind nach wie vor seltene Ausnahmen. Die Weiterentwicklung der wissenschaftlichen Erkenntnis und der entsprechenden Debatten hängt nicht zuletzt davon ab, wie sich der Zugang zu den Archiven in Moskau, Washington und Brüssel gestalten wird.

Helmut Hammerich nähert sich dem Thema aus der Perspektive des Westens. Auf Grundlage von NATO-Archivalien beleuchtet er die Operationsplanungen des I. (britischen) und des I. (deutschen) Korps und liefert so die Grundlage für einen Vergleich mit den Planungen der NVA, wie Siegfried Lautsch sie beschreibt. Hammerich weist nach, das die britischen und westdeutschen Planer noch 1988 – entsprechend ihrer Aufgabe – vom sogenannten »worst case« ausgingen, d.h. dem maximalen Einsatz der feindlichen Streitkräfte, einschließlich der sogenannten »2. Welle« des Warschauer Paktes. Damit wurden im NATO-Jargon jene vornehmlich sowjetischen Panzerdivisionen umschrieben, die von Polen bis zum Ural stationiert waren und in einem Krisenfall erst über Tage und Wochen auf den zentraleuropäischen Kriegsschauplatz, also nach Deutschland hätten »nachgeführt« werden müssen.

Aufgrund der wachsenden Fähigkeiten der NATO, diese Divisionen etwa durch Cruise Missiles, Pershing 2 oder tief geführte Fliegerangriffe zu vernichten, spielten diese Truppen in den östlichen Kriegsplänen – so auch bei Lautsch – schon seit Anfang der Achtzigerjahre keine Rolle mehr. Rechnete man diese »2. Welle« – wie in den von Hammerich vorgestellten Planungen – aber mit ein, blieben die Chancen der NATO, einen umfassenden Angriff des Osten mit rein konventionellen Mitteln abzuwehren, bis 1990 denkbar gering. Selbst bei einem rein konventionellen Krieg wären die Konsequenzen für beide deutsche Staaten jedoch im wahrsten Sinne des Wortes verheerend ausgefallen. In Bezug auf die Frage, ob und inwieweit sich die Entspannungspolitik und ihre Ergebnisse in den militärischen Planungen niederschlug, gibt Hammerich eine klare und nachdrückliche Antwort: die westlichen Operationsplanungen seien ihren Dilemmata verhaftet geblieben und dann Ende der Achtzigerjahre von den Abrüstungsinitiativen Gorbačëvs überrollt worden.

Zu einem vergleichbaren Ergebnis kommt auch Bernd Lemke, der am Beispiel der »Allied Mobile Force« (AMF) der Frage nachgeht, wie flexibel die »Flexible Response« im Krisenmanagement der NATO eigentlich war. 1960 als schneller Eingreifverband zur Verstärkung der eher schwach verteidigten NATO-Flanken ins Leben gerufen, bestand die AMF aus jeweils drei Bataillonen und drei Staffeln Jagdbomber für jede Flanke. Im Rahmen der »Flexible Response«-Doktrin stieg die Bedeutung der AMF als Instrument zur Krisenbewältigung und zur Demonstration von Bündnissolidarität an wichtigen Brennpunkten (z.B. Nordnorwegen, Istrien oder Thrazien).

Lemke untersucht die Rolle der AMF in den NATO-Stabsrahmenübungen WINTEX und HILEX und kommt dabei zu einem recht ernüchternden Ergebnis. Die Hoffnungen, die AMF in Kombination mit einem Instrumentarium politischer, psychologischer und militärischer Maßnahmen einzusetzen, um eine drohende Krise so früh wie möglich eindämmen und beenden zu können, wäre militärisch nur schwer realisierbar gewesen. So schenkten führende NATO-Militärs dem relativ kleinen AMF-Verband nur wenig Beachtung und konzentrierten sich stattdessen weiter darauf, wie die Entfaltung großer Kräfte in Zentraleuropa organisatorisch gewährleistet werden konnte.

Für subtile politische oder diplomatische Gesten war in dieser Perspektive nur begrenzt Raum und vor allem Zeit. Die historische Bedeutung der AMF speist sich ohnehin zu einem Gutteil aus der Zeit nach dem viel beschworenen »Ende der Geschichte«[42]. Anders als die meisten NATO-Verbände wurde sie nach 1990 nicht aufgelöst, sondern bestand bis 2003 weiter. Sie bildete damit einen der langlebigsten Verbände der Allianz überhaupt und beeinflusste nachhaltig das Konzept für die NATO-Response Force, die heute wichtige globale Einsätze der NATO ausführt. Die AMF bildet somit ein historisches Bindeglied zwischen der NATO des Kalten Krieges und dem heutigen Bündnis.

Das politische und militärisch-strategische Handeln einzelner Mitgliedsstaaten machte während des Ost-West-Konflikts vor den territorialen Grenzen der Bündnisse nicht halt. Dies galt – unter besonderen Vorzeichen – auch für die internationale Politik der beiden deutschen Staaten in den letzten beiden Jahrzehnten des Ost-West-Konflikts. Diesen globalen Perspektiven der deutsch-deutschen Interessenspolitik ist das abschließende sechste Kapitel gewidmet.

Roman Deckert zeigt am Beispiel des Sudan, dass die Beziehungen der europäischen Staaten mit der sogenannten Dritten Welt sich nicht unbedingt an den Bedingungen, die in Europa herrschten, orientierten. Bundesrepublik und DDR rivalisierten bei der Unterstützung des Landes und legten dabei eine recht pragmatische Haltung an den Tag. So führte die Tatsache, dass der Sudan durch die Anerkennung der DDR im Jahre 1969 die Hallstein-Doktrin praktisch gekippt hatte, nicht zu einem dauerhaften Boykott durch die Bundesregierung. Im Gegenteil – das Verhalten des Sudan förderte in Bonn den Prozess des Neudenkens der Ost-und Deutschlandpolitik.

Die DDR zeigte, vor allem aus wirtschaftlichen Gründen, ebenfalls Interesse an Rüstungsgeschäften mit dem Sudan, dem durch die eingeschränkte wirtschaftliche Leistungsfähigkeit der DDR aber deutliche Grenzen gesetzt waren. Die Bundesrepublik ihrerseits lieferte – trotz mehrfacher, blutiger Regimewechsel und den Verwicklungen des Sudan in die Bürgerkriege am Horn von Afrika – im Widerspruch zu eigenen Polit-Maximen nicht nur Fernmeldegeräte und LKWs in ein dezidiertes Spannungsgebiet, sondern leistete auch Ausbildungshilfe. Diese Zusammenarbeit mit dem Sudan endete erst 1993, als die Grausamkeiten von Präsident Bashir allzu offensichtlich wurden.

---

[42] Francis Fukuyama, Das Ende der Geschichte, München 1992. Dazu Hans von Fabeck, Jenseits der Geschichte. Zur Dialektik des Posthistoire, Paderborn 2007.

Deckert folgert daraus, dass die Militärhilfen für den Sudan von den neuen Rahmenbedingungen in Europa weitgehend abgekoppelt weiterverfolgt wurden. Er führt diese epochenübergreifenden Kontinuitäten vor allem auf die Haltung der entsprechenden Verantwortlichen in den zuständigen Ministerien zurück. Offenbar wurden hier konfrontative Denkmuster aus den ersten beiden Dekaden des Kalten Krieges perpetuiert. Das lückenhafte Wissen über diese Vorgänge in den Spitzen der Bonner Ministerien und in der Politik – sei es in der Bundesregierung oder im Bundestag – wirft wiederum die Frage nach Kontrolle und Verantwortlichkeit in demokratischen Systemen auf. Interessant in diesem Zusammenhang dürfte sein, dass die Staats- und Parteispitze in der DDR, im Gegensatz zur Bundesregierung, nicht nur voll informiert, sondern bei Fragen der Entwicklungs– und Militärhilfe für Staaten wie etwa den Sudan auch immer als letzter Entscheidungsträger fungierte.

Klaus Storkmann analysiert die Militärhilfen der DDR in ihrer Gesamtheit. Das Interesse an der Rolle der »Dritten Welt« im Ost-West-Konflikt hat, so Storkmann, im Kontext der Globalisierungsdebatte seit den Neunzigerjahren sukzessive zugenommen. Es sei daher geboten, auch die entsprechenden Beziehungen Ostdeutschlands zu beleuchten. Zuerst falsifiziert der Autor einige zeitgenössische Mythen. Für die von westlichen Medien verbreitete Story, die DDR habe Kampftruppen vor allem nach Afrika geschickt (»Honeckers Afrika-Korps«), finden sich laut Storkmann bislang keinerlei Beweise. Im Gegenteil – die Staats- und Parteiführung lehnte derlei wiederholt ab.

Die DDR beschränkte sich vor allem auf die Lieferung von Waffen und Gerät sowie auf Ausbildungsleistungen innerhalb der DDR. Selbst die Entsendung von Militärberatern in Länder der »Dritten Welt« kam nur in Ausnahmefällen in Frage, da Honecker erhebliche politische Bedenken hegte. Damit unterschied sich die Politik der DDR in dieser Frage gar nicht so sehr von der der Bundesrepublik. Beide deutsche Staaten hielten sich, etwa im Vergleich zu den USA, der Sowjetunion oder auch Kuba, zurück.

Storkmann verweist darauf, dass die Ursachen, Gründe und Bedingungen für die DDR-Militärhilfe nicht monokausal erklärt werden können, sondern sich aus einem komplexen Beziehungsgeflecht zwischen (bündnis-)politischen, wirtschaftlichen und psychologischen Faktoren ergaben. Deutschlandpolitische Ziele wurden dabei langfristig von wirtschaftlichen Erwägungen überlagert. Trotz enger Anlehnung an die Sowjetunion bestanden gerade gegen Ende der Achtzigerjahre eigene Ansätze, die zum Teil der wachsenden Entfremdung zwischen Honecker und Gorbačëv geschuldet waren.

Jedenfalls bestanden Räume für eigenes Handeln. Es gab keine von Moskau diktierten Exportlisten nach festem Schlüssel für die Staaten des Warschauer Paktes. Für die Beantwortung der Frage, inwieweit hier Wechselwirkungen mit der Entspannungspolitik in Europa bestanden, ist es vielleicht noch zu früh. Im Falle der DDR ist als Erkenntnis einstweilen festzuhalten: Trotz der teils hohen Summen, die für die Militärhilfen aufgewendet wurden, bestanden Grenzen, die nicht allzu weitläufig gezogen waren. Eine Hochphase aggressiver Aufrüstungs- oder gar Interventionspolitik in der »Dritten Welt« gab es seitens der DDR hingegen nicht.

Eine deutliche Warnung vor retrospektiver Überinterpretation gibt schließlich
Jason Verber in seinem Beitrag zur Politik der beiden deutschen Staaten in Namibia.
Verber analysiert die Hintergründe und Motivationen Bonns und Ost-Berlins für
das jeweilige Engagement und bestätigt hierbei das, was die beiden Beiträge zur
Militärhilfe bereits offengelegt haben. Bundesrepublik und DDR verfügten zwar
über einigen Spielraum, verließen aber in ihrer Politik gegenüber der »Dritten Welt«
den jeweiligen Bündnisrahmen im Großen und Ganzen nicht.

Verber beleuchtet insbesondere die politisch-ideologische Komponente vor dem
Hintergrund der deutschen Kolonialgeschichte, einem eminent wichtigen, diachronen Aspekt. Bonn habe, nicht zuletzt, um seinen Alleinvertretungsanspruch zu be-
kräftigen, historische Verantwortung gezeigt, diese aber eher auf die deutschen und
deutschstämmigen Siedler bezogen, statt auf die indigene Bevölkerung, während
Ost-Berlin teils heftige publizistisch-politische Angriffe gegen die Bundesrepublik
vortrug und sich selbst als Teil einer antikolonialen und antiimperialistischen Front
verstand und engagierte.

Wie schon Deckert verweist auch Verber darauf, dass die Ideologie jedoch rasch
einem umfassenden Pragmatismus Platz machen konnte, wenn es ums Geschäft
ging. Entscheidend bleibt jedoch laut Verber, dass die Aktivitäten der beiden deutschen Staaten in Namibia weder in größerem Maße von der Détente der Siebziger-
und Achtzigerjahre geprägt wurden, noch entscheidenden Einfluss auf die deutsche
Wiedervereinigung ausübten. Die Lage dort passte sich dann den Verhältnissen ab
1989 an, dies recht rasch, aber eben erst, nachdem die großen Entscheidungen in
Europa gefallen waren.

Ein gutes Beispiel für die historischen Zusammenhänge ist der jeweilige Umgang
mit der SWAPO. Für die DDR stellte diese den entscheidenden Kooperationspartner
innerhalb der propagierten antiimperialistischen Front dar. Die konservativ-libera-
le Bundesregierung in Bonn lehnte die Organisation hingegen ab und bekämpfte
sie politisch. Die oppositionellen Sozialdemokraten in Bonn wollten zwar mit der
SWAPO zusammenarbeiten, hatten mit ihren Ansätzen aber auch keinen rechten
Erfolg. Der historische Spagat zwischen einem Engagement für die Nachfahren der
Opfer des deutschen Kolonialismus und für die deutschstämmigen Siedler war zu
groß und Namibia dafür vielleicht auch von Europa zu weit entfernt.

Die Geschichte der beiden deutschen Staaten in ihren Bündnissen umfasst eine
Vielzahl von Aspekten, Strukturen und Prozessen, Dogmen und Perzeptionswandel,
Dichotomien und Asymmetrien. Der Weg zur Wiedervereinigung verlief keineswegs
alternativlos und widerspruchsfrei. Dies wurde in den Beiträgen der Zeitzeugen zur
Konferenz – darunter Horst Teltschik, Sicherheitsberater von Kanzler Kohl, General
Klaus Naumann, Vorsitzender des NATO-Militärrats, Lothar de Maizière, letzter
Ministerpräsident der DDR, und Theodor Hoffmann, letzter Verteidigungsminister
der DDR – nochmals sehr deutlich. Erst eine multiperspektivische Forschung kann
fundierte Einblicke in jene langfristigen, gerade auch sicherheits- und militärpolitischen Prozesse bieten, die – initiiert in den Fünfziger- bis Siebzigerjahren – in den
späten Achtzigerjahren die Rahmenbedingungen zunächst für einen Sturz der SED-

Parteiherrschaft, dann für freie Wahlen auch in Ostdeutschland und schließlich für eine Vereinigung der beiden deutschen Staaten schufen.

Die Herausgeber hoffen, dass der vorliegende Sammelband diesen so notwendigen wie komplexen Forschungsprozess befördern, möglichst vielen nationalen und internationalen Historikern Anregungen vermitteln und mit seinem thematischen Schwerpunkt zur zentralen Rolle von sicherheits- und militärpolitischen Fragen in der Historiografie zu den langfristigen Gründen für die Epochenwende von 1989/90 neue Perspektiven eröffnen wird.

Gottfried Niedhart

Ost-West-Konflikt und Deutsche Frage 1949–1969

Schon bald nach der politisch-militärischen Kapitulation des Deutschen Reichs 1945 setzten Überlegungen ein, wie die Trennung in Besatzungszonen überwunden werden könnte. Seit 1949 wurde daraus eine in der Regel kontrovers geführte Debatte über Wege zur Wiedervereinigung. Dieser Essay will für die ersten beiden Jahrzehnte deutscher Zweistaatlichkeit Positionen beleuchten, die dabei eingenommen wurden, und diese in den jeweiligen internationalen Kontext stellen[1].

Zunächst fällt der Blick auf die beiden Hauptsiegermächte des Zweiten Weltkriegs, die USA und die UdSSR, die als nukleare Supermächte zu bestimmenden Akteuren in einem bipolaren internationalen System wurden und die jeweils einen der beiden deutschen Staaten ihren jeweiligen Imperien einfügten. Als es im Laufe der Sechzigerjahre zu Auflockerungen des fest gefügten Nachkriegssystems kam, ging damit ein Wandel in den amerikanisch-sowjetischen Beziehungen einher, der als Transformation vom Kalten Krieg zur Entspannung (détente) beschrieben werden kann.

Entgegen der Macht der Gewohnheit wird im Folgenden der Begriff des Kalten Kriegs enger als allgemein üblich gefasst und die These vertreten, dass sich Europa Ende der Sechzigerjahre nicht mehr im Zustand des Kalten Kriegs befand. In einem zweiten Schritt soll der deutschen Frage in ihrer doppelten Bedeutung nachgegangen werden: Einmal aus der Sicht der Deutschen und ihres unterschiedlichen Umgangs mit dem Verlust der Nationalstaatlichkeit, zum anderen aus der Perspektive der Siegermächte, die über Rechte und Verantwortlichkeiten gegenüber Deutschland als Ganzem verfügten und peinlich genau darüber wachten. Drittens schließlich wird die Entwicklung von der doppelten Staatsgründung im Jahr 1949 bis zur 1969 erfolgten Anerkennung der Zweistaatlichkeit skizziert.

Containment und Kommunikation:
Vom Kalten Krieg zur Détente

Die Fünfzigerjahre standen im Zeichen der konfrontativen Bipolarität und der bis 1955 unter Einschluss beider deutscher Staaten vollzogenen Blockbildung. Für die

---

[1] Ihm liegt der Einführungsvortrag zugrunde, den ich zu Beginn der Potsdamer Tagung gehalten habe. Dem Essaycharakter entsprechend beschränke ich die Fußnoten auf Quellennachweise und darüber hinaus auf wenige Literaturangaben.

Sowjetunion war damit das von Stalin 1952 noch einmal ins Spiel gebrachte Thema einer möglichen Wiedervereinigung erledigt. Schon 1956 forderte Moskau eine Europäische Sicherheitskonferenz, die die territoriale Nachkriegsordnung in aller Form bestätigen sollte.

In der Bundesrepublik wurde dem Grundgesetz entsprechend am Ziel der Wiedervereinigung festgehalten, aber keine aktive Wiedervereinigungspolitik betrieben. Die Bandbreite der damit verbundenen Diskussionen reichte von der These, zur Politik Adenauers habe es keine Alternative gegeben, über das Bedauern, 1952 sei das Angebot der Sowjetunion nicht ausgelotet worden, bis hin zu der Polemik, Adenauer habe die Einheit gar nicht gewollt. Als 1955 diplomatische Beziehungen zwischen Moskau und Bonn aufgenommen wurden, war dies Ausdruck einer am Status quo der Teilung orientierten Ostpolitik der Bundesregierung, auch wenn diese am Alleinvertretungsanspruch festhielt und mit Hilfe der Hallstein-Doktrin die deutsche Frage offen zu halten versuchte. Dem stand das Bemühen der DDR um internationale Anerkennung und Überwindung der »deutschen Frage« gegenüber. Das unübersehbare Zeichen dafür war 1961 der Bau der Berliner Mauer.

Paradoxerweise aber setzte mit diesem Versuch, die Grenze hermetisch zu schließen, ein ost-westlicher Brückenbau ein. Die 1958 von der Sowjetunion herbeigeführte Berlinkrise war zusammen mit der Kubakrise 1962 ein Akt des Kalten Kriegs, aber zugleich eine Weichenstellung hin zu einer weniger konfrontativen Politik. Grundlage dafür war die Anerkennung der jeweiligen Besitzstände. Chruščev ging auf Kennedys Angebot ein, das der amerikanische Präsident während der stürmisch verlaufenen Wiener Begegnung im Juni 1961 gemacht hatte. Mehr oder weniger unverblümt hatte sich Kennedy für die Anerkennung von Interessensphären auf der Basis des Status quo ausgesprochen. Doch der cholerisch auftretende sowjetische Ministerpräsident und Parteichef wollte sich damit nicht zufrieden geben. Er sprach nicht nur vom geschichtsnotwendigen Sieg des Kommunismus. Er wollte auch den Status von Berlin verändern und nichts von der Wahrung des Status quo wissen.

Als wenig später die Mauer errichtet wurde, war es für Kennedy ein Zeichen, dass Chruščev doch verstanden hatte. Dieser hielt das Berlin-Ultimatum zwar noch eine Weile aufrecht, hatte es aber offensichtlich nicht auf West-Berlin abgesehen. Jetzt – so Kennedy – sei West-Berlin sicher, und eine Mauer, obwohl keine schöne Lösung, sei allemal besser als ein Krieg: »A hell of a lot better than a war[2].« Wie sich bald zeigen sollte, bestand Kriegsgefahr an einer anderen Stelle, nämlich in der Karibik. Nachdem die Kubakrise, wohl die gefährlichste Konfrontation der Supermächte am Rande des Krieges, glücklich überstanden war, erklärten beide Seiten ihre Entschlossenheit, Vorkehrungen für ein besseres Krisenmanagement zu treffen. Zwischen dem Weißen Haus und dem Kreml wurde eine direkte Nachrichtenverbindung installiert, ein »heißer Draht«, der die direkte Kommunikation ermöglichen und Fehleinschätzungen in Krisenzeiten vermeiden helfen sollte.

Im Lichte der zurückliegenden Erfahrungen war 1963 eines absolut klar: Der bloße Wunsch nach Friedenswahrung würde nicht ausreichen. Man brauchte auch

---

2   William R. Smyser, Kennedy and the Berlin Wall. »A Hell of a Lot Better than a War«, Lanham 2009, S. 106.

spezifische Methoden und Instrumente, wollte man den Ost-West-Konflikt zivilisieren. Denn darum ging es: Um die Zivilisierung des Konflikts, wollte man ihn unterhalb der Schwelle zum Krieg halten. Ein Schlüsselbegriff dieses Vorhabens lautete: Kommunikation. Kommunikation mit der Gegenseite würde nicht zur Lösung des Konflikts führen, noch nicht einmal zur Beendigung des Wettrüstens, aber hoffentlich zum Abbau von Fehlwahrnehmungen und Feindbildverzerrungen. Vermehrte Kontakte mit dem Osten sollten aus der von Furcht besetzten Abgrenzung im Kalten Krieg eine neue Form der Beziehungen zwischen Ost und West erwachsen lassen.

Der neue Schlüsselbegriff der Kommunikation trat also neben den älteren des Containment, den George F. Kennan 1946 in Umlauf gesetzt hatte. Sein Bild von der Sowjetunion, man habe es »mit einer politischen Kraft zu tun, die sich fanatisch zu dem Glauben bekennt, dass es mit Amerika keinen dauernden modus vivendi geben kann«[3], wurde durch Kennedys Sicht abgelöst, dass es einen modus vivendi nicht nur geben müsse, sondern dass er mit der Sowjetunion auch erreichbar sei.

Damit war eine Strategiedebatte eröffnet, die konzeptionell Neues bot und größere operative Beweglichkeit versprach. Vier Jahre später mündete sie in die auf den belgischen Außenminister zurückgehende Harmel-Formel, mit der die NATO 1967 ihre Position im Ost-West-Konflikt umschrieb[4]. »Robuste« Verteidigungsplanung und militärisches Sicherheitsdenken sollten demnach mit einer Politik der Entspannung Hand in Hand gehen. Nichts anderes hatte John F. Kennedy in seiner Washingtoner »Friedensrede« im Juni 1963 zum Ausdruck bringen wollen. Er plädierte für eine »Strategie des Friedens«, die an die Stelle einer »Strategie der Vernichtung« treten müsse. »Wir müssen uns«, so Kennedy, »mit der Welt befassen, wie sie ist.«

Damit wollte er sagen, es sei von der Realität der sowjetischen Supermacht und ihres Imperiums auszugehen, das bis nach Mitteleuropa reichte und dessen Außengrenze mitten durch Deutschland lief. Kennedy verurteilte den Kommunismus als »abstoßend« und bezeichnete das Streben der Sowjetunion, anderen ihr System aufzuzwingen, als »Hauptgrund für die Spannungen in unserer heutigen Welt«. Er bescheinigte Moskau aber auch, »Abscheu vor dem Krieg« zu haben. Ein militärischer Konflikt, wie er während der Kubakrise gedroht hatte und der im Zeitalter der Nuklearwaffen keine Option darstellte, solle künftig vermieden werden. Als wichtige Voraussetzung dafür nannte Kennedy, »unsere Einstellung zum Kalten Krieg« zu überprüfen und damit aufzuhören, einen Konfliktausgleich mit der Sowjetunion als »unmöglich« anzusehen[5]. Dass der Weltfriede »unvermeidlich« war, unterstrich im selben Jahr Carl Friedrich von Weizsäcker anlässlich der Verleihung des Friedenspreises des deutschen

---

[3]   Kennan in seinem »langen Telegramm« vom 22.2.1946, abgedruckt bei George F. Kennan, Memoiren eines Diplomaten, München 1971, S. 564 f.

[4]   Pierre Harmel, belgischer Außenminister 1966–1972. Der so genannte Harmel-Bericht (»The Future Tasks of the Alliance«) ist online abrufbar, www.nato.int/cps/en/natolive/official_texts_26700.htm.

[5]   Kennedy in seiner Ansprache vor der American University in Washington am 10.6.1963. Auszugsweise in: Ernst-Otto Czempiel und Carl-Christoph Schweitzer, Weltpolitik der USA nach 1945. Einführung und Dokumente, 2. Aufl., Bonn 1987, S. 277–283.

Buchhandels an ihn. »Wir werden in einem Zustand des Friedens leben, der den
Namen Weltfrieden verdient, oder wir werden nicht leben[6].«

Der amerikanische Politiker und der deutsche Wissenschaftler hatten im Jahr
1963 dieselbe Botschaft. Die Welt war knapp zwei Jahrzehnte nach dem Ende des
Zweiten Weltkriegs nicht zu einer konsolidierten Friedensordnung gelangt. Das
Töten im Krieg hatte nicht aufgehört. Im Verhältnis der über Nuklearwaffen ver-
fügenden Supermächte aber war ein Sieg nur um den Preis der Selbstzerstörung
denkbar. Kennedy war kein Friedensaktivist. Er machte seinen an Überlegenheit
gewohnten Landsleuten allerdings implizit deutlich, dass der Sicherheitsvorsprung
der USA zusammengeschmolzen war.

Es sollte nicht mehr lange dauern, bis die USA die militärische Parität der
Sowjetunion anerkannten und darüber hinaus in Kooperation mit der Sowjetunion
ein internationales Regime zur Kontrolle des Nuklearwaffenarsenals auf den Weg
brachten: den am 1. Juli 1968 von den USA, der UdSSR und Großbritannien unterzeichneten Vertrag über die Nicht-Verbreitung von Kernwaffen. Der im Januar
1969 ins Amt gekommene Präsident Nixon entwickelte diese Strategie weiter, indem
er erklärtermaßen die »Ära der Konfrontation« hinter sich lassen und in eine »Ära
der Verhandlungen« eintreten wollte[7]. In der Sowjetunion wurde dies nicht anders
gesehen. Der seit 1963 bestehende »heiße Draht« wurde seit Frühjahr 1969 dadurch
ergänzt, dass Henry Kissinger als Nixons Sicherheitsberater und Anatoli Dobrynin,
der langjährige sowjetische Botschafter in den USA, ihren kontinuierlichen Dialog
über kontroverse Themen aufnahmen. Diese Gesprächsebene fungierte als jederzeit
erweiterbarer, ständiger Kommunikationskanal zwischen der amerikanischen und
der sowjetischen Führung.

Die Suche nach gemeinsamen Sicherheitsinteressen konnte auch im Kontext
struktureller Überschneidungen gesehen werden. Weizsäcker etwa sprach 1963 von
ost-westlichen Analogien: »Moderne Industriegesellschaften wie einerseits die der atlantischen Nationen, andererseits die der Sowjetunion werden einander unmerklich
immer ähnlicher[8].« Fünf Jahre später griff Willy Brandt diesen Gedanken auf und
präzisierte ihn zugleich, indem er danach fragte, welche Auswirkungen »bestimmte
Zwangsläufigkeiten der modernen Industriegesellschaft« in der Sowjetunion haben
könnten. Der Trend gehe »in Richtung auf Austausch, auf Kontakt, auf Öffnung«.
All dies werde angesichts der »engen Machtbeherrschungsinteressen der sowjetischen
zentralen Führung« zunehmend zu Konflikten in der Sowjetunion führen und als
Folge davon zu größerer Offenheit für westliche Standards[9].

Vorerst prägte freilich der Abstand zwischen Ost und West das Bild. Wirtschaftlich
wiesen die Sowjetunion und die übrigen Länder des Warschauer Pakts einen deutlichen Modernisierungsrückstand auf. Unvereinbar waren auch die Vorstellungen in
Ost und West über politische, soziale und ökonomische Systeme und Ordnungen.

---

6   Carl Friedrich von Weizsäcker, Bedingungen des Friedens, 4. Aufl., Göttingen 1964, S. 7.
7   Nixon in seiner Antrittsrede am 20.1.1969, www.presidency.ucsb.edu/ws/?pid=1941.
8   Weizsäcker, Bedingungen (wie Anm. 6), S. 17 f.
9   Brandt in einer gemeinsamen Sitzung von Parteirat, Parteivorstand und Kontrollkommission der
    SPD am 2.11.1968. Willy Brandt, Ein Volk der guten Nachbarn. Außen- und Deutschlandpolitik
    1966–1974 (= Berliner Ausgabe, 6). Bearb. von Frank Fischer, Bonn 2005, S. 214.

Auf der ideologischen Ebene blieb die Kluft zwischen »liberalen« und »sozialistischen« Entwürfen über den besten Weg in die Moderne unüberbrückbar.

Diesen Gegensatz kannte man seit dem 19. Jahrhundert, als bereits unterschiedliche Visionen einer künftigen besseren Welt in Gestalt von Liberalismus und Sozialismus miteinander konkurrierten. Die Staatenwelt wurde davon erfasst, als 1917 mit der Oktoberrevolution die sozialistisch-kommunistische Utopie zur Staatsideologie Russlands bzw. später der Sowjetunion wurde. Bis 1917 hatte es die Gleichsetzung von Staat und globalem Missionsanspruch nur in den USA gegeben. Jetzt stellte Moskau die zivilreligiöse Monopolstellung Washingtons in Frage. Wilson versus Lenin lautete das neueröffnete weltpolitische Duell, das sich in unterschiedlichen Besetzungen bis 1989/90 hinziehen sollte.

Zum Kalten Krieg wurde dieser Antagonismus nach 1945, als die Sowjetunion als zweite Hauptsiegermacht aus dem Zweiten Weltkrieg hervorging und nun den Westen und seine Vormacht USA nicht nur auf der Ebene des ideologischen Systemkonflikts herausforderte. Machtpolitisch gehörte die Sowjetunion bis 1941 aus westlicher Sicht keineswegs zu den relevanten Großmächten. Erst als der deutsche Blitzkrieg 1941 entgegen allen Erwartungen vor Moskau zum Stehen kam und danach die Sowjetunion unter unvorstellbaren Opfern die Hauptlast des Landkriegs trug, änderte sich die westliche Wahrnehmung der Sowjetunion und ihres Machtpotentials.

Zunächst führte dies dazu, dass ihr eine konstitutive Bedeutung als Ordnungsmacht im Staatensystem der Nachkriegszeit zugedacht wurde, sei es in eher traditionell anmutender Weise, wie sie im Prozentabkommen zwischen Churchill und Stalin vom Oktober 1944 zum Ausdruck kam; oder sei es in Roosevelts Konzept der vier Weltpolizisten, die im Rahmen der Vereinten Nationen eine regionale Stabilisierungsfunktion ausüben sollten. Uncle Joe, wie Stalin kurz nach Jalta noch genannt wurde, bekam erst neue Züge, als er überall dort, wo die Rote Armee stand, »sein eigenes gesellschaftliches System« einführte[10]. Dies war – durchaus mit einzelnen Varianten – in der sowjetischen Besatzungszone in Deutschland und in den Ländern Ostmittel- und Südosteuropas der Fall. Dort wurden der Sowjetunion nach anfänglichem Zögern Ende 1945 »spezielle Sicherheitsinteressen« zugestanden[11].

Faktisch war damit die Anerkennung einer sowjetischen Interessensphäre ausgesprochen. Ein letztes Mal wiederholte sich dies 1968, als die sowjetische Hegemonialmacht den »Prager Frühling« mit militärischer Macht erstickte, ohne dass die ost-westlichen Arbeitsbeziehungen nachhaltig gestört worden wären. Auch in einem anderen Zusammenhang wurden ost-westliche Berührungspunkte sichtbar. Die Beatles landeten mit »Back in the USSR« einen unpolitisch gemeinten Hit, der ein sympathisches Bild von gewissen Zügen des Lebens in der Sowjetunion zeichnete: »You don't know how lucky you are boy, back in the USSR.«

10　So Stalin im April 1945 zu Milovan Djilas. Zit. bei Wilfried Loth, Die Teilung der Welt. Geschichte des Kalten Krieges 1941–1955, erw. Neuausgabe, München 2000, S. 99.

11　Der amerikanische Außenminister James F. Byrnes in einer Rede am 31.10.1945. Loth, Teilung (wie Anm. 10), S. 117.

Als Zwischenresümee kann festgehalten werden: Sowohl auf der Ebene staatlichen Handelns als auch auf der strukturellen Ebene transnationaler Interdependenzen erfuhr die Ost-West-Konfrontation in den Sechzigerjahren eine Abschwächung. Der Ost-West-Konflikt ging vom Kalten Krieg als einer spezifischen Form des Konfliktaustrags über in die Phase der Entspannung oder Détente als einer neuen Form des Konfliktaustrags. Die Transformation des Konflikts vom Kalten Krieg zur antagonistischen Kooperation war sowohl beiderseits gewollt als auch objektiv unvermeidbar[12]. Das lag nicht zuletzt daran, dass die von der Ostsee bis zur Adria verlaufende Trennungslinie nie völlig geschlossen war. So gab es schon ein Jahrzehnt vor dem berühmten »Prager Frühling« in Prag ein Musikfestival gleichen Namens, wo Teilnehmer aus Ost und West zusammenkamen. »Iron Curtain lifted for ›Prague Spring‹«, war im Juni 1956 in der New York Times zu lesen[13]. Auf breiter Front kam es in den Sechzigerjahren zu einer schrittweisen Perforation der innerdeutschen und innereuropäischen Grenzen.

Am Ende des Jahrzehnts verschickte die finnische Regierung ihre Einladung zur Abhaltung einer Europäischen Sicherheitskonferenz: »Finnland hat gute Beziehungen zu allen Ländern, die die Sicherheit Europas betrifft, und seine Einstellung zum wichtigsten europäischen Sicherheitsproblem, der deutschen Frage, hat aufgrund ihrer Ausgewogenheit Anerkennung von verschiedenen Seiten erhalten[14].« Dass der 5. Mai 1969 zu einem Epochendatum werden würde, hielten auch die Finnen für höchst unwahrscheinlich. Heute wissen wir, dass es ein Epochendatum war. Der daraus hervorgehende KSZE-Prozess veränderte das Gesicht Europas. Auf ihn konnte sich Bundeskanzler Helmut Kohl berufen, als er am 28. November 1989 mit seinem Zehn-Punkte-Plan die Ebene der Bekenner-Rhetorik hinter sich ließ und das Ziel der Wiedervereinigung zu einem Thema der operativen Politik erklärte.

Deutsche Fragen: Konflikte mit und über Deutschland

In Deutschland kam es nach Kriegsende zu unterschiedlich behandelten Besatzungszonen, später zur Blockade Berlins und schließlich zur Gründung zweier deutscher Staaten, die als Produkte des Kalten Kriegs anzusehen waren. Der Konflikt zwischen Ost und West über Deutschland war nicht die Ursache des Kalten Kriegs, auch wenn die Konfrontation hier auf engstem Raum stattfand. »Deutschland war geteilt, weil die Welt geteilt war – nicht umgekehrt[15].«

---

[12] Näher dazu Gottfried Niedhart, Der Ost-West-Konflikt. Konfrontation im Kalten Krieg und Stufen der Deeskalation. In: Archiv für Sozialgeschichte, 50 (2010), S. 557–594.
[13] New York Times vom 24.6.1956. Carole Fink, 1958. The Prague Spring Music Festival Joins Europe. In: Une Europe malgré de tout, 1945–1990. Contacts et réseaux culturels, intellectuels et scientifiques entre Européens dans la guerre froide. Hrsg. von Antoine Fleury und Lubor Jílek, Brüssel 2009, S. 361.
[14] Die finnische Einladung vom 5.5.1969 wird zitiert bei Seppo Hentilä, Neutral zwischen den beiden deutschen Staaten. Finnland und Deutschland im Kalten Krieg, Berlin 2006, S. 124.
[15] Eckart Conze, Die Suche nach Sicherheit. Eine Geschichte der Bundesrepublik Deutschland von 1949 bis in die Gegenwart, München 2009, S. 37.

Was den Zerfall des Kriegsbündnisses der Großen Drei eigentlich herbeiführte, war das Insistieren der Sowjetunion auf Gleichbehandlung als Weltmacht einerseits und die Weigerung der USA andererseits, eine derartige Statuserhöhung der Sowjetunion zu akzeptieren. Wichtiger als Mittel- und Osteuropa waren in der Entstehungsphase des Kalten Kriegs 1946 die Atomwaffenfrage und die sowjetischen Versuche, im Nordiran, an den Dardanellen und im Mittelmeer Fuß zu fassen. Darauf wird hier nicht näher eingegangen. Festzuhalten ist aber, dass eine europa- oder gar deutschlandzentrische Sichtweise der Genesis des Kalten Kriegs und des weiteren Verlaufs der Auseinandersetzung nicht angebracht ist.

Deutschland war allerdings der Ort, wo sich die unterschiedlichen politischen Systeme und gesellschaftlichen Entwürfe direkt und unversöhnlich gegenüberstanden, und wo das Wettrüsten zu einer nie da gewesenen Anhäufung von Vernichtungswaffen führte. Die deutsche Frage war und blieb ungelöst, und keine Seite wollte der anderen das Feld überlassen. Es gab jedoch im Dissens auch Übereinstimmungen unter den Kontrahenten. In Fragen, die Deutschland als Ganzes betrafen, verfügten die Vier Mächte über Vorbehaltsrechte, die erst 1990 abgelöst wurden. Solche Fragen konnten nur einvernehmlich gelöst werden. Da es an Einvernehmen mangelte, bestand die 1948/49 herbeigeführte Lösung in der Gründung zweier deutscher Staaten. Dies entsprach freilich nicht den Erklärungen der Besatzungsmächte, die sich – noch ohne Frankreich – im Juli und Anfang August 1945 zur Potsdamer Konferenz versammelt hatten. Aber von Deutschland als Ganzem war bald nur noch auf dem Papier die Rede, was bekanntermaßen nicht nur an der Sowjetunion lag.

Die Teilung in Einflusssphären brachte der Welt nicht den erhofften Frieden, bewahrte sie aber vor einem neuen Krieg zwischen den Supermächten. Vom Teilungskonzept war auch die mit Deutschland untrennbar verbundene europäische Sicherheitsfrage betroffen. Bei Ende des Kriegs, der von Deutschland ausgegangen war, bestand ein Grundkonsens, der ungeachtet aller die Anti-Hitler-Koalition zersetzenden Antagonismen nie aufgekündigt wurde. Auf eine Formel gebracht lautete er: Sicherheit vor Deutschland.

So gesehen wurzelte die deutsche Frage in der Zeit lange vor 1945, als die Deutschen mit ihrer Reichsgründung auf den Plan traten, die aus Kriegen hervorgegangen war und von der nach kurzer Zeit die Bereitschaft zum Krieg ausging, so dass der Erste Weltkrieg als die »Urkatastrophe des 20. Jahrhunderts« (George F. Kennan) untrennbar mit dem offensiven Auftreten Deutschlands in Europa und in der Welt verbunden erschien – ganz zu schweigen vom rassenideologischen Vernichtungskrieg, den Deutschland im Gewand des Nationalsozialismus über die Welt gebracht hatte. Die deutsche Frage und der Kalte Krieg sind nicht losgelöst voneinander zu betrachten. Aber sie war weder im Hinblick auf ihre staatsrechtliche Seite noch in ihren Auswirkungen auf das internationale System ursächlich mit dem Kalten Krieg verbunden. Versteht man unter der deutschen Frage das nach der Kriegsniederlage entstandene staatsrechtliche und nationalpolitische Problem, so stand sie, wie wir bereits gesehen haben, nicht am Anfang des Kalten Kriegs. Sieht man die deutsche Frage als Problem der Verträglichkeit von deutschem Nationalstaat und internationaler Ordnung, so datiert sie lange vor dem Beginn des Kalten Kriegs.

Das Problem der Sicherheit vor Deutschland vermochten die Siegermächte schon vor der doppelten Staatsgründung auf deutschem Boden nicht mehr gemeinsam anzupacken. Es blieb aber bei der immer noch gemeinsamen Agenda. Beide Seiten kombinierten ihre jeweilige Strategie, sich selbst und den von ihnen besetzten Teil Deutschlands vor der Bedrohung durch die andere Seite zu schützen, mit dem Bestreben, ihr deutsches Teilpotential dauerhaft zu kontrollieren, es also weder der anderen Seite zu überlassen noch etwaige Alleingänge oder Neutralitätsgelüste zu dulden.

Für die amerikanische Deutschland- und Europapolitik ist dafür der Begriff der »doppelten Eindämmung« geprägt worden. Die Sowjetunion wurde unter Einbeziehung der Westdeutschen eingedämmt, die ihrerseits durch die wirtschaftliche und militärische Einbindung in westliche Institutionen eingedämmt wurden. Zuvorderst ist hier die NATO zu nennen, deren Funktionen einem Ondit zufolge Lord Ismay als erster Generalsekretär des Bündnisses aus britischer Sicht treffend beschrieben hat: »NATO was created to keep the Russians out, the Americans in, and the Germans down[16].« Bekanntlich blieb Letzteres als Teilfunktion der NATO über das Ende des Ost-West-Konflikts hinaus aktuell. Erinnert wurde daran auch von Präsident Nixon, als er angesichts der ihn beunruhigenden Bonner Ostpolitik die NATO als unverzichtbare Klammer zur Zähmung der Deutschen bezeichnete.

Dazu gehörte auch, dass die Deutschen nicht in den Besitz von Atomwaffen kommen sollten. Präsident Johnson in Washington und die Kremlführung in Moskau waren sich in ihrem Druck auf Bonn, den Vertrag über die Nichtverbreitung von Nuklearwaffen zu unterzeichnen, absolut einig. Sie verbanden damit Erwartungen, ihr Interesse an einer Entspannung in den Ost-West-Beziehungen verwirklichen zu können. Der Durchbruch erfolgte erst im November 1969, als die Regierung Brandt/Scheel den Vertrag unterschrieb. Damit kam nicht nur Bewegung in die Entspannungspolitik, für die sich die sozial-liberale Deutschland- und Ostpolitik als Motor erweisen sollte.

Der eben zum Bundeskanzler gewählte Brandt nahm auch den Faden auf, den schon Adenauer kurz nach seiner Wahl zum Bundeskanzler gesponnen hatte, als er das französische Bedürfnis nach Sicherheit unumwunden anerkannte: »Es nützt nichts,« so hatte Adenauer im November 1949 in einem Interview formuliert, »dass wir tatsächlich ungefährlich sind, sondern es kommt darauf an, ob Frankreich uns für gefährlich hält. [...] Ob uns das heutige französische Sicherheitsbedürfnis überholt vorkommt, ob es tatsächlich überholt ist, dies alles ist nicht entscheidend. Auch wenn Frankreich sich im Irrtum befindet, so ist sein Verlangen nach Sicherheit doch psychologisch vorhanden und also eine politische Tatsache, mit der wir zu rechnen

---

[16] Es fehlt ein schriftlicher Beleg für diese Lord Ismay zugeschriebene Formel. Sie beschreibt aber treffend den westalliierten Konsens. Grundlegend zum Begriff »doppelte Eindämmung«: Wolfram F. Hanrieder, Deutschland, Europa, Amerika. Die Außenpolitik der Bundesrepublik Deutschland 1949–1994, Paderborn 1995, S. 27–61, dort S. 39 auch Ismays Funktionsbestimmung der NATO.

haben[17].« Zwanzig Jahre später – im Jahr 1969 – war die Bundesrepublik nicht gefährlicher geworden, aber sie war zu einer Mitführungsmacht in Europa aufgestiegen. Diesen Machtfaktor unter Kontrolle zu halten, war das Ost und West verbindende Interesse. Darauf selbstbewusst und zugleich mit Selbstbeschränkung zu reagieren, verband die Ära Adenauer mit der Ära Brandt.

Von der doppelten Staatsgründung zur Anerkennung der Zweistaatlichkeit

Sowohl die Ära Adenauer als auch die Ära Brandt waren prägende Formationsphasen westdeutscher Außen- und Deutschlandpolitik. Dies galt insofern auch für die DDR, als sie im Windschatten der Sowjetunion darauf reagierte. In beiden Phasen gewann die Bundesrepublik Handlungsspielraum in der internationalen Politik. Für die DDR ist ein solcher Schub für die zweite Phase, die Phase der Entspannungspolitik, zu beobachten. Die Bundesrepublik erlebte im Unterschied zur DDR in beiden Phasen polarisierende Auseinandersetzungen über die jeweiligen außen- und deutschlandpolitischen Weichenstellungen – über die dezidierte Westbindung Adenauers ebenso wie über die Ostpolitik Brandts. Verrat am Gedanken der deutschen Einheit wurde beiden vorgeworfen. Bekannt ist Kurt Schumachers Einwurf, Adenauer sei der Kanzler der Alliierten. Brandt wiederum wurde eine zu große Nähe zu Moskau unterstellt: Er betreibe einen Ausverkauf deutscher Interessen.

Deutschlandpolitik war immer ein Reflex auf die internationale Lage. Jede Antwort auf die staatsrechtlichen und nationalpolitischen Aspekte der deutschen Teilung musste im Kontext der Ost-West-Beziehungen gesucht werden. Für Adenauer – und nicht weniger für Ulbricht – hieß dieser Kontext Kalter Krieg. Brandt dagegen, zunächst in der Frontstadt Berlin ebenfalls in die Strukturen des Kalten Kriegs eingebunden, konnte im Laufe der Sechzigerjahre die veränderte Konstellation der Ost-West-Entspannung nutzen, die die immer noch durch Ulbricht repräsentierte DDR-Führung vor ungewohnte Herausforderungen stellte. Im Übergang vom Kalten Krieg zur Entspannung standen sich Adenauer und Brandt in ihren Lagebeurteilungen recht nahe. Aber in der Formulierung der aus der Entspannungspolitik abgeleiteten deutschlandpolitischen Konsequenzen war Brandt überzeugender und erhielt dafür 1969 eine knappe parlamentarische Mehrheit für die von ihm gebildete sozial-liberale Regierung.

Ulbricht wollte dem eine eigene »Westpolitik« entgegensetzen[18], befand sich aber zunehmend in einer isolierten Position und wurde im Mai 1971 von Erich

---

17   Interview Adenauer. In: Die Zeit vom 3.11.1949. Wieder abgedruckt in: Die Zeit vom 3.11.1989, S. 53.

18   Während der Sitzung des Politbüros am 30.10.1969 erkannte Ulbricht, Brandt wolle mit seiner Ostpolitik »bei uns eindringen«. Seine Schlussfolgerung lautete: »Wenn Brandt neue Ostpolitik macht, dann machen wir eine neue Westpolitik, und zwar eine, die sich gewaschen hat. Dabei soll er ins Schwitzen kommen.« In: Dokumente zur Deutschlandpolitik (DzD). VI. Reihe, Bd 1, S. 28. Für den Kontext Oliver Bange, Zwischen Bedrohungsperzeption und sozialistischem Selbstverständnis. Die DDR-Staatssicherheit und westliche Transformationsstrategien 1966–1975. In: Militär und

Honecker abgelöst, der schon im Juli 1970 von Brežnev ermahnt worden war, Brandts Vorstellungen von der »Einheit der Nation« entgegenzutreten: »Es gibt keine Einheit zwischen sozialistischer DDR und kap[italistischer] Bundesrepublik. [...] Die Abgrenzung, der Graben zwischen DDR und BRD wird noch tiefer werden[19].«

In der Tat beruhte die Existenzsicherung der DDR auf der Zementierung des Status quo. In Westdeutschland dagegen stand dessen Infragestellung obenan. In verschiedenen Spielarten war die alte Bundesrepublik bis 1990 ein Staat, der eine revisionistische Politik verfolgte. Adenauer war der Auffassung, dass Fortschritte in der deutschen Frage und Entspannung in den Ost-West-Beziehungen Hand in Hand gehen müssten. In seiner langen Regierungszeit hat er darüber, wie Entspannung erreicht und was unter Entspannung verstanden werden könnte, unterschiedliche Haltungen eingenommen. Gegen Ende seiner Amtszeit beschäftigte ihn der Gedanke, ob man mit der Sowjetunion ins Gespräch kommen könnte, wenn man ihr eine Art »Burgfrieden« anböte.

Konstitutiv für Adenauers Politik war freilich ein Konzept, das mit »westlicher Einigkeit und Stärke« umschrieben worden ist[20]. Seine Vorstellung von Entspannung beruhte lange Zeit auf der Erwartung, die Sowjetunion werde die Überlegenheit des Westens anerkennen und sich aus den 1945 besetzten Gebieten wieder zurückziehen. Die westliche Politik der Stärke müsse so weit entwickelt werden, »dass die Russen Angst haben. Dann erst kann man mit den Russen verhandeln«[21]. Als Verhandlungsziel nannte Adenauer noch im Juli 1956 die »Befreiung der Ostzone«[22].

Im Zuge der Berlinkrise und definitiv mit dem Mauerbau wurde deutlich, dass der »Alte« in Bonn Illusionen geweckt hatte, die nicht angebracht waren. Der Westen war zwar »stark«, aber Chruščëv machte nicht den Eindruck, Angst zu haben. Was aus Adenauers Sicht noch schlimmer war: Der Westen war keineswegs einig, denn die Westmächte waren nicht bereit, den Bonner Vorstellungen zu folgen. Für sie war Ost-West-Entspannung zunehmend wichtiger als die Aufrechterhaltung der Freizügigkeit für die Berliner oder gar die Wiederherstellung der deutschen Einheit.

Staatssicherheit im Sicherheitskonzept der Warschauer-Pakt-Staaten. Hrsg. von Torsten Dietrich und Walter Süß, Berlin 2010, S. 261 f.

[19] Notizen Honeckers über sein Gespräch mit Brežnev in Moskau am 28.7.1970. Ulbricht wegen seiner aktiv erscheinenden Westpolitik scharf kritisierend, bestand Brežnev darauf, es dürfe »zu keinem Prozeß der Annäherung zwischen der DDR + BRD kommen«. Brandt wolle in die DDR »eindringen«. Er habe »in Bezug auf DDR andere Ziele als wir« und strebe ihre »Liquidierung« an. Für Brežnev war die DDR »ein wichtiger Posten. Sie ist das Ergebnis des Zweiten Weltkrieges, unsere Errungenschaft, die mit dem Blut des Sowjetvolkes erzielt wurde. [...] Bis vor kurzem war die DDR für uns etwas, was man nicht erschüttern kann. Jetzt taucht aber eine Gefahr auf. Nicht lange, und der Gegner, Brandt, wird dies erkennen und für sich ausnutzen.« Für die DDR gebe es nur einen Schutz: »Erich, ich sage Dir offen, vergesse das nie: Die DDR kann ohne uns, ohne die SU, ihre Macht und Stärke, nicht existieren. Ohne uns gibt es keine DDR.« In: DzD (wie Anm. 18), S. 669–674.

[20] Hans-Peter Schwarz, Adenauer. Der Staatsmann, 1952–1967, Stuttgart 1991, S. 991.

[21] Adenauer am 6.9.1951. In: Adenauer. Teegespräche 1950–1954. Bearb. von Hanns Jürgen Küsters, Berlin 1984, S. 138.

[22] Adenauer am 12.7.1956. In: Adenauer, »Wir haben wirklich etwas geschaffen«. Die Protokolle des CDU-Bundesvorstands 1953–1957. Bearb. von Günter Buchstab, Düsseldorf 1990, S. 933.

Adenauer sah die »große Gefahr«, die Bundesrepublik könnte »auf den Altar der Versöhnung zwischen West und Ost geworfen« werden[23].

Auch Brandt in Berlin wurde jäh mit den Realitäten der internationalen Politik konfrontiert. Es kam ihm vor, »man habe im August 1961 einen Vorhang weggezogen, um uns eine leere Bühne zu zeigen«[24]. Sollte sie wieder bespielt werden, musste ein deutschlandpolitisches Konzept entwickelt werden, das mit den Entspannungstendenzen der Supermächte kompatibel war. Nach anfänglichen Dissonanzen kam es zwischen Brandt und Kennedy zu einem engen Gedankenaustausch. Was dabei entstand, war ein entspannungs- und deutschlandpolitischer Neuansatz. Schon einige Jahre zuvor hatte Brandt eine ostpolitische Ergänzung der Westpolitik der Bundesrepublik angemahnt. Nach dem Bau der Mauer sah er sich dazu gezwungen.

Wenn man von Willy Brandt spricht, kann man von Egon Bahr nicht schweigen. Dieser fungierte zwischen 1960 und 1966 formell zwar nur als Pressesprecher des West-Berliner Senats. In dieser Zeit war er jedoch der intellektuelle Kopf, der die entscheidenden Teile des neuen Spielplans auf der deutschland- und ostpolitischen Bühne entwarf. Von ihm stammte auch die Formel, die einen Paradigmenwechsel ankündigte und die große Teile der Öffentlichkeit, die SPD eingeschlossen, provozierte: »Wandel durch Annäherung«[25].

Das Tandem Brandt/Bahr – der eine abgewogener, der andere pointierter formulierend – stand für eine paradox anmutende These. Man müsse – ganz im Sinne Kennedys – die Realität der kommunistischen Herrschaft und der bestehenden Nachkriegsordnung zunächst einmal hinnehmen, wenn man sie langfristig verändern wolle. Dahinter verbarg sich eine Transformationsstrategie, die über Kontakte aller Art zu einer allmählichen Durchlässigkeit bestehender Grenzen und zur Öffnung des Ostens führen sollte. »Wir müssen den Prozess der Wandlung im Ostblock fördern«, schrieb Bahr 1965. »Dazu sind wirtschaftliche und kulturelle Kommunikationen, auch gemeinsame Projekte nützlich[26].«

Aus der Sicht der DDR-Führung kam dies einer »Aggression auf Filzlatschen« gleich, wie es später Außenminister Otto Winzer genannt haben soll[27]. Schon 1965 erkannte Ulbricht, der »Gegner« wolle »in die Volksdemokratien und bei uns eindringen«. Dem müsse man eine eigene Westpolitik entgegensetzen, an der Ulbricht bis zu seinem politischen Ende festhalten sollte: »Also müssen wir bei ihnen eindringen. Aber nicht nur reden, sondern klassenmäßig handeln gegenüber Westdeutschland

23   Adenauer am 10.3.1956. In: Adenauer (wie Anm. 21), S. 858.
24   Willy Brandt, Begegnungen und Einsichten. Die Jahre 1960–1975, Hamburg 1976, S. 17.
25   Bahr am 15.7.1963 in einer Rede in der Evangelischen Akademie in Tutzing. In: DzD, IV. Reihe, Bd 9, S. 575.
26   Archiv der sozialen Demokratie der Friedrich-Ebert-Stiftung, Bonn (AdsD), Depositum Bahr 1/EBAA000030: Aufzeichnung Bahrs vom 13.11.1965. Vgl. auch Egon Bahr, Zu meiner Zeit, München 1996, S. 179 f.
27   Auch hier fehlt ein schriftlicher Beleg. Siehe aber Karl Seidel, Berlin-Bonner Balance. 20 Jahre deutsch-deutsche Beziehungen. Erinnerungen und Erkenntnisse eines Beteiligten, Berlin 2002, S. 52. Allgemein auch Siegfried Suckut, Probleme mit dem »großen Bruder«. Der DDR-Staatssicherheitsdienst und die Deutschlandpolitik der KPdSU 1969/70. In: Vierteljahrshefte für Zeitgeschichte, 58 (2010), S. 403–439.

und in Westdeutschland, d.h. unsere ganze Argumentation muß offensiver werden, sie muß beißen, sie müssen drüben aufheulen, wenn wir etwas sagen[28].«

Richard von Weizsäcker hat im Rückblick treffend von »systemöffnender Koexistenz« gesprochen, die langfristig zu einer »Systemveränderung« des Ostens führen sollte[29]. In operative Politik umgesetzt hieß dies eine Politik der »kleinen Schritte« und der Respektierung der Nachkriegsrealitäten[30]. Die Lösung der deutschen Frage wurde jetzt nicht mehr als Voraussetzung für Entspannung in Europa angesehen. Die Schrittfolge hatte sich umgekehrt. Nur nach einem Abbau der Ost-West-Spannungen und nach einer Überwindung der Teilung Europas wäre eine Überwindung der Teilung Deutschlands vorstellbar.

Dies im öffentlichen Bewusstsein verankert zu haben, war eine der großen Leistungen der im Dezember 1966 ins Amt gekommenen Regierung der Großen Koalition mit Kurt Georg Kiesinger als Bundeskanzler und Willy Brandt als Außenminister. Sie relativierte nicht nur die Hallstein-Doktrin und setzte die Selbstanerkennung an die Stelle der älteren Vorstellung von der Bundesrepublik als Provisorium. Kiesinger ließ auch keinen Zweifel an der neuen Prioritätensetzung. Ein »wiedervereinigtes Deutschland« hätte eine »kritische Größenordnung«. Daher sei es »nur schwer vorstellbar, daß sich ganz Deutschland bei einer Fortdauer der gegenwärtigen Struktur in Europa der einen oder der anderen Seite ohne weiteres zugesellen könnte. Eben darum kann man das Zusammenwachsen der getrennten Teile Deutschlands nur eingebettet sehen in den Prozeß der Überwindung des Ost-West-Konflikts in Europa«[31].

Kiesinger wiederholte nur, was etwa die Präsidenten Charles de Gaulle und Lyndon B. Johnson schon gesagt hatten. Er wählte dafür den 17. Juni 1967, als die Westdeutschen den Tag der deutschen Einheit als arbeitsfreien Tag genossen, ohne dabei die verlorene Einheit sonderlich zu vermissen. Diesen Mangel an gesamtdeutschem Bewusstsein hatte schon ein Dreivierteljahr zuvor Karl Carstens als Staatsekretär im Auswärtigen Amt konstatiert. Carstens rang sich dazu durch, die »Problematik« – d.h. das Scheitern – der bisherigen Deutschlandpolitik schonungslos zu beschreiben[32]. Er hatte indes keine zukunftsweisenden Vorschläge zu unterbreiten. Die DDR nannte er immer noch SBZ. Ein vertraglich geregelter modus vivendi zweier deutscher Staaten kam für ihn nicht in Betracht.

Die Regierung der Großen Koalition leitete zwar die erste Phase einer neuen Deutschland- und Ostpolitik ein, litt aber unter den Gegensätzen zwischen den

28 Ulbricht am 8.6.1965 anlässlich des Magdeburger Arbeiterjugendkongresses. Zit. bei Jens Hildebrandt, Gewerkschaften im geteilten Deutschland. Die Beziehungen zwischen DGB und FDGB vom Kalten Krieg bis zur Neuen Ostpolitik 1955 bis 1969, St. Ingbert 2010, S. 589. Vgl. auch oben Anm. 18.
29 Richard von Weizsäcker, Vier Zeiten. Erinnerungen, Berlin 1997, S. 232.
30 Dazu Wolfgang Schmidt, Kalter Krieg, Koexistenz und kleine Schritte. Willy Brandt und die Deutschlandpolitik 1948–1963, Wiesbaden 2001.
31 Kiesinger anlässlich des Staatsakts zum »Tag der deutschen Einheit« am 17.6.1967. In: Die deutsche Ostpolitik 1961–1970. Kontinuität und Wandel. Hrsg. von Boris Meissner, Köln 1970, S. 206 f.
32 Aufzeichnung von Carstens, »Die Problematik unserer Deutschlandpolitik« vom 17.10.1966. In: Akten zur Auswärtigen Politik der Bundesrepublik Deutschland (AAPD) 1966, S. 1374–1383.

allzu konservativen Kräften auf dem rechten Flügel der Unionsparteien und den entspannungspolitischen Vorreitern in der SPD. Zum Leiter des Planungsstabs im Auswärtigen Amt avanciert, war es wiederum Egon Bahr, der die Linie für die Ende 1969 in Gang gesetzte zweite Phase der neuen Deutschland- und Ostpolitik konzipierte. Ihren letzten Schliff erhielt sie 1968 nach der sowjetischen Intervention in der Tschechoslowakei, als deutlich wurde, dass kein Weg an der Respektierung der Sowjetunion als Hegemonialmacht vorbeiführte.

Der Schlüssel zu Fortschritten in der Deutschland- und Entspannungspolitik lag nun einmal eindeutig in Moskau. Mit Moskau aber konnte man über einen Gewaltverzicht und ein künftiges europäisches Sicherheitssystem nur ins Gespräch kommen, wenn man sein auf militärischer Macht und Gewalt basierendes Imperium nicht offen in Frage stellte. Der erste Schritt zur Entspannung in Europa implizierte die Hinnahme entspannungsfeindlicher Brutalität im sowjetischen Machtbereich. Dazu bedurfte es einer gedanklichen Anstrengung.

Wie sich zeigte, war die ebenfalls an Entspannung, vor allem an wirtschaftlicher Kooperation mit der Bundesrepublik interessierte sowjetische Führung nicht unbeweglich. Ihr genügte die Anerkennung der DDR als Staat, die Bundeskanzler Brandt in seiner ersten Regierungserklärung am 28. Oktober 1969 in einem Nebensatz aussprach. Zum Entsetzen der ostdeutschen Führung bestand Moskau aber nicht auf der vollen völkerrechtlichen Anerkennung der DDR. Das hielt die deutsche Frage offen und ließ die revisionistische Komponente der Ostpolitik zum Tragen kommen. Glasklar formulierte Bahr den »echten Gegensatz der Interessen« im deutsch-sowjetischen Verhältnis, der erst zwei Jahrzehnte später verschwinden sollte: »Das Hauptziel der sowjetischen Europapolitik ist die Legalisierung des Status quo. Das Hauptziel unserer Politik ist die Überwindung des Status quo[33].«

»Überwindung des Status quo« – darin bestand die Kernvorstellung der sozialliberalen Ostpolitik. Was im ostpolitischen Tagesgeschäft nicht zur Sprache kommen durfte, konnte intern durchaus gesagt werden. Seine amerikanischen und britischen Gesprächspartner staunten nicht schlecht, als Bahr ihnen im April 1969 im kleinen Kreis das strategische Ziel der Ostpolitik offen legte[34]. Davon überzeugt, dass sich das vordergründig vor Macht strotzende sowjetische Imperium tatsächlich in einem »Erosionsprozess« befand[35], sah Bahr langfristig realistische Möglichkeiten, die »Desintegration des Ostblocks« und die »Befreiung Osteuropas« herbeizuführen. Genauere Zeitvorstellungen verboten sich von selbst. Für die Achtzigerjahre wagte Bahr die Prognose, die sowjetische Dominanz in Osteuropa werde nachlassen, ohne

---

[33] Aufzeichnung Bahrs vom 18.9.1969. In: AAPD 1969, S. 1040. Ähnlich schon die Aufzeichnung Bahrs vom 1.10.1968. In: AAPD 1968, S. 1279.

[34] Treffen Bahrs mit amerikanischen und britischen Planungsstäblern im Rahmen der Atlantic Policy Advisory Group am 18.4.1969. Dazu existieren eine britische Aufzeichnung (The National Archives, Kew, FCO 49/265) und ein amerikanisches Protokoll, auf das ich dankenswerter Weise von Stephan Kieninger hingewiesen wurde (National Archives, College Park, MD, RG 59, Lot 73 D 363, Subject and Country Files of the Policy Planning Council and the Planning and Coordination Staff 1967–1973, box 401).

[35] AdsD, Depositum Bahr 72, Bahr am 27.10.1968 in einem Vortrag vor der Vereinigung Deutscher Wissenschaftler in Marburg a.d. Lahn. Siehe ferner das in Anm. 33 genannte Memorandum vom 18.9.1969.

aber schon zum Rückzug der Sowjetunion zu führen. Der Blick in die Zukunft war notwendigerweise verschwommen. Die Aussicht auf Wandel schuf aber genügend Selbstvertrauen, den gerade einsetzenden Prozess der Entspannung in Europa als antagonistische Kooperation mit langem Atem voranzutreiben.

I.

Der Weg in die Ost- und Entspannungspolitik ab 1970

Csaba Békés

Entspannung in Europa, die deutsche Frage und die Staaten des Warschauer Pakts 1970–1990

Renaissance der Entspannung

Der politikgeschichtliche Begriff der Entspannung wird auf unterschiedliche Weise interpretiert. Die meisten Wissenschaftler vertreten die Meinung, dass es sich historisch gesehen um den Zeitraum zwischen 1969 und 1975 handelt, als die Lockerung der Spannungen in den Ost-West-Beziehungen zu bemerkenswerten Ergebnissen führte, unter anderem zur Entschärfung des deutschen Problems, zum Abkommen über Rüstungsbegrenzung, zur bilateralen Zusammenarbeit zwischen den USA und der Sowjetunion und schließlich – als Höhepunkt – zur Schlussakte von Helsinki.

Indes spricht Etliches dafür, dass die Entspannung bereits 1953 begann und bis zum Zusammenbruch der Sowjetunion nie beendet wurde. Die kurze Zeit zwischen 1953 und 1956 war ein wichtiger Meilenstein. Nach diesem Einschnitt änderten sich Struktur und Dynamik des Kalten Krieges. In diesen prägenden Jahren war das Wichtigste in den Ost-West-Beziehungen, dass beide Seiten allmählich erkannten und begriffen, dass die beiden gegnerischen politisch-militärischen Blöcke und Ideologien Seite an Seite leben und einander tolerieren mussten, um einen dritten und mit Sicherheit in die totale nukleare Vernichtung führenden Weltkrieg zu vermeiden.

Daher bilden die ständige gegenseitige Bedrohung und die dadurch erzwungene Kooperation der Vereinigten Staaten und der Sowjetunion bei offensichtlich immanent weiter bestehendem Antagonismus das Hauptmerkmal des Verhältnisses der widerstreitenden Supermächte und ihrer politisch-militärischen Blöcke nach 1952. Wettbewerb, Konflikt und Konfrontation blieben Elemente des Ost-West-Verhältnisses, wurden jedoch durch die Entspannungselemente der gegenseitigen Abhängigkeit und der erzwungenen Kooperation eingeschränkt, um eine direkte militärische Konfrontation der Supermächte zu vermeiden[1].

Die daraus folgende stillschweigende Anerkennung des Status quo und der Einflusssphären in Europa erklärt, warum die Amerikaner bei allen internen Krisen des Sowjetblocks untätig blieben, und diese nur als Pseudokrisen in den Ost-West-

---

[1] Csaba Békés, Cold War, Détente and the 1956 Hungarian Revolution. In: The Cold War after Stalin's Death. A Missed Opportunity for Peace? Ed. by Klaus Larres and Kenneth Osgood, Lanham 2006, S. 213–233.

Beziehungen gelten können. Wichtiger ist jedoch, dass die realen Krisen jener Zeit, vor allem die zweite Berlin-Krise und die Kuba-Krise, durch Geheimdiplomatie friedlich beigelegt werden konnten – in letzterem Fall durch völlige Missachtung der eigenen Bündnispartner auf beiden Seiten.

Dies entsprach ganz den Spielregeln der erzwungenen Kooperation, die darauf abzielte, durch eine Kompromisslösung eine Eskalation der Krise zu vermeiden. Dafür wurde – falls nötig – auch dem Gegner direkt geholfen, sein Gesicht zu wahren. Obwohl Raymond Garthoff bereits 1985 auf die ständige Präsenz der Elemente Kooperation und Konfrontation im Kalten Krieg verwies[2], soll im Folgenden die Auffassung vertreten werden, dass der Mechanismus der erzwungenen Kooperation nicht nur in Zeiten, in denen das Element der Zusammenarbeit die Ost-West-Beziehungen dominierte, eine wichtige Rolle spielte, sondern auch ein wesentliches Mittel zur Lösung der Krisen gerade während der schwersten Konfrontationen war.

Es ist allgemein bekannt, dass die Hintertürdiplomatie zwischen den USA und der Sowjetunion sowie der Sowjetunion und Westdeutschland eine entscheidende Rolle bei der Entschärfung der deutschen Frage und dem Erfolg des KSZE-Prozesses in den goldenen Jahren der Entspannung von 1969 bis 1975 spielte[3]. Doch die Bereitschaft zur Zusammenarbeit war bereits während der Eskalation des Vietnamkrieges 1965/1966 spürbar. In der Öffentlichkeit verurteilten die Sowjets und ihre Verbündeten die amerikanische Aggression streng; daher waren die sowjetisch-amerikanischen Beziehungen während dieser Zeitspanne offiziell ziemlich angespannt.

In Wirklichkeit wusste der Kreml, der an einer Annäherung an die Vereinigten Staaten interessiert war, um den Wunsch der Johnson-Administration, eine friedliche Lösung der Krise zu finden. Daher beauftragte Moskau einige Staaten des Sowjetblocks, besonders Polen und Ungarn, geheime Verhandlungen mit führenden Vertretern Nordvietnams zu führen und sie zu Verhandlungen mit Washington zu drängen, letztlich die Teilung Vietnams zu akzeptieren. Diese Vermittlungsversuche wurden von der chinesischen Führung durchkreuzt, die die Nordvietnamesen dazu brachte, bis zum endgültigen Sieg über die Amerikaner weiterzukämpfen.

Auf einem Treffen mit dem ungarischen Staats- und Parteichef Janos Kádár im März 1965 zeigte sich Leonid Brežnev überzeugt, dass die Chinesen den Konflikt in Indochina nutzen wollten, um einen direkten militärischen Konflikt zwischen der Sowjetunion den Vereinigten Staaten auszulösen. Er fügte hinzu, dass Moskau alles

---

[2] Raymond Garthoff, Détente and Confrontation. American-Soviet Relations from Nixon to Reagan, Washington 1985.

[3] Für die geheimen diplomatischen Kontakte zwischen Washington, Bonn und Moskau siehe: Gottfried Niedhart, The Kissinger-Bahr Back-Channel within US-West German Relations 1969–74, und Oliver Bange, »Scenes from a Marriage«. East-West Détente and its Impact on the Atlantic Community, 1961–77. Beide in: Atlantic, Euratlantic, or Europe-America? Ed. by Giles Scott-Smith and Valérie Aubourg, Paris 2011, S. 287–291 und S. 275–277. Eine Dokumentenedition zum sowjetisch-amerikanischen Annäherungsprozess bietet: Soviet–American Relations. The Détente Years, 1969–1972. Ed. by Edward C. Keefer, David C. Geyer and Douglas E. Selvage, Washington D.C., 2007.

Mögliche tun würde, diesen teuflischen Plan zu vereiteln[4]. Dies bedeutet auch, dass die weit verbreitete Beurteilung des Vietnamkrieges als Stellvertreterkrieg zwischen den USA und der Sowjetunion neu zu bewerten ist.

In Wirklichkeit waren beide Supermächte daran interessiert, eine Eskalation des Konflikts zu vermeiden. Im Gegensatz zur letztlich pragmatischen Vorgehensweise der beiden Supermächte, die zu einer schnellen Lösung von Ost-West-Krisen führte – wie zum Beispiel mit dem Waffenstillstand in Korea unmittelbar nach Stalins Tod –, machte indes die ambitionierte Partikularpolitik der chinesischen Führung, damals der geheime Hauptakteur im Indochina-Konflikt, hier eine Einigung unmöglich.

Ähnliche Beispiele für den Mechanismus der »erzwungenen Zusammenarbeit« zwischen den Supermächten sind in allen Phasen der Ost-West-Beziehungen zwischen 1953 und 1991 zu finden. Diese neue Interpretation der Entspannung erklärt auch, wie es möglich war, dass nur wenige Jahre nach dem angeblichen »Tod der Entspannung« Ende der Siebzigerjahre mit dem Machtantritt Gorbačëvs nach 1985 eine nie dagewesene Annäherung zwischen den Supermächten erfolgte.

Friedliche Koexistenz und der KSZE-Prozess

Die neue Strategie der friedlichen Koexistenz wurde von der kollektiven Führung der Sowjetunion, die nach Stalins Tod an die Macht kam, unmittelbar nach der Beerdigung ihres früheren Chefs im März 1953 initiiert. Aus diesem Grunde ist es wichtig zu betonen, dass diese Politik nicht erst vom 20. Parteitag der KPdSU im Februar 1956 begonnen wurde, wie in den meisten Studien zu diesem Thema behauptet wird. Diesem Forum blieb es vorbehalten, die in den drei Jahren zuvor ausgestaltete Strategie der friedlichen Koexistenz zu einer langfristigen Doktrin zu erheben, nach der der Krieg zwischen dem sozialistischen und kapitalistischen Lager keineswegs unvermeidbar sei. Diese Doktrin blieb dann bis zur Auflösung der Sowjetunion in Kraft[5].

Sie ermöglichte eine wesentlich flexiblere Außenpolitik, die darauf abzielte, Spannungen in den Ost-West-Beziehungen drastisch abzubauen und die politische und vor allem wirtschaftliche Zusammenarbeit mit dem Westen ständig zu vertiefen.

---

4   Csaba Békés, Magyar–szovjet csúcstalálkozók, 1957–1965 [Ungarisch-sowjetische Gipfeltreffen 1957–1965, Dokumente], Évkönyv, 6 (1998), szerk. Litván György, Budapest, 1956-os Intézet, 1998, S. 143–183. Ein kürzlich erschienener Aufsatz über die Rolle Ungarns im Vietnamkrieg: Zoltán Szőke, Delusion or Reality? Secret Hungarian Diplomacy during the Vietnam War. In: Journal of Cold War Studies, 12 (2010), 4, S. 119–180.

5   Zur Vorgeschichte des KSZE-Prozesses im Warschauer Pakt siehe Csaba Békés, Der Warschauer Pakt und der KSZE-Prozess 1965 bis 1970. In: Der Warschauer Pakt. Von der Gründung bis zum Zusammenbruch 1955–1991. Hrsg. von Torsten Diedrich, Winfried Heinemann und Christian F. Ostermann, Berlin 2009, S. 225–244. Zum Zusammenhang zwischen KSZE-Prozess und deutscher Frage siehe Csaba Békés, The Warsaw Pact, the German Question and the Birth of the CSCE Process 1961–1970. In: Helsinki 1975 and the Transformation of Europe. Ed. by Oliver Bange and Gottfried Niedhart, New York 2008, S. 113–128. Sowie Csaba Békés, East Central Europe, 1953–1956. In: The Cambridge History of the Cold War, Vol. 1. Ed. by Melvyn Leffler and Odd Arne Westad, Cambridge 2010, S. 334–352.

Das Ziel war es, die Kosten des Wettrüstens zu senken und somit die Chancen der Sowjetunion zu erhöhen, den intensiver werdenden Wettbewerb der beiden gegnerischen Blöcke zu überleben[6].

Nach Meinung der Staats- und Parteichefs des Sowjetblocks sollte dies zu einem friedlichen Wettbewerb zwischen den beiden Blöcken führen, den letzten Endes der kommunistische Block gewinnen würde. Das hieß nicht, den Klassenkampf als solchen aufzugeben: Es bedeutete lediglich, dass der Schwerpunkt des Klassenkampfes von Europa – bisher das wichtigste Gebiet, um den Kommunismus voranzubringen – auf die Dritte Welt verlagert wurde, wo einheimische Befreiungsbewegungen Gelegenheit boten, den sowjetischen Einfluss auszudehnen[7]. Demzufolge begann man bereits 1953 und nicht erst Ende der Fünfziger- oder Anfang der Sechzigerjahre, wie vielfach angenommen, den Kalten Krieg in die Dritte Welt auszuweiten.

Friedliche Koexistenz bedeutete auch nicht, das Wettrüsten aufzugeben. Das Hauptziel der Sowjetunion bestand vielmehr weiterhin darin, um jeden Preis ein nukleares Gleichgewicht zu den Vereinigten Staaten zu erreichen und aufrechtzuerhalten und somit der Sowjetunion den langersehnten Status einer gleichberechtigten Supermacht zu verleihen. Das Adjektiv »friedlich« vor Koexistenz hatte durchaus seine Berechtigung, da die Staats- und Parteichefs des Sowjetblocks tatsächlich nie einen Krieg gegen den Westen beginnen wollten. Stattdessen versuchte Moskau ab Mitte der Fünfzigerjahre, die Geländegewinne des Zweiten Weltkriegs langfristig zu konsolidieren – mit einem Angebot an den Westen, den europäischen Status quo vertraglich zu fixieren, bei gleichzeitiger Verpflichtung des Sowjetblocks, einen Angriff auf Westeuropa zu unterlassen, und einem stillschweigenden Verzicht auf alle weiteren Bestrebungen, durch kommunistische Parteien im Westen Macht zu übernehmen.

Der Chruščëv-Molotov-Plan für einen paneuropäischen Sicherheitspakt wurde den völlig unvorbereiteten Westmächten 1954 präsentiert und von diesen als Propaganda zurückgewiesen. Zehn Jahre später erfuhr die Idee eine Wiederbelebung. Dieses Mal war es die polnische Führung, die das Thema Ende 1964 auf die internationale Tagesordnung setzte. In seiner Rede vor der Generalversammlung der Vereinten Nationen am 14. Dezember schlug der polnische Außenminister Adam Rapaçki vor, eine europäische Sicherheitskonferenz unter Beteiligung der Vereinigten Staaten von Amerika einzuberufen[8].

Der Vorschlag wurde dann auf der Tagung des Politischen Beratenden Ausschusses (PBA) des Warschauer Pakts, die im Januar 1965 in der polnischen Hauptstadt statt-

---

6   Einen neuen Überblick zur sowjetischen Politik nach Stalins Tod bietet: Vojtech Mastny, Soviet foreign policy, 1953–1962. In: The Cambridge History (wie Anm. 5), S. 312–333. Siehe auch: Békés, East Central Europe. Ebd., S. 334–352. Ein weiterer wichtiger Sammelband zu diesem Thema ist: The Cold War after Stalin's Death (wie Anm. 1).

7   Zur Politik der Sowjetunion gegenüber der Dritten Welt siehe: Odd Arne Westad, The Global Cold War. Third World Interventions and the Making of Our Times, Cambridge, New York 2003. Ähnlich auch die Analysen von Roman Deckert, Klaus Storkmann und Jason Verber in diesem Band.

8   Zur polnischen Politik hinsichtlich der europäischen Sicherheit siehe: Wanda Jarząbek, Hope and Reality. Poland and the Conference on Security and Cooperation in Europe, 1964–1989, CWIHP Working Paper No. 56.

fand, offiziell vorgestellt. Obgleich das Thema ursprünglich nicht einmal auf der Tagesordnung des Treffens stand, unterstützten die Teilnehmer den improvisierten Vorschlag einstimmig. In das Abschlusskommuniqué wurde zusätzlich aufgenommen, dass die Staaten des Warschauer Pakts es für notwendig erachteten, »eine Konferenz europäischer Staaten einzuberufen, um Maßnahmen zu erörtern, die die kollektive Sicherheit in Europa gewährleisten«[9].

Ab dem zweiten Halbjahr 1965 setzte sich auch die sowjetische Diplomatie für eine europäische Sicherheitskonferenz ein. Von nun an wurde diese Frage – in engem Zusammenhang mit Moskaus Bemühungen zur Beilegung der deutschen Frage – zum zentralen Anliegen jener Zeit und blieb es bis Mitte der Siebzigerjahre.

Dementsprechend wurde die nächste Tagung des PBA des Warschauer Pakts, die im Juli 1966 in Bukarest stattfand, komplett der Vorbereitung einer solchen Sicherheitskonferenz gewidmet. Die Bukarester Erklärung des Warschauer Pakts wurde einstimmig angenommen. Sie rief die Staatschefs auf dem Kontinent auf, vorläufige Verhandlungen über die Durchführung einer Konferenz zur europäischen Sicherheit aufzunehmen.

Der Ostblock nannte aber auch Vorbedingungen für die Abhaltung der Konferenz: Der Westen sollte die Existenz der beiden deutschen Staaten bestätigen und die Bundesrepublik den Alleinvertretungsanspruch für das deutsche Volk aufgeben sowie die bestehenden Ostgrenzen anerkennen. Der Aufruf der Bukarester Tagung bildete die erste ernsthafte Initiative des Ostblocks zur institutionellen Regelung der Ost-West-Beziehungen. Gleichzeitig war er der erste Schritt auf dem Weg zur Unterzeichnung der KSZE-Schlussakte neun Jahre später.

Um Politik- und Regierungskreise in Westeuropa zu überzeugen, griffen die Sowjets auf ihre bewährte Taktik dezentraler Vorstöße zurück. Nach der Bukarester Erklärung des Warschauer Pakts förderte Moskau bilaterale Verhandlungen der Teilnehmerstaaten des Bündnisses mit westeuropäischen Staaten, um diese von der Bedeutung der Initiative für die Entwicklung der Ost-West-Beziehungen zu überzeugen. Das Hauptziel der Kampagne bestand darin, das wichtigste strategische Anliegen der Sowjets zu unterstützen, nämlich über die Einberufung einer europäischen Sicherheitskonferenz die Bestätigung des europäischen Status quo nach dem Zweiten Weltkrieg zu erhalten.

Diese bilateralen Verhandlungen, die ohne Unterbrechung bis zur Unterzeichnung der Schlussakte von Helsinki 1975 fortgesetzt wurden, trugen dazu bei, internationale Spannungen abzubauen, allmählich das Vertrauen zwischen Vertretern beider Seiten zu stärken, und langfristig die Entwicklung eines gemeinsamen europäischen Bewusstseins zu fördern. In der Folge nahmen die europäischen Verbündeten der Sowjetunion nicht als einfache Vollstrecker der sowjetischen Politik an den Verhandlungen zur Vorbereitung der Konferenz von Helsinki teil. Sie handelten wie-

---

[9] Kommuniqué des PBA des Warschauer Pakts. Ediert in: Dokumente zur Deutschlandpolitik (DzD), IV. Reihe, Bd 11, Erster Halbband, S. 84; siehe auch A Cardboard Castle? An inside History of the Warsaw Pact, 1955–1991. Ed. by Malcolm Byrne and Vojtech Mastny, Budapest, New York 2005, S. 96, sowie Jagdish P. Jain, Documentary Study of the Warsaw Pact, New York 1973, S. 409.

derholt unabhängig von ihrer Hegemonialmacht und spielten daher eine besondere Rolle im Verlauf des Verhandlungsprozesses.

Die entscheidende Erklärung der Teilnehmerstaaten des Warschauer Pakts, die letztlich den konkreten Vorbereitungsprozess für die europäische Sicherheitskonferenz auslöste, wurde auf der PBA-Tagung am 17. März 1969 in Budapest veröffentlicht[10]. Das wichtigste Ergebnis dieser Tagung war die einstimmige Billigung des sowjetisch-ungarischen Vorschlags, keine Vorbedingungen für die Einberufung einer europäischen Sicherheitskonferenz zu stellen. Die Aufnahme dieser Aussage in den sogenannten Budapester Appell sollte sich als entscheidender Faktor für die Initiierung des KSZE-Prozesses erweisen. Obwohl die einhellige Position des Warschauer Pakts für Außenstehende gewahrt schien, waren diesem Beschluss bisher ungekannt heftige Diskussionen zwischen den östlichen Bündnisstaaten vorausgegangen.

Spätestens Mitte der Sechzigerjahre gab es innerhalb des sowjetischen Blocks in Bezug auf die deutsche Frage zwei Fraktionen – eine sicherheitsbezogene, und eine wirtschaftsorientierte Staatengruppe. Die Mitglieder der zweiten Gruppe – Bulgarien, Ungarn und Rumänien – ignorierten die ungelösten Probleme mit der Bundesrepublik, und waren stattdessen an einer Intensivierung der wirtschaftlichen Zusammenarbeit, zunehmendem Handel und dem Zugang zu neuesten Technologien interessiert.

Die Mitglieder der sicherheitsorientierten Staatengruppe (DDR, Polen und Tschechoslowakei) wollten vor allem, obgleich auch an wirtschaftlicher Zusammenarbeit mit dem Westen interessiert, Garantien für ihre nationale Sicherheit[11]. Daher forderten sie nachdrücklich eine Anerkennung der Nachkriegsgrenzen durch die Bundesrepublik. Der Budapester Appell bedeutete einen Sieg des wirtschaftsorientierten Teilblocks, die Auseinandersetzung zwischen den beiden Gruppen belastete jedoch die Entscheidungsprozesse innerhalb des Warschauer Paktes zumindest bis zur umfassenden Aufnahme diplomatischer Beziehungen mit der Bundesrepublik in Folge des Grundlagenvertrages von 1973.

Auf dem Treffen der Außenminister des Warschauer Pakts im Juni 1970 in Budapest wurden zwei weitere wichtige Elemente gebilligt, die für eine positive Reaktion des Westens auf die Idee der europäischen Sicherheitskonferenz maßgeblich waren. Die Minister verkündeten, dass die Vereinigten Staaten und Kanada nur teilnehmen könnten, wenn der Westen die DDR ebenfalls als Teilnehmer akzeptierte. Andererseits stimmten sie ihrerseits wiederum einer Vorbedingung des Westens zu: Neben politischer und wirtschaftlicher Kooperation sollte sich die Konferenz auch mit der künftigen kulturellen Zusammenarbeit beschäftigen.

---

[10] A Cardboard Castle? (wie Anm. 9). Csaba Békés, The Warsaw Pact and the Helsinki Process, 1965–1970. In: The Making of Détente. Eastern and Western Europe in the Cold War, 1965–75. Ed. by Wilfried Loth and Georges-Henri Soutou, London, New York 2008, S. 201–220.

[11] Ähnlich auch die Informationen der Hauptverwaltung Aufklärung des ostdeutschen Ministeriums für Staatssicherheit für die Staats- und Parteiführung vom 10.12.1969. Ediert als Dokument Nr. 1 des CWIHP e-Dossiers »With every available and suitable means«. The East German Ministry for State Security and its fight against the CSCE 1969–1975. Ed. by Oliver Bange and Sabine Löwe (www.wilsoncenter.org/publication, in Vorbereitung).

Der Sowjetunion und den anderen Mitgliedsstaaten des Warschauer Pakts war von Anfang an bewusst, dass die westeuropäischen Staaten an der Konferenz nicht ohne die Vereinigten Staaten und Kanada teilnehmen würden. Aus verhandlungstaktischen Gründen wurde dieser Punkt aber bewusst offengehalten – was letztlich in einem Kompromiss die Teilnahme der DDR sicherte.

Das Thema der kulturellen Beziehungen ermöglichte es dem Sowjetblock, den Inhalt des Dritten Korbs zu akzeptieren[12]. Obwohl es während der multilateralen Vorverhandlungen ernsthafte Versuche gab, den Vorschlag des Westens für »mehr Freizügigkeit von Personen, Gedanken und Informationen zwischen den Ländern des Ostens und des Westens«[13] abzulehnen, wurde die Forderung auf der Tagung der Außenminister des Warschauer Pakts im Juni 1970 in Budapest bereits stillschweigend gebilligt.

Somit war die grundlegende Politik des Sowjetblocks in Bezug auf die europäische Sicherheitskonferenz bereits in diesem frühen Stadium festgelegt, und von da an konzentrierten sich die internen Debatten des Warschauer Pakts wieder auf die deutsche Frage. Eine wichtige Entscheidung wurde bereits auf der PBA-Tagung des Warschauer Pakts Anfang Dezember 1970 getroffen, die kurz vor der Unterzeichnung des Vertrages zwischen Polen und der Bundesrepublik stattfand. Zu diesem Zeitpunkt wurden die Vertreter des Warschauer Pakts über das polnisch-deutsche Abkommen informiert, auf dessen Grundlage den Polen gestattet wurde, als nächstes sozialistisches Land diplomatische Beziehungen zur Bundesrepublik aufzunehmen[14].

Bemerkenswerterweise wurde damit das im Februar 1967 in Warschau beschlossene Junktim gegen die Aufnahme bilateraler diplomatischer Beziehungen mit der Bundesrepublik von einem der Urheber, nämlich Polen, unterlaufen, obgleich nur einer der sechs Punkte des geheimen Warschauer Protokolls erfüllt war. Die offizielle polnische Erklärung gegenüber den anderen Vertretern des Warschauer Pakts war, dass das Kabinett Willy Brandts, das sich in einer schwierigen Lage befand und von den USA wegen seiner Ostpolitik angegriffen wurde, dringend eine Gegenleistung benötigte.

Es war bemerkenswert, dass diese Lösung, die kaum von »unverrückbaren« Grundsätzen, aber zweifellos von großer Flexibilität zeugte, auch von der DDR-Führung hingenommen wurde, obwohl diese sich noch ein Jahr zuvor vehement gegen die Aufnahme von Verhandlungen zwischen Polen und der Bundesrepublik gewandt hatte. Der Zeitplan für die anderen Mitgliedsstaaten wurde aber erneut be-

---

12   Csaba Békés, The Warsaw Pact and the Helsinki Process, 1965–1970. In: The Making of Détente (wie Anm. 10), S. 201–220.

13   NATO-Ministertagung zur europäischen Sicherheit vom 4.–5.12.1969 in Brüssel. In: NATO Final-Communiqués 1949–1974, NATO Information Service, Brüssel (ohne Datum), S. 231. Zur Ministererklärung siehe auch: Akten zur Auswärtigen Politik der Bundesrepublik Deutschland (AAPD), 1970, Bd 1. Hrsg. von Rainer Achim Blasius und Ilse Dorothee Pautsch im Auftrag des Instituts für Zeitgeschichte, München 2001, S. 327.

14   Magyar Országos Levéltár (MOL, Ungarisches Nationalarchiv), Protokolle der Ungarischen Sozialistischen Arbeiterpartei (USAP) [Magyar Szocialista Munkáspárt/MSZMP], Politbüro, 8.12.1970. M-KS-288, f. 5, 538 ő.e.

stätigt: Sofia, Prag und Ost-Berlin sollten ihre Beziehungen zur Bundesrepublik nur normalisieren, wenn (a) die Verträge von Moskau und Warschau (mit Bonn) ratifiziert und (b) die Beziehungen zwischen der DDR und der Bundesrepublik normalisiert worden seien (einschließlich der völkerrechtlichen Anerkennung der DDR), sowie (c) die Bundesrepublik bestätigte, dass das Münchner Abkommen von 1938 von Anfang an ungültig gewesen sei.

Die nächste wichtige Phase im Prozess der politischen Koordination, die in jenen Tagen innerhalb des Warschauer Pakts immer intensiver wurde, war die PBA-Tagung im Januar 1972 in Prag. Auf dieser Tagung wurde eine neue Erklärung verabschiedet, in der die Teilnehmer auf die schnellstmögliche Einberufung einer europäischen Konferenz für Sicherheit und Zusammenarbeit drängten. Sie billigten dazu den finnischen Vorschlag, Vorverhandlungen auf Botschafterebene aufzunehmen und kündigten an, dass sie Vertreter benennen und die anderen europäischen Staaten auffordern würden, dies ebenfalls zu tun. Zusätzlich verlangten sie von den Regierungen der USA und Kanadas, mit konkreten Vorbereitungen zu beginnen, so dass die multilateralen Vorverhandlungen 1972 aufgenommen werden könnten.

In dieser Ankündigung wurde natürlich nicht erwähnt, dass das Hauptthema der Konferenz die zukünftige Gestaltung der Beziehungen zur Bundesrepublik sein sollte. Obgleich der Zeitplan, der seit dem Warschauer Junktim von 1967 bestanden hatte und im Dezember 1969 präzisiert worden war, auf der Moskauer PBA-Tagung im August 1970 stark aufgeweicht wurde, billigten ihn die Teilnehmerstaaten mit den in Moskau vorgenommenen Änderungen einstimmig. Jetzt, da die Ratifizierung der beiden Verträge von Moskau und Warschau in greifbarer Nähe war, flammte der Kampf um die Durchsetzung eigener Interessen unter den Teilnehmern jedoch wieder auf; es gab letztlich so viele Positionen wie Teilnehmer der Tagung. Tatsächlich sind auf Grund der verfügbaren Quellen fünf verschiedene Grundpositionen auszumachen[15].

So bestand die DDR darauf, grundsätzlich diplomatische Beziehungen von der eigenen Aufnahme in die Vereinten Nationen abhängig zu machen. Die Position der Tschechoslowakei und der Sowjetunion war es, diplomatische Beziehungen daran zu knüpfen, dass die Bundesrepublik anerkenne, dass das Münchner Abkommen von Anfang an nichtig war. Polen beabsichtigte nach der Ratifikation allein diplomatische Beziehungen zur Bundesrepublik aufnehmen, wobei es diesen Schritt allerdings mit den anderen Partnern der Warschauer Vertragsorganisation vorher besprechen wollte. Ungarn beabsichtigte, nach der Ratifizierung der Verträge eine neue Verhandlungsrunde zu eröffnen mit dem Ziel, die Beziehungen von Ungarn, Bulgarien und der DDR zur Bundesrepublik auf vertraglich abgesicherte Grundlagen zu stellen. Rumänien dagegen wiederholte seinen Vorschlag, dass die

---

15 Bericht von János Kádár auf der Tagung des Politischen Komitees der USAP am 1.2.1972. In: MOL, M-KS-288, f. 5, cs. 573 ő.e., 587 ő.e. Siehe auch: Jordan Baev, Bulgaria, USSR and Warsaw Pact Intra-Bloc Coordination during the CSCE process, 1969–1975. Vortrag auf der internationalen Konferenz: Détente and CSCE in Europe. The States of the Warsaw Pact and the Federal Republic of Germany in their Mutual Perception and Rapprochement, 1966–1975 (Prag, 12.–15.10.2008), einer Veranstaltung des von der VolkswagenStiftung geförderten Projekts »Détente and CSCE in Europe« an der Universität Mannheim (in Zusammenarbeit mit der Friedrich-Ebert-Stiftung e.V.).

vier Länder des Warschauer Pakts, die noch keine diplomatischen Beziehungen zur Bundesrepublik hatten (Ungarn, Bulgarien, CSSR, DDR), diese sofort und ohne weitere Bedingungen aufnehmen sollten.

Auf dem Krimtreffen der Warschauer Pakt-Staaten am 31. Juli 1972 war der sowjetische Parteichef Brežnev sehr darum bemüht, chaotische Zustände, wie sie im selben Jahr auf der Januar-Tagung des PBA in Prag in Verbindung mit der deutschen Frage entstanden waren, zu vermeiden. Seiner Meinung nach war die Bundesrepublik nach der Ratifizierung der beiden Verträge nur durch gemeinsames und einheitliches Handeln zu weiteren Zugeständnissen zu bringen.

Um ernsthafte Streitigkeiten zu vermeiden, machte Brežnev daher eines deutlich: »Wenn gleichzeitig alle sozialistischen Länder schon in den nächsten Tagen auf die Herstellung diplomatischer Beziehungen mit der BRD eingingen, würde das bedeuten, ein wichtiges Mittel der Einwirkung auf die Politik Bonns zu schwächen, ja aus der Hand zu geben. Das könnte die Position der [...] deutschen Freunde bei den Verhandlungen, die sie gegenwärtig mit der BRD führen, erschweren[16].« Brežnev zog die vorher von den Polen erreichte Sondergenehmigung damit zwar wieder zurück[17], schloss andererseits aber auch andere Optionen nicht aus.

Zur allgemeinen internationalen Lage sagte der ungarische Parteichef János Kádár, dass die bereits erreichten Ergebnisse nicht mehr rückgängig gemacht werden könnten und die Ostpolitik auch bei einer Niederlage der SPD im Herbst 1972 fortgesetzt werden würde. Dies war besonders wichtig, denn obwohl Brežnev im Grunde die Lage genauso optimistisch sah, schloss er die Möglichkeit einer Restauration nicht aus, was seiner Meinung nach eine Rückkehr zum »kalten Krieg« bedeutet hätte[18].

Die Auswirkungen von Helsinki

Das mit dem »deutschen Problem« verbundene Konfliktpotential für die Ost-West-Beziehungen schien Ende 1973 entsprechend den Wünschen des Sowjetblocks entschärft worden zu sein, was im Osten als großer Sieg angesehen wurde. Auch die Schlussakte von Helsinki wurde hauptsächlich als lang erwartete vertragliche Garantie für den europäischen Status quo wahrgenommen.

Der Preis für den Kompromiss war die Billigung des Dritten Korbes mit dem Versprechen, dass auch im Sowjetblock Freizügigkeit von Personen, Informationen und Gedanken möglich sein würde[19]. Obgleich sich die Staats- und Parteichefs des Sowjetblocks der daraus möglicherweise entstehenden Probleme bewusst wa-

---

16 Stenogramm des Freundschaftstreffens führender Vertreter der kommunistischen und Arbeiterparteien der sozialistischen Länder 31.7.1972, S. 12 (www.php.isn.ethz.ch/collections/colltopic.cfm?lng=en&id=16044&navinfo=16037).

17 Bericht von János Kádár auf der Tagung des Politbüros der USAP am 2.8.1972. In: MOL, M-KS-288, f. 5, cs. 587 u.ö.

18 Ebd.

19 Siehe hierzu zwei kürzlich erschienene Sammelbände zum Helsinki-Prozess: The CSCE 1975 and the Transformation of Europe. Ed. by Gottfried Niedhart and Oliver Bange, New York 2008;

ren, zeigten sie sich überzeugt, dass ihre autoritären Regime und die geschlossenen Gesellschaften des Ostens in der Lage seien, Versuche sowohl des Westens als auch der inneren Opposition in ihren Ländern, den Dritten Korb zur Unterminierung der Regierungen zu nutzen, wirksam abwehren zu können[20]. Das Prinzip der Nichteinmischung in die inneren Angelegenheiten anderer Staaten, das ebenfalls in die Schlussakte von Helsinki aufgenommen wurde, war für sie eine geeignete rechtliche Grundlage, um jede unerwünschte Einmischung zurückzuweisen.

Obwohl bis heute häufig angenommen wird, dass Korb III und die von den USA geführte Menschenrechtskampagne wesentlich zum endgültigen Zusammenbruch der kommunistischen Regime in Osteuropa beigetragen haben, spielten sie in Wirklichkeit nur eine marginale Rolle. Demgegenüber wird die Rolle von Korb II allgemein unterschätzt, obwohl es gerade die ständig zunehmende wirtschaftliche Zusammenarbeit zwischen dem östlichen und dem westlichen Teil Europas war, die zu einer ernsthaften wirtschaftlichen und finanziellen Abhängigkeit und Verschuldung des Ostens gegenüber dem Westen führte. Man kann behaupten, dass gerade die wirtschaftliche Zusammenarbeit, hier vor allem der Technologietransfer, vom Osten ursprünglich als Mittel zur Konsolidierung der Wirtschaft des Sowjetblocks angesehen wurde, Ende der Achtzigerjahre den Prozess des Zusammenbruchs der kommunistischen Systeme wesentlich beschleunigte.

Der Zusammenbruch selbst erfolgte jedoch weder allein aufgrund wirtschaftlicher noch humanitärer Faktoren, sondern als Folge des Zusammenbruchs der Sowjetunion selbst, der bereits seit Mitte der Achtzigerjahre im Gang war. Sicher spielte der wirtschaftliche Faktor die wesentlich größere Rolle. Das bedeutet auch, dass während auf westlicher Seite die Beendigung des Kalten Kriegs im Allgemeinen der US-Politik zugeschrieben wird, die Rolle der Bundesrepublik in der Regel unterschätzt wird, obwohl sie als wichtigster westlicher Wirtschaftspartner der meisten Sowjetblockstaaten eine wesentlich größere Rolle in der Destabilisierung der osteuropäischen Länder spielte als vorher angenommen.

Es ist jedoch eine Ironie der Geschichte, dass all dies scheinbar ohne Intention geschah. Im Gegenteil: Bonn war sogar noch im Sommer 1989 an einer Reformierung und partiellen Stabilisierung der kommunistischen Regimes zum Zwecke möglichst friedlicher Transformation interessiert.

Origins of the European security system. The Helsinki Process Revisited, 1965–1975. Ed. by Andreas Wenger, Vojtech Mastny and Christian Nuenlist, London, New York, 2008.

[20] Svetlana Savranskaya, The Logic of 1989. The Soviet Peaceful Withdrawal from Eastern Europe. In: Masterpieces of History. The Peaceful End of the Cold War in Europe, 1989. Ed. by Tom Blanton, Svetlana Savranskaya and Vladimir Zubok, Budapest 2010, S. 1–47. Siehe auch Svetlana Savranskaya und William Taubman, Soviet Foreign Policy, 1962–1975. In: The Cambridge History of the Cold War, Vol. 2. Ed. by Melvyn Leffler and Odd Arne Westad, Cambridge 2010, S. 151–257; sowie Vladimir M. Zubok, Soviet Foreign Policy from Détente to Gorbachev, 1975–1985. Ebd., Vol. 3, S. 89–111. Siehe hierzu auch den Beitrag von Oliver Bange, The GDR in the Era of Détente. Conflicting Perceptions and Strategies, 1969–1975. In: Perforating the Iron Curtain. European Détente, Transatlantic Relations and the Cold War, 1965–1985. Ed. by Poul Villaume and Odd Arne Westad, Kopenhagen 2010, S. 57–77. Oliver Bange nennt die drei Illusionen, die zu dieser tragischen Auffassung beitrugen.

Warum gab es in Europa keinen »Zweiten kalten Krieg«?
Das Überleben der Entspannung und die Herausbildung
eines gemeinsamen europäischen Bewusstseins

Gegenseitige Abhängigkeit und erzwungene Kooperation funktionierten nicht nur
auf der Ebene der Supermächte, sondern beeinflussten auch die Beziehungen zwischen den übrigen Staaten der beiden Bündnisse. Ein exzellentes Beispiel dafür bietet
die Ost-West-Krise nach dem sowjetischen Einmarsch in Afghanistan. Ende Januar
1980, nachdem die Carter-Administration den Boykott der olympischen Spiele in
Moskau angekündigt hatte, und vor allem als deutlich wurde, dass in einer solchen
Situation keine Chance bestand, die Stationierung der Euromissiles der NATO
durch Mobilisierung der Gesellschaft in den westeuropäischen Ländern zu blockie-
ren, war Moskau verärgert und beschloss, Gegenmaßnahmen zu ergreifen.

Ungarn, die Tschechoslowakei und die DDR wurden angewiesen, bevorstehende Verhandlungen mit hochrangigen westlichen Politikern abzusagen. Infolgedessen
wurden zwei Besuche westdeutscher Politiker abgesagt: die Reise von Außenminister
Hans-Dietrich Genscher nach Prag und die geplanten Gespräche von Bundeskanzler
Helmut Schmidt mit Erich Honecker in Ost-Berlin. Obwohl für die Bulgaren keine
Treffen mit westlichen Politikern anstanden, wurden auch sie davor gewarnt, derartiges zu planen.

Dies führte zu einem schweren Interessenkonflikt und faktisch zu einer Spaltung
zwischen der Sowjetunion und den osteuropäischen kommunistischen Staaten, da
zu diesem Zeitpunkt alle diese Staaten – in unterschiedlichem Maße und auf verschiedene Weise – daran interessiert waren, die Ergebnisse der Entspannung zu erhalten und speziell ihre wirtschaftlichen Beziehungen zu Westeuropa auszubauen[21].
Die sowjetische Technologie hinkte nach wie vor weiter dem Westen hinterher – mit
Ausnahme militärischer Entwicklungen und der Weltraumforschung.

Im Vergleich zu den Siebzigerjahren war der technologische Abstand sogar noch
gewachsen, weshalb die meisten Mitgliedsstaaten des Warschauer Pakts Anfang der
Achtzigerjahre bereits stark von westlicher Hochtechnologie, Handelsverträgen und
Krediten abhängig waren. All das erzeugte eine sehr starke Westbindung, die keine
kommunistische Führung in Ostmitteleuropa länger ignorieren konnte.

In Ungarn führte dieser Schritt der Sowjetunion zu einer der schwersten Krisen
seit 1956, sowohl innerhalb der Führung als auch auf dem Gebiet der ungarisch-sow-
jetischen Beziehungen. Die Sowjets »baten« nun darum, den Besuch des ungarischen
Außenministers Frigyes Puja in Bonn, der knapp eine Woche später stattfinden sollte,
abzusagen und gleichzeitig den Besuch einer parlamentarischen Delegation Ungarns
in den Vereinigten Staaten zu verschieben. Obgleich die ungarische Führung beide
Besuche aus Loyalität absagte, drängte sie Moskau, diese Vorgaben zu ändern und
ein Treffen der ZK-Sekretäre für internationale Angelegenheiten einzuberufen.

---

21 Zur Geschichte dieser blockinternen Krise siehe: Csaba Békés, Why was there no »Second Cold
    War« in Europe? Hungary and the East–West Crisis following the Soviet Invasion of Afghanistan.
    In: NATO and the Warsaw Pact. Intrabloc Conflicts. Ed. by Mary Ann Heiss and S. Victor
    Papacosma, Kent 2008, S. 219–232.

Die Ungarn argumentierten, dass Kontakte zum Westen gepflegt und die Errungenschaften der Entspannung um jeden Preis bewahrt werden sollten. Der ungarische Vorschlag über Konsultationen wurde gebilligt und ein Treffen der ZK-Sekretäre für internationale Angelegenheiten der »eng zusammenarbeitenden sozialistischen Länder« am 26. Februar 1980 nach Moskau einberufen. Auf der Tagung übernahm Boris Ponomarëv, ZK-Sekretär der KPdSU für internationale Beziehungen, nicht nur die ungarische Position, sondern wartete mit dieser These als der aktuellen Linie der sowjetischen Staatspartei auf. Dabei hob er hervor, dass »die sozialistischen Länder die Möglichkeiten, die die bestehenden Beziehungen zu den westeuropäischen Staaten bieten, so gut wie möglich nutzen sollten, um ein Gegengewicht zur außenpolitischen Linie der Vereinigten Staaten zu schaffen«[22].

Die ungarische Intervention half schließlich den liberalen Kräften in der sowjetischen Führung – hauptsächlich wichtige Mitglieder des ZK-Apparates – die an der Fortsetzung der Entspannung interessiert waren, ihre Gegner unter Führung von Andrej Gromyko zu überstimmen, die zu jener Zeit für eine aggressivere Haltung gegenüber dem Westen votierten. János Kádár schrieb zusätzlich einen Brief an Bundeskanzler Schmidt, in dem er betonte, dass sein Land stark daran interessiert sei, die Ergebnisse der Entspannung zu bewahren und die Ost-West-Zusammenarbeit weiter zu fördern.

Helmut Schmidt, der als erster deutscher Bundeskanzler ein Jahr zuvor Ungarn besucht hatte, formulierte in seiner Antwort die historische Herausforderung, vor der alle europäischen Staaten standen. Nach Schmidt hing es jetzt von diesen Staaten ab, »ob sie sich in den von den beiden Supermächten angezettelten Kalten Krieg hineinziehen lassen oder nicht! Weder die Bundesrepublik noch irgendein anderer west- bzw. osteuropäischer Staat kann sich allein aus diesem [kalten Krieg] heraushalten. Das ist nur möglich durch die Zusammenarbeit aller beteiligten Staaten«[23]. Solche Äußerungen belegen, dass zu Beginn der Achtzigerjahre eine virtuelle europäische Gemeinschaft bereits im Entstehen begriffen war.

All das trug wesentlich dazu bei, eine Verschlechterung der Beziehungen im allgemeinen Ost-West-Verhältnis wie in den Beziehungen zwischen den Vereinigten Staaten und der Sowjetunion nach dem Einmarsch in Afghanistan zu vermeiden. Das erklärt zumindest teilweise, weshalb es in Europa eben keinen »Zweiten Kalten Krieg« gab. Somit trug der Einmarsch in Afghanistan, an dem die Staaten des Warschauer Pakts nicht beteiligt waren, dazu bei, dass die Idee eines Ostmitteleuropas mit eigenen Interessen und einer besonderen Identität, die sich stark von der der

---

22 Niederschrift des Gesprächs zwischen Vadim Zagladin, Erster Stellvertreter der Internationalen Abteilung des ZK der KPdSU und Gyula Horn, Stellvertretender Leiter der Abteilung Internationale Angelegenheiten des ZK der USAP zu den Debatten innerhalb der sowjetischen Führung zu Fragen der internationalen Politik [16.7.1980]. In: MOL, M-KS-288, f. 47, 764 ő.e. Für eine englische Übersetzung des Dokuments siehe: Csaba Békés, Why Was There No »Second Cold War« in Europe? Documents from Hungarian Archives on the Soviet Invasion of Afghanistan in 1979. CWIHP-Bulletin (= International History Project, Woodrow Wilson International Center for Scholars 14/15), Winter 2003–Frühling 2004, Washington D.C., S. 214 f.

23 Informationsbericht für das Politbüro und Sekretariat der USAP bezüglich der mündlichen Antwort von Bundeskanzler Helmut Schmidt auf die Nachricht von János Kádár, 14.2.1980. In: MOL, M-KS-288, f. 11, 4512 ő.e. (Rückübersetzung aus dem Ungarischen).

Sowjetunion unterschied, verbreitet wurde. All dies trug paradoxerweise auch zur allmählichen Herausbildung einer gemeinsamen europäischen Identität bei, die seit Ende der Sechzigerjahre Gestalt annahm. Dieses sich langsam herausbildende perspektivisch virtuell vereinigte Europe würde sicherlich Ostmitteleuropa einschließen, jedoch nicht unbedingt die Sowjetunion.

Gorbačëvs Entspannung und die Umgestaltung Europas

Als Michail Gorbačëv 1985 die Bühne betrat, war das nicht nur für die Vereinigten Staaten, sondern auch für Westeuropa eine große Herausforderung in Bezug auf die Sicherheit des westlichen Europas: inwieweit würde sich die sowjetische Bedrohung, die seit 1945 westlichen Politikern und Militärs, aber auch der westlichen Öffentlichkeit erheblichen Anlass zur Besorgnis gab, überwinden lassen?

Die neue sowjetische Politik, die eine Beseitigung der Konfrontation und eine »wahrhaft« friedliche Koexistenz der beiden Systeme versprach, und die offiziell auf Vertrauen, gegenseitige Sicherheit, Zusammenarbeit und die Überwindung der Teilung Europas setzte, schien die Chance für eine dauerhafte Lösung zu bieten. Untermauert wurde dieses Anliegen mit dem am 1. Juni 1988 ratifizierten INF-Vertrag über die Beseitigung von Mittel- und Kurzstreckenraketen in Europa, der einseitigen Reduzierung der Streitkräfte der Sowjetunion und des Warschauer Pakts ab Dezember 1988 und dem Beginn vielversprechender Verhandlungen über den radikalen Abbau konventioneller Streitkräfte in Europa ab Januar 1989 in Wien (KSE).

Gorbačëvs Vision eines »gemeinsamen europäischen Hauses«[24] bot vielleicht die Möglichkeit, dass ein nicht länger geteiltes Europa innerhalb der bipolaren Weltordnung von größerer Bedeutung sein würde als zuvor und dabei als potenzielle »dritte Kraft« das Kräfteparallelogramm neu definieren könnte – dies mit voller Unterstützung einer der beiden Supermächte. Daher nahmen viele Politiker und große Teile der Öffentlichkeit in Westeuropa die sowjetischen Initiativen mit viel Sympathie auf, vor allem im Laufe der Jahre 1988 und 1989.

Ausgerechnet die beiden Hauptfeinde der Sowjetunion während des Zweiten Weltkriegs, die Bundesrepublik und Italien, reagierten mit dem größten Wohlwollen und Entgegenkommen[25]. Die Akzeptanz dieser Vision wurde dadurch begünstigt, dass Gorbačëvs Idee von einem »gemeinsamen europäischen Haus« ein sehr vages Konzept blieb und von jedem entsprechend seinen eigenen Wünschen interpretiert werden konnte. Somit fiel es vielen in Westeuropa leicht, sie als Umsetzung des Traums von Helsinki anzusehen: ein praktisch vereintes Europa, in dem der kapitalistische Westen und die Staaten des kommunistischen Ostens als radikal reformierte

---

[24] Zu Gorbačëvs Konzept eines »gemeinsamen europäischen Hauses« siehe: Marie-Pierre Rey, »Europe is our Common Home«. A study of Gorbachev's Diplomatic Concept (= Cold War History, 4), 2 (2004), S. 33–65. Siehe auch: Savranskaya, The Logic (wie Anm. 20).

[25] Bericht von Rezső Nyers auf der Tagung des ZK der USAP am 28.7.1989. In: A Magyar Szocialista Munkáspárt Központi Bizottságának 1989, évi jegyzőkönyvei, Vol. 2, S. 1293.

und liberalisierte politische Systemen Seite an Seite leben und als normale Partner zusammenarbeiten konnten.

Als Gorbačëv im März 1985 zum Generalsekretär der KPdSU gewählt wurde, übernahm er die schwierige Aufgabe, einem sozialistischen Wirtschafts- und Politikmodell, das sowohl im Zentrum der Hegemonialmacht als auch an ihrer osteuropäischen Peripherie in eine schwere Krise geraten war, neues Leben einzuhauchen. Es ist ein interessantes Gedankenspiel, zu überlegen, ob sich die von Gorbačëv eingeführten bzw. vorgesehenen Reformen einige Jahrzehnte früher tatsächlich als wirksam erwiesen hätten. Mitte der Achtzigerjahre war es hierfür jedoch bereits zu spät.

Das Wettrüsten mit den Vereinigten Staaten, der Zwang zur Parität der nuklearen Strategie sowie die Kosten für die Aufrechterhaltung einer überdimensionierten imperialen Peripherie (Kuba, Nicaragua, Afghanistan, Äthiopien, Angola etc.) ohne echten Nutzen, hatten die ökonomischen Reserven der Sowjetunion in einem solchen Umfang reduziert, dass die Chancen für eine Konsolidierung innerhalb des bisherigen sozialistischen Wirtschaftssystems nur noch sehr gering waren.

Darüber hinaus unterschätzten Gorbačëv und seine Reformpartner das Ausmaß der aufkommenden Systemkrise im Osten, auch wenn sie diese als unvermeidbar ansahen und es ihnen klar war, dass der Warschauer Pakt grundlegende Schwierigkeiten zu gewärtigen haben würde. Die Reformen unter den Schlagworten Perestrojka und Glasnost wurden so vorsichtig vorangetrieben, dass sie bis 1988 weder die politische Lage noch die Leistungsfähigkeit der Wirtschaft wesentlich verbesserten. Obwohl die neue Führung von Anfang an ihre Verantwortung für die Schaffung einer neuen internationalen Ordnung unterstrich, die den Anti-Germanismus des Kalten Krieges ersetzen sollte, vergab sie die Chance, durch radikale und prompte Kürzung der Rüstungsausgaben die Ökonomie der Sowjetunion zu entlasten.

Obgleich die sowjetisch-amerikanischen Abrüstungsverhandlungen, die ab Mitte der Achtzigerjahre immer intensiver wurden, mit der Unterzeichnung des INF-Vertrags über den Abbau nuklearer Mittel- und Kurzstreckenraketen im Dezember 1987 zu einem bemerkenswerten Ergebnis geführt hatten, weigerte sich die sowjetische Führung bis zum Sommer 1988, einseitige Abrüstungsschritte vorzunehmen[26]. Trotz des Umstandes, dass die Sowjetunion durch ihr Übergewicht bei konventionellen Waffen sichere Abrüstung und Kürzung der Militärausgaben miteinander hätte verbinden können, unterblieb dies. Damit vergab man auch die Chance, einen positiven Effekt auf die Sicherheitspolitik und die Vertrauensbildung zwischen Ost und West zu erzielen, denen Gorbačëv besondere Bedeutung beimaß.

Aufgrund des Widerstands der sowjetischen Militärlobby und konservativer Mitglieder der Führung sowie aufgrund der traditionell imperialen Haltung, die zum großen Teil auch die Reformer charakterisierte, kam es erst auf der Warschauer

---

[26] Innerhalb des Warschauer Pakts war Rumänien das einzige Land, das jahrelang auf einseitige Schritte der Teilnehmerstaaten gedrängt hatte und trotz eines definitiven sowjetischen »Ersuchens« seine Streitkräfte 1986 um fünf Prozent abbaute. Zur Rolle Rumäniens im Allgemeinen siehe: Denis Deletant und Mihail Ionescu, Romania and the Warsaw Pact, 1955–1989. CWIHP Working Paper 43, Washington D.C. 2004.

Tagung des PBA am 15.–16. Juli 1988 zu einer wirklichen Wende. Selbst da schätzte Gorbačëv – offenbar in Verkennung der realen Lage – in seiner Grundsatzrede die Rolle des sozialistischen Lagers für die Gestaltung der Weltpolitik und dessen Chancen für die Zukunft noch überaus positiv ein.

Auf der anderen Seite gab Außenminister Eduard Ševardnadze gleichzeitig in einer Sitzung mit seinen östlichen Amtskollegen offen zu, dass die Sowjetunion »vor einer kritischen Situation stand« und sich ein weiteres Wettrüsten mit dem Westen nicht länger leisten konnte, da der Ostblock in »jeder Hinsicht« überfordert sei. Er betonte daher, dass die Beendigung des Wettrüstens absolute Priorität habe und jede Chance, eine Übereinkunft zu erzielen, zu nutzen sei[27].

Der PBA beschloss, die Vorbereitungen für die bevorstehenden Verhandlungen über konventionelle Waffen zu beschleunigen, die Gliederung und Dislozierung der Streitkräfte des Warschauer Pakts (jetzt ausschließlich zu Verteidigungszwecken) zu verändern, eine flexiblere Verhandlungsstrategie zu entwickeln und vor allem – in Abänderung der früheren Position – einseitige Abrüstungsschritte zu unternehmen[28]. Das Komitee der Verteidigungsminister wurde daraufhin beauftragt, zu überlegen, in welcher Form und in welchem Umfang die realen Stärkeverhältnisse von Streitkräften und Waffen des Warschauer Pakts offengelegt werden konnten.

Auf seiner Sondersitzung Mitte Oktober 1988 in Prag kam das Komitee zu der Schlussfolgerung, dass es für die Position des Bündnisses ungünstig sei, vor Beginn der Verhandlungen zuzugeben, dass der Warschauer Pakt in einigen Bereichen große Überlegenheit besaß. Daher wurde dieser Schritt, der ursprünglich Sicherheit und Vertrauen stärken sollte, auf März 1989 verschoben, als die sogenannten KSE-Verhandlungen in Wien begannen[29].

Die einseitigen Abrüstungsschritte waren von Gorbačëv jedoch bedeutend früher, bei seiner Rede vor der Generalversammlung der Vereinten Nationen am 7. Dezember 1988, angekündigt worden. Bei dieser Gelegenheit teilte der Generalsekretär der KPdSU mit, dass die Sowjetunion ihre Streitkräfte um 500 000 Mann reduzieren und dafür Kräfte, die in der DDR, der Tschechoslowakei und Ungarn stationiert sind, abziehen würde. Insgesamt plante er, etwa 50 000 Mann aus diesen drei Ländern abzuziehen. Die Verschlechterung der politisch-wirtschaftlichen Lage in der Sowjetunion und die wesentlich flexiblere Haltung der sowjetischen Führung spiegelt sich in der Tatsache wider, dass Gorbačëv noch ein halbes Jahr zuvor, auf der Warschauer Tagung des PBA im Juli 1988 angegeben hatte, dass der Gesamtumfang der Streitkräftereduzierung seitens der Sowjetunion nur etwa 70 000 Mann und deren Waffen umfassen würde.

---

27 Bericht an das Politbüro und den Ministerrat auf der Warschauer Tagung des Politischen Beratenden Ausschusses des Warschauer Pakts am 18.07.1988. In: MOL, MK-S-288, f. 11, 4453 ő.e.

28 Zu den letzten Jahren des Warschauer Pakts siehe unter anderem: A Cardboard Castle? (wie Anm. 9); sowie The Irresistible Collapse of the Warsaw Pact. Documents from Bulgarian Archives, 1985–1991. Ed. by Jordan Baev and Anna Locher (www.php.isn.ethz.ch/collections/colltopic.cfm?lng=en&id=15716&navinfo=15341, abgerufen am 12.9.2011).

29 Kommentar von Ferenc Kárpáti, Verteidigungsminister, in der Sitzung des ZK der USAP am 22.11.1988. In: MOL, M-KS-288, f. 4, 246 ő.e.

Derlei Entscheidungen waren zwar ziemlich radikal, kamen aber für die Konsolidierung der sowjetischen Wirtschaft zu spät, und beinhaltete zudem widersprüchliche Elemente. Denn die einseitige Reduzierung der Streitkräfte führte nicht automatisch zur Verringerung der sowjetischen Militärausgaben. Im Gegenteil: Wie überraschend es auch scheinen mag, im Sommer 1988 plante die Moskauer Führung den Verteidigungshaushalt um 43% (!) zu erhöhen und zu diesem Zweck auch staatliche Finanzreserven zu nutzen[30].

Durch das anstehende umfassende Modernisierungsprogramm der NATO sahen sich die Sowjets – die mit allen Mitteln die strategische Parität aufrecht erhalten wollten – gezwungen, die alternativlose Truppenreduzierung parallel zur beschleunigten Modernisierung der sowjetischen Armee oder jedenfalls in unmittelbarem zeitlichen Zusammenhang durchzuführen. Deshalb musste der Verteidigungshaushalt im erwähnten Umfang kurzfristig extrem erhöht werden.

Es ist ziemlich wahrscheinlich, dass es vor allem diese Herausforderung (bzw. das Unvermögen, dieser Herausforderung gerecht zu werden) und nicht das amerikanische »Sternenkriegsprogramm« SDI war, die die Sowjetunion im Wettrüsten schließlich in die Knie zwangen und somit zum Untergang des kommunistischen Systems führten.

Westeuropa und der politische Wandel im Sowjetblock

Da niemand in Westeuropa bis 1989 davon ausging, dass die Entwicklung in Osteuropa zum totalen Zusammenbruch des Kommunismus oder gar zum Untergang der Sowjetunion führen würde, blieb das Schicksal dieser Region eng mit den Beziehungen zur Sowjetunion verbunden, die sich stetig verbesserten. Oberste Priorität der Politiker, die am Erfolg von Perestroika interessiert waren, genossen die Sicherheitsinteressen der Sowjetunion und die Erhaltung des Status quo. Obwohl sie aus moralischen Gründen den demokratischen Wandel in den Ostblockländern und die Oppositionsbewegungen, die für diesen Kurs kämpften, unterstützten, war für die westeuropäischen Staaten der Erhalt der Stabilität um jeden Preis von übergeordneter Bedeutung, da eine Krise bis hin zu bürgerkriegsähnlichen Zuständen angesichts des versammelten Atomwaffenpotenzials unter allen Umständen vermieden werden sollten.

Das betraf sowohl mögliche sowjetische Reaktionen als auch die Befürchtung, dass der totale Zusammenbruch der osteuropäischen Staaten im Rahmen eines wirtschaftlichen Bankrotts zu sozialen Explosionen, ethnischen Konflikten etc. führen könnte, die dann auch für Westeuropa negative Konsequenzen haben würden. Derartige Konflikte hätten nicht nur den Integrationsprozess gefährdet, sondern die Stabilität des gesamten Kontinents in Gefahr gebracht.

Aus diesem Grunde wollten die westeuropäischen Staats- und Regierungschefs nicht nur neutral bleiben, sondern beabsichtigten, mäßigend und partiell sogar hem-

---

30   Kommentar von Károly Grósz am 22.7.1988 in der Sitzung des Politbüros der USAP. In: MOL, M-KS-288, f. 5, 1031 ő.e.

mend auf den Prozess des osteuropäischen Wandels einzuwirken. Sie gingen von einem langsamen, jahrelangen Wandlungsprozess aus – im Wesentlichen also so, wie ihn sich die kommunistischen Reformer um Gorbačëv ursprünglich vorgestellt hatten. Als die Entwicklungen in Ungarn und Polen in der ersten Hälfte des Jahres 1989 an Fahrt aufnahmen – zum Teil durch die Reformer selbst initiiert –, erschien das nun vorgelegte Tempo der Umgestaltung den meisten führenden westeuropäischen Politikern zu hoch.

Daher wollten sie in zwei Richtungen mäßigend einwirken: einerseits versicherten sie regelmäßig der sowjetischen Führung und Gorbačëv selbst, dass sich der Westen nicht in das Geschehen in Osteuropa einmischen und nichts tun würde, was zu einer Destabilisierung dieser Länder führen könnte. Andererseits versuchten sie, sowohl die Führung der Kommunisten als auch der Opposition in Ungarn und Polen davon zu überzeugen, das Tempo der Veränderungen zu drosseln, um die Stabilität aufrecht zu erhalten.

Die britische Premierministerin Margaret Thatcher sagte bei ihrem Treffen mit Gorbačëv am 6. April 1989 in London, dass Jaruzelski ihrer Meinung nach ein »herausragender und ehrlicher Politiker« sei, der »in einer schwierigen Phase der Entwicklung seines Landes alles tut, was er kann«. Darüber hinaus erklärte sie, dass sie die Solidarność-Führung gemahnt habe, »den Dialog zu suchen und sich nicht auf Konfrontation zu beschränken. Ich sagte ihnen, dass man den Verhandlungsstuhl nie unbesetzt lassen darf, das würde zu nichts führen und ich sehe, dass sie auf meinen Rat gehört haben«[31].

Bei Gorbačëvs mehrtägigem Staatsbesuch Mitte Juni 1989 in Bonn erklärte Bundeskanzler Helmut Kohl ausdrücklich, »dass er nichts tun werde, was zur Destabilisierung führen könnte. [... Dies] gelte auch im Falle von Polen und Ungarn«. Eine Einmischung in die innenpolitischen Entwicklungen zu diesem Zeitpunkt wäre destruktiv: »Wer jetzt versucht, die europäische Statik zu verändern, wirft die Entwicklung zurück[32].«

Die Bundesregierung nahm ihre selbst aufgelegte mäßigende Rolle so ernst, dass sie im Sommer 1989 noch glaubte, die gewünschte Stabilität könne nur erhalten bleiben, wenn ein Wechsel des gesamten Systems, d.h. der grundsätzliche politische Wandel, vermieden werde. Auf seinem Bonner Treffen mit Gorbačëv erläuterte Helmut Kohl auch seine Haltung zur Umgestaltung in Ungarn: Die Bundesregierung habe gute Beziehungen zur Volksrepublik Ungarn, wolle jedoch auch dort keine Destabilisierung. Deshalb würde er, Kohl, den ungarischen Vertretern gegenüber zwar stets seine Sympathie für die im Land stattfindenden Reformen bekunden, ihnen aber zugleich nahelegen, die Reformen nicht so schnell durchzuführen, dass sie außer Kontrolle gerieten und die Gefahr der Selbstzerstörung entstünde[33].

---

31 Aufzeichnung des Gesprächs zwischen Michail Gorbačëv und Margaret Thatcher, 6.4.1989. In: Masterpieces of History (wie Anm. 20), S. 438–441.

32 Gespräch zwischen Kohl und Gorbačëv, 12.6.1989. In: DzD. Deutsche Einheit, Sonderedition aus den Akten des Bundeskanzleramtes 1989/90. Hrsg. im Auftrag des Bundesministeriums des Innern, bearbeitet von Hanns Jürgen Küsters und Daniel Hofmann, München 1998, S. 284.

33 Aufzeichnung des Gesprächs zwischen Michail Gorbačëv und Helmut Kohl, Bonn 14.6.1989. In: Masterpieces of History (wie Anm. 20). Zahlreiche weitere Dokumente bestätigen, dass diese

Der Sowjetblock und die Wiedervereinigung Deutschlands

Westeuropa betrachtete den demokratischen Wandel und die Abspaltung des Sowjetblocks von der Sowjetunion noch 1989 als illusorisch, während Moskau selbst bereits ab Mitte 1988 allmählich akzeptiert hatte, dass man, falls es dazu kommen sollte, keine Gewalt anwenden werde, um die kommunistische Vormachtstellung und die Einheit des Sowjetblocks zu erhalten[34]. Die sowjetische Führung wollte dies jedoch unter allen Umständen geheim halten. Ihr einziges, allerdings wirksames Mittel bestand darin, dezent mit der Brežnev-Doktrin der bewaffneten Intervention indirekt zu drohen.

Die mehrdeutigen sowjetischen Erklärungen über das Recht jeder Nation, ihr eigenes sozialökonomisches System zu wählen, bedeuteten letztlich, dass die Sowjetunion zwar implizit die Möglichkeit militärischer Interventionen ausschloss, aber explizit nie auf ihr selbsterklärtes Vorrecht verzichtete, sich in die inneren Angelegenheiten eines Bündnispartners einzumischen, sollte der politische Wandel – horribile dictu – zur totalen Abkehr von Sozialismus und der Etablierung der parlamentarischen Demokratie führen[35].

Eine Ausnahme bildete die spezielle Situation der DDR, da deren Abspaltung vom sowjetischen Machtbereich sofort eine seit 1945 in West und Ost eigentlich unerwünschte Wiedervereinigung der beiden deutschen Staaten ermöglicht hätte. Bis Herbst 1989 gehörte diese Variante künftiger Entwicklungen weder im Westen, geschweige denn in der Sowjetunion zu den für denkbar gehaltenen Optionen. Die Geschichte der konkret zur deutschen Wiedervereinigung führenden Entwicklungen – beginnend mit dem Fall der Berliner Mauer – ist in der neueren Literatur ausführlich beschrieben worden[36]. Übersehen wird dabei häufig, dass der Ausgangspunkt für diesen Prozess die letzte schwere innere Krise des Sowjetblocks war, in der Ostdeutschland im Wesentlichen aufgrund der Frage der ostdeutschen Flüchtlinge in einen ernsten Konflikt mit Ungarn (und zum Teil mit der Tschechoslowakei und Polen) geriet[37].

Aussage nicht nur zur Beruhigung Gorbačëvs gedacht war. Siehe z.B. den Vorschlag an das Politische Exekutivkomitee der USAP (Westliche Sicht auf die Politik der USAP) vom 30.8.1989. Dieses Dokument befindet sich auch in: Political Transition in Hungary, 1989–1990. A Compendium of Declassified Documents and Chronology of Events. Ed. by Csaba Békés, Malcolm Byrne, Melinda Kalmár, Zoltán Ripp and Miklós Vörös, im Auftrag des National Security Archive, Cold War History Research Center und 1956 Institute, 1999, Dokument Nr. 104.

[34] Zur sowjetischen Politik hinsichtlich des politischen Wandels in Osteuropa siehe: Jacques Lévesque, The Enigma of 1989. The USSR and the Liberation of Eastern Europe, Berkeley, Los Angeles, London 1997.

[35] Weiteres zu diesem Konzept bietet: Csaba Békés, Back to Europe. The International Context of the Political Transition in Hungary, 1988–1990. In: The Roundtable Talks of 1989. The Genesis of Hungarian Democracy. Ed. by András Bozóki, Budapest, New York 2002, S. 237–272.

[36] Siehe u.a.: Stephen F. Szabo, The Diplomacy of German Unification, New York 1992; und Mary E. Sarotte, 1989. The Struggle to Create Post-Cold War Europe, Princeton 2009.

[37] Selbst in einer neuen Studie zur deutschen Wiedervereinigung wird die entscheidende Rolle der ungarischen Regierung übergangen, die nur im Zusammenhang mit dem Problem der DDR-Flüchtlinge in den Botschaften der Bundesrepublik in Warschau, Prag und Budapest Erwähnung

Dieser Konflikt war eine unbeabsichtigte Folge von Beschlüssen der ungarischen Führung. Im Januar 1988 hatte Ungarn einen sogenannten Weltpass eingeführt, der es ungarischen Staatsbürgern – erstmalig im Ostblock – gestattete, beliebig oft in jedes Land der Welt zu reisen. Zugleich sollte die Abriegelung der ungarischen Westgrenze, wie die innerdeutsche eine Außengrenze des Warschauer Paktes, vermindert werden. Demzufolge begann die ungarische Regierung, nach einer entsprechenden Erklärung vom 2. Mai 1989, im Einklang mit der Politik der Westöffnung damit, das elektronische Signalsystem und den Stacheldraht – den »Eisernen Vorhang« – an der österreichisch-ungarischen Grenze abzubauen[38].

Die offizielle Ankündigung wurde vor Ort durch das demonstrative Entfernen des Stacheldrahts in Anwesenheit der Weltpresse begleitet – ein echtes internationales Medienereignis. Eine noch spektakulärere Geste fand am 27. Juni 1989 statt, als der österreichische Außenminister Alois Mock und sein ungarischer Amtskollege Gyula Horn in der Nähe der Stadt Sopron gemeinsam den Stacheldraht durchtrennten.

Daraufhin reisten zehntausende ostdeutsche Touristen nach Ungarn – wo der Balaton (Plattensee) jahrzehntelang ein sehr beliebtes Urlaubsziel für DDR-Bürger gewesen war und sich Verwandte aus der Bundesrepublik und der DDR regelmäßig getroffen hatten. Sie hegten die Hoffnung, über die nun offene »grüne Grenze« zu Österreich in die Bundesrepublik fliehen zu können. Einigen hundert Menschen gelang dies vor allem während des so genannten paneuropäischen Picknicks, einer Bürgerinitiative, die am 19. August 1989 stattfand, wo unerwartet etwa 600 Flüchtlinge die zeitweilig geöffnete Grenze bei Sopron überschritten[39].

Es wurde schnell klar, dass das Problem politisch gelöst werden musste. Die DDR-Führung forderte Ungarn auf, den bilateralen Vertrag von 1969 einzuhalten, auf dessen Grundlage die Flüchtlinge in ihr Heimatland zurückgeschickt werden sollten. Die ungarische Führung war nicht länger bereit, dies zu tun und hoffte eine Zeit lang, die beiden deutschen Staaten würden eine Vereinbarung zur Lösung der Krise treffen.

Nachdem das nicht geschah, und die Versuche Ungarns und der DDR, eine Lösung auszuhandeln, ebenfalls scheiterten, besprachen Premierminister Miklós Németh und Außenminister Gyula Horn das Problem am 25. August mit Bundeskanzler Helmut Kohl und Außenminister Hans-Dietrich Genscher im

---

findet: Helga Haftendorn, The Unification of Germany, 1985–1990. In: The Cambridge History of the Cold War, Vol 3. Ed. by Melvyn Leffler and Odd Arne Westad, Cambridge 2010, S. 337.

[38] Der Beschluss über die Einführung des sogenannten Weltpasses wurde am 19.5.1987 auf der Tagung des Politbüros der USAP gefasst. Daher wurde bereits im Sommer 1987 vorgeschlagen, die technische Grenzsperre abzubauen und mit Beginn des Sommers 1988 wurde auch vom Innenministerium darauf gedrängt. Schließlich entschied das Politbüro der USAP am 28.2.1989 auf Vorschlag von Innenminister István Horváth, die technischen Grenzsperren an der Grenze zwischen Ungarn und Österreich sowie Ungarn und Jugoslawien bis 1991 abzubauen. Die Arbeiten begannen im Mai 1989 und wurden bis zum Sommer desselben Jahres abgeschlossen. Vgl. István Horváth, István Németh, És a falak leomlanak. Magyarország és a német egység (1945–1990) [Und die Mauern fallen. Ungarn und die Deutsche Einheit (1945–1990)], Budapest 1999, S. 329–332.

[39] Zur Geschichte der ungarischen Grenzöffnung siehe: András Oplatka, Egy döntés története. Magyar határnyitás, 1989 szeptember 11, nulla óra [Die Geschichte eines Beschlusses. Ungarische Grenzöffnung, 11. September 1989, null Uhr], Wien 2008.

Gästehaus der Bundesregierung in Schloss Gymnich. Die Ungarn kündigten an, dass die ungarische Regierung es den DDR-Bürgern künftig ermöglichen werde, das Land ungehindert zu verlassen[40].

Aufgrund dieser Entscheidung, mit der am 11. September 1989 die Grenzen für DDR-Bürger geöffnet wurden, reisten bis zur Öffnung der Berliner Mauer am 9. November mehr als 50 000 DDR-Bürger über Ungarn in den Westen aus[41]. In gewisser Weise war damit der Rubikon überschritten, denn es ging um einen schweren internen Konflikt des Ostblocks und entsprechend der Praxis der letzten Jahrzehnte hätte die Sowjetunion in einer solch bedeutenden Frage konsultiert werden müssen.

Im Sommer 1989 war es jedoch ein Kennzeichen der radikalen Veränderungen in der internationalen Politik, dass, obwohl Ungarn in direkten, bilateralen Verhandlungen eine Lösung eines Problems mit dem NATO-Mitglied Bundesrepublik vereinbarte, ohne vorher die Sowjets zu informieren, Bundeskanzler Kohl trotz seines Versprechens Gorbačëv anrief, um zu erfahren, welche Reaktion seitens der Sowjetunion auf den Schritt Ungarns zu erwarten war. »Miklós Németh, der ungarische Premierminister, ist ein guter Mann«, lautete die sibyllinische Antwort[42]. Wie sich später herausstellte, bedeutete dies die Zustimmung der Sowjetunion.

Die Antwort auf die Frage, weshalb Gorbačëv so zurückhaltend auf diese bedeutende Herausforderung reagierte, steht noch aus. Im Zuge der Dynamik der Ereignisse wurde zunehmend sogar ein Ende des Ostblocks in seiner bisherigen Gestalt und damit auch das Ende der deutschen Teilung möglich. Letztere war von jeder sowjetische Führungsgeneration seit 1945 immer auch als Schlüsselfrage sowjetischer Außenpolitik betrachtet worden. Höchstwahrscheinlich hat die sowjetische Führung – wie viele andere Akteure – die potentiellen Folgen der Grenzöffnung nicht vollständig realisiert und stattdessen gehofft, dass der Exodus desillusionierter Menschen aus der DDR sich eher befriedend als destabilisierend auswirken und die kontrollierte Umgestaltung das Landes unterstützen könne.

Heute wissen wir, dass das genaue Gegenteil geschah: Dass die Massenbewegungen, die im Herbst 1989 in der DDR entstanden, stark von den Ereignissen in Polen und Ungarn und vor allem durch die starke destabilisierende Wirkung eines offenen »Korridors« in den Westen seit dem 11. September 1989 beeinflusst wurden. In der Konsequenz führte all dies nicht nur zum Fall der Berliner Mauer und dem schnellen Zusammenbruch der DDR, sondern auch zur deutschen Vereinigung ohne wesentliche Einschränkungen, einem Ereignis, das die meisten Menschen in der Bundesrepublik wohl noch im Sommer 1989 als illusorisch bezeichnet hätten.

---

40   Die beiden deutschen Aufzeichnungen über das Treffen sind enthalten in: DzD, Dokumente 28 und 29, S. 377–380, 380–382.
41   Oplatka, Egy döntés története (wie Anm. 39), S. 255.
42   Ebd., S. 216.

Stephan Kieninger

Den Status quo aufrechterhalten oder ihn langfristig überwinden? Der Wettkampf westlicher Entspannungsstrategien in den Siebzigerjahren

Grundsätzlich war allen entspannungspolitischen Ansätzen der Wille zur Zivilisierung des Ost-West-Konflikts gemein[1]. Hinter dem Rubrum Détente verbergen sich jedoch konkurrierende Entspannungsstrategien, die sich auf westlicher Seite grundsätzlich in zwei Kategorien einteilen lassen. Jacques Andréani sprach in diesem Zusammenhang von »détente dynamique« und »détente statique«[2]. Das Ziel der dynamischen westlichen Transformationsstrategien lag in der Überwindung der europäischen Teilung. Hingegen war Richard Nixons und Henry Kissingers statische, ja defensive Détentestrategie primär auf die Erhaltung des Status quo fixiert[3].

Angst, Misstrauen und der Zwang zur Kooperation – Die Triebfedern für Richard Nixons Status Quo-Détente

Die Entspannungspolitik war für Richard Nixon ein Instrument, um dem relativen Machtverlust und der imperialen Überdehnung der USA entgegen zu wirken[4]. Politikbestimmend war für Nixon die Frage, ob die Vereinigten Staaten tatsächlich

---

[1] Im Zuge der Entspannungspolitik stand die Suche nach gemeinsamen Interessen und neuen Formen der Kooperation bei gleichzeitigem Fortbestand des Grundkonflikts zwischen den Gesellschaftssystemen im Vordergrund. Vor allem im Rahmen des KSZE-Prozesses entstand ein gemeinsames Normen- und Regelwerk, das zur Zivilisierung, d.h. zur Zähmung des Ost-West-Konflikts, beitrug. Vgl. dazu: Gottfried Niedhart, Deutsche Frage und Kalter Krieg, 1945–1969, in diesem Sammelband.

[2] Vgl. Jacques Andréani, Le Piège. Helsinki et la Chute du Communisme, Paris 2005, S. 41. Als Leiter der französischen KSZE-Delegation und in seiner Funktion als Direktor der Europaabteilung am Quai d'Orsay hatte Andréani Anteil daran, dass der Westen die KSZE zu einem Forum der »dynamischen Détente« gestalten konnte.

[3] Vgl. Oliver Bange, Zwischen Bedrohungsperzeption und sozialistischem Selbstverständnis. Die DDR-Staatssicherheit und westliche Transformationsstrategien 1966–1975. In: Militär und Staatssicherheit im Sicherheitskonzept der Warschauer-Pakt-Staaten. Hrsg. von Torsten Diedrich und Walter Süß, Berlin 2010, S. 252–296; Stephan Kieninger, Transformation versus Status Quo. Competing American Strategies for Détente from Kennedy to Nixon, Mannheim 2011 (Ms).

[4] Zum Begriff der »imperialen Überdehnung«, vgl.: Paul Kennedy, Aufstieg und Fall der großen Mächte – Ökonomischer Wandel und militärischer Konflikt von 1500 bis 2000, Frankfurt am Main 1989 (EA New York 1987).

noch eine große Nation waren und weltweit als Führungsmacht gesehen wurden[5]. Die Furcht, dass das amerikanische Imperium nur eine Generation nach dem Zweiten Weltkrieg auseinanderfallen könnte, war konstitutiv für Nixons Selbstwahrnehmung und sein Bild von der Sowjetunion.

Nixon war eben nicht der »hoffnungsvolle Realist«, als der er sich gegenüber seinen europäischen Verbündeten zu Beginn seiner Amtszeit zu präsentieren versuchte[6]. Vielmehr wurde er von der Angst getrieben, dass Amerikas wichtigste Verbündete zu der Auffassung kommen könnten, die USA seien auf Grund ihres großen Zahlungsbilanzdefizits nicht mehr in der Lage, ihren Bündnisverpflichtungen ausreichend nachzukommen[7]. Nixon befürchtete, dass Japan und die Bundesrepublik als die beiden wichtigen Alliierten in Asien und Europa über kurz oder lang zu dem Urteil gelangen könnten, die Vereinigten Staaten gäben sich damit zufrieden, eine »zweitrangige Macht« zu werden[8]. In der Annahme, dass die »NATO sowieso erledigt sei«[9], zeigte sich, wie stark Nixon den großen Verteidigungsbeitrag und den starken Antikommunismus der Westeuropäer ausblendete. Besonders angesichts der Jugendrevolte trieb Nixon die Furcht um, dass die Nachkriegsgeneration die kommunistische Gefahr nicht mehr erkenne: »They like to kick the Yankee around«, lautete sein vernichtendes Urteil über die Generation der Achtundsechziger[10].

In dieser verzerrten Selbstwahrnehmung sah er sich an der »Heimatfront« vor allem von der intellektuellen Elite in den USA im Stich gelassen[11]. Auch die europäische

---

[5]   »Is the United States going to continue to be a great nation, number one?« war Nixons verzweifelte Frage gegenüber H.R. Haldeman, seinem Stabschef und engsten Vertrauten im Weißen Haus in einer Unterredung am 13.8.1971. Vgl. H.R. Haldeman, The Haldeman Diaries. Inside the White House, New York 1994, S. 344.

[6]   In einer Ansprache vor dem NATO-Rat in Washington am 10.4.1969 während der Feierlichkeiten zum zwanzigjährigen Jubiläum seit Gründung des Nordatlantikbündnisses sprach Nixon gegenüber den übrigen Staats- und Regierungschefs davon, dass sie sich im Zeitalter der Entspannung als »hopeful realists« sehen sollten. Vgl. Foreign Relations of the United States (FRUS), 1969–1976, Bd 1 (Foundations of Foreign Policy, 1969–1972), S. 69–75.

[7]   Zum chronischen Zahlungsbilanzdefizit der USA, vgl. Francis Gavin, Gold, Dollar & Power. The Politics of International Monetary Relations, 1958–1971, Chapel Hill (NC) 2004.

[8]   So Nixon bei einem Treffen mit der Führungsriege der Republikaner im Senat am 20.4.1971. In: National Archives and Records Administration (NARA), Nixon Presidential Materials (Nixon), White House Special Files (WHSF), President's Office Files, Memoranda for the President, 1969–1974, (P Office Files), Box 84.

[9]   Vgl. Nixons Vieraugengespräch mit Kissinger am 19.4.1972 unmittelbar vor dessen streng geheimer Reise nach Moskau zur Vorbereitung des Gipfeltreffens mit Brežnev. In: FRUS 1969–1976, Bd 14 (Soviet Union October 1971–May 1972), S. 427–448.

[10]   So Nixon in einer Besprechung des Nationalen Sicherheitsrats am 14.10.1970. In: FRUS 1969–1976, Bd 40 (Germany and Berlin, 1969–1972), S. 360–367. Zu Nixons Reaktion auf die Studentenproteste der Sechzigerjahre, vgl. Jeremi Suri, Power and Protest. Global Revolution and the Rise of Détente, Cambridge (MA) 2003.

[11]   Als sich Nixon im Dezember 1972 im Zuge der Planung umfassender Bombardierungen in Vietnam an Weihnachten auf massive innenpolitische Kritik vorbereitete, machte er seiner Verachtung gegenüber der intellektuellen Elite in einem Gespräch mit seinen Beratern Luft. Nixon betonte: »The establishment is the enemy. The professors are the enemy. Professors are the enemy. Write that on the blackboard 100 times and never forget it.« So Nixon im Gespräch mit Henry Kissinger und dessen Stellvertreter Alexander Haig am 14.12.1972. In: FRUS 1969–1976, Bd 9 (Vietnam, October 1972–January 1973), S. 635–679.

Kritik am Vietnamkrieg empfand Nixon als Hochverrat und als schwere Belastung für seine Beziehungen zu Westeuropas Regierungschefs. Voller Enttäuschung beklagte er die kritische Haltung seiner Verbündeten in dieser Frage als Undankbarkeit gegenüber dem großen Bruder, der weiterhin seinen schützenden nuklearen Schild über die verwundbaren Geschwister hielt[12].

Zudem beschäftigte Nixon die Vorstellung, dass sich die Europäische Wirtschaftsgemeinschaft – zum Nachteil der USA – zu einer dritten Kraft zwischen den beiden Supermächten entwickeln könnte. Im Zuge der Erweiterung der Europäischen Gemeinschaft um Großbritannien, Irland und Dänemark und angesichts der ausschließlichen Zuständigkeit der EWG für handelspolitische Beziehungen zu Drittstaaten wie den USA sah sich Nixon 1973 mit einer vermeintlich anti-amerikanischen Außenhandelspolitik der Europäer konfrontiert, die in seiner Perzeption Teil eines wesentlich größeren Puzzles im transatlantischen »Schisma« war[13]. Denn, so Nixons Annahme, wenn die Westeuropäer ihre wirtschaftliche Integration weiterhin auf Kosten der Vereinigten Staaten betrieben, dann sänke die Bereitschaft im Kongress, die NATO weiterhin auf hohem Niveau zu alimentieren[14].

An dieser Wasserscheide in den Ost-West-Beziehungen trieb Nixon die Furcht um, dass es bis zum Niedergang der NATO und der »Finnlandisierung« Europas nur eine Frage der Zeit sei, wenn die USA nicht nachdrücklich Führungswillen zeigten[15]. Den erfolgversprechendsten Weg, um die vermeintliche transatlantische Vertrauenskrise zu überwinden, sah Nixon in einer großangelegten Initiative, die als »Year of Europe« eher traurige Berühmtheit erlangte. Der Versuch, die europäischen Verbündeten ohne Vorabkonsultationen wie in der Gründungszeit der NATO im Befehlston zu führen, war zwangsläufig zum Scheitern verurteilt[16]. Während die Querelen im Zuge des »Year of Europe« die NATO belasteten, ging das Bündnis – sehr zu Nixons und Kissingers Unverständnis – gestärkt aus den Verhandlungen zur Konferenz über Sicherheit und Zusammenarbeit in Europa (KSZE) hervor[17].

---

[12]   Zu den Verwerfungen im transatlantischen Verhältnis, vgl. The Strained Alliance. U.S.-European Relations from Nixon to Carter. Ed. by Matthias Schulz and Thomas A. Schwartz, Cambridge (MA) 2010.

[13]   Vgl. Nixons Bemerkungen in einem Treffen mit dem Council on International Economic Policy (CIEP) und dessen Vorsitzenden Peter Flanigan am 11.9.1972. In: FRUS 1969–1976, Bd 1, S. 411–414.

[14]   Wenn die USA tatsächlich aus ihren Verpflichtungen aussteigen sollten, so sein Diktum, dann »werden wir Europa und Japan verlieren«. Nixons düstere Prognose fiel im Gespräch mit John McCloy am 13.3.1973. In: NARA, Nixon, WHSF, P Office Files, Box 91.

[15]   Wenn die NATO auseinanderbräche, so Nixon, seien die »Europäer [zwar] ein ökonomischer Gigant, aber eine militärische Pygmäe«. So Nixon im bereits oben erwähnten Treffen mit dem Council on International Economic Policy (CIEP) am 11.9.1972. In: FRUS 1969–1976, Bd 1, S. 411–414.

[16]   In der Annahme, dass die europäische Integration nicht mehr notwendigerweise im Interesse der USA sei, forderten Nixon und Kissinger die Europäer dazu auf, ihre gemeinsame Politik den Bedürfnissen der NATO unterzuordnen. Vgl. Daniel Möckli, European Foreign Policy during the Cold War. Heath, Brandt, Pompidou and the Dream of Political Unity, London 2009.

[17]   Die Entwicklung einer gemeinsamen Agenda für die KSZE und deren Durchsetzung in den langwierigen Verhandlungen unter den 35 Teilnehmerstaaten war das erste, noch dazu höchst erfolgreiche Projekt der gemeinsamen Außen- und Sicherheitspolitik unter dem Dach der 1970 ins Leben

Denn im Gegensatz zu den Erwartungen im Weißen Haus behaupteten sich Westeuropäer in den Gesprächen zwischen 1973 und 1975 mit Vehemenz gegen die sowjetischen Bemühungen, das langwierige Ringen um die Gestaltung der KSZE-Schlussakte mit einem Ersatzfrieden abzuschließen und die Gesellschaften Osteuropas auch künftig vom Westen abzuschotten[18]. Getrieben von der großen Besorgnis, dass die NATO langfristig ein Opfer der KSZE werden könnte, wollten Nixon und Kissinger die Verhandlungen so schnell wie möglich beenden. Der Präsident und sein Sicherheitsberater waren bereit, den Sowjets jene Zementierung des Status quo zuzugestehen, die die Westeuropäer und die Europaabteilung im State Department mit aller Macht vermeiden wollten[19].

Nixon wie Kissinger befürchteten, dass sich Moskau durch die KSZE-Verhandlungen immer stärker in die Belange der Westeuropäer einmischen und die USA auf diese Weise Stück für Stück aus Europa hinausdrängen könnte. Nixon nahm an, dass die sowjetische Führung die KSZE und den gesamten Prozess der Entspannung in Europa als Instrument konzipiert hätte, um Westeuropa schrittweise friedlich zu unterjochen[20]. Im Endeffekt scheute Nixon während seiner gesamten Amtszeit als Präsident vor dem friedlichen Wettbewerb der Ideen zwischen Ost und West zurück, den er in seiner ersten Regierungsklärung im Januar 1969 propagiert hatte[21]. Einerseits nahm Nixon als erfahrener Antikommunist für sich in Anspruch, die Schwächen des sowjetischen Systems genau zu kennen. Andererseits ging er dennoch davon aus, dass Moskau mit den zentrifugalen Tendenzen innerhalb des Warschauer Pakts besser zurecht käme als die USA mit den Spannungen in der NATO[22].

Sein Bild von der Sowjetunion hatte sich in den Jahren seit dem Ende seiner achtjährigen Tätigkeit als Dwight D. Eisenhowers Vizepräsident kaum gewandelt.

---

       gerufenen Europäischen Politischen Zusammenarbeit (EPZ). Vgl. Angela Romano, From Détente
       in Europe to European Détente. How the West shaped the Helsinki CSCE, Brüssel 2009.
[18]   Vgl. John J. Maresca, To Helsinki. The Conference on Security and Cooperation in Europe
       1973–1975, Durham, London 1987.
[19]   Zur Fortführung der amerikanischen Transformationspolitik durch transatlantisches Networking
       in den KSZE-Verhandlungen, vgl. James E. Goodby, Europe Undivided. The New Logic of Peace
       in U.S.-Russian Relations, Washington D.C. 1998, vor allem S. 37–64; Oliver Bange, Die USA
       und die oppositionellen Bewegungen in Osteuropa 1961–1990. In: Wechselwirkungen Ost-West.
       Dissidenz, Opposition und Zivilgesellschaft 1975–1989. Hrsg. von Hans-Joachim Veen, Ulrich
       Mählert und Peter März, Weimar 2007, S. 79–95; Stephan Kieninger, Transformation or Status
       Quo. The Conflict of Stratagems in Washington over the Meaning and Purpose of the CSCE and
       MBFR, 1969–1973. In: Helsinki 1975 and the Transformation of Europe. Ed. by Oliver Bange
       and Gottfried Niedhart, New York, Oxford 2008, S. 67–82; Kenneth Weisbrode, The Atlantic
       Century. Four Generations of Extraordinary Generations who forged America's Vital Alliance with
       Europe, Cambridge (MA) 2009.
[20]   Aus Nixons Sicht steckte hinter dem gesamten Konferenzprojekt noch immer eine anti-ameri-
       kanische Grundidee, die sich auch durch bestmögliche westliche Vorbereitungsarbeit nicht revi-
       dieren ließ. Vgl. dazu die Ausführungen Nixons und Kissingers im Rahmen eines Treffens mit
       einer Gruppe von NATO-Botschaftern am 30.6.1973 in Nixons Urlaubsdomizil in San Clemente
       (Kalifornien). In: FRUS 1969–1976, Bd 39 (European Security, 1969–1976) S. 502–505.
[21]   Vgl. Nixons Inauguralrede am 20.1.1969. In: FRUS 1969–1976, Bd 1, S. 53–55.
[22]   Vgl. Nixons Rede vor dem Bohemian Grove Club in San Francisco am 29.7.1967. In: Ibid,
       S. 2–10.

Obwohl die sowjetische Führung gleich zu Beginn seiner Amtszeit ihre Bereitschaft zur Festschreibung des Status quo signalisierte, nahm Nixon die sowjetische Politik in den Siebzigerjahren noch immer durch das Prisma seines früheren Bildes von der Sowjetunion wahr[23].

Nixon war weiterhin davon überzeugt, dass die neue sowjetische Führung um Brežnev wie vormals Chruščёv langfristig noch immer Lenins Ziel der kommunistischen Weltrevolution verpflichtet sei[24]. Aus Nixons Sicht hatte die sowjetische Bereitschaft zur Entspannung daran nichts geändert. Er war der festen Auffassung, dass die Sowjets ausschließlich am Interessenausgleich interessiert, aber nicht bereit seien, die Definition ihres Interesses tatsächlich zu überdenken oder gar zu verändern[25].

Langfristiger Interessenausgleich mit der Sowjetunion setzte· aus Nixons Perspektive in erster Linie voraus, dass die Vereinigten Staaten die Führung im Kreml durch Machtpolitik zur Zusammenarbeit zwingen müssten. Nixon nahm an, dass Moskau nur durch die Zwänge einer Junktimpolitik zur Zusammenarbeit über die verschiedensten Themenbereiche hinweg gebracht werden könnte[26].

Daher war Nixon nicht bereit, Amerikas Handelsbeziehungen mit Moskau und seinen Verbündeten substanziell auszubauen, solange die Staaten des Warschauer Pakts dem Vietcong Waffen und Ausrüstung lieferten[27]. Damit verbauten sich Nixon und Kissinger die Möglichkeit, in der Tradition Kennedys und Johnsons die Gesellschaften hinter dem Eisernen Vorhang über die Multiplikation der Ost-West-Kontakte für westliche Ideen zu öffnen und inneren Wandel anzustoßen.

Angesichts der Ängste Nixons vor einer kommunistischen Unterwanderung des Westens bedeutete dies aber aus seiner Sicht keinen Verlust an Einflussmöglichkeiten, sondern im Gegenteil zusätzlichen Schutz. Denn statt mit der »soft power« westlicher Ideen die ideologische Offensive zu suchen, vertrauten Nixon und Kissinger lieber auf die harte Macht von Nuklearwaffen und Panzern[28]. Ohne Amerikas Missionsanspruch aufrechtzuerhalten, betrieben Nixon und Kissinger die Entspannung ganz im Stile der Realpolitik: Sicherheit konnte aus ihrer Sicht nicht durch friedlichen Wandel,

---

[23] Zur Beständigkeit von Images und Mentalitäten hat Robert Jervis grundlegende Forschung betrieben. Vgl. zum Beispiel: Robert Jervis, Perception and Misperception in International Politics, Princeton 1970.

[24] Nixons Biograph Steven Ambrose kommt zu dem Urteil, dass die berühmte »Kitchen Debate« mit Chruščёv 1959 bei Nixon den Eindruck verstärkt habe, dass kein sowjetischer Parteichef jemals das Feindbild gegenüber den USA werde ablegen können und dass die Sowjetunion das Ziel der kommunistischen Weltrevolution niemals aufgeben werde. Vgl. Stephen E. Ambrose, Nixon. The Education of a Politician, New York 1987, S. 534.

[25] So Nixon in einer Rede vor dem Bohemian Club in San Francisco 29.7.1967. In: FRUS 1969–1976, Bd 1, S. 2–10.

[26] Vgl. Henry Kissinger, White House Years, Boston 1979, S. 129.

[27] Für eine ausführlicher Darstellung zu Nixons Konzeption des Osthandels vgl. Werner Lippert, The Economic Diplomacy of Ostpolitik. Origins of NATO's Energy Diplomacy, New York, Oxford 2010.

[28] Der Begriff »soft power« geht auf Joseph Nye zurück. Mit »soft power« beschreibt Nye die Fähigkeit eines Staates, Menschen und andere Staaten durch kulturelle und wertepolitische Attraktivität für sich zu gewinnen und somit auf »weiche« Art seine Interessen durchzusetzen. Vgl. Joseph Nye, Soft Power. The Means to Success in World Politics, New York 2004.

sondern nur durch Gleichgewichtspolitik und die Aufteilung der Welt zwischen den Supermächten erreicht werden[29].

Um Amerikas Glaubwürdigkeit und seinen Machtanspruch zu demonstrieren, schien die nukleare Vormachtstellung des Landes selbst im Zeitalter des atomaren Gleichgewichts aus Nixons und Kissingers Sicht unabdingbar zu sein. Obwohl beide die strategische Parität der Sowjetunion anerkannten, hielten sie es für möglich, dass die USA trotz eines eingefrorenen Verteidigungshaushalts und trotz Moskaus massiven nuklearen Rüstungsprogrammen durch die Entwicklung von Interkontinentalraketen mit Mehrfachsprengköpfen (»Multiple Independently Targetable Reentry Vehicles«, kurz MIRV) einen gewissen Sicherheitsvorsprung beibehalten könnten[30].

In der Annahme, dass die Sowjetunion die MIRV-Technologie erst gegen Ende der Siebzigerjahre werde beherrschen können, setzten Nixon und Kissinger durch, dass das SALT I-Abkommen vom Sommer 1972 keine Begrenzungen für Interkontinentalraketen mit Mehrfachsprengköpfen enthalten dürfe[31]. Diese Fehlkalkulation ging als »MIRV-Mistake« in die Geschichtsbücher ein[32]. Denn die Sowjetunion begann ab 1974 in großem Tempo, Interkontinentalraketen mit bis zu zehn unabhängig voneinander lenkbaren Sprengköpfen zu dislozieren. Aus ihrem nuklearen Überlegenheitsgefühl heraus hatten sich Nixon und Kissinger ein großes politisches Problem eingehandelt.

In Washington wurde befürchtet, dass sich durch die Vervielfachung der Anzahl sowjetischer Sprengköpfe und deren immens verbesserter Zielgenauigkeit Anfang der Achtzigerjahre ein Fenster amerikanischer Verwundbarkeit auftun könnte[33]. Amerikanische Nuklearexperten kamen zu der Schlussfolgerung, dass die Sowjetunion dann in einem nuklearen Erstschlag bis zu 90 Prozent der landgestützten amerikanischen Interkontinentalraketen zerstören könnte[34]. Amerikanische Entspannungsgegner innerhalb und außerhalb der Regierung bezichtigten Nixon des Ausverkaufs amerikanischer Interessen. Vor dem Hintergrund des Watergate

---

[29] Nixon ging davon aus, dass die Sowjetunion die globale Einflusssphäre der USA nur akzeptieren würde, wenn sich Moskau permanent mit Washingtons Machtinteressen konfrontiert sähe. So Nixon im Vieraugengespräch mit Kissinger am 19.4.1972. In: FRUS 1969–1976, Bd 14, S. 427–448.

[30] Vgl. Francis Gavin, Nuclear Nixon. Ironies, Puzzles, and the Triumph of Realpolitik. In: Nixon in the World. American Foreign Relations, 1969–1977. Ed. by Fredrik Logevall and Andrew Preston, Oxford 2008, S. 126–145.

[31] Nixon trat vehement für die Produktion und Stationierung von Interkontinentalraketen mit Mehrfachsprengköpfen ein, um im Rüstungswettlauf mit der Sowjetunion nicht ins Hintertreffen zu geraten. »We are not gonna freeze ourselves«, lautete Nixons Devise. So Nixon in einem Treffen mit Kissinger, Verteidigungsminister Melvin Laird und dem Generalstab des Pentagons am 10.8.1971. In: FRUS 1969–1976, Bd 32 (SALT 1969–1972), S. 587–596.

[32] Vgl. dazu: Seymour Hersh, The Price of Power. Kissinger in the Nixon White House, New York 1983, S. 147–156.

[33] Vgl. dazu: Lawrence Freedman, The Evolution of Nuclear Strategy, London 1983.

[34] Vgl. Pavel Podvig, The Window of Vulnerability that wasn't. Soviet Military Buildup in the 1970s, A Research Note. In: International Security, 33 (2008), Heft 1, S. 118–138.

Skandals intensivierte sich die innenpolitische Kritik an der Entspannungspolitik zusätzlich[35].

Die öffentliche Meinung in den USA interessierte sich kaum dafür, dass die atomare Zweitschlagsfähigkeit der USA durch Washingtons nukleare U-Boot-Flotte und die in Europa stationierten Nuklearsysteme weiterhin gesichert war. Unter diesen Umständen wurden in den USA die massiven Konzessionen nicht gewürdigt, mit denen die sowjetische Führung beim ersten Gipfeltreffen mit Nixons Nachfolger Gerald Ford in Wladiwostok im November 1974 in Vorleistung ging, als Brežnev einer gemeinsamen Obergrenze für ballistische Raketen mit Mehrfachsprengköpfen zustimmte[36]. Brežnev sah die Zugeständnisse wohl als »Wahlkampfgeschenk«, das dem neuen amerikanischen Präsidenten die Fortführung der Entspannung erleichtern sollte[37]. Angesichts starker innenpolitischer Kritik an der Détente erschien es Ford jedoch zu riskant, die vorläufige Einigung von Wladiwostok noch vor der Präsidentschaftswahl 1976 in ein SALT II-Abkommen umzumünzen[38].

Im Endeffekt trug der Entspannungsprozess zwischen den Supermächten in den Siebzigerjahren nicht dazu bei, den Rüstungswettlauf im Bereich strategischer Offensivwaffen einzudämmen und die Détente zwischen Washington und Moskau langfristig zu stabilisieren. Da die Entwicklung und Dislozierung von MIRVs nicht verboten wurde, bewirkte das SALT I-Abkommen von 1972 mit einer Laufzeit von fünf Jahren, dass das atomare Wettrüsten in »erlaubte Bahnen« gelenkt wurde[39]. SALT wurde gewissermaßen zum Synonym für die Institutionalisierung des Wettrüstens. Nixon und Kissinger gingen als »gescheiterte Architekten« in die Geschichtsbücher ein[40].

---

[35] Vgl. Henry Kissinger, Years of Upheaval, Boston 1982, S. 979–1031.

[36] Jedoch wurde in den USA kritisiert, dass die Übereinkunft in Wladiwostok die sowjetische Überlegenheit in der Frage des Wurfgewichts (»throw-weight«) der Interkontinentalraketen perpetuierte. Zur Kritik vgl. Paul Nitze, From Hiroshima to Glasnost. At the Center of Decision, A Memoir, New York 1989, S. 342–344.

[37] Gegenüber britischen Gesprächspartnern bezeichnete Helmut Sonnenfeldt die sowjetischen Zugeständnisse als »Wahlkampfgeschenk« für Gerald Ford. Vgl. die Unterredung zwischen Sonnenfeldt und Edmonds am 9.12.1974. In: NARA, Records of the Department of State, Record Group 59 (RG 59), Entry 5339, Records of the Counselor, 1955–1977 (Sonnenfeldt Files), Box 4.

[38] Damit folgte Ford nicht dem Rat Kissingers, sondern nahm vielmehr Rücksicht auf die zunehmende Zahl der Entspannungsskeptiker in der eigenen Regierung. Vgl. Henry Kissinger, Years of Renewal, New York 1999, S. 834–867.

[39] Gegen den Willen des State Departments und der Arms Control and Disarmament Agency (ACDA) zogen Nixon und Kissinger nie in Erwägung, Moskau ein ernst gemeintes, umfassendes Angebot für ein Verbot von MIRVs zu unterbreiten, das Waffentests, Produktion und Stationierung eingeschlossen hätte. Bereits 1969 betonte ACDA-Direktor Gerard Smith, dass man »das Wettrüsten in erlaubte Kanäle verlagert, wenn man Waffensysteme [wie MIRVs] nicht einbezieht«. So Smith in einem Treffen des Nationalen Sicherheitsrats am 17.7.1969. In: FRUS 1969–1976, Bd 32, S. 89–105.

[40] Vgl. Jussi M. Hanhimäki, The Flawed Architect. Henry Kissinger and American Foreign Policy, Oxford 2004.

Die Fortführung der Transformationsdétente durch transatlantisches Networking in den KSZE-Verhandlungen

Die Westeuropäer konnten nichts daran ändern, dass die Protagonisten im Weißen Haus und im Kreml noch nicht verinnerlicht hatten, dass relative Machtgewinne im Bereich der strategischen Nuklearwaffen die Bemühungen zur nachhaltigen militärischen Stabilisierung des Ost-West-Konflikts konterkarieren mussten[41]. Den amerikanischen Abrüstungsexperten im State Department gelang es nicht, die militärische Stabilisierung des Ost-West-Konflikts als zusätzlichen Katalysator für die anvisierten gesellschaftlichen Wandlungsprozesse hinter dem Eisernen Vorhang urbar zu machen[42]. Die Europäer in Ost und West hatten bei den SALT-Verhandlungen schlichtweg keine Stimme. Ihr Gewicht in den nicht-militärischen Ost-West-Beziehungen wuchs jedoch in dem Maße, in dem es gelang, die Bedeutung nuklearer Sicherheitsfragen zu verringern und die beiden Supermächte einander anzunähern[43].

Just jenen gewachsenen Spielraum wollten die Westeuropäer in den KSZE-Verhandlungen nutzen, um die Entspannung irreversibel zu machen und gleichzeitig langfristig auf die Überwindung der europäischen Teilung hinzuarbeiten. Denn Amerikas Verbündete bezweifelten, dass Nixons und Kissingers auf den Status quo ausgerichtete Détente beides leisten konnte[44].

Es lag in der Logik der Sache, dass sich der Wettbewerb zwischen der Status quo-Détente im Weißen Haus und der Transformationspolitik des Netzwerks aus Westeuropäern und Bridge Buildern im State Department in erster Linie in den

---

[41] Vgl. Jeremi Suri, Logik der atomaren Abschreckung oder Politik mit der Bombe. In: Krisen im Kalten Krieg. Hrsg. von Bernd Greiner, Christian Th. Müller und Dierk Walter, Hamburg 2008, S. 24–47.

[42] In den Überlegungen amerikanischer Abrüstungsexperten hätte die sowjetische Führung unter den Bedingungen der strategischen Parität durch ein umfassendes Verbot neuer Offensiv-und Defensivwaffen dazu gebracht werden können, mehr Mittel in Soft Power zu investieren statt einen Großteil der Ressourcen in den militärisch-industriellen Komplex zu pumpen. Mehr sowjetische Investitionen in Wohlfahrt, Bildung, Forschung und Kultur sollten dem Westen noch bessere Möglichkeiten verschaffen, um gesellschaftliche Liberalisierungsprozesse hinter dem Eisernen Vorhang zu bewirken und zu steuern. Diese Auffassung vertrat zum Beispiel CIA-Direktor Richard Helms in einem Memorandum an Walt Rostow, den Nationalen Sicherheitsberater Johnsons, vom 10.12.1966. Vgl. FRUS 1964–1968, Bd 17 (Arms Control and Disarmament), S. 411–417.

[43] Diese Logik lag der sozialliberalen Ostpolitik zu Grunde. So betonte Egon Bahr gegenüber Willy Brandt: »Europas Gewicht wächst in dem Maße, in dem die relative Bedeutung der Sicherheitsfrage geringer wird. Wir haben in den letzten Jahren aktiv daran mitgewirkt, die beiden Supermächte anzunähern und sie damit politisch relativ manipulierbar gemacht, was sie militärisch überhaupt nicht sind.« Vgl. Bahrs Schreiben an Brandt vom 15.4.1973. In: Archiv der Sozialen Demokratie (AdsD), Depositum Egon Bahr, Bd 439.

[44] Elliott, der Leiter der britischen KSZE-Delegation, stellte in Frage, ob Übereinkünfte im Bereich der Nuklearwaffen automatisch einen Abbau der Restriktionen nach sich zogen, die die kommunistischen Regime hinter dem Eisernen Vorhang ihren Bürgern auferlegten, um vermehrte Kontakte mit der Außenwelt zu unterbinden. Elliott kam zu dem Schluss, dass die Entspannung ohne einen derartigen Abbau der Barrieren für die Bürger in Ost und West nicht greifbar und fühlbar und daher nicht von Dauer sein könne. Vgl. Elliotts Memorandum mit dem Titel »CSCE: The Long Haul« an Außenminister Callaghan vom 29.7.1974. In: Documents on British Policy Overseas (DBPO), Reihe III, Bd 2, The Conference on Security and Cooperation in Europe, 1972–1975, S. 317–326.

KSZE-Verhandlungen abspielte. Denn im Rahmen der KSZE ging es primär um die Frage, durch welche Form des geregelten Miteinanders man den Kalten Krieg der Fünfzigerjahre definitiv überwinden wollte – durch ein gewissen Maß an offizieller Kooperation zwischen zwei Gruppen von Staaten mit unterschiedlichen Systemen, oder durch eine Détente, die zusätzlich darauf abzielte, die Barrieren zwischen den Menschen in Ost und West schrittweise zu überwinden[45].

Nixon und Kissinger vertraten die Auffassung, dass die Machthaber in Moskau der Ausweitung menschlicher Kontakte und der Öffnung des eigenen Machtbereichs in den KSZE-Verhandlungen kaum zustimmen würden[46]. Außenminister Rogers und vor allem die Diplomaten in der Europaabteilung im State Department hatten jedoch ein grundsätzlich anderes Verständnis. Sie betrachteten die KSZE-Verhandlungen als eine Art »Risikospiel«[47]. Sie wollten der Ratifizierung des Status quo nur zustimmen, wenn sich die Sowjetunion dazu bereit finden würde, ihren Machtbereich durch die Multiplikation von Ost-West-Kontakten zu öffnen[48].

Aus der Sicht der amerikanischen Transformationspolitiker kam es darauf an, der sowjetischen Status quo-Agenda ein dezidiert westliches Programm gegenüberzustellen. In der Tat gingen die Mitglieder der NATO unter der Führung der Europaabteilung im State Department 1969 daran, die westliche Programmatik für die Vermehrung der Kontakte über den Eisernen Vorhang hinweg zu entwerfen: Im Dezember 1969 wurde der Begriff »freer movement of people, information and ideas« zum ersten Mal offiziell in die Agenda der NATO aufgenommen[49].

Trotz des Widerstandes aus dem Weißen Haus hielten die Diplomaten aus dem State Department an der Transformationsstrategie fest, die in den Präsidentschaften Kennedys und vor allem Johnsons gemeinsam mit westeuropäischen Ansprechpartnern wie Willy Brandt entwickelt worden war[50]. Wie Brandt, Johnson und dessen Außenminister Rusk waren sie davon überzeugt, dass trotz der

---

45   So der niederländische Botschafter Rijnhard van Lynden in einer Sitzung des Nordatlantikrats am 13.3.1974. In: NATO Archiv, Brüssel, Minutes of the North Atlantic Council, 1969–1974 (C-R), (74)-11.

46   Trotz der großen westlichen Geschlossenheit in den Multilateral Preparatory Talks zur KSZE betonte Kissinger, dass es »eine Illusion sei anzunehmen, dass die Sowjets ihr Verhalten im Innern auf Grund einer Deklaration in Helsinki veränderten«. Vgl. Kissingers Memorandum an Nixon, »Secretary Roger's Report on European Security Conference«, 10.7.1973. In: FRUS 1969–1976, Bd 39, S. 510 f.

47   Vgl. dazu die undatierte Studie der interministeriellen KSZE-Arbeitsgruppe unter der Führung der Europaabteilung vom Oktober 1971. In: FRUS 1969–1976, Bd 39, S. 212–223.

48   Außenminister Rogers hob in einer Rede vor Journalisten am 1.12.1971 hervor, dass er eine Konferenz »nicht in erster Linie als Ratifizierung der bestehenden Teilung [in Europa], sondern als einen Schritt auf dem langen Weg hin zu einer neuen Lage sehen wolle«. In: FRUS 1969–1976, Bd 1, S. 340–347.

49   Vgl. Stephan Kieninger, Transformation versus Status Quo. The Survival of the Transformation Strategy in the Nixon Years. In: Perforating the Iron Curtain. European Détente, Transatlantic Relations, and the Cold War, 1965–1985. Ed. by Poul Villaume and Odd Arne Westad, Kopenhagen 2010, S. 101–122.

50   Zum Fortbestand der Transformationspolitik in den USA in der Präsidentschaft Nixons, vgl. Anm. 19. Zum transatlantischen Ideentransfer zwischen Brandt, Kennedy, Johnson, Rusk und ab 1966 Kiesinger, vgl. Thomas A. Schwartz, Lyndon Johnson and Europe. In the Shadow of Vietnam, Cambridge (MA) 2003; Oliver Bange, Ostpolitik und Détente in Europa. Die Anfänge

europäischen Teilung in den Köpfen der Menschen hinter dem Eisernen Vorhang ein gesamteuropäisches Bewusstsein erhalten geblieben sei, das es durch ein »größtmögliches Ausmaß« an Ost-West-Kommunikation via Kulturaustausch, Handel, Besucherprogramme und gemeinsame technische Projekte zu stärken galt[51]. Johnson prägte für diesen Ansatz 1964 den Begriff »Bridge Building«[52]. Das Ziel dieser Kontaktpolitik war die »Transformation der anderen Seite«[53].

Angetrieben vom Glauben, dass die freien Gesellschaften des Westens gegenüber den Diktaturen im Osten größere Anziehungskraft und Vitalität besaßen, ging es für die Transformationspolitiker darum, durch den Wettbewerb der Systeme die ideologischen Grundfesten des Kommunismus langfristig unter stabilen Rahmenbedingungen zu erodieren und die Teilung Europas zu überwinden[54]. Allerdings durfte die Überwindung der europäischen Teilung nicht ohne Moskaus Zustimmung gedacht und daher nicht als Nullsummenspiel definiert werden[55]. Vielmehr waren Versöhnung und gemeinsame Sicherheit Voraussetzung für Stabilität und langfristigen Wandel[56].

Die langfristige Auflösung der sowjetischen Vorherrschaft in Osteuropa setzte voraus, dass der Westen die Hegemonie Moskaus nicht offen in Frage stellte, und mit überschaubaren Schritten wie der Ausweitung menschlicher Kontakte begann,

---

1966–1969; Mannheim 2004 (Ms), Arne Hofmann, The Emergence of Détente in Europe. Brandt, Kennedy and the Formation of Ostpolitik, London 2007.

[51] Vgl. Willy Brandts Memorandum an Dean Rusk, »Relations with Eastern European States and Peoples«, vom 4.9.1964, In: FRUS 1964–1968, Bd 15 (Germany and Berlin), S. 151–159.

[52] Lyndon Johnson prägte den Begriff in einer Rede vor dem Virginia Military Institute in Lexington anlässlich der Einweihung der dortigen George C. Marshall Research Library am 23.5.1964. In: Public Papers of the President's of the United States 1963–1964, Washington 1965, Bd 1, S. 708–710.

[53] Willy Brandt benutzte diesen Terminus in seiner Rede vor der Evangelischen Akademie in Tutzing am 15.7.1963. In: Dokumente zur Deutschlandpolitik (DzD), Reihe IV, Bd 9, Frankfurt a.M. 1978, S. 565–571. Gottfried Niedhart und Oliver Bange haben den Begriff »Transformation« für die Historiographie urbar gemacht. »Transformation« steht dabei für die Dialektik einer westlichen Entspannungspolitik, die subversive Kontaktpolitik gegenüber den Gesellschaften der Warschauer Pakt Staaten mit stabilen sicherheitspolitischen Rahmenbedingungen verband. Vgl. Oliver Bange und Gottfried Niedhart, Introduction. In: Helsinki 1975 and the Transformation of Europe, S. 1–21, (wie Anm. 19).

[54] Vgl. dazu: Oliver Bange, Ostpolitik as a Source of Intra-bloc Tensions. In: NATO and the Warsaw Pact. Intrabloc Conflicts. Ed. by Mary Ann Heiss and S. Victor Papacosma, Kent (Ohio) 2008, S. 106–121.

[55] Dies betonte Johnson in seiner »Europarede« mit dem Titel »Making Europe Whole. An Unfinished Task« vor der National Conference of Editorial Writers in New York am 7.10.1966. In: Public Papers of the President's of the United States, 1966, Washington 1967, Bd 2, S. 1125–1130.

[56] Gottfried Niedhart und Oliver Bange unterstreichen, dass Versöhnung, Sicherheit und Wandel die Hauptziele der Ostpolitik waren, wie sie von der sozial-liberalen Regierung in Bonn ab 1969 verfolgt wurden: »Versöhnung mit den Völkern Osteuropas hatte einen Vergangenheits-, europäische Sicherheit überwiegend einen Gegenwarts- und friedlicher Wandel einen Zukunftsbezug.« Vgl. Gottfried Niedhart und Oliver Bange, Die »Relikte der Nachkriegszeit beseitigen«. Ostpolitik in der zweiten außenpolitischen Formationsphase der Bundesrepublik Deutschland im Übergang von den Sechziger- zu den Siebzigerjahren. In: Archiv für Sozialgeschichte (AfS), 44 (2004), S. 415–448.

die die Sowjetunion nicht als unmittelbare Bedrohung ihrer Sicherheit wahrnahm[57]. Gleichzeitig mussten die Transformationspolitiker in Washington die Sprengkraft ihrer Ideen auch vor dem Weißen Haus verbergen[58]. Schließlich war Nixon der festen Überzeugung, dass die sowjetischen Vorschläge zur Agenda für eine zukünftige Europäische Sicherheitskonferenz nicht zum Vorteil des Westens umgewandelt werden konnten[59].

Auf Grund seiner Angst vor einer kommunistischen Unterwanderung Westeuropas hätte Richard Nixon kaum die Fortführung einer offen propagierten und erkennbaren Politik des Bridge Building geduldet. Insofern waren die Bridge Builder im State Department gezwungen, ihre offensive Politik gegenüber Nixon und Kissinger als Instrument zur Schadensbegrenzung und zur Aufrechterhaltung der Solidarität in der NATO darzustellen. Nachdem Außenminister Rogers und die Europaabteilung im Herbst 1969 zu schnell mit eigenen Initiativen vorgeprescht waren[60], gelang es Europadirektor Martin Hillenbrand im April 1970, Kissinger davon zu überzeugen, dass den Vereinigten Staaten keine andere Wahl bliebe, als der Gründung einer NATO-Arbeitsgruppe zum Thema Ost-West-Kontakte zuzustimmen. Um die eigenen offensiven Absichten zu kaschieren, sprach Hillenbrand gegenüber Kissinger davon, dass die USA damit kleineren westeuropäischen Verbündeten ein Ventil für deren Entspannungsambitionen geben könnten[61].

Dieses Cover bot der Europaabteilung im State Department und der US-Gesandtschaft bei der NATO in Brüssel den idealen Deckmantel, um unbehelligt die Führung bei der Ausarbeitung der westlichen Agenda für die Konferenz zu übernehmen. Außenminister Rogers drängte immer wieder persönlich darauf, dass das Programm für eine Konferenz weit über sowjetische Entwürfe zum Gewaltverzicht hinausgehen müsse und sich nicht nur auf rein zwischenstaatliche Beziehungen beschränken dürfe[62]. Die Machthaber hinter dem Eisernen Vorhang sollten ihre Gesellschaften nicht weiter von westlichen Einflüssen abschotten können dürfen. Die Führungsriege im State Department drängte darauf, dass Moskau einen mög-

---

[57] Bahr brachte diese Logik in seiner berühmten Rede vor der Evangelischen Akademie in Tutzing am 15.7.1963 auf die Formel »Wandel durch Annäherung«. Vgl. DzD, Reihe IV, Bd 9, Frankfurt a.M. 1978, S. 572–575. Zum Kontext vgl. Gottfried Niedhart, Revisionistische Elemente und die Initiierung friedlichen Wandels in der neuen Ostpolitik 1967–1974. In: Geschichte und Gesellschaft, 28 (2002), S. 233–266.

[58] Vgl. Kieninger, Transformation or Status Quo (wie Anm. 19).

[59] Vgl. Nixons Bemerkungen in einer Sitzung des Nationalen Sicherheitsrats am 28.1.1970. In: FRUS 1969–1976, Bd 39, S. 44–48.

[60] Vgl. dazu FRUS 1969–1976, Bd 39, S. 8–33.

[61] So Hillenbrand im Rahmen eines Treffens des Nationalen Sicherheitsrats am 16.4.1970. In: NARA, Nixon, National Security Council (NSC), Institutional Files, Box H-111. In einem Memorandum für Kissinger vom 18.4.1970 fasste Helmut Sonnenfeldt das Ergebnis dieser Besprechung zusammen. In: FRUS 1969–1976, Bd 39, S. 60 f. Nixon billigte die Einrichtung einer NATO-Arbeitsgruppe, die sich mit Ost-West-Kontakten befassen sollte, in einem Telegramm an die US-Gesandtschaft bei der NATO vom 21.4.1970. In: FRUS 1969–1976, Bd 39, S. 60 f.

[62] Wenn der Westen lediglich sowjetische Formeln zum Gewaltverzicht wiederhole, sei das »als heirate man seine Ehefrau zum zweiten Mal«, so Rogers gegenüber dem finnischen KSZE-Beauftragten Ralph Enkell in einem Gespräch 17.11.1970. In: NARA, RG 59, Subject Numeric Files 1970–1973, Box 1705.

lichst hohen Preis für die Anerkennung des Status bezahlen müsse. George Vest und James Goodby von der amerikanischen NATO-Mission in Brüssel verdeutlichten ihren westeuropäischen Ansprechpartnern, dass der Westen durch den sowjetischen Vorschlag zur Einberufung einer Europäischen Sicherheitskonferenz über einen guten Hebel verfüge, um den kommunistischen Herrschaftsbereich durch Regelungen zum »freer movement of people, information and ideas« zu öffnen[63].

Kontroverse Themen wie »freer movement« sollten aus der Sicht amerikanischer Transformationsstrategen gleich zu Beginn späterer Ost-West-Verhandlungen zur KSZE besprochen werden, weil die NATO andernfalls ihren Hebel verschenken würde[64]. Vizeaußenminister John Irwin wies seine westdeutschen Gesprächspartner im März 1972 darauf hin, dass es darum gehe, die »Gesellschaften zu öffnen und nicht nur Besucherkontingente für Wissenschaftler von fünf auf 15 jährlich zu erhöhen«[65]. Im Unterschied zu den Bridge Buildern aus Washington wollten vor allem Franzosen und Deutsche »graduell vorgehen« und Regelungen für »freer movement« »Schritt für Schritt« durchsetzen[66].

Während Paris und Bonn die Themen des späteren Korb III der KSZE-Schlussakte unter dem Rubrum »kultureller Austausch« subsumieren wollten[67], bestand die amerikanische NATO-Gesandtschaft mit Rückendeckung der Europaabteilung in Washington erfolgreich darauf, die Forderungen nach »freer movement« in der westlichen Agenda nicht zu verwässern[68].

Die sozialliberale Regierung in Bonn wollte im Unterschied zu den amerikanischen Bridge Buildern das Thema »freer movement« daher nicht gleich zu Beginn der Konferenz zu einer Prinzipiensache machen, sondern »Ansatzpunkte« finden, »um [die] DDR Schritt für Schritt auf den Kurs menschlicher Erleichterungen fest-

---

[63] Vgl. dazu: Goodby, Europe Undivided (wie Anm. 19).

[64] Mit dem vorläufigen Einverständnis Nixons und Kissingers übernahm das State Department im Herbst 1971 innerhalb der amerikanischen Administration offiziell die Verantwortung in allen Angelegenheiten, die die Vorbereitung für die KSZE betrafen. Vgl. Kieninger, Transformation or Status Quo (wie Anm. 19).

[65] Vgl. das Gespräch zwischen Staden und Irwin vom 13.3.1972. In: Akten zur Auswärtigen Politik der Bundesrepublik Deutschland (AAPD) 1972, S. 240-245.

[66] In: AAPD 1972, S. 240-245. Zu den unterschiedlichen taktischen Ansätzen vgl. Petri Hakkarainen, From Linkage to Freer Movement. The FRG and the Nexus between Western CSCE Preparations and Deutschlandpolitik, 1969-72. In: Origins of the European Security System. The Helsinki Process Revisited, 1965-1975. Ed. by Andreas Wenger, Vojtech Mastny and Christian Nünlist, London 2008, S. 164-182.

[67] Während der Vorbereitungsgespräche in Helsinki entstand Anfang 1973 unter den neutralen und nichtpaktgebundenen Teilnehmerstaaten die Idee, die Themen der Konferenz nach Körben zu sortieren. Fragen der Sicherheit wurden in Korb I besprochen, Fragen wirtschaftlicher Zusammenarbeit in Korb II und »freer movement of people, information and ideas« in Korb III. Vgl. Thomas Fischer, Neutral Power in the CSCE. The N+N [sic] States and the Making of the Helsinki Accords, Baden-Baden 2009, S. 173-177.

[68] Das NATO-Referat der Europaabteilung forderte die amerikanische NATO-Gesandtschaft mit Nachdruck auf, gegenüber den Deutschen und Franzosen in dieser Hinsicht nicht nachzugeben. Vgl. Arva Floyds Telegramm (Nr. 181563) an die US-Gesandtschaft bei der NATO vom 2.10.1971. In: NARA, RG 59, Subject Numeric Files 1970-1973, Box 2264.

zulegen«[69]. Durch Begriffe wie »menschliche Erleichterungen« oder »human contacts« wurde dem »freer movement« etwas seine Präpotenz genommen und eine »andere Nuance« gegeben[70]. Damit sollte vor allem aus westdeutscher Sicht das subversive Potential der Kontaktpolitik gegenüber der DDR kaschiert werden[71].

In internen Besprechungen wurde dagegen teilweise kein Blatt vor den Mund genommen. Gegenüber seinen Außenministerkollegen aus dem Kreis der NATO-Staaten pries Walter Scheel im Juni 1973 die Entspannung als Wettbewerb der Systeme zum Vorteil des Westens. Mit der Entspannung sei der Weg zu direkten Kontakten und Wettbewerb zwischen Gesellschaften in Ost und West geebnet worden. Scheel betonte, dass dies die Absicht des Westens gewesen sei, »weil wir an die Macht unserer Überzeugungen und Ideale glauben und auf die innere Stärke unseres Systems mit demokratischen Freiheiten, Menschenrechten und sozialer Gerechtigkeit vertrauen«[72].

Mit Beginn der Multilateralen Vorbereitungsgespräche zur KSZE in November 1972 übernahmen die Westdeutschen und die Franzosen in der Tat die Vorreiterrolle, die die Bridge Builder aus dem State Department in den internen Konsultationen zur Vorbereitung der KSZE im Rahmen der NATO zwischen 1970 und 1972 inne gehabt hatten. In den offiziellen Gesprächen zwischen den 35 Teilnehmern vermieden die amerikanischen Transformationspolitiker nun bewusst jegliche Konfrontation mit der sowjetischen Seite. Es ging darum, die Gespräche nicht durch Grabenkämpfe zwischen den Supermächten zu präjudizieren[73].

Es machte sich bezahlt, dass die amerikanischen Bridge Builder um George Vest und James Goodby ihren westeuropäischen Kollegen in Sachen »freer movement« seit 1970 eine harte Linie eingeimpft hatten, die diese in den Multilateral Preparatory Talks ab 1972 weiterführten. Denn als Leiter der amerikanischen Delegation in Helsinki konnte Vest ab Herbst 1972 zurückhaltend operieren und beobachten, wie seine Verbündeten der sowjetischen Delegation eine Konzession nach der anderen abhandelten[74]. »Freer movement« wurde als Korb III und damit als eigenständiger Bereich akzeptiert[75].

---

[69]   So Staatssekretär Paul Frank im Gespräch mit Hillenbrand am 11.5.1972. In: AAPD 1972, S. 540–545.

[70]   AAPD 1972, S. 540–545.

[71]   Die Sprengkraft der westlichen Aufweichungsstrategie war den Verantwortlichen in Ost-Berlin und Moskau sehr wohl bewusst. Langfristig ging die SED-Führung jedoch fälschlicherweise davon aus, dass die multilaterale Anerkennung der DDR auf internationaler Ebene und die Intensivierung der Überwachung im Innern die Menschen in der DDR gegen die subversive Politik aus Bonn immunisieren könne. Vgl. Bange, Zwischen Bedrohungsperzeption und sozialistischem Selbstverständnis (wie Anm. 3).

[72]   Scheels Beitrag im Rahmen der NATO-Ministerratstagung am 14.6.1973 in Kopenhagen. In: NATO Archiv. Verbatim Records of NATO Ministerial Meetings, 1966–1974, C-VR (73) 36, Part 2.

[73]   Zum »low profile« der amerikanischen Delegation, vgl. Maresca, To Helsinki, S. 45 (wie Anm. 18).

[74]   Zur entscheidenden Rolle Vests vgl. Weisbrode, The Atlantic Century, S. 234–238 (wie Anm. 19).

[75]   Der Komparativ »freer« wurde bewusst gewählt, um der vom Westen gewollten Dynamik in der Zielsetzung des freieren grenzüberschreitenden Austauschs Ausdruck zu verleihen. Vgl. Barthold C. Witte, Für die Freiheit eine Gasse. Aus dem Leben eines liberalen Bürgers, Stuttgart 2003,

Um den Beginn der eigentlichen Verhandlungen im Herbst 1973 zu ermöglichen, akzeptierte Moskau zudem, dass sich die Teilnehmer in den Hauptverhandlungen mit vertrauensbildenden Maßnahmen wie dem Austausch von Manöverbeobachtern und der Ankündigung von Militärmanövern befassen sollten[76]. Schließlich schluckten die Sowjets auch die Bonner Forderung, dass das KSZE-Schlussdokument den friedlichen Revisionismus der Westdeutschen durch eine Klausel zum »peaceful change of frontiers« ausdrücklich als Prinzip der Entspannung in Europa festschreiben sollte[77].

Doch erst zu Beginn der Hauptverhandlungen in Genf (Stage II) im September 1973 sollte sich zeigen, ob die Sowjetunion wirklich zu substanziellen Zugeständnissen bereit war. Denn im Rahmen des Außenministertreffens zur feierlichen Eröffnung der Verhandlungen im Dipoli-Kongresszentrum bei Otaniemi (Finnland) (Stage I) vertrat Andrej Gromyko im Juli 1973 ungeachtet der sowjetischen Zusagen in den Vorbereitungsgesprächen die Auffassung, dass jegliche Bestimmungen über größere Freizügigkeit nationalen Gesetzen zum Schutz innerer Angelegenheiten untergeordnet seien[78]. Zum Verdruss Kissingers begann das zähe Ringen um die Gestaltung eines Schlussdokuments von vorne.

Aus der Sicht Kissingers entwickelten sich die Verhandlungen 1973 nach seiner Ernennung zum Außenminister immer stärker zu einem Störfaktor für seine auf den Erhalt des scheinbar gefährdeten Status quo fixierte Entspannungspolitik gegenüber Moskau. Im Gegensatz zu den Westeuropäern und den Bridge Buildern in seinem eigenen Ministerium glaubte er nicht an die Veränderbarkeit gesellschaftlicher Strukturen hinter dem Eisernen Vorhang[79]. Außerdem wollte er, bedingt durch seinen »MIRV-Mistake« in SALT I, der sowjetischen Seite in den KSZE-Verhandlungen eher entgegenkommen, um Moskau Zugeständnisse in den Verhandlungen zu SALT II abringen zu können[80].

S. 270. Bei den Verhandlungen zum sogenannten »Dritten Korb« war Witte in der bundesdeutschen Delegation für die Bereiche Kultur, Wissenschaft und Bildung zuständig.

[76] Hinter den Kulissen ermunterte George Vest seine Verbündeten sogar zum Versuch, der Sowjetunion auch die Einbeziehung von Truppenbewegungen abzugewinnen. Kissinger war jedoch darum bemüht, vertrauensbildende Maßnahmen (VBMs) auf ein Minimum zu beschränken, um die Handlungsfähigkeit der USA in Europa im militärischen Ernstfall nicht zu beeinträchtigen. Vest hingegen betrachtete seine Unterstützung für die westeuropäischen Ambitionen in Sachen VBMs als wichtigen Beitrag zur Stärkung der Solidarität im Bündnis. Zu Kissingers Kritik an Vests Linie, vgl. sein Telefonat mit Europadirektor Walter Stoessel vom 2.6.1973. In: FRUS 1969–1976, Bd 39, S. 478–480. Zur Bedeutung von Fragen militärischer Sicherheit im Rahmen der KSZE, vgl. Maresca, To Helsinki, S. 168–174 (wie Anm. 18).

[77] Vgl. dazu: Gottfried Niedhart, Peaceful Change of Frontiers as a Crucial Element in the West German Strategy of Transformation. In: Helsinki 1975 and the Transformation of Europe (wie Anm. 19), S. 39–52.

[78] Julian Bullard, der Leiter der Osteuropaabteilung im britischen Außenministerium, kam zu der Ansicht, dass die Sowjetunion einen »neuen Eisernen Vorhang« und eine »erweiterte Berliner Mauer« errichten wolle. Vgl. Bullards Schreiben an Wiggin »CSCE: Soviet Attitude« vom 5.7.1973. In: DBPO, Reihe III, Band II, The CSCE, S. 157–159.

[79] Vgl. Jussi M. Hanhimäki, »They can write it in Swahili«. Kissinger, the Soviets and the Helsinki Accords, 1973–1975. In: Journal of Transatlantic Studies, 1 (2003), S. 37–58.

[80] »We can't be sons of bitches everywhere«, lautete Kissingers Verdikt in einer Besprechung mit seinem Stab am 5.3.1974. Vgl.: FRUS 1969–1976, Bd 39, S. 552–554.

Kissinger wollte seine Verbündeten dazu bringen, sich in Korb III mit Minimal-zielen in Sachen »freer movement« zufrieden zu geben[81]. Mit diesen Bemühungen konnte er andererseits nicht zu weit gehen. Schließlich durfte nicht der Eindruck entstehen, dass er die Forderungen seiner Verbündeten in den KSZE-Verhandlungen an die Sowjetunion verkaufte. Der Spagat zwischen Bündnissolidarität und dem ver-meintlichen Zwang zu Konzessionen gegenüber Moskau brachte Kissinger 1974 zwangsläufig in die Position des entscheidenden Vermittlers zwischen Ost und West.

Je stärker sich die Westeuropäer gegenüber Kissinger und dem Kreml behaup-teten, desto mehr konnten sich die Bridge Builder aus der Europaabteilung des State Departments wieder zu Wort melden[82]. Vor allem Arthur Hartman, der Leiter der Europaabteilung, unterstützte die Forderungen der Westeuropäer mit dem Argument der Bündnissolidarität, das im Verhältnis zum Weißen Haus seit 1969 als Camouflage für die Fortsetzung der amerikanischen Transformationspolitik be-nutzt wurde[83]. Nachdem Kissingers eigene, auf den Erhalt des Status quo fixierte Entspannungspolitik Ende 1974 an einem toten Punkt angelangt war, blieb ihm schließlich nichts anderes übrig, als sich hinter die zentralen transformationspoliti-schen Forderungen zu stellen.

Obwohl Kissinger zwischenzeitlich die Transformationspolitik der NATO beina-he erstickt hätte, waren seine direkten Kontakte zu Brežnev und Gromyko letztlich entscheidend dafür, dass er es war, der dann im Namen der Westeuropäer die strit-tigsten Fragen mit Moskau verhandelte[84]. Im Endeffekt konnten sich die westlichen Transformationskonzepte im Umfeld von Kissingers Status quo-Détente besser be-haupten als unter den Bedingungen von Carters und Brzezinskis Missionspolitik. Kissinger konnte immerhin mittelfristig jene stabilen Rahmenbedingungen schaf-fen[85], die den Transformationsstrategen in Carters Präsidentschaft unter Brzezinskis Einfluss zunehmend fehlten[86]. Ohne diese Stabilisierung hätten die Grundlagen für

---

[81] Vgl. Kissingers Gespräch mit Hans-Dietrich Genscher vom 18.6.1974. In: AAPD 1974, S. 697−702.

[82] Vor allem die neue britische Regierung unter Harold Wilson und James Callaghan unterstützte die westliche Transformationspolitik im Vergleich zur Administration Edward Heaths mit wesent-lich mehr Nachdruck. Vgl. Luca Ratti, Britain, the German Question and the Transformation of Europe. From Ostpolitik to the Helsinki Conference, 1963−1975. In: Helsinki 1975 and the Transformation of Europe (wie Anm. 19), S. 83−97.

[83] Vgl. dazu Maresca, To Helsinki (wie Anm. 18), S. 45; zur zentralen Rolle Hartmans vgl. Weisbrode, The Atlantic Century (wie Anm. 19), S. 252 f.

[84] Dass Kissinger die Transformationspolitik letztlich unterstützte, ist somit kaum Lerneffekten, son-dern vielmehr in erster Linie dem Zwang geschuldet. Eine andere Auffassung vertritt Jeremi Suri, Henry Kissinger and the Reconceptualization of European Security. In: Origins of the European Security System (wie Anm. 66), S. 46−64.

[85] Stabilitätspolitische Überlegungen bildeten in der Tat die Schnittmenge in Bahrs und Kissingers Denken. Vgl. dazu: Gottfried Niedhart, U.S. Détente and German Ostpolitik. Parallels and Frictions. In: The Strained Alliance (wie Anm. 12), S. 23−44.

[86] Vgl. Oliver Bange, »The Greatest Happiness for the Greatest Number«. The FRG and the GDR and the Belgrade CSCE Conference (1977−78). In: From Helsinki to Belgrade. The First CSCE Follow-Up Meeting and the Crisis of Détente. Ed. by Vladimir Bilandzic, Dittmar Dahlmann and Milan Kosanovic, Bonn 2012, S. 225−254.

die Liberalisierungsprozesse hinter dem Eisernen Vorhang nicht geschaffen werden können[87].

Die Überwindung der Entspannungskrise durch den KSZE-Prozess

Durch den Passus zum »peaceful change of frontiers« und durch die Regelungen in Korb III wurde die westliche Transformationsstrategie in der KSZE-Schlussakte kodifiziert. Die irreversible Öffnung des Ostens hing aber von Fortschritten bei der Implementierung der Bestimmungen von Helsinki ab. In dieser Hinsicht stellte das ergebnislose Belgrader KSZE-Folgetreffen 1977–78 einen Rückschritt dar. Zudem machten sich in der zweiten Hälfte der Siebzigerjahre die Geburtsfehler auf dem Gebiet der militärischen Entspannung immer stärker bemerkbar. SALT geriet auf Grund der MIRV-Problematik zum Synonym des erlaubten Wettrüstens.

Auch die Bemühungen um konventionelle Abrüstung in Europa kamen nicht voran. Zu Beginn der Siebzigerjahre waren Willy Brandt und Egon Bahr in ihren Bemühungen um substanzielle Truppenreduzierungen in Zentraleuropa in der NATO isoliert[88]. Langfristig sah Egon Bahr wechselseitige Reduzierungen von bis zu 60 Prozent als Hebel, um die militärischen Voraussetzungen zur Überwindung der europäischen Teilung in einem stabilen Sicherheitsumfeld schaffen zu können[89].

Bonns Verbündete ließen jedoch nicht zu, dass die Westdeutschen Europa von innen her abzurüsten begannen. Keine der vier Siegermächte des Zweiten Weltkriegs war bereit, sich langsam vom System von Jalta und Potsdam zu verabschieden, das in Europa über 25 Jahre hinweg den Frieden garantiert hatte. Bonns NATO-Partner waren in den Siebzigerjahren nicht willens, die militärischen Voraussetzungen für die Überwindung der europäischen Teilung zu schaffen. Es war sicherer, der auf den ersten Blick weniger explosiven Multiplikation der Ost-West-Kontakte zuzustimmen[90].

---

[87] Timothy Garton Ash unterschätzt die Wirkmächtigkeit der Transformationsstrategie hinter der Ostpolitik, wenn er schreibt, dass sie lediglich »Stabilisierung ohne Liberalisierung« gebracht habe. Vgl. Timothy Garton Ash, Im Namen Europas. Deutschland und der geteilte Kontinent, München 1993.

[88] Die große Mehrzahl der anderen NATO-Mitglieder sah die Verhandlungen über »mutual and balanced force reductions« (MBFR) als Vehikel, um dem Druck der amerikanischen Legislative nach einseitigen Reduzierungen entgegen zu treten. Nixon selbst wollte beidseitige Truppenreduzierungen unbedingt verhindern. Gleichzeitig sah er jedoch unter dem Druck des Kongresses ein, dass – aus seiner Sicht möglichst erfolglose – Verhandlungen über wechselseitige Reduzierungen der einzige Weg waren, um unilaterale Cuts zu verhindern. Vgl. dazu: Hubert Zimmermann, The Improbable Permanence of a Commitment. America's Troop Presence in Europe during the Cold War. In: Journal of Cold War Studies, 11 (2009), Heft 1, S. 3–27.

[89] Dazu ausführlich: Oliver Bange, An Intricate Web. Ostpolitik, the European Security System and German Unification. In: Helsinki 1975 and the Transformation of Europe (wie Anm. 19), S. 23–38.

[90] Besonders die Regierung Pompidou befürchtete, dass wechselseitige Truppenreduzierungen in die Neutralisierung Westeuropas mündeten. Hingegen boten die KSZE-Verhandlungen Frankreich ein Forum, um die Bonner Ostpolitik in einen stabilen multilateralen Rahmen einzubetten. Vgl. dazu: Marie Pierre Rey, France and the German Question in the Context of Ostpolitik and the CSCE, 1969–1974. In: Helsinki 1975 and the Transformation of Europe (wie Anm. 19), S. 53–66.

1977 gerieten die Bemühungen um militärische Entspannung noch tiefer in die Krise. Vor allem Helmut Schmidt befürchtete, dass beide Supermächte »ihr nukleares Einsatzrisiko« verringern und Zentraleuropa zum alleinigen Schlachtfeld eines Nuklearkriegs machen wollten[91]. Für Schmidts Theorie von der sicherheitspolitischen Abkopplung sprach, dass die beiden Großen immerhin gewisse numerische Limits für strategische Waffen vereinbart hatten, während es für die in Zentraleuropa stationierten nuklearen Systeme keinerlei Beschränkungen gab.

Außerdem sah Schmidt mit großer Besorgnis, dass die USA immer kleinere und präzisere Waffen entwickelten, die die Schwelle zum Nuklearkrieg zusätzlich zu reduzieren drohten[92]. Schmidts Hoffnungen auf eine Stabilisierung des nuklearen Gleichgewichts in Europa auf zahlenmäßig möglichst niedrigem Niveau gingen nicht in Erfüllung. Trotz der Verhandlungen zur Reduzierung der »Intermediate Nuclear Forces in Europe« (INF) dehnten die Supermächte den Rüstungswettlauf in den Bereich dieser »eurostrategischen Waffen« aus[93].

Letztlich gelang es Ost und West aber, den NATO-Doppelbeschluss und die gesamte Nachrüstungsdebatte in den nach Belgrad beinahe tot geglaubten KSZE-Prozess einzubeziehen[94]. Entscheidend war dabei der französische Vorschlag zur Einberufung einer europäischen Abrüstungskonferenz vom Januar 1978. Angesichts der zunehmenden Spannungen zwischen den Supermächten begannen Paris und Bonn ab 1978 gemeinsam, und mit der Unterstützung des State Departments, an einer neuen Sicherheitsdimension für die Entspannung in Europa zu arbeiten[95]. Mit amerikanischem Wohlwollen gelang es beim Madrider KSZE-Folgetreffen 1983,

---

[91]   Zu diesem Befund kam Schmidt in einem Schreiben an Verteidigungsminister Georg Leber vom 6.10.1977. In: AAPD 1977, S. 1329–1332.

[92]   Zwischen 1973 und 1975 nahmen die USA in der Amtszeit von Verteidigungsminister Schlesinger eine grundlegende Revision ihrer Nukleardoktrin vor. Vgl. dazu: »To Have the Only Option that of Killing 80 Million People is the Height of Immorality«. The Nixon Administration, the SIOP, and the Search for Limited Nuclear Options, 1969–1974. Ed. by William Burr, National Security Archive Electronic Briefing Book Nr. 173, November 2005.

[93]   Helmut Schmidt lehnte die Unterscheidung zwischen taktischen, sogenannten »Theater Nuclear Forces« und strategischen Waffen mit dem stichhaltigen Argument ab, dass sich die Definition aus ihrer Wirkungsweise und nicht aus ihrer Reichweite ergeben müsse. Vgl. zum Beispiel Schmidts Gespräch mit Paul Warnke, dem Leiter der amerikanischen Arms Control and Disarmament Agency (ACDA), am 31.5.1978. In: AAPD 1978, S. 861–864.

[94]   Als der NATO-Doppelbeschluss im Dezember 1979 verabschiedet wurde, stellte Genscher die Entscheidung »in den breit gefaßten Rahmen westlicher Initiativen sowohl bei MBFR als auch bei der Vorbereitung der KSZE-Folgekonferenz in Madrid«. Dies betonte der deutsche NATO-Botschafter Rolf Pauls in seinem Bericht über die NATO-Ministerratssitzung am 13.12.1979. In: AAPD 1979, S. 1899–1902.

[95]   Im Rahmen des NATO-Ministerratstreffens im Sommer 1979 bat Hans-Dietrich Genscher den amerikanischen Außenminister Cyrus Vance darum, in der NATO für den französischen Vorschlag zur Einberufung einer Konferenz über vertrauensbildende Maßnahmen (VBMs) unter dem Dach der KSZE zu werben. Vance kam Genschers Bitte nach und versprach, sich dafür einzusetzen, dass die NATO dem französischen Vorschlag zur Ausweitung des Anwendungsgebiets von VBMs auf das gesamte europäische Territorium der Sowjetunion bis zum Ural zustimmen sollte. Vgl. das Gespräch zwischen Genscher und Vance vom 30.5.1979. In: AAPD 1979, S. 731–736.

in der Tat ein Mandat für eine Konferenz über vertrauensbildende Maßnahmen in Europa zu beschließen[96].

Deren Anwendungsgebiet konnte, wie von Paris 1978 angeregt, auf den gesamten europäischen Teil der Sowjetunion bis zum Ural ausgeweitet werden. Damit konnten Sicherheitsthemen in großem Rahmen in der KSZE besprochen werden[97]. Die Europäer emanzipierten sich auf diese Weise nicht nur ein Stück weit von den Supermächten. Sie halfen Washington und Moskau darüber hinaus dabei, die Krise der Supermachtentspannung zu überwinden und wieder miteinander ins Gespräch zu kommen. Die Stockholmer Konferenz über vertrauensbildende Maßnahmen unter dem Dach der KSZE wurde somit noch vor der Ära Gorbačëv zum Türöffner für die späteren Erfolge in den Verhandlungen zur Reduzierung strategischer Waffen (START) ab 1985[98].

Trotz anfänglich harscher Rhetorik gegenüber Moskau setzte Ronald Reagan letztlich die Entspannung fort[99]. Obwohl Reagan die Sowjetunion im März 1983 als das »Reich des Bösen« titulierte[100], betrieb er vor allem unter dem Einfluss von Außenminister George Shultz ab 1983 gegenüber Moskau eine Politik, die letzterer als »Realistic Reengagement« beschrieb[101]. Kurz vor Beginn der Stockholmer Konferenz im Januar 1984 läutete Reagan seine Transformationspolitik öffentlich in einer Fernsehansprache mit einer Definition von »Realistic Reengagement« ein.

Reagan betonte, dass Entspannung ein klares Verständnis der Lage voraussetze: »Wir müssen erkennen, dass wir in einem langwierigen Wettbewerb mit einer Regierung sind, die nicht unser Verständnis von individueller Freiheit […] und friedlichem Wandel […] teilt. Wir müssen unsere Unterschiede offen zur Kenntnis nehmen und dürfen uns nicht scheuen, uns für unsere Werte einzusetzen. Die Tatsache, dass keiner das System des anderen mag, ist [jedoch] kein Grund, das Gespräch zu verweigern. Da wir im nuklearen Zeitalter leben, müssen wir miteinander reden. Unser Bekenntnis zum Dialog ist fest und unerschütterlich[102].«

---

[96]	Zum KSZE-Folgetreffen in Madrid, vgl. die Memoiren des amerikanischen Delegationsleiters: Max M. Kampelman, Entering New Worlds. The Memoirs of a Private Man in Public Life, New York 1991.

[97]	Zur Stockholmer Konferenz, vgl. Carl C. Krehbiel, Confidence- und Security Building Measures in Europe. The Stockholm Conference, New York 1989.

[98]	Vgl. James E. Goodby, The Stockholm Conference on Confidence- and Security-Building measures and Disarmament in Europe: In: International Negotiation, 1 (1996), S. 187−203.

[99]	Vgl. dazu: Beth A. Fischer, The Reagan Reversal. Foreign Policy and the End of the Cold War, Columbia (MO) 1997.

[100]	Zur Kontextualisierung von Reagans berühmter Rede vor der National Association of Evangelicals am 8.3.1983 in Orlando, vgl. James Mann, The Rebellion of Ronald Reagan. A History of the End of the Cold War, New York 2009, S. 25−33.

[101]	Der Neustart in den Beziehungen ab 1984 wurde womöglich dadurch erleichtert, dass die Vertrauenskrise zwischen den Supermächten im Herbst 1983 bereits ansatzweise überwunden war. Jedenfalls nahm die sowjetische Führung das NATO-Manöver »Able Archer« im November 1983 nicht als unmittelbare Vorbereitung eines amerikanischen Überraschungsangriffs wahr. Vgl. dazu Mark Kramers Beitrag in diesem Sammelband.

[102]	Zum Begriff »Realistic Reengagement« und zum Kontext von Reagans Rede vom 16. Januar 1984, vgl. George Shultz, Turmoil and Triumph. Diplomacy, Power and the Victory of the American Ideal, New York 1993, S. 463−486.

Reagans Rede am 16. Januar 1984 war ernst gemeint. Bereits zwei Tage später rangen George Shultz und Andrej Gromyko zum Auftakt der Stockholmer Konferenz in einem fünfstündigen Marathongespräch um einen neuen Aufbruch in den bilateralen Beziehungen[103]. Washington und Moskau ließen damit die Talsohle ihrer Entspannungskrise hinter sich. Noch war aber nicht abzusehen, dass Reagan und Shultz in Gorbačëv bald den idealen Partner für ihre Politik des »Reengagements« finden würden.

---

[103] Die Aufzeichnung des Gesprächs zwischen Shultz und Gromyko am 18.1.1984 in Stockholm ist abgedruckt in Teil IV der Dokumentenreihe »The Euromissiles Crisis and the End of the Cold War, 1977–1987«, www.wilsoncenter.org/index.cfm?topic_id=1409&fuseaction=topics.item&news_id=650529 (abgerufen am 9.9.2011).

Oliver Bange

Der KSZE-Prozess und die sicherheitspolitische Dynamik des Ost-West-Konflikts 1970–1990

Am 1. August 1975 – nach 32-monatigen Verhandlungen – unterzeichneten die Regierungschefs von 35 europäischen Staaten in der Finlandia-Halle in Helsinki das Schlussdokument der Konferenz über Sicherheit und Zusammenarbeit in Europa (KSZE)[1]. Diese sogenannte KSZE-Schlussakte war kein Vertrag internationalen Rechts und dementsprechend auch nicht bindend[2]. Dennoch gilt die Schlussakte und der folgende »KSZE-Prozess« (im englischen Sprachraum auch als »Helsinki effect« bezeichnet[3]) als ein entscheidender Faktor auf dem Weg zur Implosion kommunistischer Herrschaftssysteme 1989/90 (und damit auch zur Wiedervereinigung Deutschlands)[4].

---

[1]   Zu den mehr als zweieinhalb Jahre dauernden KSZE-Verhandlungen und ihrer mindestens ebenso langen Vorgeschichte liegen seit 2008 zwei historiographische Sammelbände vor: Origins of the European Security System. The Helsinki Process Revisited, 1965–75 (Center for Security Studies [CSS/ETH Zürich] – Studies in Security and International Relations). Ed. by Andreas Wenger, Vojtech Mastny and Christian Nuenlist, London, New York 2008; Helsinki 1975 and the Transformation of Europe. Ed. by Oliver Bange and Gottfried Niedhart, New York, Oxford 2008. Darüber hinaus sind in den letzten Jahren einige Monographien zu verschiedenen nationalen Akteuren dieses frühen KSZE-Prozesses erschienen, u.a. Angela Romano, From Détente in Europe to European Détente. How the West Shaped the Helsinki CSCE (Euroclio, Nr. 44), Brüssel/Bern 2009; Thomas Fischer, Neutral Power in the CSCE. The N+N [sic] States and the Making of the Helsinki Accords 1975 (= Wiener Schriften zur Internationalen Politik, Bd 12), Baden-Baden 2009; Wanda Jarząbek, Polska wobec Konferencji Bezpieczeństwa i Współpracy w Europie. Plany i rzeczywistość 1964–1975, Warschau 2008. Sowohl in den Sammelbänden als auch insbesondere in den Monographien zum Thema stellt sich das Methodenproblem, wie Historiker heute anhand ihrer mehr oder weniger eingeschränkten Perspektiven die multilaterale Dynamik des KSZE-Prozesses adäquat abbilden können.

[2]   Siehe hierzu die immer noch gültige, detaillierte Analyse der Schlussakte in: Sicherheit und Zusammenarbeit in Europa (KSZE). Analyse und Dokumentation 1973–1978, Bd 2. Hrsg. von Hans-Adolf Jacobsen, Wolfgang Mallmann und Christian Meier, Köln 1978, S. 527–583, hier insbes. S. 528 f. In der aktuellen Diskussion über Motive, Grundlagen und Wirkmächtigkeit des KSZE-Prozesses wird die damalige Einschätzung retrospektiv abermals unterstrichen durch: Richard Davy, Helsinki Myths. Setting the Record Straight on the Final Act of the CSCE, 1975. In: Cold War History, 9 (2009), Heft 1, S. 1–22.

[3]   Daniel C. Thomas, The Helsinki Effect. International Norms, Human Rights and the Demise of Communism, Princeton 2001.

[4]   Die weltweit profiliertesten Projekte zur historiographischen Erforschung dieser multilateralen Dynamik sind bislang in Deutschland durchgeführt worden: »Entspannung und KSZE in Europa. Die Staaten des Warschauer Pakts und die Bundesrepublik Deutschland in wechselseitiger

Die Schlussakte selbst bestand aus vier sehr unterschiedlichen sogenannten
»Körben« (Baskets): einem Prinzipienkatalog mit Grundregeln über das friedliche
Zusammenleben der europäischen Staaten, einer Beschreibung der Bereiche der
zukünftigen blockübergreifenden Kooperation in Europa (Wirtschaft, Forschung,
Umwelt und Sicherheit), dem bekannten »Korb III«, in dem eher pragmatisch
die Zusammenarbeit der Staaten in humanitären Bereichen skizziert wurde; und
schließlich der Versicherung, die Umsetzung der Schlussakte durch gemeinsame
Folgekonferenzen prüfen zu wollen[5].

Die Schlussakte bestand aus Versprechungen auf sehr unterschiedlichen
Gebieten, teils sogar direkt widersprüchlichen Aussagen. Womit sich die für diesen
Beitrag zentrale Frage stellt: Wie konnte dieser weder verbindliche noch institutiona-
lisierte Vorläufer der OSZE[6] die ihm zugesprochene Wirkmächtigkeit im Ost-West
Verhältnis (bis hin zu den Ereignissen von 1989/90) überhaupt entfalten?

Die Bewertungen der KSZE in den westlichen und östlichen Öffentlichkeiten fielen lange Zeit jedenfalls sehr unterschiedlich aus. Diplomatisch galt die Schlussakte
zunächst – in den Worten eines amerikanischen Delegierten – als »ersatz peace
treaty«[7], mit dem sich die Sowjetunion 30 Jahre nach Ende des Zweiten Weltkrieges
endlich ihr Imperium international sanktionieren ließ. Die im Dokument kodifi-
zierte »Unverletzbarkeit der Grenzen in Europa«[8] ließ die konservative Opposition

---

Wahrnehmung und Annäherung 1966–1975«, ein von der VolkswagenStiftung finanziertes und
2009 abgeschlossenes Projekt an der Universität Mannheim (www.CSCE-1975.net; für diese sowie alle weiteren Internetseiten gilt der Stand vom 29.3.2011); »Der KSZE-Prozess. Multilaterale
Konferenzdiplomatie und die Folgen (1975–1989/91)«, ein Forschungsprojekt am Institut für
Zeitgeschichte in München, das 2010 abgeschlossen wurde (www.ifz-muenchen.de/der_ksze_pro-
zess.html). Der Bedeutung des KSZE-Prozesses für die späten Siebziger- und die Achtzigerjahre
geht derzeit das von der dänischen Regierung geförderte Projekt »›The long 1970s‹ and European-
transatlantic transformation processes in political culture, discourse and power« an der Universität
Kopenhagen nach (www.epokeskiftet.saxo.ku.dk/english).

5   Der Text der Schlußakte von Helsinki findet sich auf der OSZE-Webseite, www.osce.org/mc/39501.
6   Auf der KSZE-Konferenz in Budapest im Dezember 1994 wurde beschlossen, die KSZE zu institu-
    tionalisieren und mit Wirkung vom 1.1.1995 in Organisation für Sicherheit und Zusammenarbeit
    in Europa (OSZE) umzubenennen. Zur Gründungsgeschichte, den Voraussetzungen und
    Aufgaben der OSZE (im Vergleich zu ihrem Vorläufer, der KSZE) siehe: Von der KSZE zur OSZE.
    Grundlagen, Dokumente und Texte zum deutschen Beitrag 1993–1997. Hrsg. vom Auswärtigen
    Amt, Bonn 1998.
7   John J. Maresca, To Helsinki. The Conference on Security and Cooperation in Europe 1973–1975,
    Durham 1986, S. 80.
8   Das Prinzip der »inviolability of frontiers«, Nr. 3 im Prinzipienkatalog von Korb I (www.osce.
    org/mc/39501), geht auf die Formulierungen des Moskauer Vertrages vom Sommer 1970 zurück.
    Die sowjetische Verhandlungsdelegation hatte zunächst versucht, den russischen Terminus für
    »Unveränderbarkeit« in den Vertrag hineinzuschreiben. Die schließlich zwischen Bahr und Falin
    gefundene Kompromisslösung ließ in der russisch-deutschen Übersetzung beide Bedeutungen zu.
    Siehe hierzu: Egon Bahr, Zu meiner Zeit, München 1996, S. 316 f. Für die KSZE-Verhandlungen
    zur »Unverletzbarkeit« und zur Möglichkeit der »friedlichen Veränderbarkeit« von Grenzen, sie-
    he: Gottfried Niedhart, Peaceful Change of Frontiers as a Crucial Element in the West German
    Strategy of Transformation, in: Helsinki 1975 and the Transformation of Europe. Ed. by Oliver
    Bange and Gottfried Niedhart, New York, Oxford 2008, S. 39–52. Zur Wortbedeutung gibt es
    einen umfangreichen Dokumentenbestand im Depositum Egon Bahrs im Archiv der sozialen
    Demokratie (AdsD) in Bonn. Vgl. das Gedächtnisprotokoll von Stadens vom 5.8.1970 über die
    inoffiziellen Verhandlungen von Falin und Frank am 3.8.1970. AdsD, Dep. Bahr, Bd 391.

im Bundestag, in der Öffentlichkeit und sogar hinter verschlossenen Türen bei den Verbündeten in Washington von einer Neuauflage der Appeasement-Politik der Dreißigerjahre und von Verrat an den Freiheitshoffnungen der Völker Osteuropas reden[9] – und führte dazu, dass die CDU/CSU und Albaniens KP als einzige Parteien in Europa gegen die Schlussakte stimmten[10]. Andere, deutlich euphorischere Stimmen sprachen hingegen vom Beginn eines neuen blockübergreifenden Sicherheitssystems in Europa[11]. Gleichermaßen zwischen diesen Polen gab es aber auch damals schon Stimmen, die von einer »slippery slope«[12] – also einer schiefen, glitschigen Ebene – sprachen, auf der die sich nun öffnenden sozialistischen Gesellschaften ins Rutschen geraten mussten. War Helsinki 1975 also »der Anfang vom Ende der DDR«[13]?

Erwartungen

Die zeitgenössischen Spitzenpolitiker, die die Schlussakte unterschrieben, antizipierten jedenfalls sehr unterschiedliche »Helsinki-Effekte«. Der amerikanische Präsident Richard Nixon und sein Sicherheitsberater Henry A. Kissinger sahen den Westen längerfristig auf der Verliererstraße und zielten daher – wie bereits im Beitrag von

---

[9]   Das Appeasement-Zitat stammt von Franz Josef Strauß, vgl. Werner Link, Sicherheit und Zusammenarbeit in Europa im Spiegel der KSZE-, MBFR- und KVAE-Verhandlungen, in: Friedenssicherung und Rüstungskontrolle in Europa. Hrsg. von Christian Hacke und Manfred Knapp, Köln 1989, S. 79–93, hier insbes. S. 79. Die Sondermission eines CDU-Mitarbeiters nach Washington im Juni/Juli 1975 ist detailliert belegt in: Tetsuji Senoo, Die Bedeutung der Konferenz über Sicherheit und Zusammenarbeit in Europa für die Ostpolitik Willy Brandts unter besonderer Berücksichtigung der gesamteuropäischen Konzeptionen Egon Bahrs und der Koordination des Vorgehens mit den westlichen Partnern 1969–1975, Diss. Bonn 2008, S. 336.

[10] Verhandlungen des Deutschen Bundestages, 7. Wahlperiode, 183. Sitzung, Stenographische Berichte, Stenographischer Bericht, S. 12873. Die Schlussakte von Helsinki wurde mit 250 zu 170 Stimmen am 25.7.1975 im Deutschen Bundestag angenommen. Der damalige Oppositionsführer der CDU und spätere Bundeskanzler Helmut Kohl nennt dies in seinen Memoiren »schlichtweg ein[en] außenpolitische[n] Fehler«. Helmut Kohl, Erinnerungen 1930–1982, München 2004, S. 378.

[11] Diese Sicht greift retrospektiv auch der Züricher Sammelband Origins of the European Security System (wie Anm. 1), auf, und scheint damit das von Egon Bahr gegen Ende der Sechzigerjahre entworfene Konzept einer Multilateralisierung der Ostpolitik in der KSZE, der Nutzung der KSZE als pan-europäisches Sicherheitsforum und der Instrumentalisierung dieses internationalen Rahmens zur Einbettung – und damit Ermöglichung – der deutschen Wiedervereinigung zu bestätigen.

[12] So die retrospektive Einschätzung des Eingehens auf Ostpolitik und KSZE-Prozess durch die Staaten des Warschauer Pakts durch Henry A. Kissinger. Ähnlich auch das Verdikt des sowjetischen Deutschland-Experten Julij Kwizinskij, der davon spricht, dass Bahr den Sowjets mit geöffneten Armen entgegenkam, um sie zu erdrücken. Siehe hierzu: Henry A. Kissinger, White House Years, Boston 1979, S. 410; Julij A. Kwizinskij, Vor dem Sturm. Erinnerungen eines Diplomaten, Berlin 1993, S. 190.

[13] Für eine ausgiebige Diskussion dieses Arguments siehe: Oliver Bange, The GDR in the Era of Détente. Conflicting Perceptions and Strategies, 1965–1975. In: Perforating the Iron Curtain. European Détente, Transatlantic Relations, and the Cold War, 1965–1985. Ed. by Poul Villaume and Odd Arne Westad, Copenhagen 2010, S. 57–77.

Stephan Kieninger eindringlich geschildert – auf eine Absicherung des existierenden Status quo in Europa durch Verhandlungen von Supermacht zu Supermacht[14].

Eine freiwillige Öffnung der westeuropäischen Gesellschaften für »communist inroads«[15] (kommunistische Einbrüche) war wohl das Letzte, was sie sich vorstellen konnten. Als sich eine gesamteuropäische Sicherheitskonferenz – dieses »god damn thing«[16] – nicht mehr vermeiden ließ, lautete das Ziel von Nixon und Kissinger daher, die aus ihrer Sicht zentralen Themen aus der KSZE herauszuhalten. In Gesprächen mit Brežnev verwies Kissinger wiederholt darauf, dass die wirklich wichtigen Dinge der Weltpolitik Panzer, Flugzeuge und nukleare Sprengköpfe seien – die nun einmal nur die Supermächte in relevanten Mengen besäßen[17]. Die KSZE gebe den Außenministern der Verbündeten »nun endlich etwas zu tun«[18], die wirklichen Probleme aber könnten die Supermächte nur bilateral aushandeln. Er selbst kenne sich bei KSZE-Fragen gar nicht aus, und im Weißen Haus würde als einziger Helmut Sonnenfeldt die Zusammenhänge überhaupt verstehen: »As far as I am concerned, they can write [the Final Act] in Swahili«[19]. »Unabsichtlich«, wie Kissinger dreißig Jahre später in einem Gespräch mit dem Autor zugestand[20], habe er damit wahrscheinlich sogar zum Erfolg des KSZE-Prozesses beigetragen.

Denn zumindest was die globale Bedeutung militärischer Hardware (im Vergleich zur in Helsinki verhandelten scheinbar unbedeutenden gesellschaftlichen Software) anging, teilte die sowjetische Führung Kissingers Ansichten. Den Ersatz-Friedensvertrag wollte man in Moskau natürlich trotzdem, implizierte er mit der Anerkennung des sowjetischen Imperiums doch scheinbar auch die nachträgliche Hinnahme der als Begründung der CSSR-Invasion verkündeten sogenannten Brežnev-Doktrin[21].

---

14 Kieninger, Den Status Quo aufrechterhalten, in diesem Band S. 67–85. Zur Vorgeschichte dieser Supermacht-Verhandlungen siehe Stephan Kieninger, Transformation or Status Quo. The Conflict of Stratagems in Washington over the Meaning and Purpose of the CSCE and MBFR, 1969–1973. In: Helsinki 1975 (wie Anm. 1), S. 67–82.

15 Memcon Kissinger-Tindemanns, 1.1.1975. In: NARA, RG 59, Sonnenfeldt Records, box 3. Zu diesem Thema ausführlicher: Raymond L. Garthoff, Détente and Confrontation. American-Soviet Relations from Nixon to Reagan, Washington 1994, u.a. S. 553 und 575; Robert Dallek, Nixon and Kissinger. Partners in Power, New York 2007.

16 White House Telephone Conversation 012–130, October 26, 1971, 8.49am-8.55am, White House Tape Records. Werner Lippert, Richard Nixon's Détente and Willy Brandt's Ostpolitik. The Politics and Economic Diplomacy of Engaging the East, Diss. Vanderbilt University 2005 (Ms).

17 So reklamierte Kissingers engster Mitarbeiter, Helmut Sonnenfeldt, die MBFR-Verhandlungen als »das einzige wirklich substantielle [Verhandlungs]Feld«, Memorandum von Sonnenfeldt für Kissinger, 8.1.1970. In: NARA, Nixon Papers, NSC, President's Trip Files, box 667.

18 Memcon Kissinger-Gromyko, Zavidovo, 6.5.1973. In: NARA, Nixon Papers, NSC Country Files, USSR, box 75.

19 Protokoll von Kissingers Mitarbeiterbesprechung, 9.12.1974, ediert in: Foreign Relations of the United States (FRUS) 1969–1976, Bd 39, S. 777–784. Siehe auch Jussi M. Hanhimäki, »They can write it in Swahili«. Kissinger, the Soviets and the Helsinki Accords, 1973–1975. In: Journal of Transatlantic Studies, 1 (2003), S. 37–58. Siehe auch Jussi M. Hanhimäki, The Flawed Architect. Henry Kissinger and American Foreign Policy, New York 2004.

20 Gespräch des Autors mit Henry A. Kissinger, New York 23.7.2003.

21 Am 13.11.1968 hielt der Generalsekretär der KPdSU, Leonid Brežnev, eine Rede auf dem 5. Kongress der Polnischen Vereinigten Arbeiterpartei, in der er eine Reihe von außenpolitischen Prinzipien verkündete, die im Westen als »Breschnjew-Doktrin« bekannt wurden. Darin

Diese Motivlage wurde in den anderen Ländern des Warschauer Paktes aber keineswegs nur geteilt. Alle Staaten des östlichen Lagers erhofften sich eine substanzielle Verbesserung ihrer Wirtschaftsbeziehungen zum Westen, insbesondere auch zur Bundesrepublik[22]. Darüber hinaus existierten aber auch handfeste nationale Interessen, die für eine Lockerung der Blockdisziplin durch eine Multilateralisierung der Ost-West-Entspannung sprachen: Warschau wünschte eine internationale Garantie für seine Westgrenze[23], Budapest eine freiere Hand bei seinen ökonomischen Experimenten[24], die DDR ihre internationale Anerkennung[25], Prag eine schrittweise Lockerung sowjetischer Kontrolle[26], Sofia eine Beilegung des deutschen Problems und mehr Unterstützung in der »Mazedonien-Frage«[27], und Bukarest geradezu eine Sicherheitsgarantie gegenüber etwaigen neuen sowjetischen Interventionen[28].

Den Regierungen Westeuropas lag währenddessen durchweg an einer Stabilisierung und Kontrolle der militärischen Konfrontation, falls notwendig auch durch eine internationale Anerkennung der DDR, zumindest aber durch eine Entschärfung des »deutschen Problems«[29]. Manche Vordenker – etwa in Paris und

---

gestand er den Kommunistischen Parteien innerhalb des Warschauer Pakts zwar eine begrenzte Unabhängigkeit zu; ein Austritt aus dem Warschauer Pakt, eine Einschränkung des Machtmonopols der Kommunistischen Partei in einem der Mitgliedsländer oder eine Gefährdung der Solidarität innerhalb der Blocks wurden jedoch nicht geduldet. Diese Doktrin implizierte auch, dass sich die sowjetische Führung das Recht vorbehielt, zu definieren, was noch »sozialistisch« oder bereits als »kapitalistisch« anzusehen war – um mit dieser Begründung in jedem Land des Warschauer Pakts intervenieren zu können. L[eonid] I[ljitsch] Breshnew [sic], Auf dem Wege Lenins. Reden und Aufsätze, April 1967–April 1970, Berlin [DDR] 1971.

[22] Juhana Aunesluoma, Finlandisation in Reverse. The CSCE and the Rise and Fall of Economic Détente, 1968–1975. In: Helsinki 1975 (wie Anm. 1), S. 98–112.

[23] Wanda Jarząbek, Die Haltung der Volksrepublik Polen zur Normalisierung der Beziehungen mit der Bundesrepublik Deutschland 1970–1975, in: Deutsch–Polnisches Jahrbuch, Nr. 13/2006; Wanda Jarząbek, Polska wobec Konferencji (wie Anm. 1).

[24] Csaba Békés, Hungary and the making of the CSCE Process, 1965–1970, in: The Helsinki Process. A historical reappraisal. Ed. by Carla Meneguzzi Rostagni, Padua 2005, S. 29–44.

[25] Für die ostdeutsche Diplomatie während der KSZE-Verhandlungen siehe die Online-Dokumentenedition aus dem Bestand des DDR-Ministeriums für Auswärtige Angelegenheiten und den einleitenden Text der Herausgeber. Oliver Bange und Stephan Kieninger, Negotiating One's Own Demise? The GDR's Foreign Ministry and the CSCE negotiations. Plans, Preparations, Tactics, and Presumptions, CWIHP e-Dossier No. 17, www.wilsoncenter.org/digital-archive; sowie den Kommentar des ostdeutschen Delegationsleiters Siegfried Bock, The CSCE. An Era of Dissent and Consensus, CWIHP e-Dossier No. 17 (s.o.).

[26] Zu den Folgen des Prager Frühlings für die tschechoslowakische Innen- und Außenpolitik siehe die umfassenden Sammelbände zum Thema: Prager Frühling. Das internationale Krisenjahr 1968, 2 Bände (Beiträge und Dokumente). Hrsg. von Stefan Karner, Oldřich Tůma, Manfred Wilke [u.a.], Köln [u.a.] 2008.

[27] Jordan Baev, Sistemata za evropejska sigurnost i Balkanite v godinite na studenata vojna [Das Europäische Sicherheitssystem und der Balkan in den Jahren des Kalten Krieges], Sofia 2010.

[28] Dass dem Westen diese stark divergierenden Interessen der Länder des Warschauer Pakts sehr wohl bewusst waren und schon früh in das eigene Kalkül mit einbezogen wurden, belegen beispielsweise amerikanische Dokumente aus dem Jahr 1970. Vgl. National Security Study Memorandum (NSSM 83), »Current Issues of European Security«, 17.8.1970. In: National Security Archive, PPRD Collection, Box 4.

[29] Mit dieser Problematik beschäftigte sich eingehend das von der Thyssen-Stiftung geförderte Forschungsprojekt »Ostpolitik und die Westalliierten« an der Universität Mannheim (www.ostpolitik.net). Siehe u.a.: Gottfried Niedhart, The British Reaction toward Ostpolitik. Anglo-West

Kopenhagen[30] – antizipierten auch einen Transformationsprozess der kommunistischen Gesellschaften, die sukzessive Durchsetzung von Menschenrechten oder zielten auf eine »Europäisierung der europäischen Politik«[31].

In den ostpolitischen Konzepten des westdeutschen Kanzlers Willy Brandt und der französischen Präsidenten Georges Pompidou und Giscard d'Estaing wurden diese drei Zielsetzungen besonders eng miteinander verbunden[32]. Im westlichen Lager hegten jedoch Willy Brandt und Egon Bahr die wohl am langfristigsten ausgerichteten Hoffnungen die KSZE betreffend. Ziel war, wie Bahr es auf einem intimen Treffen der britischen, amerikanischen und deutschen Planungsstäbe bereits 1968 definierte, die »Desintegration des Warschauer Pakts«[33] und die anschließende Wiedervereinigung. Den von Moskau propagierten Vorschlag einer gesamteuropäischen Konferenz wollte er als »Instrument zur Durchsetzung unserer Interessen«[34] gegen die Erfinder kehren. Während die KSZE vordergründig sowjetischen Interessen diene, verlöre die UdSSR dadurch ihre »direkte Interventionsmöglichkeit in Mitteleuropa [...] Obwohl sie die Anerkennung des Status quo erreicht hat, öffnet sie seiner Überwindung die Tür [...] Sie könnte sich jedoch nur schwer dagegen aussprechen[35].«

German Relations in the Era of Détente 1967–1971. In: Debating Foreign Affairs. The Public and British Foreign Policy since 1867. Ed. by Christian Haase, Berlin 2003, S. 130–152; Gottfried Niedhart, Zustimmung und Irritationen. Die Westmächte und die deutsche Ostpolitik 1969/70. In: Deutschland, Großbritannien, Amerika. Politik, Gesellschaft und Internationale Geschichte im 20. Jahrhundert. Festschrift für Gustav Schmidt zum 65. Geburtstag. Hrsg. von Ursula Lehmkuhl, Clemens A. Wurm und Hubert Zimmermann, Stuttgart 2003, S. 227–245; Gottfried Niedhart, Frankreich und die USA im Dialog über Détente und Ostpolitik, in: Francia, 31 (2004), Heft 3, S. 65–85.

30 Vgl. Skjold G. Mellbin, From Helsinki to Belgrade. In: Perforating the Iron Curtain (wie Anm. 13), S. 243–251; Marie-Pierre Rey, France and the German Question in the Context of Ostpolitik and the CSCE, 1969–1974. In: Helsinki 1975 and the Transformation of Europe (wie Anm. 1), S. 53–66.

31 So etwa Willy Brandt in seinem Beitrag »Europe's New Self-Awareness« in der New York Times, 29.4.1973, ediert in: Willy Brandt, Reden und Interviews. Herbst 1971 bis Frühjahr 1973, Hamburg 1973, S. 330–334; außerdem in: Europa-Archiv (EA), 28 (1973), Heft 10, S. 226–228; und in: Survival, 15 (1973) Heft 4, S. 82.

32 Michèle Weinachter, Valéry Giscard d'Estaing et l'Allemagne. Le double rêve inachevé, Paris 2004 ; Jacques Andréani, Le Piège. Helsinki et la Chute du Communisme, Paris 2005 ; Willy Brandt, Berliner Ausgabe. Hrsg. von Helga Grebing, Gregor Schöllgen und Heinrich August Winkler, Bd 6 (Außen- und Deutschlandpolitik), Bd 9 (Internationale Beziehungen und deutsche Frage), Bonn 2005 und 2003.

33 Diese »high risk strategy« erschreckte zumindest die britischen Teilnehmer des Treffens der amerikanischen, britischen und westdeutschen Planungsstäbe der Außenministerien. Vgl. Protokolle der Tripartite Planning Talks, 18.4.1969. In: The British National Archives, FCO 49/265.

34 Aufzeichnung betr. Überlegungen zur Außenpolitik einer künftigen Bundesregierung, 18.9.1969. Ediert in: Akten zur Auswärtigen Politik der Bundesrepublik Deutschland (AAPD) 1969. Hrsg. im Auftrag des Auswärtigen Amts vom Institut für Zeitgeschichte, Hauptherausgeber Hans-Peter Schwarz, Mitherausgeber Helga Haftendorn, Klaus Hildebrand, Werner Link, Horst Möller und Rudolf Morsey. Bearbeitet von Franz Eibl und Hubert Zimmermann. Wissenschaftlicher Leiter Rainer A. Blasius, München 2000, Dokument 296.

35 Aufzeichnung zu Abrüstungs- und Entspannungsmaßnahmen, hier Aufzeichnung zu Modell C, »Sowjetunion«, 30.5.1968. In: AdsD, Depositum Bahr, Bd 316.

Verhandlungsdynamik

Um die Verhandlungsergebnisse und das Schlussdokument tatsächlich zu einer Art Ersatz-Friedensvertrag werden zu lassen, wie in Moskau beabsichtigt, bedurfte es (in der Absenz eines Rechtsnachfolgers des Deutschen Reiches – also einem vereinten Deutschland)[36] aber der Zustimmung und Unterschrift beider deutscher Staaten. Bonn fiel deshalb während der in mehreren Etappen (»Phasen«) stattfindenden Verhandlungen eine Art inoffizieller Vetoposition zu.

Bereits zu Beginn der Verhandlungen im September 1973 in Genf[37] hatte die Bundesregierung klargestellt, dass ihre Unterschrift nur bei Aufnahme von Hinweisen auf die Möglichkeit eines »peaceful change of frontiers« (friedliche Grenzveränderungen), auf das Ziel eines »freer movement of persons and ideas«, und nicht zuletzt auch auf die Ausweitung der politischen Entspannung auf den Bereich der Militär- und Sicherheitspolitik zu haben war[38].

Während der heißen Phase der Verhandlungen zwischen Dezember 1974 und Juli 1975 drohten die Westdeutschen denn auch wiederholt mit einer Unterschriftsverweigerung. Erst durch ein schwer durchschaubares Dreiecksspiel geheimer Kanäle zwischen Bonn, Washington und Moskau (außerhalb des Konferenzrahmens)[39] konnte ein für alle Seiten akzeptabler Kompromiss gefunden werden[40].

---

[36] Vergleiche das Urteil des Bundesverfassungsgerichts vom 31.7.1973 zum Grundlagenvertrag zwischen der Bundesrepublik und der DDR (2 BvF 1/73; BVerfGE 36, 1, www.servat.unibe.ch/dfr/bv036001.html).

[37] Die KSZE-Verhandlungen fanden in mehreren Phasen und an verschiedenen Orten statt: Vom November 1972 bis Juni 1973 fanden die multilateralen Vorbereitungsgespräche im Dipoli-Kongresszentrum bei Otaniemi (Finnland) statt, gefolgt von der Außenministerkonferenz in Helsinki im Juli 1973, die die eigentlichen Verhandlungen auf Botschafter- und Delegationsebene in Genf zwischen September 1973 und Juni 1975 initiierte, welche wiederum die Gipfelkonferenz der Regierungschefs in Helsinki im Juli/August 1975 vorbereitete.

[38] So etwa auf höchster Ebene durch einen Brief Willy Brandts an Leonid Brežnev, 24.4.1973. In: AdsD, Willy-Brandt-Archiv, Bestand Bundeskanzleramt, Bd 58.

[39] Für das Dreieck der Geheimkanäle zwischen Weißem Haus, Kanzleramt und Kreml siehe: Gottfried Niedhart, The Kissinger-Bahr Back-Channel within US-West German Relations 1969–74; Oliver Bange: »Scenes from a Marriage«. East-West Détente and its Impact on the Atlantic Community, 1961–77. Beide in: Atlantic, Euratlantic or Europe-America? Ed. by Giles Scott-Smith and Valérie Aubourg, Paris 2011, S. 284–305, 262–282. Stephan Fuchs, »Dreiecksverhältnisse sind immer kompliziert«. Kissinger, Bahr und die Ostpolitik, Hamburg 1999. Darstellungen der Beteiligten selbst: Egon Bahr, Zu meiner Zeit, München 1996, Kap. 6; Wjatscheslaw Keworkow, Der geheime Kanal. Moskau, der KGB und die Bonner Ostpolitik, Berlin 1995. Für die Kanäle des Weißen Hauses siehe auch die Dokumenteneditionen: Soviet-American Relations. The Détente Years, 1969–1972. Ed. by Edward C. Keefer, David C. Geyer and Douglas E. Selvage, Department of State Publication no. 11438, Office of the Historian, Bureau of Public Affairs, Washington 2007; Germany and Berlin, 1969–1972, FRUS 1969-1976, Bd 40. Ed. by Edward C. Keefer and David C. Geyer, Department of State Publication no. 11446, Office of the Historian, Bureau of Public Affairs, Washington 2007.

[40] Kissingers persönliche Vermittlung in der sich zuspitzenden Kontroverse zwischen Bonn und Moskau über die Aufnahme einer Klausel zum »peaceful change of frontiers« in der KSZE Schlussakte Anfang 1975 bildet die Ausnahme zu der von Kieninger aufgestellten Regel, dass sich Henry Kissinger nicht in die KSZE-Verhandlungen einschaltete. Einen ersten Hinweis, dass er die westdeutsche Vetoposition ernst nahm und dies auch in Moskau deutlich machen wollte, gab

Die Staats- und Parteiführung der DDR wie auch ihre Diplomaten in Genf und Helsinki blieben von diesen Verhandlungen ausgeschlossen. Dennoch besaß Ost-Berlin – weniger durch die eher sporadischen Informationen aus Moskau als durch die eigene Aufklärung in Bonn und die Flurgespräche der KSZE-Verhandlungen – ein ziemlich genaues und gerade deshalb besorgniserregendes Bild dieser Dreiecksverhandlungen[41]. Der ostdeutsche Delegationsleiter in Helsinki, Siegfried Bock, riet seinem Minister und Erich Honecker sogar, den Spieß umzudrehen und nun selbst mit Nichtunterzeichnung bei Erfüllung der unzumutbaren Forderungen aus Bonn zu drohen[42]. Gerade gegen Ende der Verhandlungen ließe sich so ein formidabler internationaler Druck gegen die westdeutsche Position aufbauen.

Letztlich wurde Honecker aber von Leonid Brežnev persönlich verdeutlicht, dass die Sorgen der DDR-Führung um die äußere und vor allem innere Sicherheit ihres Staates vor dem sowjetischen Interesse an einem erfolgreichen Abschluss der Konferenz zurückzutreten hatten. Die äußere Sicherheit der DDR – so das Diktum des ostdeutschen und des sowjetischen Führers wenige Wochen vor Unterzeichnung in Helsinki[43] – werde durch die militärische Macht der Roten Armee garantiert.

Gesellschaftspolitisch baute man auf die kombinierte Wirkung der »Macht des Faktischen« und einen Ausbau des internen Kontrollapparats. In den Augen Brežnevs lag erstere im Aussterben einer Generation mit gesamtdeutschem Bewusstsein und dem Heranwachsen echter DDR-Bürger begründet. Honecker verwies nicht ohne Süffisanz darauf, dass es zur innenpolitischen Absicherung der KSZE-Verpflichtungen schließlich »immer die Staatssicherheit gebe und diese existiert noch weiter[44].«

Kampf um die Deutungshoheit der KSZE

Die Tinte der Unterschriften unter der Schlussakte von Helsinki war kaum getrocknet, als die Teilnehmerstaaten aus dem Warschauer Pakt auch bereits hunderttausende Kopien des Textes in ihren Ländern verteilten[45]. Was als Triumphzug sozia-

---

Kissinger am 30.1.1975 im Gespräch mit dem britischen Premierminister James Callaghan. Das Protokoll ist ediert in: FRUS 1969–1976, Bd 39, S. 786–791. Siehe auch Kissingers Gespräche mit Gromyko in Genf am 16/17.2.1975, FRUS 1969–1976, Bd 39, S. 791–800.

41 Siehe die Dokumente 21–22, 25–26, 28–29, 31–32 der von Bange und Loewe edierten Sammlung von Quellen des Ministeriums für Staatssicherheit zum KSZE-Prozess. Oliver Bange und Sabine Loewe, »With every available and suitable means«. The East German Ministry of State Security and its fight against the CSCE, 1969–1975, CWIHP e-Dossier [i.V.] (www.cwihp.org).

42 Siegfried Bock, The CSCE. An Era of Dissent and Consensus; Bange und Kieninger, Kommentar zur Dokumentenedition. In: Negotiating (wie Anm. 25).

43 Gespräch Honeckers mit Brežnev, Berlin, 18.6.1975. In: Stiftung Archiv der Parteien und Massenorganisationen der DDR im Bundesarchiv (SAPMO), DY 30/J IV 2/2/1567. Zu dieser dreifachen Illusion siehe: Oliver Bange, Zwischen Bedrohungsperzeption und sozialistischem Selbstverständnis. Die DDR-Staatssicherheit und westliche Transformationsstrategien 1966–1975. In: Militär und Staatssicherheit im Sicherheitskonzept der Warschauer-Pakt-Staaten. Hrsg. von Torsten Diedrich und Walter Süß, Berlin 2010, S. 253–296, hier insbes. S. 279.

44 Vgl. Militär und Staatssicherheit (wie Anm. 43), S. 279.

45 So veröffentlichte die Staats- und Parteiführung in der DDR nach einigen sorgenvollen Debatten den vollständigen Text der KSZE-Schlussakte am 2.8.1975 im Neuen Deutschland. Zu den inter-

listischer Friedfertigkeit und diplomatischen Handwerks gedacht war, schlug aber genauso schnell ins Gegenteil um. Bereits im August 1975 erschienen die ersten Samisdat Texte, die sich explizit auf das in Helsinki offenbar verbriefte Recht auf freie Information und Meinungsäußerung beriefen.

Eine gleichzeitig in der UdSSR weilende Delegation amerikanischer Kongress-abgeordneter traf sich mit bekannten »Refuseniks« (etwa Valentin Tuchin und Juri Orlov)[46]. Während eines Treffens der Delegation mit dem Generalsekretär der KPdSU, Leonid Brežnev, kam es sogar zu einem offenem Eklat mit der – in au-ßenpolitischen Fragen bis zu diesem Zeitpunkt wenig profilierten – Abgeordneten Millicent Fenwick. Anschließend bezeichnete Brežnev die Abgeordnete schlicht als »besessen«[47]. Zurück in Washington initiierte Fenwick die Einberufung der »Helsinki Commission« von Kongress und Senat, die in den nächsten Jahren wiederholt die Durchsetzung der Menschenrechte gegenüber dem Warschauer Pakt in der US-Außenpolitik einforderte[48].

In den anderthalb Jahren nach Helsinki kam es in allen Ländern des Warschauer Pakts zur Gründung von Dissidenz-Netzwerken. Im Mai 1976 wurde in Moskau die erste »Helsinki Watch Group« ins Leben gerufen; einen Monat später formier-te sich in Polen nach einer Streikwelle das Komitee zur Verteidigung der Arbeiter (KOR), im Januar 1977 entstand die Charta 77 in Prag[49]. Selbst die Staats- und Parteiführung der DDR sah sich zum ersten Mal seit 1953 mit einer Dissidenz-Bewegung im eigenen Land (statt einer Auswanderungsbewegung in den Westen) konfrontiert – darunter die Selbstverbrennung von Pastor Oskar Brüsewitz und die Protesttexte des Liedermachers Wolf Biermann[50].

In derselben kurzen Zeitspanne intensivierten sich aber auch die gesellschaftli-chen und vor allem die wirtschaftlichen Kontakte zwischen Ost und West, von der Vielzahl bilateraler politischer Treffen ganz zu schweigen. Bedeutung und Zukunft des

---

nen Kontroversen siehe Hermann Wentker, Außenpolitik in engen Grenzen. Die DDR im interna-tionalen System 1949–1989, München 2007, S. 448.

[46] Svetlana Savranskaya, Unintended Consequences. Soviet Interests, Expectations and Reactions to the Helsinki Final Act. In: Helsinki 1975 (wie Anm. 1), S. 175–190 hier insbes. S. 183.

[47] Zit. u.a. in: William Korey, The Promises We Keep. Human Rights, the Helsinki Process, and American Foreign Policy, New York 1993, S. 23.

[48] Offenbar konzedierte Präsident Gerald Ford die Aufstellung der neuen Kommission gegenüber Fenwick ohne Rücksprache mit seinem Außenminister Henry Kissinger, dem Böses schwante und der dies in internen Runden auch deutlich zu erkennen gab. Kissingers Gespräch mit Harman, Eagleburger und Leigh, 26.7.1976. In: Gerald Ford Library, NSA, NSC Europe, Canada and Ocean Affairs, Box 44. Allgemein zur Kommission und ihrer Wirkung auf die amerikanische Politik gegenüber osteuropäischen Dissidenten: Oliver Bange, Die USA und die oppositionellen Bewegungen in Osteuropa 1961–1990. In: Wechselwirkungen Ost-West. Dissidenz, Opposition und Zivilgesellschaft 1975 bis 1989. Hrsg. von Hans-Joachim Veen [u.a.], Weimar 2007, S. 79–95, hier insbes. S. 87 f.

[49] Vgl. Wolfgang Eichwede, Helsinki and the Civil Rights Movement in Eastern Europe. In: From Helsinki to Belgrade. The First CSCE Follow-up Meeting in Belgrade 1977/78. Ed. by Vladimir Bilandzic and Milan Kosanovic, Belgrad 2008, S. 141–149.

[50] Siehe dazu die Standardwerke: Ehrhart Neubert, Geschichte der Opposition in der DDR 1949–1989, Berlin 1998; Lexikon Opposition und Widerstand in der SED-Diktatur. Hrsg. von Hans-Joachim Veen [u.a.], München 2000; Zwischen Verweigerung und Opposition. Politischer Protest in der DDR 1970–1989. Hrsg. von Detlef Pollack und Dieter Rink, Frankfurt a.M. 1997.

KSZE-Prozesses erschienen also alles andere als vorherbestimmt. Im Westen hofften Öffentlichkeit und Politik durch den in Helsinki vereinbarten Verhaltenskodex und die Multiplikation von Kontakten auf allen gesellschaftlichen Ebenen auf eine spürbare Verbesserung der Menschenrechtslage in den Staaten des Warschauer Paktes. Deren politische Führungen bauten wiederum auf eine rasche Realisierung der in Korb II vereinbarten technologischen und ökonomischen Ost-West Kooperation, zumindest partiell auch auf eine Ära der militärischen Détente[51].

Die öffentlichen Schuldzuweisungen – hier wurde mit dem Finger auf mangelnde individuelle Freiheiten, dort auf die nicht abgeschafften CoCom-Listen gezeigt – entsprachen dabei den konfrontativen Verhaltensmustern des Kalten Krieges in den Fünfziger- und dem auch in der frühen bilateralen Entspannungsära zu Beginn der Siebzigerjahre evidenten Antagonismus[52]. Neu war jedoch für beide Seiten der Zwang, öffentlich über die (mangelhafte) Umsetzung der Helsinki-Beschlüsse Rechenschaft vor einer globalen Öffentlichkeit ablegen zu müssen.

Einerseits schien Helsinki es dem jeweiligen internationalen Akteur damit leichter zu machen, die Gesellschaftsordnung der anderen Seite zu kritisieren und auch noch in dieser Fuß zu fassen. Andererseits war damit jede Seite gehalten, die Zahl der eigenen Brüche der Verpflichtungen aus Helsinki möglichst gering zu halten – oder diese zumindest so gut wie möglich zu verschleiern[53].

Damit änderten sich aber auch die Operationsbedingungen der Staatssicherheit innerhalb der DDR: Statt Verfolgung, Inhaftierung und Ausweisung sollte ab März 1976 deutlich präemptiver und subtiler gegen Kritik am Regime vorgegangen werden. Zu diesem neuen, ungleich universaleren Ansatz gehörte eine noch intensivere ideologische Erziehung der Funktions- und Kultureliten (»Kader«) sowie der Jugend; außerdem ein regelrechter Maßnahmenkatalog, der Einflüsse aus dem Westen kontrollieren und minimieren sollte (etwa durch eine Abschottung westlicher Botschaften und Journalisten); sowie die Kriminalisierung von sogenannten »Staatsfeinden«, die nicht mehr als politische Gefangene, sondern als gewöhnliche Kriminelle behandelt und aufgelistet werden sollten[54].

Wer aber »zersetzen« statt nur verfolgen wollte, verursachte selbst in den autoritären DDR-Strukturen einen ungleich größeren Personalaufwand. Eine Folge der bi-

---

51 Diese unterschiedlichen Erwartungen spiegeln sich auch in den Informationen und Analysen des ostdeutschen Ministeriums für Staatssicherheit aus der zweiten Jahreshälfte 1975. Siehe die Dokumente 33 (vom 26.7.1975 über die Erwartungen der EG-Mitgliedsstaaten), 34 (29.7.1975 über die westdeutschen Hoffnungen), 35 (Ausführungen des Ministers für Staatssicherheit, Erich Mielke, über die eigenen Erwartungen) sowie 36 (eine Auswertung der Reaktionen auf die KSZE-Schlussakte vom Dezember 1975). In: »With every available and suitable means« (wie Anm. 39).

52 Zur Übertragbarkeit des von Habermas entwickelten Konzepts der »antagonistischen Kooperation« auf die bundesdeutsche Ostpolitik siehe: Gottfried Niedhart, Deeskalation durch Kommunikation. Zur Ostpolitik der Bundesrepublik Deutschland in der Ära Brandt. In: Deeskalation von Gewaltkonflikten seit 1945. Hrsg. von Corinna Hauswedell, Essen 2006, S. 99–114.

53 Die mit der KSZE-Schlussakte nun notwendig gewordene Revision der Methoden im Umgang mit der eigenen Dissidenz ist belegt in Dok. 37. In: »With every available and suitable means« (wie Anm. 39).

54 Ausführungen von Erich Mielke auf der Kollegiumssitzung des MfS am 25.3.1976. In: Archiv der Behörde für die Unterlagen des Staatssicherheitsdienstes der ehemaligen Deutschen Demokratischen Republik (BStU), MfS, Sekretariat des Ministers, Bd 1566.

und multilateralen Entspannung in Europa war daher, daß Zahl der Hauptamtlichen Mitarbeiter im Ministerium für Staatssicherheit in den späten Siebzigerjahren nochmals sprunghaft (um etwa die Hälfte) anstieg[55]. Helsinki machte die Arbeit ostdeutscher Funktionäre – wie Erich Mielke konstatierte – deutlich »komplizierter«[56].

Die KSZE Folgekonferenzen in Belgrad, Madrid und Wien

Wie in Helsinki vereinbart, sollte auf den KSZE-Folgekonferenzen in Belgrad (1977–78), Madrid (1980–83) und Wien (1986–89) die Umsetzung der Schlussakte in den einzelnen Ländern überprüft werden. Nicht zuletzt durch die Verhandlungsführung der Carter- und Reagan-Administrationen konzentrierte sich der weitestgehend in der Öffentlichkeit ausgetragenen diplomatische »KSZE-Prozeß« aber ab 1977 auf die unzureichende Umsetzung der universalen Menschenrechte in den Staaten des Warschauer Pakts.

In den USA war »détente« (Entspannung) spätestens mit dem Wahlkampf zwischen Gerald Ford und Jimmy Carter im Sommer 1976 zum Schimpfwort geworden[57]. Den KSZE-Treffen fiel – auch durch die öffentlichkeitswirksamen Kampagnen der Helsinki-Komitees – zunehmend auch innenpolitische Bedeutung zu: Präsidenten und ihre Herausforderer hatten hier unter Beweis zu stellen, dass sie die »Mission« Amerikas gegen den Kommunismus (»das Reich des Bösen«, wie Reagan bald formulieren sollte) anführen konnten und wollten[58].

Erste Anzeichen dieses grundlegenden Wandels in Washingtons Public Policy waren der Briefwechsel zwischen Jimmy Carter und dem sowjetischen Dissidenten Andrej Sacharov noch vor der ersten Kontaktaufnahme zu Brežnev[59] sowie die Berufung von Arthur Goldberg – einem ehemaligen höchsten Richter und Menschenrechtsaktivisten – zum amerikanischen Delegationsleiter für Belgrad[60]. Der Wechsel von Persönlichkeiten und Politik in den USA ließ auch die internen Interessensgegensätze innerhalb des westlichen Lagers deutlich hervortreten.

In Bonn war man jedenfalls nach den ersten öffentlichen Stellungnahmen von Präsident Carter, seines Sicherheitsberaters Zbigniew Brzezinski und Arthur

---

[55] Zwischen 1969 und 1975 stieg die Zahl der hauptamtlichen Mitarbeiter des MfS sprunghaft von etwa 40 000 auf 60 000 an. Siehe Jens Gieseke mit Doris Hubert, Die DDR-Staatssicherheit. Schild und Schwert der Partei, Bonn 2000, S. 86.

[56] Wie Erich Mielke bereits am 16.11.1972 vorhergesagt hatte, siehe Dok. 19. In: »With every available and suitable means« (wie Anm. 39).

[57] Siehe hierzu die umfassende Dokumentation der öffentlichen Skandalisierung einer sogenannten »Sonnenfeldt-Doktrin« kurz vor der entscheidenden Fernsehdebatte zwischen Ford und Carter. In: NARA, RG 59, Entry 5339, Sonnenfeldt Files, box 3.

[58] Zum Begriffspaar vgl. Detlef Junker, Power and Mission. Was Amerika antreibt, Freiburg i.Br. 2003.

[59] Brief Carters an Brežnev, 14.2.1977. Ediert in: The Path to Disagreement. U.S.-Soviet Communications Leading Up to Vance's March 1977 Trip to Moscow, CWIHP Bulletin, www.cwihp.si.edu. Siehe auch: Zbigniew Brzezinski, Power and Principle. Memoirs of the National Security Advisor, 1977–1981, New York 1983, S. 156.

[60] Für die ungewöhnliche und aufsehenerregende Nominierung Goldbergs siehe Library of Congress, Arthur Goldberg Papers, Box 143.

Goldberg alarmiert. Der Kanzler selbst redete seinem alten Freund und neuen US-Außenminister Cyrus Vance ins Gewissen: Seit Helsinki hatten die Länder des Warschauer Pakts (ohne die DDR) jährlich mindestens 60 000 Deutschen[61] die Ausreise in den Westen erlaubt; hinzu kam, dass mindestens zwei Drittel der DDR-Bevölkerung die nun nicht mehr gestörten westdeutschen Fernsehsender empfangen konnten, und 7 bis 8 Millionen Westdeutsche jährlich (1977/78) die DDR besuchen konnten. Das, so Helmut Schmidt, wolle man keinesfalls gefährdet sehen.

Im Gegensatz zu Jimmy Carter und dem frühen Ronald Reagan, die an prominenten Einzelschicksalen eine die Öffentlichkeit emotionalisierende Kampagne über die grundsätzlichen Unterschiede zwischen liberalen und kommunistischen Gesellschaftsordnungen beginnen wollten, zielte die mit Schuldzuweisungen eher zurückhaltende Politik der Bundesregierungen Schmidt und Kohl auf das »größte Glück der größten Zahl«[62].

Warum aber brach die sowjetische Führung den KSZE-Prozess – dessen systemgefährdende gesellschaftliche Dynamik sie zunehmend erkannte – nicht ab? Ein nicht unwichtiger Teil der Antwort liegt wohl im gerade Gesagten. Durch die ununterbrochen eintreffenden Informationen – nicht zuletzt der DDR-Spionage – aus Bonn war nicht nur Ost-Berlin, sondern auch Moskau über die Interessengegensätze zwischen den NATO-Staaten bestens informiert. Man spekulierte daher darauf, dass das öffentliche An-den-Pranger-Stellen der schlechten Menschenrechtslage im Osten in absehbarer Zeit – nach wenigen Wochen oder Monaten – durch ernst zu nehmende Wirtschafts- und Sicherheitsverhandlungen abgelöst oder doch ergänzt werden würde[63]. Die Signale aus Bonn sowohl unter der Kanzlerschaft Helmut Schmidts als auch unter Helmut Kohl ließen jedenfalls hoffen. An einer Erosion der gerade erst erreichten Stabilisierung der Sicherheitslage in Mitteleuropa war jedenfalls auch Moskau in den späten Siebziger- und frühen Achtzigerjahren nicht gelegen[64].

An dieser in mehrfacher Hinsicht verfahrenen Situation änderten zunächst auch weder die Madrider Folgekonferenz (1980–1983) noch die ersten Regierungsjahre von Michail Gorbačëv etwas, der im März 1985 zum neuen Generalsekretär der

---

[61] Hans-Dietrich Genscher gab in einem Gespräch mit seinem schwedischen Kollegen Söder am 15.4.1977 sogar eine monatliche Rate von 9000 Ausreisegenehmigungen für ethnische Deutsche aus der UdSSR, 2000 bis 3000 für Deutsche aus Polen und einige mehr aus Rumänien an. Ediert in: AAPD 1977, München 2008. Helmut Schmidt sprach im März 1977 von über 80 000 genehmigten Ausreiseanträgen seit Helsinki, Genscher wiederum von 60 000. Wiegrefe erwähnt, dass es über 100 000 Menschen gewesen seien, die so den Warschauer Pakt hätten verlassen können. Klaus Wiegrefe, Das Zerwürfnis. Helmut Schmidt, Jimmy Carter und die Krise der deutsch-amerikanischen Beziehungen, Berlin 2005, S. 140.

[62] Oliver Bange, The FRG and the GDR and the Belgrade CSCE Conference (1977–1978). In: From Helsinki to Belgrade (wie Anm. 47), S. 311–344, hier insbes. S. 311. Das Zitat stammt von dem Bonner Diplomaten Andreas Meyer-Landrut.

[63] Siehe die Beiträge von Bange und Svetlana Savranskaya, USSR and CSCE. From Inviolable Borders to Inalienable Rights. In From Helsinki to Belgrade (wie Anm. 47), S. 311–344 und 231–256.

[64] So auch das Diktum eines der erfahrensten KSZE-Unterhändler der UdSSR: Yuri Kashlev, Helsinki protsess, 1975–2005. Svet I teni glazami uchastnika, Moskau 2005, Kapitel 2; siehe auch die Aussagen von Vitalii Tsygichko. In: Military Planning for European Theatre Conflict During the Cold War, Oral History Roundtable, Stockholm 24–25 April 2006. Ed. by Jan Hoffenaar and Christopher Findlay, Zürich 2007.

KPdSU gewählt worden war. Immerhin bot die KSZE den Ost-West- und damit auch den deutsch-deutschen Beziehungen eine Möglichkeit, angesichts erhöhter Spannungen zwischen den Supermächten zu Beginn der Achtzigerjahre den Dialog nicht gänzlich abreißen zu lassen. Trotz des angeblichen »Zweiten Kalten Krieges«[65] war noch in Madrid eine Auslotung der Möglichkeiten militärischer Entspannung beschlossen worden (KVAE-Verhandlungen 1984–1986, Stockholm). Vielleicht gerade weil sich die Länder des Warschauer Pakts zwischen 1984 und 1986 in Stockholm auf abrüstungs- und sicherheitspolitischem Gebiet deutlich kompromissbereiter zeigten – und auch zeigen konnten – als bei Menschenrechtsfragen[66], eröffnete die Wiener Folgekonferenz im November 1986 unter völlig veränderten Vorzeichen.

Gorbačëv hatte mittlerweile mit seiner Perestroika einen tiefgreifenden Reformprozess in Gang gesetzt. Voraussetzung für dessen erfolgreiche Umsetzung war der Verzicht von westlicher Seite auf kontraproduktive Interferenzen, sondern vielmehr dessen ökonomische und selbst politische Unterstützung[67]. Individuelle Freiheiten und mehr intra- und transgesellschaftliche Dynamik waren aber auch ein Anliegen des KSZE-Prozesses, weshalb auch hier die sowjetischen Delegationsleiter zunehmend kooperativer operierten und im Januar 1989 in Wien sogar unabhängige Menschenrechts- und KSZE-Gruppen zusagten.

Manche Beobachter haben daraus geschlossen, dass die Verhaltensnormen und die nationale Interessensdefinition des Gorbačëv-Teams durch den mittlerweile fast zwanzigjährigen intensiven Dialog mit dem Westen nachhaltig verändert wurde – und die Partizipation in und Anerkennung durch die internationale Gemeinschaft zu einem Anliegen sui generis der sowjetischen Politik geworden sei[68].

Militärische Détente im KSZE-Prozess

Bis auf eine kurze Bemerkung über die Notwendigkeit der Ausarbeitung von Vertrauensbildenden Maßnahmen (VBMs) zwischen den Blöcken, die die Westdeutschen in Korb II verankern konnten, blieb die Schlussakte von Helsinki ohne substantiellen militärpolitischen Inhalt. Dies hat Journalisten und Historiker

---

[65] Zur historiographischen Debatte des Begriffs »Second Cold War« siehe Gottfried Niedhart, Der Ost-West Konflikt. Konfrontation im Kalten Krieg und Stufen der Deeskalation, in: Archiv für Sozialgeschichte, 50 (2010), S. 557–594 hier insbes. S. 588–594; sowie das Vorwort von Leopoldo Nuti zu dem von ihm herausgegebenen Sammelband: The Crisis of Détente in Europe. From Helsinki to Gorbachev, 1975–1985, New York, Abingdon 2009.

[66] Dies belegen insbesondere die Ausführungen der Staats- und Parteiführer des Warschauer Pakts auf der Sitzung des Ständigen Beratenden Ausschusses am 10.6.1986 in Budapest. Diese finden sich ediert auf der Webseite des Züricher Projekts »Parallel History Project on Cooperative Security« (PHP). Siehe insbesondere auch die Ausführungen Erich Honeckers bei dieser Gelegenheit. In: SAPMO, DY 30/2353 (S. 10–14).

[67] Vgl. Michail Gorbatschow, Erinnerungen, München 1996, S. 323–352 sowie 631–663.

[68] Thomas, The Helsinki Effect (wie Anm. 3), S. 279; Wentker, Außenpolitik in engen Grenzen (wie Anm. 45), S. 550–551; Kashlev, Helsinki protsess (wie Anm. 64), S. 109–134; siehe auch Barthold C. Witte, Für die Freiheit eine Gasse. Aus dem Leben eines liberalen Bürgers, Stuttgart, Leipzig 2003, S. 308 f.

wiederholt irritiert. Konnte, ja durfte es überhaupt eine Konferenz über die Sicherheit in Europa ohne militärische Inhalte geben?

Es gab sie, weil der KSZE zum einen ein wesentlich umfassenderer als der rein militärische Sicherheitsbegriff zugrunde lag, zum anderen, weil Verhandlungen über militärische Hardware – Nuklearwaffen, Panzer und Soldaten – bewusst ausgeklammert und in die SALT-Gespräche der Supermächte sowie die parallel laufenden Verhandlungen über Mutual Balanced Force Reductions (MBFR) verlagert wurden.

Auf die machtpolitischen und verhandlungsstrategischen Gründe für die Parallelität dieser Verhandlungen ohne zumindest offizielle Junktime soll hier nicht näher eingegangen werden; sie sind Gegenstand eines anderen Beitrags in diesem Band[69]. Gerade aus Sicht der neuen Ostpolitiker in Bonn konnte aber nur das Zuspiel der verschiedenen Verhandlungsebenen eine echte Entspannung zwischen Ost und West ergeben. Dabei gilt es mindestens drei sicherheitsrelevante Handlungsebenen zu unterscheiden:

- ein System bilateraler Gewaltverzichtsabkommen (die sogenannten Ostverträge),
- die massive Ausdünnung militärischer Präsenz auf deutschem Territorium (bis zur sog. »strukturellen Nichtangriffsfähigkeit«[70] in einem beide Blöcke umfassenden Europäischen Sicherheitssystems – ESS)
- und die »Unumkehrbarmachung«[71] dieses Prozesses durch die Multilateralisierung von verpflichtenden Verhaltensnormen in der KSZE.

Die in den Planungsstäben der Großen Koalition unter Brandt und Kiesinger bzw. ihren Beratern Diehl und Bahr ausgearbeiteten Szenarien zeigten, dass eine Reduzierung von etwa 60 Prozent der in den beiden deutschen Staaten stationierten Truppen sowohl den sicherheits- als auch den transformationspolitischen Zielen der neuen Ostpolitik dienlich wäre[72].

Danach wären beide Seiten zu größeren Offensivhandlungen nicht mehr in der Lage gewesen – und ein nahezu vollständiger Abzug der Roten Armee (im Gegenzug natürlich auch der Westalliierten) hätte die Menschen unter kommunistischer Herrschaft in Mittel- und Osteuropa freier atmen lassen[73] und damit womöglich den anvisierten Transformationsprozess erheblich beschleunigt. Dazu kam es aber nicht,

---

[69]   Kieninger, Den Status Quo aufrechterhalten, in diesem Band S. 67–85.

[70]   Für eine Übersicht der verschiedenen Konzepte, die aus der ursprünglichen Idee von einer gegensei-tigen »strukturellen Nichtangriffsfähigkeit« entwickelt wurden, siehe Egon Bahr [u.a.], Defensive Zonen. Stellungnahme des IFSH zur Strukturellen Nichtangriffsfähigkeit und Konventionellen Stabilität in Europa, Hamburger Informationen zur Friedensforschung und Sicherheitspolitik, Heft 3, Hamburg 1987.

[71]   Aufzeichnung betr. Überlegungen zur Außenpolitik einer künftigen Bundesregierung, 18.9.1969. Ediert in: AAPD 1969, Dokument 296. Zur Idee der »Unumkehrbarmachung« der Ergebnisse westdeutscher Ostpolitik siehe auch Gottfried Niedhart und Oliver Bange, »Die Relikte der Nachkriegszeit beseitigen«. Ostpolitik in der zweiten außenpolitischen Formationsphase der Bundesrepublik Deutschland und ihre internationalen Rahmenbedingungen 1969–1971. In: Archiv für Sozialgeschichte (AfS), Bd 44 (2004), S. 415–448 hier insbes. S. 423–434.

[72]   So Bahr zu Kissinger, Washington, 14.10.1969. In: AdsD, Depositum Bahr, Bd 439.

[73]   Aufzeichnung von Landes über gegenseitige Truppenreduzierungen in Ost und West, 22.1.1968. In: PA AA, B 150/117. Ganz ähnlich auch die Analyse von Farley (»the weight of Soviet pressures would diminish as their forces shifted eastward«) für Kissinger vom 31.3.1972. In: NARA, Nixon Material, NSC, Institutional Files, box H-61.

da keine Siegermacht des Zweiten Weltkriegs bereit war, einen mit Truppenabzügen notwendigerweise verbundenen Kontrollverlust über die Deutschen hinzunehmen.

Gerade weil die MBFR-Verhandlungen offensichtlich ins Leere liefen, griff Helmut Schmidt im Umfeld der Belgrader KSZE-Verhandlungen einen Brežnev-Vorschlag zur Limitierung der Manöverstärken auf. In Washington argumentierte Schmidt, dass man die großen NATO-Manöver gegen Ende jeden Jahres leicht in eine Serie zeitlich entzerrter kleinerer Manöver mit nicht mehr als jeweils 50 000 involvierten Soldaten umwandeln könne. Das würde der politischen und militärischen Führung in Moskau die Angst vor einem westlichen Überfall (für den die NATO ja zuerst eine größere Zahl von Soldaten und Material – wie in den Herbstmanövern – zusammenführen musste) aus einer Manöversituation heraus nehmen[74].

Als die Belgrader KSZE-Konferenz in einem Fiasko und dem Scheitern des gesamten KSZE-Prozesses zu enden drohte, griff auch der entscheidende französische Vermittlungsvorschlag das sowjetische Interesse an einer Manöverdeckelung auf und verband dies gleich mit einem umfassender angelegten Programm zur Ausarbeitung von Vertrauensbildenden Maßnahmen (wie Manöverankündigungen, Inspektionseinladungen, Abrüstungskontrollen u.a.m.)[75]. Aber erst nach der KSZE-Konferenz in Madrid gelang es, mit der zwischen 1984 und 1986 in Stockholm tagenden Konferenz über vertrauens- und sicherheitsbildende Maßnahmen (KVAE) ein tragfähiges VBM-System zu etablieren.

Auf der Wiener KSZE-Folgekonferenz schlugen dann ausgerechnet die ostdeutsche, bulgarische, tschechoslowakische und ungarische Delegation eine erneute, substantielle Ausweitung der Vertrauens- und Sicherheitsbildenden Maßnahmen (VSBMs) in Europa vor[76]. Die Verhandlungen – in deren Verlauf massive konventionelle Abrüstungsschritte und schließlich sogar der Abzug der Roten Armee ver-

---

[74] Für die westdeutschen Bemühungen, die eigene Hegemonialmacht und das eigene Bündnis zu einer positiven Antwort auf den sowjetischen Vorschlag der Manöverbegrenzung zu bewegen, siehe Drahtbericht 1320, Ständige Vertretung bei der NATO, Brüssel, 3.11.1977, von Pauls. In: PA AA, B 150/379; sowie die DBe 125, 142 und 167, NATO, Brüssel, 31.1., 3.2. und 8.2.1978, von Citron und Boss. In: PA AA, B 150/385 und B 150/386. Dass die andere Seite durch ihre Dienste über diese Bemühungen stets informiert war, zeigt beispielhaft die Information 2/78 vom 9.1.1978 der Hauptverwaltung Aufklärung des Ministeriums für Staatssicherheit für Erich Honecker. In: BStU, HVA 81/3.

[75] Bereits am 25.1.1978 hatte der französische Ministerrat den in einem Bericht von Staatspräsident d'Estaing enthaltenen Vorschlag für eine Europäische Abrüstungskonferenz gebilligt. In: La Politique étrangère de la France 1978, T. 1. Ed. par le Ministère des Affaires étrangères, Paris 1979, S. 38. Am 19.5.1978 regte die französische Regierung dies dann in einem offiziellen Memorandum an alle KSZE-Teilnehmerstaaten an. Dieses Dokument liegt auf Deutsch ediert vor in: Europa-Archiv 1980, Folge 18, D 506–509. Giscard d'Estaing wiederholte den Vorschlag in seiner Rede vor der UN-Sondergeneralversammlung am 25.5.1978 in New York. In: La Politique étrangère 1978, T. 2, S. 63–71.

[76] Die Initiative dieser Mitgliedsstaaten des Warschauer Pakts wurde offenbar auf dem Treffen des Komitees der Außenminister in Budapest am 28/29.10.1988 besprochen und koordiniert. Siehe den ostdeutschen Bericht zur Tagung. SAPMO, DC 20/I/3-2739. Vgl. Peter Schlotter, Die KSZE im Ost-West Konflikt. Wirkung einer internationalen Institution, Frankfurt a.M., New York 1999, S. 233 ff.

einbart wurden – führten zum Vertrag über Konventionelle Streitkräfte in Europa (KSE), der am 19.11.1990 unterzeichnet wurde[77].

Die sicherheits- und militärpolitische Seite des KSZE-Prozesses scheint zwischen 1975 und 1989 mindestens vier wichtige blockübergreifende Funktionen erfüllt zu haben:

1. Durch die Schlussakte von Helsinki und den anschließenden KSZE-Prozess wurden die Deutschen und ihre beiden Staaten auch weiterhin durch ihre Bündnisse kontrolliert und in einen multilateralen Verhaltenskodex eingebunden[78].

2. Gerade die Verhandlungen über militärische Fragen des Ost-West Konflikts, insbesondere die VBMs, machten den »Second Cold War« zum Intermezzo – und eben nicht zur Neuauflage des Kalten Krieges der Fünfziger- und Sechzigerjahre (wie von Reagan apostrophiert)[79].

3. Die Wiener KSE-Verhandlungen Anfang 1989 waren selbst Ausdruck des gewachsenen Vertrauens in die friedlichen Absichten der anderen Seite, schufen aber auch ihrerseits durch umfassende Abrüstungsvereinbarungen einen Vertrauensvorschuss, der die Neuordnung Europas nach den revolutionären Ereignissen im darauf folgenden Herbst außerordentlich erleichterte. Manche (nicht-deutsche) Beteiligte reklamieren sogar, während dieser Verhandlungen auf einen Rahmen zur friedlichen Wiedervereinigung der Deutschen hingearbeitet zu haben[80].

4. Weder zwischen 1975 und 1989 noch nach 1989/90 entstand ein europäisches Sicherheitssystem, wie es zuletzt noch die DDR-Friedensbewegung und manche Sozialdemokraten proklamiert hatten[81]. Aber es entstand sukzessive eine neue NATO, die heute viele der ursprünglich von Bahr für das ESS vorgesehenen

---

[77] Vgl. das Schlussdokument der Stockholmer Konferenz über Sicherheits- und Vertrauensbildende Maßnahmen und Abrüstung in Europa (KVAE) vom 19.9.1986 (www.osce.org/fsc/41238), und den Pariser Vertrag über Konventionelle Streitkräfte in Europa (KSE) vom 19.11.1990, über den seit 9.3.1989 verhandelt worden war (www.fas.org/nuke/control/cfe/text/index.html).

[78] Vgl. Mary E. Sarotte, 1989. The Struggle to Create Post-Cold War Europe, Princeton 2009; und natürlich: Timothy Garton Ash, In Europe's Name. Germany and the divided continent, London 1993.

[79] Zur Fragwürdigkeit von Reagans These vgl. die Argumente der sogenannten Gundestad-Gaddis Kontroverse, zusammengefasst in Niedhart, Der Ost-West Konflikt, hier S. 557–561; außerdem: John L. Gaddis, The Cold War. A New History, New York, London, 2005; Geir Lundestad, The Cold War according to John Lewis Gaddis, in: Cold War History, 6 (2006), Heft 4, S. 535–542; Jeremi Suri, Détente and Human Rights. American and West European Perspectives on International Change, in: Cold War History, 8 (2008), Heft 4, S. 527–545; Richard Davy, Setting the Record straight, in: Cold War History, 9 (2009), Heft 1, S. 1–22.

[80] Siehe allg. Philip Zelikow und Condoleezza Rice, Sternstunde der Diplomatie, Berlin 1999; Michael Beschloss mit Strobe Talbott, Auf höchster Ebene. Das Ende des Kalten Krieges und die Geheimdiplomatie der Supermächte 1989–1991, Düsseldorf 1994. Für die zentrale Rolle, die die KSZE-Treffen als Plattform zur Aushandlung der sicherheitspolitischen Aspekte der deutschen Wiedervereinigung spielten, siehe beispielsweise die umfangreiche Analyse: »Les évolutions à l'est, la ›question allemande‹ et l'équilibre stratégique en Europe« des Militärstrategischen Referats des französischen Außenministeriums vom 16.12.1989. Archives du Ministère des Affaires étrangères (AMAE), Direction d'Europe, sous-série Unification Allemande, Bd 6124.

[81] Zusätzlich zu de bereits angeführten Standardwerken zur DDR-Friedensbewegung auch: Rainer Eckert, SED-Diktatur und Erinnerungsarbeit im vereinten Deutschland. Auswahlbibliografie zu Widerstand und politischer Repression, Berlin 2011; vgl. auch den Beitrag von Eckert in diesem

Funktionen wahrnimmt – und in der zumindest ein ehemaliger bundesdeutscher Außenminister[82] eine Mitgliedschaft Russlands mittlerweile für möglich hält.

Ausblick: OSZE

Es scheint angebracht, an dieser Stelle die weitere Geschichte des KSZE-Prozesses in der post-sowjetischen Ära zumindest zu skizzieren.

Die in Helsinki niedergelegten Normen und Werte bilden bis heute zumindest in Europa ein dichtes Netz von Verhaltensregeln für die mittlerweile 56 Teilnehmerstaaten. Zusammenarbeit, Konfliktvorbeugung und friedliche Krisenbewältigung sind nach wie vor die Ziele der OSZE (der institutionalisierten Nachfolgeorganisation der KSZE)[83].

Diesen Zielen dienten und dienen auch die Einsätze von Bundeswehrsoldaten, deutschen Diplomaten und Polizisten im Rahmen der OSZE-Missionen. Die regionalen Schwerpunkte dieser Missionen waren der Balkan, der Kaukasus und das Baltikum[84]. Der im November 1995 nach Vermittlung der USA und der EU zustande gekommene Vertrag von Dayton sah eine zentrale Rolle für die OSZE bei der Demokratisierung von Bosnien-Herzegowina, insbesondere bei der Durchführung und Überwachung freier Wahlen vor[85]. Drei Jahre später, im Oktober 1998, legte das Holbrooke-Milosevic-Abkommen die Grundlagen für eine Beobachtermission der OSZE mit mehr als 2000 Beobachtern in der ehemaligen jugoslawischen Teilrepublik[86]. Deutschland stellte rund ein Zehntel des Personals dieser Kosovo Verification Mission (KVM), darunter auch 80 Soldaten der Bundeswehr, die ihren Dienst als unbewaffnete OSZE-Beobachter in Zivil durchführten.

Auch in der Interimsverwaltung der Vereinten Nationen im Kosovo stellte die OSZE ab 1999 eine von vier Säulen, verantwortlich für Demokratisierung und den Aufbau rechtsstaatlicher Strukturen. Seit 1992 war die OSZE zudem in Georgien mit einer Beobachtermission präsent. Brennpunkt dieser Mission war Südossetien. Nach dem Krieg zwischen Georgien und Russland beschloss die OSZE, weitere 100 Beobachter in die Region zu entsenden, doch im Dezember 2008 erwirkte Russland eine Beendigung der OSZE-Mission[87].

Andere Beiträge dieses Bandes[88] haben über die widersprüchlichen Ziele westlicher Entspannungsstrategien hinaus – Erhaltung des Status quo oder Transformation

---

Band, sowie Frank Fischer, Im deutschen Interesse. Die Ostpolitik der SPD von 1969 bis 1989, Husum 2001.

[82]   Joschka Fischer, Russland in die NATO, Süddeutsche Zeitung, 12.1.2009, S. 2.

[83]   Vgl. die Liste der »activities« auf der Internet-Plattform www.osce.org.

[84]   Dazu übersichtsmäßig: Wegweiser zur Geschichte. Auslandseinsätze der Bundeswehr. Hrsg. von Bernhard Chiari und Magnus Pahl, Paderborn, München 2010.

[85]   Für den Text des Friedensabkommens von Dayton am 21.11.1995 siehe http://avalon.law.yale.edu/ subject_menus/daymenu.asp. Der Einsatz in Bosnien wurde im Sommer 2012 beendet.

[86]   Richard Holbrooke, Meine Mission. Vom Krieg zum Frieden in Bosnien, München 1998.

[87]   The Guns of August 2008. Russia's War in Georgia. Ed. by Svante E. Cornell and S. Frederick Starr, London 2009.

[88]   Niedhart (S. XXX–XXX) und Kieninger (S. XXX–XXX) in diesem Band.

des Gegenübers – immerhin ein Zwischenziel identifiziert, das allen Ansätzen gemein war: Die »Zivilisierung« der Beziehungen. Sie haben dies ausdrücklich nicht nur auf die politische, sondern auch die gesellschaftlichen und militärischen Beziehungen zwischen Staaten und ihren Gesellschaften bezogen.

Dieses Zwischenziel war ein jahrzehntelanger Prozess, der manchmal den Eindruck vermittelte, dass hier der Weg zum Ziel wurde. Angesichts des im Jahr 2012 erneut angespannten Verhältnisses zwischen Russland, dem übrigen Europa und den USA – gerade auch vor dem Hintergrund der widersprüchlichen Signale aus Moskau in den vergangenen Monaten und den Widersprüchen in der deutschen Haltung gegenüber Russland – von der Offerte einer Sicherheitspartnerschaft bis zur Hysterie über einen angeblich neuen Kalten Krieg[89] – scheint dem Autor eine zweite, sehr langfristig angelegte Transformationspolitik durchaus bedenkenswert. Über eines sollte man sich aber nicht täuschen: am Ende eines solchen Prozesses werden sich alle – auch wir – geändert haben.

Am Ende dieses Beitrags soll nochmals die eingangs formulierte Frage aufgegriffen werden: Die verändernde Kraft der KSZE – nach der gefragt worden war – scheint geradezu aus ihren Widersprüchen erwachsen zu sein. Am Beginn des KSZE-Prozesses standen mannigfache Fehlperzeptionen über das, was er leisten sollte. Am Ende scheinen es der Dialog selbst und die aus ihm entstandenen Verpflichtungen gewesen zu sein, die die staatlichen und gesellschaftlichen Verhältnisse zu ändern halfen. Um diese komplexen Prozesse wirklich nachvollziehbar zu machen, bedarf es allerdings nicht nur einer multiperspektivischen Perzeptionsgeschichte, sondern geradezu einer Historiographie der Antizipation.

---

[89] Nur wenige Wochen nach der Tagung in Potsdam im September 2010, der die Beiträge in diesem Band zugrundelagen, warb der russische Präsident Medwedew für eine neue Sicherheitspartnerschaft zwischen Russland und der NATO auf der Münchner Sicherheitskonferenz. Siehe Oliver Rolofs, Russland auf Westkurs, www.securityconference.de/Artikel-Details.57+M5113c312756.0.html. Kurz darauf, am 20.11.2010, berichtete Focus online unter Berufung auf dpa: »NATO berät mit Medwedew über Partnerschaft«.

II.

Krisen und ihre Folgen 1970–1990

Wanda Jarząbek

Konsequenzen der polnischen Krise für den Prozess der Wiedervereinigung Deutschlands

Die sogenannte polnische Krise der Jahre 1980/81 kann hinsichtlich ihrer Bedeutung für die internationalen Beziehungen, für den Ostblock und für Polen selbst sowohl bezüglich ihrer kurzfristigen als auch ihrer langfristigen Auswirkungen betrachtet werden. Die Krise wird zumeist im Kontext ihrer Konsequenzen für die Entstehung der Gewerkschaft Solidarność und die Einführung des Kriegszustandes in der Volksrepublik Polen (VRP, polnisch Polska Rzeczpospolita Ludowa / PRL) beschrieben. Die Folgen dieser Krise haben jedoch, wenn auch unterschiedlich stark, die Dynamik der Entwicklungen in Polen, im Ostblock sowie in den Ost-West-Beziehungen entscheidend beeinflusst.

Die Volksrepublik Polen Ende der Siebzigerjahre

Die Unterzeichnung der Schlussakte der Konferenz über Sicherheit und Zusammenarbeit in Europa (KSZE) in Helsinki im Jahre 1975 bildete den Höhepunkt der Entspannungspolitik in den Ost-West-Beziehungen. Aber bereits in der zweiten Hälfte der Siebzigerjahre begannen sich die internationalen Beziehungen aufgrund der Stationierung der SS-20-Raketen im europäischen Teil der UdSSR, der amerikanischen Ankündigung der Produktion der Neutronenbombe, der Nichtratifizierung des SALT II-Vertrages durch die Vereinigten Staaten, sowie, global gesehen, durch den sich verstärkenden Konflikt am Horn von Afrika und dann im Dezember 1979 infolge der Intervention der UdSSR in Afghanistan deutlich zu verschlechtern.

Die innere Lage der Volksrepublik Polen erwies sich Ende der Siebzigerjahre als zunehmend instabil. Die wirtschaftlichen Schwierigkeiten nahmen zu und es entstanden neue Gruppen, die den »realen Sozialismus« in Frage stellten. Bereits 1976 gab es Streiks, die von der Regierung der VRP brutal niedergeschlagen wurden. Das Komitee zur Verteidigung der Arbeiter (KOR), das Vertreter der Intelligenz verschiedener Richtungen um sich versammelte, hatte die Proteste gesteuert. Ein Jahr später entstand die Bewegung zur Verteidigung der Menschen- und Bürgerrechte (ROPCziO), 1978 die Bewegung Junges Polen (RMP) und 1979 die Konföderation des Unabhängigen Polen (KPN), die sich als politische Partei begriff[1]. Diese Gruppierungen hatten zwar unterschiedliche ideologische Auffassungen, waren aber alle in der polnischen Öffentlichkeit präsent und machten die Namen ihrer Mitglieder publik. Die mit ihnen verbundenen verlegerischen Netzwerke und die zum Überleben notwendigen Finanzierungsstrukturen blieben hingegen geheim.

1978 wurden in Kattowitz (poln. Katowice) und in Danzig (poln. Gdańsk) unabhängige Gewerkschaften der Arbeiter ins Leben gerufen. Besonders die Danziger Organisationen standen in engem Kontakt mit Gruppierungen der Intelligenz[2]. Es entwickelte sich eine rege Publikationstätigkeit. Es wurden sowohl gesellschaftspolitische als auch literarische Schriften veröffentlicht. Es erschienen polnische Bücher, darunter z.B. solche, die die Zensur abgelehnt hatte, aber auch Übersetzungen fremdsprachiger Literatur, z.B. »Die Blechtrommel« von G. Grass (1979), »Allzu laute Einsamkeit« von B. Hrabal und »Farm der Tiere« von G. Orwell.

Nach dem Zweiten Weltkrieg waren viele emigrierte Polen in den USA, in Frankreich und in Großbritannien geblieben und hatten Vereinigungen gegründet, die polnische Literatur und Zeitschriften herausgaben, wie z.B. die Gruppe im Umland von Paris, die sich um die Zeitschrift »Kultura« scharte. Man versuchte, diese Publikationen nach Polen zu schmuggeln. Im März 1978 gründete die sogenannte Londoner Emigration, die sich aus den polnischen Vorkriegseliten und ihren Nachfahren einschließlich der Exil-Regierung und des Exil-Präsidenten rekrutierte, einen »Fonds zur Verteidigung der Freiheit des Wortes und der Menschenrechte in Polen«, dessen Ziel der Transfer von Finanzmitteln nach Polen war.

Eine große Rolle spielte auch die katholische Kirche, deren Bedeutung nach der Wahl von Karol Wojtyła zum Papst im Oktober 1978 noch stieg[3]. Indem man sich auf die Tradition der unabhängigen Lehre in der Zeit der Teilungen Polens berief, wurde im Januar 1978 die Gesellschaft für Wissenschaftliche Kurse (TKN) gegründet

---

[1]   Andrzej Friszke, Opozycja polityczna w PRL 1945–1980 [Die politische Opposition in der VRP 1945–1980], London 1994, S. 19 ff.; Jan Jozef Lipski, KOR. Komitet Obrony Robotników [Das Komitee zur Verteidigung der Arbeiter], Einleitung Andrzej Friszke, Warschau 2004; Paweł Sasanka, Czerwiec 1976. Geneza, przebieg, konsekwencje [Juni 1976. Genese, Verlauf, Konsequenzen], Warschau 2006; Grzegorz Waligóra, Ruch Obrony Praw Człowieka i Obywatela 1977–1981 [Bewegung zur Verteidigung der Menschen- und Bürgerrechte 1977–1981], Warschau 2006; Kryptonim »Pegaz«. Służba Bezpieczeństwa wobec Towarzystwa Kursów Naukowych [Deckname »Pegasus«. Der Sicherheitsdienst und die Gesellschaft für Wissenschaftliche Kurse (TKN)], Auswahl von Dokumenten. Bearb. von Łukasz Kamiński und Grzegorz Waligóra.

[2]   Vermerk über die Beratungen beim Sekretär des ZK der PVAP, Stanisław Kania, 22.10.1976, S. 54 ff. In: Rozmowy na Zawracie. Taktyka walki z opozycją demokratyczną październik 1976–grudzień 1979 [Gespräche am Zawrat-Pass. Die Taktik des Kampfes gegen die demokratische Opposition, Oktober 1976–Dezember 1979], Vorwort und Bearbeitung A. Friszke, Warschau 2008.

[3]   Zur Vorgeschichte siehe: Oliver Bange und Tim Geiger, Die kirchlichen Versöhnungsinitiativen und die Polenpolitik der deutschen Volksparteien 1965–1972 [Koscielne inicjatywy pojednania z Polska a polityka wielkich niemieckiej polskiej perspektywy]. In: Versöhnung und Politik. Polnisch-deutsche Versöhnungsinitiativen der Sechzigerjahre und die Entspannungspolitik [Pojednia i polityka. Polsko- niemieckie inicjatywy pojednania w latach szescdziesiatych XX wieku polityka odprezenia]. Hrsg. von Friedhelm Boll, Wieslaw Wysocki und Klaus Ziemer, Bonn 2009, S. 269–295.

und als »fliegende Universität« bezeichnet, weil man sich in verschiedenen privaten Wohnungen traf. Vorlesungen wurden auch von Universitätsprofessoren gehalten.

Zusätzlich zu den Sendungen von Radio Free Europe trugen die staatsunabhängigen in- und ausländischen Publikationen sowie verschiedene Fortbildungsformen zur Überwindung der Informationsblockade bei und boten den staatlich kontrollierten offiziellen Medien die Stirn. Im Untergrund fanden Diskussionen über Themen statt, die von den kommunistischen Behörden eigentlich verboten waren. Ihre Wirkung war ziemlich groß, obwohl sie hauptsächlich unter der städtischen Intelligenz geführt wurde, es waren aber auch Arbeiterkreise beteiligt.

Die Regierung versuchte, die unabhängigen Bewegungen zu bekämpfen, konfiszierte zum Beispiel ihre Verlage. Dennoch entschloss man sich nicht zu radikalen Schritten wie Massenverhaftungen, Prozessen und Ausweisungen. Dahinter steckte Kalkül. Obwohl in dieser Sache keine einhellige Meinung herrschte, gelangten die Behörden im Regierungsapparat der VRP zu der Auffassung, dass moderate Schritte abseits der Öffentlichkeit günstiger wären. Dieses Verhalten war auch der Tatsache geschuldet, dass das Gewicht der Menschenrechte infolge des KSZE-Prozesses in der internationalen Politik zugenommen hatte und ihre Einhaltung Voraussetzung dafür war, dass westliche Staaten, insbesondere die USA, einigen ökonomischen Bedürfnissen der VRP partiell entgegenkamen.

Die Intensivierung der oppositionellen Tätigkeit fand parallel zu den Vorbereitungen auf das Folgetreffen der KSZE in Belgrad und während der Beratungen dort (1977–1978) statt[4]. Die Stimmung in der Gesellschaft radikalisierte sich in erheblichem Maße als Folge der sich verschlechternden ökonomischen Situation, was im Sommer 1980 besonders sichtbar wurde.

Vom polnischen Sommer 1980 bis zur Einführung des Kriegszustandes am 13. Dezember 1981

Die wirtschaftlichen Probleme des Landes nötigten die polnische Regierung bald darauf zu Maßnahmen, die auf Protest unter der Bevölkerung stießen. Im Juli 1980, als viele Menschen in Urlaub waren, entschied sich die Regierung, die Preise zu erhöhen, insbesondere für Fleisch. Man hatte offensichtlich gehofft, dass die Aktion ohne öffentliche Proteste ablaufen würde, was sich aber als Fehlkalkulation erwies. Es kam zu Streiks, die zunächst im lokalen Rahmen blieben und von den Behörden in der Regel durch Lohnerhöhungen beendet werden konnten. Obwohl die Medien darüber nicht berichteten, verbreiteten sich die Nachrichten dennoch über Radio Free Europe sowie über Aufschriften an Eisenbahnwaggons, die die Streikorte verließen.

---

[4] Wanda Jarząbek, Hope and Reality. Poland and the Conference on Security and Cooperation in Europe, 1964–1989, Cold War International History Project (CWIHP), Working Paper No. 56, Washington 2008 (www.cwihp.org); Poland and the CSCE Follow-up Meeting in Belgrade 1977–1978. In: From Helsinki to Belgrade. The First CSCE Follow-up Meeting in Belgrade 1977/78. Ed. by Vladimir Bilandžić and Milan Kosanović (Zikic Stiftung/OSCE), Belgrad 2009.

Den Wendepunkt markierten die Streiks in der Danziger Lenin-Werft (Beginn am 14. August 1980), bei denen auch nicht-ökonomische Forderungen erhoben wurden. Die Streikenden, organisiert hauptsächlich von Funktionären der Freien Gewerkschaften (WZZ), hatten eine Zusammenarbeit mit Arbeitern aus anderen Betrieben aufgenommen und gemeinsam eine Liste mit 21 Forderungen erarbeitet, allen voran das Verlangen nach Zulassung staatlich anerkannter, partei- und arbeitgeberunabhängiger freier Gewerkschaften. Da der kommunistisch regierte Staat der einzige Arbeitgeber war, richtete sich diese Forderung direkt gegen die Prinzipien des diktatorischen Systems.

Auf der Liste standen auch andere Forderungen, die das Monopol der kommunistischen Staatspartei (»Polnische Vereinigte Arbeiterpartei« / PVAP) in Frage stellten. Zum Beispiel wurden Informationen über die Lage der Wirtschaft verlangt, darunter über die Höhe der Verschuldung der VRP. Gefordert wurde auch der Zugang zu den staatlichen Medien, das Recht auf Herausgabe einer unabhängigen Zeitung, ein garantiertes Streikrecht und die Einhaltung der in der Verfassung festgeschriebenen Freiheit des Wortes. Ein erheblicher Teil der Forderungen betraf die Arbeitsbedingungen, insbesondere sollten Nachtarbeit für Frauen verboten und Löhne frei ausgehandelt werden.

Die Behörden entschlossen sich, nicht mit rigorosen Mitteln, wie etwa der gewaltsamen Besetzung der streikenden Betriebe, gegen die Arbeiter vorzugehen, sondern nahmen stattdessen Gespräche mit diesen auf. Das bedeutet nicht, dass überhaupt keine Zwangsmaßnahmen angewendet worden wären: die Führer der oppositionellen Gruppen wurden verhaftet, Nachrichtensperren wurden verhängt und Telefonverbindungen in Danzig sowie zwischen Danzig und dem restlichen Polen unterbrochen.

Auf der Sitzung des Politbüros des Zentralkomitee (ZK) der PVAP wurde am 16. August 1980 eine »Gruppe zur Koordinierung der Maßnahmen der Zentralen Behörden zur Auflösung der Streiks« (Zespół Koordynujący Działania Władz Centralnych przy Likwidowaniu Strajku) einberufen. Kraft Beschlusses des Innenministers wurde ein Stab des Innenministeriums zur Führung des Einsatzes »Sommer 80« (Lato 80) eingerichtet, dessen Hauptaufgabe es war, die gewaltsame Niederschlagung der Streiks in Danzig, Gdingen, Zoppot vorzubereiten[5]. Die Streitkräfte wurden in erhöhte Gefechtsbereitschaft versetzt. Gleichzeitig gab man Rechtsgutachten in Auftrag, ob die Einführung des Kriegsrechts mit der in der VRP geltenden Rechtsordnung vereinbar sei.

Die Behörden versuchten auf verschiedene Weise, die Stimmung in der Gesellschaft zu besänftigen. Traditionsgemäß erfolgten wie in den vorherigen Krisen der Jahre 1956, 1968 und 1970 Personalrochaden im Politbüro der PVAP: Der Premierminister und seine beiden Stellvertreter wurden abberufen. Der Premierminister war formell die Instanz, die für die Wirtschaftspolitik des Staates verantwortlich war.

---

[5] Andrzej Paczkowski, Droga do »mniejszego zła«. Strategia i taktyka obozu władzy lipiec 1980–styczeń 1982 [Der Weg des »kleineren Übels«. Strategie und Taktik des Regierungslagers Juli 1980–Januar 1982], Krakau 2002, S. 35 ff.

Es wurde auch versucht, den Einfluss der Kirche zu nutzen, die häufig, besonders über ihre höheren Kirchenvertreter, zu Besonnenheit und Verantwortung aufrief. Primas Stefan Wyszyński hatte allerdings bereits seinen eigenen Gesandten in das Zwischenbetriebliche Streikkomitee (MKS) entsandt[6].

Im Zusammenhang mit dem Feiertag der Gottesmutter Königin Polens am 26. August hielt der Primas in Tschenstochau (poln. Częstochowa) eine Predigt, die entgegen der vorherigen Praxis in den Medien übertragen wurde – wie üblich nach entsprechender Manipulation und Sinnentstellung durch die zuständigen Behörden. Diese Predigt überraschte die Streikenden. Sie baten den Primas um ein Treffen und brachten ihren Unmut über die Auswirkungen der Predigt und über die ihnen bekannten Teile zum Ausdruck[7].

Allen Bemühungen des Partei- und Regierungsapparates zum Trotz breitete sich die Streikaktion aus. Das war sicherlich der Hauptgrund dafür, dass die Regierung sich zu Abkommen mit den Streikenden entschloss. In der Danziger Vereinbarung vom 31. August wurde eine Liste mit 21 Forderungen angenommen, und die Behörden verpflichteten sich, alle Inhaftierten aus den Gefängnissen zu entlassen. Am 5. September trat Edward Gierek vom Posten des Ersten Sekretärs der PVAP zurück.

Das Echo auf die polnischen Ereignisse

Die Ereignisse in Polen blieben keine innere Angelegenheit der VRP. Journalisten und ausländische Korrespondenten tauchten rasch und in großer Zahl an den Streik-Orten auf. Ausländische Medien berichteten über den Ausstand, die Forderungen und beobachteten die Reaktionen der Behörden. Es besteht kein Zweifel daran, dass die Ereignisse in Polen erhebliche Unruhe auch bei anderen kommunistischen Führern hervorriefen.

Der Kreml erkannte früh, dass die Lage für die polnische Regierung gefährlich werden konnte. Nach Aussage von Piotr Kostikov, der im ZK der KPdSU für polnische Angelegenheiten zuständig war, warnte der sowjetische Staats- und Parteichef Leonid Brežnev seinen polnischen Amtskollegen Edward Gierek während dessen Besuchs auf der Krim im Sommer 1980 davor, die in Polen beginnende Protestwelle zu unterschätzen[8]. Bereits am 25. August 1980 hatte das Politbüro der KPdSU beschlossen, eine Sonderkommission – die Suslov-Kommission – einzuberufen, die die Ereignisse in Polen beobachten und Vorschläge ausarbeiten sollte, wie diese zu kontrollieren wären[9]. Die Kommission existierte bis 1988.

---

6   Anna und Andrzej Anusz, Samotnie wśród wiernych. Kościół wobec przemian politycznych w Polsce (1944–1994) [Einsam unter Gläubigen. Die Kirche angesichts der politischen Veränderungen in Polen 1944–1994], Warschau 1994, S. 90 ff.

7   Paczkowski, Droga do »mniejszego zła« (wie Anm. 6), S. 50.

8   Piotr Kostikow, Bohdan Roliński, Widziane z Kremla. Moskwa–Warszawa. Gra o Polskę [Vom Kreml aus gesehen. Moskau–Warschau. Das Spiel um Polen], Warschau 1992, S. 242.

9   Einige Dokumente sind veröffentlicht worden: Teczka Suslowa. Dokumenty [Die Suslow-Akte. Dokumente], Ed. by Andrzej Krawczyk, Jacek Snopkiewicz and Andrzej Zakrzewski, Einleitung Wiesław Władyka, Warschau 1993.

Ende August 1980 legte sie ein Konzept zur militärischen Lösung der Lage in der VRP vor. Darin kam die Sorge zum Ausdruck, dass sich Teile der polnischen Streitkräfte auf die Seite der sogenannten Konterrevolution stellen könnten[10]. Moskau übte vor diesem Hintergrund offenkundig Druck auf Warschau aus, eine radikale Lösung zu suchen. Das soll u.a. der Botschafter der UdSSR in Polen Awerki Aristow in einem Gespräch mit Gierek getan haben. Der Erste Sekretär soll ihm seinen eigenen Berichten zufolge daraufhin erklärt haben, dass Polen keine sonderlich guten Erfahrungen damit habe, Streitkräfte gegen Protestierende einzusetzen und außerdem »sind das Polen und wir wissen heute nicht einmal, ob die Soldaten auf die Arbeiter schießen würden«[11].

Die Beunruhigung der anderen Warschauer-Pakt-Führer wurde dadurch verstärkt, dass die Streiks in Polen während der Urlaubszeit stattfanden, als sich also viele Touristen auch aus den anderen sozialistischen Ländern in Polen aufhielten. Zudem gab es Arbeiter, die in anderen Ländern des Warschauer Paktes beschäftigt waren und über die Ereignisse in Polen berichten konnten. Man befürchtete, dass sie zur Inspiration für die Gesellschaften anderer Länder werden könnten.

Der ostdeutsche Minister für Staatssicherheit, Erich Mielke, ordnete an, die Ereignisse in Polen zu beobachten und über geeignete Schritte zur Minimierung ihrer negativen Folgen nachzudenken. Diese sollten aber in der Öffentlichkeit nicht den Eindruck erwecken, dass die Sicherheitsmaßnahmen verstärkt würden[12].

Auch die tschechoslowakische kommunistische Partei analysierte die Gründe für die Verschärfung der Lage in Polen, die Fehler in der Wirtschaftspolitik, darunter die übermäßige Verschuldung bei den westlichen Ländern, die »Unzulänglichkeiten« im sogenannten ideologischen Bereich, den Einfluss der westlichen Propaganda, der polnischen Emigration und der Kirche. Man erinnerte daran, dass im eigenen Land zahlreiche Publikationen unter der Bevölkerung kreisten, deren Inhalt den offiziellen Verlautbarungen der Regierung widersprach, und vermeldete die Tätigkeit von oppositionellen Gruppen. Man vertrat die Meinung, dass die »führende Rolle der Partei« zu wenig sichtbar sei[13].

Die polnische Botschaft in Bukarest informierte die Regierung in Warschau am 26. August darüber, dass für die rumänische Parteiführung alle drei Stunden Bulletins über die Lage in Polen vorbereitet würden, und Nicolae Ceauşescu den

---

[10]   Mark Kramer, In Case Military Assistance is provided to Poland. Soviet Preparations for Military Contingencies, August 1980. Cold War International History Project (CWIHP) Bulletin, Heft 11, Winter 1998, S. 102 ff.

[11]   Protokoll Nr. 27 der Sitzung des Politbüros des ZK der PVAP vom 28.9.1980. In: Tajne dokumenty Biura Politycznego. PZPR a »Solidarność« 1980–1981 [Geheime Dokumente des Politbüros. Die PVAP und die »Solidarność« 1980–1981]. Bearb. von Zbigniew Włodek, London 1992, S. 78.

[12]   Schreiben von Erich Mielke an die Leiter der Organe des Ministeriums für Staatssicherheit der DDR zur Lage in der VRP, 12.8.1980. In: Przed i po 13 grudnia. Państwa bloku wschodniego wobec kryzysu w PRL 1980–1982 [Vor und nach dem 13. Dezember. Die Staaten des Ostblocks angesichts der Krise in der VRP 1980–1982], Bd I. Auswahl Łukasz Kamiński, Warschau 2006, S. 3 f. Zum Thema Haltung der Behörden der DDR: »Hart und kompromisslos durchgreifen«. Die SED contra Polen 1980/1981. Geheimakten der SED-Führung über die Unterdrückung der polnischen Demokratiebewegung. Hrsg. von Michael Kubina und Manfred Wilke, Berlin 1995.

[13]   Information über die aktuelle Situation in der VRP, erstellt für das ZK der KPČ und die Führung des Föderalen Innenministeriums, 21.8.1980. In: Przed i po 13 grudnia (wie Anm. 13), S. 10–16.

Prämienentzug für Arbeiter bei Nichterfüllung des Plans aus Gründen, die sie nicht zu vertreten hätten, verboten habe[14]. Auch in Budapest wurden die Ereignisse in Polen verfolgt. Am Denkmal von General Józef Bem, dem polnischen General und Führer im ungarischen Aufstand gegen Österreich 1848, wurden jetzt regelmäßig frische Blumen abgelegt. Das wurde als Ausdruck der Solidarität mit den Ereignissen in Polen interpretiert[15].

Die ungarischen Behörden genehmigten zu diesem Zeitpunkt keine Reisen mehr nach Polen. Das betraf besonders die Personen, von denen bekannt war, dass sie in der Dissidentenbewegung aktiv waren. Die Länder des Warschauer Paktes erweiterten auch die sogenannte operative Tätigkeit ihrer Nachrichtendienste, und dies ohne Abstimmung mit den polnischen Sicherheitskräften[16].

Da eine vollständige Blockade Polens als schwierig galt und die Ereignisse in der VRP in den Ländern des Ostblocks bekannt waren, zumal auch die offiziellen Medien darüber berichteten, sahen sich die Behörden dieser Staaten zum Handeln im eigenen Land gezwungen: Preiserhöhungen wurden zurückgehalten, in offiziellen Verlautbarungen wurde auf die Rolle der Gewerkschaften hingewiesen und es wurde versucht, konflikträchtige Situationen zu vermeiden. Die Regierungsapparate dachten auch über eventuelle Formen der »Hilfe« für die »polnischen Genossen« nach, was auch eine mögliche Intervention einschloss[17]. In einem der internen Dokumente des Politbüros der SED wurde die Lage in der VRP mit der Situation in der Tschechoslowakei 1968 verglichen. Die Analyse wurde im Politbüro der SED vorgestellt und danach in Parteikreisen der DDR verteilt[18].

Ein Teil der Führer der Ostblock-Staaten, z.B. János Kádár (Ungarn), war der Ansicht, dass man sich nicht in die inneren Angelegenheiten anderer Staaten einmischen solle. Derselben Meinung war – wenig überraschend – auch der Vorsitzende der rumänischen KP. Sowohl die UdSSR als auch die Länder des Warschauer Pakts entschieden sich dann für Wirtschaftshilfen für Warschau, so etwa durch Lieferung von landwirtschaftlichen Produkten und Lebensmitteln, durch Annullierung oder Aufschub von Zinszahlungen für Kredite. Ein Teil der Staaten erklärte sich außerdem damit einverstanden, dass Polen bestimmte Handelsverpflichtungen nicht einhielt.

Andererseits war Moskau nicht bereit, direkte Verhandlungen Warschaus (aber auch der übrigen Staaten des Blocks) mit den Staaten der EWG zu akzeptieren.

---

[14] Chiffrierter Bericht aus Bukarest, 26.8.1980. In: Przed i po 13 grudnia (wie Anm. 13), S. 18.
[15] Chiffrierter Bericht aus Budapest, 27.8.1980. In: Przed i po 13 grudnia (wie Anm. 13), S. 19.
[16] Tytus Jaskułowski, »Praca jest czasochłonna, monotonna i nie przynosi konkretnych rezultatow nasluch wywiadu Stasi w PRL w latach 1980–1981 na tle wspolpracy MSW i MfS« [Diese Arbeit ist zeitaufwendig und monoton, auch die in Zusammenarbeit des polnischen Innenministeriums und dem MfS in den Jahren 1980–1981 von der Stasi in der Volksrepublik Polen durchgeführte Abhöraktionen bringen keine konkreten Ergebnisse]. In: Rocznik Polsko–Niemiecki, 19 (2008), S. 83–101.
[17] Oldřich Tůma, The Czechoslovak Communist Regime and the Polish Crisis, 1980–1981. In: Cold War International History Project Bulletin, Issue 11, Winter 1998, S. 60 ff.; János Tischler, The Hungarian Party Leadership and the Polish Crisis of 1980–1981, In: Ebd., S. 77 ff.; Jordan Baev, Bulgaria and the Political Crisis in Czechoslovakia (1968) and Poland (1980/1981). In: Ebd., S. 96 ff.
[18] Analyse. Die Entwicklung der Ereignisse in der Volksrepublik Polen seit dem VI. Parteitag der Polnischen Vereinigten Arbeiterpartei. In: Przed i po 13 grudnia (wie Anm. 13), S. 81 ff.

Moskau wollte vorher einen Vertrag über die Zusammenarbeit zwischen der EWG und dem RGW schließen, der dann als Grundlage für weitere Gespräche dienen sollte, die dann aber hauptsächlich zwischen diesen beiden Organisationen zu führen gewesen wären[19].

Für die Entwicklung der Lage in Polen war die Haltung des Kremls entscheidend, obwohl vielleicht nicht alle Schritte Warschaus von dort vorgegeben wurden. Nach Unterzeichnung der Vereinbarungen vom August durch die Regierung der VRP wurde am 3. September 1980 auf der Sitzung des Politbüros des ZK der KPdSU ein Dokument mit dem Standpunkt Moskaus zur Krise angenommen, das der polnischen Führung vorgelegt werden sollte. Darin wurde die Unterzeichnung der Abkommen als »Legalisierung einer antisozialistischen Opposition« gewertet. Allerdings hegte man Zweifel daran, dass sich die Systemgegner damit zufrieden geben würden[20].

Die polnischen Parteiorgane wurden aufgerufen, sowohl den Kampf gegen die Opposition zu aktivieren, als auch die Partei zu säubern und zu mobilisieren. Einige polnische Parteimitglieder, besonders der unteren Ebene, hatten nämlich einen Teil der Forderungen der Streikenden und dann der Solidarność unterstützt und waren auch der Gewerkschaft beigetreten. Andere Parteimitglieder wiederum hielten innere Reformen für notwendig.

In der Partei dauerten die Diskussionen an: Es wurden die Demokratisierung der PVAP, die Durchführung echter Wahlen, die Rotation der Funktionen, Diskussionsfreiheit und Meinungsfreiheit gefordert. Im Oktober 1980 kam es zu Neuerungen innerhalb der PVAP, die nicht der Satzung entsprachen. Im Zentrum stand dabei die Einführung horizontaler Strukturen (»struktury poziome« oder auch »poziomki«), die mehr Mitspracherechte der Mitglieder und die Eingrenzung der hierarchischen Strukturen gewährleisten sollten[21]. Auch zuvor hatte es schon in der Partei immer wieder Reformbestrebungen gegeben, in der Regel meist im zentralen Apparat. Diesmal aber erhielt die progressive Bewegung in der Partei von der Gründung der Solidarność Auftrieb.

Mitglieder stellten Forderungen auf, die bis zu einem gewissen Grad gegen zentrale Organisationsregeln gerichtet waren, darunter gegen den sogenannten demokratischen Zentralismus. Die Bewegung forderte für Parteimitglieder die Möglichkeit

---

[19] Archiv des polnischen Außenministeriums, Abteilung für die Beziehungen zur UdSSR (Archiwum Ministerstwa Spraw Zagranicznych/AMSZ, Departament ds. stosunków z ZSRR), 39/84, Bd 1. Vermerk über den Besuch von Botschafter Boris Aristow, Józef Czyrek, 12.9.1980. Der Rat für gegenseitige Wirtschaftshilfe (RGW), wurde 1949 gegründet. Er war das sozialistische Gegenstück zum Marshallplan und zur Organisation für wirtschaftliche Zusammenarbeit (OECD) sowie zur beginnenden Formierung der EWG in Westeuropa. Siehe hierzu Protokoll über die Gründung eines Rates für gegenseitige Wirtschaftshilfe zwischen den Regierungen der UdSSR, der Volksrepublik Polen, der Rumänischen Volksrepublik und der Republik Bulgarien, unterzeichnet am 10.1.1949 in Moskau. In: Integration im RGW (COMECON). Hrsg. von Alexander Uschakow, Baden-Baden 1983, S. 19–21.

[20] Thesen zu den Gesprächen mit Vertretern der polnischen Führung, 3.9.1980. In: Teczka Suslowa (wie Anm. 10), S. 16–27.

[21] Poziomki = Walderdbeeren; verballhornendes Wortspiel mit einer gewissen assoziativen Nähe zum Begriff der »Graswurzelbewegung«.

zur offenen Diskussion. Das bedeutete sowohl die Möglichkeit, Kritik zu üben als auch unbequeme Frage zu stellen.

Auch die Solidarność begann sich zu wandeln. Anfangs begrenzte sich ihr Wirken auf Polen. Auf dem ersten nationalen Kongress der Solidarność im September 1981 beschlossen die Delegierten jedoch, ihr Wirken zu internationalisieren. Es wurde eine Botschaft (»Posłanie«) an die Werktätigen Osteuropas gerichtet, in der nicht nur vom notwendigen Kampf um würdige Arbeitsbedingungen die Rede war, sondern auch freie Wahlen gefordert wurden[22]. Moskau war von dem Dokument zumindest irritiert. Brežnev sah es als einen Versuch an, »den Nachbarstaaten aufständische Ideen aufzudrängen«[23].

Es scheint, dass die UdSSR der Staatsführung Polens zu diesem Zeitpunkt nahelegte, radikalere Schritte gegen die ganze Protestbewegung zu ergreifen. Angesichts der Ausbreitung von Strukturen der Solidarność, der Entstehung einer unabhängigen Studentenbewegung und der Bildung von Bauernverbänden verstärkte die Sowjetunion ihren Druck. Es scheint, dass der Erste Sekretär der PVAP, Stanisław Kania, obwohl er die mögliche Anwendung von Gewalt nicht gänzlich ausschloss, dies weder als notwendig noch als möglich betrachtete. Deshalb wurde er auf diesem Posten durch General Wojciech Jaruzelski ersetzt, der seit 1967 Minister für Nationale Verteidigung und seit Februar 1981 Premier war.

In Moskau wurde dieser Wechsel mit Befriedigung zur Kenntnis genommen[24]. Ebenso nahm der Kreml auch die anschließend getroffene Entscheidung zur Einführung des Kriegsrechts (ab 13. Dezember 1981), wie es hieß, mit »Genugtuung« zur Kenntnis und rief mit den Worten Suslovs dazu auf, »die Erfahrungen Ungarns und der Tschechoslowakei vernünftig zu nutzen«[25].

Die Hintergründe dieser Ereignisse blieben bis zum Ende des Kalten Krieges ungeklärt. In Polen fand nach 1989 dann aber eine Diskussion darüber statt, ab wann die Staatsführung die Einführung des Kriegszustandes in Betracht gezogen hatte. Diese hatte nicht nur eine historische, sondern in der Anfangszeit vor allem auch eine politische Dimension. Mit der Aufarbeitung dieser Frage befasste sich die Kommission für verfassungsrechtliche Verantwortung (Komisja Odpowiedzialności Konstytucyjnej) des polnischen Parlaments seit 1991. Das Ergebnis der Arbeit dieser Kommission waren Untersuchungen, die belegen, dass im polnischen

---

[22] Die Botschaft wurde veröffentlicht in: Tygodnik Solidarność [Wochenzeitung Solidarität], Nr. 25, 18.9.1981, S. 6.

[23] Abschrift der Stellungnahme von Leonid Brežnev im Gespräch mit Stanisław Kania, übermittelt an János Kádár, 11.9.1981. In: Przed i po 13 grudnia (wie Anm. 13), Bd 2, S. 218. Die Botschaft der ČSSR legte offiziell Protest beim Außenministerium der VRP ein. In: Ebd., S. 221; seine Beunruhigung und Überraschung brachte J. Kádár zum Ausdruck in: Schreiben János Kádárs im Namen des ZK der USAP an das ZK der PVAP und zu Händen von Stanisław Kania zur Lage in der VRP, 17.9.1981. In: Ebd., S. 261 ff. Siehe auch: Jerzy Holzer, Solidarność 1980–1981. Geneza i historia [Solidarność 1980–1981. Entstehung und Geschichte], Warschau 1984, S. 180; Stanislaw Kania, Zatrzymać konfrontację [Die Konfrontation aufhalten]. Warschau 1991, S. 222 ff.

[24] AMSZ, Abteilung IV, Bestand 41/84, Bd 1, Chiffrierter Bericht aus Moskau, Olszewski an Czyrek, 20.10.1981.

[25] AMSZ, Dep. ds. stosunków z ZSRR [Abteilung für Beziehungen mit der UdSSR] Bestand 29/86, Bd 1, Eilvermerk, Józef Czyrek, 13.1.1982.

Sicherheitsapparat an der Lösung dieser »Problemstellung« bereits seit Oktober 1980 ernsthaft gearbeitet worden war[26].

Die polnische Staatsführung war nach den Ereignissen des Sommers 1980 zu Konsultationen nach Moskau gebeten worden. Bei den Gesprächen am 30. Oktober 1980 wies die sowjetische Seite mit Nachdruck auf die Notwendigkeit hin, Vorbereitungen im Hinblick auf Konfrontationen sowohl friedlicher als auch gewaltsamer Art zu treffen. Der damals noch amtierende Erste Sekretär des ZK der PVAP Stanisław Kania und die ihn begleitende Delegation versicherten, die Lage im Griff zu haben. Lösungen unter Anwendung von Gewalt seien nicht notwendig.

In seinem Bericht vor dem Politbüro der PVAP sprach Kania dann davon, dass Moskau an die Fähigkeiten Warschaus glaube, der Lage Herr zu werden und überzeugt sei, dass die Behörden standhaft bleiben würden. Er erklärte auch: »Wir stehen auf dem Boden des Kampfes mit politischen Mitteln, aber wir müssen auch mit anderen Varianten des Kampfes rechnen. Die Revolution muss sich verteidigen können[27].«

Moskau drängte auf die Anwendung von Gewalt durch die Führung der VRP, war allerdings nicht an einer Intervention der Truppen des Warschauer Vertrages interessiert, zumindest nicht in der Anfangsphase der Krise. Der Schaden in der Öffentlichkeit wäre im Falle einer solchen Intervention wesentlich größer als bei einer selbständigen Aktion Warschaus. Es war auch nicht ganz klar, wie sich die polnische Gesellschaft verhalten würde und wie groß die eingesetzten Kräfte sein müssten. Erich Honecker, der auf die Notwendigkeit zum Handeln der Warschauer Pakt-Staaten hinwies, wurde u.a. auf die Probleme in Zusammenhang mit der sowjetischen Intervention in Afghanistan verwiesen[28].

Im Politbüro der SED wurden die Ereignisse in der VRP sehr kritisch bewertet. Die PVAP wurde beschuldigt, sich vom Marxismus-Leninismus zu verabschieden und ihn durch Nationalismus und bürgerliche Ansichten zu ersetzen[29]. Es ist nicht ausgeschlossen, dass auch Moskau durch die Position der Führung der VRP zunehmend irritiert wurde. Es scheint, dass Moskau geneigt war, Anfang Dezember 1980 tatsächlich zu intervenieren. Die Vorbereitungen zu einer Übung der Truppen des Warschauer Vertrages sollten als Deckmantel dienen[30]. Diese Informationen wur-

---

[26] O stanie wojennym w Sejmowej Komisji Odpowiedzialności Konstytucyjnej [Über das Kriegsrecht, Sejm-Kommission für verfassungsrechtliche Verantwortung], Warschau 1997, S. 39–43 (Jerzy Holzers Gutachten); S. 61−65 (Krystyna Kerstens Gutachten); S. 136−139 (Andrzej Paczkowskis Gutachten).

[27] Protokoll Nr. 42 der Sitzung des Politbüros des ZK der PVAP, 31.10.1980. In: Geheime Dokumente (wie Anm. 12), S. 151 ff.

[28] Ebd., S. 61, Schreiben Erich Honeckers an Leonid Brežnev, 26.11.1980. In: Przed i po 13 grudnia (wie Anm. 13), S. 205.

[29] Bericht des Politbüros auf dem XIII. Plenum des ZK der SED (Auszüge). In: Przed i po 13 grudnia (wie Anm. 13), S. 212.

[30] Dieses Vorhaben war Gegenstand zahlreicher Diskussionen und Untersuchungen. Siehe u.a. die Aussagen von Zeitzeugen wie Marschall W. Kulikow, Andrej Gribkow, Zbigniew Brzeziński, Stanisław Kania. In: Wejdą nie wejdą. Polska 1980−1982: Wewnętrzny kryzys, międzynarodowe uwarunkowania. Konferencja w Jachrance [Marschieren sie ein, marschieren sie nicht ein? Polen 1980−1982: Die innere Krise und die internationalen Verflechtungen. Die Konferenz in Jachranka], Anneks 1997.

den auch von Oberst Ryszard Kukliński an einen amerikanischen Nachrichtendienst übermittelt[31]. Wenn es zu einer Intervention gekommen wäre, hätte sie die ins Stocken gekommene Entspannung in den Ost-West-Beziehungen zusätzlich blockiert. Fidel Castro befürchtete sogar, dass in einer solchen Situation eine bewaffnete Intervention der USA auf Kuba zur Ausführung kommen werde. Es sind allerdings bisher keine Dokumente bekannt geworden, die diese Befürchtungen bestätigen würden[32].

Die Gefahr, dass aus der Krise in der VRP ein gewalttätiger Konflikt oder gar ein Krieg entstehen könnte, führte jedoch dazu, dass die Ereignisse in der VRP nicht nur in den Ländern des Ostblocks, sondern auch von außerhalb mit Beunruhigung verfolgt wurden. Angst und Hoffnung hielten sich in etwa die Waage. Zwar war die Entspannungspolitik bereits aufgrund des sowjetischen Einmarschs in Afghanistan auf eine harte Probe gestellt worden, trotzdem zählte man weiterhin darauf, dass es gelingen würde, die Kontakte zwischen Ost und West zu erhalten.

Anscheinend hat das auch funktioniert. Anfang Januar 1981 teilte der sowjetische Außenminister Andrej Gromyko dem polnischen Parteisekretär Kania mit, dass der Boykott der UdSSR zu Ende ginge und die Wirtschaftsbeziehungen mit Frankreich, der BRD und Italien – verglichen mit 1979 – sogar bereits wieder erweitert worden wären. Nach seiner Einschätzung habe der Handel mit der UdSSR eine zu große Bedeutung für diese Länder[33]. Im November 1981 wurden in Genf Gespräche zwischen der UdSSR und den USA über die Reduzierung der Mittelstreckenraketen aufgenommen. Darüber berichtete Moskau auf einem Treffen des Komitees der Außenminister am 1. und 2. Dezember in Bukarest[34].

Die Regierung in Warschau informierte währenddessen nicht nur die Führer kommunistisch beherrschter Länder, sondern auch kommunistische Parteien in anderen Staaten, zu denen man regelmäßige Kontakte unterhielt, wie etwa in Italien und Frankreich[35]. Über diplomatische Kanäle wurden auch westliche Staaten über die Entwicklungen in Polen informiert.

Noch während der akuten Phase des Konflikts bemühten sich einige westliche Staatschefs, ausgleichend auf die Regierung der VRP einzuwirken und sie zur Zurückhaltung zu ermuntern. Der französische Präsident Valéry Giscard d'Estaing sprach in einem Schreiben an Edward Gierek u.a. von Vertrauen in Polen und brachte seine Überzeugung zum Ausdruck, dass »Polen fähig ist, selbst eine Lösung für die Schwierigkeiten zu finden, die den Wünschen des Volkes entspricht« und versicherte Gierek: »Die von Ihnen gewählte Richtung – in Übereinstimmung mit den zum Ausdruck gebrachten Wünschen – hin zu einer echten Beteiligung der Arbeiter, liegt

---

[31]   Ryszard Kukliński, Wojna z narodem widziana od środka [Innenansichten eines Krieges gegen das Volk], Warschau 1987.

[32]   Vermerk vom Gespräch Erich Honeckers mit Fidel Castro (Auszüge). In: Przed i po 13 grudnia (wie Anm. 13), S. 397.

[33]   AMSZ, Dep. ds. stosunków z ZSRR, Bestand 41/84, Bd 1, Informationsvermerk zum Besuch in Moskau, Józef Czyrek, 5.1.1981.

[34]   AMSZ, Dep. ds. stosunków z ZSRR, Bestand 41/84, Bd 1, Informationsvermerk, 6.12.1981.

[35]   Andrzej Paczkowski, Droga do »mniejszego zla« (wie Anm. 6), S. 52 ff.

auf einer Linie mit der Arbeit, die Sie seit 10 Jahren leisten[36]«. Andere suchten nach einer Möglichkeit, der Regierung bei der Stabilisierung der inneren Lage zu helfen.

Auch der damaligen westdeutschen Politik mit ihrem langjährigen Anliegen der Überwindung der Teilung Deutschlands hätte eine Verschärfung der internationalen Beziehungen nicht gedient. Die Regierungen der BRD hatten sich bereits seit der zweiten Hälfte der Sechzigerjahre im Zusammenhang mit der »deutschen Frage« für einen Abbau der internationalen Spannungen eingesetzt[37]. Anderen westlichen Ländern, für die die Détente sowohl neue Möglichkeiten zur Entwicklung von Wirtschaftskontakten mit dem Osten als auch Chancen für eine Lösung problematischer Angelegenheiten bot, hier etwa in Bezug auf die Rüstungsprogramme, konnte die Entwicklung in Polen ebenfalls nicht gleichgültig sein[38].

Die Stabilität der Regierungen Polens war daher nicht nur eine innere Angelegenheit Polens und des Ostblocks. Sie wurde zu einem Problem der internationalen Gemeinschaft. Das hatte bereits in der ersten Phase der Krise Einfluss auf die Bereitschaft zur Leistung einer gewissen Wirtschaftshilfe – begannen doch die Ausschreitungen der Arbeiter nach den Preiserhöhungen. Die westlichen Banken gewährten auf der Grundlage eines schon seit dem 22. August 1980 gültigen Beschlusses weitere Kredite. Die Regierung der BRD stellte Polen Anfang September ein neues Darlehen zur Verfügung, das Warschau u.a. für die Rückzahlung seiner Schulden, aber auch für den Kauf von Fleisch nutzen wollte. Warschau bemühte sich auch um die Stundung der Kreditraten für Altschulden in der BRD[39].

Auch die Vereinigten Staaten erklärten sich bereit, dem polnischen Staat zu helfen. Sie hatten bereits in der zweiten Hälfte der Siebzigerjahre Unterstützung geleistet, als sich die Symptome der Krise in Polen verstärkten. So hatte die VRP in den Jahren 1977 bis 1979 umfangreiche Kredite im Rahmen der Commodity Credit Corporation und von der Export-Import Bank erhalten[40]. Nach Beginn der Streiks in Polen wurden die Gespräche über weitere Darlehen fortgesetzt und vor Einführung des Kriegszustandes in Höhe von 788,6 Mio. Dollar für landwirtschaftliche Produkte und Lebensmittel, für den Kauf von Butter, Milchpulver und Mais gewährt.

Vor wirklich umfangreichen und öffentlichen Hilfsmaßnahmen schreckte die Carter-Administration jedoch zurück. Im Weißen Haus war man der Meinung, dass es ein Fehler sei, diese Hilfe öffentlich zu machen, da dies in der UdSSR

[36] Schreiben Giscard d'Estaings an Edward Gierek, 27.8.1980. In: Tajne dokumenty (wie Anm. 12), S. 83.

[37] Zum Thema Deutschlandpolitik und Ostpolitik vgl. z.B. Timothy Garton Ash, W imieniu Europy. Niemcy i podzielony kontynent [Im Namen Europas. Deutschland und der geteilte Kontinent], London 1996, S. 41 ff., S. 336 ff.

[38] Wilfried Loth, Overcoming the Cold War. A History of Détente 1950–1991, New York 2002; Georges-Henry Soutou, La Guerre de Cinquante Ans. Les relations Est–Ouest 1943–1990, Paris 2001.

[39] Über die Politik der BRD gegenüber der VRP: Dieter Bingen, Polityka Republiki Bońskiej wobec Polski od Adenauera do Kohla 1949–1991, Kraków 1997.

[40] Andrzej Mania, Détente i polityka Stanów Zjednoczonych wobec Europy Wschodniej styczeń 1969–styczeń 1981 [Entspannung und die Politik der Vereinigten Staaten gegenüber Osteuropa, Januar 1969–Januar 1981], Krakau 2003, S. 178 ff.

Misstrauen hervorgerufen hätte. Amerikanische Gewerkschaften begannen hingegen mit Hilfssammlungen für die polnischen Arbeiter, sowohl in Form von Geld, als auch in Form von Material, z.B. Druckmaschinen[41]. Dennoch hatte die Carter-Administration keine Entscheidung bezüglich einer komplexen und wirklich umfangreichen Hilfe getroffen.

Die neue Administration unter Ronald Reagan wollte sich 1980/81 zunächst einen Überblick über die Lage verschaffen, also die Absichten Moskaus und Warschaus eruieren. Allerdings zeigte Washington sofort Verständnis für die Bitten Warschaus um Stundung eines Teils der Kreditraten. Trotz seiner antikommunistischen Haltung betrachtete auch der Kongress der amerikanischen Polen (Kongres Polonii Amerykańskiej – Congress of American Poles) die Hilfe für Warschau als gerechtfertigt. Der Vorsitzende des Kongresses überreichte dem Außenminister der USA im August 1982 ein entsprechendes Memorandum[42]. Im Herbst 1981 gehörte selbst Alexander Haig zu den Befürwortern eines Stabilisierungsdarlehens an die VRP, das er als Unterstützung für den Prozess der Demokratisierung rechtfertigte, der im Endeffekt die Kontrolle der UdSSR in Mitteleuropa aufbrechen konnte[43]. Die Einführung des Kriegszustandes machte diese Überlegungen gegenstandslos.

Die Konsequenzen der polnischen Krise von 1980 bis 1981

Die Krise in Polen schien die Gefahr eines militärischen Konfliktes zu erhöhen, zumindest aber in ihrer Konsequenz zu einer weit reichenden Abkühlung der Ost-West-Beziehungen beizutragen. Die Beteiligten in Ost und West waren sich allerdings darin einig, dass alles daran gesetzt werden müsse, extreme Zuspitzungen zu verhindern. Zweifelsohne führte die polnische Krise in Kombination mit anderen Konflikten, etwa dem NATO-Doppelbeschluss, zu einer markanten atmosphärischen Verschlechterung[44]. Die Kontakte zwischen der UdSSR und den USA wurden aber zu keinem Zeitpunkt vollständig unterbrochen. Am 29. Juni 1982 kehrte man bei den Abrüstungsgesprächen in Genf an den Verhandlungstisch zurück, wenngleich diese dann zu keinem Abkommen führten.

Die polnische Krise hatte dennoch eine Reihe zeitlich versetzter Folgen. Vom Standpunkt der Beziehungen zwischen den Supermächten gesehen trugen die polnische Krise sowie der anhaltende Krieg in Afghanistan zweifellos zu einer Änderung der amerikanischen Politik bei. Diese Wende kam in den Grundsätzen

---

[41] Zbigniew Brzeziński, Cztery lata w Białym Domu [Vier Jahre im Weißen Haus], London 1989, S. 542 ff.; Arthur R. Rachwald, In Search of Poland. The Superpowers Response to Solidarity 1980–1989, Stanford 1990, S. 50.

[42] Joanna Wojdon, »W jedności siła«. Kongres Polonii Amerykańskiej w latach 1968–1988 [»In der Einheit liegt die Kraft«. Der Kongress der amerikanischen Polen 1968–1988], Toruń 2008, S. 369 ff.

[43] Memorandum for Ronald Reagan: U.S. Assistance Program for Poland, Alexander Haig, 1.12.1981. In: From Solidarity to Martial Law. The Polish Crisis of 1980–1981. A Documentary History, Budapest 2007, S. 409.

[44] Helene Sjursen, The United States, Western Europe and the Polish Crisis. International Relations in the Second Cold War, New York 2003.

der Außenpolitik der Regierung Ronald Reagans zum Ausdruck, die sich zu einer noch schärferen Bekämpfung kommunistischer Einflüsse entschloss. Ein Beispiel für diese Politik war die Invasion amerikanischer Truppen im Oktober 1983 auf Grenada. Weiterhin entschloss sich die Regierung Reagans, mit der UdSSR auf dem Gebiet der Hochtechnologien zu rivalisieren. 1983 gingen die Vereinigten Staaten an die Umsetzung ihres SDI-Programmes (Strategic Defense Initiative). In Westeuropa wurde mit der Stationierung von Marschflugkörpern und Pershing-2-Raketen begonnen.

Dadurch wurde die UdSSR zur Modernisierung ihrer Rüstungsprogramme gezwungen, was mit wesentlich höheren Ausgaben verbunden war, die die sozialistische Wirtschaft, wie sich in der Retrospektive zeigen sollte, nicht bewältigen konnte. Diese Ausgaben erwiesen sich als Ergebnis einer zu großen Belastung und trugen zu einem starken wirtschaftlichen Einbruch bei.

Eine weitere wichtige Folge der polnischen Krise war die Thematisierung des Problems der Menschenrechtsverletzungen in der internationalen Öffentlichkeit. Die Ausrufung des Kriegsrechts fiel in die Zeit der KSZE-Konferenz in Madrid (1980–83). Noch während der ersten Phase der Beratungen war Polen, so die Delegierten der VRP in ihren Berichten von der Konferenz, wegen der bis dahin friedlichen Lösung des Streikproblems vom August 1980 mit Lob bedacht worden[45].

Die Regierung in Warschau versuchte daher alles, um die Details ihrer Politik gegenüber Regimegegnern der westlichen Öffentlichkeit vorzuenthalten. Sie hatte mit dieser Taktik aber nur anfänglich Erfolg. So wurde z.B. Zbigniew Romaszewski, der Mitglied der Helsinki-Kommission war und der den Bericht mit Beispielen von Menschenrechtsverletzungen in Polen nach Madrid bringen sollte, der Reisepass verweigert[46]. Der Bericht wurde dennoch veröffentlicht und in Madrid verbreitet sowie anderen internationalen Organisationen übergeben.

Darin fanden sich Beispiele dafür, dass Bürger geschlagen wurden, die Lage im Gefängniswesen wurde beschrieben, es wurde auf Übergriffe der Strafverfolgungsorgane und des Justizapparats und auf die Missachtung der Vereinigungsfreiheit und der Freiheit des Wortes hingewiesen[47]. Unabhängig von den Absichten der Regierung der VRP wurde die Lage in Polen am Rande der Verhandlungen diskutiert und beeinflusste das Herangehen der westlichen Delegationen bei der Präzisierung der Bestimmungen des III. Korbes sowie ihrer Erweiterung.

Nach dem 13. Dezember 1981 änderte sich die Lage. Der aus westlicher Sicht bislang relativ liberale Eindruck von der polnischen Regierung im Vergleich zu anderen Staaten des Warschauer Paktes veränderte sich. Auf vielen Kanälen wurde im Westen bekannt, wie repressiv die Behörden vorgingen, wie tatsächliche und vermeintliche Oppositionelle inhaftiert oder durch Internierung isoliert wurden. Die VRP wandte

---

45 AMSZ, Abteilung IV, Bestand 45/84, Bd 11, Informationsvermerk. Die Problematik der Prinzipien der KSZE auf dem Madrider Treffen (11.9.–19.12.1980), Adam D. Rotfeld, 6.12.1981.

46 Robert Zuzowski, Political Dissent and Opposition in Poland. The Workers' Defense Committee »KOR«, London 1992, S. 17–53.

47 Raport madrycki o przestrzeganiu praw człowieka i obywatela w Polsce [Der Madrider Bericht über die Einhaltung der Menschen- und Bürgerrechte in Polen], Helsinki-Komitee, Warschau 1980.

sich zudem gemeinsam mit der UdSSR und den anderen Ostblockstaaten gegen die Legalisierung der privaten Helsinki-Komitees und gegen die Möglichkeit zur Gründung von freien Gewerkschaften im WP (die Solidarność wurde am Tag der Einführung des Kriegsrechts, dem 13. Dezember 1981, verboten).

Die Reaktionen der westlichen Staaten auf die Einführung des Kriegsrechts waren unterschiedlich[48]. Am entschiedensten reagierten die Vereinigten Staaten. Eine knappe Woche später, am 21. Dezember 1981, verhängte Präsident Reagan weitreichende Wirtschaftssanktionen gegen die VRP, aber auch gegen die UdSSR. Andere westliche Länder wollten nicht so weit gehen, allerdings unternahmen auch sie Schritte, die ihre Missbilligung zum Ausdruck bringen sollten.

Als besonders schmerzlich erwies es sich für die polnische Regierung, dass die Verhandlungen, die damals mit dem Pariser Klub, in dem die Gläubigerstaaten saßen, und dem Londoner Klub, in dem die privaten Gläubiger vertreten waren, über die Umschuldung und die Aussetzung der Zinszahlungen ausgesetzt wurden. Die Verschuldung der VRP wuchs lawinenartig, und Polen war nicht in der Lage, die Zinsen zurückzuzahlen – Grund war auch die geänderte Finanzpolitik des Westens, dessen Staaten die Geldentwertung stoppten[49].

Die wichtigsten europäischen Staaten waren keine Anhänger dieser Politik, auch wegen der wirtschaftlichen Verbindungen mit der UdSSR und der Wirtschaftsinteressen vieler Firmen, die mit Moskau Handel trieben. Die fehlende Unterstützung für die Sanktionspolitik brachte Reagan dazu, eine eigentümliche Form der Erpressung auszuprobieren: Den amerikanischen Firmen wurde der Verkauf einiger Teile zum Bau von Gasleitungen, durch die der Energieträger von Sibirien nach Westeuropa geliefert werden sollte, verboten. Aufgrund von Protesten der an diesem Unternehmen interessierten westeuropäischen Staaten und ihrer Spitzenpolitiker, insbesondere von Helmut Schmidt und Margaret Thatcher, musste er allerdings einen Rückzieher machen[50].

Sowohl die UdSSR als auch die VRP hofften dagegen auf die Uneinigkeit der westlichen Länder. Warschau war besonders an der Haltung Frankreichs und der BRD interessiert. Die polnische Führung glaubte, Verständnis in den Regierungskreisen der BRD zu finden. Sowjetische Diplomaten haben das bestätigt. Der Botschafter der UdSSR in Bonn Vladimir Semënov informierte den polnischen Geschäftsträger Mirosław Wojtkowski über sein Gespräch mit Bundeskanzler Helmut Schmidt, das einen Tag nach Einführung des Kriegszustandes stattgefunden hatte, in dem der Kanzler erklärt habe, seine eigene Linie unabhängig von den USA verfolgen zu wollen.

Schmidt habe von Erleichterung in westdeutschen industriellen Kreisen gesprochen, die bereits Verluste bei ihren Geschäften mit der VRP befürchtet hatten. Die Solidaritätsbekundungen in der Sondersitzung des Bundestages vom 18. Dezember

---

[48]   Peter Schweizer, Reagan's War, New York 2002, S. 164 ff.
[49]   Wojciech Morawski, Pełzająca katastrofa. Gospodarka polska w latach osiemdziesiątych. [Die schleichende Katastrophe. Die polnische Wirtschaft in den Achtzigerjahren]. In: W przededniu wielkiej zmiany. Polska w 1988 r. [Am Vortag der großen Wende. Polen im Jahre 1988], Danzig 2009, S. 27 ff.
[50]   Timothy Garton Ash, W imieniu Europy (wie Anm. 39), S. 312–313, S. 321–331.

1981 für die polnischen Arbeiter bezeichnete er als Ausdruck einer gewissen Geste auch gegenüber Washington, obwohl die Vereinigten Staaten damit nicht zufrieden seien[51]. Seměnov erwähnte auch die Differenzen zwischen Reagan und Schmidt, und unterstrich, dass die westdeutsche Haltung die Bereitschaft anderer westlicher Länder dahingehend beeinflussen könnte, der US-Politik nicht nur in der polnischen Frage, sondern auch in einem breiter gefassten Kontext der Ost-West-Zusammenarbeit die Unterstützung zu versagen[52].

Obwohl die Regierung der VRP anfangs das Junktim zwischen der wohlwollenderen Haltung zu wirtschaftlichen Forderungen und der Beendigung des Kriegszustandes und seiner Beschränkungen als schmerzlich empfand, erkannte sie, dass die Herstellung der inneren Ordnung Priorität hatte. Sie ging auch davon aus, dass die gemeinsame Politik des Westens zerbrechen würde und sie die Länder gegeneinander ausspielen könnte. Doch musste sie mit der Zeit, besonders im Falle der Beziehungen mit den Vereinigten Staaten, weitergehendes Entgegenkommen zeigen, z.B. indem sie politische Gefangenen freiließ, bevor die USA im Gegenzug von weiteren Sanktionen abrückten[53].

An die Verstöße gegen das Völkerrecht und die Verpflichtungen, die sich aus der Unterzeichnung der Schlussakte durch die VRP ergaben, wurde auf einem Expertentreffen in Ottawa zur Achtung der Menschenrechte erinnert, das im Rahmen der KSZE 1985 zustande kam. Gegenstand der Diskussion waren z.B. die Freiheit des Wortes, die Lage der politischen Gefangenen (namentlich wurden als Beispiel die Internierten Władysław Frasyniuk, Bogdan Lis und Adam Michnik genannt) und die Missachtung der Vereinigungsfreiheit[54].

Es wurde auch darauf hingewiesen, dass die Verbreitung von Informationen erschwert war, Radiosendungen gestört wurden, besonders die von Radio Free Europe und einer Sektion der BBC. Peinlich für die polnischen Machthaber waren die weltweit verbreiteten Bilder von Demonstrationen vor polnischen Einrichtungen, internationalen Organisationen und Konferenzzentren, in denen Veranstaltungen unter Beteiligung von Delegierten der VRP stattfanden. Die polnische Krise und die Missachtung der Menschenrechte in der VRP wurden von den Medien aufgegriffen, die die Nachrichten über Demonstrationen oft als Ausgangspunkt für ihre Berichterstattung über die Lage in Polen und auch in anderen Staaten des Ostblocks nutzten.

Andererseits war die Opposition in Polen, wie bereits gesagt, nicht isoliert tätig. Polnische Organisationen in der Emigration sympathisierten mit ihr und unterstützten sie, leisteten oft finanzielle Hilfe und erleichterten den Zugang zu internationalen Medien und wichtigen Kontakten. In der Emigration hatte sich inzwischen eine rege Verlagstätigkeit entwickelt.

---

51 AMSZ, Abteilung IV, Bestand 46/84, Bd 3, Chiffrierter Bericht aus Köln, 19.12.1981.
52 Ebd., Bd 3, Chiffrierter Bericht aus Köln, 23.12.1981.
53 Ebd., Bd 3, Chiffrierter Bericht aus Köln.
54 AMSZ, Abteilung Strategie und Planung, Bestand 3/88, Bd 2, Informationsvermerk zum Expertentreffen der KSZE-Staaten in Ottawa zum Thema Menschenrechte (7. Mai−17. Juni 1985), Andrzej Towpik, 21.6.1985.

Nach Einführung des Kriegszustandes verstärkte die Solidarność ihre internationalen Aktivitäten. Sie gründete eigene Auslandskomitees, wie beispielsweise im April 1982 ein Auslandsbüro mit Sitz in Brüssel. Die neuen sogenannten Solidarność-Emigranten knüpften Kontakte, gerade auch politischer Art. Sie bemühten sich um Kontakte zu Organisationen, die mit Menschenrechten zu tun hatten, z.B. zur UNO-Menschenrechtskommission oder auch zu den Delegierten der Überprüfungskonferenzen der KSZE, was die damalige Regierung mit Beunruhigung verfolgte[55]. Dennoch beteiligte sich ein Großteil der Personen, die Polen verlassen hatten, nicht am politischen Leben und war mit dem eigenen Überleben beschäftigt.

Nachdem Michail Gorbačëv 1985 den Posten des Generalsekretärs des ZK der KPdSU übernommen hatte, wurde der Gang der Dinge in Polen bis zu einem gewissen Grad zum Prüfstein nicht nur der Absichten der Regierung der VRP, sondern auch der Absichten der UdSSR, da der Westen davon ausging, dass die VRP als nicht souveränes Land und als Satellitenstaat zwar über gewisse Bandbreite der Entscheidungsfreiheit verfügte, aber eine unabhängige Politik weder im Innern noch auf internationaler Ebene führen konnte. Das Verhältnis zur VRP wurde auch dadurch beeinflusst, dass die Solidarność im Laufe der Jahre zu einem Symbol des Strebens nach Veränderungen im Ostblock geworden war. In Westeuropa hatte die Solidarność-Emigration damals bereits zu einem erweiterten Wissen über Polen und zu einem wachsenden Interesse an den Verhältnissen in Bezug auf Land und Leute geführt.

In anderen Ländern des Warschauer Paktes entstanden ebenfalls Oppositionsgruppen. Aufgrund des Echos, das der Kriegszustand gefunden hatte, und aufgrund der massenhaften polnischen Emigration wurde allerdings die Solidarność weltweit zum vorherrschenden Symbol des Kampfes um Veränderungen im Ostblock. Die internationalen Medien wurden in diesem Prozess für Menschenrechtsfragen sensibilisiert. Das führte dazu, dass den Dissidenten in Mittelosteuropa relativ viel Aufmerksamkeit geschenkt wurde. Bis zu einem gewissen Grad war dies das Ergebnis eines Generationenwechsels.

Eine immer größere Rolle spielte im öffentlichen Leben der westlichen Länder die Generation der Achtundsechziger. Der Umgang mit den Menschenrechten in den kommunistischen Ländern wurde auch auf Regierungsebene intensiver beobachtet. War das Verhältnis der westlichen Regierungen zur Opposition im Ostblock bislang vor allem durch die politische Ratio seitens der Ersteren diktiert gewesen, wurde vor allem das Thema Menschenrechte ab der zweiten Hälfte der Siebzigerjahre zu einem Bestandteil der offiziellen Politik des Westens. Dabei wurde zwischen den einzelnen Staaten des Ostblocks stark differenziert[56]. Diese Politik wurde zudem in den westlichen Staaten durchaus unterschiedlich umgesetzt. Sie bildete daher ein Spiegelbild der jeweiligen politischen Ziele und Strategien in den verschiedenen Hauptstädten.

---

[55] AMSZ, Abteilung Strategie und Planung, Bestand 35/85, Bd 1, Tätigkeit der Mitglieder der »Solidarność« im Ausland nach Einführung des Kriegszustandes, Juni 1982.

[56] Zur sich ändernden Rolle der Menschenrechte siehe u.a.: Daniel C. Thomas, The Helsinki effect. International Norms, Human Rights, and the Demise of Communism, Princeton 2001; Robert Drinan, The Mobilization of Shame. A World View of Human Rights, New Haven 2001.

Die Bedeutung der Menschenrechte änderte sich, als die westlichen Staaten beschlossen, gemeinsam zu handeln. Sie gaben immer stärker zu erkennen, dass sie gleichgerichtete Erwartungen hegten und der Osten diese Forderung nicht länger umgehen könne[57]. Ein wichtiger Schritt in diese Richtung wurde mit der Erklärung der Mitgliedstaaten der Europäischen Wirtschaftsgemeinschaft auf dem Gipfel in Rom im Dezember 1988 vollzogen. Darin wurde verlautbart, dass es notwendig sei, in der Politik gegenüber dem Ostblock ökonomische Fragen mit internen Veränderungen in Verbindung zu bringen.

Für die Herstellung eines Zusammenhangs zwischen Wirtschaftsthemen und inneren Reformen sprachen sich die drei dominierenden westeuropäischen Länder Großbritannien, Frankreich und die BRD aus[58]. Es wurden Fortschritte in folgenden Bereichen gefordert: Achtung der Menschenrechte, Publikations- und Versammlungsfreiheit, Erleichterungen im Personenverkehr, Einführung des politischen und gewerkschaftlichen Pluralismus, Liberalisierung im Bereich Religion und Nationalitäten. Diese Forderungen trafen das Wesen des Kommunismus als totalitäre Ideologie und waren de facto eine Forderung nach Systemänderungen im Ostblock, nach Umgestaltungen der Ostblockstaaten in Richtung liberaler Demokratien.

Auf die VRP übten einige bestimmte Staaten Druck aus. Konsequent machten das die USA. Zum Symbol der eingetrübten diplomatischen Beziehungen zwischen der VRP und den USA wurde die Herabstufung der diplomatischen Vertreter zu Geschäftsträgern ad interim (Chargé d'affaires a.i.) im Jahre 1982, die bis März 1988 aufrecht erhalten wurde[59]. Die Regierung in Warschau erkannte diese Zusammenhänge immer deutlicher und zeigte sich auch deshalb bereit, ihre Politik gegenüber der BRD zu ändern, etwa in Fragen gesellschaftlicher Kontakte[60].

Die Lage Warschaus war schwierig, und die Verbündeten im Warschauer Pakt konnten nur wenig helfen. Ostblockländer, die liberaler waren, kamen in den Genuss einer entgegenkommenderen Wirtschaftspolitik seitens der westlichen Staaten, z.B. im Falle Ungarns. Zusätzlichen Druck bekam Warschau angesichts der sich vollziehenden Veränderungen in der UdSSR. Dies wurde u.a. auf den Beratungen der KSZE-Konferenz in Wien (1986–1989) sichtbar, als in Warschau die Überzeugung

---

[57] Wanda Jarząbek, Na szachownicy wielkich mocarstw. Polska w kontekście międzynarodowym roku 1988 [Auf dem Schachbrett der Großmächte. Polen im internationalen Kontext des Jahres 1988], In: W przededniu wielkiej zmiany [Am Vortag der großen Wende], S. 21 ff. Eine Analyse der Lage in der VRP nahm u.a. Andrzej Paczkowski vor. In: Boisko wielkich mocarstw. Polska 1980–1989. Widok od wewnątrz [Die Spielwiese der Großmächte. Polen in den Jahren 1980–1989. Innenansichten]. In: Polski Przegląd Dyplomatyczny 2002, Nr. 3. Zu den Veränderungen in Polen, Antoni Dudek, Reglamentowana rewolucja. Rozkład dyktatury komunistycznej w Polsce 1988–1990 [Die reglementierte Revolution. Die Vernichtung der kommunistischen Diktatur in Polen in den Jahren 1988–1990], Krakau 2004.

[58] IPN BU (Institut des Nationalen Gedenkens. Büro für die Gewährung von Zugang zu und für die Archivierung von Daten), 0449/9, Bd 8, Telegramm aus Rom an das Innenministerium, 5.12.1988.

[59] Siehe z.B. die Erinnerungen des ehemaligen Botschafters der USA in Polen: John R. Davis, Some Reflections on 1989 in Poland, Polish Review 4 (1999).

[60] AAN (Archiv Neuer Akten) ZK der PVAP, Referat Ausland 202 (973/200), Bewertung und Schlussfolgerungen (Zur Information über den Besuch des Mitglieds des Politbüros und Sekretärs des ZK der PVAP und Vorsitzenden der Kommission für äußere Angelegenheiten des Genossen Józef Czyrek in der BRD), o.D.

wuchs, dass eine innere Liberalisierung notwendig sei, um die nötige internationale Unterstützung zur Überwindung der Wirtschaftskrise zu erwirken[61].

Warschau vollzog entsprechende politische Veränderungen zu einem Großteil unter Zwang, da es keine wirtschaftliche Unterstützung aus dem Ostblock mehr erwarten konnte. Das ergab sich aus der mangelnden Leistungsfähigkeit der RGW-Staaten und der Art der polnischen Probleme, hauptsächlich der wachsenden Auslandsverschuldung, deren Überwindung Gespräche über die Umschuldung und über neue Kredite erforderte. Als die Beratungen am runden Tisch in Polen beendet waren, führte dies auch seitens des Westens zu einem veränderten Herangehen an die wirtschaftlichen Bedürfnisse des Landes, das nun zur Belohnung rasche Hilfsleistungen seitens der USA und Frankreichs erhielt.

Die polnische Krise und die Wiedervereinigung Deutschlands

Kann man davon sprechen, dass die polnische Krise Einfluss auf den Einigungsprozess in Deutschland hatte? Die Antwort scheint auf den ersten Blick eindeutig: Die Überwindung der Teilung Deutschlands resultierte aus der Beendigung des Kalten Krieges, und das Ende des Ost-West-Konflikts war mit einer Schwächung der UdSSR und dem allgemeinen Zerfall des Ostblocks verbunden. Die Auswirkungen der polnischen Krise auf den Einigungsprozess Deutschlands lassen sich meiner Ansicht aber noch etwas genauer bestimmen.

Die polnische Krise, die 1980 begann, war nicht die erste Krise im Ostblock. Die Ereignisse von 1953 in der DDR, 1956 in Polen und Ungarn, 1968 in der Tschechoslowakei sowie die Regierungskrisen und Unruhen in der VRP 1968, 1970 und 1976 bildeten wichtige Vorläufer. Was aber machte die polnischen Ereignisse der Jahre 1980/81, die von einem Teil der Beobachter in Polen als »Karneval der Solidarność« bezeichnet wurden, so außergewöhnlich?

In erster Linie war dies die Entstehung und Wirkung einer unabhängigen Gewerkschaft, deren Mitgliederzahl knapp 10 Mio. erreichte (in einem Staat mit knapp 40 Mio. Einwohnern). Der Gewerkschaft traten nicht nur Gegner des Kommunismus bei, sondern auch teils sogar engagierte Anhänger dieser Ideologie, die von dem Wunsch geleitet waren, sie zu verbessern und zu reformieren. Sogar ein Mitglied des Zentralkomitees der PVAP war darunter.

Der Aufstand gegen die Regierung wurde zunächst friedlich beendet, zudem erklärten sich die Machthaber damit einverstanden, einige Forderungen der Streikenden zu erfüllen. Die Folge war ein gewisser Optimismus und die Überzeugung, dass Änderungen möglich seien. Der erfolgreiche Aufstand bildete einen Anreiz, weitere Forderungen zu stellen oder – das galt für andere gesellschaftliche Gruppen – sich zu organisieren. Diskussionen gab es sogar in der PVAP, in der es zur Bildung von nicht satzungskonformen Strukturen kam.

---

[61] AMSZ, Abteilung für Europäische Institutionen, Bestand 26/93, Bd 1, Informationsvermerk. Wiener Treffen der KSZE (4. November 1986–19. Januar 1990), Tadeusz Olechowski.

Das, was – besonders im Westen – als Ausdruck einer gewissen Liberalisierung der Regierungspolitik gesehen wurde, war de facto Zeichen ihrer Schwäche. Moskau konnte dies nicht dulden bzw. akzeptieren, dass die führende Rolle einer kommunistischen Staatspartei als Schlüsselprinzip in Frage gestellt würde. Es durfte auch nicht der Eindruck erweckt werden, dass selbst die Parteiführer geneigt seien, an den Grundfesten im Ostblock, an den ideologischen Prinzipien in den Beziehungen zwischen den Staaten und an der führenden Rolle der UdSSR zu rütteln.

Die UdSSR intervenierte zwar nicht direkt in Polen, was allerdings keineswegs hieß, dass die Brežnev-Doktrin von ihr in dieser Form nicht angewandt worden wäre, wenn sich die Situation hingezogen oder verschärft hätte. Im Prinzip wandte Moskau bei der Lösung der polnischen Krise ähnliche Methoden wie im Falle der Tschechoslowakei 1968 an: Gespräche mit den Führern der VRP, Druck seitens der Führer anderer Ostblockländer.

Aber es gab auch Unterschiede zur Situation in der CSSR im Jahr 1968: Eine militärische Intervention in der VRP war schon deshalb mit einem höheren Risiko verbunden, weil Polen wesentlich bevölkerungsreicher war als die Tschechoslowakei, und die Solidarność sich großer gesellschaftlicher Unterstützung erfreute. In Betracht gezogen werden musste aber auch der historische Faktor, hier vor allem die Tradition der polnischen Aufstände. Allerdings hätte dies, besonders im Lichte der Erfahrungen des Warschauer Aufstandes von 1944, auch als Mittel zur Dämpfung der Emotionen wirken können.

Bequemer war die interne Lösung, die Bekämpfung der Solidarność durch die regierenden Kräfte in der VRP selbst. Die polnische Krise blieb indes Ausdruck dafür, dass sich das kommunistische System sowohl im Rahmen eines Landes, als auch im Rahmen eines ganzen Blockes nicht bewährt hatte. Vor allem verdeutlichte sie die katastrophale wirtschaftliche Lage in den Ländern des RGW. Bis zu einem gewissen Grad konnte sie auch die Haltung der anderen Führer beeinflussen, ihre Selbständigkeit zur Findung eigener Lösungsmöglichkeiten vergrößern.

In Zentral- und Osteuropa begann nach 1981 das Nachdenken über den Preis des Bündnisses mit Moskau. Es traten Überlegungen zutage, die von Eigeninteresse diktiert waren, das zuweilen nicht mit dem der UdSSR identisch war. Zum Beispiel war die Zustimmung zur Stationierung sowjetischer Raketen auf dem Territorium der DDR und der Tschechoslowakei als Antwort auf die Stationierung der Cruise Missiles und der Pershing II-Flugkörper in der BRD, nicht eindeutig[62].

Die Einführung des Kriegszustandes in der VRP und die Repressionen gegenüber Mitgliedern und Sympathisanten der Solidarność haben im Gegensatz zu den Gewaltanwendungen bei anderen Unruhen im Ostblock keine Lösung des Problems gebracht. Zwar wurde die Bewegung selbst erheblich geschwächt, aber nicht niedergeschlagen. Wichtig war, dass die emigrierenden Solidarność-Mitglieder Unterstützung in Emigrantenkreisen fanden und ihre Tätigkeit in der sogenannten freien Welt fortsetzten, um an die Lage in den Ländern hinter dem Eisernen Vorhang,

---

[62] Vgl. Vojtech Mastny, The Warsaw Pact as History. In: A Cardboard Castle? An Inside History of the Warsaw Pact 1955–1991. Ed. by Vojtech Mastny and Malcolm Byrne, Budapest, New York 2005, S. 56.

nicht nur in Polen, zu erinnern. Die Solidarność wurde zu einer Art Markenzeichen des Widerstands gegen den Kommunismus.

Trotz der Kritik durch einen Teil der damaligen Beobachter hatten die Politik der USA, die erzwungene Annahme der Herausforderung durch die UdSSR im Bereich der Rüstung, die Verhängung von Sanktionen und das Erinnern an die Menschenrechte wesentlichen Einfluss auf die Erosion der UdSSR und den Zerfall des Ostblocks durch den hervorgerufenen Zusammenbruch als Wirtschaftsstruktur, die ohne innere Hilfe nicht funktionieren konnte. Die von den westlichen Staaten hergestellte Verknüpfung zwischen der Frage der Achtung der Menschenrechte in einzelnen Fällen und dem Druck auf Herbeiführung von Systemveränderungen in den kommunistischen Staaten mit Gesprächen über ökonomische Fragen zwang die Führer des Ostblocks zur Zustimmung zu Teilreformen und führte im Ergebnis zur gesellschaftlichen Transformation im Block und zu seinem Zerfall. Dieser Prozess machte die Wiedervereinigung Deutschlands möglich.

Man kann diesen Umstand als eine gewisse Ironie der Geschichte ansehen, wenn wir die Regierungspolitik der Bundesrepublik Deutschland betrachten, besonders die Ostpolitik[63]. Bei einer diachronen Betrachtung der polnischen Krise wird deutlich, dass eine Stabilisierung des Ostblocks und seine allmähliche Veränderung nicht der einzige Faktor zur Überwindung des Kommunismus und der Teilung Deutschlands waren. Natürlich kann man darüber diskutieren, inwieweit die Entspannung und die Mäßigung der Stimmungen des Kalten Krieges Einfluss auf die Entstehung einer organisierten Opposition in den Ländern des Ostblocks hatten.

Das ändert aber nichts an der Tatsache, dass der gesellschaftliche Aufstand, der Widerstand gegen das kommunistische System als solches der Hauptmotor für Veränderungen im sowjetischen Einflussbereich und in der UdSSR selbst war. In diesem Sinne hat der polnische Aufstand der Einheit Deutschlands den besten Dienst erwiesen. Die dadurch entstandene politische Krise in der ganzen Breite ihrer Facetten und vor dem Hintergrund der Zeitumstände bildete, nicht zuletzt auch wegen ihrer großen Reichweite und ihrer Dauer einen wesentlichen Faktor für den Fall des kommunistischen Regimes und die Beendigung der Teilung Europas.

---

[63] Oliver Bange, An Intricate Web. Ostpolitik, the European Security System and German Unification. In: Helsinki 1975 and the Transformation of Europe. Ed. by Oliver Bange and Gottfried Niedhart, New York, Oxford 2008, S. 23 ff. Gottfried Niedhart, Peaceful Change of Frontiers as a Crucial Element in the West German Strategy of Transformation. In: Ebd., S. 39 ff.

Mark Kramer

Die Nicht-Krise um »Able Archer 1983«:
Fürchtete die sowjetische Führung tatsächlich
einen atomaren Großangriff im Herbst 1983?

Nicht alle Krisen des Kalten Krieges verliefen so spektakulär wie die Ereignisse um Kuba 1962. Manche Krisen gab es nicht einmal, obwohl sie im Nachhinein dazu gemacht wurden. Ein Beispiel hierfür bietet die NATO-Stabsrahmenübung »Able Archer 83«, die, wie etliche Autoren bis heute behaupten, eine Beinahe-Katastrophe gewesen sei, die die Öffentlichkeit damals gar nicht bemerkt habe.

So schreiben beispielsweise Len Scott und Nicholas Wheeler, zwei Professoren der Fachrichtung internationale Politik der Aberystwyth Universität, in einem kurzen Aufsatz, der 2008 veröffentlicht wurde: »It is now clear that the leaders in the Soviet Union feared the United States was about to launch a nuclear attack under the cover of a NATO nuclear exercise codenamed Able Archer 83«[1]. Die Führer in Moskau seien durch die NATO-Übung derart alarmiert gewesen, dass »nuclear-armed air-craft [were] placed on cockpit alert, [Soviet] Intercontinental Ballistic Missiles [were] moved to a state of combat readiness[2], and SS-20 mobile launchers [were] dispersed around Eastern Europe.«

Es gibt indes keine Belege aus russischen Archiven oder Zeitzeugenaussagen, die derlei dramatisierende Thesen stützen. Vielmehr scheinen die derzeit zur Verfügung stehenden Akten, sowie Memoiren, Interviews und auch das umfangreiche Material, das von US-Nachrichtendiensten im Jahre 1983 gesammelt wurde, das genaue Gegenteil zu beweisen.

Zwar ist ein großer Teil der Originalakten der früheren Sowjetunion noch nicht freigegeben, aber das Belegmaterial, das inzwischen verfügbar ist, lässt an keiner Stelle vermuten, dass die höchsten Führer der Sowjetunion im Herbst 1983 zu irgendei-nem Zeitpunkt einen atomaren Angriff der USA befürchteten. Vielmehr scheint den Mitgliedern des Politbüros der KPdSU nicht einmal bewusst gewesen zu sein, dass die NATO ihre jährliche Übung »Able Archer« im November 1983 überhaupt abhielt.

---

[1] Len Scott und Nicholas J. Wheeler, How the World came to the Verge of Nuclear War, WalesOnline. co.uk, 10 November 2008 [Hervorhebungen vom Autor].

[2] Sowjetische Interkontinentalraketen befanden sich in dieser Zeit stets in voller Kampfbereitschaft, siehe bspw.: Paul Bracken, Command and Control of Nuclear Forces, New Haven 1981. Daher ist nicht ganz klar, worauf sich Scott und Wheeler mit dieser Einschätzung hier beziehen.

General Andrej Danilevič, der als Chef der Operationsabteilung des sowjetischen Generalstabes in den Achtzigerjahren fungierte und damit die sowjetische Nuklearstrategie für mehr als zwei Jahrzehnte entscheidend mitgestaltete, sagte in einem Interview im Jahre 1993 in Bezug auf die Achtzigerjahre: »[That] was a period of great tension, [...] especially in 1983, but there was never a ›war scare‹ in the General Staff. No one believed there was a real likelihood (immediate threat) of a nuclear strike from the USA or NATO«[3].

Zahlreiche Autoren, von denen die meisten weder über russische Sprachkenntnisse verfügen noch von archivalischen Quellen in Moskau Gebrauch machten, haben sensationsheischende Darstellungen dieser Nicht-Krise publiziert[4]. Gerade weil diese Publikationen sich vornehmlich auf Berichte aus zweiter Hand stützen, bilden sie einen Resonanzboden für unzulängliche Forschung und fehlerhafte Analysen[5]. Die Übertreibungen und Ungenauigkeiten, die fast alle Darstellungen des angeblichen »Able Archer«-Zwischenfalls prägen, zeigen, wie leicht Geschichte verzerrt werden kann. Das Ziel dieses Aufsatzes besteht demgegenüber darin, zum einen die

---

3   Summary of Interview, Gen.-Col. (Ret.) Adrian Danilevich. In: Soviet Intentions 1965–1985, 2 Bde, Bd 2: Soviet Post-Cold War Testimonial Evidence, OSD-Net Assessment MDA903-92-C-0147, McLean, VA, BDM Federal, Inc., September 1995, S. 26 [Hervorhebungen vom Autor].

4   Hier eine Auswahl solcher Publikationen: Arnav Manchanda, When truth is stranger than fiction. The Able Archer incident, in: Cold War History, 9 (2009), Nr. 1, S. 111–133, der sich auf einige wenige Sekundärquellen stützt; Peter Vincent Pry, War Scare. Russia and America on the Nuclear Brink, Westport, 1999, S. 33–44; Jay Winik, On the Brink. The Dramatic, Behind-the-Scenes Saga of the Reagan Era and the Men and Women Who Won the Cold War, New York 1996, S. 289–292; John Prados, »The War Scare of 1983«. In: The Quarterly Journal of Military History, 9 (1997), Nr. 3, S. 62–78; Stephen J. Cimbala, The Dead Volcano. The Background and Effects of Nuclear War Complacency, Westport 2002, S. 85–108; Victor Sebestyen, Revolution 1989. The Fall of the Soviet Empire, New York 2009, S. 79–89; Christopher Andrew, For the President's Eyes Only. Secret Intelligence and the American Presidency from Washington to Bush, New York 1995, S. 471–477; Beth Fischer, The Reagan Reversal. Foreign Policy and the End of the Cold War, Columbia 1997; James Mann, The Rebellion of Ronald Reagan. A History of the End of the Cold War, New York 2010, S. 73–81; David E. Hoffman, The Dead Hand. The Untold Story of the Cold War Arms Race and Its Dangerous Legacy, New York 2009, S. 94 f.; Steven Rosefielde und Daniel Quinn Mills, Masters of Illusion. American Leadership in the Media Age, New York 2007, S. 252–254; Martin und Annelise Anderson, Reagan's Secret War. The Untold Story of His Fight to Save the World from Nuclear Disaster, New York 2009, S. 142 f.; Don Oberdorfer, From the Cold War to a New Era. The United States and the Soviet Union, 1983–1991, Baltimore 1998, S. 65–68. Einige relevante Essays von Benjamin B. Fischer, Historiker der US-Nachrichtendienste, sind zwar differenzierter als die meiste Sekundärliteratur, werden in ihrer Qualität jedoch dadurch gemindert, dass Fischer kein sowjetisches Archivmaterial benutzt und sich zudem auf einige eher dubiose Quellen stützt. Benjamin B. Fischer, A Cold War Conundrum. The 1983 Soviet »War Scare«, Washington DC, Center for the Study of Intelligence 1997; Benjamin B. Fischer, Intelligence and Disaster-Avoidance. The Soviet War Scare and U.S.-Soviet Relations«, in: Mysteries of the Cold War. Ed. by Stephen J. Cimbala, Brookfield 1999, S. 89–104; Benjamin B. Fischer, Research Note: The 1980s Soviet War Scare. New Evidence from East German Documents, in: Intelligence and National Security, 14 (1999), Nr. 3, S. 186–197; Benjamin B. Fischer, The Soviet-American War Scare of the 1980s, in: International Journal of Intelligence and Counterintelligence, 19 (2006), Nr. 3, S. 480–518.

5   Als bedeutende Ausnahme vgl. Vojtech Mastny, How Able was »Able Archer«? Nuclear Trigger and Intelligence in Perspective. In: Journal of Cold War Studies, 11 (2009), Nr. 1, S. 108–123, der sich auf kürzlich freigegebenes Material aus zahlreichen Archiven früherer Ostblockstaaten stützt.

Tatsachen wieder ins rechte Licht zu rücken und zum anderen zumindest die übertriebensten Behauptungen ins Reich der Legende zu verweisen.

Der Aufsatz zeichnet zunächst die Rahmenbedingungen für die Ereignisse im November 1983 nach und diskutiert dann den speziellen Auftrag, den die Verantwortlichen des sowjetischen Auslandsnachrichtendienstes im Jahre 1981 erhalten hatten. Nachfolgend soll dann ein Überblick zur NATO-Übung »Able Archer 83« gegeben und die Reaktionen der Sowjet Union dazu untersucht werden. Der abschließende Teil untersucht einerseits, wie es dazu kommen konnte, dass die Ereignisse in der Historiografie des Kalten Krieges so verzerrt wurden, und erörtert abschließend, inwieweit das Ereignis die Reagan-Administration im Vorfeld der Präsidentschaftswahlen von 1984 beeinflusste.

Die historisch-politischen Rahmenbedingungen

Wie schon in früheren Phasen des Kalten Krieges, boten die späten Siebziger- bzw. die frühen Achtzigerjahre keine gute Zeit für einen Ausbau der Ost-West-Beziehungen. In den letzten Jahren der Präsidentschaft Jimmy Carters stiegen die Spannungen infolge der militärischen Aktivitäten der Sowjetunion und Kubas am Horn von Afrika und in Angola, der Stationierung neuer Lang- und Mittelstreckenraketen durch Moskau sowie innenpolitisch motiviertes Taktieren seitens der USA. Die Beziehungen zwischen beiden Seiten verschlechterten sich weiter infolge zweier Schlüsselereignisse im Dezember 1979:

– der Entscheidung der NATO zur Stationierung neuer atomar bestückter Mittelstreckenraketen (Intermediate Range Nuclear Forces / INF) in vier europäischen Staaten, die Ende 1983 beginnen sollte, um die Aufstellung der sowjetischen SS-20, die seit 1976 in immer größerer Anzahl disloziert wurden, strategisch auszugleichen, und

– des Einmarschs der Roten Armee in Afghanistan, der einen Stop der amerikanischen Getreidelieferungen an die UdSSR und einen durch Washington angeführten Boykott der Olympischen Sommerspiele in Moskau 1980 zur Folge hatte.

Im nachfolgenden Jahr tauschten beide Seiten heftige verbale Attacken aus. Als Ronald Reagan im Januar 1981 Präsident der Vereinigten Staaten wurde, waren die Beziehungen zwischen den USA und der Sowjetunion bereits tiefgefroren. Die ersten Jahre der Reagan-Administration, insbesondere 1983, blieben eine Periode akuter Spannung und Angst in den Ost-West-Beziehungen.

Der Kalte Krieg hatte bereits in der Vergangenheit zu ähnlichen Perioden von erheblicher Dramatik geführt, speziell von 1948 bis 1953 sowie zwischen 1958 und 1962. Kulminationspunkt waren die Konfrontation am Checkpoint Charly im Oktober 1961 und die Kuba-Krise ein Jahr später – die zwei gefährlichsten Krisen zwischen den USA und der Sowjetunion nach 1945. Die frühen Achtzigerjahre verliefen zwar spannungsgeladen, wiesen aber keineswegs eine höhere Intensität auf die früheren Krisenjahre.

Die Spannungen des Jahres 1983 rührten von etlichen Zwischenfällen und Provokationen her. Dazu zählte insbesondere die andauernde Okkupation Afghanistans durch die Sowjetunion, provokante Aufklärungseinsätze entlang der sowjetischen Grenzen zu Wasser und zur Luft seitens der USA, Unterstützung für marxistische Guerillas durch die Sowjetunion und Kuba in Mittelamerika, fehlende Fortschritte in den Abrüstungsverhandlungen über Lang- und Mittelstreckenraketen sowie Reagans deklamatorische Rede im März, in der er den Beginn der amerikanischen »Strategic Defense Initiative« (SDI) ankündigte.

Die Auseinandersetzungen spitzten sich Anfang September nochmals zu, als ein südkoreanisches Passagierflugzeug tief in den sowjetischen Luftraum eindrang und in der Folge von sowjetischen Abfangjägern abgeschossen wurde, was zum Tod von allen 269 Insassen führte. Die Reagan-Administration verdammte den Abschuss wiederholt in überaus scharfer Weise und löste damit wilde wechselseitige Beschuldigungen zwischen beiden Seiten aus. Dies verschlechterte die Beziehungen bis zu einem seit vielen Jahren nicht mehr gekannten Tiefpunkt.

Die Spannungen stiegen weiter, als offizielle Vertreter der Sowjetunion die amerikanische Invasion in Grenada, die Ende Oktober stattfand, verurteilten und die Regierung Reagan ein Ende der Grenzverletzungen des pakistanischen Luftraumes durch sowjetische Kampfflugzeuge von Afghanistan aus verlangte. Es wurden schrille rhetorische Invektiven ausgetauscht, speziell seitens der Mitgliedsländer des Warschauer Paktes, wo eine giftige Sprache zur Norm wurde[6].

Als die Stationierung der NATO-Mittelstreckenraketen näher rückte – die ersten Cruise Missiles kamen in Großbritannien am 14. November 1983 an, die ersten Pershing II erreichten Westdeutschland zwei Wochen später und waren Mitte Dezember einsatzbereit –, reagierten die sowjetischen und osteuropäischen Medien mit scharfer Polemik gegen die NATO.

Die Protokolle der Sitzungen des Politbüros der KPdSU bzw. des Sekretariats von 1983 und Anfang 1984 machen deutlich, dass die höchsten sowjetischen Verantwortlichen die Politik der USA verurteilten und der Überzeugung waren, dass die USA »vorsätzliche Provokationen« unternahmen und eine »Koalition gegen die Sowjetunion aufbauten«[7]. Die Haltung des Politbüros in Moskau gegenüber der

---

[6]   Ronald Reagan wurde in der Zeit häufig wegen seiner Aussagen zur UdSSR als »Evil Empire« und als »Focus of Evil in the World« kritisiert. Diese rhetorischen Prägungen nahmen sich indes im Vergleich zur gehässigen Propaganda, die in den Medien des Ostblocks vorherrschte, eher blass aus. So gab es beispielsweise politische Karikaturen, die Reagan, Thatcher und Kohl mit Adolf Hitler und anderen nationalsozialistischen Führungsgestalten gleichsetzten.

[7]   »Soveshchanie sekretarei TsK KPSS. Rabochaya zapis'«, Transcript of CPSU Secretariat Meeting (Top Secret), 18. Januar 1983, in: Arkhiv Prezidenta Rossiiskoi Federatsii (APRF), Fond (F.) 82, Opis' (OS.) 1, Listy (Ll.) 1–25; »Zasedanie Politbyuro TsK KPSS 24 marta 1983 goda. Rabochaya zapis'«, Transcript of CPSU Politburo Meeting (Top Secret), 24. März 1983, in: Rossiiskii Gosudarstvennyi Arkhiv Noveishei Istorii (RGANI), F. 89, OS. 42, D. 63, Ll. 1–21; »Zasedanie Politbyuro TsK KPSS 26 maya 1983 goda. Rabochaya zapis'«, Transcript of CPSU Politburo Meeting (Top Secret), 26. Mai 1983, in: F. 89, OS. 42, D. 52, Ll. 1–18; »Zasedanie Politbyuro TsK KPSS 31 maya 1983 goda. Rabochaya zapis'«, Transcript of CPSU Politburo Meeting (Top Secret), 31. Mai 1983, in: RGANI, F. 89, OS. 42, D. 53, Ll. 1–14; »Zasedanie Politbyuro TsK KPSS 7 iyulya 1983 goda. Rabochaya zapis'«, Transcript of CPSU Politburo Meeting (Top Secret), 7. Juli 1983, in: RGANI, F. 89, OS. 42, D. 64, Ll. 1–23; »Zasedanie Politbyuro TsK KPSS 2

Reagan-Regierung wurde nach dem Abschuss der koreanischen Passagiermaschine besonders gallig. Nichtsdestotrotz enthalten die Dokumente nichts, was auch nur entfernt als Furcht vor einem bevorstehenden Krieg gedeutet werden könnte.

Ein Vergleich dieser Dokumente mit den Protokollen der Politbüro-Sitzungen anderer Spannungszeiten der Fünfziger-, Sechziger- oder Siebzigerjahre zeigt in der Tat auch, dass die Sorgen, die hier zum Ausdruck kamen, im Wesentlichen dieselben waren und mit keinen größeren Ängsten verbunden waren, als dies in der Vergangenheit der Fall gewesen war[8]. Die meisten Sitzungen des Politbüros konzentrierten sich auf innenpolitische Angelegenheiten. Die Außenpolitik rangierte für gewöhnlich an zweiter Stelle. Wenig überraschend verbrachten die Mitglieder des Politbüros, die sich meist schon in vorgerücktem Alter befanden, auch beträchtliche Zeit mit den Entscheidungen darüber, wie lange ihr Urlaub dauern sollte, wie viele Tage in der Woche sie zu arbeiten hatten und wie oft man Pausen machen sollte.

Nur bei wenigen Gelegenheiten, insbesondere direkt nach dem Zwischenfall mit dem südkoreanischen Passagierflugzeug, beschäftigten sich die sowjetischen Führer ausführlich mit Fragen der Außenpolitik und beschwerten sich bitter über die »gefährliche militärische Psychose« der Reagan-Regierung. Sie ließen aber weder zu diesem Zeitpunkt noch später erkennen, dass sie die Auslösung eines Atomkrieges durch die USA erwarteten. Die feindseligen und rüden Kommentare über die westliche Politik gehören zu der Sorte von Bemerkungen, die man in sowjetischen Dokumenten fast jeder Periode finden kann, vor allem zu Zeiten erhöhter Konfrontation. So angespannt die Atmosphäre im Jahre 1983 auch immer gewesen sein mag, zeigten die Führer in Moskau jedoch nie irgendeine Angst vor einem unmittelbar bevorstehenden Atomschlag gegen die UdSSR.

---

sentyabrya 1983 goda. Rabochaya zapis'«, Transcript of CPSU Politburo Meeting (Top Secret), in: Harvard University Cold War Studies Archive (CWS Archive), Volkogonov Collection, Item 322, S. 120 f.; »Zasedanie Politbyuro TsK KPSS 1 sentyabrya 1983 goda. Rabochaya zapis'«, Transcript of CPSU Politburo Meeting (Top Secret), in 2. September 1983, Item 323, S. 1–9; »Zasedanie Politbyuro TsK KPSS 8 sentyabrya 1983 goda. Rabochaya zapis'«, Transcript of CPSU Politburo Meeting (Top Secret), 8. September 1983, in: RGANI, F. 89, OS. 42, D. 54, Ll. 1–18; »Zasedanie Politbyuro TsK KPSS 15 noyabrya 1983 goda. Rabochaya zapis'«, Transcript of CPSU Politburo Meeting (Top Secret), 15. November 1983, in CWS Archive, Volkogonov Collection, Item 215, S. 1–16; »Zasedanie Politbyuro TsK KPSS 24 noyabrya 1983 goda. Rabochaya zapis'«, Transcript of CPSU Politburo Meeting (Top Secret), 24. November 1983, in: RGANI, F. 89, OS. 42, D. 55, Ll. 1–23; »Zasedanie Politbyuro TsK KPSS ot 19 yanvarya 1984 goda. Rabochaya zapis'«, Transcript of CPSU Politburo Meeting (Top Secret), 19. Januar 1984, in: RGANI, F. 89, OS. 42, D. 56, Ll. 1–13; »Zasedanie Politbyuro TsK KPSS 10 fevralya 1984 goda. Rabochaya zapis'«, Transcript of CPSU Politburo Meeting (Top Secret), 10. February 1984, in: CWS Archive, Volkogonov Collection, Item 111, S. 119–125; »Zasedanie Politbyuro TsK KPSS 23 fevralya 1984 goda. Rabochaya zapis'«, Transcript of CPSU Politburo Meeting (Top Secret), 23. Februar 1984, in: CWS Archive, Volkogonov Collection, Item 112, S. 129–140; and »Zasedanie Politbyuro TsK KPSS 1 marta 1984 goda. Rabochaya zapis'«, Transcript of CPSU Politburo Meeting (Top Secret), 1. März 1984, in: CWS Archive, Volkogonov Collection, Item 114, S. 157–174.

8　Für einen solchen Vergleich bieten sich die Aufzeichnungen und Protokolle des »Präsidiums der KPdSU« (wie das Politbüro zu dieser Zeit hieß) in der Ära Chruščev an. Vgl. Prezidium TsK KPSS 1954–1964. Chernovye protokol'nye zapisi zasedanii, stenogrammy, postanovleniya, überarbeitete Ausgabe. Ed. by A. A. Fursenko [u.a.], Bd 1, Moskau 2004.

Entwicklungslinien der sowjetischen Streitkräfte

Von der Mitte bis zum Ende der Siebzigerjahre, also vor der Reagan-Ära, begann der sowjetische Generalstab die sowjetische Armee und die Streitkräfte des Warschauer Paktes zu rekonfigurieren und ein neues Führungssystem für das Bündnis zu schaffen, das der Sowjetunion im Ernstfall eine erheblich stärkere Kontrolle über die einzelnen Streitkräfte der Mitgliedsstaaten als zuvor erlaubte. Das neue System verdankte seine Existenz Veränderungen in den militärischen Kommandostrukturen der Sowjetunion in den späten Siebziger- und den frühen Achtzigerjahren. Diese sollten das Land in die Lage versetzen, auch in Friedenszeiten sofort in den Kriegszustand überzugehen[9]. Der Ausgangspunkt dieser Veränderungen lag jedoch zeitlich weit vor der Steigerung der Spannungen zwischen den USA und der Sowjetunion in den späten Siebzigerjahren.

Die neue, vom damaligen Generalstabschef Marschall Nikolaj Ogarkov entworfene Kommandostruktur bezog sich auf »Schauplätze der militärischen Operationen« und »Kriegsschauplätze« in Osteuropa[10]. Orgakow führte diese Reorganisation noch einen Schritt weiter, als er ein integriertes Führungs- und Befehlssystem für den Warschauer Pakt installierte, das alle osteuropäischen Streitkräfte außer den rumänischen in einer Krise oder im Krieg direkter sowjetischer Kontrolle unterstellt hätte.

Die osteuropäischen Länder unterzeichneten, mit Ausnahme von Rumänien, gegen Ende der Siebzigerjahre die »Statuten der Gemeinsamen Streitkräfte und den sie im Kriege befehligenden Organe«[11]. Gemäß diesen Richtlinien oblagen die Entscheidungen über die Mobilisierung und den Einsatz von Streitkräften in Osteuropa ausschließlich dem Obersten Kommandostab der UdSSR und dem sowjetischen Generalstab, die ihre militärischen Anweisungen über die sowjetischen Befehlshaber auf den jeweiligen Schauplätzen an die Truppenteile an der Front leiteten.

---

9 Einen maßgeblichen und detaillierten Bericht über die Änderungen in den Kommandostrukturen der Sowjetunion und des Warschauer Paktes bietet Col.-General M.S. Tereschtschenko, Na Zapadnom napravlenii. Kak sozdavalis' i deistvovali glavnoye komandovaniya napravleniya. In: Voenno-istoricheskii zhurnal (Moskau), Nr. 5 (Mai 1993), S. 9–17. Tereschtschenko war von 1984 bis 1988 Stabschef und Erster Stellvertretender Befehlshaber des Oberkommandos der Westregion. Vgl. auch: Thomas Symonds, Soviet Theaters. High Commands and Commanders, Fort Meade, Air Force Intelligence Service 1986; John Erickson [u.a.], Organizing for War. College Station, Center for Strategic Technology 1984.

10 Materialy razbora operativno-strategicheskogo komandno-shtabnogo ucheniya, RMG/F-22/R9 (Top Secret), Report from Marshal N.V. Ogarkov on Zapad-77 command-staff exercise, 30. Mai 1977. In: Vojenský ústřední archiv, VS, OS-OL, 1977, Krab 29-999-155, čj. 22013/23. Vgl. Auch N.V. Ogarkov, Na strazhe mirnogo truda, Kommunist (Moscow), Nr. 10 (Juli 1981), S. 86; N.V. Ogarkov, Vsegda v gotovnosti k zashchite otechestva, Moskau 1982, S. 35; N.V. Ogarkov, Istoriya uchit bditel'nosti, Moskau 1985, S. 47.

11 »Grundsätze über die Vereinten Streitkräfte der Teilnehmerstaaten des Warschauer Vertrages und ihre Führungsorgane (für den Krieg)«, GVS Nr. 463 767 (Top Secret), 3. Dezember 1979, in Bundesarchiv–Militärarchiv Freiburg (BA/MA), DVW 1/71036, Bl. 145–173. Vgl. auch das Interview mit Ryszard Kukliński, Wojna z narodem widziana od środka, Kultura (Paris), No. 4/475 (April 1987), S. 53–56; Tereshchenko, Na zapadnom napravlenii, S. 9–17; und etwa zwei Dutzend Dokumente (Übersetzungen geheimer Dokumente aus dem Ostblock), die von der CIA im April 2011 veröffentlicht wurden. Sie sind jetzt auf www.foia.cia.gov (electronic reading room) zu finden.

Dieser Ansatz zu umfassender Integration, in dem die Streitkräfte der osteuropäischen Staaten im Krisenfall nur mehr Anhängsel der Roten Armee waren, sollte nicht nur der schnellen Umstellung des Bündnisses auf den Kriegszustand dienen, sondern auch die militärische Kontrolle der Sowjetunion über die ganze Region festigen. Die Fähigkeiten des Bündnisses, innerhalb kürzester Zeit umfassende Kriegsoperationen zu unternehmen, wurden bereits vor Inkrafttreten der Umorganisierung der Kommandostrukturen des Warschauer Paktes durch gemeinsame Übungen und Manöver verbessert.

Bereits im September 1973 hatte die Sowjet Union die Übung »V'ertes-73« in Ungarn und enge bilaterale Kontakte mit Bulgarien genutzt, um einen umfangreichen Lufttransport für den entstehenden Nahostkrieg vorzubereiten. Dies war das erste Mal, dass der Warschauer Pakt in die Unterstützung militärischer Aktionen der Sowjetunion außerhalb Europas integriert war[12]. Andere Übungen folgten, mit vergleichbar positiven Ergebnissen.

Die UdSSR gab Ende der Siebzigerjahre auch beim Aufbau eines integrierten Frühwarnsystems für die Staaten des Warschauer Paktes gegen Atomangriffe die Richtung an[13]. Aus Sicht des sowjetischen Generalstabes schien sich der politische und militärische Zusammenhalt der Bündnisses Anfang der Achtzigerjahre daher zu verbessern, trotz der Sorgen über eine neuerliche politische Unzuverlässigkeit Polens, falls das Kriegsrecht dort formal aufgehoben würde.

Alle diese Entwicklungen in der sowjetischen Militärpolitik waren bereits voll im Gange, als die markante Verschlechterung in den Beziehungen zwischen den USA und der Sowjetunion in den späten Siebzigern bzw. den frühen Achtzigern einsetzte. Die Rekonfigurierung der Streitkräfte des Warschauer Paktes resultierte aus dem Streben Ogarkovs, kriegstaugliche Strukturen zu implementieren. Orgarkows Wirken fußte aber nicht auf irgendeiner Erwartung, dass es in naher Zukunft zu Kampfhandlungen zwischen Ost und West kommen könnte, sondern ergab sich aus seinen Aufgaben als Generalstabschef, als der er für die sowjetische Kriegsplanung zuständig war.

Obwohl Ogarkov die Notwendigkeit von Fähigkeiten zur Führung konventioneller Kriege betonte, war es insbesondere die Stationierung der SS-20 Raketen seit Mitte der Siebzigerjahre, die genau diese Option unterfütterte, da damit der NATO eine mögliche nukleare Option in einem europäischen Krieg verbaut wurde. Damit wurden die sowjetischen Vorteile bei den nichtnuklearen Streitkräften und den Mobilisierungskapazitäten gefestigt.

---

[12] Lieutenant-General Fritz Streletz, Iz opyta provedeniya sovmestnykh uchenii, Informatsionnyi sbornik Shtaba Ob«edinennykh vooruzhenykh sil gosudarstvuchastnikov Varshavskogo dogovora (Secret), No. 10 (1975), S. 45–50. Eine Kopie dieses Textes ist im Harvard Cold War Studies Archive zugänglich. Generaloberst Streletz (geboren 1926) war ab 1972 Sekretär des Nationalen Verteidigungsrates der DDR, ab 1979 Stellvertretender Minister für Nationale Verteidigung, bis 1979 Stellvertretender Chef, danach Chef des Hauptstabes der Nationalen Volksarmee und 1979 bis 1989 Stellvertreter des Oberkommandierenden der Vereinigten Streitkräfte der Staaten des Warschauer Paktes.

[13] »Zur Schaffung eines Einheitlichen Systems der Warnung der Teilnehmerstaaten des Warschauer Vertrages vor Kernwaffenschlägen«, GVS Nr. 683 689 (Top Secret), 3. Dezember 1979. In: BA/MA, DVW 1/71036, Bl. 204–208.

Ogarkov, der sowohl ein politisch versierter Militärbefehlshaber als auch ein nachdrücklicher Verfechter der aktiven Kriegführung auf der Basis moderner Waffentechnik sowie Aufklärungs- und Kommunikationssysteme war, dramatisierte seinerseits die »Bedrohung« durch die NATO in der zweiten Hälfte der Siebzigerjahre und noch mehr Anfang der Achtzigerjahre gegenüber sowjetischen Spitzenpolitikern, weil er hoffte, so in Zeiten knapper Kassen zusätzliche Mittel für die Umorganisierung und Modernisierung der eigenen Streitkräfte zugewiesen zu bekommen. Seine düsteren Warnungen spiegelten zwar zu einem großen Teil seine wirklichen Ansichten wieder, waren aber ebenso den politischen Zielen Orgakows geschuldet.

Teilweise wurde in Bezug auf einige militärische Aktionen der Sowjets in den frühen Achtzigerjahren die Vermutung geäußert, dass diese mit dem zunehmend gespannten internationalen Klima zusammengehangen hätten. Diese simplizistische Sicht stellt einen der Gründe dar, die zu den irreführenden Interpretationen der Ereignisse des Jahres 1983 geführt haben.

Operation RJaN

Als Anfang der Achtzigerjahre die gegenseitigen Beschuldigungen von NATO und Sowjetblock zunahmen, initiierte das Direktorat Auslandsnachrichtendienst des KGB und die Behörde für den militärischen Nachrichtendienst (GRU) ein spezielles Alarmsystem, das der Suche nach Anzeichen für Kriegsvorbereitungen der USA und der NATO, vor allem nach Hinweisen für einen möglichen Atomangriff, dienen sollte[14].

Diese Unternehmung unter der Codebezeichnung VRJaN (Vnezapnoe Raketno-Jadernoe Napadenie – nuklearer Überraschungsschlag) stellte keineswegs ein neues Phänomen dar und unterschied sich kaum von den normalen Aufgaben des GRU. Bei zahlreichen Gelegenheiten seit den späten Vierzigerjahren war es während der großen Ost-West-Krisen oder Perioden hoher Spannung, hier vor allem während der Berlinkrisen und der Kubakrise, immer wieder zu vergleichbaren Aktionen gekommen[15]. RJaN erinnert in vielerlei Hinsicht auch an einige der gefährlichen »Wettkämpfe« und »Spiele«, die der KGB an früheren Wegemarken des Kalten

---

14 Das offen zugängliche Archivmaterial sagt über den genauen Zeitpunkt, an dem das Unternehmen in Gang gesetzt wurde, nichts aus. Oleg Gordievskij behauptet, dass dies im Mai 1981 geschah, aber detaillierte Quellen deuten darauf hin, dass es einige Zeit vorher begann, möglicherweise Mitte bzw. Ende 1980.

15 Vergleiche bspw. Department of State, Director of Intelligence and Research, Soviet Efforts to Determine Western Planning on the Berlin Situation, Memorandum (Top Secret) to CIA Deputy Director for Plans, 24. Juli 1961, freigegeben Januar 2006; »TsK KPSS«, Situation Reports (Top Secret) to the CPSU Presidium from Marshal Rodion Malinovskii [sowjetischer Verteidigungsminister] and Marshal Matvei Zakharov [Chef des sowjetischen Generalstabes], November 1962. In: RGANI, F. 89, OS. 28, D. 14, Ll. 1–3, 4–5, 6–8.

Krieges gegen die westlichen Nachrichtendienste unternommen hatte, dies vollkommen losgelöst von öffentlicher Beobachtung und häufig mit zahlreichen Opfern[16].

Operation RJaN wurde mindestens bis Mitte der Achtzigerjahre durchgeführt, d.h. also auch über die kurze Amtszeit Andropovs als Generalsekretär der KPdSU hinweg[17]. Die Sowjetunion mobilisierte hierfür auch andere Geheimdienste des Warschauer Paktes, insbesondere der DDR und der CSSR. Von besonderer Wichtigkeit waren die ostdeutschen Nachrichtendienste, also etwa die Hauptverwaltung Aufklärung (HVA) des Ministerium für Staatssicherheit (MfS) oder das militärische Geheimdienstorgan des Ministeriums für Nationale Verteidigung (MfNV), die Verwaltung Aufklärung (VA). Diese hatten schon seit langem bemerkenswerte Erfolge beim Eindringen sowohl in die NATO-Hauptquartiere als auch in die Dienststellen der Bundesregierung erzielt und dabei Verbindungen aufgebaut, die während der Operation genutzt wurden[18].

Was auch immer RJaN in den zahlreichen involvierten Ländern zu Tage förderte – die Ergebnisse lösten zu keiner Zeit Alarm bei den höchsten sowjetischen oder osteuropäischen Führern hinsichtlich eines unmittelbar bevorstehenden Atomangriffes seitens der USA oder der NATO aus. Auch gibt es nicht den geringsten Hinweis darauf, dass die höchsten politischen Führer jemals befürchteten, dass ein solcher Angriff bevorstand.

Die Existenz der Operation RJaN wurde zum ersten Mal von Oleg Gordievskij, einem KGB-Offizier, der von 1982 bis 1985 an der sowjetischen Botschaft in London tätig war und 1985 beinahe geschäftsführender Chef der KGB-Residentur in der Botschaft geworden wäre, verraten. Gordievskij arbeitete seit 1974 insgeheim für den britischen Nachrichtendienst und lief im Juli 1985 dann zu den Briten über. Zu Beginn der Achtzigerjahre warnte Gordievskij seine britischen Kontaktleute bzgl. der Operation RJaN, die ihrerseits dann die US-Regierung entsprechend informierten. Als Gordievskij dann überlief, brachte er Kopien von Akten zur Operation RJaN mit. Im Jahre 1988 veröffentlichte der Journalist Gordon Brook-Shepherd sein Buch

---

[16] Viele dieser nachrichtendienstlichen »Spiele« mit teilweise tödlichem Ausgang werden beschrieben in: Lieut.-General V.M. Chebrikov [u.a.], Istoriya sovetskikh organov gosudarstvennoi bezopasnosti, KGB Academy Textbook No. 12179 (Top Secret), Moskau, Vysshaya Krasnoznamennaya Shkola Komiteta Gosudarstvennoi Bezopasnosti 1977, in: Cold War Studies Collection, Harvard University.

[17] Wann genau die Operation RJaN beendet wurde, ist ebenfalls unklar. Dokumente der Hauptverwaltung Aufklärung (HVA) des Ministeriums für Staatssicherheit (MfS) der DDR weisen darauf hin, dass sie mindestens noch das ganze Jahr 1985 hindurch fortgesetzt wurde. Vgl. beispielsweise: »Befehl Nr. 1/85. Aufgaben der Diensteinheiten des MfS zur frühzeitigen Aufklärung akuter Aggressionsabsichten und überraschender militärischer Aktivitäten imperialistischer Staaten und Bündnisse, insbesondere zur Verhinderung eines überraschenden Raketenkernwaffenangriffs gegen Staaten der sozialistischen Gemeinschaft«, GVS-006/MfS Nr. 2285 (Top Secret), 15. Februar 1985, in: Hubertus Knabe, West-Arbeit des MfS. Das Zusammenspiel von Aufklärung und Abwehr. Berlin 1999 (Analysen und Dokumente; Wissenschaftliche Reihe des Bundesbeauftragten für die Unterlagen des Staatssicherheitsdienstes der ehemaligen Deutschen Demokratischen Republik), S. 102, Anm. 219. Einige Journalisten und frühere Mitarbeiter des KGB haben die Meinung vertreten, dass das Alarmsystem möglicherweise noch länger in Kraft war, evtl. sogar bis zum Ende der Sowjetunion. Aber belastbare Beweise hierfür sind bisher nirgends gefunden worden.

[18] Zu diesem Sachverhalt vgl. Mastny, How Able Was Able Archer? (wie Anm. 5), S. 108–123.

»The Storm Birds«, das teilweise auf Interviews mit Gordievskij und anderen früheren KGB-Offiziellen, die nach Großbritannien übergelaufen waren, basierte.

Das Werk erwähnte die Operation RJaN zum ersten Mal, wenn auch kurz, in der Öffentlichkeit[19]. Eine ausführlichere Darstellung von RJaN erschien 1990 im Rahmen eines Buchprojektes, für das sich Christopher Andrew, ein Experte für die Geschichte der Auslandsgeheimdienste, mit Gordievskij zusammengetan hatte[20]. Gordievskij und Andrew veröffentlichten einen weiteren Band, der u.a. die Übersetzung von vier Dokumenten mit jeweiligen Anhängen zu RJaN enthielt[21]. Darin befindet sich ferner, gleichfalls wichtig, das Faksimile eines KGB-Dokuments mit handschriftlichen Hervorhebungen.

Dieses Material sowie weitere Quellen, die sich in den Archiven des früheren ostdeutschen bzw. tschechoslowakischen Geheimdienstes fanden, belegen eindeutig, dass zwar eine entsprechende nachrichtendienstliche Operation stattgefunden hat, aber es enthält keinerlei Hinweise auf die Bewertungen des sowjetischen Politbüros während der NATO-Übung »Able Archer« vom 2. bis zum 11. November 1983.

Gordievskij war während seiner Tätigkeit für den KGB in Großbritannien ein Mitarbeiter der mittleren Befehlsebene, der nicht an den Beratungen in Moskau teilnahm und auch keine direkten Kenntnisse darüber hatte, was im Politbüro der KPdSU oder im Sekretariat bzw. in der KGB-Zentrale selbst vorging. Als Verantwortlicher des KGB in Großbritannien hatte er Zugang zu Geheimdokumenten auf einer »need-to-know«-Basis. Der KGB war jedoch notorisch fragmentiert, sodass die Dokumente, die Gordievskij zur Kenntnis gelangten, keinerlei Einblick erlaubten, wie Entscheidungen von den höchsten Entscheidungsträgern in der Sowjet Union getroffen wurden[22]. Daher sind seine Mutmaßungen in Bezug auf Überlegungen der

---

19   Gordon Brook-Shepherd, The Storm Birds. Soviet Post-War Defectors, London 1988, S. 329 f.
20   Christopher Andrew und Oleg Gordijewsky, KGB. The Inside Story of Its Foreign Operations from Lenin to Gorbachev, New York 1990, S. 581–605.
21   Instructions from the Centre. Top Secret Files on KGB Foreign Operations, 1975–1985. Ed. by Christopher Andrew and Oleg Gordijewsky, London 1991. Gordijewsky und Andrew veröffentlichten noch einen dünnen dritten Band, More »Instructions from the Centre«. Top Secret Files on KGB Global Operations, 1975–1985, London 1992, der allerdings kein weiteres Material zu RJaN enthält. Vgl. dazu auch meine Rezension: KGB Operations and Soviet Foreign Policy. Review Essay, International History Review, 17 (1995), Nr. 3, S. 639–645.
22   Dies gilt in noch stärkerem Maße für einige andere Verantwortliche des früheren KGB. Einige Jahre nach Gordievskijs Publikation zur Geschichte des KGB und dem ersten Dokumentenband veröffentlichten zwei weitere Überläufer des KGB Bücher, in denen sowjetische Geheimdienstoperationen der frühen Achtzigerjahre diskutiert werden. Vgl. Oleg Kalugin und Fen Montaigne, The First Directorate. My 32 Years in Intelligence and Espionage against the West, New York 1994; und Juri B. Schwets, Washington Station. My Life as a KGB Spy in America, New York 1994. Es ist unklar, in welchem Maße sie lediglich Gordievskijs Aussagen wiederholen bzw. sich in wesentlichem Maße auf ihn stützen. Kalugin war für eine gewisse Zeit ein höherer Verantwortlicher der Gegenspionage des KGB, aber er wurde bereits 1980 abgesetzt und nach Leningrad verbannt, und spielte daher in Bezug auf RJaN wohl bestenfalls eine unbedeutende Nebenrolle. Er hatte sicherlich zu keinem Zeitpunkt in den Achtzigerjahren Zugang zu den Entscheidungsträgern der höchsten Ebene. Der Bericht von Schwets weicht in einigen Punkten von Gordievskij ab, hier etwa auch im Gebrauch des Akronyms VRJaN anstatt RJaN, das tatsächlich in den KGB-Akten auftaucht und auch von Gordievskij durchgängig verwendet wird. Weitere Aspekte in Schwets Erzählung sind gleichfalls problematisch, so etwa seine Behauptung, dass Berichte zu RJaN in den Besprechungsmappen für das Politbüro gewesen seien. Das kann er unmöglich gewusst haben. Die Zentralabteilung der

Spitzenfunktionäre in Moskau in den frühen Achtzigerjahren (inklusive des Jahres 1983) rein spekulativ. Ihnen kann kein besonderes Gewicht oder gar Beweiskraft beigemessen werden. Seine Einlassungen über die angeblichen Überlegungen an höchster Stelle der KPdSU haben zwar nachweislich führende Politiker in den USA und Großbritannien beeinflusst, dies aber bedeutet keineswegs, dass seine Vermutungen auch korrekt waren.

Wenn auch Gordievskijs Erinnerungen für die Forschung insgesamt gesehen wichtig und nützlich sind, zeigt das Archivmaterial doch deutlich, dass seine Ausführungen im Detail, die keineswegs gleichbleibende Genauigkeit bieten, in verschiedenen Punkten fehlerhaft oder unvollständig sind. Vieles vom dem, was er über »Able Archer 83« berichtet, ist weit von der Realität entfernt. Seine Einschätzung hinsichtlich der Reaktionen des Politbüros auf das Manöver wird durch die archivalischen Quellen widerlegt.

Gordievskijs Behauptung, »Andropow spent the last five months of his life after the [Korean airliner] shootdown as a morbidly suspicious invalid, brooding over the possible approach of a nuclear Armageddon«, ist reine Spekulation[23]. Gordievskij hatte in keiner Phase direkte Kenntnisse über Andropovs Befinden oder seine Zukunftspläne. Die Tatsache, dass Christopher Andrew kein Russisch spricht, verfälscht gelegentlich die Darstellung zu dieser Periode zusätzlich[24].

Meine Kritik der Ungenauigkeiten und Mängel in Gordievskijs Erinnerungen zu RJaN und »Able Archer 83« soll keineswegs Gordievskijs Integrität in Zweifel ziehen. Die Irrtümer seiner Darstellung gehen zweifellos auf Fehldeutungen guten Glaubens oder Erinnerungslücken zurück, den Erscheinungen von Missverständnissen, die fast in allen Memoiren vorkommen[25]. Der in diesem Zusammenhang vorrangig zu

---

KPdSU, die das Besprechungsmaterial für das Politbüro vorbereitete, verteilte dieses nie außerhalb der höchsten Entscheidungszirkel.

[23] KGB (wie Anm. 20), S. 598. Ganz ausgeschlossen werden kann diese Vermutung indes nicht. Das Statement, das von Andropov in der sowjetischen Presse am 29. September 1983 veröffentlicht wurde (»Zayavlenie General'nogo sekretarya TsK KPSS, Predsedatelya Prezidiuma Verkhovnogo soveta SSSR Yu. V. Andropova«), vermittelte seine feindselige Einstellung gegenüber den USA. Nichtsdestotrotz lässt sich Gordievskijs Einschätzung durch keinerlei Belege oder Hinweise erhärten.

[24] Beispielsweise berichtet Andrew bei der Bewertung der Ereignisse kurz nach dem Abschuss der südkoreanischen Passagiermaschine, wie die Reagan-Regierung Botschafterin Jeane Kirkpatrick in die Vollversammlung der UN schickte, um übersetzte Tonaufzeichnung der abgehörten Kommunikation zwischen den sowjetischen Leitoffizieren am Boden und dem Piloten, der die Maschine abschoss, zu präsentieren. Andrew schreibt, Kirkpatrick »supplied a curiously prudish English transcript that deleted Russian expletives, absurdly rendering the pilot's exclamation before he fired the missile, ›Yolki palki!‹ (roughly ›Holy shit!‹), as ›Fiddlesticks!‹«, vgl. Andrew, For the President's Eyes Only (wie Anm. 4), S. 474, und auch das fast identische Zitat in KGB (wie Anm. 20), S. 596. Andrew liegt hier vollkommen falsch. Der russische Ausdruck »Jolki palki« (den ich mit »Elki palki« transkribieren würde) ist kein Fluch, sondern eine Anspielung auf einen Fluch (Eb tvoyu mat', was mit »Fick Deine Mutter« übersetzt wird). Daher ist im Gegensatz zu dem, was Andrew behauptet, »Papperlapapp« (»Fiddlesticks«) die richtige Übersetzung für »Elki palki!« in der Transskription.

[25] Obwohl in Bezug auf die »Erinnerungen« des für seine Spiele mit der Wahrheit hinreichend bekannten langjährigen Chefs der Stasi-Auslandsspionageabteilung »Hauptverwaltung Aufklärung« (HVA), Markus Wolf, höchste Vorsicht geboten ist, scheint sein Bericht über die Rolle der HVA bei RJaN weitgehend korrekt zu sein und stimmt mit den freigegebenen Archivquellen überein.

betonende Aspekt ist vor allem die Tatsache, dass westliche Forscher allzu schnell bereit waren, Gordievskijs Angaben über RJaN für bare Münze zu nehmen[26]. So wichtig seine Dokumente und Aussagen auch sein mögen, alle seine Behauptungen müssen stets gegen anderes Schlüsselmaterial abgewogen werden.

»Able Archer 83«

Fast alle aus zweiter Hand stammenden Berichte über die Geschehnisse im November 1983 enthielten fehlerhafte Darstellungen des NATO-Manövers und seiner Auswirkungen. Fehler, die in Gordievskijs Bericht und in der frühen Sekundärliteratur auftauchten, sind seitdem in Büchern, Aufsätzen und Dokumentationen immer wieder repetiert worden[27]. Nachfolgend wird nun beschrieben, was tatsächlich während »Able Archer 83« geschah (und was nicht).

Unter dem Namen »Able Archer« (Versierter Bogenschütze) wurde eine Serie von jährlichen Stabsrahmenübungen (»Command Post Exercises«/CPX) zusammengefasst, die die NATO-Staaten abhielten, um die Befehlswege und den Ausbildungsstand des Personals für die Mobilisierung im Ernstfall zu erproben, hier besonders die Tätigkeiten für den Übergang von konventioneller zu atomarer (bzw. biologischer oder chemischer) Kriegführung.

Die militärischen Befehlskomponenten der NATO, die an »Able Archer 83« teilnahmen – der Supreme Allied Commander Europe / SACEUR, die Supreme Headquarters Allied Powers Europe / SHAPE und deren unterstellte Kommandoebenen – hinterließen detaillierte Aufzeichnungen, die jetzt im NATO-Archiv bzw. im SHAPE-Archiv aufbewahrt werden. Sie erlauben es Forschern, soweit die Geheimhaltungsstufen aufgehoben sind, genau nachzuzeichnen, was in den Übungen vorging.

Die entsprechenden Dokumente zeigen, dass »Able Archer 83« vom 7. bis zum 11. November 1983 abgehalten wurde, und nicht vom 2. bis zum 11. November, wie Gordievskij behauptete[28]. Die USA und andere Regierungen der Allianz wollten die Übung dazu benutzen, um neue Verfahren für den Einsatz von Atomwaffen zu erproben. Die alten Richtlinien waren überarbeitet worden, um den Erfahrungen von »Able Archer 82« gerecht zu werden. Der Charakter einer reinen Stabsübungen blieb indes der Gleiche. Das Übungsgeschehen konzentrierte sich unter der

---

Vgl. Markus Wolf, Spionagechef im geheimen Krieg. Erinnerungen. München 1997, S. 326–331. Allerdings ist anzumerken, dass sowjetische und ostdeutsche Geheimdienstleute die Masse der Akten der HVA Ende 1989 und 1990 eilig nach Moskau transportierten, um deren Offenlegung zu verhindern. Nur ein kleiner Teil blieb zurück und ist heute in der BStU bzw. über das Bundesarchiv zugänglich.

26   Dies trifft für alle in Anm. 4 aufgeführten Publikationen zu.
27   Vgl. beispielsweise Manchanda, When truth is stranger than fiction (wie Anm. 4), S. 121–127.
28   Alle Informationen hierzu stammen von einer überaus verdienstvollen, offiziellen Zusammenfassung der immer noch eingestuften Akten zu »Able Archer«, die der Verfasser dem Chief Historian der SHAPE Historical Division, Gregory Pedlow verdankt.

Leitung von SACEUR und SHAPE ausschließlich auf die Befehlskette, ohne dass Truppenverbände involviert gewesen wären.

Im Gegensatz zu weitverbreiteten Fehleinschätzungen beinhaltete »Able Archer 83« keine Teilnahme von politischen Entscheidungsgremien der NATO. Auch gab es keinerlei Absichten, die politischen Führer der amerikanischen oder westeuropäischen Partnerländer in die Übung einzubinden. Sekundärberichte, die die Behauptung kolportieren, dass einer oder mehrere der politischen Führer des Westens – US-Präsident Ronald Reagan, Vize-Präsident George H.W. Bush, Premierministerin Margaret Thatcher, Kanzler Kohl, US-Verteidigungsminister Caspar Weinberger oder andere hohe Verantwortungsträger – teilnahmen, sind reine Erfindung[29]. Die führenden Politiker Westeuropas hatten – zumindest, bevor die Übung beendet war – nicht einmal genauere Kenntnis von »Able Archer 83«.

Die Teilnahme der NATO-eigenen Entscheidungsgremien auf politischer Ebene wurde vom Leitungsstab der Übung simuliert. Die Teilnahme der amerikanischen und britischen Entscheidungsträger wurde von zwei kleinen Kontaktzellen in Washington und London simuliert, d.h. im ersteren Falle im Konferenzraum der Joint Chiefs of Staff im Pentagon und im zweiten im britischen Verteidigungsministerium[30]. Die Involvierung weiterer nationaler Kommandostellen war zu keinem Zeitpunkt intendiert und fand auch nicht statt.

Die Hauptphase der Übungen (7.–11. November) beinhaltete die Erprobung neuer Verfahrenswege der NATO für den Einsatz von Nuklearwaffen, um eine feindliche Aggression zurückzuschlagen. Sowohl der Ersteinsatz der Atomwaffen am 9. November als Reaktion auf den primären Angriff als auch der nachfolgende Einsatz zwei Tage später (»Follow-on«), um weitere Vorstöße des Feindes aufzuhalten, erwiesen sich als erfolgreich. Die ganze Übung lief in Übereinstimmung mit Drehbüchern, die schon lange zuvor niedergeschrieben worden waren, ab und endete exakt, wie geplant am 11. November.

Spätere Behauptungen, die NATO habe »Able Archer 83« plötzlich und abrupt gestoppt, um feindliche Reaktionen der Sowjetunion zu entschärfen, sind durchweg haltlos. Die Übung wurde keineswegs früher als geplant beendet. Die Führungspersönlichkeiten der NATO dieser Zeit zeigten sich auch in keineswegs höherem Maße hinsichtlich möglicher Rückwirkungen in der Sowjet Union beunruhigt, als dies während früherer Übungen im Rahmen von »Able Archer« der Fall gewesen war.

---

[29] Manchanda, When truth is stranger than fiction (wie Anm. 4), S. 122, behauptet, »Able Archer 83« »involved high-level decision-makers in the simulation, including the American president, [the] Vice President, the Joint Chiefs, as well as other NATO leaders«. Derlei geht vollkommen an den Tatsachen vorbei.

[30] Die nationale Beteiligung außerhalb der NATO blieb auf die USA und Großbritannien beschränkt, da diese die einzigen Staaten waren, die über Atomwaffen verfügten und in die NATO-Kommandostrukturen integriert waren. Frankreich war zwar Atommacht, blieb indes außerhalb der integrierten Militärstrukturen und nahm daher an den jährlichen »Able Archer«-Übungen nicht teil.

Sowjetische Reaktionen

Gordievskijs Spekulationen über Beratungen der Spitzenebene in Moskau während der Stabsrahmenübung 1983 haben viele der folgenden Analysen dieser Episode geprägt. Seine Darstellung stützt sich aber weder auf Archivmaterial noch auf Interviews. Im Gegensatz zu dem, was Scott und Wheeler behaupten, die sich ihrerseits wiederum vor allem auf Gordievskij berufen, geben die verfügbaren Akten des Politbüros der KPdSU absolut keinen Hinweis darauf, dass die sowjetischen Führer befürchteten, die Vereinigten Staaten seien im Rahmen von »Able Archer 83« dabei, »to launch a nuclear attack under cover«.

Das Politbüro traf sich am 15. November 1983, einige Tage, nachdem die NATO-Übung beendet worden war[31]. Gegenstand der Sitzung waren ausschließlich innenpolitische Fragen, darunter die Notwendigkeit, die politischen Organe der KPdSU im Ministerium für Innere Angelegenheit zu verbessern und Vorschläge, den Auswahlprozess für den Obersten Sowjet, das Scheinparlament, zu überarbeiten.

Kein einziger Kommentar im Protokoll deutet auf irgendwelche Befürchtungen in Bezug auf die NATO-Übung hin. Nichts, was mit diesem Thema in Verbindung stand, wurde thematisiert. Wenn die sowjetischen Führer derart schockiert gewesen wären, wie Scott und Wheeler behaupten, hätte sich das Politbüro wohl kaum die ganze Sitzung mit drögen innenpolitischen Fragen beschäftigt, anstatt das Land verteidigungsbereit zu machen.

In der nächsten Sitzung des Politbüros am 24. November konzentrierten sich die versammelten Spitzenfunktionäre auf das wirtschaftliche Programm des folgenden Jahres, ein weiteres Thema, das nichts mit der Angst vor einem bevorstehenden Atomkrieg zu tun hatte[32]. Gegen Ende der Sitzung berieten sie kurz über die sowjetischen Beziehungen zur Bundesrepublik Deutschland, aber die einzige Sorge, die sie in diesem Zusammenhang ausdrückten, betraf die Möglichkeit, dass DDR-Staatschef Erich Honecker »übertrieben verärgert auf die Entwicklung unserer Beziehungen mit der BRD reagieren könne«. Die Befürchtungen, dass Honecker sich über enge Bindungen zwischen der Sowjet Union und Westdeutschland beschweren würde, sind denkbar weit von den Behauptungen entfernt, dass die sowjetischen Führer tiefe Furcht davor hegten, dass Westdeutschland und die anderen NATO-Staaten dabei waren, einen Atomkrieg gegen die UdSSR zu beginnen.

Danach diskutierte das Politbüro den Vorschlag Andropovs, der zu diesem Zeitpunkt bereits seit mehreren Monaten schwerkrank in der Klinik lag, dass die ergrauten Mitglieder des Politbüros größere Sorge für ihre Gesundheit tragen und sie nicht das empfohlene Limit ihrer täglichen Arbeitsbelastung überschreiten sollten.

Die Sitzung endete mit einer sehr interessanten Diskussion darüber, ob man noch einmal eine Passagiermaschine abschießen sollte, wenn sie in den sowjetischen Luftraum eindränge. Die Diskussion dieser Frage begann, als Außenminister Gromyko seinen Kollegen im Politbüro mitteilte, dass ein amerikanischer »Psychopath« namens Flynt oder Flint (möglicherweise der Publizist Larry Flynt, vor

---

[31] »Zasedanie Politbyuro TsK KPSS 15 noyabrya 1983 goda«, Ll. 1–16.
[32] »Zasedanie Politbyuro TsK KPSS 24 noyabrya 1983 goda«, Ll. 1–23.

allem für sein pornografisches Magazin »Hustler« bekannt), das Vorhaben verfolge, eine weitere Boeing auf der gleichen Route fliegen zu lassen, »um zu demonstrieren, dass das [südkoreanische] Flugzeug tatsächlich in Spionage verwickelt war«.

Gromyko teilte mit, dass er mit der US-Regierung Kontakt aufgenommen habe, um zu verhindern, dass dieser Flynt bzw. Flint ein solches Vorhaben durchführe. Derlei würde man wohl kaum erwarten, wenn Gromyko und seine Kollegen befürchtet hätten, dass die USA einen Atomschlag erwogen. Gromyko fügte hinzu, dass, wenn diese Person eine Boeing in den sowjetischen Luftraum fliege, »die Maschine nicht abgeschossen werden solle.« Verteidigungsminister Dmitrij Ustinov widersprach Gromyko mit dem Argument: »Wenn wir ein Flugzeug durchlassen [d.h. es nicht abschießen], dann werden andere folgen und es wird danach kein Ende geben.«

Der Chef der Internationalen Abteilung der KPdSU, Boris Ponomarëv, ein Falke, stellte sich auf die Seite Ustinovs, aber andere Mitglieder des Politbüros unterstützten Gromyko. Die Sitzung endete mit der Entscheidung, dass das nächste Passagierflugzeug nicht abgeschossen werden sollte – eine bemerkenswerte Abweichung von den traditionellen Verhaltensmaßregeln der Sowjetunion. Eine Entscheidung dieser Art wäre in keinem Falle möglich gewesen, wenn die sowjetischen Führer gegen Ende des Jahres 1983 eine atomare Attacke seitens der NATO befürchtet hätten.

Die Protokolle der weiteren Sitzungen des Politbüros der KPdSU bzw. des Sekretariats aus dem Jahre 1983 weisen alle in dieselbe Richtung. Andropov und andere führende Sowjet-Vertreter beschuldigten Ronald Reagan zwar, er versuche, »antisowjetische Hysterie« zu erzeugen. Aber ist gibt keinerlei Hinweise darauf, dass sie einen unmittelbar bevorstehenden Atomangriff befürchteten. Vielleicht hegte jemand im sowjetischen Verwaltungsapparat derlei Ängste. Die Protokolle der Diskussion auf höchster Ebene zeigen jedenfalls, dass die führenden Entscheidungsträger der KPdSU zu keinem Zeitpunkt auch nur entfernt diese Stimmung teilten.

Zur Gewinnung zusätzlicher Informationen und vor allem zur Überprüfung der Inhalte der Dokumente hat der Verfasser in den letzten fünfzehn Jahren Interviews mit zahlreichen sowjetischen Spitzenpolitikern und militärischen Befehlshabern geführt. Dabei sollten so viele lebende Mitglieder des Politbüros der KPdSU und des Sekretariats wie möglich befragt werden. Leider starben etliche Mitglieder des im Jahre 1983 amtierenden Politbüros (Andropov, Ustinov, Gromyko, Černenko, Ščerbickij, Kuznecov), bevor die Sowjetunion zusammenbrach. Viele weitere starben in der ersten Hälfte der Neunzigerjahre, ohne dass der Verfasser sie vorher hätte befragen können.

Immerhin aber war es möglich, mit sieben Verantwortlichen zu sprechen, die im Jahre 1983 regelmäßig an den Sitzungen des Politbüros bzw. des Sekretariats teilnahmen (in Klammern das Jahr, an dem das Interview stattfand): Michail Gorbačëv (2002), Wladimir Dolgich (2004), Petr N. Demičev (2004), Ivan Kapitonov (2000),

Nikolaj Ryškov (1999), Michail Solomenzev (2006) und Witali Worotnikow (2007)[33].

Obwohl sich die meisten von ihnen bereits im vorgerückten Alter befanden, als die Interviews geführt wurden, verfügten sie alle über klare Erinnerungen über die frühen Achtzigerjahre. Daher war zu erwarten, dass sie in der Lage sein würden, irgendwelche Ängste, die sie eventuell gehegt hatten, wieder zu vergegenwärtigen. Indes gab kein einziger von ihnen an, gegen Ende 1983 vor einem bevorstehenden Angriff der USA bzw. der NATO gewarnt worden zu sein. Sie erinnerten sich nicht einmal an die Stabsrahmenübung der NATO im November 1983.

Sie erinnerten sich daran, dass die frühen Achtzigerjahre eine Zeit erhöhter Spannungen und Gefahren für die Beziehungen der Supermächte gewesen seien, aber keiner von ihnen ließ erkennen, dass beide Seiten sich am Rande eines Krieges befunden hätten. Leider konnten die Zeitzeugen nicht über die Memoiren von General Danilevič, die erst im Jahre 2009 freigegeben wurden, befragt werden. Darin findet sich die Aussage, dass »no one [on the Soviet General Staff in 1983] believed there was a real likelihood of a nuclear strike from the USA or NATO«. Auf jeden Fall aber liegen die Anmerkungen der Zeitzeugen exakt auf dieser Linie.

Ein ähnliches Bild ergaben Interviews, die im November 1997 mit Marschall Viktor Kulikov, zwischen 1977 und 1989 oberster Befehlshaber des Warschauer Paktes, und mit General Anatolij Gribkov, erster stellvertretender Befehlshaber des Warschauer Paktes, geführt wurden, und ein Interview mit Vladimir Krjučkov, der während dieser gesamten Periode als Chef des Auslandsgeheimdienstes des KGB (Erstes Hauptdirektorat) fungierte. Alle Befragten verneinten entschieden, dass »Able Archer« Befürchtungen in Bezug auf einen bevorstehenden Atomangriff ausgelöst habe. Kulikov und Gribkov belächelten die Behauptung sogar. Keiner dieser Verantwortlichen hatte dabei irgendeinen Grund, die Unwahrheit vorzutäuschen – im Gegenteil, sie hatten gegenteilige argumentative Interessen, d.h. die »Bedrohung« durch die NATO herauszustreichen.

Die veröffentlichten Memoiren früherer sowjetischer Verantwortlicher aus Politik, Militär und Geheimdiensten liegen auf derselben Linie. Fast alle Gestalten, die die Sowjetunion überlebten veröffentlichten ihre Erinnerungen, aber nicht ein einziger thematisierte ein Ereignis, das, wenn es existiert hätte, doch wohl eines ihrer dramatischsten Erlebnisse gewesen wäre[34]. Bei aller methodischen Vorsicht ist die Beweislage doch erdrückend.

---

[33] Befragt wurde auch der ehemalige sowjetische Außenminister Eduard Ševardnadze, der 1983 Kandidat des Politbüros war. Ševardnadze sagte, er habe im betreffenden Jahr wegen seiner Verpflichtungen als Erster Sekretär der Kommunistischen Partei Georgiens den Sitzungen des Politbüros eher unregelmäßig beigewohnt. Ein 1999 unternommener Versuch, Grigori Romanow (der 2008 starb) zu befragen, scheiterte an dessen Weigerung. Heidar Alijew konnte vor seinem Tod 2003 nicht mehr interviewt werden.

[34] M. Gorbatschow, Zhizn' i reformy, 2 Bde, Moskva 1995; V.I. Worotnikow, A bylo eto tak. Iz dnevnika chlena Politbyuro TsK KPSS, Moskau, Sovet veteranov knigoizdaniya SI-MAR 1995; Dinmukhamed Kunajew, Ot Stalina do Gorbacheva. Ocherki istorii Kazakhstana, Alma-Ata 1994; Dinmukhamed Kunaev, O moem vremeni. Vospominaniya, Alma-Ata 1992; Viktor Grishin, Ot Khrushcheva do Gorbacheva. Politicheskie portrety pyati gensekov i A.N. Kosygina, Moskau 1996; Eduard Schewardnadze, Kogda rukhnul zheleznyi zanaves. Vstrechi i vospominaniya, Moskau

Außer den Akten, Interviews und Memoiren aus den Ostblockstaaten widerlegt auch inzwischen freigegebenes Material der US-Geheimdienste aus den Jahren 1983/84 die Behauptung, dass die sowjetischen Führung im November 1983 entsprechende Ängste gehabt hätten. Jahre nach den Ereignissen kamen einige Verantwortliche des Verbundes der Nachrichtendienste der USA (IC)[35] zum Schluss, dass der nationale Geheimdienstbericht vom Mai 1984 (Special National Intelligence Estimate/SNIE) über »Implications of Recent Soviet Military-Political Activities« den realen Ängsten hinter der sowjetischen »Kriegspanik« im Herbst 1983 nicht genug Bedeutung beigemessen habe.

Diese Selbstanklage verschleiert indes den eigentlichen Zweck des SNIE[36]. Dessen Hauptziel bestand darin festzustellen, ob und inwieweit die sowjetischen Führer Ende 1983 der Auffassung waren, dass »a genuine danger of imminent conflict or confrontation with the United States« bestünde. Der Bericht hat wohl, daher auch die Kritik, nicht die allgemeine Alarmstimmung, die Moskau vor dem Hintergrund der rapiden Verschlechterung der Beziehungen zwischen Ost und West durchflutete, aufgezeichnet. Aber, und das ist entscheidend, er kam zum Schluss, dass die Kriegspanik in der UdSSR, die aus einer Verbindung von Propaganda und echter Besorgnis bestand, nicht bedeutete, dass die obersten Verantwortlichen der Sowjetunion zur fatalen Ansicht gelangt waren, dass die Vereinigten Staaten tatsächlich eine atomare Attacke planten.

Die vorsichtigen Einschätzungen des SNIE gründeten auf der Beobachtung möglicher Anzeichen in Bezug auf das Verhalten der sowjetischen Streitkräfte im Gefolge konkreter Ängste der obersten Führung in Moskau. Fritz Ermarth, der Chefautor des SNIE von 1984, hat dargelegt, dass die CIA über ein breites Wissen bzgl. der militärischen Vorbereitungen verfügte, die die Sowjetunion ergriffen hätte, wenn sie Angst vor einem unmittelbaren Angriff gehabt hätte[37].

2009; M.S. Solomentsev, Veryu v Rossiyu, Moskau 2003; Nikolai Ryzhkov, Desyat' let velikikh potryasenii, Moskau 1996; Vladimir Kryuchkov, Lichnoe delo, 2 Bde, Moskau 1996; und A. I. Gribkov, Sud'ba Varshavskogo dogovora. Vospominaniya, dokumenty, fakty, Moskau 1998. Vgl. auch die Memoiren anderer hochrangiger Funktionäre wie Georgii Kornienko, Kholodnaya voina. Svidetel'stvo ee uchastnika, Moskau 1994; Evgenii Chazov, Zdorov'e i vlast'. Vospominaniya »kremlevskogo vracha«, Moskau 1992; Viktor Pribytkin, Apparat, Moskva 1995; Nikolai Baibakov, Sorok let v pravitel'stve, Moskva 1993; Georgii Shakhnazarov, S vozhdyami i bez nikh, Moskva 2001); und Anatoli Černaev, Moya zhizn' i moye vremya, Moskva 1995.

35   IC = Intelligence Community.

36   U.S. Director of Central Intelligence, »Implications of Recent Soviet Military-Political Activities«, SNIE 11-10-84/JX und TCS 6347/84 (Top Secret), 17. Mai 1984. 1996 freigegeben und auf www.foia.cia.gov verfügbar. Zu den Vorbehalten einiger früherer Verantwortlicher vgl. die Darstellung des ehemaligen CIA-Direktors Robert M. Gates, From the Shadows. The Ultimate Insider's Story of Five Presidents and How They Won the Cold War, New York 1997, S. 258–277.

37   Fritz Ermarth, Observations on the »War Scare« of 1983. From an Intelligence Perch, 11. November 2003. In: Stasi Intelligence on NATO. Ed. by Bernd Schaefer and Christian Nuenlist, Zürich, Parallel History Project on NATO and the Warsaw Pact, November 2003, S. 27–30. Eine erstrangige Quelle, die den US-Nachrichtendiensten 1983 zur Verfügung stand, war Oberst Ryszard Kukliński, Angehöriger des polnischen Generalstabes, der seit 1972 für die CIA arbeitete, bis er wegen der Gefahr, verhaftet zu werden, im November 1981 aus Polen floh.

Über elektronische und menschliche Quellen[38] besaßen die US-Geheimdienste gerade in den Jahren 1983 und 1984 extrem gute Kenntnis über die sowjetischen Kriegspläne und die entsprechenden militärischen Abläufe. Die CIA benutzte hochsensible Daten der für die Kontrolle des internationalen Datentransfers zuständige National Security Agency (NSA), des National Reconnaissance Office (NRO), das für den Betrieb des militärischen Satellitenprogramms der USA zuständig ist, und des Militärgeheimdienstes Defense Intelligence Agency (DIA) sowie auch der eigenen Agenten, und war dadurch in der Lage, viele Einzelaspekte auf einer langen Überprüfungsliste von Indikatoren genau zu verfolgen. Dadurch wären die sowjetischen Vorbereitungen für einen Krieg und den Einsatz von Atomwaffen ziemlich exakt erkennbar gewesen. Gerade im fraglichen Zeitraum, hier insbesondere im Gefolge des Abschusses des Passagierflugzeuges der Korean Air Lines im September 1983, hielten die CIA und andere US-Nachrichtendienste in besonderem Maße nach Anzeichen für erhöhte militärische Vorbereitungen der Sowjetunion Ausschau.

Scott und Wheeler wollen uns glauben machen, die Mobilisierung der strategischen Atomwaffen der Sowjetunion und die taktische Auflockerung der sowjetischen Raketenwerfer SS-20, ebenfalls ein Zeichen hoher Alarmbereitschaft, seien komplett unentdeckt geblieben – Aktivitäten, die von den US-Geheimdiensten, die zu jener Zeit die Lage überaus genau überwachten, sehr leicht hätten entdeckt werden können. Derlei Behauptungen sind schlicht unhaltbar.

Die detaillierten Überwachungsberichte der US-Nachrichtendienste zeigen in der Tat nur, dass lediglich einige wenige vorbereitende Maßnahmen getroffen wurden. Die Alarmierung von etwa einem Dutzend Jagdflugzeuge ist wohl kaum ein Anzeichen für massive Ängste vor einem bevorstehenden Atomangriff der NATO. Tatsächlich haben die Sowjetunion und die anderen Staaten des Warschauer Paktes zwischen den Fünfziger- und den Achtzigerjahren regelmäßig Kriegsflugzeuge und andere Kräfte in den Alarmzustand versetzt, hier vor allem während NATO-Übungen, akuten Krisen und anderen Perioden erhöhter Spannung.

Die mehr als bescheidenen Schritte im Herbst 1983 stellten keine außergewöhnlichen Maßnahmen dar und können auch keineswegs als Indikatoren für irgendwelche Ängste vor einem bevorstehenden Großangriff gewertet werden. Derlei Vorbereitungen unterschieden sich qualitativ nicht von den Maßnahmen während vergangener Spannungszeiten, also etwa während der sowjetischen Invasion in Afghanistan Ende 1979. Konträr zu den Behauptungen Scotts und Wheelers existierten keinerlei Anzeichen für sowjetische Vorbereitungen für den Einsatz von Interkontinentalraketen oder SS-20.

Einige Beobachter haben argumentiert, dass die sowjetischen Reaktionen auf »Able Archer 83« vielleicht von einem Ereignis beeinflusst wurden, das einige Wochen zuvor, am 26. September 1983, stattgefunden hatte. An diesem Tag hatte es einen Fehlalarm im Bereich der sowjetischen Luftverteidigung gegeben, wonach angeblich fünf US-Atomraketen im Anflug seien. Selbst wenn sich dieser Zwischenfall so zugetragen hat wie berichtet, muss die ganze Angelegenheit mit den damaligen

---

[38] Diese gingen weitgehend verloren, als Mitarbeiter der CIA (Aldrich Ames) bzw. des FBI (Robert Hanssen) ab Mitte der Achtzigerjahre begannen, für den KGB zu arbeiten.

Rahmenbedingungen in Beziehung gesetzt werden, um ihn richtig einschätzen zu können.

Valeri Jarinitsch, damals für die Führung und die Kontrolle der strategischen Raketentruppen zuständig, betont, dass sich diese Art von Fehlalarmen ziemlich häufig ereigneten und auch gewöhnlich recht schnell und ohne größeres Aufheben als solche erkannt wurden[39]. So auch am 26. September 1983. Jarinitsch unterstreicht in seiner Darstellung der Vorgänge, dass, obwohl solche Ereignisse gerade in Spannungszeiten ein gewisses Risiko darstellten, er und die anderen Verantwortlichen – selbst unter kritischen Bedingungen – nicht ohne weiteres davon ausgingen, dass ein Alarm mit nur fünf Raketen einen wirklichen Großangriff bedeutete. Im Gegenteil – sie hätten zunächst einmal angenommen, dass derlei einen falschen Alarm darstellte, und hätten daher rasch gehandelt, um dies zu verifizieren – so wie es dann auch der Oberstleutnant Stanislaw Petrow am 26. September 1983 tat. Kein Mitglied des Politbüro wäre auch nur informiert worden, außer, wenn der Alarm angedauert hätte, was in diesem Fall nicht geschah.

Gordievskij behauptete in seinem Buch von 1990, dass er am 8. oder 9. November 1983 ein »Blitz«-Dokument über NATO-Vorbereitungen für einen Krieg gesehen habe. Ein solches Dokument ist jedoch nirgendwo aufgetaucht. Es findet auch keinerlei Erwähnung in anderen erstrangigen Quellen, nicht zuletzt auch in den Dokumenten der Nachrichtendienste der DDR, die ja wohl auf einen derartigen Text hingewiesen hätten, wenn er existiert hätte. Vladimir Krjučkov, der Kopf des KGB-Auslandsgeheimdienstes im Jahre 1983, verneinte in einem Interview im Juni 1999 jedenfalls, jemals Kenntnis von einem solchen Sofort-Bericht erhalten zu haben. Zwar ist Krjutschkow keine stets glaubwürdige Quelle, aber er hätte, ähnlich wie Kulikov und Gribkov, keinerlei Anlass, die Wahrheit zu verdrehen.

Höchstwahrscheinlich handelte sich dabei um ein Routinedokument, das von Gordievskij im aktuellen Zusammenhang falsch interpretiert wurde. Beispielsweise könnte es sich um ein Telegramm gehandelt haben, das von »Gerüchten« über die Alarmierung von US-Streitkräften handelte, obwohl die Absender selbst daran keinen Glauben schenkten. Eine derartige Erklärung ist besonders dann besonders plausibel, wenn die Absender Geheimdienstoffiziere der DDR waren.

Wie Vojtech Mastny betont, hatten ostdeutsche Spione die NATO-Hauptquartiere vollständig durchsetzt und Einblick in die Masse der geheimsten militärischen Planungsdokumente erhalten[40]. Für sie musste klar gewesen sein, dass die NATO nicht beabsichtigte, einen Angriff zu starten. Sie fühlten sich wohl verpflichtet, auch »Gerüchte« zu melden, selbst wenn sie große Zweifel an deren Wahrheitsgehalt hegten.

Diese Art von »Rumor Reports« findet sich in großer Vielfalt sowohl in Ostblock- als auch in westlichen Archiven. Aus Vorsicht fühlten sich die Verantwortlichen, die die entsprechenden Gerüchte gehört hatten, verpflichtet, einen Bericht darüber zu verfassen. Dies bedeutet aber nicht, dass die Autoren die Gerüchte auch tatsächlich glaubten. Bevor das erwähnte »Blitz«-Dokument – und Akten, dass es tatsächlich

---

[39] Valery Jarinitsch, C3. Nuclear Command, Control, Cooperation, Washington D.C., 2003.
[40] Zu diesem Punkt vgl. Stasi Intelligence on NATO (wie Anm. 37).

auch Diskussion auf höchster Ebene auslöste! – nicht vorliegt, bleibt die plausibelste Erklärung, das Gordievskij schlicht falsche Schlüsse aus einem Dokument zog, das er als »Blitz«-Bericht einstufte.

Fazit

Die verfügbaren Quellen – freigegebene Akten der früheren Sowjetunion, Aussagen früherer zentral Beteiligter aus erster Hand und konkrete Hinweise darauf, wie die Sowjetunion damals tatsächlich handelte – widerlegen die Argumente von Scott und Wheeler genauso wie die von anderen Beobachtern, die behaupten, dass die Welt infolge der NATO-Übung »Able Archer 83« an der Schwelle zum Atomkrieg gestanden habe. Tatsächlich befand sich die Welt im Oktober 1962, während der Kubakrise, am Rande eines Atomkrieges – aber nicht im November 1983.

Immerhin stammte die Kriegspanik, die in dieser Zeit in der sowjetischen Bevölkerung herrschte, teils von tatsächlich vorhandenen, tiefen Ängsten. Inzwischen freigegebene sowjetische Dokumente zeigen, dass die Führer in Moskau durch die starke Verschlechterung der Beziehungen zwischen Ost und West entnervt waren und sie daher die Notwendigkeit zu verschärfter innen- und außenpolitischer Wachsamkeit sahen.

Gleichzeitig zeigen die Akten auch, dass die vermeintliche Kriegspanik auch noch anderen Zwecken diente. Obgleich Hoffnungen Moskaus, die Stationierung der NATO-Mittelstreckenraketen noch verhindern zu können, in der zweiten Hälfte des Jahre 1983 allmählich schwanden, erhöhten der KGB und die Abteilung für Internationale Politik der KPdSU ihre Anstrengungen, die westlichen Friedensbewegungen davon zu überzeugen, dass die NATO, und speziell die USA, unverrückbar feindselig und militaristisch seien[41].

Die künstlich geschürte Kriegspanik war teilweise darauf zugeschnitten, dieses Bild zu unterfüttern. Obwohl die Kriegspanik in der Sowjetunion sicherlich nicht nur eine Erfindung der sowjetischen Propagandaorgane war, brachte sie sowohl zu Hause als auch im Ausland klaren propagandistischen Nutzen. Vielleicht ist es kein Zufall, dass die konkreten Ängste vor einem neuen Krieg in der UdSSR und anderswo stetig abnahmen, als die Stationierung der Cruise Missiles und der Pershing II in Westeuropa abgeschlossen war.

Die Tatsache, dass Gordievskijs alarmierende Meldungen an die britischen Verantwortlichen Ende 1983 ein viel zu düsteres Bild hinsichtlich der Überlegungen des Politbüros in Moskau zeichnete, führte ironischerweise dazu, dass der Inhalt der Warnungen einen so bleibenden Eindruck in London und Washington machte.

---

[41] Vgl. Christopher Andrew und Vasili Mitrokhin, The Sword and the Shield. The Mitrokhin Archive and the Secret History of the KGB, New York 2000, S. 397–485. Zu den Ursprüngen dieser Kampagne vgl. Postanovlenie Sekretariata Kommunisticheskoi Partii Sovetskogo Soyuza. O dopolnitel'nykh meropriyatiyakh aktivizatsii vystuplenii obshchestvennosti protiv resheniya NATO o proizvodstve i razmeshchenii novykh amerikansikikh raket v Zapadnoi Evrope, CPSU Secretariat Resolution No. ST-206/15s (Top Secret), 15. April 1980. In: RGANI, F. 89, OS. 39, D. 1, Ll. 1–4.

Führende Politiker in Großbritannien und den USA änderten unter dem Eindruck der Warnungen Gordievskijs augenscheinlich ihre Ansichten.

Um einen falschen Eindruck zu vermeiden: diese Warnungen stellten keineswegs den einzigen Faktor für die Abmilderung der Position Ronald Reagans in den folgenden Jahren dar. Wahltaktische Überlegungen vor dem Hintergrund der Bewegung für das Einfrieren der Atomrüstung (»freeze«) spielten hier eine weitaus größere Rolle. Später änderte dann der Aufstieg Michail Gorbačevs die politische Großwetterlage in Washington. Dokumente in der Reagan Library zeigen deutlich, dass beginnend mit dem Jahr 1983, als die »freeze«-Bewegung an Stärke gewann, die politischen Berater den Präsidenten zu versöhnlichen Gesten gegenüber der Sowjetunion drängten. Damit sollte die in den USA herrschende Grundstimmung gegen die Atomrüstung entschärft werden, um sie nicht zu einem Hindernis für die Präsidentschafts- und Kongresswahlen im Jahre 1984 werden zu lassen.

In diesem Sinne wäre die Abmilderung der Haltung Reagans auch ohne die Warnungen Gordievskijs erfolgt[42]. Was dessen Berichte allerdings in der Tat bewirkten, war eine Förderung und Unterstützung des Wandels in Reagans Grundhaltung. Auch gewährleisteten sie, dass die allmähliche Neuausrichtung der Beziehungen zur Sowjetunion von größerer Dauer war, als dies unter anderen Bedingungen möglich gewesen wäre. Die »Nicht-Krise« von 1983 trug daher in gebührendem Maße zur Wiederannäherung zwischen den USA und der Sowjetunion sowie den daraus resultierenden, weitreichenden Folgen bei.

---

[42]   Eine andere Sicht der Dinge in Fischer, The Reagan Reversal (wie Anm. 4).

Joseph P. Harahan

Europäische Sicherheit, Rüstungskontrolle und die Wiedervereinigung Deutschlands

Nach dem Fall der Berliner Mauer im November 1989 veränderte sich die europäische Sicherheitslage sehr schnell. In kurzer Zeit hatte sich eines der beiden Bündnisse, die NATO, für die meisten Nationen auf dem Kontinent zur alleinigen Schutzmacht entwickelt. Eine der zwei Supermächte, die Vereinigten Staaten, bewahrte ihre Fähigkeit, ihre Streitkräfte überall hin zu entsenden, ständig mit ihnen zu kommunizieren und sie, wenn nötig, zu verstärken; die andere Supermacht, die Sowjetunion befand sich zu dieser Zeit schon in einem Auflösungsprozess.

Deutschland wurde wiedervereinigt und in seinen neuen Grenzen Teil der NATO und einer gestärkten Europäischen Union. Um militärische Stabilität in ganz Europa zu gewährleisten, gab es eine Reihe neuer Abrüstungsverträge, mit denen konventionelle Waffen abgebaut wurden (KSE-Vertrag), einen Vertrag zum Abbau nuklearer Mittelstreckensysteme (INF-Vertrag), einen Vertrag zur Reduzierung strategischer Nuklearwaffen (START-Vertrag) und ein internationales Übereinkommen zur Reduzierung chemischer Waffen (CWÜ).

Die amerikanische Historikerin Mary Elise Sarotte behauptete unlängst, dass diese Veränderungen in der Europäischen Sicherheit nach dem Kalten Krieg kurzsichtig und wenig durchdacht gewesen seien. Sarotte zufolge verursachten sie seither große Probleme, da Russland und andere osteuropäische Staaten aus dem transformierten System der Europäischen Sicherheit ausgespart blieben[1].

Bevor man sich Sarottes Meinung anschließt, sollte man den historischen Kontext betrachten, der diesen Entwicklungen zu Grunde liegt, die zu diesem Wandel führten. Zweifellos wurde die europäische Sicherheit in der zweiten Hälfte der Achtzigerjahre intensiv diskutiert. Die Staaten des Warschauer Paktes schlugen im Juni 1986 auf Drängen des neuen sowjetischen Staats- und Parteichefs Michail Gorbačëv vor, über einen beiderseitigen Abbau von Streitkräften und Waffen im Rahmen eines neuen Vertrags zur konventionellen Abrüstung zu verhandeln.

Im selben Jahr, also drei Jahre vor dem Fall der Berliner Mauer, schlug eine hochrangige Arbeitsgruppe der NATO eine zweigleisige Verhandlungsstrategie für den Abbau und die Stabilisierung konventioneller Streitkräfte in Europa vom Atlantik zum Ural vor. Einerseits wurde empfohlen, dass die aus 35 Staaten bestehende

---

[1] Mary Elise Sarotte, 1989. The Struggle to Create Post-Cold War Europe, Princeton 2009, S. 195–214.

Konferenz für Sicherheit und Zusammenarbeit (KSZE) Verhandlungen über eine
Reihe weitergehender und umfassender vertrauensbildender Maßnahmen beginnen
solle. Andererseits wurden die Staaten der NATO und des Warschauer Paktes aufgerufen, einen neuen Vertrag über konventionelle Rüstungskontrolle zu schließen, einen Vertrag mit schrittweisen Reduzierungen und neuen Stabilitätsbestimmungen[2].

Es gab also diplomatisch-militärische Initiativen, die sich stark vom traditionellen militärischen Wettrüsten unterschieden, das die europäische Sicherheit in der
überwiegenden Zeit des Kalten Krieges charakterisiert hatte. Denn bis Ende der
Achtzigerjahre waren von beiden Militärbündnissen, der Nato und dem Warschauer
Pakt, mehr Streitkräfte, Waffen und Divisionen in Europa konzentriert worden, als
die Streitkräfte auf allen anderen Kontinenten zusammen zählten.

Die 16 NATO-Staaten hatten 2,24 Millionen Männer und Frauen unter Waffen.
Die Streitkräfte der 7 Staaten des Warschauer Pakts waren etwas umfangreicher,
sie bestanden aus 2,3 Millionen Heeres-, Marine- und Luftwaffenangehörigen.
Der Warschauer Pakt verfügte auch über mehr Gefechtswaffen, er besaß 58 500
Kampfpanzer, 24 700 Schützenpanzer, 49 600 Artilleriewaffen, Mörser und Ra-
ketenwerfer, 11 300 Boden-Luft-Flugkörper und 1515 gepanzerte Hubschrauber.
Als umfassende Klammer dienten die gewaltigen Streitkräfte der Sowjetunion – je nach
Zählweise bis zu fünf Millionen Mann. Sie waren unter anderem auf Stützpunkten
in den Sowjetrepubliken Weißrussland, Ukraine und Russland disloziert.

Zwischen den Sechziger- und den Achtzigerjahren wurde ein Großteil der
Waffen und des Materials des Warschauer Pakts von den Waffenbüros und -produ-
zenten der Sowjetunion entwickelt, getestet, hergestellt und eingesetzt. Sowjetische
Generalstabsoffiziere führten den Generalstab des Bündnisses und leiteten die
Abteilungen für Kriegsplanungen, Operationen und Ausbildung. Seit Beginn des
Kalten Krieges waren sowjetische Streitkräfte auch in anderen, nicht-sowjetischen
Ländern des Warschauer Pakts stationiert. Ende der Achtzigerjahre standen sowje-
tische Soldaten im Rahmen des Bündnisses nach wie vor in Ostdeutschland, Polen,
Ungarn und der Tschechoslowakei[3].

In der NATO wurde das militärische Kommando von einem amerikanischen
General (SACEUR / Supreme Allied Commander Europe) geführt. Ihm unter-
stellt waren Offiziere aus allen Mitgliedsländern, die für Planung, Ausbildung und
Ausrüstung der Streitkräfte verantwortlich waren. Die 16 Staaten des NATO-
Bündnisses mit Hauptquartier in der belgischen Hauptstadt Brüssel, führten,
wie schon in den Jahrzehnten zuvor, auch in den Achtzigerjahren schwierige und

---

2   Für eine Erörterung der Verhandlungsstrategie der NATO siehe: P. Terrance Hopmann, From
    MBFR to CFE. Negotiating Conventional Arms Control in Europe. In: Encyclopedia of Arms
    Control and Disarmament, Bd 2. Ed. by Richard Dean Burns, New York 1993, S. 967–989. Zum
    Vorschlag des Warschauer Pakts siehe: Appeal by Warsaw Treaty member states to the Member
    States of NATO and to all European countries for the Reduction of Armed Forces and Conventional
    Armaments in Europe, Juni 1986, veröffentlicht in: Lawrence Freedman, Europe Transformed.
    Documents of the End of the Cold War, New York 1990, S. 213–218.
3   A Cardboard Castle? An Inside History of the Warsaw Pact, 1955–1991. Ed. by Vojtech Mastny,
    Malcolm Byrne and Magdalena Klotzbach, Budapest, New York 2009. Vgl. auch International
    Institute of Strategic Studies, The Military Balance, 1988–1989, London 1989.

hitzige Debatten über den Umfang der Bündnisstreitkräfte und entsprechende Entscheidungen zum eigenen Waffenarsenal.

Aufgrund der Stationierung von Pershing II-Flugkörpersystemen und luftgestützten Marschflugkörpern amerikanischer Produktion auf den Stützpunkten und an Standorten der NATO-Staaten kam es Anfang der Achtzigerjahre in den Städten und Gemeinden zur sogenannten Euromissile-Krise. Obgleich Tausende, ja Millionen Westeuropäer dagegen protestierten, stimmten die NATO-Partner der Aufnahme und Stationierung amerikanischer Flugkörper in Europa zu.

Mit der Stationierung der neuen Flugkörper auf Militärstützpunkten in Großbritannien, den Niederlanden, Belgien, Westdeutschland und Italien wurden die öffentlichen Proteste und die intensive Berichterstattung in den Medien fortgesetzt. Obwohl das aus 16 Staaten bestehende Bündnis seinen Militärhaushalt in den Jahren 1989/90 erhöhte, schien sich die NATO in einer Krise und im Umbruch zu befinden.

Auch im Warschauer Pakt vollzogen sich wichtige Veränderungen. Im Führungsstaat des Bündnisses, der Sowjetunion, war Michail Gorbačëv 1985 Generalsekretär der kommunistischen Partei geworden. Gorbačëv war Anwalt, Reformer und Sozialist mit demokratischen Vorstellungen und klaren Ideen zur Umgestaltung des sowjetischen Staates und dessen Wirtschaft sowie der Neuordnung seiner internationalen Beziehungen zu Europa. Gorbačëv zeigte, dass er ernsthaft bereit war, seine Vorstellungen von Reform und Umstrukturierung energisch durchzusetzen.

Gorbačëvs Biograph Archie Brown folgerte, dass »sich die tiefgreifendsten Veränderungen der Ära Gorbačëv [...] innerhalb Europas und in den Beziehungen der Sowjetunion zu den europäischen Staaten im Westen und im Osten vollzogen«[4]. Im Gegensatz zu seinen Vorgängern reiste Gorbačëv durch Westeuropa und traf sich mit Margret Thatcher, François Mitterrand, Felipe Gonzales sowie Helmut Kohl und Hans-Dietrich Genscher. Er lud diese Persönlichkeiten auch zu Treffen und ausführlichen Gesprächen über die Zukunft Europas nach Moskau ein. In den sieben Jahren, in denen er Generalsekretär war, traf sich Gorbačëv auch einmal pro Jahr mit führenden US-Politikern. Von 1985–1991 nahm er an einer Reihe von Gipfeltreffen mit den Präsidenten Ronald Reagan und George Bush teil.

Auf all diesen Treffen versuchte Gorbačëv, die Staats- und Regierungschefs davon zu überzeugen, dass er die Regierung und Wirtschaft der Sowjetunion mit Hilfe von Glasnost und Perestroika reformieren, die militärischen Beziehungen zwischen den Vereinigten Staaten und der Sowjetunion durch Rüstungskontrollverträge entspannen und sich für ein »gemeinsames europäisches Haus« für alle Völker auf dem europäischen Kontinent einsetzen werde[5].

Gorbačëv zielte nicht darauf ab, das wirtschaftliche und politische System seines Landes zu ersetzen, vielmehr wollte er es reformieren. Auf den Gipfeltreffen mit Präsident Reagan 1985 in Genf und 1986 in Reykjavik konzentrierte sich Gorbačëv

4   Archie Brown, Der Gorbatschow-Faktor. Wandel einer Weltmacht, Frankfurt a.M. 2000, S. 397. Siehe auch: Archie Brown, Seven Years that Changed the World. Perestroika in Perspective, Oxford 2007.
5   Brown, Seven Years (wie Anm. 4), S. 242–251.

darauf, die wichtigsten Obergrenzen und Bedingungen für einen Rüstungskontroll-
vertrag zu verhandeln, um die strategischen Kernwaffen beider Staaten innerhalb
von fünfzehn Jahren auf Null zu bringen.

Obwohl Reagan diesen drastischen Vorschlag ablehnte, glaubte er, dass es
Gorbačëv mit Verhandlungen über wichtige Rüstungskontrollvereinbarungen
ernst meinte. Die historische Forschung ist heute zu der Schlussfolgerung gelangt, dass auch Reagan für die Abschaffung der Kernwaffen gewesen sei und bereit war, in dieser Frage gegen die Meinung seiner Militärberater zu handeln. Bei
den Rüstungskontrollverhandlungen mit der sowjetischen Führung übernahmen
Reagan, George Shultz und Jack Matlock die Leitung[6].

Nachdem seine außerordentlich kühnen Vorschläge in Reykjavik abgelehnt
worden waren, schlug Gorbačëv im darauffolgenden Jahr den INF-Vertrag vor,
der von Reagan schließlich angenommen wurde. Mit diesem Vertrag wurden die
Mittelstreckenraketen der NATO und des Warschauer Pakts reduziert. In diesem historischen Vertrag sollte eine ganze Klasse stationierter sowie noch nicht stationierter
Waffen aus den bestehenden Arsenalen beseitigt werden. Die Vereinigten Staaten erklärten sich bereit, innerhalb von drei Jahren fast 850 Pershing-II und Cruise Missiles
abzubauen, und die Sowjetunion sagte zu, fast 1850 ihrer Mittelstreckenraketen, SS-
23 und SS-20 sowie sechs kleinere Flugkörper zu reduzieren. Obgleich die Zahl der
abzubauenden Atomraketen im Vergleich zu den enormen Gesamtbeständen gering
war, bedeutete der Vertrag doch einen grundlegenden Wandel, sowohl in der sowjetischen als auch in der amerikanischen Politik[7].

Als Gorbačëv und Reagan im Dezember 1987 im Weißen Haus den INF-Vertrag
unterzeichneten, leiteten sie den Abbau von fast 2700 Flugkörpern und dessen
Verifikation durch Datenaustausch, Information über Verlegung von Waffensystemen,
ständige Überwachung von Fertigungseinrichtungen für Flugkörper und Vor-Ort-
Inspektionen ein. Nach der Ratifizierung durch die jeweiligen Parlamente trat der
Vertrag im Juli 1988 in Kraft und wurde implementiert.

Im Laufe der folgenden drei Jahre bauten die beiden Staaten alle diesbezüglichen Flugkörper, Abschussvorrichtungen und Unterstützungsausrüstungen ab; alle
Reduzierungen wurden vor Ort von Inspektoren geplant, überwacht und beobachtet. Mehr als 2000 Inspektoren reisten aus den Vereinigten Staaten und Westeuropa
in die Sowjetunion und die Staaten des Warschauer Pakts, um die Stützpunkte
und Standorte zu überwachen und inspizieren. Und mehr als 1000 sowjetische
Inspektoren kamen aus Moskau oder Wladiwostok, um die Beseitigung US-
amerikanischer Flugkörpersysteme und -einrichtungen zu beobachten. Der Zeitplan
der Inspektionen war sehr straff geregelt[8].

---

[6]   Melvyn P. Leffler, For the Soul of Mankind. The United States, the Soviet Union, and the Cold
      War. New York 2007. Siehe auch Beth A. Fisher, The Reagan Reversal. Foreign Policy and the End
      of the Cold War, Columbia 1997.
[7]   Joseph P. Harahan, On-site Inspections under the INF Treaty. A History of the On-Site Inspection
      Agency and Treaty Implementation, 1988–1991, Washington D.C. 1992, S. 1–12 und 33–45.
      Siehe auch George L. Rueckert, Global Double Zero. The INF Treaty from its Origins to
      Implementation, Ann Arbor 1993.
[8]   Harahan, On-site Inspections (wie Anm. 7).

Während der ersten 60 Tage nach der Unterzeichnung des INF-Vertrages entsandten die Vereinigten Staaten 114 aus jeweils 10 Mitgliedern bestehende Inspektionsteams, die an jedem sowjetischen Flugkörperstandort, jeder Lagerstätte, jedem Fertigungsbetrieb und jeder Ausbildungseinrichtung eine Ausgangsinspektion vornahmen. Im gleichen Zeitraum entsandte die Sowjetunion Inspektionsteams, die auf 31 Stützpunkten in den Vereinigten Staaten sowie auf NATO-Stützpunkten in Großbritannien, den Niederlanden, Belgien, Westdeutschland und Italien Vertragsinspektion durchführten. Lokale und nationale Medien berichteten über Ankunft und Abreise vieler dieser ersten Inspektionsteams. Die Berichterstattung konzentrierte sich vor allem auf Fragen zur Einhaltung des Vertrags. Obwohl die Inspektoren die meisten Fragen der Öffentlichkeit unbeantwortet ließen, verfolgten Regierungsbeamte die Inspektionsberichte und den Zeitplan der Flugkörper-Reduzierungen, das Verhalten der Inspektionsteams und die gesamte Einhaltung des Vertrags durch das jeweils andere Land sehr genau.

Zum Abschluss einer jeden Inspektion erstellten beide Parteien einen Inspektionsbericht, der handschriftlich in Russisch und Englisch ausgefertigt wurde. Der vom Leiter des Inspektionsteams und vom Leiter des Begleitteams unterzeichnete Bericht bestätigte Typ und Anzahl der beseitigten Flugkörper sowie die inspizierten Einrichtungen. Probleme oder Schwierigkeiten wurden vom Inspektionsteam im Bericht vermerkt.

Zwischen Juli 1988 und Juni 1991 führten die Vereinigten Staaten mehr als 400 Inspektionen sowjetischer Standorte und Einrichtungen durch. Dabei erwies sich lediglich eine Inspektion als problematisch. Das Problem wurde dann auf diplomatischen Weg gelöst. In jenen Jahren reiste der Autor dieses Beitrags fünf oder sechs Mal mit amerikanischen Inspektionsteams in die Sowjetunion. Die Frage der Vertragseinhaltung stand auch hier im Mittelpunkt einer jeden Inspektion.

Skeptiker in den Vereinigten Staaten bezweifelten, dass Gorbačëv und die Sowjetunion den Vertrag einhalten würden. Zehn Tage bevor Reagan und Gorbačëv im Dezember 1987 den INF-Vertrag unterzeichneten, sandte Robert Gates, der stellvertretende Direktor der CIA, dem Präsidenten eine Nachricht. Gates prophezeite, dass der sowjetische Führer unaufrichtig sei. Gates schrieb, dass die sowjetische Führung binnen kurzer Zeit das »weitere Wachstum der militärischen Macht und des politischen Einflusses der Sowjetunion« wieder aufnehmen werde. Darüber hinaus war er der Meinung, der INF-Vertrag würde den Zusammenhalt des NATO-Bündnisses gefährden, und kam so zu der Schlussfolgerung, dass der Vertrag die europäische Sicherheit nicht verbessern würde. Gates sollte in keinem dieser Punkte recht behalten[9].

Während der INF-Vertrag verhandelt wurde, trafen sich Gorbačëv und der sowjetische Außenminister Ševardnadze mit der Führung des Warschauer Pakts und

---

[9] National Security Archive, The INF Treaty and the Washington Summit. 20 Years Later. Ed. by Svetlana Savranskaya and Thomas Blanton (www.gwu.edu/~nsarchive). Robert Gates' Memo an Präsident Reagan ist Teil dieser Sammlung. Siehe Gates' Erklärung für seinen Pessimismus in seinen Memoiren in: Robert M. Gates, From the Shadows. The Ultimate Insider's Story of Five Presidents and How They Won the Cold War, New York 1996.

umrissen die neue Politik. Im November 1986 teilte Gorbačëv dieser Gruppe mit, dass es in Zukunft keinerlei Interventionen der sowjetischen Streitkräfte bei innen-politischen Krisen in den WP-Ländern geben werde. Diese Politik, die nun begraben wurde, war Bestandteil der sogenannten Brežnev-Doktrin gewesen. Aufgrund dieser Doktrin hatte man den sowjetischen Streitkräften 1968 den Befehl erteilt, gewaltsam gegen Demonstranten in der Tschechoslowakei vorzugehen.

Gorbačëv erklärte, dass es künftig keinen »Neustart« für kommunistische Regimes geben werde, der sich auf den Einsatz sowjetischer Streitkräfte zur Unterstützung der Regierungen osteuropäischer Länder stützen könne. Nicht alle Regierungschefs glaubten ihm[10]. Doch es war ihm ernst und in den darauffolgenden Jahren erteilte Gorbačëv sowjetischen Truppen tatsächlich nie den Befehl, die Kasernen zu verlassen und die kommunistischen Regierungen gegen die Völker Osteuropas, des Baltikums oder sogar der Sowjetunion zu unterstützen.

Dem kanadischen Historiker Jacques Levesque zufolge war diese neue Politik wirklich revolutionär[11]. Gorbačëv kündigte eine neue sowjetische Politik der Toleranz an, die – in Abkehr von der sowjetischen Politik seit Beginn des Kalten Krieges – Veränderungen in den kommunistischen Gesellschaften und Regierungen akzeptieren würde. Jedoch war man sich im Jahre 1986 auf westlicher Seite über den zukünftigen Kurs der neuen Politik Gorbačëvs noch weitgehend im Unklaren.

In der Folge wurde aber zunehmend deutlich, dass Gorbačëv und Ševardnadze einem auf Bedrohung basierenden Wettrüsten des Kalten Krieges eine endgültige Absage erteilt hatten. Dem amerikanischen Historiker Melvin Leffler zufolge hatte Stalin Ende der Vierzigerjahre das damalige Wettrüsten in dem Glauben begonnen, dass »Kernwaffen Sicherheit vor einem Angriff bieten würden, und sie aus diesem Grund für keinen anderen Zweck eingesetzt werden könnten«[12]. Derlei machte we-der für Gorbačëv noch für Ševardnadze weiter Sinn.

Gorbačëv erklärte 1988 im Politbüro der Kommunistischen Partei der Sowjetunion ausdrücklich, dass diese alte Denkweise nichts weiter als eine »törichte Dialektik« sei. Sowohl er als auch Ševardnadze glaubten, dass die größte Bedrohung für die Sowjetunion aus dem Land selbst kam. Daher mussten die KPdSU, die Regierung und die Wirtschaft in ihrer sozialistischen Lebenskraft und Stärke erneuert werden.

Von immanenter Wichtigkeit für diese Politik war aber auch ihre internationale Dimension. Im September 1988 sprach Ševardnadze vor den Vereinten Nationen und erklärte, die »Sowjetunion unterstützt die Entideologisierung der internationalen Beziehungen und die Beschränkung ideologischer Differenzen auf die Außenpolitik und Diplomatie«[13]. Als Gorbačëv im Dezember 1988 vor den Vereinten Nationen sprach, wiederholte er diesen Gedanken und kündigte für westliche Kreise völlig überraschend eine einseitige Reduzierung von 500 000 Soldaten bei den konventi-

[10]   Brown, The Gorbachev Factor (wie Anm. 4), S. 249 f.
[11]   Jacques Levesque, The Messianic Character of Gorbachev's New Thinking. Why and What For. In: The last Decade of the Cold War. From Conflict Escalation to Conflict Transformation. Ed. by Olav Njølstad, London 2004, S. 159–178.
[12]   Melvyn P. Leffler, The Beginning and the End. Time, Context and the Cold War. In: The last Decade (wie Anm. 11), S. 29–59.
[13]   Leffler, For the Soul (wie Anm. 6), S. 44.

onellen Streitkräften und Waffen der Sowjetunion in Mitteleuropa an und gab die Zusage, den Bündnispartnern der Sowjetunion in Osteuropa »die freie Wahl« zu lassen[14].

US-Historiker Matthew Evangelista bezeichnete Gorbačëvs Äußerungen an diesem Tag als das »Ende des Kalten Krieges in Europa«, denn bei Umsetzung dieser Ankündigung war die Sowjetunion nicht mehr in der Lage, bei nationalen Krisen in WP-Ländern zu intervenieren. Sie wäre durch die einseitige Truppenreduzierung auch nicht mehr imstande gewesen, eine umfassende Invasion Westeuropas durchzuführen. Evangelista wies jedoch auch darauf hin, dass es innerhalb des sowjetischen Militärs keinen einzigen herausragenden militärischen Befehlshaber gab, der Gorbačëvs Ankündigung umfassender einseitiger Streitkräftereduzierungen vor den Vereinten Nationen unterstützte[15].

Diese Rede vor den Vereinten Nationen hatte zwei wichtige Konsequenzen. Zum einen bestand Gorbačëv darauf, die verbleibenden konventionellen Streitkräfte in den Warschauer Pakt-Staaten so umzugliedern, dass der Schwerpunkt auf einer »defensiven« Ausrichtung lag, um deren offensives Bedrohungspotential zu reduzieren[16]. Damit zeitigte der bündnisweite Wandel in der militärischen Strategie von der Offensive zur Defensive auch praktische Konsequenzen in der Zusammensetzung der Streitkräfte. Das andere Bündnis, die NATO, änderte weder seine Strategie noch seine Streitkräftestruktur.

Zum anderen initiierte der Generalsekretär der KPdSU internationale Verhandlungen über einen Vertrag zu den Konventionellen Streitkräften in Europa. Knapp einen Monat nach Gorbačëvs Rede vor den Vereinten Nationen trafen sich Vertreter aus 23 Staaten – 16 NATO- und 7 Warschauer-Pakt-Staaten – in Wien und präsentierten auf der Sitzung der Konferenz für Sicherheit und Zusammenarbeit gemeinsam den Entwurf für ein Mandat zur Verhandlung über die Reduzierung konventioneller Streitkräfte in Europa. Dieses Mandat legte die wesentlichen Verhandlungsgrundsätze für den neuen Vertrag fest.

Der Vertrag sollte insbesondere Bestimmungen enthalten, um Streitkräfte zu reduzieren und zu verhindern, dass eine Nation bzw. eine Gruppe von Nationen über die Fähigkeit verfügte, Streitkräfte auf dem europäischen Kontinent zu konzentrieren, um einen Überraschungsangriff über nationale Grenzen hinweg zu führen. Mit dem Vertrag sollten vor allem die Offensivwaffen wesentlich reduziert werden. Diese Reduzierungen sollten nicht für jedes Bündnis gleich, sondern zulasten des Ostens asymmetrisch sein, wobei das Ziel darin bestand, bei der Endstärke eine Parität beider Gruppen zu erreichen. Darüber hinaus sollte der neue Vertrag Bestimmungen für ein strenges, nachdrückliches Verifikationsprotokoll enthalten[17].

---

14   Rede von Michael Gorbačëv, Präsident der Union der sozialistischen Sowjetrepubliken (UdSSR) auf der Generalvollversammlung der UN am 7.12.1988, veröffentlicht in: Freedman, Europe Transformed (wie Anm. 2), S. 275–285.

15   Matthew Evangelista, Explaining the End of the Cold War. Turning Points in Soviet Security Policy. In: The last Decade (wie Anm. 11), S. 125.

16   Evangelista, Explaining the End (wie Anm. 15), S. 126.

17   CSCE. Mandate for Negotiations on Conventional Armed Forces in Europe, 10. Januar 1989. Veröffentlicht in: Freedman, Europe Transformed (wie Anm. 2), S. 138–141.

In diesem Verifizierungsprotokoll waren wesentliche Elemente aus Gorbačёvs und Ševardnadzes neuer Strategie für die Transformation der europäischen Sicherheit festgeschrieben. Erstens: Abzug von 500 000 sowjetischen Soldaten aus Osteuropa, wie vor den Vereinten Nationen im Dezember 1988 angekündigt; zweitens: Umgliederung der verbleibenden Streitkräfte des Warschauer Pakts in Osteuropa auf eine defensive Ausrichtung; und schließlich gemeinsame Waffenreduzierungen des Warschauer Paktes und der NATO bei den meisten Offensivwaffen auf dem europäischen Kontinent vom Atlantik zum Ural durch einen umfassenden Vertrag über konventionellen Rüstungsabbau und Rüstungskontrolle.

Jeder Teil dieser neuen Strategie sollte zu einer Verbesserung der europäischen Sicherheit beitragen. Da weder Gorbačёv noch Ševardnadze glaubten, dass ein Krieg in Europa unmittelbar bevorstehe, befürchteten sie nicht, dass eine Reorganisation der europäischen Sicherheit die Sowjetunion in den Neunzigerjahren militärisch gefährden könnte. Ende 1988 und 1989 hielten sie eine Reihe von Reden an verschiedenen Orten Europas, in denen sie wiederholt erklärten, der oberste Grundsatz der internationalen Beziehungen bestünde darin, »anzuerkennen, das jedes Volk und jedes Land die Freiheit hat, gesellschaftliche und politische Entscheidungen zu treffen«[18].

Was sie erwarteten, waren Veränderungen und Reformen in der Sowjetunion und einigen Staaten Osteuropas. In seiner Rede vor dem Europarat im Juli 1989 unterstrich Gorbačёv abermals seine Überzeugung, dass sich politische und gesellschaftliche Ordnungen in der Vergangenheit geändert hätten und dass dies auch in der Zukunft der Fall sein werde. Regierungen und politische Parteien seien nicht unveränderlich. Selbst kommunistische Regierungen würden sich ändern[19].

In den Frühjahrs- und Sommermonaten des Jahres 1989 führten alle wichtigen führenden Politiker Europas und der Vereinigten Staaten – Bush, Baker, Thatcher, Mitterrand, Kohl und Genscher – Gespräche und Verhandlungen mit Gorbačёv und Ševardnadze über die Zukunft Europas. Neue Beziehungen zwischen den Staaten sowie Rüstungskontrollmaßnahmen standen im Mittelpunkt dieser Treffen und Reden.

Ein Historiker stellte fest, dass führende westliche Politiker im Spätsommer 1989 bereit schienen, Gorbačёv die Kontrolle über die sowjetische Einflusssphäre in Osteuropa zu gewähren, vorausgesetzt, er setze die versprochenen Verträge über Streitkräftereduzierungen und Rüstungsabbau um[20]. Sie glaubten jedoch, Gorbačёvs Reden von der Freiheit der Völker eines jeden Landes, gesellschaftliche und politische Entscheidungen zu treffen, sei nur Rhetorik. Sie übersahen seine Affinität zur Sozialdemokratie nach europäischem Muster und zum Eurokommunismus sowie seine Überzeugung, der sowjetische Reformkommunismus könne ein Vorbild für osteuropäische Parteien und Regierungen sein.

---

[18] Leffler, The Beginning and the End (wie Anm. 12), S. 44 f.
[19] General Secretary Mikhail Gorbachev's Address to the Council of Europe, 6.7.1989, veröffentlicht in: Freedman, Europe Transformed (wie Anm. 2), S. 322–332.
[20] Evangelista, Explaining the End (wie Anm. 15), S. 126 f.

Anfang 1990, nach dem Fall der Berliner Mauer, schlug Gorbačëv den europäischen Staaten ein »gemeinsames Europäisches Haus« vom Atlantik bis zum Ural vor. Die Historikerin Mary E. Sarotte schrieb, dass Gorbačëv mit diesem Konzept anregte, dass die Staaten ihre eigene politische Ordnung beibehalten, im Rahmen von internationalen wirtschaftlichen und militärischen Institutionen aber zusammenarbeiten sollten[21]. Andere Historiker wie Marie-Pierre Rey und Jacques Levesque wiesen darauf hin, dass diesem weitreichenden Konzept in der Hektik der Wiedervereinigung Deutschlands nicht genügend Aufmerksamkeit beigemessen worden sei[22].

Matthew Evangelista dagegen bezeichnete Gorbačëvs Erwartungen zumindest teilweise als naiv. Anzunehmen, dass sich ein neues europäisches Sicherheitsregime herausbilden werde, in dem sich friedliche, reformorientierte kommunistische Regierungen mit NATO-Staaten zusammenschließen könnten, die ihrerseits ihr Militärbündnis aufgäben, um Teil eines gesamteuropäischen politischen Klubs zu werden, erschien in dieser Perspektive als realitätsfern[23].

All diese zeitgenössischen Spekulationen wurden jedenfalls durch die historischen Entwicklungen, die 1989 stattfanden, obsolet. Im März legten Vertreter aus Bulgarien, der Tschechoslowakei, der Deutschen Demokratischen Republik und Ungarn dem KSZE-Forum in Wien Vorschläge für eine neues Konvolut vertrauens- und sicherheitsbildender Maßnahmen in Europa vor. Am selben Tag reichten die 16 NATO-Staaten ihre Vorschläge über ähnliche Maßnahmen bei der KSZE ein[24]. Im selben Saal in Wien wurden kurz darauf auch die Verhandlungen über den Entwurf des KSE-Vertrags geführt. Während der Vertragsverhandlungen überzeugte die französische Delegation die anderen Staaten, im Vertrag den Begriff »Gruppe von Vertragsstaaten« gegen die Formel »die beiden Bündnisse NATO und Warschauer Vertrag« auszutauschen. Mit dieser Änderung sollte die Blockgliederung des Vertrags bewahrt bleiben. Dieser Dualismus blieb bei der Unterzeichnung, Ratifizierung und Implementierung des Vertrags bestehen[25].

Beide Bündnisse waren sich während der Verhandlungen einig, dass dieser neue KSE-Vertrag hinsichtlich der Länder, Waffen und Ausrüstungen und Geographie einen riesigen Bereich abdecken würde. In den Vertrag wurden dreiundzwanzig Staaten mit Streitkräften und Ausrüstungen aufgenommen, die auf Stützpunkten

---

[21] Sarotte, 1989 (wie Anm. 1), S. 7.

[22] Marie-Pierre Rey, Europe Is Our Common Home. A Study in Gorbachev's Diplomatic Concept. In: Cold War History, 2 (2004), S. 33–65; Helsinki 1975 and the transformation of Europe. Ed. by Oliver Bange and Gottfried Niedhart, Oxford, New York 2008; siehe auch Jacques Levesque, In the Name of Europe's Future. Soviet, French and British Qualms about Kohl's Rush to Unity. In: Europe at the End of the Cold War. Ed. by Frederic Bozo [u.a.], London 2008, S. 95–106.

[23] Evangelista, Explaining the End (wie Anm. 15), S. 127.

[24] Siehe Proposal submitted by the delegations of Bulgaria, Czechoslovakia, the German Democratic Republic and Hungary on a new generation of Confidence and Security-Building Measures in Europe, Wien, 9.3.1989, und Proposal submitted by the delegations of Belgium and the United States of America on Confidence and Security-Building Measures in Europe, Wien, 9. März 1989, beide veröffentlicht in: Freedman, Europe Transformed (wie Anm. 2), S. 145–150 bzw. 150–155.

[25] Joseph P. Harahan und John C. Kuhn, On-Site Inspections Under the CFE Treaty, Washington DC 1996, S. 8.

und an Standorten auf einem Gebiet von etwa 6 Millionen Quadratkilometern vom
Atlantik zum Ural stationiert waren.

Fünf Hauptkategorien an Waffen sollten reduziert werden: Panzer, Kampfflugzeuge, Angriffshubschrauber, gepanzerte Fahrzeuge und Artilleriewaffen großer
Reichweite. In jeder dieser Kategorien gab es zahlreiche Typen von Waffen: 24 Typen
von Panzern, 55 Typen von Kampfflugzeugen, 17 verschiedene Angriffshubschrauber
und mehr als 50 einzelne Typen gepanzerter Fahrzeuge.

Zu den Artilleriewaffen großer Reichweite gehörten: Kanonen, Haubitzen,
Mörser, Mehrfachraketenwerfersysteme und Artilleriewaffen, welche die Eigenschaf-
ten von Kanonen und Haubitzen miteinander verbinden. Insgesamt gab es mehr als
100 Typen von Artilleriewaffen, wobei das Kaliber bei jedem Typ größer war als 100
mm. Die fünf Kategorien von Offensivwaffen, die im Vertrag aufgeführt waren und
der Reduzierung unterlagen, beinhalteten mehr als 240 verschiedene Gerätetypen.
Die gesamten Bestände der 23 nationalen Armee-, Marine- und Luftwaffenverbände
beliefen sich auf über 200 000 Stück[26].

Als im November 1990 in Wien der erste offizielle Informationsaustausch statt-
fand, meldeten die 23 Länder insgesamt sogar 201 005 Stück an militärischem
Gerät, die durch den Vertrag betroffen waren. Innerhalb von fünf Jahren musste diese
Gesamtzahl auf eine Obergrenze von 157 600 Waffen reduziert werden. Tatsächlich
wurde diese Zahl dann bei Weitem unterschritten; gemäß den Bestimmungen und
Protokollen des Vertrags wurden mehr als 60 000 Waffen vernichtet.

Innerhalb der fünf Kategorien zu reduzierender Waffen gab es konkrete zahlenmäßige und territoriale Obergrenzen. Dazu führte man geografische Obergrenzen ein.
Für das riesige Gebiet vom Atlantischen Ozean bis zum Uralgebirge wurden Zonen
in der Form konzentrischer Kreise festgelegt. Die kleinste Zone war Mitteleuropa, der
Brennpunkt des Kalten Krieges. Es umfasste Deutschland, Belgien, die Tschechische
Republik, die Slowakei, Ungarn, Luxemburg und Polen. Für diese Zone wurde die
geringste Zahl an Offensivwaffen erlaubt[27].

Der Sinn des Vertrages bestand darin, die Möglichkeit eines Überraschungsangriffs
über Landesgrenzen hinweg zu vermindern und die Wahrscheinlichkeit einer
Konfrontation zwischen den Blöcken zu verringern, indem man die Gesamtzahl von
Panzern, Artilleriewaffen, gepanzerten Mannschaftstransportwagen, Angriffshub-
schraubern und Kampfflugzeugen deutlich reduzierte. Um diese Reduzierungen zu
erreichen, enthielt der Vertrag konkrete Zeitpläne für den Abbau von Waffen bis
zum Erreichen der endgültigen Grenzen.

Als die Implementierung in den Neunzigerjahren erfolgte, bildeten
Inspektionsberichte und jährliche Datenblätter der einzelnen Nationen wichtige Anhaltspunkte, um Tempo und Niveau der Waffenreduzierungen zu überwachen. Trotz der radikalen Reformen und Regierungswechsel in den osteuropäischen Ländern und des Zusammenbruchs der Sowjetunion blieben auch nach dem
Zusammenbruch der kommunistischen Regime 1989–1991 die im Vertrag vorgese-

---

[26]   Harahan und Kuhn, On-Site Inspections (wie Anm. 25), S. 18–30.
[27]   Ebd., S. 25 f.

henen Inspektionen, Reduzierungsmeldungen und jährlichen Listen Indikatoren für die Kontrolle des militärischen Gleichgewichts.

Als im November 1989 die Berliner Mauer fiel, waren die KSE-Verhandlungen im Wesentlichen beendet. Die Wiedervereinigung Deutschlands 1989–1990 unter Führung von Kohl und Genscher erfolgte in schnellem Tempo, verlief nicht ohne Komplikationen und war mit spannenden Verhandlungen verbunden. Letztere, die Wahlen in Ostdeutschland und die nachfolgenden Ereignisse wurden von Wissenschaftlern wie Hans-Hermann Hertle, Mary Elise Sarotte, Steven Szabo, Manfred Görtemaker, Frederic Bozo, William Wohlforth und Władisław Zubkow untersucht und analysiert[28].

In die Strategien und Verhandlungen, die im Oktober 1990 zur politischen, wirtschaftlichen und militärischen Wiedervereinigung Deutschlands führten, waren zweifellos führende europäische, amerikanische und sowjetische Politiker einbezogen. Heute gibt es eine umfangreiche Sammlung persönlicher Memoiren dieser führenden Politiker, in denen ihre nationalen und internationalen Strategien, Taktiken, Warnungen und Prioritäten erläutert werden.

Jeder von ihnen hat ein oder mehrere Bücher zu dieser Zeit veröffentlicht – Helmut Kohl, Horst Teltschik, Hans-Dietrich Genscher, Michail Gorbačëv, Eduard Ševardnadze, Anatolij Černaev, Andreij Gratschev, Margaret Thatcher, François Mitterrand, George Bush, Brent Scowcroft, James Baker, Phillip Zelikow und Condoleezza Rice. Darüber hinaus hat Lawrence Freedman die Reden, Interviews und politischen Richtlinien vieler dieser maßgeblichen Teilnehmer veröffentlicht[29].

Die genaue Lektüre dieser Quellen ergibt, dass sich alle führenden Politiker und ihre Berater damit beschäftigten, wie die Transformation der europäischen Sicherheit gewährleistet, wie Abrüstungsverträge und -vereinbarungen kontrolliert und verifiziert werden und wie man mit den Folgen der deutschen Wiedervereinigung umgehen sollte.

Diese Phase der europäischen Geschichte ging schnell zu Ende. Mitte November 1990, einen Monat nach der Wiedervereinigung Deutschlands, trafen sich die Staats- und Regierungschefs von mehr als fünfunddreißig europäischen Staaten, der USA, Kanada und der Sowjetunion in Paris zu einer dreitägigen Tagung der Konferenz über Sicherheit und Zusammenarbeit in Europa. Zuerst unterzeichneten die Staats- und Regierungschefs von 22 Staaten, darunter Bush, Kohl, Mitterrand und Thatcher den KSE-Vertrag.

---

[28] Siehe Hans-Hermann Hertle, Chronik des Mauerfalls, Berlin 2009; Hans-Hermann Hertle, Der Tag, an dem die Mauer fiel, Berlin 2009; und Hans-Hermann Hertle, Der Fall der Mauer, Opladen 1996; Steven F. Szabo, The Diplomacy of German Unification, New York 1992; Sarotte, 1989 (wie Anm. 1); Manfred Görtemaker, Unifying Germany, 1989–1990, New York, London 1994; William C. Wohlforth, German Reunification. A Reassessment. In: The Cold War-Reassessments. Ed. by Arthur L. Rosenbaum and Chae-Jin Lee, Claremont CA 2000; Frédéric Bozo, Mitterrand. The End of the Cold War and German Unification, New York 2009; Vladislav Zubkov, A Failed Empire. The Soviet Union from Stalin to Gorbachev, Chapel Hill 2007; The last Decade (wie Anm. 11).

[29] Freedman, Europe Transformed (wie Anm. 2).

Inmitten der historischen Veränderungen, die über den Kontinent hinwegfegten, bildete der KSE-Vertrag einen neuen rechtlichen und diplomatischen Rahmen für die Reduzierung der Streitkräfte und ihrer Waffen sowie für die Begrenzung grenzüberschreitender nationaler Aggressionen. Am darauffolgenden Tag unterzeichneten vierunddreißig Staats- und Regierungschefs die Charta von Paris für ein Neues Europa. Diese neue rechtsgültige Charta enthielt Aussagen zu Menschenrechten, demokratischen Werten und der Rechtsstaatlichkeit für alle europäischen Staaten und Völker.

Die Staats- und Parteichefs kamen überein, in Prag ein neues KSZE-Sekretariat einzurichten, in Wien ein KSZE-Konfliktverhütungszentrum zu schaffen und in Warschau ein neues KSZE-Wahlbeobachtungsbüro. Dann bestätigten die Staats- und Regierungschefs ihre Verpflichtung, die Bestimmungen des Wiener Dokuments von 1990 einzuhalten, was eine wichtige europaweite vertrauens- und sicherheitsbildende Maßnahme darstellte[30].

In seiner Ansprache vor neunundsechzig versammelten Präsidenten, Premierministern und Außenministern nannte Präsident Bush die Schlussakte von Helsinki aus dem Jahre 1975 einen wichtigen Vorläufer der Pariser Charta. Er lobte den Mut der europäischen Völker, die diese neuen europaweiten Verträge und Chartas unterstützten und stellte fest, dass die heutigen Präsidenten Polens, der Tschechoslowakei und Bulgariens eingesperrt bzw. verfolgt worden waren, weil sie ihre Rechte gemäß der Schlussakte von Helsinki wahrgenommen hatten.

Präsident Gorbačëv rühmte den KSE-Vertrag als Grundstein für die europäische Sicherheit der nächsten Dekade und rief dazu auf, weitere Rüstungskontrollverträge, vor allem über strategische nukleare Flugkörper, die noch verhandelt wurden, abzuschließen. Bundeskanzler Kohl und Präsident Mitterrand warfen in ihren Erklärungen einen umfassenderen Blick auf Europa und seine gewaltsame Vergangenheit. »In den letzten 200 Jahren«, sagte Kohl, »wurden Europa und insbesondere mein Land zum Epizentrum weltweiter Katastrophen.« Jetzt, so erklärte er, sei es Zeit für einen europäischen Frieden. In seiner Erklärung bemerkte Mitterrand, dass zum ersten Mal in der europäischen Geschichte massive Veränderungen auftraten, die »nicht das Ergebnis eines Krieges oder blutiger Revolutionen« waren[31].

Zwischen Euphorie und realer Politik oszillierend meinten sie, dass Frieden nun auch den Kontinent Europa endgültig erreicht hatte. Doch wie die Ereignisse in Südosteuropa allzu bald zeigen sollten, war dies ein Irrtum.

---

[30] Harahan und Kuhn, On-Site Inspections (wie Anm. 25), S. 13–15.
[31] Alle Zitate aus: A. Riding, Designing the new Europe, New York Times, 19. November 1990, S. A6. Siehe auch: R.W. Apple Jr., East and West Sign Pact to Shed Arms in Europe, New York Times, 20. November 1990, S. A1.

III.

Die Bündnisse und ihre deutschen Mitglieder

Tim Geiger

Die Bundesrepublik Deutschland und die NATO in den Siebziger- und Achtzigerjahren

Die NATO wurde 1949 einem berühmt-berüchtigten Diktum zufolge, das meist ihrem ersten Generalsekretär Lord Ismay zugeschrieben wird, gegründet »to keep the Americans in, the Russians out and the Germans down«[1]. In stark veränderter Form bestand das Grundkalkül dieser Maxime in den nächsten Jahrzehnten fort und dürfte mit dazu beigetragen haben, dass sich zum Ende des Kalten Krieges 1990/91 die NATO nicht wie ihr Gegenpart, der Warschauer Pakt, auflöste, sondern bis heute als wohl erfolgreichstes (Militär-)Bündnis aller Zeiten fortexistiert.

Die westdeutsche Rolle in der NATO lässt sich freilich auch ganz anders charakterisieren. Bei einem Bonn-Besuch im Frühjahr 1975 resümierte NATO-Generalsekretär Joseph Luns: »Die Bundesrepublik Deutschland ist eine große Stütze der Allianz und nach den USA der stärkste Bundesgenosse, und zwar in militärischer, wirtschaftlicher und finanzieller Hinsicht. Die Einstellung der Bundesregierung wirkt sich auf alle Bundesgenossen günstig aus. Oft machen die Flanken Sorgen, aber schließlich ist Zentraleuropa das wichtigste Gebiet für die Allianz, und es stimmt mich zuversichtlich, dass dieses Gebiet in so fester Hand ist[2].«

Mit beiden Generalsekretärs-Zitaten – und ihrem Spannungsverhältnis – wird der Rahmen des großen Themas »Die Bundesrepublik Deutschland und die NATO« gut abgesteckt. Der folgende Beitrag soll sich primär auf die Siebzigerjahre konzentrieren, zum einen, weil damals wichtige Weichenstellungen erfolgten, die sich (wie häufig in der Sicherheitspolitik) zeitverzögert auswirkten, zum anderen weil für

---

[1] Die Überlieferung des angeblichen Ismay-Zitats ist apokryph und quellenmäßig nicht zu belegen. Vgl. das Interview mit Geir Lundestad vom 20.9.2005, http://globetrotter.berkeley.edu/people5/Lundestad/lundestad-con2.html. Zum Konzept der »doppelten Eindämmung« vgl. Detlef Junker, Politik, Sicherheit, Wirtschaft, Kultur und Gesellschaft. Dimensionen transatlantischer Beziehungen. In: Die USA und Deutschland im Zeitalter des Kalten Krieges. Ein Handbuch, Bd 1: 1945–1968. Hrsg. von Detlef Junker, München 2001, S. 17–56, dort S. 37–40. Grundlegend zum Begriff »doppelte Eindämmung«: Wolfram F. Hanrieder, Deutschland, Europa, Amerika. Die Außenpolitik der Bundesrepublik Deutschland 1949–1994, Paderborn [u.a.] 1995, S. 27–61, dort S. 39. Siehe hierzu auch den Aufsatz von Gottfried Niedhart, Ost-West-Konflikt und Deutsche Frage 1949–1989, in diesem Band.

[2] Gespräch des BM Genscher mit NATO-Generalsekretär Luns, 5.5.1975. In: Akten zur Auswärtigen Politik der Bundesrepublik Deutschland (AAPD) 1975. Hrsg. im Auftrag des Auswärtigen Amts vom Institut für Zeitgeschichte, bearb. von Mechthild Lindemann, Daniela Taschler und Michael Kieninger, München 2006, Dok. 102, S. 457.

diese Dekade bereits ein umfassender Aktenzugang möglich ist. Zunächst gilt es, Rahmenbedingungen und Grundlinien westdeutscher Außen- und Sicherheitspolitik in Erinnerung zu rufen und die Stellung der Bundeswehr innerhalb der NATO zu skizzieren. In einem zweiten Schritt soll der wichtige, aber selten thematisierte westdeutsche Beitrag zur Stabilisierung der in den Siebzigerjahren kritischen NATO-Südflanke erläutert werden, bevor abschließend danach gefragt wird, ob und inwieweit Bonn in der Allianz tatsächlich als ein »partner in leadership«, so Präsident George Bushs bekannte Formel vom Mai 1989[3], firmierte.

Konstanten westdeutscher Außenpolitik und die Stellung der Bundeswehr in der NATO

Die Bundesrepublik Deutschland war nach den USA das bevölkerungsreichste und wirtschaftsstärkste Land des Nordatlantikpakts. Zugleich war sie nur ein Teilstaat, auch wenn die Wiedervereinigung der Deutschen mit der Gründung der beiden Vertragsbündnisse, dem Mauerbau 1961 und der geordneten Ost-West-Diplomatie in Europa in weite Ferne gerückt zu sein schien. Zudem war sie der zentrale Frontstaat an der Schnittstelle des Ost-West-Konflikts in Europa. »In Zeiten des Kalten Krieges waren in der Regel 1,3 bis 1,5 Millionen Soldaten auf deutschem Boden (Ost und West) stationiert[4].« Allein auf dem Territorium der alten Bundesrepublik lagerten 1980 über 5000 amerikanische Nuklearwaffen[5], mithin die höchste Dichte atomarer Waffen der NATO in einem einzelnen europäischen Land.

Westdeutschland besaß ein im Wortsinne überlebenswichtiges Interesse an der Funktionstüchtigkeit des Atlantischen Bündnisses, denn den Schutz ihrer angesichts der erdrückenden Militärmacht des Ostens prekären Freiheit konnte die Bundesrepublik nur im Bündnis mit den USA und den anderen NATO-Partnern finden. Trotz aller wirtschaftlichen, politischen, ja auch militärischen Stärke blieb die Bundesrepublik aufgrund der deutschen Teilung und der exponierten Lage (West-)Berlins geopolitisch besonders druckempfindlich[6]. Verstärkt wurde dies noch durch den langen Schatten der NS-Vergangenheit. »Überspitzt gesagt«, so Bundeskanzler Schmidt zum Sicherheitsberater des amerikanischen Präsidenten,

---

3   Rede des amerikanischen Präsidenten George Bush am 31.5.1989 in Mainz, www.presidency.ucsb. edu/ws/?pid=17085. Für den deutschen Wortlaut: Europa-Archiv, 44 (1989), S. 356–361, hier S. 357.

4   Hans-Georg Wieck, Bündnispolitik und Nationales Interesse. Wertungen aus politischer und diplomatischer Sicht. In: Vom Kalten Krieg zur deutschen Einheit. Analysen und Zeitzeugenberichte zur deutschen Militärgeschichte 1945 bis 1995. Hrsg. von Bruno Thoß, München 1995, S. 517.

5   Vgl. Gespräch zwischen Schmidt und Carter in Venedig, 21.6.1980. In: AAPD 1980. Hrsg. im Auftrag des Auswärtigen Amts vom Institut für Zeitgeschichte, bearb. von Tim Geiger, Amit Das Gupta und Tim Szatkowski, München 2011, Dok. 182, S. 954. In der im Militärverlag der DDR veröffentlichten Studie Die Streitkräfte der NATO auf dem Territorium der BRD. Hrsg. von Wolfgang Weber, Berlin [DDR] 1986, S. 83, heißt es: »Von den in Westeuropa eingelagerten ca. 6000 Kernmitteln ist die Masse (ca. 3800) in der BRD eingelagert.«

6   So Genscher im Gespräch mit den amerikanischen Senatoren Nunn und Bartlett, 4.11.1976. In: AAPD 1976. Bearb. von Matthias Peter, Michael Ploetz und Tim Geiger, München 2007, Dok. 319, S. 1457.

Zbigniew Brzezinski, »habe die Bundesrepublik die beiden schwachen Stellen Berlin und Auschwitz«[7].

Auch aus dieser Verletzlichkeit erklärt sich Bonns stetes Streben nach politischer Multilateralisierung. Alleingänge sollten tunlichst vermieden und eine öffentliche Exponierung durch Einbettung in einen größeren europäischen oder atlantischen »Geleitzug« umgangen oder zumindest abgefedert werden. Dass dies zugleich ein längst noch nicht abbaubarer Traditionsreflex Adenauerscher Politik war, um via Gleichstellungspostulat erfolgreich die letztlich bis 1990 vorenthaltene volle staatliche Souveränität zu kompensieren, blieb denen verborgen, die über den »politischen Zwergwuchs« des »Wirtschaftsriesen Bundesrepublik« spotteten.

Die Neue Ostpolitik von Willy Brandt, Egon Bahr und Walter Scheel hatte den außen- und deutschlandpolitischen Spielraum der Bundesrepublik erheblich erweitert. Mit diesen ostpolitischen Aktivitäten ging – ganz im Sinne der Logik des Harmel-Berichts vom Dezember 1967, dass Sicherheit auf Verteidigung und Entspannung beruhe –, ein verstärktes Militärengagement der Bundesrepublik einher – auch um das latente Misstrauen der Verbündeten gegen Bonns Annäherung gen Osten zu zerstreuen[8].

Hatte der Verteidigungshaushalt 1963 bis 1969 stagniert, wuchs er von 1970 bis 1978, also in der Hochphase der Entspannungspolitik, um rund 8 Prozent pro Jahr von rund 19 auf 35 Milliarden DM; dabei stieg der Investitionsanteil 1970 bis 1978 auf über 30 Prozent[9].

---

[7] Gespräch, 3.10.1978. In: AAPD 1978. Bearb. von Daniela Taschler, Amit Das Gupta und Michael Mayer, München 2009, Dok. 293, S. 1451–1462, hier S. 1460. Auf das Dialektik-der-Macht-Argument, dass die historisch belastete Bundesrepublik trotz bzw. wegen ihrer gewachsenen Stärke verwundbarer als zuvor sei, rekurrierte Schmidt wiederholt. Vgl. Hartmut Soell, Helmut Schmidt, Bd 2: 1969 bis heute. Macht und Verantwortung, München 2008, S. 730; Oliver Bange, »Keeping détente alive«. Inner-German relations under Helmut Schmidt and Erich Honecker, 1974–1982. In: The Crisis of Détente in Europe. From Helsinki to Gorbachev, 1975–1985. Ed. by Leopoldo Nuti, London, New York 2009 (= Cold War History, 23), S. 233.

[8] Vgl. Georg Leber erinnert sich. Folge I und II. In: Welt am Sonntag, 2.4.1995, S. 25 f. bzw. 9.4.1995, S. 31; Nachdruck in: Vom Kalten Krieg zur deutschen Einheit, (wie Anm. 4), S. 223–248; Hans Apel, Schmidt, Leber, Apel. Drei Verteidigungsminister und ihre SPD. In: Entschieden für Frieden. 50 Jahre Bundeswehr 1955 bis 2005. Hrsg. von Klaus-Jürgen Brehm, Hans-Hubertus Mack und Martin Rink, Freiburg i.Br. 2005, S. 368. Zum westlichen Misstrauen gegen die Ostpolitik vgl. Oliver Bange, »A German finger on the trigger«. Die Furcht vor den bundesdeutschen Nuklearambitionen, der Nichtverbreitungsvertrag und der Aufbruch in die Ära der Entspannung. In: Angst im Kalten Krieg. Hrsg. von Bernd Greiner, Christian Th. Müller und Dierk Walter, Hamburg 2009, S. 278–307; Oliver Bange, Ostpolitik as a source of intra-bloc tensions. In: NATO and the Warsaw Pact. Intrabloc Conflicts. Ed. by Mary Ann Heiss and S. Victor Papacosma, Kent 2008, S. 106–121; Gottfried Niedhart, Zustimmung und Irritationen. Die Westmächte und die deutsche Ostpolitik 1969/70: In: Deutschland, Großbritannien, Amerika. Politik, Gesellschaft und Internationale Geschichte im 20. Jahrhundert. Festschrift für Gustav Schmidt. Hrsg. von Ursula Lehmkuhl, Clemens A. Wurm und Hubert Zimmermann, Stuttgart 2003, S. 227–245; American Détente and German Ostpolitik, 1969–1972. Ed. by David C. Beyer and Bernd Schäfer, Washington, DC 2004.

[9] Vgl. 30 Jahre Bundeswehr 1955–1985. Friedenssicherung im Bündnis. Katalog zur Wanderausstellung des Militärgeschichtlichen Forschungsamtes. Hrsg. vom MGFA, Mainz 1985, S. 177 f. Mehr als zwei Drittel des Wehretats verblieben für Ausbildung, Personal, Materialerhaltung, Betriebsstoffe, Verpflegung. Auch bei Berücksichtigung der Inflationsrate lag der Realwertzuwachs bei rund 25 %.

Trotz wachsender Verweigererzahlen[10] vergrößerte sich die Bundeswehr auf die Rekordgröße eines Friedensumfangs von 495 000 Soldaten[11]. Mit der Aufstellung dreier zusätzlicher Brigaden bestanden erstmals die einst von Bundeskanzler Konrad Adenauer zugesagten 36 deutschen Heeresbrigaden. In Mitteleuropa stellte die Bundeswehr »50 % der NATO-Landstreitkräfte, dazu 50 % der bodengebundenen Luftverteidigung, 30 % der Kampfflugzeuge und in der Ostsee 70 % der Seestreitkräfte sowie 100 % der Seeluftstreitkräfte«[12].

Unter den SPD-Verteidigungsministern Helmut Schmidt und Georg Leber erhielt die Bundeswehr eine »Runderneuerung«, von der sie und die westdeutsche Politik bis in die Achtzigerjahre profitierten. Dazu zählte die Wehrstrukturreform[13] und die grundlegende Modernisierung der bislang noch aus der Aufbauphase stammenden und mithin veralteten Ausrüstung[14]. Scherzhaft formulierte Leber, er habe alles bestellt; ein Nachfolger brauche nur noch bezahlen. Genau das sollte in Form von 40 Milliarden DM Beschaffungskosten seinem Parteifreund und Nachfolger Hans Apel ab 1978 auf der Hardthöhe erhebliche Probleme bereiten[15].

Und dennoch: Die Bundeswehr war endgültig die größte und neben der US Army bestausgestattete und kampfstärkste Armee Westeuropas. Hohe militärische Qualität wurde ihr wiederholt in der NATO[16], aber auch vom Gegner bescheinigt[17]. Nicht zufällig richtete der Warschauer Pakt bei den Wiener Verhandlungen über einen ausgewogenen, beiderseitigen Abbau konventioneller Streitkräfte (Mutual and Balanced Forces Reductions, MBFR) von 1973 bis 1989 seine Kontrollbemühungen primär auf die Bundesrepublik als einen der zentralen NATO-Pfeiler.

---

[10] 1968 gab es erstmals über 10 000 Wehrdienstverweigerungsanträge. Vgl. Detlef Bald, Die Bundeswehr. Eine kritische Geschichte 1955–2005, München 2005, S. 93. Der Abwärtstrend zwischen 1974–1976 bei Zeitsoldaten mit Verpflichtung von zwei Jahren konnte im Zuge des Hochschulausbaus und der Bildungsreform in der Bundeswehr gestoppt werden.

[11] Vgl. Bald, Die Bundeswehr (wie Anm. 10), S. 95; Kurt Fischer, Schmidt, Leber, Apel. Die Ära der sozialdemokratischen Verteidigungsminister. In: Vom Kalten Krieg zur Deutschen Einheit (wie Anm. 4), S. 207.

[12] Bundeswehr 1955–1980. Hrsg. vom Bundesministerium der Verteidigung, Bonn, März 1980, S. 59; vgl. auch 30 Jahre Bundeswehr 1955–1985 (wie Anm. 9), S. 184, unter Verweis auf Weißbuch 1985, S. 113.

[13] Vgl. dazu ausführlich Soell, Helmut Schmidt, Bd 2 (wie Anm. 7), S. 23–81; Bald, Die Bundeswehr (wie Anm. 10), S. 78–91.

[14] Vgl. Fischer, Schmidt, Leber, Apel (wie Anm. 11), S. 198 f. unter Verweis auf Weißbuch 1970, S. 141.

[15] Vgl. Hans Apel, Der Abstieg. Politisches Tagebuch 1978–1988, Stuttgart 1990, S. 48.

[16] Vgl. »Bonn: ›Radnabe der Allianz‹«. In: Der Spiegel, 1–2 (1975), 6.1.1975, S. 22–29; Interview mit Alexander Haig (SACEUR). In: Der Spiegel, 34 (1976), 16.8.1976, S. 2.

[17] Der Mitarbeiter des ZK der KPdSU, Portugalow, warf der Bundesregierung in der sowjetischen Wochenzeitung Literaturnaja Gazeta vom 14.5.1980 sogar polemisch vor, »eine militärische Vorherrschaft der BRD in Westeuropa« anzustreben: »Die 500 000 Mann starke Bundeswehr (zusätzlich Millionen ausgebildeter Reservisten) ist längst zur stärksten westeuropäischen Armee geworden und bildet den Kern der Landstreitkräfte der NATO [...] Die Bundeswehr ist Herr der Lage auf dem westeuropäischen Kontinent: mit der Türkei und Norwegen als Flankenstützen, mit Dänemark als Beiwerk und unversenkbarem Flugzeugträger und mit den Niederlanden und den Benelux-Ländern. Die Bundeswehr ist dazu noch ein gleichberechtigter Partner der französischen Armee, die sie auf dem Gebiet der konventionellen Waffen bedeutend übertrifft.« Vgl. Politisches Archiv des Auswärtigen Amts (PAAA), Referat 213, Bd 133.

Überaus erhellend ist in diesem Zusammenhang das Gespräch, das der weiterhin stark an strategischen Fragen interessierte Bundeskanzler Schmidt bei seinem Moskau-Besuch mit dem sowjetischen Verteidigungsminister Dimitrij F. Ustinov im Juli 1980 führte; schließlich versuchte die Bundesregierung auch mittels dieser Reise, den nach dem NATO-Doppelbeschluss und der sowjetischen Afghanistan-Invasion ins Stocken geratenen, ja vereisten Supermächte-Dialog wieder in Gang zu setzen. Ustinov räumte unumwunden ein: »Was die Menschen, die Technik, auch die Organisation betrifft, so sind wir der Meinung, dass Ihre Armee eine der besten Armeen ist. Disziplin und besonders die Technik haben einen hohen Stand, und Sie, Herr Bundeskanzler, haben dazu auch beigetragen.«

Auf Ustinovs Bemerkung, der deutsche Leopard-Panzer sei »eine vollkommene Militärmaschine«, die Rüstungsexperten seien sich nur nicht einig, ob der Leopard oder der amerikanische MX-Panzer besser sei, konstatierte Schmidt ebenso kategorisch wie selbstbewusst: »Es gibt zwei Völker, die wirklich etwas von Panzern verstehen: Die Russen und die Deutschen. Das sehen Sie am T-72 und am Leopard.«

Vergeblich blieben die Bemühungen des Kanzlers, die sowjetische Führung von der rein defensiven Ausrichtung der Bundeswehr zu überzeugen. Zwar legte Schmidt anschaulich dar, dass die Bundeswehr von Technik, Nachschub und Ausrüstung »nicht fähig zu Vorstößen in grenzferne Räume« sei, sondern lediglich »dazu bestimmt, auf eigenem Boden mit geringem räumlichen Aktionsradius zu kämpfen«. Die historisch tiefsitzenden sowjetischen Invasionsängste zerstreute diese Argumentation gleichwohl nicht. Im Gegenteil, Ustinov konterte, auch die Wehrmacht habe keine ausreichende Logistik gehabt und sei dennoch bis Moskau vorgedrungen. Gerade weil die Bundesrepublik fest in einem Bündnis verankert sei, müsse heute die Wertung möglicherweise anders ausfallen[18].

Nicht ohne Stolz hob die Bundesregierung gegenüber ausländischen Gesprächspartnern wiederholt hervor, dass eine Stärke der Bundeswehr darin liege, ihre Zahl im Verteidigungsfall dank des Reservistensystems innerhalb nur weniger Tage auf 1,3 Millionen Soldaten erhöhen und damit mehr als verdoppeln zu können[19]. Zusätzlich ließ Bonn die USA mehrfach wissen, deren Abschaffung der Wehrpflicht 1973 sei ein möglichst rasch zu korrigierender Fehler gewesen, denn finanzielle Aufwendungen und Waffen ohne entsprechendes Personal seien nichts wert.

In der Tat kann man die Stärke der Bundeswehr erst richtig gewichten, wenn man sie mit anderen NATO-Mitgliedstaaten vergleicht. Wie war damals die Lage im westlichen Bündnis?

Die USA waren bis 1975 verstrickt in den Dschungelkrieg in Fernost. Der Vietnamkrieg war nicht nur eine politische, militärische und wirtschaftliche Niederlage, er blieb für die westliche Führungsmacht ein Trauma, das die Nation spaltete und ihr Selbstvertrauen tief erschütterte. Verstärkt durch die mit der Watergate-Affäre ausgelösten Erschütterungen führte dies zur Krise der imperial

---

18 Vgl. Gespräch Schmidt–Ustinov, 1.7.1980. In: AAPD 1980, Dok. 194, S. 1053–1055.
19 Vgl. Gespräch Schmidt–Fraser [australischer Ministerpräsident], 5.2.1980; Schmidt im Auswärtigen Ausschuss, 15.4.1980; Gespräch Genscher–König Juan Carlos I. in Madrid, 13.11.1980; alle in: AAPD 1980, Dok. 38, 112, 323, S. 228, 613 und 1671.

presidency. Ein US-Kongress voller Misstrauen gegenüber der Exekutive beschränkte nun deren außenpolitischen Handlungsspielraum, indem er der Administration noch mehr als zuvor – Stichwort Mansfield-Resolutions, mit denen 1966 bis 1975 regelmäßig eine Reduzierung der US-Truppen in Europa gefordert wurde – massive innen- und haushaltspolitische Fesseln auferlegte.

Die US-Streitkräfte besaßen zudem noch nicht den ihnen heute vorauseilenden Ruf einer turmhoch überlegenen Militärmaschinerie. Nach dem Vietnam-Debakel gab es vielmehr Negativschlagzeilen wegen Drogenproblemen und den Schwierigkeiten, die die Umstellung auf eine Berufsarmee mit sich brachten[20].

Kaum verhüllt spielte Bundesfinanzminister Hans Matthöfer im Winter 1980 auf diese als desolat empfundenen Zustände an und sorgte damit während der Kontroversen über die Erfüllung des 1977 vereinbarten NATO-Ziels eines dreiprozentigen Zuwachses der Verteidigungsausgaben für zusätzliche Friktionen im deutsch-amerikanischen Verhältnis. Öffentlich verkündete er, es sei zu untersuchen, ob Länder, die viermal größer als die Bundesrepublik seien, auch in zwölf Tagen vier Millionen Mann, ausgebildet und mit Kenntnis ihres Kampfauftrages »und motiviert, ihre Heimat zu verteidigen«, aufbieten könnten. »Und wenn ich mir einmal die Bundeswehr ansehe, die einen Querschnitt der Bevölkerung darstellt, mit einem durchschnittlichen Intelligenzquotienten, sie können auch alle lesen und schreiben, wir haben keine Drogenprobleme, wir haben eine gute ausgebildete Truppe mit modernen Waffen[21].«

Scheinbar ohnmächtig mussten die USA in den Siebzigerjahren sowjetische Erfolge in der Dritten Welt – insbesondere in Angola, Mosambik, am Horn von Afrika und (zunächst) Afghanistan – hinnehmen, während sie selbst im Iran ab November 1979 durch das über einjährige Botschafts-Geiseldrama (und eine dilettantisch-missglückte Befreiungsaktion) vor aller Welt gedemütigt wurde[22].

Spätestens seit Zusammenbruch des Bretton-Woods-Systems 1973 hatten die USA zudem ihre unangefochtene wirtschaftliche Dominanz eingebüßt. Dollar-Tiefstände, negative Handelsbilanzen und eine mit dem Ölpreisschock weltweit ins Stocken geratene Konjunktur ließen die Carter-Administration fordern, die Bundesrepublik und Japan, die beiden wirtschaftlich prosperierenden Verlierernationen des Zweiten Weltkriegs, sollten unter Inkaufnahme eigener haushaltspolitischer und Inflations-Risiken die westliche Konjunktur aus der Talsohle ziehen. Doch Bonn wies diese »Lokomotiven-Theorie« selbstbewusst zurück[23].

---

[20] Zu den Auswirkungen des Vietnam-Krieges und zur Krise der US-Armee: Robert Haeger, Can G.I.'s in Europe Answer a Call to Combat? In: US News and World Report, 19.4.1982, S. 59; Daniel J. Nelson, A History of U.S. Military Forces in Germany, Boulder, CO 1987; Alexander Vazansky, An Army in Crisis. Social Conflicts in the United States Army, Europe and 7th Army, 1968–1975. Phil. Diss., Heidelberg 2009.

[21] Vgl. Matthöfer verärgert NATO-Partner. In: Süddeutsche Zeitung, 13.11.1980, S. 7. Prompt intervenierte der amerikanische Botschafter Stoessel wegen dieser Äußerungen bei Bundeskanzler Schmidt, vgl. AAPD 1980, Dok. 327, S. 1686.

[22] Vgl. zum Kalten Krieg in der Dritten Welt grundlegend: Odd Arne Westad, The Global Cold War. Third World Interventions and the Making of Our Times, Cambridge 2007.

[23] Vgl. dazu: Klaus Wiegrefe, Das Zerwürfnis. Helmut Schmidt, Jimmy Carter und die Krise der deutsch-amerikanischen Beziehungen, Berlin 2005, S. 101 ff.

Frankreich wiederum war zwar – in Schmidts Diktion – neben den USA als dem wichtigsten, der engste Verbündete der Bundesrepublik[24]. Doch die deutsch-französische Achse bezog sich primär auf die (trotz der damals vielbeklagten »Eurosklerose«) laufend an Bedeutung gewinnende Europapolitik. In weiser Selbstbeschränkung überließ Bonn hier ungeachtet ökonomischer und demographischer Überlegenheit Paris die politische Führungsrolle und garantierte als Zahlmeister, etwa beim Streit um den britischen EG-Beitrag, die Kohärenz und den Fortschritt der westeuropäischen Integration. Sicherheitspolitisch dagegen hatte ausgerechnet der souveränitätsbedachte französische Staatspräsident Charles de Gaulle mit Frankreichs Austritt aus der integrierten Militärstruktur der NATO 1966 das internationale Gewicht der Bundesrepublik zu Lasten von Paris entscheidend erhöht, da Bonn so endgültig zum wichtigsten Partner der USA in Kontinentaleuropa wurde[25].

Sicherheitspolitisch noch bedeutsamer war die wenig im Rampenlicht stehende, aber effektive »stille Allianz« der Bundesrepublik mit Großbritannien[26]. London war nicht nur Sieger- und Nuklearmacht, sondern leistete mit der Rheinarmee einen wichtigen Beitrag zur Vorneverteidigung der Allianz[27]. Traditionell besaß London in der NATO (zumal personalpolitisch) eine starke Stellung. Doch die Siebzigerjahre waren für das Vereinigte Königreich eine Phase des Nachkriegs-«decline«, insbesondere in wirtschaftlicher Hinsicht, mit ständigen Streiks und einer veralteten Industrie[28].

Mit Verweis auf die wirtschaftliche Lage angesichts der Ölkrisen, aber auch auf die Fortschritte der Ost-West-Détente fuhren kleinere europäischen NATO-Staaten ihren Verteidigungsbeitrag herunter, etwa die Niederlande[29] oder Dänemark – letzteres wurde von sowjetischer Seite sogar offen als Leichtgewicht bezeichnet[30].

---

[24]　Vgl. Helmut Schmidt, Menschen und Mächte, Berlin 1987, S. 249.

[25]　Vgl. Georges-Henri Soutou, L'Alliance incertaine. Les rapports politico-stratégiques franco-allemands, 1954–1996, Paris 1996, S. 293.

[26]　Dazu Karl Kaiser und John Roper, Die stille Allianz. Deutsch-Britische Sicherheitskooperation, Bonn 1987.

[27]　Die British Army of the Rhine (BAOR) blieb auch nach der Wiedervereinigung in reduzierter Form in Deutschland präsent, wo sie seit 1994 als British Forces Germany (BFG) firmiert. 2020 soll – auf britischen Wunsch – allerdings auch diese Restpräsenz enden.

[28]　Vgl. u.a. Jim Tomlinson, Inventing Decline. The Falling Behind of the British Economy in the Post War Years. In: Economic History Review, 49 (1996), 4, S. 734–760.

[29]　Die Niederlande gaben am 9.7.1974 eine geplante Kürzung der Verteidigungsausgaben bekannt, die eine Reduzierung der Personalstärke der niederländischen Streitkräfte um 20 000 Soldaten bis 1977, eine Halbierung der in der Bundesrepublik stationierten Raketen-Einheiten des Typs NIKE auf vier Einheiten und eine Verkürzung des Wehrdienstes von 16 auf 12 Monate vorsahen. Vgl. dazu den Artikel: NATO rügt Hollands Verteidigung. In: Frankfurter Rundschau, 10.7.1974, S. 1. Infolge heftiger Kritik aus der NATO milderte Den Haag das Vorhaben freilich ab. Vgl. dazu die Aufzeichnung des Ministerialdirigenten Ruhfus vom 17.10.1974; PAAA, Referat 201, Bd 102, S. 442. Doch bereits am 20.8.1975 kündigte die niederländische Regierung in der NATO weitere Reduzierungen an. Vgl. AAPD 1975, II, Dok. 265.

[30]　Vgl. Julij A. Kwizinskij, Vor dem Sturm. Erinnerungen eines Diplomaten, Berlin 1993, S. 270. Im Gespräch mit Premierministerin Thatcher am 16.11.1980 benannte Bundeskanzler Schmidt Belgien, Dänemark und die Niederlande als jene NATO-Staaten, die ihm aus verteidigungs- und bündnispolitischer Sicht Sorge bereiten würden. Vgl. AAPD 1980, Dok. 329, S. 1698.

Die Bundesrepublik und die Krise der NATO-Südflanke

Noch gravierender erschienen in jenen Jahren indes die Probleme der NATO-Süd-flanke[31]. Die NATO wurde eben erst Mitte der Siebzigerjahre zu einem Bündnis, dem – auch in normativem Sinne – ausschließlich »westliche«, also rechtsstaatlich-pluralistisch-demokratische Staaten angehörten. Der Sturz des autoritären Regimes in Portugal durch linke, mit sozialistischem Gedankengut liebäugelnde Offiziere in der »Nelkenrevolution« 1974 löste in der NATO jedoch zunächst eine veritable Krise aus.

Die amerikanische Regierung hielt eine kommunistische Machtübernahme in Lissabon für unabwendbar und plante bereits für einen Ausschluss Portugals aus der NATO, inklusive einer möglichen Abspaltung der strategisch wichtigen Azoren[32]. Auf der iberischen Halbinsel setzten der amerikanische Präsident Gerald Ford und sein Außenminister Henry A. Kissinger statt dessen verstärkt auf eine Heranführung Spaniens an die NATO, zumal in Madrid unübersehbar die Franco-Ära zu Ende ging. Das jedoch blieb ein steiniger, langwieriger Weg, den viele Verbündete (weniger die Bundesrepublik) nicht mitzugehen bereit waren, so dass Spaniens Anbindung in die westliche Verteidigungsfront zunächst bilateral durch die USA erfolgte.

Im Gegensatz zu Washington gab Bonn das NATO-Mitgliedsland Portugal noch nicht verloren, obwohl die Bundesregierung durchaus ähnliche Befürchtungen wie die Ford-Administration hegte[33]. Drei Wege gebe es, um Demokratie und Wirtschaft in Portugal zu retten, legte Schmidt in einem Schreiben an Kissinger dar: Erstens über die politischen Parteien und ihre Stiftungen Mittel zur Unterstützung entsprechen-der portugiesischer Parteien zu leiten, zweitens bilaterale Unterstützungsprogramme auf Regierungsebene, unter anderem durch Rüstungsaufträge und Kapitalhilfe, und drittens auf multilateraler Ebene durch Entgegenkommen der Europäischen Gemeinschaften gegenüber Lissabon[34].

Alle drei Wege wurden von Bonn mit Erfolg beschritten. Die parteipolitische »Demokratisierungshilfe«[35] und die Hilfestellung, Portugal wie den beiden ande-

---

[31]   Vgl. dazu: NATO's Southern Allies. Internal and external challenges. Ed. by John Chipman, London 1988.

[32]   Vgl. Aufzeichnung des Ministerialdirektors Sanne, Bundeskanzleramt, vom 28.7.1975 über ein Gespräch von US-Präsident Ford mit Bundeskanzler Schmidt am selben Tag. In: AAPD 1975, Dok. 224, S. 1046; Schmidt, Menschen und Mächte (wie Anm. 24), S. 204 ff.

[33]   Vgl. Aufzeichnung des VLR I Munz, 22.3.1975. In: AAPD 1975, Dok. 55, S. 262–284; Drahterlass (DE) Nr. 338 des Ministerialdirigenten (MDg) Ruhfus an Botschafter von Staden, Washington, 25.3.1975. In: Ebd., Dok. 60, S. 300–302.

[34]   Vgl. Schreiben Schmidt an Kissinger, 10.4.1975. In: AAPD 1975, Dok. 75, S. 355–357, hier S. 356. Schmidt fügte hinzu, dieses Vorgehen gelte es zunächst im bilateralen Rahmen zu klären, denn er wisse, »dass der NATO-Rat nicht mehr und der Europäische Rat noch nicht geeignet ist, um derart delikate Fragen unter Verbündeten zu ergründen«. Ebd., S. 357.

[35]   Der Leiter der Abteilung für Internationale Beziehungen im SPD-Parteivorstand, Dingels, behaup-tete, nur die SPD und die schwedischen Sozialdemokraten hätten effektive Hilfe in Portugal geleis-tet, vgl. J. Killick an britischen Botschafter in Lissabon, Trench. In: Documents on British Policy Overseas (DBPO), Series III, Vol. V, The Southern Flank in Crisis. Ed. by Keith A. Hamilton, London 2006, Dok. 129, S. 449. Vgl. dazu: Wolfram Kaiser und Christian Salm, Transition und Europäisierung in Spanien und Portugal. Sozial- und christdemokratische Netzwerke im Übergang

ren zur Demokratie zurückgekehrten Südländern Spanien und Griechenland trotz wirtschaftlicher Rückständigkeit den Beitritt zur EG zu ebnen (gegen Widerstände, nicht zuletzt Frankreichs, das verstärkte Konkurrenz und verringerte Subventionen für die eigene mediterrane Landwirtschaft befürchtete), sollen hier, anders als die Militärhilfe, nicht weiter erläutert werden[36].

An der auch im NATO-Rat mehrfach eingeforderten Hilfe für Portugal beteiligte sich die Bundesrepublik an führender Stelle. Schon 1976 prüften Hardthöhe und Pentagon vor Ort die Aufstellung einer neuen portugiesischen NATO-Brigade[37]. Deren strategischer Wert wurde ebenso betont wie ihre Funktion als innenpolitischer Stabilitätsfaktor gegen eine, so Portugals Botschafter in Bonn, »mögliche erneuerte Entwicklung zum linken oder rechten Chaos«[38].

Das Auswärtige Amt sah »zu substantieller Hilfe [...] im Bündnis allein die USA und die Bundesrepublik in der Lage«, scheute aber eine zu starke Exponierung der Bundesrepublik – ein Bedenken, das Amtschef Hans-Dietrich Genscher vom Tisch wischte[39]. So wurde nach Billigung im Bundestag im Mai 1978 ein erstes bilaterales Verteidigungshilfeabkommen mit 18 Monaten Laufzeit geschlossen, das Materiallieferungen im Wert von 34 Millionen DM vorsah[40]. Zusätzlichen portugiesischen Wünschen nach Unterstützung des Fregattenprogramms trug Bonn ebenfalls Rechnung[41].

---

von der Diktatur zur parlamentarischen Demokratie. In: Archiv für Sozialgeschichte, 49 (2009), S. 259–282.

[36] Vgl. dazu: Ana Monica Fonseca, The Federal Republic of Germany and the Portuguese transition to democracy (1974–1976). In: Journal of European Integration History, 15 (2009), 1, S. 35–57; Antonio Vasori, Crisis and stabilization in Southern Europe during the 1970s. Western Strategy, European Instruments. In: ebd., S. 5–14; Mario del Pero, A European Solution for a European Crisis. The international implications of Portugal's revolution. In: Ebd., S. 15–34.

[37] Vgl. Aufzeichnung des MD van Well, 23.12.1976. In: AAPD 1976, Dok. 375, S. 1706 f., Anm. 10.

[38] Vgl. Aufzeichnung des VLR I Heibach, 16.11.1978, PAAA, Referat 201, Bd 120, S. 253.

[39] Vgl. Aufzeichnung des MD van Well, 23.12.1976. In: AAPD 1976, Dok. 375, S. 1706–1709. Genscher notierte, er billige den Entscheidungsvorschlag: »Allerdings sollten wir nicht ganz so zaghaft sein.«

[40] FüS III 1 des BMVg notierte am 31.10.1978 für StS Schnell, im Rahmen der ersten Tranche habe die Bundesrepublik unentgeltlich folgende Unterstützung angeboten: »18 in den USA auf Konfigurationsstand A5 umgerüstete Kampfpanzer M48 mit Ersatzteilpaket (Umrüstungswert: 22,3 Mio. DM); Lieferung von 18 Feldhaubitzen 105 mm mit Zugmitteln (LKW); Gewährung von Ausbildungshilfe am Gerät im Wert von 0,7 Mio. DM; Lieferung von ca. 500 KfZ aus dem Überschuss der zwischenzeitlich aus der Truppe ausgesonderten ersten Gerätegeneration der Bundeswehr; Übernahme sämtlicher Transportkosten in Höhe von ca. 5 Mio. DM. Der finanzielle Umfang dieser Hilfe beträgt ca. 28 Mio. DM; hierin ist der Materialwert des zu liefernden Überschussgeräts (ca. 6 Mio. DM) nicht enthalten.« Vgl. PAAA, Ref. 201, Bd 120, S. 253. In einer Beschlussvorlage für den Bundessicherheitsrat legte das NATO-Referat des AA am 12.4.1979 dar, die 34 Mio. DM Verteidigungshilfe (die USA würden im gleichen Zeitraum 34,5 Mio. Dollar gewähren) setze sich aus rund 28 Mio. DM Barmittel zur Bezahlung der Lieferungen bzw. Dienstleistungen aus Deutschland und der unentgeltlichen Überlassung ausgesonderten Bundeswehrgeräts von rund 6,05 Mio. DM zusammen. Zusätzlich sei Portugal im Rahmen einer Sonderaktion eine unentgeltliche Materialhilfe aus Bundeswehrüberschüssen im Wert von rund 11 Mio. DM zugeflossen. Vgl. PAAA, Ref. 201, Bd 120, S. 254.

[41] Vgl. DE Nr. 6077 des VLR I Dannenbring an die Botschaft in Lissabon, 28.11.1979, PAAA, Ref. 201, Bd 120, S. 253; Genscher an Schmidt, 13.12.1978. In: AAPD 1978, Dok. 384, S. 1852 f.;

Das sicherheitspolitische Interesse des Frontstaats Bundesrepublik an einer funk-
tionstüchtigen, konsolidierten Allianz rechtfertigte diese finanzielle Großzügigkeit.
Ebenso wichtig war jedoch auch die Sorge, ein »Kippen« Portugals könne die internationale Entspannungspolitik gefährden[42], an deren Fortdauer Bonn aus deutsch-
land- und ostpolitischen Gründen fundamental interessiert blieb.

Zur gefährdeten NATO-Südflanke gehörte neben der iberischen Halbinsel
auch Italien mit seinen kurzlebigen, instabilen Regierungen, einem eskalierenden
Terrorismus und einer starken KPI, so dass in der Hochzeit des Eurokommunismus
und des »compromesso storico« zumindest eine Regierungsbeteiligung von Kommunisten in einem weiteren NATO-Land nach Portugal denkbar erschien[43]. Auch hier
leistete die Bundesrepublik via Währungskredit 1974 einen wichtigen Beitrag zur
wirtschaftlichen und politischen Stabilisierung des Landes[44].

In erster Linie aber ist der Zypern-Konflikt zu nennen, der fast zum Krieg der
beiden NATO-Staaten Griechenland und Türkei führte. Die türkische Zypern-
Invasion vom Juli 1974 führte in Griechenland zum Sturz des seit 1967 amtierenden Obristen-Regimes und zur Rückkehr zur Demokratie, doch schied Athen auch
grollend aus der integrierten Militärstruktur der NATO aus[45], um erst 1980 dorthin
zurückzukehren. Diskrete Vermittlungsversuche Bonns zwischen den verfeindeten
Partnern blieben so erfolglos wie entsprechende Bemühungen Washingtons und
Londons.

Der Türkei als strategisch wichtigem »Frontstaat« am »weichen Unterleib« der
UdSSR galt das besondere Augenmerk der Bundesregierung. Geschüttelt von massi-
ven Wirtschafts- und Finanzproblemen, die zu sozialen Spannungen und Unruhen
mit fast alltäglicher Gewalt führten, drohte das Land im Chaos zu versinken. In der
NATO wurde darum eine rasche, effektive Hilfe gefordert, zumal eine Abkehr der
Türkei vom Westen befürchtet wurde.

Gegen den Willen der amerikanischen Regierung hatte der US-Kongress (die
griechische Lobby!) seit September 1974 wegen der Zypern-Invasion die Militärhilfe
für die Türkei ausgesetzt und bis 1978 ein Waffenembargo gegen den NATO-
Partner verhängt. Dies drohte in Ankara ein Paria-Trauma hervorzurufen, vor allem
aber ganz praktisch zu Ersatzteilmangel und damit verminderter Einsatzbereitschaft
der türkischen Streitkräfte zu führen. Die Ford-Administration bat deshalb die
Bundesregierung eindringlich, in die Bresche zu springen und die zunächst ebenfalls
unterbrochene[46] westdeutsche Verteidigungshilfe wiederaufzunehmen und fortzu-

---

Drahtbericht (DB) Nr. 584 des Botschafters Pauls, Brüssel (NATO), 18.5.1979. In: AAPD 1979,
Dok. 145, S. 679 f.

[42]   Vgl. Schreiben Schmidt an Kissinger, 10.4.1975. In: AAPD 1975, Dok. 75, S. 357.

[43]   Vgl. Laura Fasanaro, The Eurocommunism Years. Italy's Political Puzzle and the Limits of the
      Atlantic Alliance. In: Angst im Kalten Krieg (wie Anm. 8), S. 548–572.

[44]   Vgl. dazu Soell, Helmut Schmidt, Bd 2 (wie Anm. 7), S. 366 ff.

[45]   Vgl. DB Nr. 1131 des Botschafters Krapf, Brüssel (NATO), 14.8.1974. In: AAPD 1974, Dok. 236,
      S. 1028–1030.

[46]   Vgl. DE Nr. 4844 des VLR I Munz, 18.11.1974. In: AAPD 1974, Dok. 334, S. 1473–1476.
      Die Verteidigungshilfe für Griechenland war schon 1967 nach der Machtübernahme durch die
      Obristen ausgesetzt worden.

führen[47]. Die Bundesrepublik reagierte im Frühjahr 1975 entsprechend, um eine weitere Schwächung der NATO zu verhindern und vor Ort sowjetische Streitkräfte zu binden, die sonst für die Zentralfront frei würden[48].

Großzügig gewährte Bonn der Türkei und Griechenland erneut die bereits 1964 begonnene und zwischenzeitlich unterbrochene Verteidigungshilfe. In Tranchen von je 18 Monaten wurden Ankara zunächst 100 Millionen DM und Athen 60 Millionen in Form von Materiallieferungen und Dienstleistungen gewährt, ab 1980 dann 130 bzw. 70 Millionen[49]. Daneben gab es noch kostenlose Materialhilfe und kommerzielle Rüstungsexporte.

Historisch – erinnert sei nur an die Militärmissionen Helmuth Graf von Moltkes oder Liman von Sanders'[50] – wie politisch (Stichworte: türkische Gastarbeiter, die Bundesrepublik als größter Handelspartner der Türkei) bestanden besondere Bande zur Türkei. Darum, auch auf Grund einer westlichen Arbeitsteilung[51] fiel der Bundesrepublik als ökonomisch potentester westeuropäischer Macht 1979[52] und 1980 die Führungsrolle zu, als es galt, eine internationale Finanzhilfe im Verbund mit IWF und OECD zu schmieden und die marode türkische Wirtschaft vor Bankrott und Kollaps zu bewahren. Nicht ohne Stolz verkündete der Bundeskanzler dem saudischen König, die deutsche Türkeihilfe sei »doppelt so hoch wie die der USA«, obwohl diese »insgesamt über eine viermal so große Volkswirtschaft verfügen«[53]. Kurz:

---

[47] Vgl. DB Nr. 2884 des MD Hermes, z.Z. Washington, 29.9.1974. In: AAPD 1974, Dok. 286, S. 1249; Aufzeichnung des MD van Well vom 9.12.1974 über das deutsch-amerikanische Regierungsgespräch am 6.12.1974 in Washington. In: AAPD 1974, Dok. 357, S. 1588 f.; Aufzeichnung des VLR I Pfeffer vom 14.3.1975 über das Gespräch des BM Genscher mit dem Abteilungsleiter im amerikanischen Außenministerium, Hartman. In: AAPD 1975, Dok. 50, S. 259.

[48] Vgl. dazu: Aufzeichnung des MD van Well, 19.2.1975. In: AAPD 1975, Dok. 32, S. 172–176, DE Nr. 1230 des VLR I Pfeffer, 24.3.1975. In: Ebd., Dok. 57, S. 286–289.

[49] Vgl. Aufzeichnung des BMVg (Rü II 2) vom 7.9.1979, PAAA, Referat 201, Bd 120, S. 244. Die gewährten Geldmittel flossen großteils in den westdeutschen Wirtschaftskreislauf zurück, da Beschaffungsverträge für Neumaterial (dessen Lieferanteil bei 80 % lag, die restlichen 20 % wurden ergänzt um Überschussmaterial aus Bundeswehrbeständen) grundsätzlich nur mit westdeutschen Firmen abgeschlossen wurden.

[50] Darauf verweist Gert Schmückle, Ohne Pauken und Trompeten. Erinnerungen an Krieg und Frieden, München 1982, S. 361.

[51] Der amerikanische Sicherheitsberater Zbigniew Brzezinski legte StS van Well am 14.5.1979 in Washington dar: »Die USA täten besonders viel im Nahen Osten, Frankreich in Teilen Schwarzafrikas, Japan zunehmend in Ostasien.« Daher solle die Bundesrepublik »ein Land wie die Türkei [...] als unser spezielles Anliegen ansehen«. Vgl. DB Nr. 1791 des Botschafters von Staden, Washington, 15.5.1979. In: AAPD 1979, Dok. 139, S. 652.

[52] Bereits im Spätherbst 1978 hatte die Türkei die Bundesregierung um umfassende Wirtschafts- und Finanzhilfe ersucht. Vgl. Aufzeichnung des MD Blech, 23.11.1978. In: AAPD 1978, Dok. 356. Auf Drängen Carters sagte Schmidt am 6.1.1979 beim Guadeloupe-Gipfel zu, die Führungsrolle für die Türkeihilfe zu übernehmen, vgl. AAPD 1979, Dok. 5, S. 28. Zum Sonderbeauftragten der Bundesregierung für die Türkeihilfe wurde der niedersächsische Finanzminister Walther Leisler Kiep (CDU) ernannt. Vgl. Gespräch Schmidts mit Weltbank-Chef McNamara, 6.3.1979. In: AAPD 1979, Dok. 70. Vgl. ferner: Ebd., Dok. 86; Walther Leisler Kiep, Was bleibt ist große Zuversicht. Erfahrungen eines Unabhängigen. Ein politisches Tagebuch, Berlin, Wien 1999, S. 220–233.

[53] Vgl. Gespräch BK Schmidt–König Khalid [Saudi-Arabien], 17.6.1980. In: AAPD 1980, Dok. 176, S. 917.

Auch bei Überwindung der »Southern Flank Crisis« spielte die Bundesrepublik eine zentrale Rolle.

Eine Führungsrolle für die Bundesrepublik in der NATO?

Besaß die Bundesrepublik also eine Führungsrolle in der NATO? Mit Einschränkungen kann man dies bejahen.

Klar erkennbar wurde das politische Gewicht, das die Bundesrepublik in der Allianz und international inzwischen erreicht hatte, beim Treffen des amerikanischen Präsidenten Carter, des französischen Staatspräsidenten Giscard d'Estaing, des britischen Premierministers Callaghan und des Bundeskanzlers Schmidt am 5./6. Januar 1979 auf der Karibikinsel Guadeloupe, bei dem wichtige Weichenstellungen für den am Jahresende getroffenen NATO-Doppelbeschluss erfolgten. Erstmals saß die Bundesrepublik vollkommen gleichberechtigt auf Augenhöhe am Konferenztisch der drei westlichen Nuklearmächte[54].

Der NATO-Doppelbeschluss ist ein weiteres Exempel, das den Einfluss der Bundesrepublik unterstreicht. Schließlich gingen angesichts des bedrohlichen Aufwuchses sowjetischer Mittelstreckenraketen entscheidende Impulse von der Bundesregierung, besonders ihrem Kanzler, aus. Bonn erwies sich dabei als ein, wenn nicht der entscheidende Anwalt von Parallelität und Gleichrangigkeit beider Doppelbeschlusshälften, also von TNF(Theatre Nuclear Forces)-Modernisierung und Rüstungskontrollangebot.

Im engen Schulterschluss mit Washington und London trug Bonn maßgeblich dazu bei, zögernde Bündnispartner für einen gemeinsamen Beschluss zu gewinnen[55]. Als wenige Tage vor Verabschiedung des Doppelbeschlusses nochmals nie-

---

[54] Obwohl offiziell kein Protokoll der Unterhaltungen existiert, lässt sich die Konferenz durch die Memoirenliteratur gut rekonstruieren, vgl. Schmidt, Menschen und Mächte (wie Anm. 24), S. 231–234; Valéry Giscard d'Estaing, Le pouvoir et la vie, t. 2: L'affrontement, Paris 1991, S. 368–385; James Callaghan, Time and Change, London 1987, S. 541–550; Jimmy Carter, Keeping Faith. Memoirs of a President, Toronto [u.a.] 1982, S. 234 f.; Zbigniew Brzezinski, Power and Principle. Memoirs of the national security adviser 1977–1981, New York 1983, S. 279 f.; Jürgen Ruhfus, Aufwärts. Erlebnisse und Erinnerungen eines diplomatischen Zeitzeugen 1955 bis 1992. St. Ottilien 2006, S. 216 f. Zum anderen wurden aus dem Gedächtnis Aufzeichnungen erstellt, vgl. Aufzeichnung MD Ruhfus. In: AAPD 1979, Dok. 2–5, S. 5–35. Ferner den Bericht des britischen Cabinet Secretary John Hunt vom 11.1.1979 (www.margaretthatcher.org/document/ ACCDD7C85E0F4928A2A91C89BED62D92.pdf, abgerufen am 12.5.2010).

[55] Vgl. Tim Geiger, Die Regierung Schmidt-Genscher und der NATO-Doppelbeschluss. In: Zweiter Kalter Krieg und Friedensbewegung. Der NATO-Doppelbeschluss in deutsch-deutscher und internationaler Perspektive. Hrsg. von Philipp Gassert, Tim Geiger und Hermann Wentker, München 2011 (= Schriftenreihe der Vierteljahrshefte für Zeitgeschichte, Sondernr.), S. 95–122. Vgl. dazu ferner Helga Haftendorn, Das doppelte Missverständnis. Zur Vorgeschichte des NATO-Doppelbeschlusses. In: Vierteljahrshefte für Zeitgeschichte, 33 (1985), S. 244–287; Lothar Rühl, Mittelstreckenwaffen in Europa. Ihre Bedeutung in Strategie, Rüstungskontrolle und Bündnispolitik, Baden-Baden 1987 (= Internationale Politik und Sicherheit, 24); Thomas Risse-Kappen, Null-Lösung. Entscheidungsprozesse zu den Mittelstreckenwaffen 1970–1987, Frankfurt a.M., New York 1988; Thomas Risse-Kappen, Die Krise der Sicherheitspolitik. Neuorientierung der Entscheidungsprozesse im politischen System der Bundesrepublik Deutschland, Mainz 1988;

derländische, norwegische und dänische Regierungsdelegationen in Washington auf
Zugeständnisse im Rüstungskontrollteil drängten, wurden exklusiv nur Bonn und
London dazu konsultiert[56].

Auch bei den MBFR-Verhandlungen etablierte sich bald eine Praxis vorge-
schalteter bilateraler oder trilateraler Konsultationen, wie überhaupt die Tendenz
zunahm, selbst politische Kernfragen zunehmend außerhalb des NATO-Gefüges
in anderen Gremien vorzuklären – etwas beim Vierergipfel auf Guadeloupe 1979,
bei den auf Giscard und Schmidt zurückgehenden, ab 1975 alljährlich stattfindenden Weltwirtschaftsgipfeln der führenden westlichen Industriestaaten oder bei den
ursprünglich aus den deutschlandpolitischen Treffen am Vorabend der NATO-
Ministerratstagungen entwickelten Vierer-Konsultationen[57].

Das Bild transatlantischer Harmonie darf jedoch nicht überstrapaziert werden.
Auch gegenüber den USA war die erstarkte Bundesrepublik niemals nur folgsamer
Schutzbefohlener, sondern verstand durchaus eigene nationale Interessen zu wahren.
Drei Beispiele sollen das illustrieren:

1. Bei den MBFR-Verhandlungen zwischen NATO und Warschauer Pakt
   in Wien[58] wachte das Auswärtige Amt und insbesondere Außenminister
   Genscher persönlich, häufig zum Missfallen des deutlich konzessionsbereite-
   ren Verteidigungsministeriums und Kanzleramts wie der übrigen Alliierten,
   dass es zu keinerlei Singularisierung der Bundesrepublik kam, dass also strikt
   am westlichen Grundsatz der kollektiven statt der vom Osten präferierten nationalen Obergrenzen für Streitkräfte festgehalten wurde. Genscher nahm
   nämlich grundsätzlich an dem auf Mitteleuropa beschränkten »Raum der
   Reduzierungen« Anstoß, befürchtete er doch zu Recht eine damit fast unver-
   meidliche Rüstungskontrollsonderzone, die primär die Bundeswehr Kontrollen
   und Reduzierungen unterworfen hätte[59].

Susanne Peters, The Germans and the INF Missiles. Getting their Way in NATO's Strategy of Flexible
Response, Baden-Baden 1990; Herbert Dittgen, Deutsch-amerikanische Sicherheitsbeziehungen
in der Ära Helmut Schmidt. Vorgeschichte und Folgen des NATO-Doppelbeschlusses, München
1991; Jeffrey Herf, War by other Means. Soviet Power, West German Resistance, and the Battle
of the Euromissiles, New York 1991; Stephan Layritz, Der NATO-Doppelbeschluss. Westliche
Sicherheitspolitik im Spannungsfeld von Innen-, Bündnis- und Außenpolitik, Frankfurt a.M.
1992; Joachim Scholtysek, The United States, Europe and the NATO Dual-Track Decision. In:
The Strained Alliance. U.S.-European Relations from Nixon to Carter. Ed. by Matthias Schulz and
Thomas A. Schwartz, New York 2010, S. 333–352.

56 Vgl. Aufzeichnung des Botschafters Ruth, 8.12.1979, PAAA, B 150, Bd 434.

57 Vgl. dazu die entsprechenden Klagen des bundesdeutschen NATO-Botschafters Pauls, DB
Nr. 1256, 23.11.1978. In: AAPD 1978, Dok. 357, S. 1473; oder im politischen Jahresbericht des
NATO-Generalsekretärs Luns, vgl. DB Nr. 905 vom 17.6.1980, PAAA, B 150, Bd 481. Zu nennen
sind ferner Sonderforen innerhalb der NATO wie die im Zuge des Doppelbeschlusses entstandene
High Level Group (HLG), die Special Group (SG) oder die Special Consultative Group (SCG).

58 Dazu noch immer grundlegend: Die Wiener Verhandlungen über Truppenreduzierungen
in Mitteleuropa. Chronik, Glossar, Dokumentation, Bibliographie 1973–1982. Hrsg. von
Reinhard Mutz, Baden-Baden 1983; Reinhard Mutz, Konventionelle Abrüstung in Europa. Die
Bundesrepublik Deutschland und MBFR, Baden-Baden 1984.

59 Vgl. Hans-Dietrich Genscher, Erinnerungen, Berlin 1995, S. 561; Joseph Holik, Die
Rüstungskontrolle. Rückblick auf eine kurze Ära, Berlin 2008 (= Zeitgeschichtliche Forschungen,
36), S. 34–40.

Die daraus resultierende westdeutsche Intransigenz war neben der ungelösten Frage der Streitkräftedaten und des asymmetrischen oder paritätischen Reduzierungsprinzips ein wichtiger Grund für die Ergebnislosigkeit der im Frühjahr 1989 eingestellten MBFR-Verhandlungen.

2. Das Neutronenbomben-Debakel 1977/78 war nicht ausschließlich der volatil, erratisch und konzeptionslos wirkenden Politik der Carter-Administration, ihren Konsultationsversäumnissen und mangelnder Führung anzulasten[60]. Auch das – von westdeutscher Warte aus: politisch verständliche und berechtigte – Insistieren der Bundesregierung auf mindestens einem zusätzlichen kontinentaleuropäischen Stationierungsland, dieses Pochen auf Nichtsingularisierung, trug wesentlich mit zu Carters überraschender Kehrtwende bei[61].

3. 1988/89 setzte sich die Regierung Kohl/Genscher beim Streit um eine Modernisierung der Kurzstreckenraketen Lance (angesichts des Mottos: »Je kürzer die Reichweite, um so toter die Deutschen«[62]) sogar gegen den Allianzhegemon und Großbritannien durch – wenn auch unter vielfachem Hinweis auf ihre bislang bewiesene Zuverlässigkeit und NATO-Treue[63].

Militärpolitisch blieb für Bonn stets ein letztlich unauflösbares Dilemma handlungsleitend: Auf der einen Seite lag der Bundesrepublik existentiell daran, die konventionelle Abwehrfähigkeit des Bündnisses gegenüber dem Warschauer Pakt zu steigern, um einen Gefechtsfeldeinsatz nuklearer Waffen so weit wie möglich auszuschließen. Selbst in den Plänen der amerikanischen und britischen Verbündeten lag schließlich die Zielauswahl für einen nuklearen Ersteinsatz zunächst auf dem Territorium Westdeutschlands[64].

Auf der anderen Seite durfte gerade die Glaubwürdigkeit der nuklearen Abschreckung in keinem Fall gemindert werden. Denn es lag auf der Hand, dass

---

[60] Siehe hierzu auch die Beiträge von Stefan Kieninger, Den Status Quo aufrechterhalten, und Oliver Bange, Der KSZE-Prozess, in diesem Band.

[61] Zur allianzinternen Kontroverse um die Neutronenwaffe vgl. Kristina Spohr Readman, Germany and the Politics of the Neutron Bomb, 1975–79. In: Diplomacy and Statecraft, 21 (2010), S. 259–285; Wiegrefe, Das Zerwürfnis (wie Anm. 23), S. 180–206; Geiger, Die Regierung Schmidt-Genscher (wie Anm. 55), S. 100–105; Volker Matthée, Die Neutronenwaffe zwischen Bündnis- und Innenpolitik. Eine Studie über die Verknüpfung nationaler und allianzinterner Willensbildungsprozesse, Herford, Bonn 1985.

[62] So die Formulierung des außenpolitischen Sprechers der CDU/CSU-Fraktion Volker Rühe, vgl. Karl-Heinz Kamp, Sicherheitsprobleme als Streitpunkte der westlichen Gesellschaft. In: Die Internationale Politik 1987–1988. Hrsg. von der Deutschen Gesellschaft für Auswärtige Politik, München 1990, S. 145.

[63] Vgl. Genscher, Erinnerungen (wie Anm. 59), S. 581–621; Andreas Wirsching, Abschied vom Provisorium 1982–1990, München 2006 (= Geschichte der Bundesrepublik Deutschland, 6), S. 370 f., 565 ff.

[64] Vgl. Wolfgang Altenburg, Die Nuklearstrategie der Nordatlantischen Allianz. In: Entschieden für Frieden (wie Anm. 8), S. 65.

jeder Krieg, selbst ein konventioneller (wie immer dieser ausginge[65]), für die dicht-besiedelte Bundesrepublik verheerend bis tödlich sein würde[66].

Seit Gründung der Nuklearen Planungsgruppe der NATO 1967 hat-te die Bundesrepublik dort einen ständigen Sitz. Dies sicherte ihr wichtige Mitwirkungsrechte in dieser vitalen Frage. Nicht zuletzt um der Bundesregierung den damals in Westdeutschland politisch heftig umstrittenen Beitritt zum nuk-learen Nonproliferationsvertrag[67] zu erleichtern, hatte US-Präsident Lyndon B. Johnson Bundeskanzler Kurt Georg Kiesinger 1968 eine vorherige bundesdeutsche Beratung – und damit eine Art Veto – vor dem selektiven Einsatz amerikanischer Nuklearwaffen von bzw. auf deutschem Territorium zugesagt[68].

Johnsons Nachfolger Nixon erneuerte diese geheime nukleare Konsultations-zusage[69], die schließlich auch 1974 im NATO-internen Streit um die ADM (Atomic Demolition Munition) bekräftigt wurde[70]. Wie weit die geheime, zwischen den Regierungschefs vereinbarte Konsultationszusage im Ernstfall tatsächlich gereicht hätte, blieb offen. Der Leiter des NATO-Referats im Auswärtigen Amt mutmaßte je-denfalls Ende 1976: »Wenn auch die Bundesregierung [...] kein Vetorecht besitzt, ist

---

[65] Letztlich ungeklärt bleibt die Frage, ob bzw. wie lange es der NATO möglich gewesen wäre, ei-nen etwaigen Angriff des Warschauer Pakts konventionell aufzuhalten. Der belgische General Robert Close prognostizierte 1976 in einer Studie, die Sowjets könnten innerhalb von 48 Stunden am Rhein stehen. Dem widersprachen sowohl BMVg Leber als auch NATO-Oberkommandeur Haig. Vgl. »Ist der Westen stark genug?«, Der Spiegel, 34 (1976), S. 72–78, besonders S. 74 und ebd., S. 80. Wenige Tage nach seinem Sturz verkündete Helmut Schmidt am 23.11.1982 im Außenpolitischen Arbeitskreis der SPD, im NATO-Verbund könne die Bundeswehr »den Russen konventionell in Europa monatelang widerstehen«; dem widersprach jedoch klar sein ehemaliger Verteidigungsminister Apel. Vgl. Apel, Der Abstieg (wie Anm. 15), S. 238 f. Generalinspekteur Altenburg ging 1984 davon aus, »dass die Bundeswehr im Kriegsfall zusammen mit den Verbündeten den Ansturm der ersten sowjetischen Staffel etwa eine Woche aufhalten könnte«. Vgl. »Bedingt abwehrbereit«, Der Spiegel, 33 (1984), S. 36–38, hier S. 37.

[66] Vgl. Wieck, Bündnispolitik und Nationales Interesse, (wie Anm. 4), S. 517 f.

[67] 1954 hatte die Bundesrepublik in den Pariser Verträgen auf die Produktion atomarer, bio-logischer und chemischer Waffen im eigenen Land verzichtet, aber erst am 28.11.1969 den Atomwaffensperrvertrag vom 1.7.1968 unterzeichnet und ihn erst am 2.5.1975 ratifiziert. Vgl. dazu: William Glenn Gray, Abstinence and Ostpolitik. Brandt's Government and the Nuclear Question. In: Ostpolitik 1969–1974. European and Global Responses. Ed. by Carole Fink and Bernd Schaefer, Cambridge 2009, S. 244–268.

[68] Vgl. Oliver Bange, NATO as a Frame-Work for Nuclear Nonproliferation. The West German Case, 1954–2008. In: International Journal, 64 (2009), S. 368 f.

[69] Im Gespräch mit Kiesinger am 8.8.1969 im Weißen Haus bekräftigte Nixon den Kernpunkt seines Schreibens zur Nuklearproblematik, »dass nämlich keine größere Entscheidung ohne vorherige Konsultation getroffen würde«. Vgl. AAPD 1969, Dok. 259, S. 906. Diese ge-heime Konsultationszusage blieb über Jahrzehnte auf einen allerengsten Kreis politischer Entscheidungsträger eingegrenzt, vgl. AAPD 1978, Dok. 349, S. 1707–1710. Ferner Peter Hoeres, Informationslecks im Kalten Krieg. In: Frankfurter Allgemeine Zeitung, Nr. 292 (15.12.2010), S. N4.

[70] Vgl. Detlef Bald, Politik der Verantwortung. Das Beispiel Helmut Schmidt. Der Primat des Politischen über das Militärische 1965–1975, Berlin 2008. Bald akzentuiert die Bedeutung des entsprechenden Briefwechsels zwischen Bundeskanzler Brandt und Nixon vom April 1974, der die privilegierte Konsultation abgesichert habe, ebd., S. 215. Er bleibt dabei den konkreten Quellenbeleg schuldig und verweist pauschal auf Soell, Helmut Schmidt, Bd 2 (wie Anm. 7). In einem Zirkelschluß verweist dieser (S. 960) nur unspezifisch zurück auf Balds Studie.

jedoch politisch kaum vorstellbar, dass der Einsatz von und auf unserem Territorium gegen unseren Willen erfolgt[71].«

Seit der verspätet erfolgten Unterzeichnung des Nichtverbreitungsvertrags betonte die Bundesregierung ostentativ ihren Nichtnuklearwaffenstatus, ihren »Non-User-Status«. Dies umso mehr, seit mit der Stationierung amerikanischer Pershing-II-Raketen im Zuge des NATO-Doppelbeschlusses die UdSSR ab 1983 erstmals direkt von westdeutschem Boden aus nuklear bedroht wurde. Aus entspannungs- wie bündnispolitischen Gründen legte die Bundesregierung größten Wert darauf, an der amerikanischen Alleinverfügungsgewalt über diese Waffen keinerlei Zweifel aufkommen zu lassen, denn ihr war sehr bewusst, wie stark das aus den Erfahrungen zweier Weltkriege resultierende Misstrauen gegen die Deutschen noch immer in ganz Europa – West wie Ost – war.

Die auch im befreundeten Ausland unverändert präsente NS-Vergangenheit legte der Bundesrepublik generell eine konsequente Politik der Zurückhaltung nahe. Aus diesem Grund begnügte sich das Auswärtige Amt noch 1980 hinsichtlich der beginnenden Diskussion über die Nachfolge von NATO-Generalsekretär Luns mit der Feststellung: »Auch derzeit sollte aus nicht näher auszuführenden Gründen von einer deutschen Kandidatur abgesehen werden[72].« Es sollte weitere acht Jahre dauern, bis mit dem langjährigen CDU-Verteidigungsexperten und Bundesverteidigungsminister Manfred Wörner zum ersten und bislang einzigen Mal ein Deutscher dieses oberste NATO-Amt übernahm (1988–1994).

Einige andere Spezifika der Nachkriegszeit wurden von Bonn längst als diskriminierend und politisch antiquiert kritisiert. Dazu gehörten die seit 1961 an die USA und Großbritannien zu leistenden Devisenausgleichszahlungen, die offiziell den Devisenabfluß durch deren Streitkräfte in der Bundesrepublik kompensieren sollten[73]. Nicht ganz zu Unrecht galten diese Offset-Abkommen als eine Art verkappte Zahlungen von »Besatzungskosten«.

Erst der Regierung Schmidt gelang es indes, diese nach dem Zusammenbruch des Bretton-Woods-Systems auch wirtschaftlich obsoleten Abkommen abzuschaffen[74],

---

[71] Vgl. Aufzeichnung des VLR I Dannenbring, 5.12.1976. In: AAPD 1976, Dok. 352, S. 1589. Dannenbring vermerkte zudem, mit Frankreich, das keine Atomwaffen in der Bundesrepublik stationiert habe, gebe es deutscherseits keinerlei Absprachen über den Einsatz von Nuklearwaffen. Noch im Sommer 1980 wich Giscard d'Estaing einer Antwort aus, als ihn Schmidt mit der Frage konfrontierte: »Bezüglich amerikanischer und britischer Nuklearwaffen auf deutschem Boden haben wir ein in Briefwechseln verankertes Mitspracherecht. Was soll die Bundesregierung in den betreffenden Parlamentsausschüssen sagen? Dass für den Einsatz der französischen Nuklearwaffen Gleiches gelte?« Vgl. AAPD 1980, Dok. 210, S. 1127.

[72] Aufzeichnung des MD Blech, 16.6.1980, PAAA, B 150, Bd 480.

[73] Vgl. dazu Elke Thiel, Dollar-Dominanz, Lastenteilung und amerikanische Truppenpräsenz in Europa. Zur Frage kritischer Verknüpfungen währungs- u. stationierungspolitischer Zielsetzungen in den deutsch-amerikanischen Beziehungen, Baden-Baden 1979 (= Internationale Politik und Sicherheit, 6); Hubert Zimmermann, Money and Security. Troops and Monetary Policy and West Germany's Relations with the United States and Britain, 1950–1971, Cambridge, New York 2000.

[74] Vgl. Aufzeichnung des MD Lautenschlager, 17.2.1976. In: AAPD 1976, Dok. 51, S. 239–243; Aufzeichnung des Referats 420, 29.4.1976. In: Ebd., Dok. 120, S. 550–555; Schmidt an Ford, 29.7.1976. In: Ebd., Dok. 251, S. 1161 f.; Schmidt, Menschen und Mächte (wie Anm. 24), S. 215 f.

die stets für Belastungen im bilateralen Verhältnis gesorgt hatten. So spielte bekanntlich die Devisenausgleichsfrage 1966 eine nicht unwesentliche Rolle, um paradoxerweise endgültig den Kanzlersturz des überzeugten Atlantikers Ludwig Erhard 1966 herbeizuführen[75].

Als noch zählebiger sollten sich die WEU-Herstellungsbeschränkungen von 1954 für bestimmte Schiffstypen oberhalb einer Wasserverdrängung von 3000 Tonnen bzw. die Beschränkungen für Raketen- und Lenkkörper erweisen. Seit 1967 bemühte sich Bonn um Aufhebung dieser Beschränkungen – mehr aus politischen und wirtschaftlichen (angesichts der notleidenden Werften) als militärischen Gründen[76]. Allerdings zeigten schon Sondierungen in Paris, wie dornenreich dieses Anliegen blieb. Da Frankreich kontroverse innenpolitische Diskussionen befürchtete, stimmte es erst im Mai 1978 dem Wegfall der Herstellungsbeschränkung zu – und auch nur denen beim Schiffsbau[77].

Von Seiten der dann offiziell unterrichteten übrigen WEU-Partner ließ Den Haag wissen, »dass eine Aufhebung der Schiffsbaubeschränkungen für N[ieder]L[ande] aus ›psychologischen Gründen‹ kaum in Frage käme«[78]. Mit Blick auf die ohnehin wackelige Zustimmung der Niederlande zum NATO-Doppelbeschluss nahm die Bundesrepublik eine weitere Verzögerung in Kauf[79], bis 1980 schließlich die Aufhebung vollzogen werden konnte[80].

Das hier aufschimmernde, subkutane Misstrauen gegen den deutschen Verbündeten brach schließlich 1989/90 angesichts der weltpolitischen Umbrüche offen hervor – erinnert sein nur an Andreottis »Pangermanismus«-Warnungen oder Mitterrands und Thatchers Störmanöver gegen die Wiedervereinigung.

Derlei Ängsten vor deutscher Dominanz standen aber fast ebenso häufig Befürchtungen gegenüber, die Bundesrepublik wende sich vom Westen ab und suche in fataler Entspannungseuphorie ein neutralistisches Sonderarrangement mit dem Osten anzustreben[81]. Derlei Rapallo-Ängste[82] firmierten zunächst unter dem Schlagwort der »Finnlandisierung«, später unter dem des pejorativ zu verstehenden »Genscherismus«[83].

Häufig machten sie sich an den Massenprotesten der Friedensbewegung und dem Aufstieg der GRÜNEN fest. Allerdings misstraute Präsident Carter schon 1980 der Moskau-Reise Kanzler Schmidts und dessen allzu eigenständigen Bestrebungen zur

75 Vgl. dazu Tim Geiger, Atlantiker gegen Gaullisten. Außenpolitischer Konflikt und innerparteilicher Machtkampf in der CDU/CSU 1958–1969, München 2008 (= Studien zur internationalen Geschichte, 20), S. 447 ff.
76 Vgl. DE Nr. 658 des MD van Well an die Botschafter von Braun, Paris, und von Hase, London, 19.2.1976. In: AAPD 1976, Dok. 54, S. 253–256; Aufzeichnung des MD Blech, 22.8.1977. In: AAPD 1977, Dok. 225, S. 1118–1123.
77 Vgl. Aufzeichnung des MD Blech, 23.5.1978. In: AAPD 1978, Dok. 158, S. 787 f.
78 Aufzeichnung des VLR I Hofmann, 7.9.1979. In: AAPD 1979, Dok. 258, S. 1282.
79 Vgl. Aufzeichnung des LR I Kreusel, 28.11.1979, PAAA, B 150, Bd 433.
80 Vgl. Aufzeichnung des MDg Dröge, 15.8.1980. In: AAPD 1980, Dok. 237, S. 1253–1257.
81 Vgl. z.B. DB Nr. 351 des Botschafters Pauls, Brüssel (NATO), 20.3.1979, oder DB Nr. 1048 des Botschafters Herbst, Paris, 4.4.1979, beide in: AAPD 1979, Dok. 87 und 100, S. 385 f., S. 445f.
82 Zu den Rapallo-Befürchtungen der westlichen Alliierten: Niedhart, Zustimmung und Irritationen (wie Anm. 8).
83 Vgl. Wirsching, Abschied vom Provisorium, (wie Anm. 63), S. 570.

Neubelebung des Ost-West-Dialogs. Nach einem von Schmidt als schulmeisterlich empfunden Schreiben kam es deshalb am Vorabend des Weltwirtschaftsgipfels in Venedig zu einer lebhaften, kontroversen Aussprache, die Carter rückblickend als »the most unpleasant personal exchange I ever had with a foreign leader«[84] beschrieben hat.

Als Resümee lässt sich festhalten: Schon aufgrund ihrer wirtschaftlichen und militärischen Stärke war die Bundesrepublik der wichtigste kontinentaleuropäische Partner der USA und somit zugleich ein tragender Pfeiler der NATO. Wegen ihrer prekären geopolitischen Lage als Front- und Teilstaat und angesichts der belasteten deutschen Vergangenheit taten aber alle Bonner Regierungen gut daran, ihre tatsächliche Machtposition so selten wie möglich coram publico auszuspielen und stattdessen die kooperative Rolle in der NATO – in ihrer Verbindung mit den USA und Großbritannien – voranzustellen.

Fest steht, dass dieses Verhaltensmuster nach Ende des Ost-West-Konflikts und der deutschen Teilung in der Berliner Republik zwangsläufig zum Ende gekommen ist – ob zum Guten oder nicht, das wird erst die Zukunft zeigen.

---

[84] Carter, Keeping Faith (wie Anm. 54), S. 537; Brzezinski, Power and Principle (wie Anm. 54), S. 461, spricht von »a particularly nasty meeting in which the testy German chancellor came close to being abusive«.

Jordan Baev

Die blockinterne Koordination des Warschauer Pakts und die DDR

Die Gründung der Warschauer Vertragsorganisation (WVO) war keine »unmittelbare« Reaktion auf die Bildung der NATO[1]. Vielmehr diente sie dazu, die Regierungen der kleineren osteuropäischen Staaten in der Zeit nach Stalin weiter den Zielen der Moskauer Führung unterzuordnen. Viele Jahre lang blieb die militärische Gliederung der WVO eher unverbindlich und rudimentär, was vor allem auf die absolute Unterordnung unter die sowjetische Militärführung bereits seit der Stalin-Ära zurückzuführen war.

Veränderungen in Kriegskunst und Militärtechnik machten jedoch eine Überprüfung dieser Praxis notwendig und förderten Bestrebungen zur Effizienzsteigerung der Führungsgremien der Vereinten Streitkräfte des Bündnisses in den Sechzigerjahren. Während der gesamten Existenzdauer der WVO spielten Mittel- und Westeuropa eine zentrale Rolle in der globalen Konfrontation der beiden Blöcke. Die strategische Richtung Südosteuropa (Balkan) nahm in den sowjetischen Kriegsplänen eine sekundäre Stellung ein, weswegen man Rumänien und Albanien ihre eigenen Formen des Sozialismus ausleben ließ. Die ungelöste »deutsche Frage« und die Existenz von zwei deutschen Staaten lösten allerdings immer wieder gefährliche internationale Krisen aus und waren in mancher Hinsicht Anlass für den Beginn eines langwierigen Verhandlungsprozesses zur europäischen Sicherheit in den beiden letzten Jahrzehnten des Kalten Krieges.

Die bündnisinternen Beziehungen der WVO gehören bisher zu den wenig diskutierten Fragen der Zeitgeschichte. In der jüngeren Vergangenheit wurden jedoch durch eine große Zahl neu zugänglicher Archivdokumente Einzelheiten über tiefgreifende Differenzen in Bezug auf Ziele und Absichten der einzelnen osteuropäischen Regierungen bei außen- und sicherheitspolitischen Fragen deutlich.

Während der europäischen Sicherheitskonferenzen und den Verhandlungen über gegenseitige Truppenreduzierungen (MBFR) in Helsinki, Genf, Belgrad, Madrid, Stockholm und Wien berieten sich die Delegationen des Warschauer Pakts inten-

---

[1] Die WVO bestand zunächst aus acht Mitgliedsstaaten: Neben der UdSSR waren dies Albanien, Bulgarien, die DDR, die VR Polen, Rumänien, die Tschechoslowakei und Ungarn. Nach dem Austritt Albaniens 1968 blieb es bei den restlichen sieben Mitgliedsstaaten bis zur Auflösung der WVO.

siv und regelmäßig[2]. Die Koordination der gemeinsamen Politik erfolgte auf zwei
Wegen: Offiziell auf den Gipfeltreffen des Politischen Beratenden Ausschusses der
WVO und den Tagungen der Außen- und Verteidigungsminister, sowie inoffiziell
auf multilateralen und bilateralen Treffen der Vorsitzenden der kommunistischen
Parteien und Staatschefs. In der Geschichte der WVO bilden etwa die Krimtreffen
osteuropäischer Gäste mit Verantwortlichen aus Moskau Beispiele für solche informellen Gesprächsrunden. Bei der Eröffnung des »Krimtreffens« am 30. Juli 1973
betonte der sowjetische Staats- und Parteichef Leonid Brežnev beispielsweise die
Bedeutung dieser »kameradschaftlichen Treffen«, die Gelegenheit dazu böten, wichtige Fragen in einer Arbeitsatmosphäre ohne Formalitäten zu erörtern[3].

Jeder einzelne Bündnispartner der WVO verfolgte sowohl eigene Interessen,
musste andererseits aber auch seinen Beitrag innerhalb des Bündnisses erfüllen.
Die mitteleuropäischen Staaten bildeten die sogenannten »Frontstaaten«, während
Ungarn, Rumänien, Bulgarien und Albanien (bis 1968) bei einer möglichen mili-
tärischen Konfrontation zwischen den beiden Blöcken »sekundäre« Aufträge an der
Südostflanke zu erfüllen gehabt hätten.

Die Rolle der Deutschen Demokratischen Republik (DDR) in den WVO-
Entscheidungsprozessen wurde in mancherlei Hinsicht von der deutschen und
internationalen Geschichtsschreibung bereits untersucht. Der vorliegende Aufsatz
beschäftigt sich insbesondere mit den Beziehungen, Absprachen und Differenzen innerhalb der WVO, wobei der Rolle und den spezifischen Positionen der politischen
und staatlichen Führung der DDR besondere Bedeutung beigemessen wird.

Die »deutsche Frage« in den Sechzigerjahren

Im ersten Jahrzehnt des Bestehens der WVO trat die DDR-Führung häufig enga-
gierter und unnachgiebiger auf als die anderen osteuropäischen Partner. Dies war
hauptsächlich auf drei Faktoren zurückzuführen: die geostrategische Position der
DDR, ihren ungelösten völkerrechtlichen Status und die Zuspitzung der »deutschen
Frage« Ende der Fünfzigerjahre.

Zwei Gipfeltreffen des Politischen Beratenden Ausschusses des Warschauer
Paktes am 4. Februar 1960 und vom 3.–5. August 1961 sind hauptsächlich auf
die »Berlin-Krise« zurückzuführen. Der ostdeutsche Staats- und Parteichef Walter
Ulbricht drängte bereits im September 1960 seine Partner im Warschauer Pakt dazu,
gemeinsame Aktionen gegen die angeblich revanchistische Politik Westdeutschlands
zu unternehmen[4]. Ulbricht schlug außerdem die Einberufung eines außerordentli-

---

2   Die Mutual and Balanced Force Reductions (MBFR) waren am 30.10.1973 in Wien begonnene
    Verhandlungen über die gegenseitige Verringerung der Streitkräfte und Rüstungsgüter. Nach 16
    Jahren wurden die Verhandlungen am 2.2.1989 ergebnislos abgebrochen, aber bereits am 9.3.1989
    durch den Vertrag über Konventionelle Streitkräfte in Europa (KSE) ersetzt. Über die gegenseitigen
    Truppenreduzierungen siehe auch die Beiträge von Josep P. Harahan und Stephan Kieninger in
    diesem Band.
3   Zentrales Staatsarchiv (ZDA), Sofia, Fonds 1-B, Opis 35, a.e. 4300.
4   ZDA, Fonds 1-B, Opis 91, a.e. 111, 112.

chen Gipfeltreffens des Politischen Beratenden Ausschusses (PBA) im August 1961 vor. Neuzugängliche russische und ostdeutsche Dokumente belegen, dass der DDR-Parteichef alles Mögliche unternahm, um seine Kollegen, insbesondere den sowjetischen Staats- und Parteichef Nikita Chruščëv, davon zu überzeugen, dass der Bau der Berliner Mauer dringend notwendig war[5].

Die Frage der Einbindung der westdeutschen Streitkräfte in die multilaterale Atomstreitmacht der NATO (MLF) führte zu einer weiteren Initiative der DDR in der WVO. Im Januar 1964 schlug Walter Ulbricht vor, das neue PBA-Gipfeltreffen für März einzuberufen. Der Vorschlag wurde jedoch von der rumänischen Führung nicht angenommen, da sie zu Beginn des Jahres einen Politikwechsel, den sog. »neuen Kurs«, angekündigt hatte[6].

Die rumänische Regierung weigerte sich anfänglich auch, an einer Tagung der stellvertretenden Außenminister im Dezember 1964 in Warschau teilzunehmen. Auf Insistieren der ostdeutschen Seite entsandte Bukarest jedoch schließlich einen Vertreter. Das Hauptziel der Tagung war die Vorbereitung des bevorstehenden PBA-Gipfels, der im Januar 1965 in Warschau stattfinden sollte. Während der Diskussion am 20. Januar kam es dann zu einer Meinungsverschiedenheit zwischen Walter Ulbricht und seinem rumänischen Kollegen Gheorghe Gheorgiu. Ulbricht forderte einen energischen Protest der WVO gegen die MLF, da die Westdeutschen so Zugang zu Atomwaffen erhalten und nachfolgende Abkommen über die Nichtverbreitung von Nuklearwaffen – aus DDR-Sicht – gegenstandslos würden[7].

Die DDR-Regierung war auch beteiligt, als einige andere Länder im Januar 1965 die Initiative für eine europäische Sicherheitskonferenz ergriffen. Ende Dezember 1965 wurden zwei stellvertretende Außenminister Ostdeutschlands (Oskar Fischer und Georg Stibi) mit einem Spezialauftrag in verschiedene osteuropäische Hauptstädte geschickt. Oskar Fischer reiste nach Sofia, Bukarest und Belgrad, um über die beiden neuen ostdeutschen Initiativen für europäische Sicherheitsmaßnahmen und schließlich Schritte zur Aufnahme seines Landes als Mitglied der Vereinten Nationen zu informieren.

Die zweite Initiative wurde durch die Absicht einiger westlicher Länder hervorgerufen, der Bundesrepublik Deutschland die Vollmitgliedschaft, der DDR lediglich einen Beobachterstatus in den Vereinten Nationen anzubieten. Fischer ersuchte das bulgarische Außenministerium, eine Vermittlerrolle zu übernehmen und den Vorschlag der DDR für europäische Sicherheitsmaßnahmen der schwedischen Regierung vorzulegen. In einer Aktennotiz an das Politbüro des Zentralkomitees

---

5   Siehe hierzu Cholodnaja Vojna, Novye Podchody, Novye Dokumenty, Aleksandr Čubarjan (Red.), [Kalter Krieg. Neue Annäherung, Neue Dokumente. Hrsg. von Alexander Tschubarjan], Moskva 1995, S. 268–270, 287–289; sowie Manfred Wilke, Der Weg zur Mauer. Stationen der Teilungsgeschichte, Berlin 2011; und Hope M. Harrison, Ulbrichts Mauer. Wie die SED Moskaus Widerstand gegen den Mauerbau brach, Berlin 2011. Eine gegenteilige, jedoch durch die vorangegangenen Bücher bereits partiell widerlegte These offeriert das Buch von Heinz Kessler und Fritz Streletz, Ohne die Mauer hätte es Krieg gegeben, Berlin 2011.

6   ZDA, Fonds 1-B, Opis 51, a.e. 552, S. 1 f.

7   A Cardboard Castle? An Inside History of the Warsaw Pact, 1955–1991. Ed. by Vojtech Mastny, Malcolm Byrne und Magdalena Klotzbach, Budapest, New York 2005, S. 180.

(ZK) der Bulgarischen Kommunistischen Partei (BKP) bemerkte der bulgarische Außenminister Ivan Bačev, dass die ostdeutschen Initiativen zwar voraussichtlich nicht zu »sofortigen Ergebnissen« führen, jedoch grundsätzlich nicht den nationalen Interessen und eigenen Initiativen Bulgariens widersprächen[8]. Die Staaten des Warschauer Paktes nutzten den PBA-Gipfel im Juli 1966 in der rumänischen Hauptstadt, um ihre Vorschläge für neue gesamteuropäische Sicherheitsmaßnahmen bekanntzugeben.

Die westdeutsche Regierung unternahm ihrerseits einige Monate vor dem Bukarester Gipfel erste Versuche, die Beziehungen zu Osteuropa (mit Ausnahme der DDR) zu normalisieren. Die sogenannte »Friedensnote« wurde den osteuropäischen Regierungen am 24. März 1966 über die Botschaft der Bundesrepublik in Wien übermittelt[9]. Im Oktober desselben Jahres initiierte Bonn erstmalig direkte Gespräche mit Budapest, Sofia und Bukarest über die Möglichkeiten einer Normalisierung der diplomatischen Beziehungen zu den drei osteuropäischen Staaten.

Die Bildung der neuen »Großen Koalition« von Kurt Georg Kiesinger und Willy Brandt im Dezember 1966 schuf neue Perspektiven für einen Dialog zwischen der Bundesrepublik und Osteuropa. Diese neue Entwicklung führte zu entsprechend negativen Reaktionen in Warschau und Ostberlin. Sowohl Władisław Gomułka als auch Walter Ulbricht überzeugten die sowjetische Führung, eine »bedingungslose« Normalisierung der politischen Beziehungen zur Bundesrepublik Deutschland zu verhindern[10].

Am 30. Januar 1967 informierte Ivan Bačev das Politbüro des ZK der BKP über ein Memorandum der ostdeutschen Regierung zur »möglichen Aufnahme diplomatischer Beziehungen zur Bundesrepublik Deutschland.« Darin forderte die ostdeutsche Führung ein Außenministertreffen der WVO zu diesem Problem[11]. Diese »präventive« Initiative Ost-Berlins kam aber zu spät, da Rumänien bereits am 31. Januar diplomatische Beziehungen zur Bundesrepublik aufnahm, ohne seine Verbündeten zu konsultieren[12].

Ursprünglich sollte das Treffen der Außenminister des Warschauer Pakts zu diesem besonderen Thema am 7. Februar 1967 in Ost-Berlin beginnen. Nachdem das Neue Deutschland die rumänische Entscheidung heftig kritisiert hatte, wurde das Treffen nach Warschau verlegt. Die Hauptfrage, die die osteuropäischen Außenminister vom 8.–10. Februar 1967 diskutierten, betraf ihre Haltung gegenüber der neuen Großen

---

[8]   ZDA, Fonds 1-B, Opis 6, a.e. 6118, S. 77–83.
[9]   ZDA, Fonds 1-B, Opis 91, a.e. 154.
[10] Douglas Selvage, The Warsaw Pact and the German Question, 1955–1970. Conflict and Consensus; Oliver Bange, Ostpolitik as a Source of Intrabloc Tensions. Beide in: NATO and the Warsaw Pact Intrabloc Conflicts. Ed. by Ann Mary Heiss and S. Victor Papacosma, Kent 2008, S. 183 sowie S. 106–122; Csaba Békés, The Warsaw Pact, the German Question and the Birth of the CSCE Process, 1961–1970. In: Helsinki 1975 and the Transformation of Europe. Ed. by Oliver Bange and Gottfried Niedhart, Oxford, New York 2008, S. 118.
[11] Diplomatisches Archiv (DA), Sofia, Opis 24, a.e. 933, S. 2 f.
[12] Carmen Rijnoveanu, Romania's Reactions towards West German Ostpolitik. Vortrag, gehalten auf der internationalen Konferenz »Détente and CSCE in Europe« (Prag, 13.10.2008) des Projekts »CSCE and the Transformation of Europe«, gefördert durch die VolkswagenStiftung an der Universität Mannheim.

Koalition in Bonn[13]. Vor der ersten Sitzung traf sich der sowjetische Außenminister Andrej Gromyko zu einem vertraulichen Gespräch mit seinen Amtskollegen aus Polen, der Tschechoslowakei und Ostdeutschland, Adam Rapacki, Václav David und Otto Winzer, um über deren ablehnende Haltung zur Aufnahme diplomatischer Beziehungen zur Bundesrepublik zu sprechen. Die Sowjets unterstellten Westdeutschland, mit der neuen Vorgehensweise die osteuropäische »Einheit« untergraben zu wollen. Ein Mitglied der bulgarischen Delegation, Botschafter Raiko Nikolow, schrieb in seinen Memoiren, dass Bulgarien ursprünglich die Aufnahme diplomatischer Beziehungen zur Bundesrepublik befürwortet habe. Diese Position war von Todor Živkov, dem bulgarischen Staatschef und Erstem Sekretär der BKP, persönlich gebilligt worden, der seine Meinung dann jedoch auf Druck der Sowjets änderte[14].

Auf dem ersten Ministertreffen schwiegen sowohl Bačev als auch sein ungarischer Kollege János Péter, als die Außenminister der Sowjetunion, Polens, der Tschechoslowakei und Ostdeutschlands darauf bestanden, die Aufnahme bilateraler Beziehungen abzulehnen, solange die »Deutsche Frage« auf der Grundlage der Anerkennung der Nachkriegsgrenzen nicht gelöst und dem »Anspruch« der Regierung in Bonn für »alle Deutschen« zu sprechen und Kernwaffen zu besitzen, keine Absage erteilt worden sei. Schließlich wurden Budapest und Sofia von ihren Bündnispartnern im Warschauer Pakt gezwungen, die beabsichtigten Verhandlungen über eine Normalisierung ihrer Beziehungen zur Bundesrepublik zu verschieben.

Am 6. April 1967 schickte der DDR-Außenminister dem rumänischen Botschafter in Ostberlin eine Kurzmitteilung. Die ostdeutsche Regierung drängte Bukarest darin, mit einer offiziellen Note zu bestätigen, dass die rumänische Regierung diplomatische Beziehungen zu Bonn aufgenommen habe, ohne den Anspruch der Bundesrepublik, der alleinige Vertreter des deutschen Volkes zu sein, anzuerkennen. Auf der Sitzung des Präsidiums des Zentralkomitees der Rumänischen Kommunistischen Partei (RKP) am 30. Mai 1967 wurde jedoch entschieden, das Ersuchen der DDR abzulehnen[15].

Der rumänische KP-Chef Nicolae Ceauşescu erläuterte seine Gründe für die Aufnahme diplomatischer Beziehungen zur Bundesrepublik ohne vorherige Unterrichtung der anderen Warschauer Pakt-Staaten bei einem Treffen mit Todor Živkov im April 1967 in Bukarest. Während seiner Gespräche mit Ceauşescu am 18. April bestätigte Živkov, dass es »keine Grundsatzentscheidung, die Aufnahme diplomatischer Beziehungen zur Bundesrepublik abzulehnen [...]«[16] gegeben habe.

Die bulgarische Führung informierte sowohl Moskau als auch Ostberlin über das Treffen in Bukarest. Ferner widersetzte sich Živkov auf einem Treffen mit der DDR-Führung im September 1967 Walter Ulbrichts Appell für eine »einheitliche

---

[13] Die kommunistische Führung Rumäniens entschied am 3. Februar 1967, einen stellvertretenden Außenminister nach Warschau zu schicken.

[14] Ivan Bašev, Politik, Državnik, Diplomat [Ivan Bashev, Politiker, Staatsmann und Diplomat], Sofia 2010, S. 352.

[15] Rijnoveanu, Romania's Reactions (wie Anm. 12).

[16] ZDA, Fonds 1-B, Opis 34, a.e. 53, S. 18–50.

Front gegen den westdeutschen Militarismus«[17]. Petar Meschduretschki, erster bulgarischer Botschafter in Bonn, erinnert sich in seinem Memoiren, dass Ivan Bačev Ende der Sechzigerjahre den ostdeutschen Botschafter mit »sichtbarem Unmut« empfangen habe. Bashev bezeichnete damals intern die Idee der ostdeutschen Führung von »einer sozialistischen deutschen Nation« (nämlich der DDR) als »lächerlich«, da es zwar zwei deutsche Staaten, aber keine zwei deutschen Nationen geben könne[18].

Die Verhandlungen zu Entspannung und europäischer Sicherheit in den Siebzigerjahren

Der Vorschlag des PBA auf dem Budapester Gipfeltreffen vom 17. März 1969, eine gesamteuropäische Sicherheitskonferenz ins Leben zu rufen, war nur zwei Wochen zuvor durch Moskau initiiert worden. Nach einem harschen Disput am Vorabend des offiziellen Beginns des Gipfels sahen sich Walter Ulbricht und Władysław Gomułka gezwungen, die im Deklarationsentwurf enthaltene konziliantere Haltung hinzunehmen, um die einheitliche Politik des Bündnisses zur »deutschen Frage« zu bewahren. Die Zeit drängte jedoch und es gab keine volle Übereinstimmung für die Annahme eines umfangreicheren einstimmigen Kommuniqués auf dem Gipfeltreffen[19].

Die Haltung der ostdeutschen Führung wich stark von jener der anderen kommunistischen Führer ab. In seiner Erklärung vom Nachmittag des 17. März 1969 beharrte Walter Ulbricht darauf, dass die Politik von Kiesinger und Brandt sich inhaltlich nicht von der vorherigen »imperialistischen« Politik Adenauers unterscheide[20]. Ulbricht erklärte, Brandt sei ein Verfechter der sogenannten Neuen Ostpolitik, durch die der westdeutsche Imperialismus die sozialistischen Staaten gegeneinander auszuspielen beabsichtige[21]. Tatsächlich aber wurde in der Budapester Erklärung zur europäischen Sicherheitskonferenz nur eine konkrete Forderung bekanntgegeben – »die Unverletzbarkeit der bestehenden Nachkriegsgrenzen«.

Die Mitgliedsstaaten des Warschauer Pakts stellten ihre Auffassungen zur Tagesordnung einer europäischen Sicherheitskonferenz (ESK) zum ersten Mal auf dem Außenministertreffen am 30./31. Oktober 1969 in Prag vor. Die Archivquellen belegen, dass dem Treffen in der tschechoslowakischen Hauptstadt vertrauliche bilaterale Beratungen vorausgingen, die vom sowjetischen Außenministerium (MID) veranlasst wurden. So informierte Anatoli Kovolëw, Leiter der Ersten Europaabteilung des MID und stellvertretender sowjetischer Außenminister wäh-

[17] ZDA, Fonds 1-B, Opis 34, a.e. 70.
[18] Ivan Bašev, Politiker (wie Anm. 14), S. 340.
[19] Ungarisches Nationalarchiv (MOL), Budapest, M-KS-288, f. 5. Die hier zitierten ungarischen Dokumente wurden von Czaba Békés auf der Internetseite des PHP (www.php.isn.ethz.ch) veröffentlicht.
[20] Siehe hierzu Oliver Bange, The GDR in the era of détente. Conflicting perceptions and strategies. In: European détente, transatlantic relations, and the Cold War, 1965–1985. Ed. by Poul Villaume, Kopenhagen 2010, S. 57–77.
[21] Politisches Archiv des Auswärtigen Amtes (PA AA), Berlin, Akten des Ministeriums für Auswärtige Angelegenheiten (MfAA) der DDR, G-A 554. Das Dokument wurde von Ursula Froese ins Englische übersetzt und von Douglas Selvage für die PHP Webseite editiert.

rend der künftigen KSZE-Verhandlungen in Helsinki, seinen bulgarischen Kollegen über die Aussichten, in der ersten Hälfte der Siebzigerjahre eine gesamteuropäische Konferenz durchzuführen[22].

Die Quellen zu bilateralen Konsultationen mit anderen osteuropäischen Staaten belegen nachdrücklich die unterschiedlichen Ziele und Absichten der einzelnen Regierungen in Bezug auf die Initiative zur europäischen Sicherheit. Die Polen erarbeiteten ein Konzept für die Einrichtung eines »Kollektiven Sicherheitssystems« nach dem Muster früherer »Gomułka-Rapacki«-Projekte. Im August und Oktober 1969 bereitete der ostdeutsche Außenminister Entwürfe über »strategische Ziele« vor, von denen die internationale Anerkennung der DDR und ihre Aufnahme in die Vereinten Nationen an erster Stelle standen. Andere Ziele waren dem Entwurf zufolge die Störung der sich entwickelnden »besonderen Beziehungen« zwischen den USA und der Bundesrepublik, die Verhinderung der Umwandlung der europäischen Wirtschaftsgemeinschaft in eine »politische Union« sowie die Gewinnung taktischer Vorteile aus möglichen Konflikten zwischen den NATO-Mitgliedsstaaten[23].

Auf der Ministertagung des Warschauer Pakts Ende Oktober 1969 in Prag wurden diese Themen angesprochen. Die polnische Delegation schlug vor, die Formulierung »bedingungslose Anerkennung der territorialen Integrität aller europäischen Staaten in ihren gegenwärtigen Grenzen« ausdrücklich in die Entwürfe aufzunehmen. Ein weiterer polnischer Vorschlag – für die Annahme der »von Grundprinzipien eines Abkommens über Kollektive Sicherheit – wurde von den übrigen Teilnehmern als »maximalistische« Forderung kritisiert. Ein dritter polnischer Vorschlag, »partielle regionale Schritte in Fragen der Abrüstung« zu unternehmen, wurde als »eine verfrühte Maßnahme« abgelehnt. Die rumänische Delegation bestand auf ihrer Formulierung: »Respektierung der Grundsätze von Souveränität, territorialer Integrität und Unabhängigkeit sowie Nichteinmischung in die inneren Angelegenheiten.«

In einer späteren ungarischen Analyse des Prager Treffens wurde argumentiert, dass die rumänischen Vertreter »gewisse Vorbehalte« in Fragen der europäischen Konferenz hegten, da sie befürchteten, dass der Erfolg dieser Initiative »den sowjetischen Einfluss in Europa ausweiten« könne[24]. Die ostdeutsche Delegation blieb bei ihrer Haltung, Garantien für die völkerrechtliche Anerkennung der DDR als Vorbedingung für die Durchführung einer gesamteuropäischen Konferenz einzufordern. Der ungarische Vertreter erklärte zum ersten Mal offiziell, dass die ESK kein »Einzelereignis« sein dürfe, sondern zur Einrichtung »dauerhafter Institutionen der europäischen Sicherheit« führen müsse[25].

Eine weitere Auseinandersetzung in Prag wurde durch konträre Bewertungen der Regierung Brandt in Westdeutschland ausgelöst. Dies führte zu Spannungen zwi-

---

[22] DA, Opis 20-P, a.e. 805, S. 180–183.
[23] PA AA, MfAA, C 367/78, S. 42–50, 53–97. Dieses und weitere Dokumente sind ins Englische übersetzt und ediert zu finden in: Oliver Bange und Stephan Kieninger, Negotiating One's Own Demise? The GDR's Foreign Ministry and the CSCE negotiations. Plans, Preparations, Tactics, and Presumptions. CWIHP e-Dossier No. 17 (www.wilsoncenter.org/article/cwihp-publishes-e-dossier-no-17-oliver-bange-and-stephan-kieninger).
[24] MOL, XIX-J-1-j-VSZ, 10 doboz, 003272/1969.
[25] ZDA, Fonds 1-B, Opis 35, a.e. 1048, S. 2–12.

schen der DDR und der Sowjetunion, die auch im Westen wahrgenommen wurden. In zwei Aktennotizen des britischen Außenministeriums aus jenen Tagen wurden die unterschiedlichen Positionen der DDR und anderer osteuropäischer Länder hinsichtlich der Bewertung des Wahlergebnisses in der Bundesrepublik besonders hervorgehoben.

Die britischen Experten kamen zu dem Schluss, dass die Sowjetunion sich durchsetzen werde, falls »Hardliner« in Ostberlin versuchen sollten, Brežnevs Entspannungspolitik zu durchkreuzen. In einem Diplomatenbericht des britischen Botschafters in Warschau wurde darüber informiert, dass innerhalb der polnischen Führung die Besorgnis bestehe, ein mögliches bilaterales Abkommen zwischen Moskau und Bonn könne nationale Interessen Polens verletzen. »Der Geist von Rapallo spukt in den polnischen Korridoren der Macht«, so die Formulierung des britischen Diplomaten[26]. Es ist interessant, dass der britische Premierminister Harold Wilson in einer Diskussion über die sowjetische Außenpolitik mit dem Präsidenten der USA, Richard Nixon, am 28. Januar 1970 ein ähnliches historisches Beispiel anführte: »Von Brandt aus wird es kein neues Rapallo geben, aber die UdSSR sucht nach einem neuen Rapallo[27].«

Die widersprüchliche Haltung verschiedener osteuropäischer Staaten zur neuen Regierung Willy Brandts veranlasste Walter Ulbricht, um ein außerordentliches Koordinierungstreffen aller Staats- und Parteichefs des Warschauer Pakts zu bitten. Das Treffen fand am 3.–4. Dezember 1969 in Moskau statt. Neben Gesprächen zu anderen aktuellen Fragen wie dem Vietnamkrieg konzentrierte man sich auf die europäische Sicherheit und die »deutsche Frage«. In einem Beschluss des Politbüros des ZK der BKP vom 6. Dezember zu dieser Zusammenkunft wurde »die Bereitschaft der Partei- und Staatsführung« betont, »gemeinsame koordinierte Maßnahmen im Kampf für Frieden und Sicherheit ergreifen«[28]. Walter Ulbricht erklärte dagegen nachdrücklich, dass die DDR-Führung »in Bezug auf bilaterale Gespräche zwischen den sozialistischen Ländern und der Bundesrepublik skeptisch« sei und unterstrich, das gemeinsame Ziel müsse nicht »die Vereinigung der beiden deutschen Staaten, sondern die Bestätigung ihres Nebeneinander-Bestehens« sein[29].

Nach Eingang der offiziellen Antwort des Westens auf den Budapester Appell setzten die Warschauer-Pakt-Staaten ihre Konsultationen zur weiteren Abstimmung der eigenen Positionen fort. Kurz nach der Bekanntgabe einer Erklärung des Nordatlantikrats vom 10. Dezember 1969 initiierte das sowjetische Außenministerium das nächste Expertentreffen. Nach Konsultationen mit Moskau schlug der bulgarische Außenminister Ivan Bačev am 13. Januar 1970 seinen osteu-

---

[26]   Public Record Office (PRO), British National Archives, Kew/London, Foreign & Commonwealth Office (FCO), Record 28 (Eastern and Soviet Department), File 274, GDR Recognition. Zitiert in: Gottfried Niedhart, Zustimmung und Irritationen. Die Westmächte und die deutsche Ostpolitik 1969/70. In: Deutschland, Großbritannien, Amerika. Politik und Gesellschaft und internationale Geschichte im 20. Jahrhundert. Festschrift für Gustav Schmidt. Hrsg. von Ursula Lehmkuhl, Clemens A. Wurm und Hubert Zimmermann, Stuttgart 2003, S. 227–245.
[27]   Foreign Relations of the United States of America (FRUS), 1969–1976, Bd 39, S. 48.
[28]   ZDA, Fonds 1-B, Opis 35, a.e. 978, S. 1; a.e. 1044, S. 1 f.
[29]   A Cardboard Castle? (wie Anm. 7), S. 358 f.

ropäischen Amtskollegen vor, Ende des Monats in Sofia ein Koordinierungstreffen der stellvertretenden Außenminister durchzuführen[30].

Auf diesem Treffen schlug die ungarische Delegation vor, eine spezielle gemeinsame Kommission einzurichten, die mit der Vorbereitung und Erörterung aller Fragen bezüglich der Umsetzung einer gesamteuropäischen Konferenz beauftragt werden sollte. Der Vorschlag wurde aufgrund der ablehnenden Haltung der rumänischen Delegation aufgegeben. Andererseits waren die Vertreter der Sowjetunion und Ostdeutschlands gegen den rumänischen Vorschlag, die Frage der europäischen Sicherheit und Zusammenarbeit in der Wirtschaftskommission für Europa (ECE) der Vereinten Nationen (VN) anzusprechen.

Die Argumente für die Ablehnung beruhten auf dem Umstand, dass einige europäische Staaten wie die DDR noch nicht Mitglied der VN und der ECE waren; damit wäre das Gleichheitsprinzip verletzt worden. Ein anderer rumänischer Vorschlag, die Mitgliedsstaaten der WVO und der NATO zu vorläufigen gesamteuropäischen Gesprächen in Kürze nach Bukarest einzuladen, wurde als »verfrüht und unrealistisch« abgewiesen. Der polnische Vertreter argumentierte, dass viele NATO-Staaten mit Sicherheit gegen einen Vorschlag wären, das erste vorläufige multilaterale Treffen in einem Warschauer-Pakt-Staat durchzuführen[31]. In der Tat bezeichnete eine Analyse des US-Außenministeriums diesen rumänischen »Schnellschuss« als einen »Versuch, blockweises Vorgehen zu verhindern«[32].

Im August 1970 legte das US-Außenministerium dem Nationalen Sicherheitsrat ein Ergänzungspapier zum National Security Study Memorandum 83 mit dem Titel »European Security Perspectives from the East« (Europäische Sicherheitsperspektiven aus östlicher Sicht) vor. Am Anfang des Papiers stand die Feststellung, dass sich das amerikanische Denken in Bezug auf europäische Sicherheitsangelegenheiten bisher auf »sowjetische Ziele und westliche Reaktionen« konzentriert habe, ohne die Situation in Osteuropa in Gänze zu berücksichtigen. »Osteuropa ist zu unterschiedlich, um einheitlich beurteilt zu werden«, befanden die Experten des Außenministeriums und fassten die differierenden Interessenlagen der einzelnen Mitgliedsländer der WVO in einer Übersichtsdarstellung zusammen.

So beabsichtige die Tschechoslowakei unter den wachen Augen Moskaus, die geplante Sicherheitskonferenz zur Erneuerung bzw. Erweiterung ihrer Kontakte nach Westeuropa zu nutzen. Ungarn hingegen versuche durch demonstrierte Loyalität gegenüber Moskau, mit dem es peinlichst genau Rücksprache halte, durch die Konferenz einen größeren Spielraum für Kontakte zum Westen zu erlangen.

Polen, das wirtschaftliche Probleme habe, die es allein mit Hilfe der Sowjetunion nicht lösen könne, erhoffe sich durch die Realisierung einer europäischen Sicherheitskonferenz zusätzliche Einflussmöglichkeiten, um unter Verzahnung von Politik und Wirtschaft mit einer positiv eingestellten Bundesrepublik Deutschland zu verhandeln, die in der Lage war, viele polnische Wünsche zu erfüllen.

---

30 DA, Opis 21-P, a.e. 436, S. 1 f.
31 ZDA, Fonds 1-B, Opis 35, a.e. 1246, S. 194 f.
32 National Security Archive (NSA), Washington, PPRD Collection, Box 4, NSSM 83. European Security perspectives from the East, US Department of State, 17.8.1970.

Bulgarien, Moskaus »loyalster Verbündeter«, habe seit dem Ende des Prager Frühlings seine Kontakte zum Westen immer dann genutzt, wenn es darum ging, die sowjetischen Ziele in Bezug auf die geplante Sicherheitskonferenz zu forcieren. Dennoch sei es möglich, dass die Bulgaren die Sicherheitskonferenz zur Rückkehr zu einer eigenständigen Politik im Stil der Sechzigerjahre nutzen könnten.

Rumänien hingegen sähe die Verhandlungen über eine Sicherheitskonferenz als Mittel, um die Beziehungen zu Westeuropa zu stärken und seine nationalistische Politik voranzutreiben, die Bindungen zur WVO zu lockern und die so genannte Brežnev-Doktrin zu untergraben. Es unterstütze die Einrichtung eines »Organs« (Sicherheitskonferenz), da es hoffe, damit die Einmischung der Sowjets in bilaterale Angelegenheiten reduzieren zu können. Für die DDR sei eine solche Konferenz Gelegenheit, ihre Legitimität und Akzeptanz durch andere europäische Staaten und in der Welt voranzutreiben. Diese vorteilhafte Perspektive würde jedoch teilweise neutralisiert, da die Atmosphäre der Entspannung unliebsame Entwicklungen zum Nachteil des Regimes fördern könne[33].

Die bilateralen Beziehungen zwischen der Sowjetunion und Westdeutschland sowie zwischen Polen und Westdeutschland führten dazu, dass binnen eines halben Jahres zwei hochrangige Treffen des Warschauer Pakts organisiert wurden. Der Politische Beratende Ausschuss (PBA) traf sich am 20. August 1970 in Moskau, eine Woche nach Unterzeichnung des Moskauer Vertrags zwischen der Sowjetunion und der Bundesrepublik. Vier Monate später, nach der Unterzeichnung des Vertrags zwischen Polen und der Bundesrepublik, trafen sich die kommunistischen Führer Osteuropas am 2. Dezember 1970 in Ost-Berlin erneut[34].

Diesmal forderte Brežnev ein koordiniertes Zusammenwirken der verbündeten Staaten als wichtige Voraussetzung und wirksames diplomatisches Werkzeug zur Umsetzung gemeinsamer Ziele, denn »nur im Gefolge systematischer Konsultationen und abgestimmter diplomatischer Vorstöße unserer Länder ist es uns gelungen, sowohl in der Frage der Beziehungen zur Bundesrepublik Deutschland als auch insgesamt in der Stabilisierung der Lage in Europa bedeutend voranzukommen«[35].

Der wichtigste Befürworter der »gemeinsamen Handlungsdirektive« war – wenig überraschend – der bulgarische KP-Chef Todor Živkov. Dieser argumentierte in Ost-Berlin entschieden für das Vorhaben: »Das Wichtigste für uns ist, dass wir in Zukunft bei der Lösung so komplizierter Fragen wie der Normalisierung unserer Beziehungen zur Bundesrepublik und der Einberufung einer europäischen Sicherheitskonferenz eine gemeinschaftliche Linie bewahren müssen[36].«

Auf dem darauffolgenden Außenministertreffen des Warschauer Pakts in Bukarest vom 18.–19. Februar 1971 kam es zu einer direkten Konfrontation zwischen dem Gastgeberland Rumänien und der DDR. Die rumänische Delegation

---

[33] NSA, PPRD Collection, Box 4, NSSM 83. Current Issues of the European Security, 24.2.1970; European Security perspectives from the East, US Department of State, 17.8.1970.

[34] Das neue Treffen war auf dem Parteitag der Ungarischen Sozialistischen Arbeiterpartei im November 1970 vorgeschlagen worden.

[35] Rede von Leonid Brežnev in Ost-Berlin vom 2.12.1970. In: Stiftung Archiv der Parteien und Massenorganisationen der DDR im Bundesarchiv (BArch SAPMO), DY 30–3391.

[36] DA, Opis 21-P, a.e. 78, S. 119–122.

widersetzte sich ausdrücklich der im Entwurf der Abschlusserklärung vorgeschlagenen Verpflichtung, koordinierte diplomatische Propagandamaßnahmen und einen regelmäßigen Informationsaustausch zu organisieren, um eine legitime Teilnahme der DDR an der KSZE und den Beitritt Ostdeutschlands zu den Vereinten Nationen zu fördern[37].

Auch eine weitere Frage führte zu Missstimmungen und sogar zur Bildung von zwei Lagern innerhalb der »sozialistischen Gemeinschaft« – die Frage möglicher Beziehungen zum westeuropäischen »gemeinsamen Markt«. Diese Frage, 1963 zum ersten Mal in die Diskussion eingebracht, wurde von den Delegationen Ungarns, Polens und Rumäniens auf der 56. Tagung des RGW-Exekutivkomitees im Januar 1972 noch einmal angesprochen[38].

Eine Woche nach der Diskussion des Exekutivkomitees nutzte Leonid Brežnev die Gelegenheit, um auf dem Gipfeltreffen des Politischen Beratenden Ausschusses in Prag grundsätzlich zu erklären, dass eine gemeinsame Haltung gegenüber dem westeuropäischen »Gemeinsamen Markt« nicht nur eine wirtschaftliche, sondern auch »eine wichtige politische Frage« sei, die eine »gemeinsame Entscheidung« erfordere. Jede separate und individuelle Aktion, so warnte Brežnev, »kann hier nur schaden und unsere Positionen schwächen«[39].

Trotz dieser unnachgiebigen Position der Sowjetunion, die von den Regierungen Bulgariens, der Tschechoslowakei und der DDR loyal unterstützt wurde, schlugen die Delegationen Polens, Rumäniens und Ungarns auf späteren Tagungen des RGW-Exekutivkomitees weiterhin direkte multilaterale und bilaterale Verhandlungen mit der EWG vor.

In seiner Erklärung auf der 57. Tagung des Exekutivkomitees im April 1972 betonte der sowjetische Vertreter Michail Lesetschko, dass »die Haltung der sozialistischen Länder hinsichtlich möglicher Verhandlungen mit der EWG von den Ergebnissen der europäischen Sicherheitskonferenz abhängen wird«[40]. Erst nachdem die KSZE-Konferenz ihre ersten drei Sitzungen in Genf abgehalten hatte, führte eine vertrauliche Diskussion auf der 62. Sitzung des Exekutivkomitees im April 1973 zu einer gemeinsamen Entscheidung über allgemeine Rahmenbedingungen für mögliche multilaterale Verhandlungen zwischen RGW und EWG, die in zwei aufeinanderfolgenden Stufen durchgeführt werden sollten[41]. Im Januar 1976 wurde auf der 74. Sitzung des Exekutivkomitees endlich eine Sonderresolution »im Geiste der Schlussakte von Helsinki« zur Ausarbeitung eines Abkommens über die Zusammenarbeit zwischen RGW und EWG gebilligt[42].

Obgleich der PBA-Gipfel im Januar 1972 in »freundschaftlicher Atmosphäre« stattfand, gab es weiterhin »abweichende Ansichten« über die Beziehungen zur

---

[37]　DA, Opis 22-P, a.e. 282, S. 3–8.

[38]　ZDA, Fonds 136, Opis 54, a.e. 368, S. 8 f.

[39]　Rede des Leiters der sowjetischen Delegation, Leonid Brežnev, Prag 25.1.1972, www.php.isn.ethz. ch/collections/colltopic.cfm?lng=en&id=18122&navinfo=14465. Auch in: ZDA Fond 1-B, Opis 35, a.e. 2828.

[40]　ZDA, Fonds 136, Opis 54, a.e. 105, S. 10–14.

[41]　ZDA, Fonds 136, Opis 55, a.e. 136, S. 10–13.

[42]　ZDA, Fonds 136, Opis 63, a.e. 1, S. 10–12.

Bundesrepublik. Wie Janos Kádár später unterstrich, wurden in Prag drei oder vier
unterschiedliche Empfehlungen hinsichtlich der Beziehungen zu Westdeutschland
vorgetragen. Eine »radikale« Haltung befürwortete die DDR-Delegation, »stillschweigend unterstützt von Polen«. Eine gegensätzliche »extreme« Meinung brachte Rumänien zum Ausdruck. Eine dritte Position äußerte die tschechoslowakische
Delegation (verbunden mit dem Antrag, das Münchner Abkommen von 1938 für
null und nichtig zu erklären) und fand indirekt die Unterstützung der Sowjets. Kádár
zufolge nahmen die Ungarn »eine Zwischenposition« ein, während die Bulgaren »in-
brünstiges Schweigen bewahrten.«

In seiner Rede am 25. Januar 1972 in Prag versuchte Leonid Brežnev demgegenüber, eine Art Balance herzustellen, erteilte dabei jedoch insbesondere zu rascher
und zu unbedarfter Annäherung an die EWG eine Absage. Ein Ausbrechen aus der
gemeinsamen Linie irgendeines Mitgliedes des Warschauer Paktes lehnte er nachdrücklich ab. Er beharrte darauf, gemeinsam abgestimmte Maßnahmen zu ergreifen, die während der kommenden multilateralen und bilateralen Konsultationen
des Warschauer Pakts im voraus ausgearbeitet werden sollten. Der glühendste
Befürworter der sowjetischen Linie war einmal mehr Todor Živkov. In seiner anschließenden Erklärung unterstützte er den Vorschlag zur Schaffung einer ständigen
Kommission des PBA zur »Ausarbeitung einer gemeinsamen außenpolitischen Linie
und Taktik« der Mitgliedsstaaten des Warschauer Pakts[43].

Anders als der rumänische Präsident Nicolae Ceauşescu in Prag erklärt hatte, stellten die sowjetisch-westdeutschen Verhandlungen aber auch die rumänische Führung
vor ein Dilemma. Dies kam in Ceauşescus vertraulichen Äußerungen während seines
Treffens mit dem jugoslawischen Präsidenten Tito im November 1971 in Timişoara
deutlich zum Ausdruck. Nach Josip Broz Titos persönlichen Aufzeichnungen erklärte Ceauşescu bei dieser Gelegenheit:

»Bestimmte Kompromisse wurden gemacht, ohne die anderen Mitgliedsstaaten des
Warschauer Pakts zu fragen [...] Neben den positiven Aspekten des Abkommens zwischen
der UdSSR und der BR Deutschland, besteht ein Risiko, dass einige Fragen zwischen
der Sowjetunion und der Bundesrepublik auf Kosten anderer Länder gelöst werden.
In Anbetracht der positiven Ergebnisse der Politik von Brandt und Scheel sollten wir
nicht die Augen schließen und die Worte [Charles] de Gaulles vergessen: ›Die Deutschen
sind Deutsche‹. Es besteht eine Tendenz, dass selbst diese [westdeutsche] Regierung eine
Politik aus einer starken Machtposition heraus verfolgt[44].«

Während der zweijährigen Verhandlungsrunden in Genf unterschieden sich die
Positionen der WVO-Staaten insgesamt, mit Ausnahme Rumäniens, nicht wesentlich voneinander. Unterschiede und Spannungen ergaben sich nur, wenn in den internen Beratungen der WVO-Delegationen »brennende Fragen« wie die »friedliche«
Revision der Nachkriegsgrenzen oder die der Menschenrechte berührt wurden. Die
ostdeutsche Delegation geißelte während der Beratungen mit ihren Verbündeten die

---

43   ZDA, Fonds 1-B, Opis 35, a.e. 2828, S. 140.
44   Archiv Josip Broz Tito (AJBT), Belgrad, Kabinet Predsednika Republike, I-2, Rumunija, K. 74.
     Izvestaj o poseti predsednika SFRJ Josipa Broz Tita SR Rumuniji, Beograd, SSIP, 1.12.1971.

westliche Forderung nach »Freizügigkeit und Freiheit der Ideen« als »ideologische Subversion«[45].

Typisch für das Verhalten der rumänischen Delegation in Genf war ihre stillschweigende Weigerung, an den regulären multilateralen Beratungen der Vertreter des Warschauer Pakts teilzunehmen. In einem Telegramm vom 31. August 1973 informierte der bulgarische stellvertretende Außenminister Ljuben Petrow Sofia, dass in Genf auf Initiative seines sowjetischen Amtskollegen Anatoli Kovolëw ein multilaterales osteuropäisches Treffen stattfand. Der bulgarische stellvertretende Außenminister unterstrich in seinem Bericht: »Nur der rumänische Vertreter war abwesend unter dem Vorwand, er sei zu beschäftigt[46].« In einer Aktennotiz des ostdeutschen Außenministeriums vom 5. Oktober 1973 zum »Verhalten der rumänischen Delegation« in Genf wird ebenfalls unterstrichen, dass die rumänischen Vertreter ihre Teilnahme an den multilateralen Beratungen wegen sogenannter »technischer Schwierigkeiten« absagten[47].

Kurz nach dem erfolgreichen Abschluss der deutsch-deutschen Verhandlungen Ende 1972 ergriff das westdeutsche Außenministerium erneut die Initiative, um vorläufige Gespräche über die Aufnahme diplomatischer Beziehungen zu Ungarn und Bulgarien zu führen. Die neuerlichen Kontakte mit Budapest und Sofia begannen Mitte Januar 1973, als in Genf bereits die multilateralen Verhandlungen zur Vorbereitung der KSZE begonnen hatten[48]. Im April 1973 schlug der bulgarische Außenminister Petar Mladenov in einem Bericht an das Politbüro des ZK der BKP vor, die Frage in Abhängigkeit vom Ergebnis der bilateralen Verhandlungen zwischen der Bundesrepublik und der Tschechoslowakei noch einmal zu überprüfen[49].

Im Juni 1973 ersuchte Bonn um einen Besuch Walter Scheels in Sofia. Die bulgarische Regierung antwortete, sie müsse eine Zusage zunächst verschieben, um neue Beratungen mit den anderen osteuropäischen Verbündeten durchzuführen[50]. Auf dem multilateralen Treffen der KP-Chefs am 30. Juli 1973 auf der Krim brachten sowohl Erich Honecker als auch Gustáv Husák gegenüber Živkov ihre besondere Dankbarkeit für die manifestierte »Solidarität« und »internationalistische Haltung« in der »deutschen Frage« zum Ausdruck. Der Besuch von Walter Scheel fand dann Ende August statt.

Ende Oktober 1973 erfolgten weitere Beratungen der WVO in Ostberlin. Man diskutierte sowohl die gemeinsame Haltung in der Berlin-Frage als auch den Rahmen für die Verhandlungen der Bundesrepublik mit der Tschechoslowakei, Ungarn und Bulgarien[51]. Am 2. Dezember 1973 erhielt das bulgarische Außenministerium neue Informationen zum Abschluss der Verhandlungen zwischen Westdeutschland und der Tschechoslowakei. Das westdeutsche Außenministerium schlug vor, am

---

[45] ZDA, Fonds 1-B, Opis 60, a.e. 134, S. 44; PA AA, MfAA, C 372/78; C 376/78; C 393/78.
[46] DA, Opis 5-s, a.e. 1129, S. 154.
[47] PA AA, MfAA, C 393/78, S. 12–16.
[48] DA, Opis 5-s, a.e. 1075, S. 4, 6.
[49] DA, Opis 23-P, a.e. 266.
[50] DA, Opis 5-s, a.e. 1074, S. 59 f.
[51] Arhivele Ministerului Afacerilor Externe (AMAE), Bukarest, Problema 220/RFG-1973, Direcția OI, Fila 2143; Direcția III Relații, Fila 2632.

12. Dezember in Sofia abschließende Verhandlungen zur Normalisierung der bilateralen Beziehungen zu führen[52]. Bereits am 19. Dezember wurden dann, nach parallelen Verhandlungen in Sofia und Budapest, die Protokolle über die Aufnahme diplomatischer Beziehungen zwischen der Bundesrepublik und den beiden osteuropäischen Staaten unterzeichnet.

Die letzten Jahre des Ost-West-Konflikts

Auf dem PBA-Gipfel im Oktober 1985 in Sofia, nur wenige Monate nach dem Amtsantritt Michail Gorbačëvs in der UdSSR, geschah nichts wesentlich Neues. In den Reden Gorbačëvs und anderer osteuropäischer Staats- und Parteichefs wurde zur »Offensive« gegen die »aggressiven imperialistischen Kreise« aufgerufen und im Geist der vergangenen Jahre appelliert, keine »Störung der militärischen Parität« beider Blöcke zuzulassen.

Ein neuer Akzent wurde jedoch mit Vorschlägen zur Verbesserung der Funktionsmechanismen der Organisation gesetzt. Auf der Grundlage einer früheren Erklärung, die auf der Tagung des Außenminister-Komitees (CMFA) im Oktober 1983 in Sofia gebilligt und später von Gorbačëv selbst zu einem detaillierten Vorschlag weiterentwickelt wurde, verabschiedete der PBA eine Resolution zur Einrichtung einer Multilateralen Gruppe für gegenseitigen Informationsaustausch[53].

Dieses Gremium führte zwischen Frühjahr 1987 und September 1990 insgesamt 26 Sitzungen durch. Während der Diskussionen präsentierten ausgewählte WVO-Mitgliedsstaaten Informationen zu aktuellen Fragen. Themen und Redner wurden in der Regel vorher vom Komitee der Außenminister (CMFA) festgelegt. Alle Teilnehmer hielten den Vergleich unterschiedlicher Quellen und Daten zu verschiedenen Themen auf dem Gebiet der Außen- und Sicherheitspolitik für außerordentlich nützlich.

In den letzten Jahren des Warschauer Pakts wurden diese Konferenzen genutzt, um die dann zunehmend auseinanderdriftenden Bewertungen und Positionen der einzelnen Länder jeweils zu begründen. Auf einer Tagung des CMFA im Oktober 1988 wurden zwar die Schaffung eines ständigen politischen Arbeitsorgans vorgeschlagen, die koordinierende Rolle des Generalsekretärs des Warschauer Pakts gestärkt und eine gemeinsame Tagung der Komitees der Außen- und der Verteidigungsminister vorbereitet. Außerdem wurde beschlossen, eine separate Arbeitsgruppe »zur Verbesserung der Mechanismen der Zusammenarbeit« einzurichten.

Im Geiste der PBA-Beschlüsse fanden außerdem zwischen Juli 1988 und Herbst 1989 vier Sitzungen einer Sonderexpertengruppe »für Fragen zur Verbesserung der Mechanismen der Zusammenarbeit innerhalb der WVO« statt. Aufgrund der »tiefen Meinungsverschiedenheiten« zwischen Rumänien und den übrigen sechs Verbündeten wurde allerdings kein Konsens erreicht. Laut Bericht des bulgarischen

---

[52]   DA, Opis 5-s, a.e. 1075, S. 130, 137.
[53]   ZDA, Fonds 1-B, Opis 68, a.e. 1025.

Außenministers zu diesem Thema zeigte »der Verlauf der Diskussion eine sichtbare Verschiebung der Interessen«[54].

1987 kam es zu einer zunehmenden Konfrontation zwischen Ungarn und Rumänien, diesmal wegen ethnischer Probleme. Auf der 14. Tagung des Komitees der Außenminister, die am 24. und 25. März in Moskau stattfand, versuchte Ungarn die Frage seiner ethnischen Minderheit im rumänischen Transsylvanien anzusprechen. Eine Diskussion der rumänisch-ungarischen Differenzen wurde von den anderen Teilnehmerstaaten abgelehnt. Nichtsdestotrotz war zum ersten Mal in der Geschichte des Warschauer Pakts ein bilateraler Konflikt zwischen Mitgliedsländern auf einem multilateralen Forum thematisiert worden. Während der KSZE-Konferenz in Wien sprach Ungarn dann die Differenzen mit Rumänien an und suchte auf indirekte Weise sogar Unterstützung vom Westen[55].

Die kontinuierliche Intensivierung der Beziehungen zwischen Bulgarien und Westdeutschland, vor allem auf wirtschaftlichem Gebiet, führte in Ost-Berlin und Moskau gelegentlich zu Argwohn und Eifersucht. Selbst in Perestroika-Zeiten riet Gorbačëv seinen bulgarischen Verbündeten, nicht auf allen Gebieten dem »prowestlichen« Kurs einer zu engen Zusammenarbeit mit Westdeutschland zu folgen. Ein berühmter Dialog fand am 16. Oktober 1987 im Kreml statt, bei dem Gorbačëv Živkov direkt warnte:

> »Wir wurden darüber informiert, dass es im unmittelbaren Umfeld des Genossen Živkov Personen gibt, die für eine Umgestaltung Bulgariens in eine ›Mini-Bundesrepublik‹ sind [...] Derartige Gespräche beunruhigen uns. Es gibt in deiner Nähe Menschen mit einer prowestlichen Orientierung. Du solltest das bedenken[56].«

Auf dem KSZE-Folgetreffen (4. November 1986 bis 19. Januar 1989) waren die polnische und die bulgarische Delegation die aktivsten Osteuropas. Sie unterbreiteten Vorschläge zur Vermeidung von »Überraschungsangriffen« und für Vertrauensbildende Maßnahmen (VBM). Im Juni 1988 kündigte Warschau eine neue Initiative (den »Jaruzelski-Plan«) zum radikalen Streitkräfteabbau in Mitteleuropa an. Die bulgarische Regierung schlug vor, in Sofia eine Umweltkonferenz durchzuführen, die dann im November 1989 stattfand. Die Umweltdeklaration Sofias wurde jedoch im letzten Moment durch die rumänische Delegation gestoppt. Dennoch offenbarte sich in Bezug auf die »humanitäre Dimension« des Helsinki-Prozesses zum ersten Mal eine »Spaltung« innerhalb der Warschauer-Pakt-Staaten mit der kaum noch verhohlenen Abweichung von DDR, Tschechoslowakei und Rumänien von der östlichen Einheitslinie.

Als auf der KSZE Folgekonferenz in Wien ein Entwurf für »nationale Minderheiten« diskutiert wurde, schlug die bulgarische Delegation beispielsweise eine besondere Ergänzung vor: »[...] wenn solche nationalen Minderheiten in ih-

---

54 DA, Opis 47-10, a.e. 34, S. 10.
55 ZDA, Fonds 1-B, Opis 68, a.e. 3591.
56 ZDA, Fonds 1-B, Opis 68, a.e. 3272, S. 33 f. Höchstwahrscheinlich waren Gorbačëvs Worte eine Anspielung auf das Treffen zwischen Živkov und Kohl in Bonn, wo der bulgarische Staats- und Parteichef die Intensivierung der bilateralen wirtschaftlichen, geschäftlichen und kulturellen Beziehungen betrieben und sich den Vorschlag des Bundeskanzlers für die Aufnahme »direkter vertraulicher Kontakte« zu eigen gemacht hatte. In: ZDA, Fonds 1-B, Opis 68, a.e. 3037, S. 106–108.

ren Hoheitsgebieten existieren«[57]. Die vorgeschlagene Definition bezog sich indirekt auf die größte völkerrechtliche Sorge der bulgarischen Politik jener Zeit – die Behandlung der »bulgarischen Türken«, die im Westen wiederholt angeprangert wurde. Die Führung in Sofia versuchte mehrfach, ihre Verbündeten in dieser Frage hinter sich zu bringen, sie erhielt jedoch nur moderate Unterstützung[58]. Der einzige Warschauer-Pakt-Staat, der im Juni 1989 offiziell gegen die »antibulgarische Kampagne in der Türkei« protestierte, war die DDR. Und das zu einem Zeitpunkt, als viele ostdeutsche Staatsbürger ihr Land über Ungarn verließen[59].

Darüber hinaus entwickelten Mitglieder, die in wichtigen Fragen und Perspektiven in der Vergangenheit eigentlich gegensätzliche Auffassungen vertreten hatten, nun gemeinsame Positionen. Auf der 9. Sitzung der Multilateralen Gruppe für gegenseitigen Informationsaustausch am 7./8. Juni 1988 in Warschau stimmten die Vertreter Rumäniens und der DDR gegen die Einschätzung der anderen Delegationen, dass der bei den Wiener Verhandlungen erarbeitete Entwurf zur Zusammenarbeit zwischen Warschauer Pakt und NATO für beide Seiten ein »akzeptables Arbeitsdokument« sei. Die ostdeutsche Delegation sprach sich gegen den »humanitären Abschnitt« des Entwurfs aus, der ihrer Meinung nach nicht einmal als »Diskussionsgrundlage annehmbar war[60]. Auf der darauffolgenden 10. Sitzung am 21. September 1988 in Bukarest erklärten die DDR-Vertreter, diesmal unterstützt von der tschechoslowakischen Delegation, dass sie den Punkt über die »Einrichtung unabhängiger nichtstaatlicher Gruppen zur Überwachung der Einhaltung der Menschenrechte« nicht akzeptieren können«[61].

Am 24. Januar 1989 diskutierte die sowjetische Führung die Ergebnisse der Wiener KSZE-Konferenz und gab eine sehr positive Bewertung ab. Ganz anders sah die Einschätzung der ostdeutschen Führung auf einer Sitzung des Politbüros der SED am selben Tag aus. Sie belegte, wie sehr die sozialistischen Machthaber in der DDR mögliche Auswirkungen des abschließenden Dokuments des KSZE-Folgetreffens fürchteten. Während eines Sondertreffens der Expertengruppe des Warschauer Pakts am 13. Februar 1989 in Warschau stimmten die Delegationen Rumäniens und der DDR gegen die von den anderen osteuropäischen Vertretern vorgebrachten Ansichten und griffen indirekt die diesbezüglichen sowjetischen Einschätzungen an[62].

Auf zwei aufeinanderfolgenden Sitzungen (am 7. und 14. Februar 1989) diskutierte die bulgarische Führung die Informationen des Außenministers über die Ergebnisse der Wiener KSZE-Konferenz. Petar Mladenov erwähnt in seinem Bericht

---

57 DA, Opis 45-10, a.e. 30, S. 147.
58 »Vzrodilönijat Proces«. Meždunapodni Izmepenija (1984–1989). Dokumenti [»Prozess der Wiedergeburt«, Internationale Dimensionen, Dokumente], Bd 2, Sofia 2009, S. 10 f.
59 Als die DDR-Botschaft die Regierung in Sofia im August 1989 über die mehr als 250 ostdeutschen Bürger informierte, die in den westdeutschen Botschaften in Budapest und Prag politisches Asyl beantragt hatten, versprach der bulgarische Außenminister »alle notwendigen Maßnahmen« zu ergreifen, damit dies in Sofia nicht geschehe. ZDA, Fonds 1-B, Opis 101, a.e. 2115.
60 DA, Opis 45-10, a.e. 30, S. 43–48.
61 Ebd., S. 190.
62 DA, Opis 46-10, a.e. 25, S. 31–41.

insbesondere die beiden Hauptkonflikte zwischen den unterschiedlichen Gruppen verbündeter Staaten in den zweieinhalb Jahre dauernden Debatten in der österreichischen Hauptstadt, den Umgang mit dem politischen Wandel in den Ländern der WVO und die Differenzen in militärischen Fragen[63].

Auf der 18. Tagung des Komitees der Außenminister (CMFA) im April 1989 in Ost-Berlin traten die Differenzen innerhalb der WVO offen zutage. Rumänien und die DDR griffen Moskau und andere Verbündete wegen ihrer »Zugeständnisse« an den Westen und die dadurch ausgelöste innere Krise im »sozialistischen Lager« offen an. Andererseits forderten Ungarn und Polen einen weniger konfrontativen und »blockfreien« Ansatz sowie radikale Reformen im politischen System. Ihnen zufolge sollte diese Reform die Einführung einer pluralistischen parlamentarischen Demokratie beinhalten, was vorher undenkbar war.

In einem Bericht über dieses Treffen notierte Petar Mladenov, dass Vertreter eines Gastgeberlandes (DDR) zum ersten Mal in der zwölfjährigen Geschichte dieser Gespräche die offizielle Linie nicht wie üblich vorbehaltlos unterstützt, sondern eine »besonders zurückhaltende Stellungnahme« abgegeben hatten[64]. Mladenov ging (zurecht) davon aus, dass es im Voraus vertrauliche Kontakte zwischen der Führung der DDR und Rumäniens gegeben habe, um eine gemeinsame Haltung gegen Gorbačëvs Perestroika abzustimmen.

Am 30. März 1989 hatte Ceaușescu Fühlung mit der ostdeutschen Führung aufgenommen, um die »widersprüchlichen Prozesse in Ungarn und Polen« zu diskutieren. In einer Antwort drückte das Zentralkomitee der SED »dieselbe Besorgnis« aus[65]. Der rumänische Außenminister Ioan Totu brachte sofort die »volle Zustimmung zum grundsätzlichen Vorgehen der ostdeutschen Genossen« zum Ausdruck. Der ostdeutsche Staats- und Parteichef Honecker nutzte die Gelegenheit, während eines persönlichen Treffens mit den WVO-Außenministern am 12. April 1989 »westliche ideologische Angriffe gegen den Sozialismus« anzuprangern[66].

Michail Gorbačëv betonte währenddessen gegenüber führenden westlichen und osteuropäischen Politikern, dass die Brežnev-Doktrin unumkehrbar verworfen und durch die »Sinatra-Doktrin« – nach der jeder seinen »eigenen Weg« gehen sollte – ersetzt worden sei[67]. Die Position wurde auf dem letzten bilateralen Treffen zwischen Gorbačëv und Živkov am 23. Juni 1989 in Moskau mehrfach wiederholt[68]. Die bevorstehende Ablösung Honeckers und Živkovs wäre bei einem entschiedenen Eingreifen des Kremls nicht so friedlich möglich gewesen.

Die interne politische Lage in Ungarn war das Hauptthema der Gespräche zwischen Živkov und dem ungarischen Ministerpräsidenten Károly Grósz am 16.–17. April 1989 in Sofia. In einer streng vertraulichen Mitteilung an das Politbüro des ZK der BKP einen Tag nach Abschluss der Gespräche betonte Živkov: »Mein Eindruck ist, dass wir Ungarn verlieren werden. Das ist die reale Lage und wir müs-

---

63 ZDA, Fonds 1-B, Opis 68, a.e. 3591.
64 ZDA, Fonds 1-B, Opis 68, a.e. 3649; DA, Opis 46-10, a.e. 29, S. 4–12.
65 BArch SAPMO, IV Z/2035/52.
66 DA, Opis 46-10, a.e. 29, S. 19.
67 Nach dem Titel eines Songs von Frank Sinatra, »(I did it) My Way«.
68 ZDA, Fonds 1-B, Opis 68, a.e. 3698.

sen uns ihr bewusst sein.« Die Information wurde über den sowjetischen Botschafter in Sofia, Viktor Schaparow, auch dem Kreml übermittelt. Mit Bezug auf die »alarmierende Lage« in Ungarn und Polen hob Živkov die möglichen »gefährlichen« Auswirkungen hervor, konkret: »Austritt aus der WVO und Auseinanderbrechen des RGW, bestenfalls Einführung des sogenannten finnischen oder österreichischen Modells[69].«

Die Lage in Osteuropa bot Anlass für noch lebhaftere Diskussionen auf dem PBA-Gipfel des Warschauer Pakts im Juli 1989 in Bukarest. Gorbačëv kritisierte dabei, dass die osteuropäischen Regierungen bei der Umsetzung konkreter Initiativen im Bereich des »zweiten Korbs« der KSZE bislang »ziemlich passiv« gewesen seien[70].

Einen Monat nach dem PBA-Gipfel, am 20. August 1989, rief Ceaușescu dazu auf, ein außerordentliches Gipfeltreffen der Staats- und Parteichefs der WVO zu den »antikommunistischen Ereignissen in Polen« einzuberufen. Ceaușescu nannte die Lage in Polen eine »Gefahr« für die WVO[71]. Sein Vorschlag wurde aus verschiedenen Gründen abgelehnt. Honecker erklärte, dass »seine Partei- und Staatsführung die Ereignisse in Polen mit großer Sorge verfolge«, allerdings könne die Durchführung einer multilateralen Tagung auch zu Gegenveranstaltungen genutzt werden. In einem außerplanmäßigen Telefongespräch mit Gorbačëv am 22. August versicherte ihm der polnische Premierminister Mieczysław Rakowski ausdrücklich, dass Polen nicht vorhabe, aus der Warschauer Vertragsorganisation auszutreten.

Am 22. August 1989 erarbeitete der bulgarische KP-Chef eine geheime Sondermitteilung für das Politbüro mit dem Titel »Überlegungen zur Lage in Polen«. In Živkovs Mitteilung wurden die polnischen Kommunisten mehrfach dafür kritisiert, dass sie »die Macht verloren haben«, und das, obwohl sie über die Vollmachten des Präsidenten, über die Streitkräfte und die Polizei verfügt hatten.

Die Machtwechsel in Ostdeutschland, Bulgarien und der Tschechoslowakei drei Monate später sowie die letzten bewaffneten Zusammenstöße Ende des Jahres in Rumänien führten endgültig zu einer Neugestaltung der politischen Karte Osteuropas und zeigten, dass an eine Fortsetzung der WVO als postkommunistisches Bündnis nicht zu denken war. Zu betonen ist in diesem Zusammenhang, dass selbst Gorbačëv und andere Mitglieder der sowjetischen Führung, ganz zu schweigen von den militärischen Befehlshabern, nicht akzeptieren konnten oder wollten, dass das Ende des Warschauer Pakts unvermeidbar geworden war und hier drei Gründe eine wesentliche Rolle spielten: die Unfähigkeit zu einer grundlegenden Umgestaltung der Organisation, unüberwindliche Differenzen zwischen den Bündnispartnern, und die übereinstimmende Absicht der meisten osteuropäischen Nationen, die frühere geopolitische Orientierung aufzukündigen.

Typisch für die Haltung des Kremls in der Endphase der WVO war ein »Konzept für die Beziehungen zwischen der UdSSR und den Ländern Mittel- und Osteuropas«,

---

[69]   ZDA, Fonds 1-B, Opis 68, a.e. 3636, S. 68–76.
[70]   DA, Opis 46-10, a.e. 26, S. 48–58.
[71]   BArch SAPMO, IV Z/2035/52. Das Telegramm des DDR-Botschafters in Bukarest, Plaschke, nach Ostberlin ist identisch mit dem verschlüsselten Telegramm (noch unter Verschluss), das der bulgarische Botschafter in der rumänischen Hauptstadt, Nikolow, nach Sofia schickte.

das im Januar 1990 vorgestellt wurde. Die sowjetische Seite ging voller Optimismus davon aus, dass die WVO zu einer nichtideologischen, geopolitischen Organisation unter Wahrung der militärischen Funktionen als Sicherheitsgarantie umgewandelt werden könne[72].

Im Frühjahr 1990 begann im Rahmen des Warschauer Pakts eine neue Diskussion der Mitgliedsstaaten über zukünftige »paneuropäische Sicherheitsstrukturen«. Sie wurde teilweise durch parallele Auseinandersetzungen auf drei außerordentlichen Sitzungen von NATO, EG und WEU im April und Mai in Brüssel und Dublin ausgelöst. Beides bildete den Rahmen für den Meinungsaustausch auf der 25. Sitzung der Multilateralen Gruppe für gegenseitigen Informationsaustausch am 22./23. Mai 1990 in Moskau. Den Vertretern Ungarns zufolge war es notwendig, eine neue Vorgehensweise zu billigen, d.h. »die bestehenden europäischen Sicherheitsstrukturen zu ändern und gleichzeitig jene, die nichtfunktionsfähig sind, aufzulösen«. Die polnische Delegation unterbreitete einen Vorschlag zur Einrichtung eines »Rates für europäische Zusammenarbeit (Council for European Cooperation)« und die tschechoslowakische Delegation einen Vorschlag für die Bildung eines »Komitees für Europäische Sicherheit (Committee for European Security)«. Die bulgarische Delegation erklärte in Moskau, dass der Prozess der Vereinigung der beiden deutschen Staaten und die dynamische politische Entwicklung in Europa »entschiedenere Schritte« zur Ausarbeitung eines gemeinsamen Konzepts zur Einrichtung gesamteuropäischer Sicherheitsstrukturen erfordern.

Die bulgarische Position fokussierte auf drei Ziele: zum einen die Überwindung der bipolaren Konfrontation und der schnelle Übergang zu einer konstruktiven Zusammenarbeit zwischen Warschauer Pakt und NATO, zweitens der Weiterentwicklung des KSZE-Prozesses als entscheidendes Forum der Zusammenarbeit zwischen Ost und West, und schließlich drittens einer breiteren Einbeziehung osteuropäischer Staaten in westeuropäische Strukturen für politische, wirtschaftliche, humanitäre und kulturelle Zusammenarbeit[73].

Nach dem Fall der Berliner Mauer und den darauffolgenden Veränderungen innerhalb der DDR und der politischen Führung Ende 1989 kündigte die neue DDR-Regierung von Hans Modrow ihren eigenen Plan für die deutsche Vereinigung im Rahmen einer »Konföderation« an, der den berühmten »10-Punkte«-Plan von Bundeskanzler Helmut Kohl vom November 1989 aufnahm. Die Vertreter Ostdeutschlands informierten Anfang 1990 bei Expertentreffen auch ihre Verbündeten in der WVO über den Inhalt des »Modrow-Plans«[74]. Diese Frage wurde vor allem auf der 22. und 24. Sitzung der Multilateralen Gruppe für gegenseitigen Informationsaustausch am 13./14. Februar und 10./11. April 1990 erörtert[75].

---

72 »K Novoj Koncencii Otnošenij Meždu CCCP i gosudarstvami Central'noj i Vostočnoj Ebropy« [»Auf dem Wege zu einem neuen Konsens zwischen der UdSSR und den Staaten der Zentralregion und Osteuropas«], S. 13 f. In: NSA, READD Collection, Box 11.

73 DA, Opis 47-10, a.e. 29, S. 1–6, 49–56.

74 Gorbačëv erinnerte sich, dass Hans Modrow in einem Telefongespräche Mitte November 1989 erklärt hatte, dass es zur Vereinigung Deutschlands »keine Alternative« gebe; der »Modrow-Plan« wurde am 1.2.1990 öffentlich bekanntgegeben.

75 DA, Opis 47-10, a.e. 28, S. 24 f., 37–39.

Kurz nach den Parlamentswahlen in der DDR und der Bildung der ersten nichtkommunistischen Regierung unter Lothar de Maizière traf sich der neue Verteidigungsminister Rainer Eppelmann mit seinem sowjetischen Amtskollegen Dmitri Jazov. Während der Gespräche brachte Jazov bestimmte Meinungsverschiedenheiten mit dem sowjetischen Außenminister Ševardnadze zum Ausdruck. Er ging davon aus, dass die deutsche Vereinigung nur schrittweise, über einen Zeitraum von fünf Jahren zu erreichen sei. Eppelmann betonte die Idee, dass das vereinte Deutschland als »Brücke« zwischen den beiden Blöcken dienen könnte[76]. Diese Ansicht wurde auch auf dem letzten regulären Gipfel des PBA im Juni 1990 in Moskau geäußert, auf dem Ostdeutsche zum letzten Mal im Rahmen des osteuropäischen Blocks auftraten[77]. Ein Jahr später war die WVO Geschichte.

---

[76] A Cardboard Castle? (wie Anm. 7), S. 671–673.
[77] Ebd., S. 675.

Heiner Möllers

Sicherheitspolitik in der Krise. NATO-Doppelbeschluss, parlamentarische Debatte und mediale Berichterstattung in der Bundesrepublik Deutschland

Einführung

Am 12. Dezember 1979 boten die NATO-Außenminister der Sowjetunion angesichts von deren Aufrüstung mit SS-20-Mittelstreckenraketen Verhandlungen zur Reduzierung nuklearer Mittelstreckenwaffen in Europa an. Parallel kündigte die NATO die Modernisierung ihrer Long Range Theater Nuclear Forces (LRTNF) an, der die Aufstellung von Pershing-2-Raketen und Cruise Missiles in Westeuropa folgte[1]. Diese als »NATO-Doppelbeschluss« bekannte Entscheidung verknüpfte damit Abrüstungsgespräche über Nuklearwaffen und die Modernisierung derselben, und beabsichtigte scheinbar vorrangig, die Sowjetunion zur Abrüstung zu bewegen.

Tatsächlich verliefen die spät und dilatorisch geführten Verhandlungen der beiden Supermächte in Genf ohne Ergebnis[2], so dass die USA ab 1983/84 unter anderem in der Bundesrepublik Deutschland insgesamt 108 Pershing-2-Raketen und 496 Cruise Missiles stationierte. Begleitet wurde die jahrelange Debatte über den Doppelbeschluss durch eine rasch wachsende Protestbewegung gegen die Nachrüstung, die Gründung der Partei Die Grünen, einen innerparteilichen Streit der SPD, die Ablösung der SPD/FDP-Koalition unter Bundeskanzler Helmut Schmidt und die Bildung einer CDU/CSU/FDP-Regierung unter dem neuen Bundeskanzler Helmut Kohl[3].

Schmidts Rede vom 28. Oktober 1977 am Londoner International Institute for Strategic Studies über »Politische und wirtschaftliche Aspekte der westlichen Sicherheit«[4] galt lange Zeit als Auslöser des Doppelbeschlusses. Schmidt habe, so

---

[1] Kommuniqué der Außen- und Verteidigungsminister der NATO über den bedingten Beschluss zur Stationierung von Mittelstreckenwaffen, 12. Dezember 1979.
[2] Christian Tuschhoff, Der Genfer »Waldspaziergang« von 1982. Paul Nitzes Initiative in den amerikanisch-sowjetischen Abrüstungsgesprächen. In: Vierteljahrshefte für Zeitgeschichte (VfZ) 38 (1990), S. 289–328.
[3] Zum Doppelbeschluss jüngst: Zweiter Kalter Krieg und Friedensbewegung. Der NATO-Doppelbeschluss in deutsch-deutscher und internationaler Perspektive. Hrsg. von Philipp Gassert, Tim Geiger und Hermann Wendtker im Auftrag des Instituts für Zeitgeschichte München-Berlin und des Deutschen Historischen Instituts Washington, München 2011.
[4] In: Bulletin des Presse- und Informationsamtes der Bundesregierung, Nr. 112, 1977.

diese These, seinerzeit früher als andere eine Bedrohung Westeuropas durch die sowjetischen SS-20 erkannt und dies entsprechend öffentlich gemacht.

Eine solche Interpretation übersieht, dass der NATO-Ministerrat bereits im
Dezember 1976 die SS-20 thematisiert hatte[5]. Der NATO-Doppelbeschluss als
»Reaktion« des Bündnisses auf die SS-20-Raketen erscheint so in anderem Licht:
Die NATO-Nachrüstung kann demzufolge als verbrämte, turnusgemäße Moderni-
sierung der LRTNF verstanden werden.

Seine besondere Brisanz erhielt der NATO-Doppelbeschluss von 1979 dadurch,
dass er die bis dato größte durch eine sicherheitspolitische Entscheidung herbeigeführte Krise der NATO auslöste[6]. Die Debatte in der Bundesrepublik Deutschland
war eine der kontroversesten zur westdeutschen bzw. westlichen Sicherheitspolitik[7],
denn sie stellte den bisherigen Konsens, durch nukleare Abschreckung für Sicherheit
zu sorgen, in Frage. Die Stimmung in der Bundesrepublik als künftigem Schlachtfeld
litt dabei vor allem unter der Ungewissheit, ob und wie die US-Streitkräfte bei einem
kriegerischen Konflikt in Europa Atomwaffen einsetzen würden[8].

Die im Bündnis Ende der Siebzigerjahre als offenkundig dargestellte Überlegenheit
der Sowjetunion bei »eurostrategischen Nuklearwaffen« und die deswegen notwendige »Reaktion« wurde besonders in der Bundesrepublik Deutschland in Frage gestellt. Innerhalb dieser mehrere Jahre andauernden öffentlichen Debatte sind drei
Teilbereiche historiographisch von besonderem Interesse:

Dazu gehört die Mitwirkung des deutschen Bundestages an der Umsetzung
des NATO-Doppelbeschlusses, die noch nicht ausreichend gewürdigt worden
ist. Auch die Wahrnehmung des Doppelbeschlusses durch diejenigen Teile der
Bevölkerung, die ihn befürworteten, harrt noch einer Bearbeitung[9]. Und schließlich ist die Tiefenwirkung der unter dem Sammelbegriff »Medien« zu verstehenden
Institutionen, die die öffentliche Debatte mitgestalteten, ebenfalls wissenschaftlich
noch nicht in erforderlichem Maße analysiert worden.

---

5   www.nato.int/cps/en/natolive/official_texts_26950.htm.
6   Gregor Schöllgen, Die Außenpolitik der Bundesrepublik Deutschland, München 1999, S. 154.
7   Gerhard Wettig, Entspannung. Sicherheit und Ideologie in der sowjetischen Politik 1969−1979.
     Zur Vorgeschichte des NATO-Doppelbeschlusses. In: Militärgeschichtliche Zeitschrift (MGZ),
     68 (2009), S. 75−116; Susanne Peters, The Germans and the INF-Missiles. Getting their Way
     in NATO's Strategy of Flexible Response, Baden-Baden 1994; Helga Haftendorn, Das dop-
     pelte Missverständnis. Zur Vorgeschichte des NATO-Doppelbeschlusses von 1979. In: VfZ,
     33 (1985), S. 245−287; Raketenpoker um Europa. Das sowjetische SS-20-Abenteuer und die
     Friedensbewegung. Hrsg. von Jürgen Maruhn und Manfred Wilke, München 2001; Tim Geiger,
     Die Regierung Schmidt-Genscher und der NATO-Doppelbeschluss. In: Zweiter Kalter Krieg (wie
     Anm. 3), S. 95−122, der die westdeutsche Sicherheitspolitik und die Rolle Helmut Schmidts darin
     prägnant nachzeichnet.
8   Vgl. Detlef Bald, Politik der Verantwortung. Das Beispiel Helmut Schmidt. Der Primat des
     Politischen über das Militärische 1965−1975. Mit einem Vorwort von Helmut Schmidt, Berlin
     2008, zum grundsätzlichen Problem der politischen und militärischen Handhabung eines potenti-
     ellen Nuklearwaffeneinsatzes.
9   Dieter Arndt, Zwischen Alarmismus und Argumentation. Die sicherheitspolitische
     Öffentlichkeitsarbeit der Bundesregierung zur innenpolitischen Durchsetzung des NATO-
     Doppelbeschlusses, München 1988, S. 124.

Diese drei Bereiche waren – neben anderen – entscheidende Teile einer sicherheitspolitischen Kontroverse zum Doppelbeschluss, die weit mehr als nur eine »Raketendebatte« war. Der kurz zuvor geführte Streit um die Neutronenbombe hatte schon angedeutet, dass die Einbindung in die NATO und die Doktrin der Sicherheit durch Abschreckung nicht länger gesellschaftlich uneingeschränkt anerkannt waren[10].

Deswegen entwickelte sich die Debatte um den NATO-Doppelbeschluss ausgehend von einer militär- oder sicherheitspolitischen Kontroverse zu einer öffentlichen Diskussion über die bundesdeutsche Sicherheitspolitik. Weite Teile der Bevölkerung stellten zu diesem Zeitpunkt die moralische Legitimität von Atomwaffen in Frage.

Dieser Beitrag soll daher folgende Aspekte des Geschehens untersuchen:

1. Was waren die Leitargumente der verschiedenen Bundestagsparteien während der Debatte zum Doppelbeschluss? Worum ging es in dieser parlamentarischen Debatte wirklich? Welchen Einfluss hatte die mediale Berichterstattung auf diese Debatte?

2. Was zeichnete die Berichterstattung über die Debatte zum Doppelbeschluss in den (Print-)Medien aus? Nahm sie parteipolitische Argumentationslinien der parlamentarischen Debatte auf oder lösten sie sich von ihr, und wenn ja, wie?

3. Welche Auswirkungen hatten politische Debatte und mediale Berichterstattung auf die Bevölkerung? Wie beurteilten Demoskopen die mehrjährige Debatte zum Doppelbeschluss?

Diese Aspekte sind bedeutsam, weil der Doppelbeschluss »schlagartig zu einer von vielen Gesellschaftsgruppen getragenen Massenbewegung führte«, die sich, anders als in den Fünfzigerjahren, nachhaltig in die Debatte einschaltete[11]. Die Medien nahmen demgegenüber ihre Rolle zunehmend als »Akteure mit eigener Agenda« wahr, wie zu zeigen sein wird[12]. Aus Platzgründen beschränkt sich diese Untersuchung auf die Printmedien, und vorzugsweise auf überregionale Tages- und Wochenformate[13].

---

[10] Eckart Conze, Die Suche nach Sicherheit. Eine Geschichte der Bundesrepublik Deutschland von 1949 bis in die Gegenwart, München 2009, S. 536.

[11] Bernd Stöver, Der Kalte Krieg 1947–1991. Geschichte eines radikalen Zeitalters, München 2007, S. 430.

[12] Annette Vowinckel, Mediengeschichte. Forschungsfeld, disziplinärer Kontext, Medienbegriff. In: http://docupedia.de/docupedia/images/b/b8/Mediengeschichte.pdf, S. 2. Vgl. Frank Bösch, Co-Artikel Mediengeschichte. In: http://docupedia.de/zg/Mediengeschichte/Kommentar:Zum_Artikel_Mediengeschichte_%28Frank_B%C3%B6sch_2010/01/09%29. Insgesamt scheint es notwendig, künftig die Rolle der Medien als Akteure während der Auseinandersetzung um den Nachrüstungsbeschluss intensiver als bisher zu untersuchen. Leider gibt es bis dato keinerlei Darstellungen zur »medialen Geschichte« des NATO-Doppelbeschlusses, nicht einmal zu den einschlägigen, meinungsmachenden Medien Spiegel und Stern, wie Bösch, Co-Artikel, S. 5 anmerkt. Zur Rolle der USA: Stöver, Der Kalte Krieg (wie Anm. 11), S. 424 und besonders S. 428. Klaus Wiegrefe, Das Zerwürfnis. Helmut Schmidt, Jimmy Carter und die Krise der deutsch-amerikanischen Beziehungen, Berlin 2005.

[13] Grundlage dieses Aufsatzes ist eine themenbezogene Presseauswertung zu NATO-Nachrüstung, Raketenstationierung, Abrüstung und Entspannungspolitik durch den Autor im Presse- und Informationsamt der Bundesregierung. Ich danke Herrn Stefan Sarter für seine Unterstützung.

Bundestag und Doppelbeschluss

Am Vorabend des NATO-Ministerrates vom 12. Dezember 1979 verteidigte Bundesaußenminister Hans-Dietrich Genscher im Bundestag den Doppelbeschluss und seinen Nachrüstungsteil als »notwendige Modernisierungsentscheidung des Westens«, die aufgrund der »Vorrüstungsentscheidungen des Ostens« unerlässlich geworden sei[14].

Genscher berief sich, wie viele Protagonisten der Entspannungspolitik, auf die KSZE-Schlussakte. Die Bundesregierung habe dort vertrauensbildende Maßnahmen im Ost-West-Verhältnis durchgesetzt, nun müsse auch die Sowjetunion ihren Beitrag hierzu leisten[15].

Im Bundestag herrschte 1979/80 weitgehend Einigkeit darüber, mit dem Doppelbeschluss sowohl die Sicherheits- als auch die Entspannungspolitik der NATO weiter zu entwickeln. Dabei konnte schon allein dem Wortlaut des Doppelbeschlusses nach nicht übersehen werden, dass er aus zwei Teilen bestand, wie die SPD bereits am 7. Dezember 1979 mit ihrem Parteitagsbeschluss zur Nachrüstung untermauerte. Dort hieß es, die Verhandlungsoption richte sich an die Sowjetunion, und der Nachrüstungsteil solle erst dann umgesetzt werden, wenn die Abrüstungsverhandlungen ohne Ergebnis beendet worden seien[16].

Militärexperten der Fraktionen beklagten unterdessen einhellig eine »Fähigkeitslücke« der NATO, weshalb auch die CDU/CSU der Bundesregierung bei der Umsetzung des Doppelbeschlusses ihre Unterstützung zusicherte, »solange sie Kurs hält[17]«. Unterschiedliche Positionen der Parteien entstanden aus der jeweiligen Interpretation der im Doppelbeschluss inhärenten Optionen sowie aus der unterschiedlichen Wahrnehmung der sowjetischen Außen- und Militärpolitik.

Die parlamentarische Debatte war daher trotz des sachlichen Grundkonsens vom tiefgreifenden Zerwürfnis zwischen SPD und CDU/CSU in der Sicherheitspolitik geprägt. Beide Unionsparteien als auch Teile der SPD standen gegen die Politik von

14 Deutscher Bundestag, Protokolle und Drucksachen, 8. Wahlperiode, 191. Sitzung (BT 8/191) vom 11.12.1979, Hans-Dietrich Genscher (FDP), S. 15054 (D). Hans-Dietrich Genscher, Erinnerungen, Berlin 1995, S. 431, vermerkt dazu, dass »bei jener wichtigen Debatte 1979 – wegen der schon vernehmlichen Bedenken in der SPD – kein Sozialdemokrat der ersten Reihe gesprochen hatte«.

15 Zu späteren Forderungen Genschers an Bundeskanzler Schmidt, die Entspannungs- und Sicherheitspolitik betreffend, vgl. Der Spiegel, 35 (1982), S. 26–37, »Nachrüstung unter Druck. Bei Sozial- und Freidemokraten wächst die Hoffnung, dass die Zeit gegen die Nato-Nachrüstung arbeitet. Sie setzen auf taktisches Geschick der Sowjets und die wachsende Friedensbewegung in den USA.« Dazu auch: Willy Brandt, Wir können nicht aussteigen. In: Der Spiegel, 21 (1981), S. 112–119, hier S. 115, zu seinen Zweifeln am ernsthaften Willen der Sowjetunion, KSZE und MBFR voranzubringen: »Aus beidem ist nicht viel geworden, sage ich jetzt ein bisschen salopp. [...] es ist nicht so viel geworden, wie ich gehofft hatte.«

16 Zur Verhandlungsdiplomatie: Peter Seidel, Die Diskussion und der Doppelbeschluss. Eine Zwischenbilanz, Herford, Bonn 1984, S. 48–92; Tuschhoff, Der Genfer »Waldspaziergang« (wie Anm. 2).

17 Vgl. BT, 8/194, S. 15470 (D) Manfred Wörner (CDU) am 14.12.1979: »[...] kann die Bundesregierung auch weiterhin auf die nachdrückliche und geschlossene Unterstützung der CDU/CSU zählen, wenn und solange sie festen Kurs hält«.

Kanzler Schmidt. Der innerparteiliche Konflikt der Sozialdemokraten offenbarte sich bereits auf deren Berliner Bundesparteitag im Dezember 1979. Dort musste Willy Brandt die Delegierten erst überzeugen, dass die Parteiführung den Beschluss mit beiden Teilen, also der Entspannung und Abrüstung sowie später der Nachrüstung, verfechten werde. Die beiden Unionsparteien erkannten diese innerparteilichen Dissonanzen zutreffend als eine mögliche Sollbruchstelle der Koalition.

CDU/CSU –
»Das Bündnis ist der Kernpunkt deutscher Staatsräson«[18]

Die CDU/CSU wollte nach ihren Aussagen keine Nachrüstung um jeden Preis, aber im Gegensatz zur SPD betonte sie beide Seiten des Doppelbeschlusses, zu denen eben auch eine mögliche Raketenstationierung gehörte[19]. Die Bundestagsdebatten boten ihr nun die Chance, sich gegenüber den Verbündeten als berechenbarere sicherheitspolitische Alternative zur SPD darzustellen. Dazu unterstrichen ihre Redner wiederholt, dass für sie beide Teile des Beschlusses gleichwertig seien: Verhandlungen sollten nicht als Selbstzweck betrieben werden, sondern zu einer wirklichen Abrüstung führen, andererseits aber die Stationierung neuer Waffensysteme im Zweifelsfall vollumfänglich umgesetzt werden.

Da Kohl zur Durchsetzung dieser Positionen in seiner Partei kaum Diskussionen führen musste, konnte die Union ihre eigene »Bündnistreue« und demgegenüber die transatlantische Unzuverlässigkeit der SPD herausstellen. Die Illustrierte Stern karikierte Kohl auch deswegen später als Schiffsjungen der »MS Bündnistreue« auf dem Schoß Ronald Reagans[20]. Lediglich Kurt Biedenkopf, Generalsekretär der CDU, forderte wenige Tage vor dem Bundesparteitag 1981 in Hamburg den »Rückzug aus der Grenzsituation«, weil die Strategie der nuklearen Abschreckung als Mittel zur Friedensbewahrung eine zweifelhafte Grundlage westlicher Sicherheitspolitik im Zeitalter des atomaren Patts sei, die kaum dauerhaft funktionsfähig sein könne[21]. Die Union müsse die Kritiker des NATO-Doppelbeschluss ernst nehmen, weil deren Anliegen berechtigt sei und diese »nach Alternativen zu einer Strategie der Friedenssicherung« suchten. Biedenkopf beklagte, dass es nicht gelänge, die junge Generation für sich zu gewinnen. Helmut Kohl ließ reagieren und die von

---

18 BT 9/131, S. 7220: Helmut Kohl am 13. Oktober 1982 in seiner ersten Regierungserklärung. Vgl. auch: Andreas Rödder, Bündnissolidarität und Rüstungskontrollpolitik. Die Regierung Kohl-Genscher, der NATO-Doppelbeschluss und die Innenseite der Außenpolitik. In: Zweiter Kalter Krieg (wie Anm. 3), S. 123–136. Rödder fokussiert auf die Fraktionssitzungen der CDU und das Ausbleiben jeglicher Kritik am Beschluss dort.

19 Dazu im kurzen Überblick: Nachrüsten? Dokumente und Positionen zum NATO-Doppelbeschluss. Hrsg. von Alfred Mechtersheimer, Reinbek 1981, S. 172–195; Tim Weber, Zwischen Nachrüstung und Abrüstung. Die Nuklearwaffenpolitik der Christlich Demokratischen Union Deutschlands zwischen 1977 und 1989, Baden-Baden 1994, S. 157, S. 116–143.

20 Der Stern, 19 (1985).

21 Kurt Biedenkopf, Rückzug aus der Grenzsituation. Die nukleare Strategie ist auf die Dauer nicht konsensfähig. In: Die Zeit, 45 (1981), S. 38. Weber, Zwischen Nachrüstung (wie Anm. 19), S. 139–141.

Biedenkopf eingeforderten Alternativen vor allem durch Manfred Wörner zurück-
weisen. Eine sachliche Debatte zu diesem Thema fand nicht statt.

Selbst in den vom Doppelbeschluss betroffenen konservativen Regionen regte
sich vereinzelt Protest. Im Landkreis Schwäbisch Gmünd, einem Pershing-Standort
der US Army, gab es trotz Unions-Mehrheit in allen Kommunen vernehmlichen
Widerstand gegen die Stationierung, selbst wenn »nur« neue gegen alte Waffensysteme
ausgetauscht werden würden[22].

Was wie bedingungslose Treue zu den USA und zur NATO anmutet, war also in der
Realität ein »Diskussionsmangel« und eine eklatante »Argumentationsverlegenheit«
der Union[23]. Darüber hinaus wurde innerhalb der CDU/CSU die Entspannungspolitik
insgesamt als Ursache des militärischen Ungleichgewichts in Mitteleuropa interpretiert, so im Leitantrag zum Bundesparteitag 1981 in Hamburg: »Die Erwartungen,
die der Westen an die Entspannungspolitik geknüpft hat, haben sich nicht erfüllt. Im Gegenteil: Die Sowjetunion hat diese Phase genutzt, um ihr militärisches
Übergewicht und ihre Einflusssphäre auszubauen. [...] Der Doppelbeschluss der
NATO vom 12. Dezember 1979 soll das Gleichgewicht der Kräfte zwischen Ost
und West wiederherstellen[24].«

Die Union diskreditierte damit die Entspannungspolitik, obwohl der Harmel-
Bericht der NATO sie bereits ein Jahrzehnt zuvor als notwendigen Bestandteil der
Sicherheitspolitik des nordatlantischen Bündnisses mit dem Ziel der Transformation
im Osten eingefordert hatte[25]. Zudem sahen die Christdemokraten in der SPD und
Teilen der FDP NATO-Gegner und Neutralitätsanhänger, die den sicherheitspo-
litischen Konsens der Bundesrepublik Deutschland aufkündigen wollten[26]. Diesen
Konsens, die Erbschaft Konrad Adenauers, durfte aus Sicht der Union unter kei-
nen Umständen in Frage gestellt werden. Hans-Jochen Vogel reagierte als neuer
Fraktionsvorsitzender der SPD im Deutschen Bundestag im Mai 1983 auf diese
Unterstellungen mit einem Bekenntnis zur NATO-Mitgliedschaft, womit er ledig-

---

22   Der Spiegel, 42 (1983), S. 59 f.: »Grundstimmung Angst«, über die Situation in der CDU-
     Hochburg Schwäbisch Gmünd, einem Pershing-I-Standort, an dem später Pershing II-Raketen
     stationiert waren. Der Umfrage von INFAS zufolge, auf der der Artikel basierte, lehnte auch hier
     eine Mehrheit die neuen Raketen ab. Die NATO-Nachrüstung hatte jedoch keinen spürbaren
     Einfluss auf das Wählerverhalten. Die CDU gewann die Landtagswahl im März 1984 mit knapp
     52 Prozent.
23   Rödder, Bündnissolidarität und Rüstungskontrollpolitik (wie Anm. 18), S. 125.
24   Vgl. Leitantrag des Bundesvorstandes der CDU zum 30. Parteitag vom 2.–5.11.1981 in Hamburg,
     www.kas.de/upload/themen/programmatik_der_cdu/programme/1981_Hamburg_Mit-der-
     Jugend.pdf, Leitantrag des Bundesvorstandes der CDU, Ziffer 3 und 11.
25   Die künftigen Aufgaben der Allianz, Dezember 1967. Abgedruckt in: NATO. Tatsachen und
     Dokumente, Brüssel 1971, S. 396–398. Der Bericht wurde Teil der neuen NATO-Strategie der
     »Flexible Response« (MC 14/3).
26   Leitantrag (wie Anm. 24), Ziffer 3: »Nach 12 Jahren SPD/FDP-Politik ist die Bündnistreue der
     Bundesrepublik Deutschland ins Zwielicht geraten und der Verteidigungswille geschwächt. Starke
     Kräfte in der SPD und Teilen der FDP verlangen eine prinzipielle Änderung unseres Verhältnisses
     zu zum atlantischen Bündnis und zu den Vereinigten Staaten. Nicht wenige in der SPD streben
     eine Neutralität Deutschlands an.« Vgl. auch Günther Verheugen, Kontinuität allein genügt
     nicht. Gedanken zur Außen- und Sicherheitspolitik. In: Das liberale Gewissen. Hrsg. von Helga
     Schuchardt und Günter Verheugen, Reinbek 1982, S. 118–134.

lich erneuerte, was Willy Brandt, Egon Bahr und andere führende Sozialdemokraten immer wieder betont hatten[27].

Mit ihrer demonstrativen Geschlossenheit und ihrer öffentlich zelebrierten Ignorierung der sich verändernden Stimmung der Deutschen versuchte sich die Union als sicherheitspolitisch zuverlässigere Alternative zur SPD zu präsentieren[28].

FDP – »Realistische Entspannungspolitik«?

Im Gegensatz zur Union basierte die Haltung der FDP zum Doppelbeschluss auf dem erwähnten Harmel-Bericht[29]. Jürgen Möllemann skizzierte 1979 als Wehrexperte der Partei deren militärpolitische Grundsätze, zu denen Entspannungspolitik als »unverzichtbarer Bestandteil unserer Sicherheitspolitik« gehöre[30]. Die FDP-Konzeption war – Harmel ausweitend – global angelegt und bezog auf Europa rückwirkende Konfliktregionen ebenso ein wie den Prozess der Europäischen Integration. Auf diese von der Union ausgeblendeten Implikationen wiesen nicht nur Möllemann, sondern auch Hans-Dietrich Genscher oft genug hin[31].

---

[27] BT 10/4 vom 4.5.1983, S. 80 f., Hans-Jochen Vogel (SPD): »Grundlagen dieser [Außen]Politik sind für uns das Atlantische Bündnis, die Europäische Gemeinschaft, die deutsch-französische Freundschaft und die Vertragspolitik gegenüber der Sowjetunion und den übrigen osteuropäischen Staaten. [...] Der Friede fordert Berechenbarkeit. Diese Berechenbarkeit ginge verloren, wenn wir uns aus dem Bündnis lösen wollten. [...] Wir bekennen uns zum Bündnis. Es steht für uns nicht zur Diskussion und erst recht nicht zur Disposition. Was Herbert Wehner an dieser Stelle am 30. Juni 1960 über unseren Platz im Bündnis gesagt hat, gilt ohne Abstriche.« Für die Wehner-Rede siehe BT 3/122 vom 30.6.1960, S. 7052–7061. Damit widersprach Vogel auch Oskar Lafontaine, der die Neutralität der Bundesrepublik als ernsthafte Option im Rahmen der deutschen Außen- und Sicherheitspolitik ansah. Vgl. Den Austritt aus der NATO wagen. Oskar Lafontaine über Nachrüstung und Bündnisfragen. In: Der Spiegel, 35 (1983), S. 44–56; ebenso Oskar Lafontaine, Angst vor Freunden. Die Atomwaffen-Strategie der Supermächte zerstört die Bündnisse, Reinbek 1982.

[28] Wolfgang Bergsdorf, Die Weiterführung der Doppelbeschlusspolitik Helmut Schmidts durch die Regierung Kohl. In: Raketenpoker um Europa (wie Anm. 7), S. 126–133, hier S. 130.

[29] Dazu: Genscher, Erinnerungen (wie Anm. 14), S. 414–468; Nachrüsten? (wie Anm. 19), S. 157–171; sowie: »Da war ein richtig großer Schmerz.« Klaus Böllings Tagebuch über die letzten 30 Tage des Kanzlers Helmut Schmidt. In: Der Spiegel, 41 (1982), S. 61–126; ebenso Rödder, Bündnissolidarität und Rüstungskontrollpolitik (wie Anm. 18), ebenfalls auf der Grundlage der Fraktionsprotokolle.

[30] Jürgen W. Möllemann, Herausforderungen an liberale Sicherheits- und Friedenspolitik. In: Das Wichtigste ist der Frieden. Dokumentation des verteidigungspolitischen Kongresses der Freien demokratischen Partei am 27./28. April 1979 in Münster. Hrsg. von Günter Verheugen, Baden-Baden 1980, S. 48–72, hier These 4.

[31] Ich habe oft gesagt ... Hans-Dietrich Genscher über Sternstunden und Pleiten seiner Ministerjahre. Spiegel-Gespräch. In: Der Spiegel, 36 (1995), S. 40–46, hier S. 44. »[...] die SPD hat sich damals von der vereinbarten Regierungspolitik abgewendet. Keiner von uns hat das so hart beurteilt wie der damalige Bundeskanzler Helmut Schmidt vor seiner Fraktion. Ich will gar nicht davon reden, was vorher der SPD-Parteitag in München [1982] beschlossen hat ... [Zwischenfrage: ... einen »Horrorkatalog aus Ihrer damaligen Sicht?]. Ich bin sogar in der Beurteilung sehr zurückhaltend gewesen, weil ich die Lage nicht verschärfen wollte. Und die SPD wendete sich zudem ab vom NATO-Doppelbeschluss, was für mich wirklich zentral war. Helmut Schmidt sah diese Frage genauso.«

Genscher hatte auf die Verhandlungsoption des Doppelbeschlusses gesetzt, bis er zu dem Eindruck gelangte, dass auch die Sowjetunion ernsthafte
Abrüstungsverhandlungen verschleppte. Danach kaprizierte sich der Bundesaußenminister auf den Nachrüstungsteil des NATO-Doppelbeschlusses. Dahinter
stand eine auf dem Harmel-Bericht fußende »Doppelstrategie« Genschers[32]: dessen »Verbindung der Aufrechterhaltung des militärischen Gleichgewichts und der
Sicherheit des Westens mit dem Angebot der Entspannung an den Osten« war so
lange eine tragfähige Grundlage westdeutscher Außen- und Sicherheitspolitik, wie
der Osten entsprechend (re-)agierte.

Der sowjetische Einmarsch in Afghanistan 1979, die Verhängung des Kriegsrechts
in Polen 1981 und die angebliche Verschiebung des militärischen Gleichgewichts be-
stärkten Genscher darin, den zweiten Teil des Doppelbeschlusses, die Nachrüstung,
als Option des Westens gegenüber der Sowjetunion zu favorisieren. »Realistische
Entspannungspolitik« konnte nun für Genscher nur noch auf der Grundlage der
transatlantisch definierten, militärischen Sicherheit betrieben werden, auf die er seine östlichen Partner wiederholt hinwies[33].

Damit blieb innerparteilichen FDP-Strömungen zeitweilig Raum zu eigenen,
gegen Kanzler Schmidt und die Union gerichteten Vorstellungen. Die später zur
SPD übergewechselten Wortführer Günter Verheugen und Helga Schuchardt sahen nur die Entspannungspolitik in der Lage, zwischen den Supermächten frie-
denssichernde Wege zu beschreiten: »Liberale Sicherheits- und Friedenspolitik tritt
selbstbewusst und partnerschaftlich gegenüber den Bündnispartnern und der westlichen Führungsmacht USA auf. Nicht Nachvollziehen, sondern den Interessen der
Bundesrepublik verpflichtetes Mitgestalten ist für die Liberalen handlungsleitendes
Prinzip im westlichen Bündnis[34].« Innerhalb der NATO als »Wertegemeinschaft«
sei der Entspannungspolitik im gesamtdeutschen Sinne Vorrang einzuräumen, so
Verheugen.

Diese Gruppe setzte sich damit deutlich vom Unions-Kurs ab, dem sich die
Führung der FDP unter Genscher in Abgrenzung zur SPD gerade sukzessive annäherte. Verheugen hingegen sah einen größeren Handlungsspielraum für die
Bundesregierung zwischen den Supermächten, als Kohl und selbst Genscher je re-
klamierten. Diese Positionen waren innerhalb der FDP in der Minderheit, weil sie
sich der SPD sehr annäherten. Der Doppelbeschluss besaß jedoch nur zwei Seiten,
und die Glaubwürdigkeit des Bündnisses ließ endlose Diplomatie ohne Ergebnis
nicht zu.

Der Weg der FDP in die neue Koalition mit der Union war schließlich durch
Bündnissolidarität einerseits und das Festhalten an einer den Umständen ange-
passten Entspannungspolitik andererseits vorgezeichnet, der sich Hans-Dietrich
Genscher verpflichtet sah. Solange seine Stellung als Parteivorsitzender nicht in

32 Andreas Wirsching, Hans-Dietrich Genscher. Liberale Außenpolitik zwischen Kontinuität und
    Wandel. In: Jahrbuch für Liberalismus-Forschung, 22 (2010), S. 67–77, hier S. 73, auch für das
    Folgende.
33 Wirsching, Hans-Dietrich Genscher (wie Anm. 32), S. 74.
34 Verheugen, Kontinuität allein genügt nicht (wie Anm. 26), S. 118–134, hier S. 131.

Frage gestellt war, gewährte Genscher Anderen Raum für eigene Interpretationen der Sicherheitspartnerschaft innerhalb der von den USA dominierten NATO.

Bestimmend für den Koalitionswechsel war auch, dass Genscher und Kohl in den »existenziellen Fragen deutscher Außenpolitik« gleich »tickten« und »um die Position des anderen wussten[35]«. Letztlich schienen beide einen Dreiklang in der Außen- und Sicherheitspolitik anzustreben, der »atlantische Bündnisbewahrung, europäische Integration und auf Entspannung zielende Ostpolitik« miteinander verknüpfte[36].

SPD – Auf eigenen Wegen, gegen den eigenen Kanzler

Die SPD befand sich nach der gewonnenen Bundestagswahl von 1980 in einer Zwickmühle, die ihr Verhalten in der Debatte um den Doppelbeschluss prägte[37]. Schmidt war als »Vater« des Doppelbeschlusses schon längst nicht mehr der unumstrittene Kanzler von einst. Nichtsdestotrotz bot er allein der SPD die Chance, gegen die Union an der Macht zu bleiben. Der Versuch namhafter SPD-Politiker, vor allem Brandt und Bahr, mit eigener Diplomatie, vorzugsweise in Moskau, die Stellung der Bundesrepublik Deutschland im Konzert der Supermächte aufzuwerten und die »Gleichberechtigung« mit »Nebenaußenpolitik« zu proben, musste scheitern. Denn die Bundesrepublik besaß zwar innerhalb der NATO großes Gewicht. Am Dialog der Supermächte konnte sie jedoch nur teilnehmen, solange diese es zuließen.

Helmut Schmidts Versuche, den Supermächten Anstöße und Impulse für die schleppend laufenden Abrüstungsverhandlungen zu geben, konterkarierten zudem diejenigen Politiker der SPD, die die »Entspannungspolitik zum Selbstzweck« erhoben und zur »realistischen Beurteilung der sowjetischen Militärpolitik immer weniger in der Lage« schienen[38]. Insgesamt aber zeigte sich während der gesamten Debatte um den NATO-Doppelbeschluss seit dem Parteitag der SPD in Berlin 1979, dass er den innerparteilichen Zündstoff offen zutage gefördert hatte. Der Weg der SPD in die Opposition schien wegen der innerparteilichen Auseinandersetzungen um den Doppelbeschluss vorgezeichnet und dokumentierte sich in den Partei- und Kirchentagen der Jahre 1979 bis 1982.

Es waren jedoch die wirtschaftspolitischen Beschlüsse des 1982er Parteitages, die den Bruch mit der FDP herbeiführten. Die ökonomische Schieflage der Bundesrepublik und der Anstieg der Arbeitslosen von rund 900 000 Ende 1980 auf ca. 2,3 Millionen im Jahresmittel 1983 bestimmten den Parteitag[39]:

»Politischen Vorrang habe zur Zeit die Beseitigung der Massenarbeitslosigkeit, die Schaffung von Arbeitsplätzen und die Wiedergewinnung von ausreichendem Wirtschaftswachstum[40].«

---

[35] Helmut Kohl, Erinnerungen 1982–1990, München 2005, S. 153.
[36] Wirsching, Hans-Dietrich Genscher (wie Anm. 32), S. 75.
[37] Dazu: Friedhelm Boll und Jan Hansen, Doppelbeschluss und Nachrüstung als innerparteiliches Problem der SPD. In: Zweiter Kalter Krieg (wie Anm. 3), S. 203–228.
[38] Conze, Die Suche nach Sicherheit (wie Anm. 10), S. 539.
[39] www.pub.arbeitsagentur.de/hst/services/statistik/000000/html/start/gif/b_stea_zr.shtml.
[40] Vgl. Werner Milert und Ingeborg Wahle-Homann, Der Parteitag der SPD. Aufbruch nach vorn? In: Gewerkschaftliche Monatshefte, 32 (1982), S. 319–324. Dieser Bericht resümiert den thema-

Die Parteiführung, von Hans Apel über Egon Bahr und Willy Brandt bis hin zu Karsten Voigt, hielt am Doppelbeschluss fest, während dessen Gegner, angeführt von Erhard Eppler, ein Moratorium forderten, wonach die Aufstellung von US-Mittelstreckenraketen ausgesetzt und die Reduzierung der sowjetischen SS-20 eingefordert werden sollte.

Umso mehr erstaunt, dass sich gerade Bahr und Brandt zum Doppelbeschluss bekannten, während sie ansonsten einem solchen Bekenntnis auswichen. Der Leitantrag des Vorstandes der SPD, im Herbst 1983 werde »auf einem ordentlichen Parteitag definitiv entschieden [...], welche Folgerungen die SPD aus dem bisher erreichten Verhandlungsstand für die Frage der Stationierung« ziehen werde, bedeutete nicht, dass es für eindeutige Voten pro oder contra Doppelbeschluss noch zu früh gewesen wäre[41].

Die Partei insgesamt wich wenige Monate vor dem Ende der Koalition mit der FDP einem eindeutigen Bekenntnis zum Doppelbeschluss und zu ihrem Kanzler aus. Nichtsdestoweniger war dies eine konsequente Verfolgung ihrer bereits 1979 fixierten Interpretation, erst nach Abschluss der Abrüstungsverhandlungen über den Doppelbeschluss und die mit ihm verknüpfte Nachrüstung zu entscheiden[42]. Auf dem außerordentlichen Bundesparteitag der aus der Regierungsverantwortung ausgeschiedenen SPD am Vorabend der Stationierungsdebatte des Bundestages, im November 1983 in Köln, stimmten noch 14 von 400 Delegierten für den NATO-Doppelbeschluss.

In die internen Auseinandersetzungen der SPD wirkten Bedrohungsszenarien des Kalten Krieges hinein, die von der Lage Deutschlands als künftigem Schlachtfeld bestimmt waren. Diese sowie die im Harmel-Bericht festgelegten Säulen der Sicherheits- und Verteidigungspolitik der NATO nutzte die Union zur Polarisierung zwischen Entspannungsanhängern und Nachrüstungsbefürwortern[43].

Die Gegner der Brandt'schen Entspannungspolitik betonten, diese könne nur funktionieren, wenn gleichzeitig die Verteidigungsfähigkeit gesichert sei. Dahinter stand eindeutig die Forderung nach »Nachrüstung«. Helmut Schmidt ging mit seiner harschen Entweder-oder-Position auf Konfrontationskurs zu seiner Partei und seinen innerparteilichen Gegnern, indem er betonte, dass Entspannungspolitik »keinesfalls zu jedem Preis erhältlich [sei], sondern nur dann, wenn die eigene Sicherheit nicht gefährdet[44]« war. Die SPD löste sich dennoch sukzessive vom NATO-Doppelbeschluss und ihrem Kanzler, weil sie die möglichen Folgen der Nachrüstung zunehmend kritisch hinterfragte. Das war zu diesem Zeitpunkt ihr Alleinstellungsmerkmal.

Die vom FDP-Vorsitzenden Genscher betriebene Außenpolitik bestimmte das Verhältnis der FDP zur SPD. Seine Formel einer »realistischen Entspannungspolitik« verdeckte dabei, dass er gleichzeitig konsequent am Doppelbeschluss festhielt[45]. Genscher versuchte in dieser Zeit erfolglos, der Sowjetunion zu verdeutlichen, dass sie

---

tischen Schwerpunkt des Parteitages unter dem Motto: »Arbeit schaffen – Frieden sichern«.
[41] Milert und Wahle-Homann, Parteitag (wie Anm. 40), S. 323.
[42] Boll und Hansen, Doppelbeschluss (wie Anm. 37), S. 205.
[43] Weber, Zwischen Nachrüstung (wie Anm. 19), S. 157.
[44] Stöver, Der Kalte Krieg (wie Anm. 11), S. 422.
[45] Zit. nach: Stöver, Der Kalte Krieg (wie Anm. 11), S. 422.

ernsthaft verhandeln müsse, wenn sie die Nachrüstung verhindern wolle. Der Kreml hatte jedoch mit dem Einmarsch in Afghanistan 1979 der Entspannungspolitik den »allerletzten Sargnagel« verpasst[46].

Der NATO-Doppelbeschluss in der Presse

Die mediale Debatte über den NATO-Doppelbeschluss betrieben bis 1981 überwiegend die sicherheitspolitischen Fachredakteure überregionaler Tageszeitungen und Wochenformate. Ihre Berichterstattung war von hoher Sachkunde, aber auch von Emotionslosigkeit geprägt und erreichte daher die Masse der Bevölkerung kaum[47]. Dies belegen die anfänglich hohen Anteile Unentschlossener bzw. Unentschiedener in demoskopischen Umfragen[48].

Dies änderte sich in den ersten Monaten des Jahres 1981 grundlegend, nachdem der Stern die »versteckte Atommacht« Deutschland präsentiert hatte[49]. Das Neue an diesem Beitrag, der die emotionale Aufladung der Debatte beschleunigte, waren weniger Details über die Wirkung von Nuklearwaffen, als vielmehr eine Grafik mit den Atomwaffenstandorten in Deutschland[50]. Damit habe der Stern, so ein Leserbriefschreiber, der Bundesrepublik »bei der Bewahrung der äußeren Sicherheit und des Friedens [...] einen Bärendienst erwiesen«. Ein weiterer Leserbrief bezeichnete die Veröffentlichung als eine »unglaubliche politische und psychologische Schweinerei«[51].

---

[46] Harald Biermann, NATO-Doppelbeschluss 1979. Westliche Defensive oder Todesstoß für den Osten? In: Deutschland und die Welt. Weichenstellungen in der Geschichte der Bundesrepublik Deutschland. Hrsg. von Andreas Rödder und Wolfgang Elz, Göttingen 2010, S. 83–96, hier S. 89.

[47] Als beliebig vermehrbare Beispiele seien genannt: Adelbert Weinstein, Die NATO muss politisch geführt werden. Das Bündnis nach Afghanistan. In: FAZ vom 20.2.1980; Bundeskanzler nennt NATO einen Garanten für Frieden und Freiheit. In: General-Anzeiger für Bonn und Umgegend vom 06.05.1980; Die bange Frage der NATO. Lässt sich Schmidt von Moskau mit Danaer-Geschenken betören? In: Die Welt vom 4.6.1980; Sehr weit hängt die NATO nicht zurück. In: Frankfurter Rundschau vom 12.8.1980.

[48] Beispielsweise in: Allensbacher Jahrbuch für Demoskopie 1978–1983, Bd VIII, München 1983, S. 633. In Umfragen zum Doppelbeschluss war ein Viertel der Befragten zwischen August 1981 und November 1982 zu einer Frage, ob die Stationierung von US-Mittelstreckenraketen in der Bundesrepublik verhindert werden sollte, »unentschieden«. EMNID veröffentlichte im Aktuellen Politischen Dienst vom Juli 1983 Ergebnisse, nach denen sich im Oktober 1981 30 Prozent und im Juli 1983 immerhin noch 24 Prozent keine abschließende Meinung zum NATO-Doppelbeschluss gebildet hatten.

[49] Bundesrepublik Deutschland. Die versteckte Atommacht. In: Stern 9 (1981). William Arkin, ein ehemaliger US-Geheimdienstoffizier und damals Mitarbeiter der Washington Post, soll der Informant gewesen sein. Später legte er als Buchautor nach (The Nuclear Battlefields. Global Links in the Arms Race, Cambridge 1985) und verriet dabei vermeintlich militärische Geheimnisse (wie etwa »secret nuclear bases throughout the world«) (http://blogs.washingtonpost.com/earlywarning/).

[50] Vgl. dazu auch: Militarisierungsatlas der Bundesrepublik Deutschland. Streitkräfte, Waffen, und Standorte. Kosten und Risiken. Hrsg. von Alfred Mechtersheimer und Peter Barth, Frankfurt 1986.

[51] Leserbriefe im Stern 11 (1981).

Beide Beiträge spiegeln den Umschwung in der Berichterstattung wieder, welcher bis zur Stationierungsdebatte des Deutschen Bundestages am 22./23. November 1983 die Polarisierung der Bevölkerung verstärkte. In schnellem Wechsel erschienen nun Umfrageergebnisse, die belegten, dass der Anteil der Unentschiedenen und der Unentschlossenen sank, während der Anteil derjenigen, die die Stichworte »NATO-Nachrüstung« bzw. »Raketenstationierung« und »Pershing 2« schon »gehört hatten«, bei Umfragen auf bis zu 97 Prozent der Befragten stieg.

Die für den vorliegenden Beitrag untersuchten Medien informierten ihre Leserschaft während der Nachrüstungsdebatte zu verschiedenen Themen: der erste, zugleich am umfassendsten aufbereitete Komplex war die militärpolitische Entwicklung[52]. Die Entspannungspolitik und die innerparteilichen Kontroversen der SPD bildeten den zweiten Komplex[53]. Diese beiden Schwerpunkte stellten zwischen 1979 bis weit in die Achtzigerjahre die »mediale Grundierung« der Debatte dar[54]. Das dritte, demoskopische Thema stellten ab Sommer 1980 die aufkommenden Großdemonstrationen und der steigende Anteil der Stationierungsgegner innerhalb der westdeutschen Bevölkerung dar. Die Abrüstungsverhandlungen der beiden Supermächte in Genf waren der vierte Gegenstand der Berichterstattung, der Ende 1980 aufkam und ab 1982 eine kontinuierliche publizistische Bearbeitung erlebte, die mit dem Stationierungsbeschluss des Bundestages am 23. November 1983 schlagartig abbrach.

Eine gewisse Nachhaltigkeit erreichten die von Stern, Spiegel und Zeit abgedruckten Beiträge durch deren Sammelpublikationen in Buchform[55]. Die jeweils als Imprint in namhaften Verlagen erscheinenden Veröffentlichungen[56] waren bedeutsam, weil sie den Erkenntnissen einer sich neu formierenden, alternativen »Expertengruppe« neue Leserschaften erschlossen. Diskutiert wurden über den NATO-Doppelbeschluss[57] hinaus Fragen nach dem »möglichen Sieg« in einem »Weltkrieg wider Willen[58]« und Vorschläge für eine »alternative Sicherheitspolitik[59]« angeboten. Die auflagenstarken Wochentitel Stern, Spiegel und Zeit[60] dienten als

---

[52] Die wurde vor allem in FAZ, WELT und Die Zeit thematisiert.

[53] Besonders übersichtlich und kontinuierlich in Der Spiegel der Jahre 1981–1983 dargestellt.

[54] Bösch, Co-Artikel Mediengeschichte (wie Anm. 12), S. 6. Auf diese Grundberichterstattung sattelte immer wieder anlassbezogene Berichterstattung auf, wenn zum Beispiel der NATO-Gipfel in Bonn – zeitlich im Umfeld des israelischen Kriegs gegen den Libanon oder den britisch-argentinischen Falklandkonflikt – im Juni 1982 das Medieninteresse auf sich zog.

[55] Nachrüstung. Der Atomkrieg rückt näher, Spiegel-Buch Bd 20. Hrsg. von Wilhelm Bittorf, Reinbek 1981. Friede ohne Waffen? Der Streit um die Nachrüstung. Mit Beiträgen von Hans Apel u.a. aus Die Zeit. Mit einem dokumentarischen Anhang. Hrsg. von Josef Joffe, Hamburg 1981; Wahnsinn Rüstung. Stern-Buch, Hrsg. Peter Koch, Hamburg 1981.

[56] Hier sei nur an die Reihe rororo-aktuell erinnert, in der nicht weniger als 40 Einzelpublikationen zu Nachrüstung und Sicherheitspolitik zwischen 1979 und 1985 erschienen.

[57] Nachrüsten? (wie Anm. 19). Von diesem Buch wurden innerhalb von drei Monaten 24 000 Exemplare verkauft.

[58] Dieter S. Lutz, Weltkrieg wieder Willen? Die Nuklearwaffen in und für Europa. Ein Beitrag zur Diskussion über die Nachrüstung, Reinbek 1981.

[59] Frieden mit anderen Waffen. Fünf Vorschläge zu einer alternativen Sicherheitspolitik. Hrsg. vom Komitee für Grundrechte und Frieden, Reinbek 1981. Bis Juli 1982 waren 25.000 Exemplare von diesem Buch verkauft worden.

[60] Vgl. Nachrüstung. Ohne historische Parallele. In: Der Spiegel, 24 (1983), S. 28–32.

Plattform, um die Opposition dieser Expertengruppe gegen die Stationierung zu verbreiten. Die bürgerlichen Blätter FAZ und Welt standen dem als quasi offiziöse Medien der transatlantischen Community hilflos gegenüber und polemisierten daher gegen die Friedensbewegung[61].

Auch die Öffentlichkeitsarbeit der Bundeswehr sah dem Meinungsumschwung nicht tatenlos zu. Mit den Weißbüchern der Jahre 1979 und 1983 machte sie sich die NATO-Lesart in der Rüstungspolitik zueigen[62]. Der seit Anfang Oktober 1982 amtierende Bundesverteidigungsminister Manfred Wörner veranlasste, dass mit »mehreren Millionen Mark« der »Kampf um Hirne und Herzen der Bürger« gegen die Medienoffensive der Nachrüstungsgegner geführt wurde[63]. Die dazu formulierte Kernaussage war denkbar simpel: Pershings und Cruise Missiles seien weder qualitativ noch quantitativ mit den SS-20 zu vergleichen. Die Bedrohung sei somit realistisch und unzweifelhaft. Zudem habe die Sowjetunion im Rahmen ihrer Modernisierung die Vorgänger der SS-20, die SS-4 und SS-5, nicht vollständig abgezogen[64]. Die Sowjetunion sei daher auf diesem Gebiet überlegen, darauf müsse die NATO reagieren. Falls Verhandlungen nicht zu einer Reduzierung der SS-20 führten, werde die NATO eigene Mittelstreckenwaffen stationieren, und dies spätestens 1983/84.

Ein Einfluss der Friedensbewegungen auf die Haltung der beiden betroffenen Bundesregierungen Schmidt und Kohl ist nicht zu erkennen. Dies belegen auch interne Arbeitspapiere des Verteidigungsministeriums. So mutmaßte ein Mitarbeiter im Führungsstab der Streitkräfte im Oktober 1982, die Bundesrepublik befände sich in einer »ähnlichen innenpolitischen Situation [...] wie im Jahr 1968«[65]. Im Gegensatz zur damals homogen erscheinenden APO sei die gemeinsame Klammer der Friedensbewegungen jedoch allein der Kristallisationspunkt Krefelder Appell, also die »Verhinderung des Nachrüstungsanteils des Doppelbeschlusses«. Die Friedensbewegung könne zwar Sympathiepunkte in der Bevölkerung erringen, »die Form von Massendemonstrationen und spektakulären Einzelaktionen [würden] die Mehrheit der umworbenen Bevölkerung aber eher verschrecken [sic!]«.

Falls nach den Wahlen am 6. März 1983 kein Machtwechsel stattfinde, so die »Arbeitshypothese« des Papiers, seien »Entwicklungslinien« bereits erkennbar, wie z.B. die stärkere Öffnung des linken Flügels der SPD und des sozialliberalen Flügels der FDP in Richtung Friedensbewegung. Gleichzeitig prognostizierte

---

61 [Heiner] Geißler gibt eine ethische Begründung für die Verteidigungspolitik. In: FAZ vom 2.5.1983; Hamburger SPD unter Gesinnungsdruck. Die Regierungspartei der Stadt wird von der GAL in eine Diskussion über die Nachrüstung gedrängt. In: FAZ vom 19.8.1983; Günther Bannas, Ein Pokerspiel, wie es sich gehört, mit Tricks und Kniffen. Ausschüsse, Kommissionen, Friedensbewegung. In: FAZ vom 24.9.1983.

62 Vgl. Weißbuch 1983. Zur Sicherheit der Bundesrepublik Deutschland, Bonn 1983, S. 72–81 mit entsprechenden Tabellen und graphischen Übersichten, die die Bedrohung durch die SS-20 plakativ darstellten.

63 Arndt, Zwischen Alarmismus (wie Anm. 9), S. 94–127. Allein die Planungen des Bundesverteidigungsministeriums liefen darauf hinaus, rund 7,6 Millionen Mark auszugeben.

64 Vgl. Weißbuch 1979. Zur Sicherheit der Bundesrepublik Deutschland und zur Entwicklung der Bundeswehr, Bonn 1979, S. 105–108. Die Bundesregierung wies hier darauf hin, dass das Bündnis vor der Frage stünde, wie der sowjetischen Überlegenheit künftig zu begegnet sei.

65 BArch, BW 1/191083, BMVg, Fü S III 9, 2.11.1982: »Friedensbewegung und politische Durchsetzbarkeit des NATO-Doppelbeschlusses«. Aus dieser Quelle auch die folgenden Zitate.

der Autor »Streitigkeiten innerhalb der Friedensbewegung«, weswegen diese nicht die politische und organisatorische Kraft besäße, die Nachrüstung zu verhindern. Damit stehe außer Frage, dass die Nachrüstung vollzogen werde: »Entscheidende Bedeutung wird der Festigkeit der Regierung und dem verstärkten Einsatz staatlicher Informationsmöglichkeiten gegenüber der Bevölkerung zukommen. Unter diesen Voraussetzungen wird der Nachrüstungsteil des Doppelbeschlusses politisch durchsetzbar sein.« Kurzum: im Bundesverteidigungsministerium sah man offensichtlich keine Notwendigkeit, das eigene Handeln zu überdenken[66].

Demoskopie – Spiegelbild der Meinungen im Volk?[67]

Die Debatte um den Doppelbeschluss bot Demoskopen vielfach Anlass, die Stimmung der Bevölkerung zu eruieren. Ungeachtet der Zielsetzungen solcher Befragungen und ihrer Auftraggeber eröffneten demoskopische Untersuchungen die Möglichkeit, ein umfassendes Stimmungsbild zur augenblicklichen Haltung der Bevölkerung zum NATO-Doppelbeschluss zu gewinnen.

Nimmt man nur die durch das Institut für Demoskopie in Allensbach durchgeführten Befragungen, so wird deutlich, dass komplexe Fragestellungen eher ein verwirrendes Meinungsbild erzeugten[68]. Die Demoskopen aus Allensbach führten im Auftrag der Bundesregierung wenigstens neun Umfragen zum Doppelbeschluss durch[69] und ermittelten zur Frage »Finden Sie den Doppelbeschluss alles in allem gut oder nicht?« eine Zustimmung von knapp fünfzig Prozent. Nichtsdestotrotz konnte das gleiche Haus mit weiteren Umfragen zwischen August 1981 und November 1982 nachweisen, dass rund 45 Prozent der Befragten die Stationierung von Mittelstreckenraketen in Deutschland ablehnten[70]. Im gleichen Kontext fragte Allensbach z.B., ob die Bürger den Eindruck hätten, die Sowjetunion besitze eine Überlegenheit oder ob im Westen abgerüstet werden solle. Die veröffentlichten Ergebnisse lassen glauben, dass die Mehrheit der Bundesbürger der Sowjetunion unterstellte, eine militärische Überlegenheit anzustreben[71]. Allensbach zeichnete also insgesamt eine Befürwortung des NATO-Doppelbeschlusses und der damit verknüpften Nachrüstung nach und untermauerte so die Argumentation der CDU/CSU.

---

66   Wie westdeutsche und westliche Spitzenmilitärs die Debatte bewerteten, kann wegen bestehender Geheimschutzvorgaben der Archive sowie fehlender Memoiren bislang nicht dargestellt werden.

67   Leider haben EMNID und INFAS auf mehrfache Anfragen nach entsprechenden Ergebnissen nicht geantwortet. Insofern konzentriert sich dieser Beitrag (noch) auf die genannten Umfragen sowie auf das Allensbacher Jahrbuch (wie Anm. 48).

68   Dazu kompakt und zahlreiche Fehldeutungsmöglichkeiten aufzeigend: Hier Mehrheit, dort Minderheit. Umfragen der Meinungsforscher zum NATO-Doppelbeschluss und ihre Widersprüche. In: Der Spiegel, 35 (1983), S. 28 f.

69   Allensbacher Jahrbuch (wie Anm. 48), S. 636; sowie Elisabeth Noelle-Neumann, Drei Viertel gegen die Raketenstationierung? In: FAZ vom 16.9.1983.

70   Allensbacher Jahrbuch (wie Anm. 48), S. 633.

71   Allensbacher Jahrbuch (wie Anm. 48), S. 629–636.

Ähnliche Ergebnisse präsentierte EMNID. In einer vom Verteidigungsministerium beauftragten Umfrage vom August 1982 fand das Institut heraus, die Zustimmung der Bevölkerung zur Bundeswehr und zur NATO sei zwar 1982 im Verhältnis zu 1980/81 gesunken[72]. Aber noch glaubten 81 Prozent der Befragten, dass US-Truppen in der Bundesrepublik den Frieden sicherer machen. 79 Prozent waren gegen ihren Abzug und 91 Prozent gegen einen Austritt aus der NATO. Noch 55 Prozent glaubten an die Abschreckungskraft der Allianz. »Nur« 43 Prozent meinten, dass die Bundesrepublik schlimmstenfalls vom Osten überrollt würde. Die kommunistische Bedrohung bewerteten jeweils knapp 50 Prozent seit 1980 bis 1982 als groß oder im Gegenteil nicht so groß. Das »Meinungsbild zu Bedrohung und Kräfteverhältnis« war wohl von einer erfolgreichen Entspannungspolitik geprägt: die meisten Befragten hielten Sowjetunion und USA militärisch für ungefähr gleich stark (58 Prozent), in geringerem Umfang wurde der Warschauer Pakt stärker als die NATO bzw. umgekehrt eingestuft (32 zu 20 Prozent).

Dieser Umfrage zufolge sahen mehr als die Hälfte der Befragten ein »unverändertes Verhältnis« zur Sowjetunion (1980-82: rund 68 Prozent). Der Anteil derjenigen, die eine Besserung feststellen wollten, sank zwischen 1972 und 1982 von 52 auf 18 Prozent, und der Anteil derjenigen, die eine Verschlechterung sehen wollten, stieg im gleichen Zeitraum von vier auf 17 bzw. 13 Prozent. Über einen längeren Zeitraum (1976 bis 1982) glaubte ein Großteil, die Ostpolitik habe die Beziehungen zur Sowjetunion kaum verändert und die Bundesrepublik müsse keinen »Angriff aus dem Osten« fürchten: Hier waren Schwankungen zwischen 53 und 67 Prozent zu beobachten. Das auffällige Votum der 16- bis 24-Jährigen könnte man so interpretieren, dass die ältere Generation die Entspannungspolitik kritisch bewertete und den Frieden am ehesten durch die Sowjetunion bedroht sah, obwohl sie ihr keinen Angriffswillen unterstellte.

Eine Ablehnung der »Raketenstationierung« durch die Bevölkerungsmehrheit zeichnete sich nach diesen Befunden ab dem Sommer 1982 ab; lediglich Allensbach behauptete das Gegenteil. Gleichwohl entsteht bei der Bewertung der publizierten Ergebnisse eine Schieflage. Problematisch waren die kaum genannten »Bezugsgrößen«, wie die Anzahl der Befragten sowie der darin vorhandenen sozialen Gruppen und Alterskohorten, ihre Bildungshintergründe und Sozialisierung sowie ihre Bedrohungsperzeptionen im Zeitalter der Entspannung, und nicht zuletzt der Zeitpunkt der Befragung, z.B. vor oder nach einer Massendemonstration. Insofern konnte die Demoskopie Anhaltspunkte für einen Stimmungswandel in der Bevölkerung liefern, mehr wohl nicht.

Dass Fragestellungen Ergebnisse beeinflussen können, demonstrierte im Spätsommer 1983 EMNID besonders anschaulich. Das Unternehmen befragte innerhalb von drei Wochen Bundesbürger sowohl im Auftrag des Bundes-

---

[72] BArch, BW 1/191.083, BMVg, Fü S III 9, Az 31-60-00 vom 14.10.1982: Meinungsbild in der Bundesrepublik Deutschland zur Sicherheitspolitik, Bundeswehr und Kriegsdienstverweigerung. Diese Umfrage hat teilweise Ergebnisse bis zurück ins das Jahr 1960 mit berücksichtigt und einbezogen. Auffällig an dieser Auswertung waren die extremen Schwankungen, mit denen sich der Ergebnisse der befragten 16- bis 24-Jährigen von den übrigen Befragten abhoben.

ministeriums der Verteidigung als auch des NDR-Magazins Panorama[73]. Für das
Verteidigungsministerium fragte EMNID im Anschluss an eine Vorfrage zum militärischen Gleichgewicht nach dem Grad der Zustimmung zu folgender These[74]:
»Der Westen muss gegenüber der Sowjetunion stark genug bleiben. Deshalb ist es
nötig, in Westeuropa neue Atomwaffen aufzustellen, wenn die Sowjetunion ihre
neuen Mittelstreckenwaffen nicht abbaut.« Dem stimmten 58 Prozent der Befragten
»eher zu«, 39 Prozent stimmten »eher nicht« zu.

Für Panorama stellte EMNID ähnliche Fragen, die ein vollkommen anderes
Bild erzeugten: »Wenn die Verhandlungen zwischen den USA und der Sowjetunion
erfolglos bleiben, sollen demnächst bei uns in der Bundesrepublik neue Raketen
aufgestellt werden. Sind Sie für oder gegen die Aufstellung neuer Raketen?« Für
die Raketen votierten 14 Prozent, 61 Prozent stimmten dagegen. 10 Prozent war es
gleichgültig, 14 Prozent waren unentschlossen[75].

Die für Panorama erzielte Einschätzung wurde von INFRATEST im Auftrag
der SPD-Parteiführung erhärtet. Auf die Frage: »Wenn die Verhandlungen in Genf
scheitern, sollen dann in der Bundesrepublik neue Mittelstreckenraketen aufgestellt
werden oder sollten keine Mittelstreckenraketen aufgestellt werden?«, sprachen sich
31 Prozent für und 66 Prozent gegen eine Stationierung aus, 3 Prozent machten
keine Angaben.

Der Spiegel unterstellte den demoskopischen Instituten aufgrund solcher
Resultate und Interpretationen, »Mehrheiten nach Wunsch[76]« zu liefern.

Die sich ab 1979 aufladende Situation und das von weiten Bevölkerungskreisen
geteilte Bedrohungsgefühl macht deren Ablehnung der Stationierung neuer
Nuklearwaffen plausibel. Dass die USA im Gegenzug ältere Systeme abzogen und
»nur« eine Modernisierung betrieben, war für die befragten Bundesbürger dabei
nachrangig.

Zusammenfassung

Eine Analyse der politischen und medialen Auseinandersetzung um den NATO-
Doppelbeschluss und seine Umsetzung lässt folgendes vorläufiges Fazit zu: Die
etablierte sicherheitspolitische Community führte eine mehr oder weniger interne
Diskussion um den Doppelbeschluss, die die Bevölkerung kaum erreichte[77]. In der

---

73 Die Zeit vom 7.10.1983.
74 Befragung vom 10.–14.9.1983 bei über 18-Jährigen. In: EMNID, Aktueller Politischer Dienst,
    Juli 1983.
75 Befragung vom 25.8.–8.9.1983 unter über 14-Jährigen. In: EMNID, Aktueller Politischer Dienst,
    Juli 1983. Ein »Nachbohren« bei den Unentschlossenen ergab 16 Prozent für eine Stationierung,
    66 Prozent gegen eine Stationierung und immer noch 18 Prozent als unentschlossen.
76 Mehrheit nach Wunsch. Emnid gegen Emnid. In: Spiegel, 40 (1983), S. 139; ähnlich zuvor schon:
    Hier Mehrheit, dort Minderheit. Umfragen der Meinungsforscher zum NATO-Doppelbeschluss
    und ihre Widersprüche. In: Spiegel, 35 (1983), S. 28 f.
77 Ulrich Albrecht, Die Rezeption der Raketenkrise durch die Friedensbewegung. In: Raketenpoker
    um Europa (wie Anm. 7), S. 134–150, hier S. 149, sowie S. 146 über den Sinn der »Euromissiles«;
    Peters, The Germans and the INF-Missiles (wie Anm. 7), S. 249.

parlamentarischen Debatte, als Scharnier zwischen Politik und Wahlvolk, setzten sich diejenigen Kräfte in Union und FDP durch, die das Augenmerk auf rationale, machtpolitische Denkmuster richteten, um im Konflikt mit der Sowjetunion zu bestehen. Die politische Frage nach der militärischen Notwendigkeit der Nachrüstung war großen Teilen der Bevölkerung nicht plausibel, weswegen der Anteil der Stationierungskritiker bzw. Nachrüstungsgegner sukzessive anstieg.

Die außen- und sicherheitspolitische Debatte blieb damit in ihrer Überzeugungskraft chancenlos gegen eine zudem mit Endzeitszenarien überlagerte Berichterstattung. Dies lag ebenso an der moralisch verbrämten Empörung der außerparlamentarischen Bewegung gegen den Doppelbeschluss als auch an der Polarisierung zwischen etablierten Parteien und Friedensbewegung[78]. Selbst innerhalb der Parteien, die den Doppelbeschluss im Bundestag durchsetzten, gab es vereinzelt kritische Stimmen. Die Argumentationsebenen von Politikern und Bevölkerung waren allerdings zu unterschiedlich, sicherheitspolitische Argumente erreichten im »Raketenschach« die Masse der Bevölkerung kaum[79]. Dies belegte vor allem die Rhetorik der Nachrüstungsgegner, die mit einer Verkürzung der Sachverhalte (»gegen US-Raketen«) und ihrer Selbststilisierung als »Friedensbewegung« polemisierten.

Die Berichterstattung in den Medien lässt sich grob in zwei Lager unterteilen: die den Doppelbeschluss verfechtenden konservativ-bürgerlichen Blätter auf der einen, und die die Emotionalisierung der Debatte fördernden liberalen und eher dem linken Spektrum zuzurechnenden Blätter auf der anderen Seite. Eine Sonderstellung nahm Der Spiegel ein, der über alle Themen rund um den Doppelbeschluss ausgewogen berichtete.

Die Demoskopen konnten letztlich kaum belegen, dass die Bevölkerung die Nachrüstung der NATO wollte. Dennoch war eine Mehrheit der Bevölkerung sowohl vom militärischen Überlegenheitsstreben der Sowjetunion als auch einer militärischen Bedrohung durch sie überzeugt, wie auch von ihrem Willen, den eigenen Machtbereich auszuweiten.

Die Aufklärungsversuche der Bundesregierungen wurden in dieser Zeit durch US-Studien über die Führbarkeit des Atomkrieges behindert[80] bzw. durch neue operative Studien zum Einsatz der konventionellen NATO-Streitkräfte in einem künf-

---

[78] Josef Klein, Zur Semantik der Nachrüstungsdebatte. In: Raketenpoker um Europa (wie Anm. 7), S. 151–161, hier S. 157 f.

[79] Vgl. Egon Bahr, Zu meiner Zeit, Berlin 1999, S. 523.

[80] Colin Spencer Gray und Keith Payne, Victory is possible. In: Foreign Policy, Summer 1980, S. 14–27. In: www.home.earthlink.net/~platter/articles/80-summer-payne.html/. Hier wurde die These vertreten, ein Nuklearwaffeneinsatz seitens der USA könne bei entsprechendem »targeting« die Sowjetunion bezwingen. Der Strategiewechsel der USA, der in eine Betonung der (politisch geführten) Abschreckung mündete, wurde mit den »Limited Nuclear Operations« militärisch unterfüttert. Ob ein Nuklearkrieg führbar und gewinnbar wäre, beantwortete die Studie hingegen nicht eindeutig. Gleichwohl wagte sie die Aussage, »the United States must possess the ability to wage nuclear war« und sie müsse ihn – wenigstens theoretisch – auch vorbereiten: »Sowjetische Führer werden erst durch eine glaubwürdige amerikanische Siegesstrategie beeindruckt sein. Eine solche Lehre müsste die Niederlage des Sowjetstaates ins Auge fassen. Die Vereinigten Staaten sollten planen, die Sowjetunion zu besiegen, und dies zu einem Preis, der die Wiedergenesung der USA nicht verhindert. Washington sollte Kriegsziele verfolgen, die letzten Endes die Zerstörung der sowjetischen politischen Autorität anstreben sowie die Entstehung einer Weltordnung, die mit west-

tigen Krieg gegen den Warschauer Pakt. Sie heizten die ohnehin emotional aufgeladene Debatte zusätzlich an.

Mit der um »Entspannungspolitik« und »Doppelbeschluss« angezettelten Debatte zielte die Union auf den Machtwechsel ab. Die SPD bot ihr dazu genügend offene Flanken, da sie die komplexe »Bündnissolidarität« differenzierter und kritischer diskutierte als die scheinbar geschlossene CDU/CSU. Dass Helmut Kohl die Entspannungspolitik in der Endphase der sozialliberalen Koalition heftig geißeln ließ, hinderte ihn jedoch keineswegs daran, sie als Bundeskanzler fortzusetzen.

Wie sehr Parteipolitik geeignet war und ist, Prinzipien aus machttaktischen Erwägungen zu verbiegen, verdeutlicht folgende Episode: Manfred Coppik, ehemals Angehöriger der SPD und seit dem Doppelbeschluss fraktionsloser Abgeordneter, bemerkte am 5. Februar 1982 aus Anlass einer Vertrauensfrage von Bundeskanzler Schmidt: Kohl unterschätze die SPD, die trotz aller Kritik aus machtpolitischen Gründen zu ihrem Kanzler stehe[81]. Dabei rieb sich die SPD zwischen Friedenspolitik und Friedensbewegung auf der einen Seite und der Verankerung der Bundesrepublik im Atlantischen Bündnis auf.

Die Regierung Kohl/Genscher beabsichtigte hingegen, mit ihrer öffentlichen Absage an nationale Alleingänge die Harmel-Strategie von Entspannung und Verteidigung sichtbar fortzusetzen[82]. Ob die Bevölkerung der Bundesrepublik das ebenfalls so sah, ist zweifelhaft. Letztlich steht die Debatte um den NATO-Doppelbeschluss beispielgebend für die seit den Sechzigerjahren zunehmend polarisierte westdeutsche Gesellschaft mit ihrem ansteigenden Kritik- und Protestpotenzial[83].

---

lichen Wertvorstellungen vereinbar ist.« Vgl. USA: Atomkrieg noch führbar? In: Spiegel 35 (1982), S. 104 f.

[81] BT 9/84 vom 5.2.1982, S. 5068–5070, hier S. 5069 (A). Weiter auf S. 5070 (B): »Insbesondere aber ergibt sich aus dem Wählerauftrag nicht, dass ich, wann immer der Herr Bundeskanzler es wünschen, mich an einer theatralischen Schauinszenierung beteilige, um die wirklichen Probleme der Menschen in unserem Land auf diese Weise zu verschleiern.«

[82] Christian Hacke, Die Außenpolitik der Bundesrepublik Deutschland. Weltmacht wieder Willen? München 1993, S. 285.

[83] Andreas Rödder, Die Bundesrepublik Deutschland 1969–1990 (Oldenbourg Grundriss der Geschichte. Hrsg. von Lothar Gall, Karl-Joachim Hölkeskamp und Hermann Jakobs, Bd 19A). München 2004, S. 64–66. Vgl. dazu: Arnulf Baring, Kernenergie. Geschichte eines Realitätsverlustes. In: FAZ vom 2.7.2009, S. 12.

IV.

Die Interdependenz von innerer und äußerer Sicherheit

Holger Nehring

Für eine andere Art von Sicherheit.
Friedensbewegungen, deutsche Politik und
transatlantische Beziehungen in den Achtzigerjahren

Im folgenden Beitrag sollen die gesellschaftlichen Reaktionen auf den NATO-Doppelbeschluss und deren Folgen für unsere Sicht auf das letzte Jahrzehnt des Kalten Krieges untersucht werden. Er wird sich nicht allein auf die Friedensbewegung als direkte Antwort auf NATO- und Supermachtpolitik Ende der Siebzigerjahre konzentrieren; vielmehr wird er den damit verbundenen langanhaltenden Aktivismus von gesellschaftlichen Gruppierungen aller Art analysieren, sowie die Art und Weise, in der die verschiedenen Aktivisten ihre Kernthesen formulierten[1].

Dabei soll herausgearbeitet werden, dass die Friedensbewegungen auf eine grundlegende Entkopplung der Konzepte der Deutschen (in Ost und West) und der für sie jeweils zuständigen Supermächte (USA und Sowjetunion) zur internationalen Sicherheit zurückzuführen sind, die ihren Ursprung in der Mitte der Siebzigerjahre hat. Diese Entkopplung der transatlantischen Sicherheitsbeziehungen führte zur »letzten Schlacht des Kalten Krieges« in den Achtzigerjahren und schuf die Bedingungen für ein friedliches Ende des Kalten Kriegs.

Damit soll jedoch nicht behauptet werden, dass diese Entkopplung ein entscheidender Grund für das Ende des Kalten Kriegs in Europa oder den Fall der Berliner Mauer war[2]. Vielmehr soll in diesem Beitrag die Geschichte des Friedensaktivismus in beiden Teilen Deutschlands daraufhin analysiert werden, inwiefern sie als einer von vielen anderen Faktoren den friedlichen Übergang 1989/90 ermöglicht hat[3]. Daher beschäftigt sich der Beitrag hauptsächlich mit der Interpretation der Geschichte der Friedensbewegung in den Achtzigerjahren als Symptom tiefgreifender struktureller Veränderungen innerhalb der transatlantischen Sicherheitsbeziehungen.

---

[1] Die folgenden Überlegungen speisen sich aus der jahrelangen Kooperation und Diskussion mit Benjamin Ziemann (Sheffield), dem ich für den anregenden intellektuellen Austausch danke. Siehe zum Thema allgemein seinen grundlegenden Aufsatz: Situating Peace Movements in the History of the Cold War. Introduction. In: Peace Movements in Western Europe, Japan and the USA during the Cold War. Ed. by Benjamin Ziemann, Essen 2008, S. 11–38.

[2] So die Grundthese bei Lawrence S. Wittner, The Struggle against the Bomb, 3 Bde, Stanford 1993–2003.

[3] Siehe dazu aus sozialhistorischer Perspektive: 1989 und die Rolle der Gewalt. Hrsg. von Martin Sabrow, Göttingen 2012.

Im Unterschied zu herkömmlichen Ansätzen sollen dabei die Friedensbewegungen sowohl in Ost- als auch in Westdeutschland in den Blick genommen werden. Diese Herangehensweise eröffnet Perspektiven auf eine blocküberschreitende Dynamik in den Achtzigerjahren und wirft so neues Licht auf die Bedeutung der Friedensbewegungen dies- und jenseits der Mauer im breiteren Kontext der Transformation des internationalen Systems. Diese Perspektive vermag außerdem zu zeigen, dass der Fokus auf die kommunistische Unterwanderung der bundesdeutschen Friedensbewegung nur einen Teil der Problematik erfasst.

Während es außer Frage steht, dass die Sowjetunion und die DDR versuchten, die westdeutschen Aktivistinnen und Aktivisten auf ihre Seite zu bringen, ist nach dem Ende des Kalten Krieges vor allem die Frage historisch relevant, warum und in welchem politischen und gesellschaftlichen Kontext die westdeutsche Friedensbewegung keine fundamentalen Einwände gegen diese Zusammenarbeit erhob, obwohl gerade die Abgrenzung zur Politik der Sowjetunion noch bis in die späten Sechzigerjahre hinein zum Standardrepertoire der Ostermarschbewegung gegen Atomwaffen gehört hatte. Dieser Sachverhalt soll in diesem Artikel vor allem aus den strukturellen Bedingungen des internationalen Systems und ihrer Deutungen in den Friedensbewegungen in der Bundesrepublik und der DDR abgeleitet werden[4].

Obwohl im Gefolge des 20. Jahrestages des Falls der Berliner Mauer und der deutschen Wiedervereinigung von 1989/90 zahlreiche Untersuchungen unterschiedlichster Thematik publiziert wurden, stand gerade dieser Aspekt zuletzt nicht im Zentrum des geschichtswissenschaftlichen Forschungsinteresses. Auch der soziologischen Forschung zu Friedensbewegungen und sozialen Bewegungen ist es bisher nicht ausreichend gelungen, die Verknüpfung zwischen internationaler Politik und nationaler Dynamik der Bewegungen zu klären[5].

Mit dem folgenden Beitrag soll daher auf konzeptioneller Ebene ein Beitrag zum historischen Verständnis von Auswirkungen gesellschaftlicher Bewegungen auf die Politik und die Rolle symbolischer Politik in modernen Gesellschaften angeboten werden. Insbesondere soll eine neue Einschätzung der Rolle der Friedensbewegungen

---

[4] Zur Debatte siehe Jeffrey Herf, War By Other Means. Soviet Power, West German Resistance and the Battle of the Euromissiles, New York 1991; Die verführte Friedensbewegung. Der Einfluss des Ostens auf die Nachrüstungsdebatte. Hrsg. von Jürgen Maruhn und Manfred Wilke, München 2001; Michael Ploetz und Hans-Peter Müller, Ferngelenkte Friedensbewegung? DDR und UdSSR im Kampf gegen den NATO-Doppelbeschluss, Münster 2004; Gerhard Wettig, Die Sowjetunion in der Auseinandersetzung über den NATO-Doppelbeschluss 1979–1983, in: Vierteljahrshefte für Zeitgeschichte (VfZ), 57 (2009), Nr. 2, S. 217–260, sowie Holger Nehring und Benjamin Ziemann, Führen alle Wege nach Moskau? Der NATO-Doppelbeschluss und die Friedensbewegung. Eine Kritik. In: VfZ, 59 (2011), Nr. 1, S. 81–100; und Zweiter Kalter Krieg und Friedensbewegung. Der NATO-Doppelbeschluss in deutsch-deutscher und internationaler Perspektive. Hrsg. von Philipp Gassert [u.a.], München 2011.

[5] Siehe z. B. Andreas Rödder, Deutschland einig Vaterland. Die Geschichte der Wiedervereinigung, München 2009; Ehrhart Neubert, Unsere Revolution. Die Geschichte der Jahre 1989/90, München 2009; Ilko-Sascha Kowalczuk, Endspiel. Die Revolution von 1989 in der DDR, München 2009. Allgemein wegweisend für die Verflechtung der verschiedenen Ebenen: Helga Haftendorn, Deutsche Außenpolitik zwischen Selbstbeschränkung und Selbstbehauptung, München 2001; sowie Wolfram Hanrieder, Deutschland. Europa. Amerika. Die Außenpolitik der Bundesrepublik Deutschland 1949–1994, Paderborn 1995.

am Ende des Kalten Kriegs präsentiert werden, die deren Auswirkungen auf sich verändernde kulturelle Normen anstatt auf politische Entscheidungen hervorhebt[6].

Tatsächlich bestand die Bedeutung der Friedensbewegungen – wie im Folgenden zu zeigen sein wird – nicht darin, Regierungspolitik zu beeinflussen. Vielmehr trugen sie dazu bei, das Denken über Frieden und Krieg sowie über die Rolle von Gewaltlosigkeit bei der Lösung und Handhabung innenpolitischer und internationaler Konflikte innerhalb der beiden deutschen Gesellschaften zu verändern. Die Friedensproteste der Achtzigerjahre lösten Debatten über Frieden und die Rolle des Militärs innerhalb beider Gesellschaften aus, die wiederum zu subtilen, aber dennoch wirkmächtigen Änderungen politisch-kultureller Normen führten. Diese Debatten entstanden im Zusammenhang von Kontroversen über Definitionen gesellschaftlicher Sicherheit, einem Bereich, der Innenpolitik und internationale Beziehungen miteinander verband.

Das war deshalb von besonderer Bedeutung, weil »Sicherheit« Eckpfeiler und Grundlage der Militär- und Außenpolitik des westlichen Bündnisses war. Sie stellte nicht nur eine entscheidende Kategorie für das Handeln der westlichen Regierungen dar, sondern sorgte auch für einen weitgespannten Erwartungshorizont der Bevölkerung in den Nachkriegsgesellschaften. Die Sorge um Sicherheit verband somit die internationalen Beziehungen mit der Politik des Wohlfahrtsstaats wie mit der »Politik von unten« auf diesen Gebieten. Der hier verfolgte Ansatz untersucht daher diskursive Verbindungen und Konfliktzonen sowie Überschneidungen zwischen den Erwartungen kollektiver Akteure und dem Bereich der »hohen« Politik[7]. Letztendlich fanden die Friedensbewegungen in beiden Teilen Deutschlands zu Interpretationen von Sicherheit, die über die von ihren jeweiligen Regierungen propagierten Auffassungen hinausgingen und eine andere Sicherheitsdefinition anstrebten.

Innenpolitischer und internationaler Hintergrund

Proteste gegen Kernwaffen entstanden in der Bundesrepublik im Zusammenhang mit den Diskussionen über die Entwicklung von Mittelstreckenraketen und Marschflugkörpern sowie der neuen »Neutronenbombe« in der zweiten Hälfte der Siebzigerjahre. Diese Debatten knüpften an die während der Diskussionen um die »Wiederbewaffnung« der Bundeswehr und ihrer Ausstattung mit Atomwaffen entstandenen Netzwerke der Ostermarschbewegung der frühen Sechzigerjahre an. Hatten Letztere allerdings vor allem die Rolle der nationalen Verteidigungspolitik

---

6 Vgl., auch zum Folgenden, Ziemann, Peace Movements (wie Anm. 1), S. 25.
7 Eckart Conze, Sicherheit als Kultur. Überlegungen zu einer »modernen Politikgeschichte« der Bundesrepublik Deutschland. In: VfZ, 53 (2005), S. 57–381. Zu einer früheren Periode siehe Holger Nehring, Diverging Conceptions of Security. NATO, Nuclear Weapons and Social Protest. In: Transforming NATO in the Cold War. Challenges beyond Deterrence in the 1960s. Ed. by Andreas Wenger, Christian Nuenlist and Anna Locher, London 2007, S. 131–147.

thematisiert, ging es nun grundsätzlicher um Fragen der internationalen Sicherheit[8].
Verschiedene Organisationen mobilisierten in den Siebziger- und Achtzigerjahren
tausende Anhänger, während die sozial-liberale Koalition aus SPD und FDP über die
geplante Stationierung diskutierte[9]. Die Proteste kulminierten in einer landeswei-
ten Großdemonstration vor, während und nach dem NATO-Gipfel der Staats- und
Regierungschefs am 10. Juni 1982 in Bonn. Ein Jahr später kam es im Vorfeld der
Bundestagswahl zu weiteren Demonstrationen. Am 22. Oktober 1983 protestierten in Bonn 300 000 Aktivistinnen und Aktivisten, in Hamburg 350 000 und in
Westberlin 100 000. Am selben Tag bildeten tausende Demonstranten eine 108 km
lange Menschenkette zwischen dem Oberkommando der Streitkräfte der Vereinigten
Staaten in Stuttgart und der Stadt Ulm.

Obwohl in der Literatur kaum beachtet, gingen die Proteste in Westdeutschland
auch nach der Stationierung der Pershing und Cruise Missiles im Winter 1983/84
noch weiter, wenn auch in geringerem Umfang. Die Bewegungen wurden zwar auf
nationaler Ebene nun weniger wahrgenommen bzw. waren weniger prominent in
den Medien vertreten, setzten aber die Friedenscamps und Blockaden, die noch immer eine große Anzahl von Aktivisten zusammenführten, von Mitte bis Ende der
Achtzigerjahre fort. Darüber hinaus verlagerten viele Aktivisten ihre Proteste in neue
Foren, indem sie sich in Parteien und Gewerkschaften engagierten.

In der DDR entstanden die ersten Friedensgruppen in ähnlichem Zusammenhang
mit der internationalen Politik wie im Westen. Sie waren jedoch hier vor allem auf die
Innenpolitik gerichtet und bezogen sich auf die Haltung der Kirche zur Wehrpflicht.
Hintergrund war in diesem Fall eine etwas tolerantere Politik der DDR-Regierung
gegenüber den Kirchen ab den Siebzigerjahren. Seit Ende der Siebziger- und Anfang
der Achtzigerjahre entstanden in verschiedenen Orten, angetrieben von wachsender Angst vor dem Wettrüsten und der unnachgiebigen Haltung der Sozialistischen
Einheitspartei Deutschlands (SED) in der Innenpolitik, neuartige Gruppierungen,
die über eine Reihe von DDR-weiten »Friedensworkshops« und »Friedensdekaden«
miteinander in Verbindung traten, und die die offiziellen Friedenskampagnen der
DDR nutzten, um die Angst vor Kernwaffen in neue politische Zusammenhänge
zu stellen[10].

Zu den bekanntesten Kampagnen gehörten »Schwerter zu Pflugscharen« von
1980 an sowie der »Berliner Appell – Frieden schaffen ohne Waffen« aus dem Jahre
1982. Seit 1983 veranstaltete die evangelische Kirche Friedensseminare, welche auf
kleinere Veranstaltungen zurückgingen, die seit Mitte der Siebzigerjahre von ehemaligen Bausoldaten organisiert worden waren. Als »Bausoldaten« bezeichnete man in
der DDR Wehrdienstpflichtige, die aus ethischen Gründen den Dienst an der Waffe
verweigerten und stattdessen in militärischen Einheiten zusammengefasst wurden,

---

8   Siehe dazu Holger Nehring, The Politics of Security. Protests against Nuclear Weapons and the early
     Cold War, 1945-c.1970, Oxford 2013.
9   Kristina Spohr Readman, Germany and the Politics of the Neutron Bomb. In: Diplomacy and
     Statecraft, 21 (2010), Nr. 2, S. 259–285.
10   Siehe zum allgemeinen Kontext und gesellschaftlichen Reaktionen jetzt die grundlegende
     Studie von Anja Hanisch, Die DDR im KSZE-Prozess 1972–1985. Zwischen Ostabhängigkeit,
     Westabgrenzung und Ausreisebewegung, München 2012.

deren Aufgabe der Bau militärischer Infrastruktur war[11]. Die erste Gruppe, die das Dach und den Schutz der evangelischen Kirche verlassen und sich unabhängig organisieren sollte, war die »Initiative für Frieden und Menschenrechte« (IFM), die 1985 in Ostberlin gegründet wurde[12].

All diese Kampagnen wurden von einer zunehmend aktiven Anhängerschaft unterstützt, die sich über die gesamte DDR erstreckte, sowie von einer zunehmend verbreiteten, im Selbstverlag erscheinenden Presse, wie zum Beispiel der IFM-Zeitschrift »Grenzfall« und den »Umweltblättern« der Berliner Umweltbibliothek, die nach der Katastrophe von Tschernobyl im Jahre 1986 gegründet worden waren und Umweltfragen und Friedensproteste miteinander vereinen wollten[13].

Diese Friedensdebatten, sowohl in der Bundesrepublik als auch in der DDR geführt, waren durch den internationalen Kontext, in dem sie ab Mitte der Siebzigerjahre in Erscheinung traten, direkt miteinander verbunden. Zwischen Friedensaktivisten auf beiden Seiten des »Eisernen Vorhangs« bestanden Verbindungen, die aber häufig durch Missverständnisse und Kommunikationsprobleme belastet waren.

Die von den Aktivisten thematisierte internationale Lage war nicht allein das Resultat des NATO-Doppelbeschlusses von 1979, der den Abzug einer neuen Generation sowjetischer SS 20-Mittelstreckenraketen aus Europa forderte und, falls dies nicht geschehe, die Stationierung von US-Raketen mittlerer Reichweite androhte. Verschärft wurde sie durch die sowjetische Intervention in Afghanistan im Jahre 1979, die Verhängung des Kriegsrechts in Polen im Winter 1981 zur Niederschlagung der aufkeimenden Opposition um die unabhängige Gewerkschaft Solidarność sowie die Interventionen der USA in Nicaragua, El Salvador und in Grenada. Im Grunde drehte sich die Debatte um die Modernisierung der Kernwaffentechnik seit Mitte der Sechzigerjahre und die Sicherheitsgarantie der Vereinigten Staaten für Westeuropa, obgleich die Verhandlungen zwischen der Sowjetunion und den Vereinigten Staaten über die Begrenzung oder gar Reduzierung von strategischen Kernwaffen großer Reichweite gerade erst begonnen hatten[14].

Bemerkenswert an diesen Debatten war, in welchem Umfang die Aktivisten die Ereignisse aus einer prononciert deutschen Perspektive interpretierten: die weltweiten Proteste wurden in der Bundesrepublik eher distanziert wahrgenommen; die ostdeutschen Aktivisten wiederum reagierten kaum auf Proteste, wie es sie etwa in Polen gegen die Regierung gab. Eher wurden die Proteste indirekt, durch die

---

[11] Bernd Eisenfeld und Peter Schicketanz, Bausoldaten in der DDR. Die »Zusammenführung feindlich-negativer Kräfte« in der NVA, Berlin 2011, Kap. 3.2, 3.3 und 5.4; sowie Holger Nehring, Bausoldaten und die Friedlichkeit der Revolution von 1989, in: 1989 und die Rolle der Gewalt (wie Anm. 3), S. 82–107.

[12] Siehe den Überblick in Konrad H. Jarausch, Die unverhoffte Einheit 1989–1990, Frankfurt a.M. 1995, S. 56–73.

[13] Siehe Freiheit und Öffentlichkeit. Politischer Samisdat in der DDR. Eine Dokumentation. Hrsg. von Ilko-Sascha Kowalczuk, Berlin 2002; Konrad H. Jarausch, Aufbruch der Zivilgesellschaft. Zur Einordnung der friedlichen Revolution von 1989, Bonn 2004.

[14] Siehe Leopoldo Nuti, The origins of the 1979 dual track decision. A survey. In: The Crisis of Détente in Europe. From Helsinki to Gorbachev, 1975–1985. Ed. by Leopoldo Nuti, London 2008, S. 57–71; und Helga Haftendorn, Entstehung und Bedeutung des Harmel-Berichts der NATO. In: VfZ, 40 (1992), S. 169–221.

Verschärfung der Sicherheitsmaßnahmen seitens der DDR-Regierung infolge der Ereignisse in Polen und die weitere Einschränkung der Freiheiten angeheizt.

Letztlich orientierten sich die Diskussionen an der Frage, wie Souveränität – sowohl verstanden als Volkssouveränität als auch interpretiert als nationale Souveränität – im Rahmen der internationalen Beziehungen, der ganz unterschiedlichen gesellschaftlichen Bedingungen in der Bundesrepublik und in der DDR sowie des geteilten Europas verwirklicht werden könne. Die damals ablaufenden politischen Entwicklungen verstärkten in beiden Gesellschaften nicht nur die Besorgnis angesichts der erneuten Spannungen, sie führten auch zu wachsendem Unbehagen und Kontroversen innerhalb der Regierungen in Ost und West.

Die Sowjetunion versuchte seit Mitte der Siebzigerjahre, diese Auseinandersetzungen innerhalb westlicher Regierungen auszunutzen, etwa indem sie am 28. September 1976 vor den Vereinten Nationen einen Vertrag über die weltweite Nichtanwendung von Gewalt vorschlug und dies mit einer entsprechenden Propagandakampagne in Westeuropa verband[15]. Doch zu einer nachhaltigen Zunahme der Proteste in Westdeutschland kam es erst, als der Sozialdemokrat Egon Bahr, einer der Gründerväter der Neuen Ostpolitik, SPD-Bundeskanzler Helmut Schmidt offen dafür kritisierte, dass er der US-Politik zu sehr folge und damit nationale Interessen Deutschlands zugunsten des Bündnisses aufgebe.

Diese Proteste verstärkten sich, als durchsickerte, dass die US-Regierung ein neuentwickeltes Waffensystem, eine »Neutronenbombe«, stationieren wolle. Diese Waffe sei in der Lage, so ihre Kritiker, Menschen zu vernichten, aber Gebäude unbeschädigt zu lassen. Obwohl die Schmidt-Genscher-Regierung eine solche Debatte über Kernwaffen vermeiden wollte, war es mit Bahr ein Regierungsmitglied, das den Konsens des Schweigens brach und so die Geopolitik in den Blick der kritischen Öffentlichkeit rückte[16]. Während Helmut Schmidt die Bedeutung des »politisch-militärischen Gleichgewichts« für die Sicherheit betonte, wiesen Aktivisten der Bewegung darauf hin, dass ein Erreichen dieses Gleichgewichts vernichtende Folgen haben könne[17], besonders, wenn die Sowjetunion ihre SS 20-Raketen nicht aus Mitteleuropa abziehe.

---

[15] Akten zur Deutschen Auswärtigen Politik (ADAP), 1976, Bd II, Dokument 307, S. 1397–1404. Zu dieser Frage insgesamt siehe Nehring und Ziemann, Führen alle Wege nach Moskau? (wie Anm. 4).

[16] Egon Bahr, Ist die Menschheit dabei, verrückt zu werden? In: Vorwärts, Nr. 29 vom 21. Juli 1977, S. 4. Über die Bedeutung dieser Frage zu der Zeit siehe Egon Bahrs persönliche Akten im Archiv der sozialen Demokratie (AdsD), Bonn, Depositum Egon Bahr, Kästen 13 und 22, Zuschriften N-Bombe (1977/78) und Kästen 17 und 20, »Neutronenbombe I und II (1977–1979)«.

[17] Vgl. die Bemerkungen von Helmut Schmidt in seiner Gedenkvorlesung für Alastair Buchan im Londoner International Institute for Strategic Studies vom 28. Oktober 1977: Politische und wirtschaftliche Aspekte der westlichen Sicherheit. Abgedruckt in: Bulletin des Presse- und Informationsamts der Bundesregierung, 112 (1977), 1013–1020; und die »Krefelder Erklärung«, 16. November 1980. In: Nachrüsten? Dokumente und Positionen zum NATO-Doppelbeschluss. Hrsg. von Alfred Mechtersheimer, Reinbek 1981, S. 249 f. Zum Hintergrund siehe die ausführlichen Erörterungen von Kristina Spohr Readman, Conflict and Cooperation in Intra-Alliance Politics. Western Europe, the United States, and the Origins of NATO's Dual Track Decision, 1977–1978. In: Journal of Cold War Studies, 13 (2011), Nr. 2, S. 39–89.

Die Spannungen zwischen parteiorganisierter und Bewegungspolitik waren auch in der DDR unübersehbar, wenngleich – schon aufgrund des diktatorischen Herrschaftsanspruchs der SED – auf anderen Ebenen und mit anderer Intensität. Im Rahmen nervöser Diskussionen zwischen der DDR-Regierung und den Kirchen über deren Rolle im Sozialismus entstanden wichtige politische Freiräume, die Friedensaktivisten nutzten, um ihre Meinungen öffentlich zu äußern. Damit waren die Bedingungen dafür gegeben, dass Gruppen eine Politik entwickeln konnten, die von den offiziellen Thesen der SED abwich[18]. In diesem Zusammenhang brachten besonders kirchlich geprägte pazifistische Gruppen die eklatanten Widersprüche zwischen der offiziellen Rhetorik des SED-Regimes, welche die DDR und die Sowjetunion als »Friedensstaaten« präsentieren wollte, und der Praxis der Militarisierung der DDR-Gesellschaft zum Ausdruck.

Die Friedensbewegungen, die während dieser Zeit in beiden deutschen Staaten entstanden, waren eine Reaktion auf die Bedrohung der persönlichen und nationalen Sicherheit, die – so argumentierten die Aktivisten – von den Regierungen ignoriert werde. Während beide Regierungen »Sicherheit« im Sinne eines Kräftegleichgewichts zwischen Ost und West definierten, das die Stationierung neuer Waffen erforderlich machte, sprachen sich die Friedensgruppen für eine »alternative« Form von Sicherheit aus, die persönliche Bedürfnisse betonte[19].

Die Bevölkerung beider Staaten war in Bezug auf ihre »Sicherheit« sowie auf Umweltfragen, die über nationale Grenzen hinaus reichten, bereits stark sensibilisiert[20]. Das Entstehen dieser deutsch-deutschen Friedensbewegungen unterstrich das grundlegende Dilemma der westlichen Entspannungspolitik: während sie die moralischen Komponenten hervorhob und betonte, dass sie letzten Endes auf einen Regimewechsel in Osteuropa zielte, akzeptierte sie in Form der Realpolitik den Status quo als gegeben[21].

Die Aktionen der Friedensbewegungen waren vor allem im deutsch-deutschen Kontext umstritten. Die DDR-Regierung betrachtete ihr Land per Definition als Friedensstaat – unabhängiger Friedensaktivismus war daher kontraproduktiv. Wenn es zu Friedensinitiativen kam, dann interpretierte man dies dahingehend, dass die Aktivisten nicht Frieden, sondern die Unterminierung des realexistierenden Sozialismus zum Ziel hätten und man dem daher entgegenwirken müsse[22]. Dennoch beriefen sich die Friedensaktivistinnen und -aktivisten in der DDR oft direkt auf

[18] Siehe Detlef Pollack, Die konstitutive Widersprüchlichkeit der DDR, oder: War die DDR-Gesellschaft homogen? In: Geschichte und Gesellschaft, 24 (1998), S. 110–131.

[19] Siehe z.B. Erhard Eppler, Die tödliche Utopie der Sicherheit, Reinbek 1983.

[20] Lawrence S. Wittner, Towards Nuclear Abolition. In: Wittner, The Struggle against the Bomb (wie Anm. 2), Bd 3, S. 23.

[21] Zu diesen Dilemmata siehe Oliver Bange und Gottfried Niedhardt, Introduction. In: Helsinki 1975 and the Transformation of Europe. Ed. by Oliver Bange and Gottfried Niedhardt, New York 2008, S. 1–21.

[22] Siehe Unser Staat. Hrsg. von der Akademie für Staats- und Rechtswissenschaft der DDR, Berlin [DDR] 1989, S. 185.

Kernthesen des offiziellen sozialistischen Friedensbegriffs, die sie allerdings in oppositionellem Kontext verwendeten[23].

Genau diese Ambivalenz zwischen »Frieden« als Handlungsimperativ sozialistischer Politik und »Frieden« als Bewegungsbegriff in einer pluralistischen Gesellschaft sorgte in der Bundesrepublik und auch in den Beziehungen zwischen den beiden Bewegungen für Verstimmungen, da sie zu jeweils kontextabhängigen Aneignungen und Rückweisungen führte. In Westdeutschland war »Frieden« zeitweise zu einer Art Schimpfwort geworden. Bis Anfang der Siebzigerjahre wurden Friedensaktivisten häufig mit dem Vorwurf konfrontiert, sie würden als Propagandisten des Kommunismus agieren und von den kommunistischen Regierungen direkt unterstützt. Zugleich reflektierten viele bundesdeutschen Aktivistinnen und Aktivisten nicht, sehr zum Unbehagen ihrer Freunde und Kooperationspartner in den oppositionellen Gruppen der DDR, dass auch sie bestimmte Kernbestandteile des Friedensbegriffs der SED einfach übernahmen[24]. Und während der Friedensaktivismus an sich und die Erneuerung der Entspannungspolitik Mitte der Achtzigerjahre dem »Frieden« mehr Ansehen verschaffte, behielt der Begriff mindestens bis 1989/90 etwas von seinem oppositionellen Potential auch in der Bundesrepublik.

Jenseits des Sicherheitskonsenses: Friedensaktivismus und der »Rahmen« der Sicherheit in Deutschland

Friedensbewegungen in der Bundesrepublik und der DDR stellten also, wie es der Soziologe Michael Mann genannt hat, die »geopolitische Privatsphäre« (geopolitical privacy) von Staaten in Frage[25]. Obwohl sie in grundlegend verschiedenen Systemen tätig waren, kritisierten Aktivistinnen und Aktivisten in beiden Teilen Deutschlands eine spezielle Form der »Demokratie«, die auf staatlicher, bürokratischer und parteipolitischer Herrschaft beruhte und Fragen der nationalen Sicherheit dem Regierungs- und Bürokratieapparat überließ[26].

Entsprechend versuchten sie, die Gesellschaft zu verändern, indem sie sich selbst veränderten, etwa indem sie besonderes Augenmerk auf die Themen Versöhnung, Toleranz und Solidarität legten. Sie suchten also gerade nicht nach staatlichen Lösungen für diese Probleme[27]. Paradoxerweise spiegelten die Friedensaktivisten dennoch durch ihre Opposition weiterhin die Politik des Kalten Krieges, weil sie ihre

---

23 Siehe dazu konkret Gerhard Wettig, Entspannung, Sicherheit und Ideologie in der sowjetischen Politik 1969 bis 1979, in: Militärgeschichtliche Zeitschrift (MGZ) 68 (2009), S. 75–116.

24 Siehe Anselm Doering-Manteuffel, Im Kampf um »Frieden« und »Freiheit«. Über den Zusammenhang von Ideologie und Sozialkultur im Kalter Krieg, in: Koordinaten deutscher Geschichte im Zeitalter des Ost-West-Konflikts. Hrsg. von Hans-Günter Hockerts, München 2003, S. 29–47.

25 Michael Mann, States, War and Capitalism. Studies in Political Sociology, Oxford 1992, S. 32.

26 Für ein Beispiel aus der DDR siehe Dietrich Stollberg, Freiheit, die der Seelsorger meint. In: Frankfurter Allgemeine Zeitung, 7. April 1987.

27 Siehe zum Beispiel Markus Meckel, Zur Selbstverständigung von Friedenskreisen. In: Opposition in der DDR. Zehn Jahre kirchliche Friedensarbeit. Kommentierte Quellentexte. Hrsg. von Markus Meckel und Martin Gutzeit, Köln 1994, S. 129.

Ablehnung der Politik der nuklearen Abschreckung weiterhin innerhalb der Kategorien des Kalten Krieges begründeten. Sie reagierten also auf Antikommunismus mit Anti-Antikommunismus, und auf die ideologische Ostbindung der Regierungspolitik mit einer eigenen Westbindung auf der Ebene der sozialen Bewegungen[28]. Die Betonung der Amoralität der Abschreckungsideologie durch die Aktivisten zeigte eine entscheidende und bewusste Verwischung der Grenzen zwischen Religion und Politik mit dem Ziel, die Bewegungen zu legitimieren, um »Sicherheit« unter den Aktivisten und über den traditionellen Bereich der Sicherheitspolitik hinaus zu schaffen.

Den Ängsten hinsichtlich der Atomwaffenarsenale in Europa lag die Vorstellung einer nuklearen Apokalypse zugrunde, die häufig mit einer Gleichsetzung von Auschwitz und Hiroshima verbunden war, und oft als »Euroshima« bezeichnet wurde. Die Erfahrung des Kalten Krieges und die Erinnerungen an den Massentod im Zweiten Weltkrieg schienen so eins zu werden. In dem sich die Aktivisten in der Bundesrepublik auf diese Ausdrücke stützten, nahmen sie paradoxerweise an einem Diskurs der Viktimisierung teil, der gesamtgesellschaftlich Erinnerungen an den Zweiten Weltkrieg charakterisierte[29].

DDR-Aktivisten äußerten sich ähnlich über die von Kernwaffen ausgehenden Bedrohungen sowie nach dem Störfall in Tschernobyl im Jahre 1986 über Kernkraftwerke als technologische Bedrohung für das Überleben der Menschheit[30]. Durch solche Bilder der Vernichtung nutzten und verewigten die Friedensaktivisten nicht nur deutsche Diskurse der Viktimisierung. Erinnerungen an die deutsche Nachkriegszeit wurden somit in Ost und West auch wesentliche Elemente des Kalten Krieges als ewiger Vorkrieg.

Benjamin Ziemann hat in einem wichtigen Artikel über Friedensbilder in sozialen Bewegungen in der europäischen Nachkriegszeit darauf aufmerksam gemacht, dass viele von den westdeutschen Friedensaktivisten verwendeten Bilder, Symbole und Texte die Welt unmittelbar vor einem Kernwaffenschlag zeigten, um auf das hinzuweisen, was geschützt werden solle. Sie spielten oft mit dem Motiv Heimat und betonten die Familie als Zentrum der gesellschaftlichen Sicherheit[31]. DDR-Aktivisten argumentierten ähnlich, allerdings in einem anderen Kontext von direkter und oftmals unkontrollierter militärischer Unterdrückung. Nachdem Gorbačëv 1987 eine neue Art der Organisation des Staatssozialismus angekündigt hatte, fragten immer

---

[28] Siehe dazu zeitgenössisch Walter Süss, Detente and the Peace Movement. In: New German Critique, 37 (1986), S. 73–103.

[29] Vgl. Benjamin Ziemann, The Code of Protest. Images of Peace in the West German Peace Movements, 1945–1990. In: Contemporary European History, 17 (2008), Nr. 2, S. 237–261, hier S. 252–256.

[30] Siehe zum Beispiel Wolfgang Rüddenklau, Störenfried. DDR-Opposition 1986–1989, Berlin 1992, S. 92.

[31] Dies folgt Ziemann, The Code of Protest (wie Anm. 29), S. 252. Vgl. Die Grünen, Ein bewaffneter Friede ist die Ruhe vor dem Sturm, 1983. In: AdsD, 6/PLKA020920; siehe auch Jungsozialisten, Bezirk Mittelrhein, Es ist genau 6 vor 12, 1983. In: AdsD, 6/PLKA018720; »Brief der Iniative für eine Volksabstimmung zum Umgang mit der Kernenergie in der DDR«, 20.4.87. In: Thüringer Archiv für Zeitgeschichte »Matthias Domaschk« (ThürAZ), 1.1.–01, Reg. Nr. 76.

mehr Menschen, ob die sowjetischen Streitkräfte weiter auf ostdeutschem Boden
bleiben sollten, und begannen sich als Opfer eines Besatzungsregimes darzustellen[32].

Friedensaktivisten in beiden Staaten diskutierten nicht nur über ihre Ängste.
Sie betrachteten ihren Aktivismus auch als Weg, um Frieden in der Gegenwart zu
schaffen, und ihre Gemeinschaft als Beispiel, wie Frieden an Ort und Stelle zu leben sei[33]. Proteste erschienen weniger als Mittel zum Zweck, sondern eher als Ziel
an sich: »Frieden braucht Bewegung«, wie es in einer bekannten Initiative aus dem
Jahre 1982 hieß. Diese Bilder des Friedensaktivismus enthielten zumindest etwas
von dem Ziel, die Angst zu überwinden und Sicherheit zu schaffen. Friedensprotest
wurde zur geplanten Verwirklichung des Endes der permanenten Angst vor atomarer
Vernichtung[34].

In Ost und West interpretierten die Friedensbewegungen ihren eigenen
Aktivismus im Rahmen einer Ökologisierung der Politik, innerhalb derer verschiedene Ereignisse und Prozesse eng, aber oft unsichtbar in Verbindung traten: die
Nutzung der Kernenergie zur Energieerzeugung und der Bau und die Stationierung
von Kernwaffen sowie andere Arten von Umweltschäden wurden als Bestandteile
desselben Phänomens angesehen, bei dem menschliches Handeln das Ökosystem
zerstört. Wohlfahrt und soziale Sicherheit, so wurde argumentiert, seien jetzt vom
Gedanken eines guten und gesunden Lebens abgekoppelt. Wissen an sich, und
besonders technisches Wissen, sei gefährlich geworden; Angst sei in ihren Augen
notwendige Leittugend des Nuklearzeitalters, denn erst sie erlaube es, so ihre
Argumentation, die wirklichen Gefahren von Atomenergie rational zu erkennen[35].

In Anbetracht der Prominenz des Terminus »Frieden« als einem zentralen ideologischen Konzept des Kalten Krieges blieb die eigentliche Bedeutung des Wortes
vage und changierte zwischen Forderungen nach Detente und Stabilität im internationalen System und Gewaltfreiheit bei der Austragung von Konflikten. Ost- und
westdeutsche Aktivisten verwendeten zu seiner Erläuterung durchaus Phrasen der
offiziellen Friedenspropaganda der SED, gaben ihnen jedoch neue Bedeutungen und
drückten diese in Formen aus, die der SED missfielen.

Dies wurde besonders mit Beginn der unabhängigen Friedenskampagne »Frieden
schaffen ohne Waffen« in der DDR (und der westdeutschen Übernahme dieser
Losung) 1979/80 sowie der Kampagne »Schwerter zu Pflugscharen« 1981 deutlich[36].

---

[32] Siehe Erhard Crome und Jochen Franzke, DDR-Bürger und Perestroika. Eine Rekonstruktion un-
     ter Verwendung von Stimmungsberichten des MfS. In: Berliner Debatte INITIAL, 8 (1997), Nr. 1
     und 2, S. 155–170; Silke Satjukow, Besatzer. »Die Russen« in Deutschland 1945–1994, Göttingen
     2008.

[33] Siehe Wofgang Templin, Arbeitspapier für »Frieden konkret« III/Schwerin 1985, zitiert in: Martin
     Gutzeit, Der Weg in die Opposition. Über das Selbstverständnis und die Rolle der »Opposition« im
     Herbst 1989 in der DDR. In: Politische Opposition in Deutschland im internationalen Vergleich.
     Hrsg. von Walter Euchner, Göttingen 1993, S. 84–114, hier S. 91, Fußnote 3.

[34] Ziemann, The Code of Protest (wie Anm. 29), S. 255 f. Siehe 1.9.84. Antikriegstag. In: AdsD,
     6/PLUA001875; Komitee für Frieden, Abrüstung und Zusammenarbeit, 1980. In: AdsD, 6/
     PLUA001863.

[35] Frankfurter Rundschau, 20. Juni 1981, S. 1, mit Hinweisen auf die Resonanz innerhalb der
     Friedensbewegung.

[36] Vgl. Leitungsinformation 1/81 als Vorlage vom 12.1.1981 für die Dienstbesprechung am 23.2.1981.
     In: BArch SAPMO, DO 4/1276; und Anke Silomon, »Schwerter zu Pflugscharen« und die DDR.

Die Losung stammt aus der Bibel, Buch Micha 4,3; sie ist in den Sockel der gleichnamigen Skulptur des Bildhauers Evgenij Vučetič vor dem Gebäude der Vereinten Nationen in New York eingraviert, die die Sowjetunion den Vereinten Nationen 1959 geschenkt hatte, um den weltweiten Kampf für den Frieden hervorzuheben. Westliche Aktivisten, die diese Losung und Aufkleber benutzten, wurden daher lange Zeit beschuldigt, Kommunisten zu sein.

Im Gegensatz dazu riskierten jene, die das Symbol in der DDR trugen, verhaftet zu werden. Das galt selbst dann, wenn sie das eigentliche Bild entfernten und nur einen leeren Aufnäher mit dessen Umrissen trugen, obwohl offizielle Publikationen der DDR zu dieser Zeit noch ein Bild der Skulptur enthielten und einige Publikationen das Buch Micha anerkennend aus der Sicht des Marxismus-Leninismus interpretierten[37]. Ähnliches galt für die weiße Taube auf blauem Grund, das Symbol des von den Kommunisten geförderten Weltfriedensrates. Konservative Kommentatoren in Westdeutschland führten das Symbol als Beweis für die Verbreitung kommunistischer Propaganda an. Im Gegensatz dazu war die Regierung der DDR zunehmend beunruhigt über die Verwendung des Symbols außerhalb ihrer eigenen Organisationen.

In dem sie besonderes Augenmerk auf die Ängste legten, die die realen Bedingungen des Kalten Krieges jenseits der Blöcke prägten, stellten die Friedensbewegungen in der Bundesrepublik und in der DDR eine der wichtigsten ideologischen Dichotomien des Kalten Krieges in Frage: Antitotalitarismus im Westen und die direkte Verbindung zwischen Staatssozialismus und Fortschritt im Osten. Stattdessen hoben die Aktivisten ein Element hervor, das lange Zeit verschüttet geblieben war: den Nationalismus und die Rolle des Nationalstaats als Entscheidungs- und Identitätsraum in der nationalen und internationalen Politik[38].

Während ostdeutsche Aktivisten in einem vage definierten Basissozialismus und ihrem Kampf für Bürgerrechte in der DDR eine Alternative zur sowjetischen Herrschaft im Ostblock finden konnten, füllten einige bekannte westdeutsche Aktivisten die konzeptionelle Leere, die durch die Distanzierung von den USA und dem westlichen Bündnis entstanden war, indem sie »das deutsche Volk« als potenziellen Verfechter von Souveränität hervorhoben[39].

Vor allem Friedensaktivistinnen und -aktivisten, die der bundesdeutschen SPD nahe standen, diskutierten die Konsequenzen ihres Engagements für die deutsche Vereinigung und rückten einige Bestandteile nationaler Politik in den

---

Die Friedensarbeit der evangelischen Kirchen in der DDR im Rahmen der Friedensdekaden 1980 bis 1982, Göttingen 1999.

[37] Helmut Zander, Die Christen und die Friedensbewegungen in beiden deutschen Staaten, Berlin 1989, S. 259–262.

[38] Ulrike Poppe, Der Weg ist das Ziel. Zum Selbstverständnis und der politischen Rolle oppositioneller Gruppen der Achtzigerjahre. In: Zwischen Selbstbehauptung und Anpassung. Formen des Widerstands und der Opposition in der DDR. Hrsg. von Ulrike Poppe, Rainer Eckert und Ilko-Sascha Kowalczuk, Berlin 1995, S. 244–272.

[39] Siehe vor allem Frieden schaffen mit anderen Waffen. Fünf Vorschläge zu einer alternativen Sicherheitspolitik. Hrsg. vom Komitee für Grundrechte und Demokratie, Reinbek 1981, S. 120 und 133. Einen seltenen Beleg für ein ähnliches Argument in diesem frühen Stadium der Proteste findet man in Robert Havemanns offenem Brief an den sowjetischen Staatschef Leonid Brežnev. In: taz vom 7. Oktober 1981.

Vordergrund[40]. Dieses von Zeitgenossen als »neuer Nationalismus« bezeichnete
Phänomen war oft mit Forderungen nach Abzug aller ausländischen Streitkräfte von
deutschem Boden verbunden, so dass Deutschland endlich seine Mission erfüllen
könne, durch Rückgewinnung seiner Souveränität Frieden in Europa zu schaffen[41].
Dieses Thema wurde Mitte der Achtzigerjahre von ostdeutschen Friedensgruppen
übernommen, deren Mitglieder ausdrücklich die Folgen einer solchen Sicht für die
Erinnerungspolitik in Deutschland ansprachen[42].

Diese Betonung der Souveränität des »Volkes« in Teilen der westdeutschen
Friedensbewegung war zumindest teilweise eine Folge der expliziten oder impliziten
Amerikakritik einiger Aktivistinnen und Aktivisten. Diese ging über eine Ablehnung
der US-Außenpolitik und eine Kritik Ronald Reagans hinaus, sondern setzte fundamental bei zentralen angeblichen Merkmalen der amerikanischen Gesellschaft –
wie Konsumorientierung und Militarismus – an, die man als Bedrohung für das
eigene Überleben interpretierte[43]. Die Aktivistinnen und Aktivisten belebten so,
oft unabhängig von direkter Auseinandersetzung mit der offiziellen Politik, zentrale
Interpretamente deutscher kulturpolitischer Amerikakritik wieder.

Obwohl nicht alle Aktivisten an diesem Diskurs teilhatten und er beispielsweise in expliziten Äußerungen der meisten christlichen Aktivisten fast völlig fehlte,
ist die Tatsache, dass das Thema des nationalen Überlebens in allen Bereichen der
Bewegungen eine solche Bedeutung erlangte, ein deutlicher Hinweis auf eine Krise in
den transatlantischen Sicherheitsbeziehungen: eine solch fundamentale Kritik an der
Politik der Vereinigten Staaten war selbst bei den westdeutschen Protesten gegen den
Vietnamkrieg selten gewesen und hatte in der ersten Protestwelle gegen Kernwaffen
Ende der Fünfziger- und Anfang der Sechzigerjahre in der Bundesrepublik fast völlig
gefehlt[44].

Wie Philipp Gassert und Benjamin Ziemann herausgearbeitet haben, führte diese Amerikakritik nicht automatisch dazu, dass die Vertreter der Friedensbewegung
auch politische Neutralität im Sinne tiefgreifender, genereller Distanzierung von
den USA anstrebten. Vielmehr wurden Initiativen angeregt, sich mit Vertretern eines »anderen«, besseren Amerika sowohl in den USA als auch in Lateinamerika in
Verbindung zu setzen. Und westdeutsche wie ostdeutsche Demonstranten sangen

---

40 Siehe zum Beispiel die zeitgenössische Publikation von Peter Brandt und Herbert Ammon, Die
    Linke und die nationale Frage, Reinbek 1981.
41 Siehe Eppler, Die tödliche Utopie (wie Anm. 19), S. 71 und Oskar Lafontaine, Angst vor den
    Freunden. Die Atomwaffenstrategie der Supermächte zerstört die Bündnisse, Reinbek 1983. Zu
    dieser Interpretation siehe den wichtigen Aufsatz von Benjamin Ziemann, A Quantum of Solace?
    European Peace Movements during the Cold War and their elective affinities. In: Archiv für
    Sozialgeschichte (AfS), 49 (2009), S. 351–389, hier S. 361–372 und S. 377.
42 Offener Brief des Friedenskreises Friedrichsfelde an die Friedensbewegung der Bundesrepublik
    Deutschland. Über den Bundesvorstand der Grünen, 18.2.1985. In: ThürAZ, keine Signatur,
    Friedenskreis Friedrichsfelde.
43 Siehe für diese und die folgende Argumentation mit zahlreichen Beispielen die Deutung bei
    Ziemann, A Quantum of Solace? (wie Anm. 41), S. 373–378.
44 Harald Müller und Thomas Risse-Kappen, Origins of Estrangement. The Peace Movement and the
    Image of America in West Germany. In: International Security, 12 (1987), Nr. 1, S. 52–88.

auf ihren Protestmärschen häufig die Hymne der US-Bürgerrechtsbewegung »We shall overcome«[45].

Die recht positive Einschätzung der sowjetischen Absichten unter Gorbačëv seitens einiger westdeutscher Friedensbewegter war die Kehrseite der Medaille: sie argumentierten, dass das Schüren von Ängsten vor dem sowjetischen Feind letztendlich zum Atomkrieg in Europa führen würde – und stellten so die strategische Begründung für nukleare Rüstung auf den Kopf. Obwohl zwischen ost- und westdeutschen Aktivisten viel über die Rolle der DDR-Regierung diskutiert wurde, thematisierten selbst DDR-Aktivisten die von der Sowjetunion ausgehende Bedrohung nicht. Ab Mitte der Achtzigerjahre, als Gorbačëv an die Macht kam, sah man die Sowjetunion sogar neuerlich als Garanten des Friedens und eines sozialistischen Reformprogramms an[46].

Indem beide Bewegungen ihre Proteste auf diese Art zum Ausdruck brachten, stellten sie die politischen Grenzen beider Länder in Frage. Sie hoben die Bedeutung einer »direkten« oder »Basis«-Demokratie hervor, und unterstrichen damit die Vision eines staatlichen Prozesses außerhalb des Staatssozialismus im Osten und der bürokratischen Mechanismen rund um Parteipolitik und Wahlen, wie sie sich seit 1945 in der Bundesrepublik und in Westeuropa herausgebildet hatten[47].

Eine neue, auf Vorstellungen direkter Repräsentation basierende Deutung von »Demokratie« fand ihren Ausdruck nicht nur in Form von Protesten, an denen sich die Aktivisten beteiligten: Friedenslager und Workshops sowie Gespräche als Politikstil, in dem der Schwerpunkt auf Interaktion und Kommunikation von unten nach oben lag, statt auf Kommunikation von oben nach unten entsprechend den bürokratischen Abläufen[48]. Diese Vorstellungen von »Demokratie« und »Gemeinschaft« spiegelten sich auch in den Bildern vom Krieg, die beide Bewegungen entwickelten. Während ihnen die offizielle Politik der Regierenden als Prozess ohne Reflexion und Entwicklung erschien, betonten die Demonstranten ihren Aktivismus und die emotionale Wärme, die sie in ihrer Protestgemeinschaft fühlten[49].

---

[45] Siehe Ziemann, A Quantum of Solace? (wie Anm. 41), S. 375 f.; sowie Philipp Gassert, Anti-Amerikaner? Die deutsche Neue Linke und die USA. In: Anti-Amerikanismus im 20. Jahrhundert. Studien zu Ost- und Westeuropa. Hrsg. von Jan C. Behrends [u.a.], Bonn 2005, S. 250–267.

[46] Siehe die Offene Eingabe an die Sozialistische Einheitspartei Deutschlands, 2. April 1986. In: Kowalczuck, Freiheit und Öffentlichkeit (wie Anm. 13), S. 189–191.

[47] Zum Hintergrund siehe Martin Conway, Democracy in Postwar Western Europe. The Triumph of a Political Model. In: European History Quarterly, 32 (2002), S. 59–84.

[48] Interview Jochen Läßig und Bärbel Bohley. In: Die Entzauberung des Politischen. Was ist aus den politisch-alternativen Gruppen der DDR geworden? Interviews mit ehemals führenden Vertretern. Hrsg. von Hagen Findeis, Detlef Pollack, und Manuel Schilling, Leipzig 1994, S. 241 und 251. Siehe zur Bedeutung dieser nahräumlichen Deutung allgemein Susanne Schregel, Der Atomkrieg vor der Wohnungstür. Eine Politikgeschichte der Friedensbewegung in der Bundesrepublik 1970–1985, Frankfurt a.M. 2011, besonders S. 226–266.

[49] Schregel, Der Atomkrieg (wie Anm. 48), S. 229–235.

Die Auswirkungen des Friedensaktivismus

Das Resultat des Bewegungsaktivismus bestand nicht in einer Änderung der Regierungspolitik. Vielmehr stellte es ein entscheidendes Element der staatlichen Legitimität – die Sicherheit der Bürger zu garantieren – infrage, was zu allmählichen Anpassungen in den politisch-kulturellen Voraussetzungen der Regierungspolitik führte. Dies bedeutete, dass die Forderungen nach Frieden, der einerseits als Ergebnis von internationaler Abrüstung und dem Ende des Wettrüstens definiert wurde, in engem Zusammenhang mit Debatten über jene Rolle des Friedens standen, der andererseits als gewaltlose Konfliktlösung in der Innenpolitik definiert wurde.

Dieser Prozess fand in beiden Teilen Deutschlands etwa zur selben Zeit statt und war von drei entscheidenden Paradoxa gekennzeichnet: Erstens übernahmen westdeutsche Aktivisten, oftmals ohne nachzudenken, Thesen der offiziellen Friedenspropaganda der DDR für ihre eigenen Zwecke, während die Friedensgruppen in der DDR Argumente vorbrachten, welche sich zwar ebenfalls auf die ostdeutsche Friedensrhetorik stützten, aber dennoch die vom SED-Regime verwendeten Formeln vermieden. Zweitens standen beide Regierungen zunehmend in Konflikt mit der Politik ihres jeweiligen Bündnisses: Honecker forderte sogar den Abzug der sowjetischen Kernwaffen aus der DDR, während er sich gleichzeitig Perestroika und Glasnost widersetzte[50]. In der Außenpolitik der westdeutschen Regierung war eine zunehmende Verschiebung hin zur Durchsetzung einer nationalen Verteidigungspolitik festzustellen, vor allem unter Außenminister Hans-Dietrich Genscher, die von Kohl zumindest stillschweigend geduldet wurde. Drittens bedeutete dies nicht, dass sich die politische Kultur der Sicherheit in beiden Gesellschaften annäherte. Trotz der strukturellen Gemeinsamkeiten zwischen Friedensaktivismus und Regierungspolitik in beiden Staaten blieben erhebliche Unterschiede in der Frage der Sicherheit innerhalb des transatlantischen Bündnisses bzw. des Warschauer Paktes.

In der Bundesrepublik bedeutete der Zuspruch zu Willy Brandts Entspannungspolitik und dessen Unterstützung der Friedensbewegung Anfang der Achtzigerjahre, dass Themen wie »Frieden« und »Verständigung zwischen Ost und West« auch in die außen- und sicherheitspolitischen Vorstellungen der regierenden Christdemokraten aufgenommen wurden. Bis Anfang der Achtzigerjahre hatten sie die Betonung des »Friedens« in Brandts Ostpolitik noch als Beleg für Brandts kommunistische Vergangenheit verurteilt und als gefährliche Unterminierung der westdeutschen nationalen Sicherheit zurückgewiesen[51].

Diese allmähliche Neuausrichtung war nicht nur Ausdruck der starken Flügelkämpfe zwischen Fundamentalisten und Modernisten innerhalb der CDU, sie war auch Beleg dafür, in welcher Weise die Debatten zu einer Annäherung an die von der Friedensbewegung und ihren prominentesten Befürwortern geäußerten Ideen von Seiten der bürgerlichen Mitte führten. Dass viele Aktivisten der Friedensbewegung in Ost und West ihre Aktivitäten mit den Menschenrechtsforderungen des Helsinki-

---

50   Siehe den Beitrag von Oliver Bange in diesem Band, S. 87–104.
51   Siehe Clay Clemens, Reluctant Realists. The Christian Democrats and West German Ostpolitik, Durham, N.C. 1989, Kap. 2–4.

Prozesses verbanden, trug ebenfalls dazu bei. Ebenso wurden Gespräche über Frieden durch die neuerlich einsetzende Entspannung zwischen den Supermächten Mitte bis Ende der Achtzigerjahre wieder salonfähig.

Auch wenn die christdemokratische Politik zwiespältig blieb, ist es bemerkenswert, dass viele Modernisierer der CDU wie etwa Alois Mertes, Gerhard Stoltenberg (sowohl als Ministerpräsident von Schleswig-Holstein als auch später als Verteidigungsminister), Lothar Späth und Bernhard Vogel sowie auch Helmut Kohl selbst betonten, wie wichtig ein Abbau der Spannungen in Europa sei[52].

Ebenso fällt auf, wie sich die Rhetorik Heiner Geißlers, des damaligen CDU-Generalsekretärs, änderte. Geißler war noch in den Siebzigerjahren einer der polemischsten Kritiker der SPD gewesen und hatte Brandt und die SPD beschuldigt, sie würden mit ihrer Ostpolitik und dem Gerede vom »Frieden« die nationalen Interessen verraten. Geißlers in einer wichtigen Bundestagsdebatte Mitte Juni 1983 vorgebrachtes Argument, der Pazifismus der Dreißigerjahre habe Auschwitz erst möglich gemacht, erscheint vor diesem Hintergrund nicht allein als polemische Abgrenzung. Sie kann vielmehr als Beleg dafür angesehen werden, dass CDU Politiker ihren eigenen Friedensbegriff entwickeln und etablieren wollten, gerade im Widerstreit mit SPD und den Grünen. Die Tatsache, dass es überhaupt eine christdemokratische Debatte über den Friedensbegriff gab – und nicht so sehr ihr Inhalt –, belegt die Wandlung in der Haltung wichtiger CDU-Politiker zu diesem Thema[53].

Ein weiteres Zeichen des Wandels in der bundesdeutschen politischen Kultur stellt die Tatsache dar, dass die CDU, als sie ab 1982 die Regierung zusammen mit der FDP übernahm, bereit war, die Friedensbewegungen nicht mehr als Instrument kommunistischer Infiltration, sondern als Ausdruck echter Besorgnis der westdeutschen Staatsbürger zu interpretieren. Während Richard von Weizsäcker, von 1981 bis 1984 Regierender Bürgermeister Westberlins und danach bis 1994 Bundespräsident, Ende der Siebzigerjahre in der CDU auf einsamem Posten stand, hatte sich seine Ansicht, dass Entspannung einer »friedlichen Verbesserung« der Beziehungen zwischen beiden deutschen Staaten gleichkam, bis Mitte der Achtzigerjahre in der Partei etabliert[54].

Im Einklang mit diesem Wandel äußerten sich von Weizsäcker, Mertes und Manfred Wörner, von 1982 bis 1988 Verteidigungsminister in der Kohl-Regierung und ab 1988 NATO-Generalsekretär, vom Winter 1981/82 an kritisch über die Stationierung von Neutronenbomben in Westdeutschland und über die ihrer Meinung nach zu unnachgiebige Haltung der US-Regierung in den INF-Verhandlungen. Anstatt das »Gerede vom Frieden« völlig abzulehnen, wie sie es

---

[52] Siehe Berichte in Die Zeit, 31. Oktober 1980 und Die Welt, 30. Oktober 1980. Vgl. dazu Deutscher Bundestag, Drucksache 8/1014, 68. Anfrage Dr. Mertes, (20.9.1977), S. 40; sowie die Analyse bei Hans Peter Schwarz, Helmut Kohl. Eine politische Biographie, München 2012, S. 345–352 und S. 424–451.

[53] Siehe dazu Frieden und Friedensbewegungen in Deutschland 1892–1992. Hrsg. von Karlheinz Lipp, Reinhold Lütgemeier-Davin und Holger Nehring, Essen 2010, Nr. 269, S. 369–371.

[54] Siehe z.B. Die Zeit, 2. Oktober 1981, und Clemens, Reluctant Realists (wie Anm. 51), S. 213.

in den Siebziger- und noch Anfang der Achtzigerjahre getan hatten, begannen die
CDU-Politiker jetzt, um Anhänger der Friedensbewegung zu werben[55].

Die allmähliche Änderung in der Haltung christdemokratischer Politiker gegenüber Wehrdienstverweigerern unterstreicht diesen Sachverhalt: Diskussionen innerhalb der CDU – und deren Umsetzung in der Gesetzgebung – wandelten sich von
der Vorstellung, dass Wehrdienstverweigerern die entscheidende Eigenschaft des
Staatsbürgers fehle – die Bereitschaft für sein Land zu sterben –, zu dem Gedanken,
dass das soziale Engagement in der örtlichen Gemeinschaft lobenswert sei[56].

Das Scheitern der sozialdemokratisch-liberalen Koalitionsregierung unter Kanzler
Helmut Schmidt und das weitere Engagement für die Friedensbewegung von Teilen
der SPD führten zur Marginalisierung der Unterstützer von Helmut Schmidt innerhalb der SPD und zu einer idealistischeren Sicht der internationalen Beziehungen
sowohl in Bezug auf Rüstungskontrolle und Abrüstung als auch hinsichtlich des
Verhältnisses der SPD zur SED im anderen deutschen Staat[57].

In Verbindung mit dem zunehmenden Erfolg der kurz zuvor gegründeten Grünen
(die aus der Friedens- und Umweltbewegung hervorgegangen waren und enge
Kontakte zu ihr unterhielten) in den Land- und Bundestagswahlen, belegten diese
Veränderungen in der jeweiligen parteipolitischen Positionierung einen allgemeinen
Trend in der Bundesrepublik hin zu einem Konzept gewaltfreier Staatlichkeit, der
bereits in den Debatten um den »Terrorismus« in den Siebzigerjahren begonnen
hatte, sich allerdings in der Praxis von Staatsgewalt nie durchsetzte, sondern lediglich
die Diskussionen über Gewalt und Politik allgemein prägte[58].

Ähnliche Veränderungen gab es auch in der DDR, obwohl sie von starken
Repressionen durch das DDR-Regime begleitet waren. Aufgrund des völlig anderen Charakters des politischen Systems wurde jedoch die Mehrdeutigkeit solcher
Vorstellungen gewaltfreier Regierung wesentlich schärfer sichtbar. Während die
SED, die Geheimdienste und die Polizeikräfte, die mit den Friedensaktionen konfrontiert wurden, zunehmend darum bemüht waren, gewaltsame Konfrontationen
zu vermeiden, nahm die staatliche Kontrolle eine andere, unterschwellige und oft äußerst perfide Form an, etwa indem der Staatssicherheitsdienst die Unterwanderung
von Liebesbeziehungen ausnutzte, um den parteieigenen Anspruch alleiniger
Staatsgewalt durchzusetzen – die Gewalt des SED-Staates zog sich also nicht zurück,
sondern verlagerte sich mitunter in den für die Weltöffentlichkeit nicht unmittelbar
sichtbaren privaten Bereich[59].

Anstatt Mitglieder der Opposition einfach reihenweise zu verhaften, war die
SED-Regierung nun stärker darum bemüht, ihre innenpolitische Legitimität

---

55 Frankfurter Allgemeine Zeitung, 4. Dezember 1981.
56 Patrick Bernhard, Zivildienst zwischen Reform und Revolte. Eine bundesdeutsche Institution im
    gesellschaftlichen Wandel 1961–1982, München 2005.
57 Siehe Annekatrin Gebauer, Der Richtungsstreit in der SPD. »Seeheimer Kreis« und »Neue Linke«
    im innerparteilichen Machtkampf, Wiesbaden 2005, S. 191–193.
58 Holger Nehring, The Era of Non-Violence. »Terrorism« in West German, Italian and French poli-
    tical culture, 1968–1982, in: European Review of History, 14 (2007), Nr. 3, S. 343–371.
59 Zu diesen Prozessen der »Entgewaltung« in der DDR siehe Martin Sabrow, »1989« und die Rolle
    der Gewalt in Ostdeutschland, in: 1989 und die Rolle der Gewalt (wie Anm. 3), S. 9–31.

und ihre internationale Reputation zu wahren, indem sie Friedensgruppen mit Geheimdienstagenten infiltrierte und Debatten initiierte, bei denen sich die Friedensaktivisten mit sich selbst statt mit dem Regime beschäftigten. Statt das Strafrecht gegen die Aktivisten einzusetzen, verlagerte das SED-Regime den Schwerpunkt seiner Reaktionsweisen auf die Einhaltung der Gesetze zur öffentlichen Ordnung[60].

Obwohl etwa zur Zeit der Gespräche zwischen SPD und SED über ein gemeinsames sozialistisches Erbe und im Vorfeld von Honeckers Besuch in der Bundesrepublik im Jahre 1987 in der DDR eine Phase der Toleranz gegenüber Friedens- und Umweltgruppen begann, gab es aber auch weiterhin direkte Repressionen: im November 1987 führten die Sicherheitsorgane in der Umweltbibliothek in Ostberlin eine Razzia durch, und nach unabhängigen Demonstrationen am Rande der staatlichen Veranstaltung zum Jahrestag der Ermordung von Rosa Luxemburg und Karl Liebknecht kam es am 17. Januar 1988 in Berlin zur Festnahme von über hundert Aktivisten und zur Ausweisung weiterer. Erst während der Protestwelle nach dem Ausbruch von Gewalt am 7. Oktober 1989 in Dresden und der überraschenden Nichtanwendung von Gewalt am 9. Oktober 1989 verband das DDR-Regime zunehmend den Wandel in der Rhetorik mit Veränderungen in der Praxis. Angesichts des Umfangs und der Widerstandsfähigkeit der Proteste und angesichts des internationalen Umfelds – mangelnde sowjetische Unterstützung für eine gewaltsame Gegenreaktion, gleichzeitige gewaltlose Proteste in ganz Osteuropa – konnten die DDR-Regierung und ihre Sicherheitsdienste gewaltsame Aktionen nicht länger rechtfertigen. Obgleich viele von der Partei kontrollierte Medien die Friedens- und Bürgerrechtsdemonstranten vor dem Sommer 1989 als »Rowdies« bezeichneten, war dieser Begriff mittlerweile nicht mehr plausibel, da friedliche und ausgesprochen disziplinierte Demonstranten Mahnwachen abhielten, in der Öffentlichkeit beteten und Plakate hielten, welche die Gewaltfreiheit der Proteste betonten. Dies hatte wichtige Konsequenzen für die Legitimität des Staatssicherheitsapparates der DDR sowohl in den Augen seiner Mitglieder als auch in der Öffentlichkeit. Die SED-Führung sah sich veranlasst, ihre Haltung zu ändern, insbesondere weil sie seit September 1989 unter wachsender internationaler Beobachtung durch westliche Medien stand, zumal seit dem Massaker auf dem Platz des himmlischen Friedens in Peking im Juni 1989, das ebenfalls Thema der Proteste in der DDR war.

Während Parteimedien die Aktivisten Anfang September noch immer als »gefährliche und gewaltbereite Rowdies« bezeichneten und Erich Honecker die Sicherheitskräfte auf einen nationalen Ausnahmezustand vorbereitete, sah die Lage Anfang Oktober 1989 völlig anders aus[61]. Der »kalte Bürgerkrieg« war auf den Straßen Dresdens Wirklichkeit geworden und führte zu heftigen und gewalttätigen

---

60 Siehe zum Beispiel SfK, Leitungsinformation 3/84 vom 25.6.1984. In: BArch SAPMO, DO 4/948. Vgl. Sung-Wan Choi, Von der Dissidenz zur Opposition. Die politisch alternativen Gruppen in der DDR von 1978 bis 1989, Köln 1999, S. 149–151.

61 »Ich liebe euch doch alle!« Befehle und Lageberichte des MfS Januar–November 1989. Hrsg. von Armin Mitter und Stefan Wolle, Berlin 1990, S. 200. Zum Hintergrund in Sachsen siehe Michael Richter, Die Friedliche Revolution. Aufbruch zur Demokratie in Sachsen, Bd 1, 2. A., Göttingen 2010.

Zusammenstößen zwischen Demonstranten und der Polizei rund um den Dresdner Hauptbahnhof[62].

Doch statt die Autorität der Regierung zu stärken, führte umfassende Kritik am Polizeieinsatz sogar aus den Reihen der SED zu einer bemerkenswerten Änderung des Tonfalls[63]. Selbst Parteizeitungen betonten jetzt die Gewaltfreiheit der Demonstrationen und forderten: »Keine Gewalt!« In den Städten und Gemeinden der DDR kam es zu Dialogen zwischen örtlichen Partei- und Regierungsfunktionären[64]. Zur gleichen Zeit wurde die Position Honeckers innerhalb der Partei zunehmend schwächer, als eine Gruppe von SED-Politikern um Egon Krenz und Hans Modrow für ähnliche Dialoge auf nationaler Ebene eintrat und ihn am 18. Oktober 1989 schließlich als Generalsekretär der SED stürzte.

Zwischen Herbst/Winter 1989 und den Kommunal- und Volkskammerwahlen im Frühjahr/Sommer 1990 führte dies zu einer besonderen Art von Dynamik innerhalb der noch existierenden DDR. Politik fand nun in ad-hoc gebildeten Gruppen statt, die die staatlich organisierte Form der Politik in Parlamenten, Parteien und Bürokratien umgingen. Es gab Gespräche auf lokaler, regionaler und nationaler Ebene, die durch die Metapher des »Runden Tisches« symbolisiert wurden, und die nicht nur den Inhalt, sondern auch die Form des Protests voranbringen wollten. Im Gegensatz dazu wurde die Friedensbewegung im Westen seit der Stationierung der Marschflugkörper im Winter 1983/84 zunehmend lokal organisiert und ein wesentlicher Teil des Aktivismus in formellere politische Kanäle integriert, vor allem durch Gewerkschaften, den linken Flügel der SPD und die Grünen[65].

Die unterschiedlichen Zusammenhänge, in denen ost- und westdeutsche Demonstranten agierten, führten zu einer Separierung von ost- und der westdeutscher Friedenspolitik im Jahr 1989, die entscheidende Unterschiede in den zeitlichen Gegebenheiten der letzten Phase des Kalten Kriegs zum Ausdruck brachte. Obgleich in beiden politischen Systemen Vorstellungen von gewaltfreier Regierung und Staatlichkeit maßgebend geworden waren, hatten sie unterschiedliche Bedeutung. Während sie die westdeutsche politische Kultur bereits durchdrungen und somit einen Großteil ihres Oppositionspotentials verloren hatten, schlossen sich ostdeutsche Friedenskampagnen mit Bürgerrechtskampagnen zusammen.

In Westdeutschland hatten die Aktivisten paradoxerweise gelernt, mit der Bombe zu leben. Durch die von oben nach unten gerichtete Gliederung des politischen Systems in der DDR wurde ostdeutschen Aktivistinnen und Aktivisten diese Möglichkeit verwehrt. Obwohl sich in der DDR der staatliche Diskurs und ab

---

62 Siehe Eckhard Bahr, Sieben Tage im Oktober. Aufbruch in Dresden, Leipzig 1990.

63 Sicherheitskräfte hielten sich bei Demonstrationen in Leipzig zurück. Vgl. Walter Süß, Staatssicherheit am Ende. Warum es den Mächtigen nicht gelang, eine Revolution zu verhindern, Berlin 1999.

64 Siehe z.B. Sächsische Zeitung, 9. Oktober 1989; Thomas Rosenlöcher, Herbsttage. Tagebuchnotizen. In: Die Union, 20. Oktober 1989 (19. Sept.–7. Okt.) und 21/22. Oktober 1989 (8. Oktober–10. Oktober), und Die Union, 11./12. November 1989; sowie Hartmut Zwahr, Ende einer Selbstzerstörung. Leipzig und die Revolution in der DDR, Göttingen 1993, S. 98.

65 Zur Integration von Positionen der SPD und der Friedensbewegung durch die Grünen siehe Detlef Pollack, Was ist aus den Bürgerbewegungen und Oppositionsgruppen der DDR geworden? In: Aus Politik und Zeitgeschichte, B 41 (1995), S. 3–14.

Herbst 1989 die Praxis hin zur Idee einer gewaltfreien Regierung verlagerten und direktes und gewaltsames Eingreifen bei Demonstration abnahm, blieb das politische System der DDR eine »Diktatur der Grenzen« (Thomas Lindenberger), in der Form und Inhalt der Politik nicht nur diskursiv begrenzt waren (wie im Westen), sondern auch in Form der »harten Macht«, von Gewalt und der direkten Regulierung. Selbst im Herbst 1989 blieb daher der Spielraum dafür, was als legitime politische Aktivität in den Augen der SED galt, viel enger als in der Bundesrepublik, und das Demonstrieren für Frieden kam einer Forderung nach grundlegenden Bürgerrechten gleich[66].

Zusammenfassung

Dieser Beitrag konnte keine umfassende und erschöpfende Diskussion aller Wechselwirkungen zwischen internationalem System und Innenpolitik in beiden deutschen Staaten während der Endphase des Kalten Krieges bieten. Auch konnte er nicht näher auf die Differenzen innerhalb der Friedensbewegungen eingehen[67]. Das Ziel dieses Beitrags war vor allem konzeptioneller Natur: die deutsch-deutschen Friedensbewegungen dieser Zeit dienten daher als Fallstudie, um allgemeinere Tendenzen in den internationalen Sicherheitsbeziehungen zu beleuchten, für welche die Debatten um den Doppelbeschluss symbolisch standen.

Als vielleicht wichtigstes Ergebnis dieser Fallstudie lässt sich festhalten, dass letzten Endes die Debatte über Frieden und Sicherheit in beiden deutschen Staaten während der Achtzigerjahre eine Annäherung der östlichen und westlichen Konfliktkulturen im letzten Abschnitt der Nachkriegsära offenbarte, welche die Proteste in Ost und West miteinander verband und zu Auffassungen von Sicherheit von unten führte, die regierungsoffizielle Auffassungen von Sicherheit relativierten. Die Sorgen der Friedensaktivisten gingen daher über eine allgemeine »Skepsis gegenüber der Moderne« und die Durchsetzung einer »Utopie der Sicherheit« hinaus[68]. Die deutsche Besonderheit bestand darin, dass hier »Frieden« (in seinen verschiedenen Facetten) von höherer Bedeutung war als die Ideen von »Zivilgesellschaft«. In vielen anderen Ländern hinter dem Eisernen Vorhang wurde »Frieden« überdies auch weiterhin als Begriff kommunistischer Regierungspolitik betrachtet.

Die politische Kultur der Bundesrepublik basierte seit dem Ende des Zweiten Weltkriegs auf der Annahme eines Austauschs von Sicherheiten: die USA waren der

---

[66] Siehe Thomas Lindenberger, Diktatur der Grenze(n). Die eingemauerte Gesellschaft und ihre Feinde, in: Mauerbau und Mauerfall. Ursachen – Verlauf – Auswirkungen. Hrsg. von Hans-Hermann Hertle, Konrad H. Jarausch und Christoph Kleßmann, Berlin 2002, S. 203–213. Zu dieser Verbindung siehe neben verschiedenen Ausgaben der im Selbstverlag erschienenen Zeitschrift »Grenzfall« den Beitrag: Opposition in Ost-Berlin fordert von Honecker Verzicht auf Mauer. In: Der Tagesspiegel vom 28. Januar 1989.

[67] Dies ist Gegenstand meines aktuellen Buchprojekts zu diesem Thema.

[68] Das ist das Argument von Eckart Conze, Modernitätsskepsis und die Utopie der Sicherheit. NATO-Nachrüstung und Friedensbewegung in der Geschichte der Bundesrepublik, in: Zeithistorische Forschungen, Online-Ausgabe, 7 (2010), Nr. 2, www.zeithistorische-forschungen.de/16126041-Conze-2-2010 (zuletzt abgerufen am 2.1.2011).

vorrangige Lieferant militärischer Sicherheit, während sie die Zunahme von materieller Sicherheit und Wohlstand ermöglichten. Das bedeutete einerseits die Aufgabe von Souveränität in einem Kernbereich der Staatlichkeit. Andererseits aber implizierte es, dass auch die unangenehmen Seiten der Ausübung militärischer Souveränität – Kriege zu führen und Rüstungsvorhaben in gewaltigem Umfang zu finanzieren – von den Vereinigten Staaten übernommen wurden[69].

In den Fünfziger- und Sechzigerjahren ging es in westdeutschen Debatten über Kernwaffen darum, ob dieser Tausch von Sicherheiten überhaupt möglich war. Mit dem Zusammenbruch des Bretton-Woods-Systems in den Siebzigerjahren war die materielle Grundlage für den Austausch verschwunden, während die Gefahren des nuklearen Wettrüstens für Westdeutschland als potenziellem Schlachtfeld immer größer schienen: angesichts zunehmender Erkenntnisse über die Gefahren nuklearer Strahlung und neuer Entwicklungen, die diese Gefahren sichtbar machten, auch im Hinblick auf Probleme des Umweltschutzes im Allgemeinen.

Die politische Staatskultur der DDR beruhte auf einer Rhetorik vom sozialistischen »Frieden«, der die westdeutschen Vorstellungen von Sicherheit in Frage stellte und paradoxerweise oft mit der Anwendung extremer Gewalt zur Niederschlagung des Widerstands einherging. Obwohl dieses System eine gewisse innenpolitische Legitimität aufwies, wurde es letztlich (und in struktureller Ähnlichkeit zur Lage im Westen) von der militärischen Sicherheit der Sowjetunion/des Warschauer Pakts gestützt und beruhte ebenfalls auf der Schaffung relativen materiellen Wohlstands innerhalb eines staatssozialistischen Systems. Die Entstehung von Friedensgruppen in der DDR seit den Siebzigerjahren stellte dieses Konstrukt in Frage, während die friedenspolitischen Debatten zu einer Verschiebung hin zur Gewaltlosigkeit in der politischen Kultur der DDR führten. Deshalb war die Honecker-Regierung – und das, obwohl ihre politische Haltung weitaus kompromissloser war als die der Sowjetunion – über die Stationierung weiterer sowjetischer Kernwaffen auf DDR-Boden alles andere als begeistert. Die Sicherheitsbeziehungen im Warschauer Pakt begannen sich zu diesem Zeitpunkt ebenfalls aufzulösen.

Kurzum, die Friedensaktivisten in beiden Teilen Deutschlands brachten Friktionen innerhalb der Sicherheits- und Verteidigungspolitik des Kalten Krieges in beiden Blöcken ans Licht: sie unterstrichen die Tatsache, dass die Kontrolle über das Militär innerhalb der militärischen Bündnissysteme internationalisiert war. Dagegen wurden die Folgen eines zukünftigen militärischen Konflikts beinahe völlig auf die Gesellschaften übertragen: die Gewalt eines potenziellen zukünftigen Atomkriegs war vollkommen vergesellschaftet[70].

Genau deshalb war die Frage der Souveränität zentral – denn die beiden deutschen Gesellschaften wollten mitbestimmen, ob und wann diese Vergesellschaftung der Gewalt stattfinden solle. Die Debatte um den NATO-Doppelbeschluss zeig-

---

[69] Siehe zu dieser Deutung Michael Geyer, Amerika in Deutschland. Amerikanische Macht und die Sehnsucht nach Sicherheit. In: Deutsch-Amerikanische Begegnungen. Konflikt und Kooperation im 19. und 20. Jahrhundert. Hrsg. von Frank Trommler und Elliott Shore, Stuttgart, München 2001, S. 155–187.

[70] Siehe Michael Geyer, Deutsche Rüstungspolitik 1860–1980, Frankfurt a.M. 1984, S. 173 f.

te diese Probleme für die Deutschen besonders deutlich – eine Tatsache, die Politikwissenschaftler als »nukleare Dilemmata der NATO« (David Schwartz) bezeichneten: die Tatsache, dass ein Kernwaffeneinsatz auf deutschem Boden die Region vernichten würde, die mit seiner Hilfe verteidigt werden sollte. Daraus lässt sich der noch heute gültige Schluss ziehen, dass wir friedenspolitische Debatten ernstnehmen sollten, da sie grundlegende strukturelle Probleme des internationalen Systems widerspiegeln. Eine symbolische Politik, die die Gefahren dieser Vereinbarungen hervorhebt, und »Realpolitik« waren keine getrennten Bereiche, sondern eng miteinander verflochten.

In Europa war der »Kalte Krieg« ein Krieg mit allen Facetten, ausgenommen der militärischen, gleichzeitig war die Bedrohung, die das Wettrüsten des Kalten Kriegs darstellte, real[71]. Die Debatten im letzten Jahrzehnt des Kalten Kriegs waren daher mehr als nur eine »Krise der Entspannung« (Leopoldo Nuti), aber weniger als ein »zweiter Kalter Krieg« (Jost Dülffer) innerhalb eines längeren Konflikts zwischen den beiden Supermächten. Eine Analyse der Debatten um Frieden und Sicherheit zeigt, dass die Achtzigerjahre eine Zeit der Transformation des Bündnissystems, des nuklearen Wettrüstens und deren öffentlicher Wahrnehmung waren, welche ihren Ursprung in den Debatten zur nuklearen Strategie von Mitte bis Ende der Sechzigerjahre hatte, aber bereits auf die Neuverhandlung der transatlantischen Sicherheitsbeziehungen verwies, die bis heute andauert und sich in einer wesentlich pragmatischeren (wenn nicht kühleren) Umgangsweise innerhalb der transatlantischen Bündnisarchitektur manifestiert.

Die in diesem Beitrag versuchte Deutung solcher Vorgänge belegt die Komplexität und Spezifik von gesellschaftlichem Bewegungsaktivismus auf beiden Seiten des »Eisernen Vorhangs«. Da dieser Aktivismus gegen Kernwaffen als Mittel moderner Kriegsführung gerichtet war, können der Bewegungsaktivismus und die Reaktionen der Regierung darauf auch als Versuche verstanden werden, sich mit entscheidenden Problemen der Moderne im Allgemeinen und den Folgen moderner Technologie im Besonderen auseinanderzusetzen.

Während politische Parteien und Massenmedien im Westen als Vermittler zwischen Regierungs- und Bewegungspolitik agierten, gab es im politischen System der DDR bis zum Herbst 1989 derartige Vermittler nicht. Daher war die DDR nicht in der Lage, die Herausforderungen zu meistern, die die mit Kernwaffen bzw. Kerntechnologie verbundenen Gefahren innerhalb ihres politischen Systems erzeugten. Das erklärt auch, weshalb die DDR, gefangen im »Paradox von Stabilität und Revolution«, wie Sigrid Meuschel es nennt, so plötzlich zusammenbrach[72]. Obwohl das Fehlen vermittelnder Institutionen im politischen System der DDR zu fast vierzig Jahren Stabilität geführt hatte, bedeutete die Tatsache, dass das politische System der DDR anscheinend nicht länger in der Lage war, die private Sicherheit der Bürger in einer Zeit offensichtlich ernster militärischer und ökologischer Gefahren

---

[71] Anders Stephanson, Fourteen Notes on the Very Concept of the Cold War, http://h-net2.msu. edu/~diplo/stephanson.html (zuletzt abgerufen am 6.1.2011).

[72] Sigrid Meuschel, Legitimation und Parteiherrschaft. Zum Paradox von Stabilität und Revolution in der DDR, Frankfurt a.M. 1992, S. 14.

und wachsender Einflüsse von Massenmedien über den »Eisernen Vorhang« hinweg zu garantieren, dass Friedenskampagnen nicht nur eine Herausforderung für politische Entscheidungsfindung im Westen, sondern auch für das gesamte System von Regierung und Repräsentation im Osten darstellten.

Heute sind wir wieder am Ausgangspunkt angekommen: die Außen- und Verteidigungspolitik des vereinigten Deutschlands wird von den Folgen des politischen Aktivismus von vor mehr als zwanzig Jahren bestimmt und muss dessen Folgen berücksichtigen. Beides zeigt eine grundlegende Veränderung innerhalb der Strukturen des transatlantischen Sicherheitssystems, in dem sowohl die totale Vergesellschaftung von Gewalt und Kriegführung als auch die Internationalisierung militärischer Entscheidungsfindung und militärischer Organisation in der NATO in Zweifel gezogen werden. Es macht daher wenig Sinn, das internationale System, Innenpolitik und Aktivismus getrennt voneinander zu betrachten. Vielmehr sind sie als Teil eines sich wechselseitig beeinflussenden Systems zu analysieren.

Obwohl es unrealistisch wäre, dem Friedensaktivismus in Deutschland in den Achtzigerjahren zuzuschreiben, er habe wesentlich zur Etablierung des »Friedens« als politisch-kultureller Norm der deutschen Innen- und Außenpolitik beigetragen, liefert diese Fallstudie dennoch Ansätze zu einer Erklärung dafür, wie es zur deutlich ablehnenden Haltung der deutschen Bevölkerung und der deutschen Politik zu den militärischen Interventionen in Afghanistan und Irak – und der Kluft zu den USA in diesen Fragen – zu Beginn des 21. Jahrhunderts kam.

Rainer Eckert

Auf dem Weg zur Friedlichen Revolution: Widerstand, Opposition und Dissidenz in der Sowjetischen Besatzungszone und in der DDR

Widerstand und Opposition in Sowjetischer Besatzungszone (SBZ) und Deutscher Demokratischer Republik (DDR) als Teil einer deutschen Freiheitstradition

Die öffentliche Auseinandersetzung mit der deutschen Zeitgeschichte steht heute unter dem Diktum, dass das Verhalten der Deutschen wenn nicht ausschließlich, dann doch überwiegend von Anpassung, Gehorsam und Unterordnung geprägt gewesen sei. In der Regel wird dabei übersehen, dass die Deutschen in ihrer Mehrheit im 20. Jahrhundert zwar kein »Volk von Widerständlern« waren, dass aber gerade das widerständige Verhalten Einzelner die freiheitlich-demokratische Tradition begründete, auf die sich die Bundesrepublik mit Recht beruft.

Wenn jedoch von widerständigem Verhalten in Deutschland die Rede ist, dann wird in aller Regel der von einigen Wehrmachtsoffizieren, der von Studenten der »Weißen Rose« oder von Angehörigen von Religionsgemeinschaften geleistete Widerstand gegen den Nationalsozialismus gemeint. Diese Ansicht ist zwar weit verbreitet, trotzdem ist sie einseitig, da vor allem der von Kommunisten und Sozialdemokraten geleistete Widerstand nicht berücksichtigt wird.

Darüber hinaus geht die Tradition von Widerstand und Opposition gegen ungerechte Verhältnisse in Deutschland erheblich weiter in die Vergangenheit zurück als in die dunklen Jahre des Nationalsozialismus. Zumindest die antinapoleonischen Befreiungskriege, die Revolution von 1848/49 und die Revolution von 1918/19 sind hier zu nennen. Nach der Befreiung vom Nationalsozialismus gehört der Kampf gegen die kommunistische Diktatur in Ostdeutschland zu dieser Tradition.

Wenn Widerstand auch meist eine Sache von Minderheiten war, so ist es doch wichtig, nicht nur die »Haupt- und Staatsaktionen« im Blick zu haben, sondern auch den »kleinen Mut«, die alltägliche Verweigerung und die Zivilcourage, sowohl den Zwängen als auch den Verlockungen diktatorischer oder gar totalitärer Macht zu widerstehen[1].

---

[1] Zum Forschungsstand bezogen auf die zweite deutsche Diktatur vgl. Rainer Eckert, SED-Diktatur und Erinnerungsarbeit im vereinten Deutschland. Auswahlbibliographie zu Widerstand und politischer Repression, Berlin 2011.

Grundsätzlich lässt sich unter Widerstand und Opposition in einer Diktatur eine Verhaltensform verstehen, die den allumfassenden Herrschaftsanspruch der jeweiligen Staatspartei in Frage stellt[2]. Dabei gliedert sich widerständiges Verhalten – ähnlich wie unter dem Nationalsozialismus – in der SED-Diktatur in die Gruppen 1. Widerstand, 2. Opposition bzw. Bürgerbewegung und Dissidenz, und 3. Resistenz bzw. Verweigerung[3]. Alle drei Formen dieses widerständigen Verhaltens konnten von einzelnen oder in Gruppen, organisiert oder spontan erfolgen.

Dabei war Widerstand der grundsätzliche Kampf gegen die Diktatur mit dem Ziel ihrer Beseitigung. Opposition und Bürgerbewegung bzw. Dissidenz bezogen auf die DDR bezeichnen die relativ offene Ablehnung der Diktatur auf bestimmten Gebieten mit der Absicht ihrer Reform. In diesem Schema bezeichnen Resistenz bzw. Verweigerung schließlich ein nicht den Normen der Diktatur entsprechendes Verhalten im Alltag, passiven »Widerstand«, die Selbstbehauptung einzelner Personen und die Abweichung von der offiziellen Ideologie. Gleichzeitig waren es Opposition und Widerstand, die in der kommunistischen Diktatur Ansätze einer Zivilgesellschaft vertraten, wobei der Gegen- bzw. Subkultur eine herausragende Bedeutung zukam.

Widerstand und Opposition in Sowjetischer Besatzungszone und DDR von der Befreiung vom Nationalsozialismus bis zum Bau der Berliner Mauer

Bei einer Analyse widerständigen Verhaltens in der Sowjetischen Besatzungszone und in der Deutschen Demokratischen Republik lassen sich verschiedene zeitliche Phasen abgrenzen[4]. So gab es unmittelbar nach dem Zusammenbruch des »Dritten Reiches« und der Befreiung vom Nationalsozialismus in der SBZ keine Akte zivilen Ungehorsams gegen die Okkupationstruppen. Die bisherigen Mitteldeutschen, die jetzt – wie sich auf längere Frist zeigen sollte – den Osten Deutschlands bewohnten, und die aus dem bisherigen deutschen Osten Vertriebenen waren durch Gefühle wie das der Niederlage nach einem grauenvollen Krieg, der Schuld gegenüber anderen Völkern und der Angst vor den Besatzern geprägt. Es gab jedoch auch das Gefühl der Befreiung und der Hoffnung auf einen demokratischen Neubeginn.

---

[2]   Ilko-Sascha Kowalczuk, Von der Freiheit, Ich zu sagen. Widerständiges Verhalten in der DDR. In: Zwischen Selbstbehauptung und Anpassung. Formen des Widerstandes und der Opposition in der DDR. Hrsg. von Ulrike Poppe, Rainer Eckert und Ilko-Sascha Kowalczuk, Berlin 1995 (= Forschungen zur DDR-Geschichte, 6), S. 90.

[3]   Rainer Eckert, Widerstand und Opposition in der DDR. Siebzehn Thesen. In: Zeitschrift für Geschichtswissenschaft, 44 (1996), Nr. 1, S. 52.

[4]   Grundsätzlich zu Opposition und Widerstand in der DDR: Karl Wilhelm Fricke, Opposition und Widerstand in der DDR. Ein politischer Report, Köln 1984; Ehrhart Neubert, Geschichte der Opposition in der DDR 1949–1989, Berlin 1997 (= Forschungen zur DDR-Gesellschaft); Macht Ohnmacht Gegenmacht. Grundfragen zur politischen Gegnerschaft in der DDR. Hrsg. von Ehrhart Neubert und Bernd Eisenfeld, Berlin 2001 (= BStU, Analysen und Dokumente, 21); Lexikon Opposition und Widerstand in der SED-Diktatur. Hrsg. von Hans-Joachim Veen, Berlin, München 2000.

Als Grundvoraussetzung für den Widerstand der späteren Jahre wuchs jedoch schnell die Erkenntnis, dass die Politik der sowjetischen Besatzungsmacht nicht auf eine Demokratisierung, sondern auf die Etablierung einer neuen, der stalinistischen Diktatur zielte. Diesen Erkenntnisprozess beschleunigte die Erfahrung von Vertreibung, Vergewaltigung und Plünderung, die viele Deutsche im Osten und in der SBZ machen mussten. Trotzdem gab es kaum Aktionen gegen die sowjetischen Besatzungstruppen, da dies im Zweifelsfall als »konterrevolutionäre Vergehen« mit äußerster Härte geahndet wurden[5].

Zaghafte Kritik an der sowjetischen Besatzungsmacht setzte im Spätsommer und Herbst 1945 ein, als diese und die deutschen Kommunisten unter dem Deckmantel der Entnazifizierung einen grundsätzlichen Umbruch in Staat und Gesellschaft einleiteten. Kritik an diesen Maßnahmen richtete sich gegen die entschädigungslosen Enteignungen im Zuge der Bodenreform und gegen die Verstaatlichung der Industrie.

Einen qualitativen und quantitativen Wandel im widerständigen Verhalten brachte der verbreitete sozialdemokratische Widerstand gegen die Vereinigung der Sozialdemokratischen Partei Deutschlands (SPD) mit der Kommunistischen Partei Deutschlands (KPD) zur Sozialistischen Einheitspartei Deutschlands (SED), der sich unter den Bedingungen von Zwang und Täuschung vollzog[6]. Auch nach dieser Vereinigung, die die Propaganda in der SBZ und später in der DDR als lange angestrebten Sieg der sozialistischen Arbeiterbewegung pries, bildeten tausende Sozialdemokraten illegale Zirkel, um ihren Zusammenhalt zu bewahren. Etwa 5000 bis 6000 von ihnen bezahlten diesen Widerstand mit langjähriger Haft in Zwangsarbeitslagern und Zuchthäusern.

Darüber hinaus spielten der um die Hochschulgruppen der bürgerlichen Parteien Christlich Demokratische Union (CDU) und Liberaldemokratische Partei (LDPD) konzentrierte studentische Widerstand[7] und das widerständige Verhalten von Mitgliedern der protestantischen Jungen Gemeinden eine herausragende Rolle im Spektrum der gegen die kommunistische Diktatur gerichteten Aktivitäten[8].

---

[5] Vgl. dazu: Karl Wilhelm Fricke, Politik und Justiz in der DDR. Zur Geschichte der politischen Verfolgung 1945–1968. Bericht und Dokumentation, 2. Aufl., Köln 1990; Ilko-Sascha Kowalczuk und Stefan Wolle, Roter Stern über Deutschland. Sowjetische Truppen in der DDR 1945 bis 1994, Berlin 2001, S. 82–89.

[6] Beatrix Bouvier, Ausgeschaltet! Sozialdemokraten in der Sowjetischen Besatzungszone und in der DDR 1945–1953, Bonn 1996 (= Politik und Gesellschaftsgeschichte, 45).

[7] Allgemein: Marianne Müller und Egon Erwin Müller, »... stürmt die Festung Wissenschaft!« Die Sowjetisierung der mitteldeutschen Universitäten seit 1945, Berlin 1953; zu Rostock vgl. Thomas Ammer, Universität zwischen Demokratie und Diktatur. Ein Beitrag zur Nachkriegsgeschichte der Universität Rostock, Köln 1969; oder für Ostberlin: Carlo Jordan, Kaderschmiede Humboldt-Universität zu Berlin. Aufbegehren, Säuberungen und Militarisierung 1945–1989, Berlin 2001 (= Forschungen zur DDR-Gesellschaft).

[8] Horst Dähn, Konfrontation oder Kooperation? Das Verhältnis von Staat und Kirche in der SBZ/DDR 1945–1980, Opladen 1992; Peter Helmberger, Blauhemd und Kugelkreuz. Konflikte zwischen der SED und den christlichen Kirchen um die Jugendlichen in der SBZ/DDR, München 2008; Reinhard Henkys, Die Opposition der »Jungen Gemeinde«. In: Widerstand und Opposition in der DDR. Hrsg. von Klaus-Dietmar Henke, Peter Steinbach und Johannes Tuchel, Köln, Weimar, Wien 1999 (= Hannah-Arendt-Institut, Schriften, 9), S. 149–162; Peter Maser, Glauben

Dazu kam der Widerstand bürgerlicher Politiker gegen die Gleichschaltung ihrer Parteien[9].

Mit der Gründung der DDR 1949 erreichte der Widerstand eine neue Qualität. So tauchten im Umfeld der ersten Volkskammerwahl vom 15. Oktober 1950 vermehrt antikommunistische Flugblätter und freiheitliche Parolen auf. Eine nächste Stufe des Widerstandes brachte der auf der 2. Parteikonferenz der SED 1952 verkündete »planmäßige Aufbau des Sozialismus«, der für die Kommunisten mit einer »Verschärfung des Klassenkampfes« verbunden war.

Der wachsende Wille zum Widerstand zeigte sich beispielhaft nach dem Tod des sowjetischen Diktators Stalin im Aufstand vom 17. Juni 1953[10], der ersten antistalinistischen Erhebung in einem Land des sowjetischen Machtbereichs seit der Niederschlagung der gegen die sowjetischen Okkupanten ihrer Länder in Mittelosteuropa und in Osteuropa kämpfenden Freischärler und »Waldbrüder«. Hunderttausende Ostdeutsche forderten im Frühsommer 1953 in mehr als 700 Orten[11] wirtschaftliche Verbesserungen, aber auch das Ende des SED-Regimes, Freiheit, Rechtsstaatlichkeit und die Wiedervereinigung Deutschlands. Es gab Streiks, Unruhen, Demonstrationen und die Besetzung von Parteibüros der SED bzw. von Dienststellen des Ministeriums für Staatssicherheit und von Gefängnissen.

Die Herrschenden hätten sich mit eigenen Kräften wohl kaum an der Macht halten können. Dies war nur durch den Einsatz von Panzern und Truppen der Roten Armee gegen die Bevölkerung möglich. Diese Lehre versuchte die Staatspartei in den folgenden Jahrzehnten stets zu beachten, aber auch den Ostdeutschen war verdeutlicht worden, dass sich zuerst etwas an den Moskauer Machtstrukturen ändern musste, damit sie ihre Freiheit erringen konnten.

---

im Sozialismus. Kirchen und Religionsgemeinschaften in der DDR, Berlin 1989; Hermann Wentker, »Kirchenkampf« in der DDR. Der Konflikt um die Junge Gemeinde 1950–1953. In: Vierteljahrshefte für Zeitgeschichte (VfZ), 42 (1994), Nr. 1, S. 93–128.

9   Günter Buchstab, Widerspruch und widerständiges Verhalten der CDU der SBZ/DDR. In: Materialien der Enquête-Kommission »Aufarbeitung von Geschichte und Folgen der SED-Diktatur in Deutschland«. Hrsg. vom Deutschen Bundestag, Baden-Baden 1995, VII, 1, S. 504–539; Wolfgang Buschfort, Das FDP-Ostbüro. Schwieriger Beginn und schnelles Ende der verdeckten FDP-Ostarbeit. In: Jahrbuch für Liberalismus-Forschung 1998, Nr. 10, S. 93–130; Michael Richter, Die Ost-CDU 1948–1952. Zwischen Widerstand und Gleichschaltung, 2., korr. Aufl., Düsseldorf 1991 (= Forschungen und Quellen zur Zeitgeschichte, 19); Johannes Weberling, Verfolgung und Widerstand von Studenten (RCDS/JU). Die CDU-Hochschulgruppen in der SBZ/DDR, in: Junge Union 1945–1950. Jugendpolitik in der Sowjetisch Besetzten Zone. Hrsg. von Brigitte Kaff, Freiburg i.Br., Basel, Wien 2003, S. 149–207.

10   Unter der vielfältigen Literatur: 50 Jahre 17. Juni 1953. Bibliographie. Hrsg. von Peter Bruhn, Berlin, 2003; Bernd Eisenfeld, Ilko-Sascha Kowalczuk und Ehrhart Neubert, Die verdrängte Revolution. Der Platz des 17. Juni 1953 in der deutschen Geschichte, Bremen 2004 (= BStU. Analysen und Dokumente, 25).

11   Das MfS-Lexikon. Begriffe, Personen und Strukturen der Staatssicherheit der DDR. Hrsg. von Roger Engelmann [u.a.], Berlin 2011, S. 316–321.

Widerstand und Opposition in der DDR vom Bau der Berliner Mauer bis ins Vorfeld der Friedlichen Revolution

Der Widerstand der Vierziger- und Fünfzigerjahre verlor seine gesamtdeutsche Basis und Orientierung und damit seine politische Bedeutung, als mit dem Bau der Berliner Mauer ab dem 13. August 1961 die Hoffnung auf ein nur kurzfristiges Bestehen der DDR und eine baldige deutsche Wiedervereinigung schwand. Allerdings gab es auch in den Jahren nach 1961 immer wieder Akte konsequenten Nein-Sagens, die für das Regime jedoch keine Gefahr mehr waren.

Die jetzt einsetzende Umorientierungsphase im Kampf gegen die SED-Diktatur erstreckte sich bis zur militärischen Niederschlagung des tschechoslowakischen Reformkommunismus durch Truppen des Warschauer Paktes 1968[12]. Der Weg widerständigen Verhaltens führte vom grundsätzlichen Widerstand zur reformorientierten Bürgerbewegung der Siebziger- und Achtzigerjahre, von der Hoffnung auf die Einheit Deutschlands zu der auf die Reformierbarkeit des »Realsozialismus« oder auf die schrittweise Entwicklung einer demokratischen Zivilgesellschaft[13].

Die Aggression gegen die ČSSR am 21. August 1968 und die von der SED durchgesetzte Sprengung von Kirchen in der DDR in diesem Jahr[14] löste eine Erschütterung in Ostdeutschland aus, die noch keinen Platz in der bundesrepublikanischen Erinnerungskultur gefunden hat. Tausende Ostdeutsche verfolgten über westliche Medien und – bei entsprechenden Sprachkenntnissen – auch über diejenigen der ČSSR jede Aktion des Widerstandes der Tschechen und Slowaken[15]. Andere Ostdeutsche, die sich zufällig oder wegen ihrer Sympathien für den »Prager Frühling« in Prag aufhielten, fotografierten die Invasoren und schmuggelten diese Bilder später in die DDR.

Nicht wenige Menschen entschlossen sich zu offenem Protest in Form von Versammlungen auf Plätzen verschiedener Städte, sie brachten Wandlosungen an und verteilten in der Nacht Flugblätter. Dies war nicht ungefährlich und für vie-

---

12 Milan Barta [u.a.], Obeti okupace. Československo 21.8.–31.12.1968, Praha 2008; Lutz Prieß, Václav Kural und Manfred Wilke, Die SED und der »Prager Frühling« 1968. Politik gegen einen »Sozialismus mit menschlichem Antlitz«, Berlin 1996; Stefan Wolle, Die DDR-Bevölkerung und der Prager Frühling. In: Aus Politik und Zeitgeschichte, Bonn, (1992) B 36, S. 35–45; Monika Tantzscher, »Maßnahme Donau und Einsatz Genesung«. Die Niederschlagung des Prager Frühlings 1968/69 im Spiegel der MfS-Akten, Berlin 1994 (= BStU, Analysen und Berichte, Reihe B); Rüdiger Wenzke, Die NVA und der Prager Frühling. Die Rolle Ulbrichts und der DDR-Streitkräfte bei der Niederschlagung der tschechoslowakischen Reformbewegung, Berlin 1995 (= Forschungen zur DDR-Geschichte, 5).

13 Rainer Eckert, Opposition und Repression in der DDR vom Mauerbau bis zur Biermann-Ausbürgerung (1961–1976). In: Archiv für Sozialgeschichte (AfS), 39 (1999), S. 355–390.

14 Unmut rief vor allem die Sprengung der Potsdamer Garnisonkirche und der Leipziger Universitätskirche St. Pauli hervor, vgl. Rainer Eckert, Meine Garnisonkirche. In: Potsdamer Spitze, 12 (2008), S. 7–9; Dietrich Koch, Das Verhör. Zerstörung und Widerstand, 1–3, Dresden 2000; Die Universitätskirche zu Leipzig. Dokumente einer Zerstörung. Hrsg. von Clemens Rosner, Leipzig 2002; Christian Winter, Gewalt gegen Geschichte. Der Weg zur Sprengung der Universitätskirche Leipzig, Leipzig 1998.

15 Hartmut Zwahr, Die erfrorenen Flügel der Schwalbe. DDR und »Prager Frühling«. Tagebuch einer Krise 1968 bis 1970, Bonn 2007 (= Archiv für Sozialgeschichte. Beiheft, 25).

le Schüler und Studenten bedeutete schon ein unvorsichtiges Wort das Ende ihrer Ausbildung. Anders als heute oft behauptet[16], trugen diesen Widerstand aber nicht in erster Linie die Kinder prominenter Kommunisten und Funktionäre, sondern vor allem männliche Lehrlinge und Jungarbeiter in den Südbezirken der DDR[17].

Für viele kritisch denkende Menschen war mit dem Jahr 1968 die Hoffnung auf Reformen im sowjetischen Imperium endgültig gestorben[18]. Die Flucht aus der DDR erschien nicht wenigen die einzige Möglichkeit zu sein, für sie unerträglichen Lebensbedingungen zu entkommen. Wie schon seit dem Bau der Mauer gruben Ostdeutsche immer wieder unter Lebensgefahr unterirdische Tunnel, konstruierten wacklige Fluggeräte, oder rüsteten kleine Boote und Surfbretter zur Überquerung von Grenzflüssen oder der Ostsee um. Das unter den Augen der ostdeutschen Grenzsoldaten und ihrer Bereitschaft zum Einsatz von Schusswaffen lebensgefährliche Durchschwimmen von Wasserläufen war jetzt genauso Zeichen des Protests wie später die Beantragung der Ausreise in die Bundesrepublik.

Nach 1968 maßen kritische Menschen, die ihre Heimat nicht verlassen wollten, die DDR vermehrt an ihren eigenen propagandistischen Ansprüchen. Jetzt entstanden neue Formen widerständigen Verhaltens und neue Trägerschichten der Opposition mit veränderten Artikulationsformen traten auf den Plan. Wichtig für diese Entwicklung war, dass nach der Einführung der Wehrpflicht im Januar 1962 bereits ab September 1964 die SED dieser eine Wehrpflicht ohne Waffen, die »Bausoldaten« zur Seite stellte. »Bausoldaten« und »Totalverweigerer« bildeten zahlreiche informelle Zusammenschlüsse, die schließlich als Teil der Bürgerbewegung im Herbst 1989 handlungsmächtig werden sollten[19]. Gab es bei den Grenztruppen und in der Nationalen Volksarmee darüber hinaus auch weitere Formen widerständigen Verhaltens[20], so waren bezogen auf die Entwicklung der Opposition auf dem Weg zur Friedlichen Revolution von 1989/1990 die Bausoldaten innerhalb des militärischen Bereichs doch entscheidend.

Die sich ab Anfang der Siebzigerjahre entwickelnde Bürger- bzw. Bürgerrechtsbewegung setzte sich personell im Kern aus Mitarbeitern der evangelischen Kirchen,

---

16 Etwa bei Florian Havemann, Havemann, Frankfurt a.M. 2007.
17 Stefan Wolle, Aufbruch nach Utopia. Alltag und Herrschaft in der DDR 1961–1971, Berlin 2011, S. 373–377.
18 Zur Bedeutung von 1968 vgl. Wolle, Aufbruch nach Utopia (wie Anm. 17), S. 415–420.
19 Bernd Eisenfeld, Eine »legale Konzentration feindlich-negativer Kräfte«. Zur politischen Wirkung der Bausoldaten in der DDR. In: Deutschland Archiv (DA), 28 (1995), Nr. 3, S. 256–271; Bernd Eisenfeld, Kriegsdienstverweigerung in der DDR – ein Friedensdienst? Genesis, Befragung, Analyse, Dokumente, Frankfurt a.M. 1978; Peter Grimm: Opposition in Uniform. In: Horch und Guck (HuG), 19 (2010), Nr. 4, S. 20–22; Zivilcourage und Kompromiss. Bausoldaten in der DDR 1964–1990. Hrsg. von Uwe Koch, Berlin 2005 (= Robert-Havemann-Gesellschaft. Schriftenreihe, 9); Uwe Koch, Das Ministerium für Staatssicherheit, die Wehrdienstverweigerer der DDR und die Bausoldaten der Nationalen Volksarmee, Schwerin 1997; Andreas Pausch, Waffendienstverweigerung in der DDR. ... das einzig mögliche und vor dem Volk noch vertretbare Zugeständnis. Hrsg. von Uwe Schwabe und Rainer Eckert, Leipzig 2004.
20 Bernd Eisenfeld, Formen widerständigen Verhaltens in der Nationalen Volksarmee und bei den Grenztruppen. In: Macht Ohnmacht Gegenmacht (wie Anm. 4), S. 231–266; Staatsfeinde in Uniform? Widerständiges Verhalten und politische Verfolgung in der NVA. Hrsg. von Rüdiger Wenzke, Berlin 2005 (= Militärgeschichte der DDR, 5).

aus aus dem Berufsleben verdrängten Menschen, aus Intellektuellen, Künstlern und Angehörigen marginalisierter Jugendgruppen zusammen. Dagegen entwickelten sich innerhalb der Staatspartei SED in dieser Zeit – und das sollte bis zur Friedlichen Revolution 1989/90 so bleiben – keine oppositionellen Gruppierungen von politischer Relevanz[21]. Kritische Geister in der Partei erhofften zwar Veränderungen und Reformen, waren jedoch nicht bereit, auf den Machtanspruch der Kommunisten zu verzichten. Etwas anderes waren unabhängige marxistische bzw. auch maoistische Gruppen, die durchaus mit hohem Mut und Engagement gegen die SED-Diktatur kämpften, wobei allerdings die Frage zu stellen ist, ob sie nicht nur eine Form diktatorischer Herrschaft gegen eine andere austauschen wollten[22].

Auf Beschluss des Politbüros der SED wurde der kritische Liedermacher Wolf Biermann am 16. November 1976 nach dessen Konzert in Köln ausgebürgert. Danach schwanden die legitimatorischen Grundlagen der kommunistischen Diktatur rapide[23]. Es entstand nicht die von der Staatspartei erhoffte Friedhofsruhe an der »ideologischen Front«, sondern ganz im Gegenteil kündigten jetzt Teile der bisher staatstragenden (SED-)Intelligenz dem Regime die Unterstützung auf. Es begann zum einen ein Exodus kritischer Persönlichkeiten, zum anderen orientierten sich die im Lande bleibenden Oppositionellen verstärkt an der von der DDR 1975 in Helsinki auf der Konferenz über Sicherheit und Zusammenarbeit in Europa (KSZE) unterzeichneten Garantie der Menschenrechte. Viele oft bis heute unbekannte Menschen wagten jetzt den Protest und forderten ihre Menschen- und Bürgerrechte ein[24].

Aber selbst in dieser Situation waren große Teile der Bürgerbewegung der Achtzigerjahre vom Traum eines »Sozialismus mit menschlichem Antlitz« geprägt. Oppositionelle stellten nicht die Machtfrage, sondern forderten Partizipation. Forderungen nach einer solidarischen Gesellschaft, einem Rechtsstaat, nach Gewaltenteilung, Bürgerrechten und Meinungsfreiheit scheiterten jedoch an der Verweigerung jeglichen Dialogs durch die SED. Christliche Ethik, Abrüstungsengagement und Sorgen über die Gefährdung der Existenz der Menschheit waren wichtige verbindende Elemente der Opposition.

Letztlich sprachen die Bürgerrechtler der ostdeutschen Diktatur ab, die Verwirklichung eines sozialistischen Gesellschaftsmodells zu sein. Diese Kritik verband sich in der Regel mit der Ablehnung des westlichen »Industriekapitalismus«. Gleichzeitig entwickelten sich alternative Lebenswelten und die kulturelle Szene der DDR belebten autonom gestaltete Ausstellungen, Lesungen und

---

21 Zum Versuch, oppositionelle Gruppierungen in der SED aufzuwerten vgl. Visionen. Repression und Opposition in der SED (1949–1989). Hrsg. von Thomas Klein, Wilfriede Otto und Peter Grieder, Bd 1–2, Frankfurt a.d.O 1996.

22 Tobias Wunschik, Die maoistische KPD/ML und die Zerschlagung ihrer »Sektion DDR« durch das MfS, Berlin 1997; Tobias Wunschik, Maoistische Opposition gegen das Honecker-Regime. Die »Sektion DDR« der KPD/ML. In: Jahrbuch für historische Kommunismusforschung, 1998, S. 187–201.

23 In Sachen Biermann: Protokolle, Berichte und Briefe zu den Folgen einer Ausbürgerung. Hrsg. von Roland Berbig [u.a.], Berlin 1994; Die Ausbürgerung. Anfang vom Ende der DDR. Hrsg. von Fritz Pleitgen, Berlin 2001.

24 Demokratie jetzt oder nie! Diktatur. Widerstand. Alltag. Red. Anne Martin, Leipzig 2008, S. 172–177.

Theateraufführungen. Schließlich gewann auch die Hoffnung auf die Errichtung einer demokratischen Zivilgesellschaft an Bedeutung.

Die weitere Entwicklung oppositionellen Denkens und Handelns prägten ganz unterschiedliche Ereignisse. Die Selbstverbrennung des evangelischen Pfarrers Oskar Brüsewitz am 18. August 1976 in Zeitz aus Protest gegen die kommunistische Jugendpolitik der SED verstärkte die Kritik an einer Politik der »Kirche im Sozialismus«[25], und Rudolf Bahros Buch über die Reform des Realsozialismus Die Alternative, das 1977 in der Bundesrepublik erschien[26], kritisierte von einer marxistischen Position aus massiv das wirtschaftliche und politische System der DDR. Die Wirkung dieser Arbeit wurde auch dadurch nicht verhindert, dass die SED ihren Kritiker einkerkerte. Allerdings beschränkte sie sich im Wesentlichen auf den Kreis der Oppositionellen, die vor einem marxistischen Hintergrund agierten.

Ähnlich wie Bahro argumentierte die Symbolfigur der ostdeutschen Opposition, der Altkommunist Robert Havemann, den die SED-Führung wegen seiner regimekritischen Schriften aus dem Berufsleben verdrängte und in Grünheide bei Berlin unter Hausarrest stellte[27]. 1978 erschien dann in der Bundesrepublik ein gegenüber der SED-Diktatur höchst kritisches und auf die deutsche Wiedervereinigung orientiertes Manifest einer Gruppe »demokratischer Kommunisten«, um den Ost-Berliner Wissenschaftler und Geheimdiplomaten Hermann von Berg, das innerhalb der DDR jedoch ähnlich wie Bahros Buch weitgehend ohne Resonanz blieb[28]. Neue Hoffnungen auf Veränderung und Reformen keimten auch Anfang der Achtzigerjahre mit der in Polen entstandenen unabhängigen Gewerkschaftsbewegung »Solidarność« auf, die allerdings vorerst von der kommunistischen Führung in Warschau unterdrückt werden konnte[29].

Auch zu diesem Zeitpunkt war die SED wiederum nur in der Lage, auf Kritik und Reformbestrebungen repressiv zu reagieren, allerdings änderte sie jetzt die Form der politischen Unterdrückung. An die Stelle offenen und verdeckten Terrors trat die »flächendeckende Überwachung« mit Hilfe von im Laufe der Jahre hundert-

---

25   Helmut Müller-Enbergs, Wolfgang Stock und Marco Wiesner, Das Fanal. Das Opfer des Pfarrers Brüsewitz aus Rippicha und die evangelische Kirche, Münster 1999; Das Signal von Zeitz. Reaktionen der Kirche, des Staates und der Medien auf die Selbstverbrennung von Oskar Brüsewitz. Eine Dokumentation. Hrsg. von Harald Schultze, Leipzig 1993.

26   Rudolf Bahro: Die Alternative. Zur Kritik des real existierenden Sozialismus, Köln 1977; Guntolf Herzberg, Kurt Seifert, Rudolf Bahro. Glaube an das Veränderbare. Eine Biographie, Berlin 2002.

27   Vgl. Robert Havemann. Ein deutscher Kommunist. Rückblicke und Perspektiven aus der Isolation. Hrsg. von Manfred Wilke, Reinbek 1978, S. 85–103; Robert Havemann, Dialektik ohne Dogma? Aufsätze, Dokumente und die vollständige Vorlesungsreihe zu naturwissenschaftlichen Aspekten philosophischer Probleme. Hrsg. von Dieter Hoffmann, Berlin 1990; Robert Havemann, Fragen – Antworten – Fragen. Aus der Biographie eines deutschen Marxisten, München 1970; Die Entlassung. Robert Havemann und die Akademie der Wissenschaften. Hrsg. von Silvia Müller und Bernd Florath, Berlin 1996.

28   DDR. Das Manifest der Opposition. Eine Dokumentation. Fakten. Analysen. Berichte, München 1978; Dominik Geppert, Störmanöver. Das »Manifest der Opposition« und die Schließung des Ost-Berliner »Spiegel«-Büros im Januar 1978, Berlin 1996 (= Forschungen zur DDR-Gesellschaft).

29   Hartmut Kühn: Das Jahrzehnt der Solidarność. Die politische Geschichte Polens 1980–1990, Berlin 1999.

tausender Inoffizieller Mitarbeiter (IM) des Ministeriums für Staatssicherheit[30]. Diese Zuträger hatten die Opposition zu überwachen und zu »zersetzen«, galten die Aktivitäten der Bürgerrechtler doch als »politisch-ideologische Diversion«, die aus dem Westen gesteuert werde. Gleichzeitig trieb die kommunistische Führung der DDR die Militarisierung des Landes auch in zivilen Bereichen wie Universitäten und Schulen voran und bereitete sich auf eine kriegerische Auseinandersetzung mit dem Westen vor[31].

Die Bürgerbewegung der späten 1970er und der Achtzigerjahre bestand schließlich aus engagierten Bürgern, die besonders auf die Einhaltung von Menschenrechten im Realsozialismus Einfluss nehmen wollten. Ähnlich wie andere Gruppen mit zivilgesellschaftlichen Vorstellungen im Ostblock beriefen sie sich auf die menschen- und bürgerrechtlichen Forderungen der Helsinki-Konferenz und waren eng mit der Friedensbewegung verbunden, die ihre Kristallisationspunkte ab 1971 in der sozialdiakonischen »offenen Arbeit« mit Jugendlichen, ab 1972 im jährlichen »Friedensseminar Königswalde« und ab etwa 1980 in Friedenskreisen der Jungen Gemeinden und in Evangelischen Studentengemeinden fanden. Vor dem Hintergrund der repressiven SED-Politik arbeiteten in der DDR in den Achtzigerjahren zahlreiche systemkritische Friedens-, Umwelt-, Dritte-Welt-, Frauen- und Menschenrechtsgruppen[32]. Zusammenschlüsse von Minderheiten und Hauskreise ergänzten dieses Spektrum.

Die Friedensbewegung stand unter dem Motto »Schwerter zu Pflugscharen« und fand auch durch eine Schmiedeaktion des Theologen Friedrich Schorlemmer im Juni 1983 auf dem Kirchentag in Wittenberg öffentliche Resonanz[33]. Für ihre zunehmende Vernetzung waren die Friedensdekaden der evangelischen Kirchen, die Arbeit der »Frauen für den Frieden«, die Seminare »Frieden konkret«, die Umweltbibliothek an der Ostberliner Zionskirche, das »Grün-ökologische Netzwerk Arche«, der »Arbeitskreis Solidarische Kirche« und der »Freundeskreis Wehrdiensttotalverweigerer« wichtig.

Neben dieser politischen Opposition gewann auch die subkulturelle Szene mit ihren zahlreichen Zeitschriften, Musikveranstaltungen, ihrer subversiven bildenden Kunst und ihren Lesungen an Einfluss. Dazu kam ein Netz von Bibliotheken. Dieses zunehmend dichte, dezentrale Kommunikationssystem bildete eine Gesellschaft »en miniature« als »Keimzelle für eine demokratische Gesellschaft«[34]. Hier konnten

---

[30] Zu den IM: Inoffizielle Mitarbeiter des Ministeriums für Staatssicherheit. 1. Richtlinien und Durchführungsbestimmungen, 3. durchges. Aufl.; 2. Anleitungen für die Arbeit mit Agenten, Kundschaftern und Spionen in der Bundesrepublik Deutschland. – 2. Aufl.; 3. Statistiken. Hrsg. von Helmut Müller-Enbergs, Berlin 1998–2008 (= BStU, Analysen und Dokumente, 3.10).

[31] Verschiedentlich thematisiert, etwa in: Otto Wenzel, Der Nationale Verteidigungsrat der DDR 1960–1989, Köln 1995.

[32] Zu ihren Forderungen vgl. Rainer Eckert, Die revolutionäre Krise am Ende der achtziger Jahre und die Formierung der Opposition. In: Materialien der Enquête-Kommission »Aufarbeitung von Geschichte und Folgen der SED-Diktatur in Deutschland«. Hrsg. vom Deutschen Bundestag, Baden-Baden 1995, Bd VII, 1, S. 667–757.

[33] Rainer Eckert und Kornelia Lobmeier, Schwerter zu Pflugscharen. Geschichte eines Symbols, Bonn 2007.

[34] Ulrike Poppe, Das kritische Potential der Gruppen in Kirche und Gesellschaft. In: Die Legitimität der Freiheit. Politisch alternative Gruppen in der DDR unter dem Dach der Kirche. Hrsg. von Detlef Pollack, Frankfurt a.M. 1990, S. 70.

solidarisches Verhalten, freier Meinungsaustausch und Demokratiefähigkeit geübt
werden. Feste Organisationsstrukturen oder vorgefertigte Programme existierten dagegen nicht.

Die Unterstützung der Bürgerbewegung durch den Westen war gering. In den
Achtzigerjahren waren dagegen einzelne Gemeinden der evangelischen Landeskirchen
in der DDR Schutzraum der sich entwickelnden Bürgerbewegung, die nach Angaben
der Staatssicherheit im Mai 1989 etwa 150 kirchliche Basisgruppen mit ca. 2500
aktiven Mitgliedern umfasste. Die Geheimpolizei der SED zählte darüber hinaus
ca. 5000 Sympathisanten der Opposition und meinte, 600 Personen seien in deren
Führungsgremien tätig und 60 von denen würden wiederum den »harten Kern« bilden[35]. Das Lebensalter der Aktivisten der Bürgerbewegung lag zwischen 25 und 40
Jahren, regionale Schwerpunkte waren in Ostberlin, in sächsischen, thüringischen
und anhaltinischen Groß- und Mittelstädten. Aufgrund des in der DDR-Hauptstadt
akkreditierten internationalen Pressekorps mit vielen westlichen Korrespondenten
war es für die Berliner Gruppen einfacher, Kontakte zu Journalisten aus dem
Westen herzustellen. Die hauptstädtischen Gruppen waren durch diesen Zugang zur
Öffentlichkeit zum einen bekannter und zum anderen besser geschützt. Die oppositionellen Gruppen im Süden der DDR, die besonders in Leipzig zu Messezeiten mit
ihren Aktionen stark auf die Straße drängten, konnten einen solchen Schutz nicht
im gleichen Maße in Anspruch nehmen.

International war die Situation bezogen auf oppositionelle Bestrebungen in
der DDR und die anderen Staaten des »sozialistischen Weltsystems« dadurch geprägt, dass sich mit der Wahl des Polen Kardinal Karol Wojtyła 1978 zum Papst,
mit der Gewerkschaftsbewegung Solidarität 1980 in Polen und mit der Politik des
Generalsekretärs der KPdSU, Michail Gorbačëv, ab 1985 Entscheidendes geändert
hatte. Dabei war Gorbačëv mit seiner Politik von »Perestrojka« und »Glasnost« ein
Getriebener, der vor wachsenden wirtschaftlichen und sozialen Schwierigkeiten in
eigenem Land stand, die sowjetischen Truppen (letztlich besiegt) aus Afghanistan zurückziehen musste und der US-amerikanischen Hochrüstung nichts Adäquates entgegenzusetzen hatte. Die Unterstützung der USA und ihrer Präsidenten ermöglichte
dann nur wenige Jahre später auch wesentlich die deutschen Wiedervereinigung, die
viele westeuropäische Staatsmänner mit großer Skepsis betrachteten.

Parallel besonders zu den von ihr abgelehnten Moskauer Reformbestrebungen
verlor die SED zunehmend ihr Sendungsbewusstsein sowie den lange Jahrzehnte
scheinbar unerschütterlichen Glauben an die eigene Sache und ihre gesetzmäßig ver-
ankerte »historische Mission«[36]. Gleichzeitig unterminierten die Entspannungspolitik
des Westens und die Deutschland- bzw. Ostpolitik der Bundesregierung das starre Freund-Feind-Denken und damit eine Grundvoraussetzung der diktatorischen
Systeme des Ostens.

Mit dem Amtsantritt Gorbačëvs war zwar die Hoffnung auf eine von Moskau
ausgehende Reform des kommunistischen »Weltsystem« gewachsen und auch die

---

[35] Eckert, Die revolutionäre Krise (wie Anm. 32), S. 688–694.
[36] Zum inneren Zerfall der DDR: Ilko-Sascha Kowalczuk, Endspiel. Die Revolution von 1989 in der
      DDR, München 2009, S. 301–404.

Angst vor einer erneuten sowjetischen Intervention in der DDR im Falle von gesellschaftlichen Veränderungen verringerte sich allmählich, jedoch war bis zum Spätherbst 1989 das Eingreifen der Westgruppe der Sowjetarmee bei einem drohenden Systemwandel nicht auszuschließen.

Für die Kräfte in der SED, die eine vorsichtige Reform unter bestimmten Umständen akzeptierten, war es demoralisierend, dass ihre Parteiführung auf die neuen Entwicklungen nur negativ und repressiv reagierte und beispielsweise die Aufführung sowjetischer Spielfilme in der DDR und die Verbreitung der Zeitschrift Sputnik im November 1988 verbot. Dies löste innerhalb der Partei interne Proteste aus, während die brutale Razzia der Staatssicherheit in der Druckerei der Ost-Berliner Umweltbibliothek zu öffentlichem Widerstand etwa durch Mahnwachen in evangelischen Kirchen führte. Besonders mobilisierend auf die oppositionellen Gruppen wirkten der Nachweis des Wahlbetrugs der SED bei der Kommunalwahl vom Mai 1989 und die Proteste gegen den Einsatz von Panzern gegen die chinesische Demokratiebewegung in Peking im Sommer 1989 auf dem »Platz der Himmlischen Friedens«[37].

Hatten lange Jahre keine festen organisatorischen Strukturen der Opposition bestanden und die Gruppen sich inhaltlich oft nur vage festgelegt, so änderte sich dies jetzt[38]. Schließlich wagte mit der »Initiative Frieden und Menschenrechte« (IFM), die im September 1985 bzw. im Januar 1986 entstanden war, Anfang 1989 eine Gruppe den entscheidenden Schritt und trat unter dem Dach der evangelischen Kirchen hervor in die Öffentlichkeit. Die DDR-Staatssicherheit verlor immer mehr die Kontrolle über diese Gruppen, die sich sowohl demokratisch-sozialistisch als auch christlich, zivilgesellschaftlich und bürgerlich-demokratisch organisierten. Beschleunigende Wirkung hatte schließlich ab 1988 auch der »Konziliare Prozess für Gerechtigkeit, Frieden und Bewahrung der Schöpfung«. Die vorherige Selbstisolation in privaten oder kirchlichen Räumen wurde überwunden. Der entscheidende Schritt war damit getan, die Diktatur taumelte von Tag zu Tag schneller ihrem Untergang entgegen.

Die Friedliche Revolution gegen die kommunistische deutsche Diktatur

Die ostdeutschen Bürgerrechtler sammelten sich zwischen Ende Juli und September 1989 schließlich in neuartigen Zusammenschlüssen in Form von Parteien und Bewegungen, die politisch handlungsfähig waren[39]. Dieser Prozess einer raschen

---

37   Die Tiananmen-Akte. Die Geheimdokumente der chinesischen Führung zum Massaker am Platz des Himmlischen Friedens. Hrsg. von Andrew J. Nathan und Perry Link, München, Berlin 2001.

38   Eckert: Die revolutionäre Krise (wie Anm. 32); Karsten Timmer, Vom Aufbruch zum Umbruch. Die Bürgerbewegung in der DDR 1989, Göttingen 2000 (= Kritische Studien zur Geschichtswissenschaft, 142).

39   Unter der Vielzahl der zur Friedlichen Revolution besonders im Jubiläumsjahr 2009 erschienenen Arbeiten seien hier nur die wichtigsten genannt: Revolution und Vereinigung 1989/90. Als in Deutschland die Realität die Phantasie überholte. Hrsg. von Klaus-Dietmar Henke, München 2009; Kowalczuk, Endspiel (wie Anm. 36); Ehrhart Neubert, Unsere Revolution. Die Geschichte

Selbstorganisation begann unter permanenter Gewaltandrohung und Beobachtung durch die Stasi und wurde durch die Massenflucht Ostdeutscher im Sommer über Ungarn und durch die Besetzungen bundesdeutscher Botschaften durch Fluchtwillige wie etwa in Prag verstärkt. Die Grenzen der DDR wurden durchlässig und ihr geschlossener politischer Raum aufgebrochen[40]. Die Oppositionellen handelten jetzt öffentlich und nahmen den Kampf gegen das Informationsmonopol der SED auf.

Die Friedliche Revolution[41] begann, als die Massenflucht so anschwoll, dass sie das Regime akut bedrohte. Grundsätzlich entspricht die Anwendung des Revolutionsbegriffs auf die Ereignisse ab Spätsommer 1989 den wissenschaftlich definierten Revolutionscharakteristiken. Es geht dabei um eine grundlegende gesellschaftliche Umwälzung, die in kurzer Zeit und unter Beteiligung erheblicher Teile der Bevölkerung vor sich geht. Dabei ist der immer wieder strittige Punkt der der weitgehenden Gewaltfreiheit, der auch durch das internationale Umfeld ermöglicht wurde, wobei der Politik Gorbačevs eine besondere Bedeutung zukommt.

Die in einem einzigartigen ostmitteleuropäischen Zyklus im zuvor sowjetisch beherrschten Ostblock siegenden Revolutionen zwischen 1989 und 1991 haben bewiesen, dass auch diktatorische Regimes ohne extensive Gewaltanwendung abzulösen sind. Ihr weitgehend gewaltfreier Verlauf lässt gerade zwangsläufig von Friedlichen Revolutionen sprechen, auch wenn sich die klassische Revolutionstheorie an blutigen Vorbildern wie der französischen Revolution zweihundert Jahre zuvor orientiert. Genauso wenig kann dieser neuartige Revolutionsbegriff dadurch in Frage gestellt werden, dass vor 1989 besonders konservative Historiker mit der Vorstellung von Revolutionen Fehlentwicklungen im Prozess der Entfaltung der Menschheit durch Reformen verbanden. Zwischen 1989 und 1991 verlief die Entwicklung in Zentral- und Osteuropa aber anders, denn der Sturz der kommunistischen Regimes und damit eine globale Zeitenwende wurden weitgehend ohne Anwendung exzessiver Gewalt erzwungen.

In der DDR brachte die Revolution einen grundlegenden Wechsel aller gesellschaftlichen Bereiche mit sich. Allein deshalb verbietet sich der Begriff »Wende« grundsätzlich und sollte im wissenschaftlichen und öffentlichen Sprachgebrauch nicht mehr verwendet werden. Dass dies möglich ist, zeigt etwa die Tatsache, dass der Revolutionsbegriff 1989/1990 in Politik und Publizistik weitaus selbstverständli-

---

der Jahre 1989/90, München; Zürich 2008; Michael Richter, Die Friedliche Revolution. Aufbruch zur Demokratie in Sachsen 1989/90. 1–2, Göttingen 2009 (= Schriften des Hannah-Arendt-Instituts für Totalitarismusforschung, 38); Andreas Rödder, Deutschland einig Vaterland. Die Geschichte der Wiedervereinigung, München 2009; Wolfgang Schuller, Die deutsche Revolution, Berlin 2009.

40 Neubert, Unsere Revolution (wie Anm. 39), S. 70.

41 Dieser Begriff hat sich in der Diskussion seit 2009 weitgehend durchgesetzt, vgl. die Literaturangaben in: Eckert, SED-Diktatur (wie Anm. 1); zum Revolutionsbegriff auch: Rainer Eckert, Revolution, Zusammenbruch oder »Wende«. Das Ende der zweiten Diktatur auf deutschem Boden im Meinungsstreit. In: Die DDR zwischen Mauerbau und Mauerfall. Hrsg. von Heiner Timmermann, Münster, Hamburg, London 2003 (= Dokumente und Schriften der Europäischen Akademie Otzenhausen, 98), S. 419–448.

cher angewandt worden ist als in den Jahren danach[42]. Dafür gibt es unterschiedliche Gründe. Dazu gehört wohl auch die Unbestimmtheit des Begriffs »Wende«, die keine persönliche Stellungnahme verlangt, und die Tatsache, dass sich viele Revolutionäre davor scheuen, sich selbst als solche zu bezeichnen[43].

Richtig ist dagegen, dass die Friedliche Revolution in der DDR ein Aufbruch der kleinen Leute war, die ihre Mündigkeit gewannen und als Souverän agierten. So gelang es, die jahrhundertealte nationale Frage der deutschen Einheit in Freiheit zu lösen. International gesehen gehört die Revolution in der DDR in eine Serie von Freiheitsrevolutionen, die bestätigen, dass Revolutionen und Freiheitskämpfe zu den genuin europäischen Traditionen gehören.

Die Festlegung auf die Chiffre einer friedlichen als ersten erfolgreichen Revolution in Deutschland bringt allerdings Forschungsprobleme und -kontroversen mit sich. Zu den noch offenen Fragen zählt der konkrete Ablauf des 9. Oktober auf der Ebene der politischen Führung und die nach der Haltung der bewaffneten Kräfte und den Gründen dafür, dass beispielsweise die Nationale Volksarmee (NVA) nicht militärisch eingriff und auch später die Maueröffnung nicht verhinderte bzw. versuchte rückgängig zu machen[44].

Bei der Diskussion über den 9. Oktober ist die zunehmend dominierende Auffassung, dass die Revolution durch das Handeln der Ostdeutschen auf den Straßen maßgeblich vorangetrieben wurde und diese schließlich auch die deutsche Einheit ermöglichten. Dem entgegen steht die Meinung, dass die DDR »implodiert« sei, dass es letztlich also auch keine Revolution gegeben habe und stattdessen das Handeln »großer Männer« und internationaler Mächte entscheidend gewesen sei[45]. Hier wird der Zyklus friedlicher Revolutionen in Mittelosteuropa letztlich aus der historischen Meistererzählung verbannt (und damit auch die Rolle von Widerstand, Opposition und Dissidenz im Vorfeld) und durch die Wirkung der Reformpolitik Gorbačevs, der eine Diktatur mit letztlich untauglichen Mitteln retten wollte, und der Hochrüstungspolitik der USA ersetzt.

Weitere noch offene Fragen und notwendig zu führende Diskussionen sind mit dem Vergleich der Revolutionen der Jahre ab 1989 untereinander verbunden sowie mit dem Verhältnis zwischen den »friedlichen« und den »klassischen« Revolutionen im nationalen und internationalen Rahmen. Gänzlich ungeklärt ist etwa die Erfassung einer Revolution wie der »orangenen« in der Ukraine durch einen übergreifende Revolutionsbegriff, und noch mehr gilt das für die Revolutionen, Aufstände und Kämpfe der Jahre ab 2011 in den arabischen Ländern. Sie ohne Umstände dem

---

[42] Bernd Lindner, Die demokratische Revolution in der DDR 1989/90. Überarbeitete und aktualisierte Neuauflage, Bonn 2010 (= Zeitbilder), S. 175–183.

[43] Rainer Eckert, Gegen die Wende-Demagogie, für den Revolutionsbegriff. Anmerkungen zu Michael Richter, Die Wende. Plädoyer für eine umgangssprachliche Benutzung des Begriffs. In: DA, 40 (2007), Nr. 6, S. 1084–1086.

[44] Zur Situation in den NVA-Kasernen: Peter Grimm, Panzer und Revolution. Dienst bei der NVA im Herbst 1989. In: HuG, 19 (2010), Nr. 70, S. 32–35.

[45] Betonung der starken Rolle von Persönlichkeiten etwa bei Andreas Wirsching, Die Mauer fällt. Das Ende des doppelten Deutschland. In: Das doppelte Deutschland. 40 Jahre Systemkonkurrenz. Hrsg. von Udo Wengst und Hermann Wentker, Berlin 2008, S. 333–374.

Zyklus mittelosteuropäischer Revolution der Jahre ab 1989 gleichzusetzen, erscheint mir schon jetzt als verfehlt.

Im realen Ablauf der Ereignisse vom Herbst 1989 kamen die internen Diskussionsprozesse über die endgültigen Organisationsformen der Bürgerrechtler im September zum Abschluss. Jetzt gliederte sich die kritische Zivilgesellschaft in die Gruppe derjenigen, die sich zu Parteien zusammenschlossen und denjenigen Dissidenten, die größere durchstrukturierte und hierarchisierte Organisationen weiterhin ablehnten und sich stärker basisdemokratisch organisierten. Zwischen beiden Lagern gab es jedoch Berührungspunkte und einen Konsens in den Demokratisierungsforderungen.

Überall spielten Rechts- und hier besonders Menschenrechtsfragen eine herausragende Rolle. Gleichzeitig standen sowohl neue Parteien als auch Gruppen in der Tradition von »68-Ost«, als der Erfahrung der Niederschlagung des »Prager Frühlings«. Die Mehrheit ihrer Aktivisten war spätestens seit Anfang der Achtzigerjahre in der oppositionellen Szene aktiv gewesen, hatte eigene Erfahrungen in der Auseinandersetzung mit Staatspartei und Staatssicherheit gesammelt und kannte sich in der Regel persönlich gut.

Dazu kamen jetzt weitere, politisch aktive Menschen, was jedoch nichts daran änderte, dass in vielen Initiativen evangelische Theologen und kirchliche Mitarbeiter dominierten. Bei der Zugehörigkeit zu den politisch handelnden oppositionellen Gruppierungen spielten schließlich auch Zufälle und persönliche Zu- oder Abneigung eine Rolle[46].

Insgesamt konnte dabei die am 9. September 1989 gegründete, auf Diskurs mit den Herrschenden und auf Reform orientierte Sammlungsbewegung »Neues Forum«[47] die größte öffentliche Aufmerksamkeit und Wirkung erreichen. Mit Forderungen nach Gerechtigkeit, Demokratie, Frieden und Bewahrung der Natur entwickelte sich das »Neue Forum« zu einem Motor der Revolution. Von besonderer Bedeutung im Kampf gegen die Diktatur war dann die nach illegalen Zusammenkünften im Sommer 1989 am 7. Oktober 1989 im brandenburgischen Schwante neu gegründete ostdeutsche Sozialdemokratie, die den Herrschaftsanspruch der SED als »Partei der vereinten Arbeiterklasse« massiv und zentral in Frage stellte und damit die konsequenteste Absage an das kommunistische System formulierte[48]. Weitere wichtige Gründungen der ersten Revolutionsphase waren darüber hinaus der »Demokratische Aufbruch« (DA) und »Demokratie Jetzt« (DJ), andere Gruppen und Parteien folgten.

Schließlich wagten sich in der DDR immer mehr Menschen zum Protest auf die Straßen und trieben die Revolution voran. Diese Revolution lässt sich in zwei Phasen unterteilen. Da ist zuerst die demokratische und am Beginn reformorientierte

---

[46] Ilko-Sascha Kowalczuk, Was wollten die Bürgerrechtsbewegungen? Was wollte die Gesellschaft? In: Der Weg zur Wiedervereinigung. Voraussetzungen – Bedingungen – Verlauf. Hrsg. von Andreas H. Apelt, Berlin 2010, S. 25–39.

[47] Zur geistigen Vorbereitung des »Neuen Forums« gehört folgende Monographie: Rolf Henrich, Der vormundschaftliche Staat. Vom Versagen des real existierenden Sozialismus, Reinbek bei Hamburg 1989.

[48] Zu den Zielen der neuen Gruppen und Parteien: Eckert, Die revolutionäre Krise (wie Anm. 32), S. 704–721.

Phase, wobei der Demonstration der 70 000 mit dem Ruf »Wir sind das Volk« am 9. Oktober 1989 in Leipzig eine Schlüsselfunktion zukommt[49]. Dies sollte jedoch nicht zu einer Kontroverse mit anderen Städten um ihren Anteil am revolutionären Geschehen führen. Besonders sind hier Dresden mit der Beendigung brutaler Gewaltanwendung durch die Herrschenden durch die Gründung der »Gruppe der 20« und den dadurch ermöglichten Dialog sowie Plauen als die Stadt zu nennen, in der bereits am 7. Oktober die Staatsmacht vor den Demonstranten zurückwich und schließlich auf Gewaltanwendung verzichtete[50].

In ihrer Ernsthaftigkeit und Wahrhaftigkeit hatten die Demonstrationen schließlich die Öffnung der Berliner Mauer und der innerdeutschen Grenze am 9. November 1989 erzwungen. Entscheidend war dabei nicht ein angeblicher Fehler eines Mitglieds des Politbüros auf einer internationalen Pressekonferenz bei der Mitteilung über kommende Reisefreiheit, sondern dass er durch die Entwicklung auf der Straße zu dieser Stellungnahme gezwungen worden war und die Menschen in Ost-Berlin sofort zu den Grenzübergängen strömten, um diese aufzubrechen. Jetzt wandelte sich der Ruf »Wir sind das Volk« zu »Wir sind ein Volk«. Damit konnte der Vereinigungsprozess zwischen beiden deutschen Teilstaaten beginnen. Dem hatten die herrschenden Kommunisten letztlich nichts mehr entgegenzusetzen.

Zuerst hatten nach der Maueröffnung auch die bisher systemtreuen Blockparteien begriffen, dass sie weitere Bündnistreue zur Staatspartei mit ihrem Untergang bezahlen würden und kündigten daher am 13. November 1989 der SED die Gefolgschaft auf. Jetzt verloren die Staatssozialisten schnell eine Machtposition nach der anderen. Dass die neue Regierung unter dem vermeintlichen SED-Reformer Hans Modrow, den die Volkskammer ebenfalls am 13. November zum Vorsitzenden des Ministerrats gewählt hatte, am 17. November in seiner Regierungserklärung den »Willen zur Erneuerung der sozialistischen Gesellschaft und ihres Staates« verkündete, konnte diesen Zerfallsprozess des SED-Staates nicht aufhalten.

Gleichzeitig plante Modrow eine »Vertragsgemeinschaft« zwischen den beiden deutschen Staaten und eine »sozialistische Marktwirtschaft« in der DDR. Besonders schadete seiner Regierung die Absicht, das Ministerium für Staatssicherheit unter Tarnbezeichnungen zu erhalten. »Runde Tische« und Bürgerräte begannen die Stasi, aber auch Parlamente und Verwaltungen zu kontrollieren. Wichtig war in diesem Zusammenhang, dass ab dem 4. Dezember 1989 Revolutionäre – zuerst in der Erfurter Andreasstraße – die Dienststellen der Geheimpolizei besetzten und mit dem

---

[49] Ruf aus Leipzig. 40 + 20 = 60 Jahre Bundesrepublik, in: DA 40 (2007) Nr. 5, S. 859 f.; Leipziger Thesen. In: DA 42 (2009) Nr. 5, S. 801–803; Literatur zu Leipzig z.B. Thomas Ahbe, Michael Hofmann und Volker Stiehler, Wir bleiben hier! Erinnerungen an den Leipziger Herbst `89. Mit einer Chronik von Uwe Schwabe, Leipzig 1999; Rainer Eckert, Der 9. Oktober. Tag der Entscheidung in Leipzig. In: Henke, Revolution (wie Anm. 33), S. 213–223; Martin Jankowski, Der Tag, der Deutschland veränderte. 9. Oktober 1989, Leipzig 2007 (LStU Sachsen, Schriftenreihe, 7); Reiner Tetzner, Kerzen-Montage verändern die Welt. Warum die Waffen wirklich schwiegen, Leipzig 2009; Hartmut Zwahr, Ende einer Selbstzerstörung. Leipzig und die Revolution in der DDR, 2. Aufl., Göttingen 1993.

[50] Lindner, Demokratische Revolution (wie Anm. 42), S. 95–98.

Sturm auf das Ministerium für Staatssicherheit in Ost-Berlin am 15. Januar 1990 den Anstoß zur endgültigen Auflösung der Stasi gaben.

Die zweite Phase der Revolution mit ihrem parlamentarischen und auf die nationale Wiedervereinigung gerichteten Charakter begann mit der ersten freien Volkskammerwahl am 18. März, deren Wahlkampf durch die Frage der Wiedervereinigung und den Einfluss bundesdeutscher Parteien und Politiker geprägt war. Die Wahl gewannen unerwartet die in der »Allianz für Deutschland« vereinten konservativen Parteien und eine Koalitionsregierung aus CDU, Deutscher Sozialer Union (DSU), DA, SPD und Bund Freier Demokraten kam ins Amt, die sich die Einheit Deutschlands aufs Panier schrieb.

Diese neue Konstellation wird von verschiedenen Autoren nicht als zweite Phase der Revolution begriffen, sondern als eine Übergangszeit zur Wiedervereinigung, die immer stärker von bundesdeutschen Akteuren und internationalen Zusammenhängen geprägt war[51]. In jeden Fall kam die Wiedervereinigung in greifbare Nähe, als die Bundesregierung unter Helmut Kohl die Chance zu ihrer Realisierung aufgriff und es gelang, in den »2 + 4 Verhandlungen« mit der Bestätigung der polnischen Westgrenze die Zustimmung der Siegermächte des Zweiten Weltkrieges zur Vereinigung zu erreichen. Der Weg dahin führte über eine Währungs-, Wirtschafts- und Sozialunion und erfuhr dadurch eine Beschleunigung, dass die Sowjetunion dringend auf wirtschaftliche und finanzielle Hilfe angewiesen war und die Regierung der USA die Wiedervereinigung konsequent unterstützte[52].

In der DDR waren die Bürger seit dem Spätsommer 1989 beispiellos politisiert, was sich in zahllosen Aufrufen, Appellen und Stellungnahmen sowie in Gründungen der unterschiedlichsten Gremien, Verbände und Organisationen ausdrückte. Diese waren in aller Regel autonom und von der Bürgerbewegung im engeren Sinn weder initiiert noch koordiniert. Hunderttausende Menschen demonstrierten, sprachen auf Versammlungen, verfassten Resolutionen, malten Plakate, besetzten Häuser, spürten der Stasi nach, bildeten Menschenketten, druckten Flugblätter, setzten ihre Chefs ab und wählten unabhängige Studenten- bzw. Betriebsräte[53]. Allen gemeinsam war dabei die Frontstellung gegen die Diktaturpartei SED und das Glücksgefühl, endlich autonom handeln zu können.

Die Entwicklung im Frühling 1990 war jedoch auch durch die Anpassung an Strukturen und gesellschaftliche Verhältnisse der »alten« Bundesrepublik geprägt. So bildeten sich auf der einen Seite weitere zivilgesellschaftliche Strukturen wie ostdeutsche Mietervereine, ein Unternehmerverband und ein Beamtenbund, auf der anderen Seite zogen jedoch bundesdeutsche Institutionen mit ihrem Personal in die DDR ein und übernahmen zunehmend die Macht und Spitzenpositionen.

Beachtlich waren in diesem Zusammenhang die Veränderungen in der Medienlandschaft. Dazu zählten die Neuorganisation von Fernsehen und Rundfunksendern sowie hunderte Zeitungs- und Zeitschriftenneugründungen wie Die Andere, von denen es aber kaum eine schaffte, auf Dauer zu existieren. Die der

[51]   So Kowalczuk, Endspiel (wie Anm. 36).
[52]   Rödder, Deutschland (wie Anm. 39), S. 245–250.
[53]   Daniela Dahn, Westwärts und nicht vergessen. Vom Unbehagen in der Einheit, Berlin 1996, S. 11.

SED gehörenden Bezirkszeitungen erklärten im Januar 1990 ihre Unabhängigkeit, das Personal blieb jedoch in aller Regel das alte, die Chefs kamen nach der Übernahme durch bundesdeutsche Medienkonzerne aus dem Westen.

Auch das Schulsystem wurde umgestellt, wobei fast alle Lehrer blieben. Es gab zögerliche Reformen an Universitäten und Hochschulen, schließlich aber auch hier fast komplette Neubesetzungen aus dem Westen. Gleichzeitig fielen die bisherigen Bastionen und Strukturen der Diktatur: die Staatspartei mit ihren Vasallen, die Massenorganisationen, die staatlichen Einrichtungen und Scheinparlamente sowie die Stasi.

Die Justiz musste wie die Polizei grundlegend demokratisiert werden. Die NVA wurde aufgelöst, ihr Personalbestand teilweise von der Bundeswehr übernommen. Außerdem kehrten die Länder als politische Strukturen zurück, es gab freie Wahlen auf allen Ebenen, Ermittlungsverfahren wegen Regierungskriminalität und die Offenlegung der Geheimdienstakten. Die Industrie wurde entstaatlicht, dem folgte eine Deindustrialisierung Ostdeutschlands, die in manchen Regionen bis heute andauert.

Als Fazit bleibt, dass sich die revolutionäre Bewegung ohne die Courage und das Engagement der Bürgerrechtler nicht so schnell hätte Bahn brechen können, und dass ohne sie die SED ihre Macht länger und erbitterter verteidigt hätte. Die Friedliche Revolution in der DDR schuf die Voraussetzung für freie Wahlen, eine demokratische Regierung und für die Wiedervereinigung der beiden deutschen Staaten am 3. Oktober 1990. Die DDR trat der Bundesrepublik bei, Deutschland war damit in Freiheit vereint.

Gleichzeitig hatten ostmitteleuropäische Dissidenten in ihren jeweiligen Ländern wesentlich zum Zusammenbruch des Kommunismus und zum Sieg der Demokratie beigetragen. So konnte auch das »System von Jalta« mit seiner permanenten militärischen Konfrontation an der Schnittstelle der beiden Bündnisse in Zentraleuropa überwunden werden. Für ganz Europa war der Weg zu Einheit und Freiheit offen.

V.

Operative Planungen:
Zum Verhältnis von Strategie und
wechselseitiger Perzeption

Siegfried Lautsch

Die NVA-Operationsplanung für Norddeutschland 1983–1988

Über vierzig Jahre lang war es das oberste Ziel der Streitkräfte des Warschauer Vertrages, eine mögliche Auseinandersetzung mit der NATO zu vermeiden. Diskussionen und Debatten über die Strategie und Taktik der Streitkräfte gab es jedoch nicht nur in den obersten militärischen Führungszirkeln der WVO, sondern auch an den Militärakademien und nicht zuletzt in den Führungsorganen und Truppen. Dies galt auch für die Militärbezirke der DDR.

Der Autor hat aufgrund seiner mehrjährigen Verwendung als Leiter der operativen Abteilung im Militärbezirk V in Neubrandenburg und persönlicher Teilnahme an den Planungen 1983 und 1985 die Pläne für den Einsatz der 5. Armee im Krieg rekonstruiert und analysiert. Die Ausführungen markieren in Anbetracht dieser beiden Planungen freilich nur einen Teilbereich der Einsatzplanungen der knapp vierzigjährigen Militärgeschichte der NVA – gleichwohl ist dieser Abschnitt aufgrund der essentiellen Veränderungen im operativen Denken der Warschauer Vertragsorganisation (WVO) in diesen Jahren besonders aufschlussreich.

Die folgende Darstellung ermöglicht Einblicke in die tatsächliche »scharfe Planung«, in die Zusammenarbeit zwischen den Führungsorganen und Stäben, die Führungsstrukturen sowie in die Systematik und Folgerichtigkeit der Einsatzplanung. Das Führungssystem, die Methode der Planung und die Strukturen sind übertragbar auf die Einsatzoptionen der dem sowjetischen Oberkommando der 1. Front unterstellten eigenen Streitkräfte in Ostdeutschland und der NVA im Krieg, die im Zusammenwirken mit der Vereinten Ostseeflotte (VOF) und den Streitkräften der ČSSR sowie Polens geplant wurden. Angesichts der ständigen Auseinandersetzung mit den sich ändernden Dispositionen des Gegners unterlag die operative Planung einer fortwährenden periodischen Überarbeitung. Folglich sind abweichende Optionen zu Planungen vor 1980 nicht ausgeschlossen.

Die operativen Planungen der Jahre 1983, 1985 und 1988 entsprachen dem damaligen Kriegsbild und waren Folge des operativ-strategischen Denkens der Führungseliten in Moskau. In der Rückschau betrachtet, waren diese Planungen ein Prozess der Neuorientierung im operativen Denken der politischen und militärischen Führungen, beeinflusst vom ökonomischen und gesellschaftlichen Entwicklungsprozess des östlichen Militärbündnisses.

Operative Planungen waren Einsatzoptionen der Streitkräfte im Krieg, die je
nach politisch-militärischer Lageentwicklung zur Anwendung kommen konnten.
Alle Planungen wurden bestimmt durch Vorgaben des sowjetischen Generalstabes in
Moskau, die durch Fronten und Armeen auf den Kriegsschauplätzen in militärische
Handlungsoptionen umzusetzen gewesen wären.

Rahmenbedingungen der Planungen der Jahre 1983, 1985 und 1988

In Mitteleuropa plante der sowjetische Generalstab den Einsatz einer polnischen
Front, einer tschechoslowakischen Front sowie drei sowjetischer Fronten. Wurden
zwei der letztgenannten operativ-strategischen Vereinigungen auf der Basis der so-
wjetischen Militärbezirke Belarus (Weißrussland) und Karpaten gebildet, sollte im
Kriegsfall aus NVA und der Gruppe der Sowjetischen Streitkräfte in Deutschland
(GSSD) die sogenannte 1. Front, auch als Westfront bezeichnet, entstehen[1]. Zum
Bestand der 1. Front gehörten sechs sowjetische Armeen, darunter eine Luftarmee
und zwei aus den ostdeutschen Streitkräften gebildete Armeen der NVA[2].
    Die Landstreitkräfte der NVA teilten sich in struktureller Hinsicht in zwei
Militärbezirke. Die Militärbezirke III (Leipzig) und V (Neubrandenburg) bestanden
aus militäradministrativen territorialen Vereinigungen von Verbänden, Truppenteilen,
Einheiten und militärischen Einrichtungen verschiedener Waffengattungen und
Dienste, die im Frieden dem Kommando Landstreitkräfte der NVA unterstellt waren. Beim Übergang vom Friedens- in den Kriegszustand sollten beide Militärbezirke
zu zwei Armeen mit insgesamt 11 Divisionen aufgestockt werden.
    Die Aufgaben des Militärbezirkes V (MB V) ergaben sich im militärischen
Ernstfall aus seinem vom sowjetischen Generalstab zugewiesenen Platz in der ersten strategischen Staffel der Vereinten Streitkräfte. Im Verteidigungszustand bzw. im
Kriegsfall wäre aus dem Bestand der Hauptkräfte des MB V eine Feldarmee formiert
worden. Das bisherige Führungsorgan des MB hätte sich in einen Armeestab und
ein Kommando des territorialen MB geteilt. Die Feldarmee mit der Bezeichnung
»5. Armee« wäre führungsmäßig dem Oberbefehlshaber der aus der GSSD zu bildenden 1. Front unterstellt worden. Die GSSD bestand auf dem Territorium der
DDR aus insgesamt fünf Armeen der Landstreitkräfte mit neunzehn Divisionen,
außerdem aus einer Artilleriedivision und einer Luftarmee mit fünf Divisionen. Der

[1] Vgl. Hans-Werner Deim, Der Kalte Krieg, die Nationale Volksarmee und ihre Führung. In: Hans-
    Werner Deim [u.a.], Die militärische Sicherheit der DDR im Kalten Krieg. Inhalte, Strukturen,
    Verbunkerte Führungsstellen und Anlagen, Hönow 2008, S. 9–68.
[2] Vgl. Zbigniew Moszumanski, Die polnische Küstenfront auf dem westlichen Kriegsschauplatz. In:
    Die Streitkräfte der DDR und Polens in der Operationsplanung des Warschauer Paktes. Im Auftr.
    des MGFA hrsg. von Rüdiger Wenzke, Potsdam 2010 (= Potsdamer Schriften zur Militärgeschichte,
    12), S. 76–83.

Frontstab wäre ein sowjetischer Stab gewesen, gebildet aus dem Oberkommando der GSSD[3].

Die ostdeutschen territorialen Truppen wären dagegen weiterhin dem nationalen Kommando unterstellt gewesen. Zu ihren Aufgabenbereichen hätten u.a. die zentrale personelle, technische und rückwärtige Sicherstellung sowie die Sicherstellung der Heranführung der Streitkräfte in die Verteidigungsräume an der deutsch-deutschen Grenze gehört. Hinzugekommen wäre die Bereitstellung von Truppenteilen und Einheiten für die operative Vorbereitung der DDR zum Zwecke der Instandhaltung des Verkehrsnetzes, des Straßen-, Eisenbahn-, See- und Binnenstraßenwesens, der Luftwege und Luftverteidigung, des Nachrichtenwesens, der Energieversorgung und der rückwärtigen Dienste.

Zudem wäre die Bewirtschaftung von Vorräten und Staatsreserven zu leisten gewesen. Darüber hinaus hätten die DDR-Organe den Auftrag gehabt, die medizinische Versorgung und nicht zuletzt die Bereitstellung umfangreicher Krankentransport- sowie Straßentransportkapazitäten für feste Güter und Treibstoffe zur Unterstützung des Oberkommandos der 1. Front sicherzustellen[4].

Für den Kriegsfall war vorgesehen, die 5. Armee in einem rund 200 km breiten Abschnitt von Wittenberge in nördliche Richtung bis zur Küste zum Einsatz zu bringen. Im Zusammenwirken mit der Volksmarine hätte sie zudem die gesamte DDR-Küste einschließlich der Insel Rügen auf einer Länge von ca. 380 km zu verteidigen gehabt. Unterstützung sollte sie von der 3. Luftverteidigungsdivision der NVA, den Grenztruppen der DDR, Teilen der Landstreitkräfte und der 16. Luftarmee der GSSD erhalten. Geplant waren in diesem Zusammenhang auch Unterstellungen von sowjetischen und zusätzlichen NVA-Truppen[5].

Die Aufgabe der 5. Armee war Teil der Gesamtplanung der 1. Front auf dem Territorium der DDR, die im Weiteren drei Armeen der GSSD – die 2. Gardepanzerarmee, die 3. Stoßarmee und die 8. Gardearmee – für den sich nach Süden anschließenden rund 550 km langen von Wittenberge bis Meiningen reichenden Abschnitt vorsah. Daran schloss sich der Abschnitt der 3. Armee (Militärbezirk III, Leipzig) von Meiningen bis zum Dreiländereck an. Als 2. Staffel der 1. Front waren die 20. Gardearmee und die 1. Gardepanzerarmee der GSSD eingeplant. Zur Lösung des »West-Berlin-Problems« stand des Weiteren in der »Besonderen Gruppierung Berlin« eine NVA-Division, die im Frieden zum Bestand des MB V zählte, eine Brigade der GSSD und Truppen des Grenzkommandos Mitte zur Verfügung[6].

Zum Kampfbestand der 5. Armee gehörten die 8., 19. und 20. Mot.-Schützendivision sowie die 9. Panzerdivision der NVA. Die 19. und 20. Mot.-

3   Vgl. Siegfried Lautsch, Zur operativen Einsatzplanung der 5. Armee der NVA im Rahmen einer Front der Vereinten Streitkräfte der Warschauer Vertragsorganisation in den 1980er Jahren. In: Die Streitkräfte der DDR und Polens (wie Anm. 2), S. 35–59, hier S. 38.
4   Lautsch, Zur operativen Einsatzplanung der 5. Armee der NVA (wie Anm. 3), S. 38.
5   Vgl. auch Harald Nielsen, Die DDR und die Kernwaffen. Die nukleare Rolle der Nationalen Volksarmee im Warschauer Pakt, Baden-Baden 1998, S. 60.
6   Vgl. Winfried Heinemann, NVA-Pläne für eine Berlin-Operation. In: Die Streitkräfte der DDR und Polens (wie Anm. 2), S. 61–70.

Schützendivision der NVA besaßen in der Friedensstruktur den Status eines
»Ausbildungszentrums«. Sie wären im Rahmen der Mobilmachung innerhalb
von 48 Stunden zu Kampfverbänden aufgefüllt worden. Unterstellt wurden der
5. Armee in den Planungen der Achtzigerjahre die sowjetische 94. Garde-Mot.-
Schützendivision der 2. Garde-Panzerarmee sowie die selbstständigen 138. und
221. Panzerregimenter[7]. In der Planung 1988 wurde die 19. Mot.-Schützendivision
der NVA der 2. Garde-Panzerarmee unterstellt[8].

Zweck der operativen Planung war die frühzeitige Festlegung wirkungsvol-
ler Einsatzmöglichkeiten der Verbände und Truppenteile sowie die mathematisch
begründete Definition von Handlungsoptionen. Die Wahl der Kampfmethoden
beruhte auf den Möglichkeiten der eigenen Truppen sowie den Kenntnissen über
den Gegner, besonders seiner Stärken und Schwächen. Die Planung konzentrierte
sich darauf, streitkräfteübergreifend politische und militärstrategische Vorgaben in
operative Ziele mit Prioritäten umzusetzen. Es war eine gedankliche Vorwegnahme
möglicher Handlungen des Gegners bei gleichzeitiger Reaktion verschiedener
Führungsebenen auf denkbare militärische Situationen.

Entscheidende Rahmenbedingungen konstituierten die sich ständig verändernde
sicherheitspolitische Lage im Spannungsfeld zwischen Ost und West, die militärstrategischen Konzepte des potenziellen Gegners und ihre Umsetzung in Mitteleuropa,
die militärdoktrinären Leitlinien des Warschauer Vertrages, der Charakter eines
möglichen Krieges sowie der erreichte Grad an Kampfkraft und Gefechtsbereitschaft
der eigenen Truppen.

Die »Angriffsoperation« im Jahre 1983 wurde nach Aufgaben geplant. In der
»nächsten Aufgabe« wurden beispielsweise Ziele, Aufgaben und Handlungen in einer Tiefe von 100 bis 150 km festgelegt. Sie beinhaltete die Zerschlagung der ge-
genüberstehenden Gruppierung im zugewiesenen Angriffsstreifen und erstreckte
sich über einen Zeitraum von drei Tagen. Die sich anschließende »weitere Aufgabe«
beschrieb dann die Entwicklung des Angriffs zur Zerschlagung der Reserven des
Gegners und zur Einnahme eines Abschnitts in einer Tiefe von weiteren 150 km innerhalb von drei bis vier Tagen. Im Rahmen der operativen Planung wurden generell
auch konkrete Handlungsabläufe für die operative und taktische Ebene vorgegeben.
Das schloss die Ausarbeitung von Gefechtsbefehlen und Gefechtsanordnungen für
die nachgeordneten Verbände und Truppenteile ein.

Die Vorgaben des Oberkommandos der Front waren grundsätzlicher Art und
bildeten eine Orientierung für die weiterführende Detailplanung in den Armeen.

---

[7]   Bei den Planungen von 1983, die auch eine Angriffsoperation vorsah (s.u.), stand in dieser
      Option jedoch die 94. Garde-Mot.-Schützendivision nicht zur Verfügung, da sie einer besonderen
      Gruppierung zugeordnet wurde, deren Ziel es vermutlich gewesen war, im Zusammenwirken mit
      anderen Truppen kombinierte See- und Luftlandungen zur Einnahme der dänischen Inseln durch-
      zuführen. Infolgedessen wäre sie außerhalb des Angriffsstreifens der 5. Armee eingesetzt worden.
      Lautsch (wie Anm. 3).
[8]   Vgl. Plan der Durchführung für das Training der Elemente der Gefechts- und Mobilmachungs-
      bereitschaft des KMB V, Ausgangslage, Stabsdienstausbildung, 9.1.1990, Blatt 2. In: BArch,
      DVH 17, 57497.

Somit war die operative Planung der NVA-Armeen auf dem Territorium der DDR Teil der verbindlichen Gesamtplanung des Generalstabes der UdSSR.

Zu den Vorgaben, die hier nur in Kurzform wiedergegeben werden können, gehörten Angaben über den wahrscheinlichen Gegner, die Aufgabe der Armee, die Festlegung des Verteidigungs- und Angriffsstreifens (Trennungslinien), die Aufgaben der Nachbarn und das Zusammenwirken mit ihnen, der Einsatz von Deckungstruppen (Vorausabteilungen), die Tiefe und Zeiten zur Erfüllung der Aufgaben (Tagesaufgabe, nächste und weitere Aufgabe der Armee), die Führung von Schlägen der Raketentruppen und Artillerie sowie der Fliegerkräfte.

Außerdem fielen hierunter die Unterstellung von Verbänden und Truppenteilen, die Ordnung und Zeiten für die Heranführung der Truppen aus den Stationierungsstandorten in die Bereitstellungsräume an der westlichen Grenze der Staaten des Warschauer Vertrages, die Zeiten der Feuerbereitschaft der Artillerie und die Verteidigungsbereitschaft nach Beziehen der Bereitstellungsräume sowie der Umfang des Pionierausbaus des Geländes. Wie, mit welchen Kräften und Mitteln die definierten Ziele der Operationen zu erreichen waren, oblag jedoch letztlich allein dem Entschluss des Befehlshabers der Armee.

Als Teil des Gesamtplanes erfolgte die grundsätzliche Einsatzplanung für die beiden NVA-Armeen bis 1985 unter besonderer Geheimhaltung zunächst im sowjetischen Oberkommando der 1. Front, d.h. im Stab der GSSD in Wünsdorf; die sich anschließende Detailplanung im Ministerium für Nationale Verteidigung (MfNV) der DDR in Strausberg bei Berlin[9]. Von den beiden Militärbezirken der NVA, die beim Übergang in den Kriegszustand zu zwei Armeen aufgefüllt worden wären, waren beteiligt: der Befehlshaber der 3. Armee in Leipzig, sein Stellvertreter und Chef des Stabes sowie dessen Stellvertreter für operative Arbeit; der Befehlshaber der 5. Armee in Neubrandenburg, sein Stellvertreter und Chef des Stabes und der Leiter der Abteilung Operativ im Kommando MB V. Sie wurden nacheinander in einer sehr ausführlichen Besprechung durch den Stellvertreter des Chefs des Hauptstabes für operative Fragen und Chef der Verwaltung Operativ im MfNV sowie durch den Stellvertreter des Chefs der Verwaltung Operativ des Oberkommandos der 1. Front in die wesentlichen Aufgaben der operativen Planung eingewiesen.

Basierend auf der Idee des Oberbefehlshabers der 1. Front und der vorgegebenen Lage des Gegners planten die Operateure[10] den Einsatz ihrer Armee. Dabei wurden folgende Aspekte beurteilt: Die Reihenfolge und Methoden zur Zerschlagung der gegnerischen Gruppierung, die zu bekämpfenden Objekte im Handlungsstreifen der Armee, die Aufgabe der Armee und der Platz im operativ-strategischen Aufbau der Front, die Aufgaben der Nachbarn und die Ordnung des Zusammenwirkens mit ihnen, das Zusammenwirken mit den Teilstreitkräften und Grenztruppen der DDR sowie die Zeiten der Bereitschaft zur Erfüllung der Aufgabe.

---

[9] In der Planung 1988 wurde der Kreis der an der operativen Planung beteiligten Offiziere erweitert. Die letzte operative Planung für den Einsatz der 5. Armee im Jahre 1988 wurde im Kommando des Militärbezirkes V beendet.

[10] Bezeichnung für die an der operativen Planung beteiligten Offiziere, andere Synonyme: Planer bzw. Planungsoffiziere.

Zu Beginn der Planung für die 5. Armee konzentrierten sich die zuständigen Offiziere auf eine gründliche Analyse des Gegners in der jeweiligen Operationsrichtung. Aufgrund der vorhandenen Aufklärungsangaben gingen die Planer bei der Beurteilung des Gegners im Streifen der 5. Armee davon aus, dass er seine Truppen unter dem Vorwand von Kommandostabs-, Truppen- und Mobilmachungsübungen in höhere Bereitschaftsstufen überführen würde. Gleichzeitig wurde als wahrscheinlich angenommen, dass über den Luft- und Seetransport Verstärkungen aus Übersee auf den europäischen Kontinent verlegt werden sollten. Die WVO rechnete damit, dass einem NATO-Angriff eine Vorwarnzeit von 30 Tagen und mehr vorausgehen könne[11].

Die Operateure gingen zudem in der Einsatzplanung der 5. Armee davon aus, dass der militärische Gegner – im Wesentlichen das gemischte westdeutsch-dänische Jütländische Armeekorps und das niederländische I. Armeekorps – nach massierten Schlägen zum Angriff übergehen und vermutlich zwei Schläge zur Umfassung der Hauptkräfte der 5. Armee mit zwei Divisionen in Richtung Schwarzenbek, Crivitz, Demmin bzw. Lübeck, Wismar und drei weiteren Divisionen in Richtung Lüneburg, Grabow, Freyenstein führen würde.

Damit sollte die Verteidigung der 5. Armee durchbrochen und ihre Hauptgruppierung eingeschlossen und nach Teilen zerschlagen werden. Des Weiteren wurde vermutet, dass der Gegner nach Heranführung operativer Reserven, im Zusammenwirken mit Luftlande- und Seelandetruppen, Teile der amerikanischen 2. Marineinfanteriedivision im Küstenstreifen mit Schwerpunkt Insel Rügen und Graal-Müritz, Kühlungsborn zum Einsatz bringen würde.

Diese prinzipielle Gegnerbeurteilung erfolgte vornehmlich auf Basis der sowjetischen Aufklärungsangaben der 1. Front. Anzumerken wäre jedoch, dass diese Informationen nicht immer mit den Erkenntnissen der Verwaltung bzw. des Bereiches Aufklärung der NVA und anderer Dienste übereinstimmten. Dennoch wurden bei der Beurteilung der gegnerischen Gruppierungen die von der 1. Front stammenden Angaben übernommen. Auffallend war, dass die gegnerischen operativen Staffeln und das Kräfteverhältnis im Streifen der 5. Armee stets auf eine erhöhte Aggressionsfähigkeit und -absicht der NATO schließen lassen mussten. Anscheinend wurden aus politischen und militärischen Erwägungen, möglicherweise auch im Bestreben, die operativen Planungen zu begründen, dem Gegner stets Aggressionsabsichten und Angriffspotenziale unterstellt.

Nach Beurteilung des Gegners und der eigenen Truppen erfolgten dann qualitativ-quantitative Analysen über die Gefechtsmöglichkeiten und das Kräfteverhältnis beider Seiten[12]. Im Anschluss daran wurden die Idee und der Entschluss des Befehlshabers im Operationsbefehl dokumentiert.

Der Entschluss war das Produkt gemeinsamer Überlegungen, von Vermutungen, Voraussichten, Erfahrungen und der Intuition der Beteiligten und reflektierte das

11 Frank Umbach, Das rote Bündnis. Entwicklung und Zerfall des Warschauer Paktes 1955–1991. Hrsg. vom MGFA, Berlin 2005 (= Militärgeschichte der DDR, 10), S. 282–286.
12 Dazu gehörten u.a. die qualitative und quantitative Analyse des Bestandes der eigenen Truppen und des Gegners, des »politisch-moralischen« Zustandes, des Kräfteverhältnisses der Seiten im Allgemeinen und nach Richtungen.

Wollen des Befehlshabers. Er wurde auf einer Karte dargestellt und die dazu erforderlichen schriftlichen und grafischen Planungsunterlagen der Armee auf Russisch, die der Divisionen und Brigaden auf Deutsch ausgearbeitet. Außerdem gehörten dazu die Pläne der Operationen sowie Gefechtsbefehle und Gefechtsanordnungen an die unterstellten Verbände und Truppenteile.

Hinzu kamen der Plan für die Heranführung der Truppen in die Bereitstellungsräume, die Anordnung der Nachrichtenverbindungen und der Pioniersicherstellung, ferner die Anordnung der rückwärtigen Sicherstellung, die Plantabelle des Zusammenwirkens und die Pläne der Teilstreitkräfte (Luftstreitkräfte/Luftverteidigung und Volksmarine) sowie der Waffengattungen und Dienste, um nur einige zu nennen.

Bei der Planung 1983 entstanden beispielsweise mehr als 150 Karten im Maßstab 1:200 000 bzw. 1:100 000 und handschriftlich verfasste operative Planungsdokumente im Umfang von etwa 3000 Blatt. Der eigentliche Entschluss der 5. Armee wurde auf einer Karte im Maßstab 1:200 000 grafisch dargestellt und dem Oberbefehlshaber der 1. Front vorgetragen. Das vollständig ausgearbeitete Planungsdokument wurde dann vom Befehlshaber sowie vom Chef des Stabes unterzeichnet und vom Oberbefehlshaber der 1. Front bestätigt[13].

Nach Bestätigung des Entschlusses der 5. Armee durch den Oberbefehlshaber der 1. Front wurde die operative Planung auf der Armee-Ebene abgeschlossen und im MfNV in Strausberg fortgeführt[14]. Nunmehr zog man den Chef Nachrichten, den Chef Pionierwesen sowie den Stellvertreter des Chefs Rückwärtige Dienste der NVA, Vertreter der Grenztruppen der DDR, der Luftstreitkräfte/Luftverteidigung und der Volksmarine sowie die Kommandeure der NVA-Divisionen und den Kommandeur der sowjetischen 94. Garde-Mot.-Schützendivision hinzu.

Diese Generale und Offiziere befassten sich mit der detaillierten Planung und der Vorbereitung der Befehle und Anordnungen für die ihnen unterstellten Truppen. Die NVA-Divisionskommandeure erarbeiteten persönlich die Planungsunterlagen (Karten und Gefechtsbefehle) für ihren Verband und die Regimentsebene in dreifacher Ausfertigung und in deutscher Sprache. Mit der Einweisung der Regimentskommandeure in die Verteidigungsoperation wurde die Planung beendet.

Bemerkenswert ist, dass für diesen Personenkreis eine Einweisung in die Gefechtsaufgaben für die Angriffsoperation unterblieb. Diese Einweisung wäre erst im Rahmen der Überführung der NVA und der Grenztruppen der DDR vom Friedens- in den Kriegszustand oder auf besondere Weisung erfolgt.

---

[13]   Dieses Prozedere galt für alle operativen Planungsdokumente, das bedeutet, dass tatsächliche Planungen von den Entscheidungsträgern unterschrieben und den Vorgesetzten der übergeordneten Führungsebene bestätigt wurden und damit einen justiziablen Status erhielten. Das hatte zur Folge, dass die eigenen Planungen der Armee durch den Oberbefehlshaber der Front zum Befehl erhoben wurden und die Nichterfüllung zu erheblichen Konsequenzen geführt hätte.

[14]   Oberbefehlshaber der 1. Front im betreffenden Zeitraum: Armeegeneral Michail M. Saizew (26.11.1980−6.7.1985), Armeegeneral Pjotr G. Luschew (7.7.1985−11.7.1986).

Die vollständig erarbeiteten Planungsunterlagen der Armee-Ebene wurden in die höchste Geheimhaltungsstufe »Geheime Kommandosache«[15] eingestuft und in vierfacher Ausfertigung ausgearbeitet. Ein Exemplar war für den sowjetischen Generalstab bestimmt, ein weiteres verblieb im Oberkommando der 1. Front in Wünsdorf, die anderen Ausfertigungen wurden schließlich in besonders gesicherten separaten Räumen des MfNV und der Militärbezirke eingelagert.

Zur »Kontrolle der Einsatzplanung« des Jahres 1985 wurde im Januar 1986 im Kommando des Militärbezirkes V unter Verschleierung der Divisionen und der Ausgangsgruppierung der 5. Armee, eine zweitägige Stabsdienstausbildung durchgeführt. Diese wurde als notwendig erachtet, um die Inhalte der operativen Planung, die Gefechtsbefehle und Anordnungen unter Federführung der jeweiligen Chefs und Leiter und dem Sachverstand der Offiziere des Stabes zu prüfen. Allerdings war den beteiligten Offizieren nicht bekannt, dass sie bei dieser Stabsdienstausbildung Elemente der tatsächlichen Planung verifiziert hatten[16].

Bei der Lösung der »operativ-taktischen Aufgabe« wurden während dieser Stabsdienstausbildung eine Reihe operativer Dokumente erarbeitet, hierzu gehörten beispielsweise der operative Teil des »Planes der Operation«, der »Plan der Teilnahme am 1. Kernwaffenschlag«, der »Plan der Heranführung«, die »Pläne des Gefechtseinsatzes der Waffengattungen«, der »Plan der politischen Arbeit«, »Gefechtsbefehle« an die Verbände, die »Grafik des Zusammenwirkens« und eine Karte im Maßstab 1:25 000 zur Vorbereitung der »Organisation des Zusammenwirkens«.

Im Auswertebericht der Stabsdienstausbildung machte der Chef des Militärbezirks deutlich, dass die durch die Abteilung Operativ und das Autorenkollektiv in Vorbereitung der Stabsdienstausbildung erarbeiteten Unterlagen aussagekräftig waren, den »neuesten Erkenntnissen« entsprachen und die Methode der Durchführung von allen Teilnehmern als zweckmäßig erachtet wurde[17].

Die operativen Planungen der Bündnisstreitkräfte des Warschauer Vertrages gingen stets von einem Kriegsbeginn durch die NATO aus. Vor diesem Hintergrund sollten die Truppen der WVO in der Einsatzplanung von 1983 bereit sein, die Schläge des Gegners abzuwehren, vernichtende Gegenschläge zu führen und mit

---

[15] In der WVO wurde zu den üblichen Geheimhaltungsstufen (Vertrauliche Verschlusssache, Geheim, Streng Geheim) die oberste Geheimhaltungsstufe Geheime Kommandosache verwandt. Geheime Kommandosachen waren Schriftstücke von besonderem Interesse für den Staat (Staatsgeheimnis) bzw. die Militärkoalition, insbesondere die Landesverteidigung oder von besonderem Interesse aus nationalen und Koalitionsgründen. Die Geheimhaltungsstufe wurde für Schriftgut angewandt, das einen »außerordentlich schweren Schaden« für die Sicherheit der DDR oder die Länder der WVO mit sich gebracht hätte, wenn es der Öffentlichkeit bekannt geworden wäre.

[16] Stabsdienstausbildung (SDA) 29.1.–30.1.1986 mit der Feldführung und territorialen Führung des Kommandos des Militärbezirks, Offizieren des Kommandos der Landstreitkräfte, operative Gruppen des Grenzkommandos Nord und des Kommandos der Volksmarine. Thema: Die Organisation der Verteidigungs- und Angriffsoperation der Armee zu Beginn eines Krieges. Für den 30.1. zusätzlich teilnehmenden Führungsorgane und operative Gruppen: »Die Organisation des Verteidigungsgefechts zu Beginn eines Krieges«. In: BArch, DVH 17, 57483.

[17] Auswertebericht der Stabsdienstausbildung mit der Feldführung und territorialen Führung des Kommandos des Militärbezirkes V vom 29.1.–30.1.1986, GVS-Nr.: F/1 318 201. Bl. 7. Bestätigt am 3.2.1986 durch den Chef des Militärbezirks V.

den nachfolgenden Handlungen den Gegner auf seinem eigenen Territorium zu zerschlagen.

Auch die offensive und defensive operative Planung der 1. Front basierte bis in die Achtzigerjahre hinein auf dieser strategischen Idee des Generalstabes der UdSSR und entsprach damit der zu diesem Zeitpunkt gültigen sowjetischen Militärdoktrin[18].

Die strategische Verteidigung im Jahre 1983 wurde so geplant, dass aus den gleichen Räumen im Streifen der Armeen sowohl die Verteidigungs- als auch die Angriffsoperation durchführbar gewesen wären. Bei Vorliegen zuverlässiger Erkenntnisse über tatsächliche Angriffsabsichten des Gegners, also in der Erwartung eines ohnehin unvermeidlichen Krieges, hielten die Planer auch zuvorkommende eigene Offensivhandlungen für möglich. Zielsetzung dieser »Zwei-Varianten-Planung« war, die Absichten des Gegners zu durchkreuzen, die Initiative zu erringen und die Kampfhandlungen schnell auf das gegnerische Territorium zu verlagern, um eigene Verluste an Kräften und Mitteln sowie Schäden zu begrenzen[19].

Inhalt der geplanten Angriffsoperation war die Vernichtung erstrangiger Objekte[20], das schnelle Annähern an und das Überwinden von Wasserhindernissen in einem breiten Abschnitt, der Einsatz taktischer Luftlandungen, der Durchbruch der gegnerischen Verteidigung, das aufeinanderfolgende Bekämpfen seiner Truppen durch Feuer zu Lande und aus der Luft, der entschlossene Angriff der Verbände und Truppenteile im Zusammenwirken mit taktischen Luftlandungen und Luftsturmtruppen in den befohlenen Streifen sowie die Einnahme der festgelegten Abschnitte und Räume.

Das Wesen der Angriffsoperation bestand darin, die gegnerische Verteidigung in ihrer gesamten Tiefe gleichzeitig mit dem Feuer niederzuhalten, die taktische und operative Zone in ausgewählten Richtungen mit starken Stoßgruppierungen zu durchbrechen und den Erfolg mit Panzer- und motorisierten Verbänden im Zusammenwirken mit taktischen Luftlandungen und Luftsturmtruppen zügig zu nutzen[21].

Die Planung des Jahres 1983 fokussierte auf die Aufgabe, die Verteidigung mit dem anschließenden Übergang zum Gegenschlag zu verbinden. Dabei mussten eine Reihe von Fragen beantwortet werden. Wie sollten die zur Verfügung stehenden fünf Divisionen, davon zwei Mob.-Divisionen der NVA und eine sowjetische Division,

---

18 Siehe auch Winfried Heinemann, Die DDR und ihr Militär. Hrsg. vom Militärgeschichtlichen Forschungsamt (= Militärgeschichte Kompakt, 3), München 2011, S. 185–188.

19 Vgl. Umbach, Das rote Bündnis (wie Anm. 11), S. 286.

20 Erstrangige Objekte, auch als Vorrangziele bezeichnet, waren Einsatzmittel der Kern- und chemischen Waffen, Verbände und Truppenteile der Hauptgruppierung des Gegners, Fliegerkräfte auf Flugplätzen, Fliegerabwehr- und Raketenabwehrmittel, Führungsstellen sowie rückwärtige (logistische) Einrichtungen.

21 Zur zeitgleich geführten Diskussion über den Einsatz der Operativen Manövergruppe (OMG) im Rahmen der sowjetischen Militärdoktrin für die 1. Front siehe: Sergej F. Achromeev, Prevoschodstvo sovetskoj voennoj nauki i sovetskogo voennogo iskusstva – odin iz važnejšich faktorov pobedy v velikoj otečestvennoj vojne. In: Kommunist, 3 (1985), S. 49–63; und Nikolaj V. Orgakov, Ugrožaemyj period. In: Sovetskaja Voennaja Ėnciklopedija (SVĖ) (Sowjetische Militärenzyklopädie). Ed. by A.A. Grečko [u.a.], Ministerstvo Oborony SSSR, Institut Voennoj Istorii, Moskva, Voennoe izdat. Ministerstva Oborony SSSR, 1980, Bd 8, S. 170, sowie Andrej A. Kokošin, Soviet Strategic Thought, 1917–1991, Cambridge 1991, S. 184.

den Angriff erfolgreich abwehren, dem Gegner entscheidende Verluste zufügen, wichtige Räume halten und günstige Bedingungen für den Übergang zum Angriff schaffen? Außerdem stand zur Diskussion, wie man mit nur vier Divisionen, verstärkt durch zwei sowjetische selbstständige Panzerregimenter, ohne die fünfte sowjetische Division (94. Garde-Mot.-Schützendivision), die in der Angriffsoperation nicht zur Verfügung stand, aus den gleichen Ausgangsräumen einen Angriff hätte durchführen können.

Im Kontext dieser Fragen beinhaltete die operative Planung für die 5. Armee in der Angriffsoperation von 1983 folgende Festlegungen:

Die Truppen der 19. und 20. Mot.-Schützendivision der NVA sowie des sowjetischen selbstständigen 138. und 221. Panzerregimentes sollten mit der links eingesetzten Stoßgruppierung (2. Garde-Panzerarmee) aus der Verteidigung heraus, nach massiertem Feuer der Artillerie und Schlägen der Fliegerkräfte, unter Einsatz von Vorausabteilungen und taktischen Luftlandungen die Elbe im Abschnitt Boizenburg–Hitzacker auf breiter Front überqueren, die Sicherungskräfte des niederländischen 1. Armeekorps westlich der Elbe im Sicherungsstreifen zerschlagen und einen weiträumigen Brückenkopf in einer Tiefe von 10 bis 15 km am Westufer der Elbe bilden.

Am 1. Tag war vorgesehen, die gegnerischen Divisionen der ersten Staffel des I. Armeekorps zu durchbrechen und den Abschnitt Evendorf–Uelzen einzunehmen.

Dabei hatte das Feuer der Artillerie und die Schläge der Fliegerkräfte die Verteidigung der Hauptkräfte der Niederländer aufzubrechen. Die 9. Panzerdivision der NVA, die in einen 4 km breiten Durchbruchsabschnitt von westlich Bienenbüttel bis westlich Bevensen eingeführt werden sollte, hatte die gegnerische Gruppierung aufzuspalten, in die Tiefe vorzustoßen, den Durchbruch zu den Flanken hin zu erweitern und den Gegner nach Teilen zu zerschlagen.

Für den 2. Tag sah die Planung vor, mit drei Divisionen in der ersten Staffel den Abschnitt Schneverdingen–Winsen (Aller) einzunehmen. Danach war der Angriff zügig fortzusetzen und durch den Einsatz von Luftlande- und Luftsturmtruppen der 1. Front westlich Aller und Weser die Voraussetzungen für die Einführung der Reserve der Armee am 3. Tag im Abschnitt Nienburg–Rehburg–Loccum bzw. Marktlohe–Uchte zu schaffen.

Die 8. Mot.-Schützendivision sollte zunächst in der Jütländischen Operationsrichtung einen Deckungsabschnitt an der westlichen Staatsgrenze beziehen und die Einführung von Teilen der polnischen Front nach »X+2« Tagen in die Jütländische Operationsrichtung sichern[22].

Mit Einführung der polnischen Verbände sollte die Division dann bereit sein, zur Erfüllung der nächsten Aufgabe am 3. Operationstag in den Angriffsstreifen der 5. Armee eingeführt zu werden. Damit wurde die Absicht verfolgt, die Anstrengungen zu verstärken und die erforderliche Überlegenheit an Kräften und Mitteln in der Hauptrichtung aufrecht zu erhalten. Bei nicht zeitgerechter Einführung der 8. Mot.-Schützendivision im Streifen der 5. Armee hätte sich dies negativ auf die

---

22   Siehe hierzu auch Wenzke, Die NVA und die Polnische Armee (wie Anm. 2), S. 120.

Operationsführung ausgewirkt. Es wären im Gesamtstreifen der Armee in einer Breite von bis zu 55 km über die gesamte Tiefe der Operation nur drei Divisionen und zwei selbstständige Panzerregimenter zum Einsatz gekommen, da die Armee über keine weiteren Reserven verfügte. Für den Befehlshaber wäre es in dieser Lage darauf angekommen, rechtzeitig eine neue Reserve aus der Angriffsgruppierung zu bilden, um in einer kritischen Lage zusätzliche Kräfte aus der Tiefe in der Rückhand zu haben.

Geplantes Ziel der Angriffsoperation der 5. Armee, die in Richtung Ahaus geführt werden sollte, war das Erreichen der deutsch-niederländischen Staatsgrenze innerhalb von 5 bis 7 Tagen und die Einnahme des Raumes Nordhorn–nördlich Bocholt–Steinfurt. Insgesamt besaß der Angriffsstreifen der Armee eine durchschnittliche Breite von 55 km und eine Gesamttiefe von bis zu 350 km. Die Erfüllung der Tagesaufgabe war mit Überschreiten der westlichen Staatsgrenze in einer Tiefe von 50 bis 60 km, der nächsten Aufgabe am 3. Tag (in einer Tiefe von 120 bis 175 km) und der weiteren Aufgabe in 5 bis 7 Tagen (in einer Tiefe von 270 bis 350 km) geplant.

Aber bereits zwei Jahre später waren dieses Ziel und die entsprechenden Planungen dazu obsolet[23]. Der Grund für die Abkehr von der bisherigen Planung, der Angriffsoperation als einer Option des militärischen Handelns der 5. Armee, war die überraschende Wende im militärischen Denken der sowjetischen Führung. Die Änderung der strategischen und operativen Planungen, die im Jahre 1985 ihren Anfang nahm, war offenbar das Ergebnis von Überlegungen der politischen Führung und des Generalstabes der UdSSR zum Abbau der politischen Spannungen und zur Verringerung der Gefahr eines möglichen Krieges. Dieses Denken bedeutete ebenso eine Abkehr vom tradierten Offensivprinzip der strategischen Ebene. Es wurde zur Grundlage einer neuen, primär defensiv begründeten Militärdoktrin, die im Jahre 1987 von den Mitgliedsstaaten der Warschauer Vertragsorganisation angenommen wurde[24].

Das neue Denken beeinflusste unmittelbar auch die operative Planung des Einsatzes der 5. Armee. Das Ziel der Operation bestand nunmehr darin, den Gegner in einer Grenzschlacht abzuwehren und den »Status quo« wiederherzustellen. Dies bedeutet, dass die Planungen der 1. Front ab 1985 nur noch als Verteidigungsoperation konzipiert wurden.

Die Operateure der 5. Armee gingen in der Planung 1985 davon aus, dass der Gegner nach Auslösung der Alarmierung »Einfacher Alarm« für die NATO-Streitkräfte des Kommandos Ostseeausgänge und der Armeegruppe Nord zugleich die vollständige Mobilmachung durchführen könne und bereits in dieser Phase die Vorauskräfte des Jütländischen und I. Armeekorps (NL) in die Nähe der Ausgangsräume an der deutsch-deutschen Grenze verlegen würde. Die abschließen-

---

[23] Siehe hierzu auch Heiner Bröckermann, Landesverteidigung und Militarisierung. Militär und Sicherheitspolitik der DDR in der Ära Honecker 1971–1989, Berlin 2011, S. 715–717.

[24] Vgl. dazu auch Christopher Jones, Gorbačevs Militärdoktrin und das Ende des Warschauer Paktes. In: Der Warschauer Pakt. Von der Gründung bis zum Zusammenbruch 1955–1991. Hrsg. von Torsten Diedrich, Winfried Heinemann und Christian F. Ostermann, Berlin 2009, S. 251–254.

de Entfaltung der Hauptkräfte wurde dann innerhalb weiterer 24 bis 36 Stunden erwartet.

Die Verteidigungsoperation der 5. Armee hatte allgemein zum Ziel, die Schläge des Gegners abzuwehren, ihm große Verluste zuzufügen, wichtige Räume und Abschnitte des Geländes zu halten und günstige Bedingungen für den Übergang zum entschlossenen Gegenschlag zu schaffen. Wesentlicher Inhalt der Verteidigungsoperation waren die Vernichtung erstrangiger Objekte, die Führung massierter Raketen- und Artillerieschläge sowie Schläge aus der Luft, die frühzeitige Vorbereitung eines umfangreichen Sperrsystems, konzentrierte Gegenangriffe und Gegenschläge sowie die Abwehr von Luft- und Seelandetruppen.

Die 5. Armee war wie bisher dem Oberbefehlshaber der 1. Front operativ unterstellt und wurde von ihrem originären Befehlshaber geführt. Die Idee des Befehlshabers für die Verteidigungsoperation im Jahre 1985 umfasste im Wesentlichen folgende Aufgaben und Festlegungen[25]:

Unter Einsatz von vorgeschobenen Deckungstruppen sollte der Verteidigungsstreifen Dassow, Lenzen, Templin, Kap Arkona bezogen und der Pionierausbau des Geländes durchgeführt werden. Im Zusammenwirken mit Teilen der Vereinten Ostseeflotte, der sowjetischen 2. Garde-Panzerarmee, Teilen der Luftstreitkräfte sowie den Grenztruppen der DDR sollte ein Angriff der Hauptkräfte des Gegners abgewehrt, dem Gegner hohe Verluste zugefügt und der Ein- bzw. Durchbruch verhindert werden. Im Falle des Ein- bzw. Durchbruchs sollte die gegnerische Gruppierung durch Führung von Gegenschlägen vernichtet und die Verteidigung neu organisiert werden.

Weiterhin hatte die 5. Armee bereit zu sein, gegnerische Seelandungen, besonders in den Abschnitten Graal-Müritz-Kühlungsborn, Kap Arkona-Binz abzuwehren und taktische Luftlandungen zu vereiteln. Für die gesamte Operation standen 12 Geschwaderstarts Jagdbomber und 16 Geschwaderstarts Kampfhubschrauber zur Verfügung. Für den Fall des Kernwaffeneinsatzes sollten der Armee 46 Kernmittel (operativ-taktische und taktische Raketen) mit TNT-Äquivalenten von 20 bis 500 Kilotonnen zugeteilt werden. Die rechts handelnde Vereinte Ostseeflotte hatte die Aufgabe, die Seeherrschaft im Ostseeraum zu behaupten, Seelandungen nicht zuzulassen und die Küstenabschnitte zuverlässig zu schützen. Links bezog eine Division der 2. Garde-Panzerarmee den Verteidigungsabschnitt.

Aus dieser Idee des Befehlshabers leitete sich dann sein Entschluss für den Einsatz der Armee ab. Danach war die 5. Armee mit Erhalt der Aufgabe unter Deckung der Mittel der Truppenluftabwehr der Armee und der 3. Luftverteidigungsdivision[26] der NVA-Luftstreitkräfte/Luftverteidigung in zwei Nächten auf zwölf Marschstraßen in

---

[25] Die genannten Festlegungen sind inhaltlich der konkreten originalen Befehlsgebung des Befehlshabers der 5. Armee nachempfunden. Die Originalunterlagen dazu, die der Autor mit ausgearbeitet hatte, sind vernichtet bzw. befinden sich in Moskau. Abweichungen vor allem in der Benennung von einzelnen Abschnitten, Räumen und Ortschaften sind nicht ausgeschlossen.

[26] Die 3. Luftverteidigungsdivision (LVD) hatte u.a. im Bestand: 30 Fla-Raketenkomplexe, davon eine S 300 PMU, zwei S 200 Wega, fünf S 125 Newa, zwölf S 75 Wolchow, 10 Fla-MG, 79 Kampfflugzeuge, davon 39 MiG 23 ML/MF, 28 MiG 21 M/MF und zwölf MiG 21 SPS. Gesamtplan der Überführung der Nationalen Volksarmee und Grenztruppen der DDR vom

den Verteidigungsstreifen Dassow, nördlich Perleberg, Fürstenberg (Havel) und Insel Rügen zu führen. Dort hatte sie eine standhafte und tief gestaffelte Verteidigung mit vorgeschobenen Deckungstruppenteilen, dem Hauptverteidigungsstreifen[27] und zweiten Armeeverteidigungsstreifen bis zu einer Tiefe von 120 km auszubauen und im Zusammenwirken mit der 2. Garde-Panzerarmee einen Durchbruch der gegnerischen Hauptkräfte des Jütländischen und Niederländischen Armeekorps nicht zuzulassen. Zudem sollten durch Zusammenwirken mit der 3. Flotte und der 3. Luftverteidigungsdivision Seelandungen abgewehrt und Kräfte zur Vernichtung gegnerischer Luftlandungen bereitgestellt werden.

Der Entschluss legte zudem fest, mit massierten Schlägen der Raketentruppen, der Luftstreitkräfte, dem Feuer der Artillerie im Zusammenwirken mit der 3. Flotte und der 2. Garde-Panzerarmee dem Gegner maximale Verluste zuzufügen. So war vorgesehen, mit dem Beginn der Gefechtshandlungen einen massierten Schlag mit nicht weniger als 20 Artillerieabteilungen (360 Rohre Artillerie) zu führen und mit aktiven Verteidigungshandlungen der Truppenteile der Divisionen der 1. Staffel im Zusammenwirken mit den Grenztruppen der DDR die Staatsgrenze im Sicherungsstreifen[28] zu decken. Mit Unterstützung der Armeefliegerkräfte und dem Feuer der Artillerie sollten dann die Hauptkräfte des Gegners im Sperrsystem der grenznahen Zone aufgehalten bzw. gezwungen werden, sich vorzeitig zu entfalten. Zudem hatte die 5. Armee bereit zu sein, auf Befehl am 1. Kernwaffenschlag der 1. Front teilzunehmen. Dabei sollten u.a. Startstellungen und Kernwaffenträger, Fliegerleit- und Meldezentren sowie Gefechtsstände des Gegners vernichtet werden.

Die Planung der Verteidigungsoperation sah vor, in der 1. Staffel vier Mot.-Schützendivisionen, verstärkt durch zwei selbstständige sowjetische Panzerregimenter[29], und in der 2. Staffel die 9. Panzerdivision einzusetzen. Zur Deckung der landungsgefährdeten Abschnitte an der Ostseeküste und zur Verteidigung der Insel Rügen war eine »Besondere Gruppierung«, bestehend aus einem Mot.-Schützentruppenteil und weiteren Einheiten geplant.

Die »Besondere Gruppierung« sollte einen Konzentrierungsraum um Putbus beziehen und erhielt die Aufgabe, im Abschnitt Ostseebad Binz-Mukran sowie Glowe-Juliusruh die Küste zu verteidigen. Darüber hinaus hatte sie taktische Luftlandungen zu vereiteln und den Fährhafen Saßnitz und den Rügendamm zu sichern.

Friedens- in den Kriegszustand, GKdos.-Nr.: A 456 500, 1. Ausf., Bl. 193, ständig überarbeitet, letzte Fassung 19.3.1990. In: Privatarchiv des Autors.

[27] Der Hauptverteidigungsstreifen wurde in der Terminologie der WVO auch als 1. Armeeverteidigungsstreifen bezeichnet, er war die vordere Linie der Verteidigung, eine im Gelände festgelegte Linie, die zugleich die frontale Begrenzung der Verteidigungsstellungen der Truppenteile der 1. Staffel darstellte.

[28] Der Sicherungsstreifen konnte entsprechend damaliger Kennziffern eine Tiefe von 20–40 km vom vorderen Rand des Verteidigungsstreifens der Divisionen der 1. Staffel einnehmen, der mehrere Stellungen, Verteidigungsräume und Stützpunkte umfasste. Der Sicherungsstreifen wurde auch als Deckungsabschnitt bezeichnet, somit sind für die vorn eingesetzten Truppen die Begriffe Sicherungs- als auch Deckungstruppen geläufig. Bei dem beabsichtigten Übergang zum Angriff wurden die Truppen gewöhnlich als Vorausabteilungen bezeichnet. Zu ihnen gehörten verstärkte Mot.-Schützen- und Panzerregimenter.

[29] Selbst. 138. und 221. Panzerregiment, dem Oberkommando der GSSD direkt unterstellte Truppenteile.

Die Divisionen der 1. Staffel bildeten zwei Staffeln. Dabei wären die Mot.-Schützenregimenter in der 1. Staffel, die jeweiligen Panzerregimenter in der 2. Staffel eingesetzt worden. Die Breite der Verteidigungsstreifen der Divisionen betrug in Abhängigkeit von verschiedenen Faktoren etwa 30 bis 45 km, die der Verteidigungsabschnitte der Regimenter 10 bis 15 km und die der Verteidigungsräume der Bataillone bis 5 km. Die Tiefe der Verteidigung der Divisionen betrug 25 bis 35 km, die der Regimenter 10 bis 15 km und die der Bataillone 3 bis 5 km.

Bei einem tiefen Einbruch des Gegners sollten die Divisionen auf Befehl Riegelstellungen beziehen bzw. Wechselräume besetzen, um im Zusammenwirken mit den Nachbarverbänden die eingebrochene gegnerische Gruppierung zum Stehen zu bringen. Die 8. Mot.-Schützendivision hatte zudem bereit zu sein, in der Planung angenommene Seelandungen von Teilen der amerikanischen 2. Marineinfanteriedivision abzuwehren sowie Luftlandeeinheiten zu zerschlagen. Die Kampfhandlungen zur Seelande- und Luftlandeabwehr sollten durch drei Staffelstarts des NVA-Kampfhubschraubergeschwaders 5 unterstützt werden.

Für die 9. Panzerdivision, den Verband der 2. Staffel, war das Beziehen eines Raumes in der Hauptanstrengung der 5. Armee in einer Tiefe von 60 bis zu 85 km und einer Breite von 45 km sowie der Einsatz in zwei Staffeln vorgesehen. Die Division hatte bereit zu sein, die eingebrochenen Gruppierungen des Gegners im Zusammenwirken mit der sowjetischen 94. Garde-Mot.-Schützendivision, der 8. und der 20. Mot.-Schützendivision der NVA zu zerschlagen und die Verteidigung neu zu organisieren. Das zur Küstenverteidigung und als allgemeine Reserve eingesetzte Mot.-Schützenregiment sollte sich im Raum Dummersdorf, Groß Viegelin, Cammin, ausschließlich Groß Lusewitz konzentrieren, um im Zusammenwirken mit der 3. Flotte und den Fliegerkräften Seelandungen gegnerischer Truppen verhindern zu können.

Insgesamt hätte die 5. Armee mit ihren fünf Divisionen den Streifen Dassow nördlich Perleberg, Fürstenberg (Havel), Kap Arkona in einer Breite von 115 km (am vorderen Rand der Verteidigung) und einer Tiefe von bis 150 km zu verteidigen gehabt. Der Sicherungsstreifen war bis in eine Tiefe von 20 bis 25 km diesseits der Grenze geplant. Der Hauptverteidigungsstreifen wurde bis zu einer Tiefe von 10 bis 15 km und der 2. Verteidigungsstreifen bis zu einer Tiefe von 90 km von der Staatsgrenze entfernt festgelegt. Der Pionierausbau des Geländes der 1. Reihe[30] wäre nach Beziehen der Verteidigungsräume nach einem Tag, der der 2. Reihe[31] nach zwei Tagen befohlen worden.

Ohne weitere Unterstellungen hätte der Militärbezirk V im Rahmen der Überführung in die volle Gefechtsbereitschaft und mit Abschluss der Mobilmachung über einen Personalbestand von 95 500 Soldaten, 12 operativ-taktische und 16 takti-

---

[30] 1. Reihe: Ausbau von Stellungen für die Mot.-Schützen, Errichten von Führungsstellen, Anlegen von Sperren, Vorbereiten von Verminungsabschnitten, Ausheben von Schützengräben, Verbindungsgräben und Deckungen für die Kampftechnik.

[31] 2. Reihe: Ausheben von Gruppenstellungen, Stellungen für Kampftechnik, Wechselstellungen der Artillerie, Riegelstellungen, Ausbau von Führungsstellen und Verbandsplätzen, Anlegen von Deckungsgräben und Unterständen, Deckungen für Bewaffnung und Ausrüstung, Vorbereitung von Sprengungen in der Tiefe der Verteidigung.

sche Raketen, 811 Panzer, 2248 Schützenpanzer und -wagen, 815 Artilleriesysteme, 443 Panzerabwehrmittel, 650 Fla-Mittel, 52 Hubschrauber unterschiedlicher Zweckbestimmung und 15 145 Kraftfahrzeuge verfügt[32].

Mit dem Aufwuchs zur 5. Armee wurde in der Verteidigungsplanung der Jahre 1983 bis 1988 der Kampfbestand der Armee durch die sowjetische 94. Garde-Mot.-Schützendivision und zwei selbständigen Panzerregimenter erhöht[33]. In der Planung der Angriffsoperation von 1983 gehörte die 94. Garde-Mot.-Schützendivision nicht zum Bestand der Armee. Der Kampfbestand in der Planung 1985 entsprach dem der Verteidigungsplanung von 1983. Bei der letzten Planung im Jahre 1988 verfügte die 5. Armee indes über die 8. und 20. Mot.-Schützendivision, die 9. Panzerdivision der NVA, die sowjetische 94. Garde-Mot.-Schützendivision, die selbständigen 138. und 221. Panzerregimenter und über die polnische 12. Mech.-Division. Die 19. Mot.-Schützendivision der NVA wurde in dieser Planung der südlich der 5. Armee eingesetzten 2. Garde-Panzerarmee unterstellt.

Angesichts der Verwundbarkeit Europas durch den massiven Einsatz von Kernwaffen sowie im Interesse eines flexiblen politischen und militärischen Einsatzes der Streitkräfte sah die WVO in ihrer strategischen Zielsetzung vor, begrenzte Kampfhandlungen sowohl ohne als auch mit Kernwaffen zu führen. Der Kriegsentfesselung und Eröffnung von Kampfhandlungen, so die damaligen Ansichten, konnte prinzipiell nur eine kurze Spannungsperiode von wenigen Tagen vorausgehen, andernfalls wäre eine längere Spannungsperiode mit Überführung der Streitkräfte in den Kriegszustand möglich gewesen.

Für beide Extremfälle hatte die WVO entsprechende Optionen entwickelt. Mit ständig gefechtsbereiten und sofort verfügbaren Truppen konnten jedoch nur begrenzte operative Zielsetzungen, nämlich Verteidigungshandlungen verfolgt werden. Dabei wäre aber dennoch die Gefahr einer unkontrollierbaren Ausweitung und Eskalation des Konflikts nicht auszuschließen gewesen.

Bei Eröffnung der Kampfhandlungen nach Überführung in den Kriegszustand und Abschluss der Mobilmachung der Streitkräfte wären weit reichende operativ-strategische Ziele, wie der Durchbruch bis zum Rhein und die Besetzung des Territoriums der Bundesrepublik Deutschland eine mögliche Option gewesen. Die zu erwartende Intensität und Hartnäckigkeit des bewaffneten Kampfes und die ständige Gefahr des Ersteinsatzes von Nuklearwaffen durch die NATO wäre bereits in kurzer Zeit mit katastrophalen Folgen für das Territorium Deutschlands verbunden gewesen.

Bis zur Mitte der Achtzigerjahre waren wie erwähnt seitens der WVO präventive Kampfhandlungen als möglich erachtet worden. Folglich waren Methoden zur

---

[32] Vgl. Gesamtplan der Überführung der NVA und Grenztruppen der DDR vom Friedens- in den Kriegszustand, Geheime Kommandosache, GKdos.-Nr.: A 456 500, 1. Ausf., Bl. 197–199, ständig überarbeitet, letzte Fassung 19.3.1990. In: Privatarchiv des Autors.

[33] Mit der Unterstellung der sowjetischen Verbände und Truppenteile in den Bestand der 5. Armee erhöhten sich die vorgenannten Kräfte und Mittel. Kampfbestand der 94. Garde-Mot.-Schützendivision: Personalstand ca. 15 500, vier taktische Raketen, 274 Panzer T-64 B, 450 Schützenpanzerwagen (BMP-1/60-PB), 90 Artilleriesysteme; das selbständige 138. und 221. Panzerregimenter in Güstrow und Ludwigslust verfügten jeweils über 124 Panzer T-64 B.

Erhöhung des Bereitschaftsgrades der Führungsorgane und Teilstreitkräfte weiterentwickelt worden, die eine »gedeckte Überführung« und eine beschleunigte
Gefechtsbereitschaft der Truppen ermöglichten[34].

Die Geschlossenheit der östlichen Militärkoalition, insbesondere ihr Kernwaffen-
potential, konfrontierte das westliche Bündnis mit dem Risiko, bei Entfesselung
eines Krieges gegen die WVO einen existenzgefährdenden Gegenschlag herauszufordern. Die militärische Führung der WVO war daher überzeugt, dass keiner der
NATO-Partner tatsächlich gewillt sei, seinen Macht- und Einflussbereich mit militärischen Mitteln zu erweitern, geschweige denn in einer militärischen Aggression die
eigene Existenz aufs Spiel zu setzen.

Sowohl der politische, ökonomische und militärische Druck des Westens, aber
auch die eigene Beurteilung der Nichtführ- und Gewinnbarkeit eines konventionellen oder Kernwaffenkrieges in Europa führten dazu, dass die WVO in den
Achtzigerjahren die Angriffsfähigkeit ihrer Streitkräfte reduzierte. An die Stelle der
bisherigen vorwiegend offensiven Auffassungen trat nunmehr ein deutlich defensi-
veres Konzept.

Ab 1985 ging das östliche Militärbündnis in seinen strategischen Überlegungen
davon aus, die Unantastbarkeit seiner westlichen Staatsgrenzen durch die Vorbereitung einer standhaften Verteidigung in der Grenzzone zu gewährleisten. Der
»Aggressor« sollte unter Einsatz konventioneller Mittel und durch Gegenschläge, bei
Notwendigkeit aber auch mit einem Kernwaffeneinsatz, abgewehrt und der »Status
quo ante« wieder hergestellt werden[35]. Die Planungen der Defensivoperationen der
5. Armee in den Jahren 1983 und 1985 blieben dabei prinzipiell identisch, sieht
man von der Einschränkung ab, dass bei der 1985er Planung die Truppenteile der
1. Staffel näher an die westliche Staatsgrenze vorverlegt wurden.

Mit ihrer Defensivplanung von 1985 machten die UdSSR und die Warschauer
Vertragsstaaten deutlich, keine Kriegshandlungen beginnen und nicht als Erste
Atomwaffen anwenden zu wollen. Die geheimen operativen Planungen der 5. Armee
nahmen damit bereits etwas vorweg, was offiziell erst 1987 als operativ-strategisches
Konzept in die neue Militärdoktrin des Warschauer Vertrages Eingang fand.

In der operativen Planung des Jahres 1988 wurde die Verteidigungsplanung
der 1. Front letztmalig verändert. Dabei stand die allseitige Vorbereitung der
Verteidigungsoperation in der Anfangsperiode eines Krieges mit konventionellen Mitteln im Mittelpunkt. Diese Planung erwog bereits einen verringerten
Kampfbestand der 1. Front und berücksichtigte die eingeleitete Reduzierung der
sowjetischen Streitkräfte auf dem Territorium der DDR[36]. Vor dem Hintergrund
internationaler Abrüstungs- und Entspannungsprozesse sowie der revolutionären
Umbrüche in Mittel- und Osteuropa wurden jedoch auch diese gemeinsamen militärischen Planungen der WVO zunehmend hinfällig.

---

34   Vgl. Heinemann, Die DDR und ihr Militär (wie Anm. 18), S. 202.
35   Vgl. auch Nielsen, Die DDR und die Kernwaffen (wie Anm. 5), S. 52 f.
36   Vgl. Direktive des Oberkommandierenden der Vereinten Streitkräfte, Armeegeneral Pjotr Luschew,
     zur operativen und Gefechtsausbildung der Vereinten Streitkräfte der Teilnehmerstaaten des
     Warschauer Vertrages für das Jahr 1990 vom 3.10.1989, Bl. 1−22, hier Bl. 10.

Ab 1989 kam es schließlich zu einem schrittweisen Abzug der sowjetischen Truppen aus der DDR. Im Jahr 1990 fanden bereits keine gemeinsamen Übungen mehr zwischen der 1988 in Westgruppe der Truppen (WGT) umbenannten GSSD, der NVA und der Polnischen Armee auf dem Gebiet der DDR statt. 1994 verließen dann die letzten russischen Soldaten als Angehörige der ehemals stärksten Streitkräftegruppierung, die »je von einem Staat außerhalb der eigenen Grenzen über einen derart langen Zeitraum unterhalten worden war«[37], deutschen Boden.

Die Militärdoktrin von 1987 resultierte aus der veränderten militärpolitischen Lage zwischen den beiden konkurrierenden Gesellschaftssystemen und der eingeschränkten Möglichkeiten zur militärischen Gewaltanwendung. Dies war einerseits Ergebnis einer realistischeren Beurteilung der militärstrategischen Lage in Mitteleuropa, des militärischen Charakters und der möglichen Folgen eines Krieges auf dem westeuropäischen Kriegsschauplatz, andererseits des Strebens nach entscheidenden Veränderungen im wirtschaftlichen Maßstab und im regionalen wie globalen strategischen Kräfteverhältnisses zwischen NATO und Warschauer Vertrag.

Die Militärs der WVO bemühten sich bis in die zweite Hälfte der Achtzigerjahre, den militärischen Nutzen von Kernwaffen zu begründen, wohlwissend, dass die annähernde Parität der strategischen Arsenale in Ost und West keine Eskalation des atomaren Einsatzes zuließen[38]. »In einem Nuklearkrieg würde es weder Sieger noch Besiegte geben, sondern nur totale Vernichtung (Mutual Assured Destruction-MAD). Diese Tatsache müsste den Gegner vor dem Ersteinsatz von Nuklearwaffen abschrecken[39].«

Die sowjetische Militärtheorie bis zur Mitte der Achtzigerjahre besagte, dass es möglich sei, den eigenen Schaden in Grenzen zu halten, wenn die Kernwaffeneinsatzmittel des Gegners rechtzeitig ausgeschaltet würden. Dabei wurde anscheinend nur die zerstörende Sprengwirkung dieser Mittel in Betracht gezogen und nicht die Gefährdung durch die in der Explosion freiwerdenden Radioaktivität. Dies bedeutete, dass die Gewinnbarkeit eines Kernwaffenkrieges über Jahrzehnte möglich erschien.

Ungeachtet der katastrophalen Folgen eines möglichen Krieges entwickelten sich die Abrüstungsverhandlungen zwischen den USA und der UdSSR nur schleppend, dennoch bewirkte die Erkenntnis des Zerstörungs- und Verlustpotenzials eines al-

---

37   Kurt Arlt, Sowjetische (russische) Truppen in Deutschland (1945–1994). In: Im Dienste der Partei. Handbuch der bewaffneten Organe der DDR. Hrsg. im Auftr. des MGFA von Torsten Diedrich, Hans Ehlert und Rüdiger Wenzke, Berlin 1998 (= Forschungen zur DDR-Gesellschaft), S. 593–632, hier S. 593; Kowalczuk und Wolle, Roter Stern über Deutschland; Hans-Albert Hoffmann und Siegfried Stoof, Sowjetische Truppen in Deutschland. Ihr Hauptquartier in Wünsdorf 1945–1994. Geschichte, Fakten, Hintergründe, Berlin 2008, S. 129.

38   Waren es im Jahre 1979, dem Jahr der Unterzeichnung des SALT II Abkommens, noch insgesamt 2283 atomare Trägersysteme, die die USA den 2504 sowjetischen Trägersystemen gegenüberstellen konnte, so hat sich das Verhältnis 1983 auf 1907 amerikanische und 2498 sowjetische Trägersystem verschlechtert. Vgl. David Baker, European Theatre Nuclear Weapons, Jane's International Defence Review, 4 (1983), 1.6.1983, S. 317–329. Bei diesem Vergleich sind freilich die Trägermittel Großbritanniens und Frankreichs nicht einbezogen worden.

39   Norbert Hannig, Radioaktive Verseuchung. Atomkrieg ohne Grenzen. In: Internationale Wehrrevue, 14 (1981), Nr. 9, S. 1120 f.

les vernichtenden Nuklearkrieges Vorsicht und Zurückhaltung seitens der Politik[40]. Es war unabwendbar, dass beide Seiten, die USA und UdSSR, zur Einsicht gelangen mussten, dass eine drastische Reduzierung der Nuklearwaffen für den Erhalt des Weltfriedens zielführender sein würde. Eindringlich waren die entsprechenden Erklärungen des sowjetischen Partei- und Staatschef Michail Gorbačëv zur einseitigen Abrüstung auf der 43. UN-Vollversammlung im Dezember 1988 in New York[41].

Anscheinend wurde der sowjetische Generalstab zur beabsichtigen Ankündigung des Generalsekretärs vorab nicht konsultiert. Noch am Tag der Gorbačëv-Rede trat Generalstabschef Marschall Sergej F. Achromeev von seinem Amt zurück. Beachtenswert in diesem Zusammenhang ist auch die Selbstverpflichtung der DDR-Regierung Anfang 1989 zur unilateralen Reduzierung der Streitkräfte um 600 Panzer und 500 Flugzeuge[42].

Das tradierte Prinzip der Abschreckung wurde von beiden Führungsmächten und ihren Militärblöcken bis Ende der Achtzigerjahre beibehalten. Der Westen drohte mit dem Ersteinsatz von Nuklearwaffen, der Osten mit einem Gegenschlag auf den vermeintlichen Aggressor und der schnellen Besetzung des gegnerischen Territoriums. Die drei kurz aufeinander folgenden operativen Planungen der Achtzigerjahre belegen jedoch, wie dynamisch sich das operative Denken in der WVO in deren Endphase veränderte. Dabei ist zu beachten, dass die tatsächlichen Planungen des sowjetischen Generalstabes sowohl im Generalstab der Streitkräfte der UdSSR als auch in den General(Haupt-)stäben der Bündnispartner immer nur einem sehr kleinen Führungszirkel bekannt waren.

Die Veränderung des Offensivprinzips in ein Defensivprinzip zur Mitte der Achtzigerjahre wurde durch die Militärs nicht proklamiert. Die Zurückhaltung der Spitzenmilitärs in Moskau war anscheinend darin begründet, dass bis zur Übernahme der politischen Führung durch den Generalsekretär der KPdSU, Michail Gorbačëv, im Jahre 1985 kein Politiker zuvor die Konsequenzen einer rea-

---

[40] Im Oktober 1986 kam es zu einem Gipfeltreffen zwischen Ronald Reagan und Michail Gorbačëv in Reykjavik. Dort wurde die Halbierung der Menge aller Atomwaffen und die Abschaffung aller ballistischer Raketen binnen zehn Jahren diskutiert. Die Einigung scheiterte daran, dass die USA am SDI-Programm festhielten. 1987 machte Gorbačëv nicht mehr ein Gesamtpaket einschließlich der Abkehr der USA vom SDI-Programm zur Vorbedingung konkreter Abrüstungsschritte. Folglich wurde am 8.12.1987 durch Reagan und Gorbačëv in Washington der INF-Vertrag (Intermediate Range Nuclear Forces) bzw. der Washingtoner Vertrag über nukleare Mittelstreckensysteme bezeichnet, unterschrieben. In diesem Vertrag war die Verschrottung aller Raketen mittlerer und kürzerer Reichweite (500 bis 5500 km) und deren Produktionsverbot durch die USA und UdSSR vereinbart worden. Zudem wurde der START-I-Vertrag zur Reduzierung strategischer Kernwaffen eingeleitet. Zum INF-Vertrag siehe: www.peterhall.de/treaties/inf/inf1.html (zuletzt abgerufen am 12.9.2011).

[41] Gorbačëv verkündete am 7.12.1988 auf der 43. UN-Vollversammlung in New York eine einseitige Abrüstungsinitiative. »Die Sowjetunion hat den Beschluss gefasst, ihre Streitkräfte zu reduzieren. In den nächsten zwei Jahren wird sich die zahlenmäßige Stärke um 500 000 Mann verringern, auch der Umfang der konventionellen Waffen wird wesentlich reduziert. [...] Die in diesen Ländern befindlichen sowjetischen Truppen werden um 500 000 Mann und 5000 Panzer reduziert.« Vgl. hierzu: Europa-Archiv (Dokumente), 1 (1989), S. 23–37.

[42] Wilfried Schreiber, Von einer Militärdoktrin der Abschreckung zu Leitsätzen entmilitarisierter Sicherheit (1987–1990). Ein Zeitzeugenbericht. In: Dresdner Studiengemeinschaft Sicherheitspolitik (DSS), 86 (2007), S. 48.

listischen Einschätzung der politischen, wirtschaftlichen und militärischen Lage des Ostblocks offensiv vertreten konnte. Denkbar ist aber auch, dass die militärische Führungselite in Moskau der Auffassung war, dass eine zu schnelle Veröffentlichung der veränderten Strategie vom westlichen Bündnis als Eingeständnis militärischer Schwäche verstanden werden könne. Sie verfolgten daher im Rahmen der geplanten Veränderungen die Verwendung von neu eingeführten offensiven und defensiven Waffensystemen bei gleichzeitiger Ausrichtung der Kampfhandlungen auf die konventionelle Kriegsführung, um eine glaubwürdige Abschreckung aufrechtzuerhalten.

Idee des Befehlshabers der 5. Armee der NVA für die Verteidigungsoperation, 1983/1985

Quelle: Siegfried Lautsch

©ZMSBw
06063-16

Idee des Befehlshabers der 5. Armee der NVA für die Verteidigungs- und Angriffsoperation, 1983

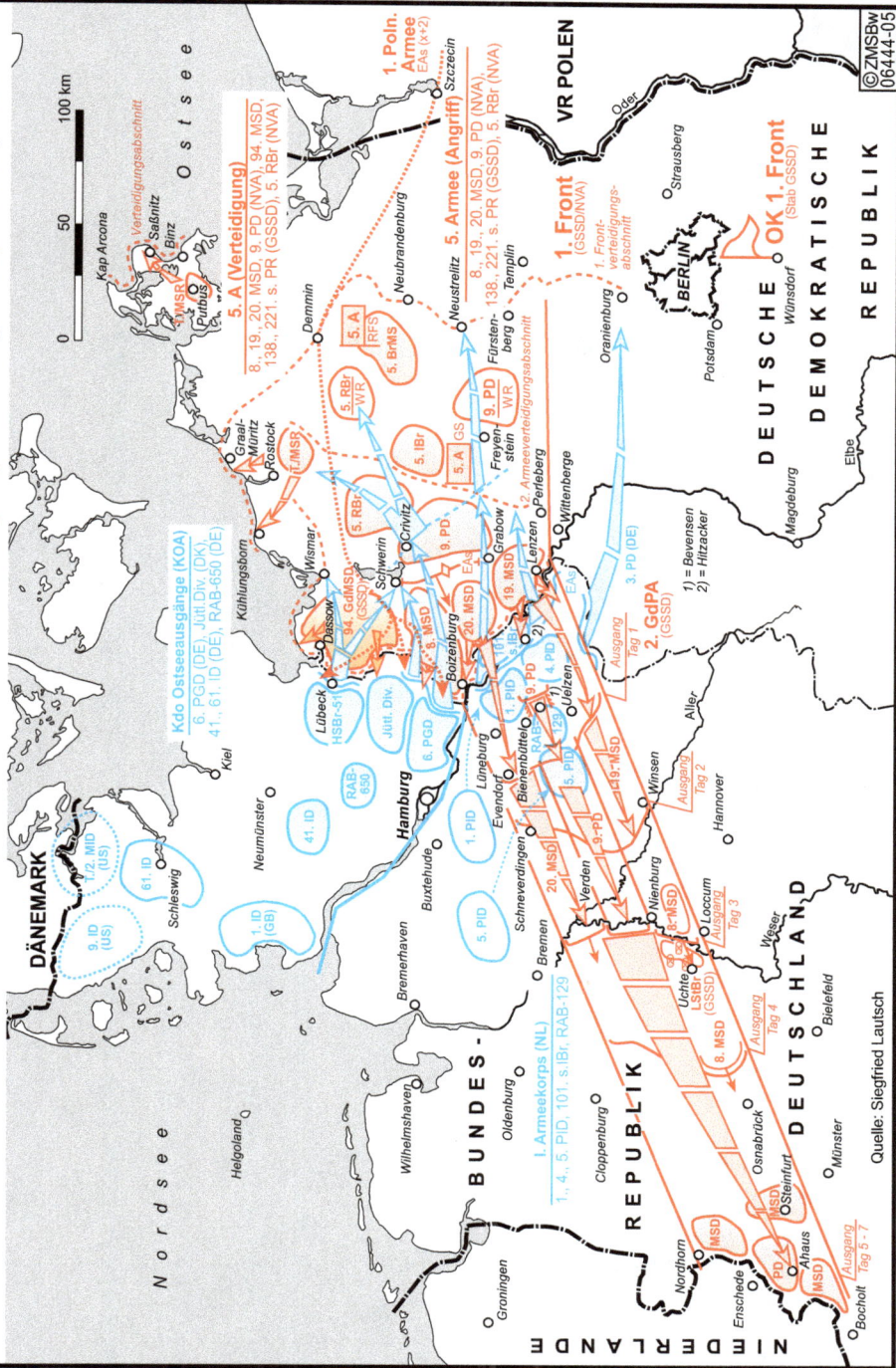

5. A (Verteidigung)
8., 19., 20. MSD, 9. PD (NVA), 94. MSD,
138., 221. s. PR (GSSD), 5. RBr (NVA)

5. Armee (Angriff)
8., 19., 20. MSD, 9. PD (NVA),
138., 221. s. PR (GSSD), 5. RBr (NVA)

1. Poln. Armee EAs (x+2)

1. Front (GSSD/NVA)
1. Front-
verteidigungs-
abschnitt

OK 1. Front (Stab GSSD)

Kdo Ostseeausgänge (KOA)
6. PGD (DE), Jütl.Div. (DK),
41., 61. ID (DE), RAB-650 (DE)

2. GdPA (GSSD)

1) = Bevensen
2) = Hitzacker

1) = Bevensen
2) = Hitzacker

1. Armeekorps (NL)
1., 4., 5. PID, 101. s.IBr, RAB-129

Ausgang Tag 1

Ausgang Tag 2

Ausgang Tag 3

Ausgang Tag 4

Ausgang Tag 5 - 7

Verteidigungsabschnitt

2. Armeeverteidigungsabschnitt

Quelle: Siegfried Lautsch

DÄNEMARK
DEUTSCHE DEMOKRATISCHE REPUBLIK
VR POLEN
BUNDESREPUBLIK DEUTSCHLAND
NIEDERLANDE
Nordsee
Ostsee
BERLIN

100 km
50
0

© ZMSBw
06444-05

Helmut R. Hammerich

Die Operationsplanungen der NATO zur Verteidigung der Norddeutschen Tiefebene in den Achtzigerjahren

Operationsgeschichte des Kalten Krieges: Ein schwieriges Feld

Während Militärhistoriker, die sich mit anderen Epochen der Geschichte beschäftigen, Feldzüge und Schlachten analysieren können, bleibt den Kollegen des Kalten Krieges neben den Stellvertreterkriegen nur die Betrachtung der Operationsplanungen und deren Teilumsetzung im Frieden. Dies und die Schwierigkeit, die meist noch eingestuften Militärakten einzusehen, erklären die jahrzehntelange Zurückhaltung. Umso interessanter sind erste Ergebnisse, wie die zum Thema Kriegsziele der Militärallianzen.

Beatrice Heuser sieht bis in die Achtzigerjahre einen deutlichen Unterschied zwischen der Kriegsbeendigungsstrategie der NATO und der Vernichtungsstrategie des Warschauer Paktes. Während das westliche Bündnis die Abwehr eines feindlichen Angriffs und die Wiederherstellung des Status quo ante als militärischen Sieg definierte, wurde in Moskau dafür die Vernichtung der feindlichen Streitkräfte vorausgesetzt[1]. Waren, um diese unterschiedlichen Ziele zu erreichen, auch unterschiedliche Militärdoktrinen notwendig?

Wie wir heute wissen, kann in beiden Bündnissen von einer defensiven Militärdoktrin gesprochen werden[2]. Allerdings zeigt ein Blick auf die vermeintliche Ähnlichkeit die grundlegenden Unterschiede: Während die NATO in ihren Operationsplänen eine bewegliche Verteidigung auf eigenem Territorium vorsah, plante der Warschauer Pakt zumindest bis 1985 parallel zu oder kurz nach einem Angriff aus dem Westen eine strategische Offensive mit dem Ziel, unter Ersteinsatz taktischer Nuklearwaffen die NATO-Streitkräfte vollständig zu zerschlagen und große Teile Westeuropas zu besetzen[3].

---

[1] Beatrice Heuser, Victory in a Nuclear War? A Comparison of NATO and WTO War Aims and Strategies. In: Contemporary European History, 7 (1998), Nr. 3, S. 311–327.

[2] Für den Warschauer Pakt sprechen derzeit nur die Zeitzeugen dafür. John G. Hines, Ellis Mishulovich, John F. Shull, Soviet Intentions 1965–1985, vol. I/II, McLean VA 1995; vgl. auch: Military Planning for European Theatre Conflict during the Cold War. Ed. by Jan Hoffenaar and Christopher Findlay, Zürich 2007 (= Zürcher Beiträge zur Sicherheitspolitik, Nr. 79).

[3] Lothar Rühl, Offensive Defence in the Warsaw Pact. In: Survival, September/October 1991, S. 445 ff.

Die historische Erfahrung des Zweiten Weltkrieges bietet für diesen Ansatz ebenso überzeugende Argumente wie die in der Militärwelt verbreitete Auffassung von der
Überlegenheit des Angriffs. Dabei wurde die Schlacht um Kursk im Sommer 1943
als Beispiel einer gelungenen Verteidigungsoperation mit der Option des Übergangs
zur strategischen Offensive bewertet[4]. Das Schlagen aus der Nachhand auf strate-
gisch-operativer Ebene entwickelte sich von einem Wendepunkt im »Großen vater-
ländischen Krieg« zu einem wichtigen Teil der sowjetischen Militärdoktrin.

Erst Mitte der Achtzigerjahre wurde in Moskau über eine neue Militärstrategie
nachgedacht[5]. Die Auswertung von Großübungen und »nationalen Kriegsplänen«
geben erste Hinweise auf die Umsetzung dieser Militärstrategie[6]. Angesichts der
Unterschiede zwischen Übungsunterlagen und scharfen Einsatzplänen muss aber betont werden, dass die in Moskau noch eingestuften Operationspläne des Warschauer
Paktes und die ebenfalls noch schwer zugänglichen General Defense Plans der
NATO die entscheidenden Quellen darstellen. Erst deren Auswertung wird ein voll-
ständigeres Bild ergeben können.

Nationale Überlieferungen aus Archiven der Bündnisstaaten können diese Lücke
nur bedingt schließen. Zwei Internet-Plattformen, das Cold War International
History Project[7] und das Parallel History Project on NATO and the Warsaw Pact
(heute: Parallel History Project on Cooperative Security)[8], verfolgen einen vergleichenden Ansatz und fördern die Offenlegung von relevantem Archivmaterial.
Die Regierungen der NATO-Staaten[9], die der früheren Neutralen und die NATO
selbst haben mit der Offenlegung begonnen[10]. Das NATO-Archiv in Brüssel
dient seit 1999 der Wissenschaft[11]. Des Weiteren sind vormals geheime Studien,
die von westlichen Geheimdiensten oder von so genannten »Think Tanks« ange-
fertigt wurden, im Internet zu finden[12]. Die Militärakten des Warschauer Paktes
stehen der Wissenschaft bis heute nicht zur Verfügung, umso wichtiger sind syste-

---

4   50 Jahre »defensive Verteidigung«. Das Unternehmen »Zitadelle« und seine Wirkungsgeschichte.
    Hrsg. von Dietmar Schössler und Frank Kostelnik, München 1995 (= Beiträge zur Sicherheitspolitik
    und Strategieforschung, 2).
5   Siegfried Lautsch, Zur operativen Einsatzplanung der 5. Armee der NVA im Rahmen einer Front
    der Vereinigten Streitkräfte der Warschauer Vertragsorganisation in den 1980er Jahren. In: Die
    Streitkräfte der DDR und Polens in der Operationsplanung des Warschauer Paktes. Hrsg. von
    Rüdiger Wenzke, Potsdam 2010, S. 35–59.
6   War Plans and Alliances in the Cold War. Threat Perceptions in the East and West. Ed. by Vojtech
    Mastny, Sven S. Holtsmark and Andreas Wenger, London 2006.
7   www.wilsoncenter.org/index.cfm?fuseaction=topics.home&topic_id=1409 (zuletzt abgerufen am
    20.3.2013).
8   www.php.isn.ethz.ch (zuletzt abgerufen am 20.3.2013).
9   Z.B. mit den Editionsvorhaben Foreign Relations of the United States (FRUS), www.state.gov/r/
    pa/ho/frus, oder den Akten zur Auswärtigen deutschen Politik (AAdP), www.auswaertiges-amt.de/
    diplo/de/AAmt/PolitischesArchiv/Akten.html (zuletzt abgerufen am 20.3.2013).
10 NATO Strategy Documents 1949–1969. Ed. by Gregory Pedlow, Brüssel 1997.
11 www.nato.int/archives/.
12 Z.B. CIA Studies in Intelligence/Special Collections, www.cia.gov/library/center-for-the-study-of-
    intelligence/csi-publications/csi-studies/index.html; National Security Archive, Washington D.C.,
    www.gwu.edu/~nsarchiv/; oder RAND Corporation Studies, www.rand.org/topics/national-secu-
    rity.html.

matische Zeitzeugenbefragungen[13]. Die Archivsituation in den übrigen ehemaligen Mitgliedstaaten ist etwas besser, was zu einer ausgewogenen Diskussion beiträgt[14].

Das Militärgeschichtliche Forschungsamt verfolgte einen ersten Ansatz zur Operationsgeschichte des Kalten Krieges mit einer Sektion während der 47. Internationalen Tagung für Militärgeschichte (ITMG) in Bonn im Jahre 2005. Unter dem Thema »Der gedachte Krieg auf deutschem Boden« wurden dort erstmalig scharfe Einsatzpläne der NATO und der Bundeswehr aus den Sechzigerjahren vorgestellt[15]. Während der Tagung »Warfare in the Central Sector, 1948–1968« des Niederländischen Instituts für Militärgeschichte beschäftigten sich zwei Jahre später bereits drei Sektionen mit den Operationsplanungen der beiden Militärbündnisse[16]. Im Herbst 2007 folgte eine wissenschaftliche Tagung der Landesverteidigungsakademie in Wien zum Schlachtfeld Alpenraum im Kalten Krieg[17].

Schließlich konnten speziell für diesen Beitrag auch Übungsunterlagen und Aussagen geladener Zeitzeugen einer britischen Übung für die historische Arbeit genutzt werden. 2008 schulte der britische Generalstabschef seine zukünftigen Divisions- und Brigadekommandeure. Dazu wurde die Heeresgruppenlage (Northern Army Group / NORTHAG) vergangener Tage anhand des General Defense Plan (GDP) des britischen I. Korps aus dem Jahre 1988 im Gelände nachvollzogen[18]. Das Bundesministerium der Verteidigung machte im Vorfeld den GDP 88 des deutschen I. Korps und der 3. Panzer- und 11. Panzergrenadierdivision zugänglich, die NATO gewährte Einblick in die Planungen der Achtzigerjahre des Oberbefehlshabers Europa-Mitte[19].

Im Gegensatz zu zahlreichen Übungsszenarien ging die NATO in ihren »scharfen« Einsatzplanungen stets vom »worst case«, einem großangelegten Angriff des Warschauer Paktes nach kurzer Vorbereitungszeit, mit Zielrichtung Nordsee, Rhein/Ruhr und Kanalküste aus. Die Umsetzung dieser General Defense Plans wäre nach Auslösung der höchsten NATO-Alarmstufe – General Alert – zumindest für die ersten Kampftage mit einem gewissen Automatismus abgelaufen.

In diesen militärischen Planungen spiegeln sich die politischen und strategischen Auffassungen, die in der NATO vorherrschten. Für die Militärgeschichte lassen sich daher interessante Fragen stellen: Wie wären die ersten Kampftage in

---

13   Siehe Anm. 2.
14   Petr Lunak, Plánovàni nemyslitelného. Ceskoslovenské válecné plány 1950–1990, Prag 2007.
15   Die Bundeswehr 1955 bis 2005. Rückblenden-Einsichten-Perspektiven. Hrsg. von Frank Nägler (= Sicherheitspolitik und Streitkräfte der Bundesrepublik Deutschland, 7), München 2007.
16   Blueprints for Battle. Planning for War in Central Europe, 1948–1968. Ed. by Jan Hoffenaar and Dieter Krüger, Lexington 2012.
17   Die Alpen im Kalten Krieg. Historischer Raum, Strategie und Sicherheitspolitik. Hrsg. von Dieter Krüger und Felix Schneider, München 2012. Grundlegend zum Thema auch Dieter Krüger, Brennender Enzian. Die Operationsplanungen der NATO für Österreich und Norditalien 1951 bis 1960 (= Einzelschriften zur Militärgeschichte, 46), Freiburg i.Br., Berlin, Wien 2010; Dieter Krüger, Schlachtfeld Bundesrepublik? Europa, die deutsche Luftwaffe und der Strategiewechsel der NATO 1958–1968. In: Vierteljahrshefte für Zeitgeschichte (VfZ), 2 (2008), S. 171–225.
18   Mungo Melvin, Exercise United Shield 2008. Revisiting Military Strategy for the Twenty-First Century. In: The Royal United Services Institute (RUSI) Journal, 154 (2009), No. 3, S. 36–43.
19   I. Korps, Korpsbefehl Nr. 1 für die Operationsführung im Verteidigungsfall (GDP 88), 30.3.1988. In: BArch, BH 8-3/437 (I. (GE) Korps GDP 88).

Norddeutschland verlaufen? Mit welchen Schwierigkeiten rechnete das westliche
Bündnis bereits im Vorfeld? Inwieweit wurden die militärpolitischen und strategischen Vorgaben der NATO in den Operationsplänen überhaupt umgesetzt?

Die NORTHAG, das deutsche I. Korps und die Verteidigung Norddeutschlands bis 1988

Die Vorneverteidigung und der Einsatz von Nuklearwaffen

Die Norddeutsche Tiefebene galt während des Kalten Krieges neben der Fulda-
Lücke und dem neutralen Österreich als ein breites Einfallstor für die mechanisier-
ten Truppen des Warschauer Paktes nach Westeuropa. Dieser Region von Kassel
im Süden bis nach Hamburg im Norden – ein Großteil des strategisch wichtigen
Central Sectors der NATO in Mitteleuropa – fiel deshalb aus Sicht der Operateure
des westlichen Bündnisses eine besondere Bedeutung zu.

In den Sechziger-/Siebzigerjahren waren die Operationsplanungen der NATO
zur Verteidigung des Central Sectors gegen einen massiven Angriff des Warschauer
Paktes trotz des Strategiewechsels in ihrer Anlage auf einen frühzeitigen Einsatz von
Atomwaffen ausgerichtet. Vor allem westdeutsche Militärs zweifelten jedoch daran,
dass das Gefecht der verbundenen Waffen unter atomaren Bedingungen beherrsch-
bar sein könne. Auch der selektive Einsatz nuklearer Waffen auf deutschem Boden
konnte nicht im Interesse der Bundesrepublik liegen. Allerdings fehlten der NATO
für die Vorneverteidigung bis weit in die Siebzigerjahre die konventionellen Land-
und Luftstreitkräfte, um auf den frühzeitigen Einsatz von Atomwaffen verzichten zu
können.

Dringendes Anliegen westdeutscher Militärs war deshalb die Verteidigung des
Bündnisgebietes so weit östlich wie möglich. Dies entsprach auch den gültigen
NATO-Strategiepapieren, allein die Umsetzung ließ angesichts fehlender Divisionen
zu wünschen übrig. Bis 1957 war daher die Hauptverteidigungslinie die Rhein-Ijssel-
Linie. Davor lag die Verzögerungszone bis zur Ems-Neckar-Linie. Die NATO ging
allerdings davon aus, dass Feindkräfte bereits nach wenigen Tagen die Ems-Neckar-
Linie überschreiten würden.

Im Norden Westdeutschlands sah es zu dieser Zeit nicht viel besser aus, da die
Briten ostwärts der Weser nur leichte Deckungstruppen einsetzen wollten. Ein erster Durchbruch konnte im Juli 1958 mit dem Emergency Defense Plan (EDP)
2-58 und der darin festgelegten Aufgabe der Rhein-Ijssel-Linie zugunsten der Ems-
Neckar-Linie als Hauptverteidigungslinie erzielt werden. Ab der Weser-Lech-Linie
sollte der Feind verzögert werden.

Die Central Army Group (CENTAG) führte ab Sommer 1958 vier nach Osten
verschobene Verteidigungslinien ein, die vorderste Linie verlief vom Vogelsberg
westlich von Fulda über Schweinfurt und Nürnberg nach Landshut und Rosenheim.
Im Süden sollten französische Streitkräfte nun nicht mehr entlang der Iller ersten

Feindkontakt haben, sondern bereits am Lech[20]. Im Norden sprach sich der britische NATO-Oberbefehlshaber aufgrund fehlender Divisionen weiterhin gegen eine Vorverlegung der Verteidigung östlich der Weser aus. Die NORTHAG hätte mit neun schwachen Divisionen eine Frontbreite von 380 Kilometern, also 42 Kilometer pro Division, abdecken müssen. Laut damaliger Vorschriftenlage sollte eine kampfkräftige Division in günstigem Gelände aber nur einen rund 25 Kilometer breiten Gefechtsstreifen verteidigen.

Trotz dieser Schwierigkeiten legte der Supreme Allied Commander Europe (SACEUR) General Lauris Norstad im April 1962 fest, dass eine bewegliche Verteidigung unmittelbar am Eisernen Vorhang beginnt. Allerdings wurde während einer NATO-Übung im Frühjahr 1962 deutlich, dass auch eine Verstärkung des Geländes in der Verzögerungszone und hier der Einsatz von Atomsprengladungen (ADM) und der frühzeitige Einsatz von anderen taktischen Nuklearwaffen für eine erfolgreiche Vorneverteidigung notwendig waren.

Mit dem EDP 1-63 vom September 1963 hatten sich die operativen Vorstellungen vor allem der westdeutschen Militärs – zumindest hinsichtlich der Vorneverteidigung – in der NATO dann endgültig durchgesetzt[21]. Die Ems-Neckar-Linie als Hauptverteidigungslinie wurde zugunsten der Weser-Lech-Linie aufgegeben. Im Gegensatz zu den früheren EDPs wären im Kriegsfall statt 50 Prozent nun rund 90 Prozent des Bundesgebietes verteidigt worden. Der Preis dafür war allerdings hoch, wie der COMLANDCENT General Dr. Speidel bekannte:

»Unser Kampf kann bei den gegenwärtigen Stärkeverhältnissen nur Aussicht auf Erfolg haben, wenn nukleare Waffen eingesetzt werden. Ihre frühzeitige Freigabe ist lebensnotwendig [...][22].«

Eine Kompromisslösung war die Umsetzung der Emergency Defense Plans (ab 1971 General Defense Plans) mit so wenig atomarem Feuer auf deutschem Boden wie möglich bei gleichzeitiger Einflussnahme auf die atomare Zielplanung der NATO. Zudem hatte der amerikanische Präsident Lyndon B. Johnson im September 1968 Bundeskanzler Kurt Georg Kiesinger zugesichert, sich vor dem Einsatz taktischer Nuklearwaffen von oder auf westdeutschem Boden mit der Bundesregierung abzusprechen. Sein Nachfolger Richard N. Nixon bestätigte diese Absprache ein knappes Jahr später[23]. Details sollten innerhalb der NATO in der Nuklearen Planungsgruppe (NPG) geklärt werden[24].

---

[20]   Record of COMLANDCENT's Commanders Conference, 23.6.1959. In: SHAPE, 35 mm, P01BR 39, L-027.
[21]   Helmut R. Hammerich, »Kommiss kommt von Kompromiss.« Das Heer der Bundeswehr zwischen Wehrmacht und U.S. Army 1950–1970. In: Helmut R. Hammerich [u.a.], Das Heer 1950–1970. Konzeption, Organisation, Aufstellung (= Sicherheitspolitik und Streitkräfte der Bundesrepublik Deutschland, 3), München 2006, S. 19–351, hier S. 131–154.
[22]   MGFA, NL Speidel/82, Vortrag »Forcesde couverture«, 29.6.1962.
[23]   Detlef Bald, Politik der Verantwortung. Das Beispiel Helmut Schmidt, Berlin 2008, S. 118 f.; zu den Absprachen: Oliver Bange, NATO as a framework for nuclear nonproliferation. The West German case, 1954–2008. In: International Journal, 64 (2009), Nr. 2, S. 361–382.
[24]   Christoph Hoppe, Zwischen Teilhabe und Mitsprache. Die Nuklearfrage in der Allianzpolitik Deutschlands 1959–1966 (= Nuclear History Program 30/2), Baden-Baden 1993.

Der frühzeitige Rückgriff auf taktische Nuklearwaffen blieb so lange eine Option, wie die konventionellen Streitkräfte der NATO hinter den multinationalen Absprachen für einen gemeinsamen Streitkräfteaufbau und vor allem hinter den konventionell kampfkräftigen Armeen auf der Gegenseite zurück blieben. Gerade in den frühen Siebzigerjahren ließen die Aufrüstungsbemühungen der NATO-Mitgliedstaaten jedoch zu wünschen übrig. Die US-Streitkräfte konzentrierten sich auf den Krieg in Vietnam, während zahlreiche andere Bündnispartner aufgrund wirtschafts- und finanzpolitischer Schwierigkeiten den Streitkräfteaufbau eher vernachlässigten[25].

Einzig die Modernisierung wichtiger Waffensysteme machte Fortschritte. Während in den Sechzigerjahren die Folgestaffeln der Warschauer Pakt-Streitkräfte durch die Atomic Strike Plans vernichtet werden sollten, sah man dies in den Achtzigerjahren durchaus als mit konventionellen Mitteln erreichbar an. Das Follow-on Forces Attack (FOFA)-Konzept der NATO zur konventionellen Zerschlagung der Folgestaffeln des Warschauer Paktes fußte nicht umsonst auf neuen militärtechnologischen Fähigkeiten[26]. Dass sich durch die neue NATO-Strategie der Flexiblen Reaktion (MC 14/3) die Sicherheit der Bundesrepublik seit 1968 verbesserte, wird allerdings zunehmend bezweifelt. Zu Recht fragt Dieter Krüger, ob die NATO-Mitgliedstaaten überhaupt bereit bzw. in der Lage waren, die Durchhaltefähigkeit ihrer Streitkräfte für einen rein konventionellen Krieg sicher zu stellen[27].

Zweifel an der Bereitschaft der Bündnispartner, ihre konventionellen Fähigkeiten auszubauen, kamen aber bereits den Zeitgenossen. General Alexander Haig bezeichnete die Jahre zwischen 1964 und 1974 als »NATO's lost decade«[28]. Angesichts der Bedrohungsanalyse der frühen Achtzigerjahre stellte General Bernard W. Rogers wenige Jahre später fest:

»Under current conditions, if we are attacked conventionally, we can only sustain ourselves conventionally for a relatively short time. I then will be forced to [...] ask for the authorization from my political authorities to use nuclear weapons[29].«
»If war broke out today, it would only be a matter of days before I would have to turn to our political authorities and request the initial release of nuclear weapons[30].«

25   Exemplarisch Thomas Robb, The »Limit of What is Tolerable«. British Defence Cuts and the »Special Relationship«, 1974–76. In: Diplomacy & Statecraft, 22 (2011), Nr. 2, S. 321–337.
26   Hans-Henning von Sandrart, Der Kampf in der Tiefe bedingt ein operatives Konzept. In: Europäische Wehrkunde, 2 (1987), S. 71–76; New Technology for NATO. Implementing Follow-on Forces Attack, OTA-ISC-309. Ed. by U.S. Congress, Office of Technology Assessment, Washington 1987.
27   Dieter Krüger, Schlachtfeld Bundesrepublik? (wie Anm. 17).
28   Zit. nach David C. Isby and Charles Kamps, Jr., Armies of NATO's Central Front, London 1985, S. 15. Haig war von 1974 bis 1979 NATO-Oberbefehlshaber in Europa (SACEUR).
29   Anthony H. Cordesman and Benjamin F. Schemmer, Interview with General Bernard W. Rogers, Supreme Allied Commander, Europe. In: Armed Forces Journal International, September 1983, S. 72.
30   Bernard W. Rogers, Follow-on Forces Attack. Myths and Realities. In: NATO Review, 6 (1984), S. 1–9. Rogers war von 1979 bis 1987 NATO-Oberbefehlshaber (SACEUR) in Europa.

Sein Stellvertreter, General Hans-Joachim Mack, bestätigte diese Einschätzung. Angesichts der verfügbaren Streitkräfte ging auch er davon aus, in einem Krieg nur Tage, nicht Wochen, konventionell standhalten zu können[31].

Die Land- und Luftstreitkräfte der Bundeswehr
in den Achtzigerjahren

Immerhin erlebten die Streitkräfte der NATO in den Achtzigerjahren einen Modernisierungsschub, der einen Verzicht auf taktische Nuklearwaffen in greifbare Nähe rücken ließ. Hier müssen vor allem die neuen Artillerie- und Minenverlegesysteme, aber auch die erhöhte Panzerabwehrfähigkeit durch moderne Hubschrauber und Lenkraketen genannt werden.

Die Heeresstruktur 4 (1980–1992) war die erste Strukturplanung, die in vollem Umfang verwirklicht wurde. Kleinere Kampfeinheiten und -verbände mit moderner Ausrüstung sollten in größerer Zahl den Kampfbrigaden eine höhere Einsatzbereitschaft verschaffen. Statt der 99 Kampfbataillone im Jahre 1975 standen sechs Jahre später so 144 Kampfbataillone zur Verfügung. Der Schwerpunkt lag mit dem Leopard 2, den Panzerabwehrraketen Milan, TOW und HOT sowie dem Schützenpanzer Marder bei den gepanzerten Kräften. Die Jägerdivisionen der Heeresstruktur 3 wurden wieder zu Panzergrenadierdivisionen umgegliedert. Die Panzerabwehrkomponente wurde verstärkt, was auch die Aufstellung von drei Panzerabwehrhubschrauber-Regimentern für die Korps zeigte. Darüber hinaus erhielt die Artillerie moderne und weit reichende Flächenfeuerwaffen und wie die Pioniere auch neue Minensysteme.

Das Feldheer umfasste Ende der Achtzigerjahre 17 Panzer-, 15 Panzergrenadier-, eine Gebirgsjäger- und drei Luftlandebrigaden. Eindrucksvoll bewiesen diese Heeresverbände in zahlreichen Großmanövern ihre Leistungsfähigkeit im Gefecht der verbundenen Waffen. Mit über 5000 Kampf- und 2000 Schützenpanzern und rund 1000 Artilleriegeschützen war das westdeutsche Heer der Eckpfeiler der NATO-Vorneverteidigung in Mitteleuropa[32]. Für die NORTHAG war der Einsatz des deutschen I. Korps mit drei Divisionen und der 7. Panzerdivision als Reserve der Heeresgruppe vorgesehen.

Auch für die westdeutsche Luftwaffe brachten die Achtzigerjahre qualitative Verbesserungen. Während in den Sechzigerjahren der Atomwaffeneinsatz – zumindest bei den Jagdbomberverbänden, den Flugkörpergeschwadern und der Flugabwehrraketentruppe – im Vordergrund stand, sollte mit dem Strategiewechsel der Schwerpunkt auf den konventionellen Einsatz und der Unterstützung der Bodentruppen verlagert werden[33]. Mit der F-4F Phantom und ab 1983 mit dem Tornado

---

[31] »Wir können einem Angriff standhalten«, Spiegel-Gespräch mit General Hans-Joachim Mack. In: Der Spiegel, 41 (1984), S. 153–164.

[32] Helmut R. Hammerich, 50 Jahre Heer der Bundeswehr. In: Militärgeschichte. Zeitschrift für historische Bildung, Heft 1/2006, S. 4–9.

[33] Heiner Möllers, 50 Jahre Luftwaffe. Von Himmerod zum Hindukusch. In: Entschieden für Frieden. 50 Jahre Bundeswehr. Hrsg. von Klaus-Jürgen Bremm, Hans-Hubertus Mack und Martin Rink, Freiburg i.Br. 2005, S. 155–181.

verfügte die bundesdeutsche Luftwaffe dazu über leistungsfähige Kampfflugzeuge.
Neben dem nicht allwetterfähigen Alpha Jet sollte auch der Tornado und die
Phantom zum Close Air Support herangezogen werden.

In der gesamten Luftwaffe standen Mitte der Achtzigerjahre 60 Tornados, 200
Phantom, 175 Alpha Jets, sowie 108 Starfighter – diese vor allem im Rahmen der
nuklearen Teilhabe – bereit[34]. Dazu kamen zwei operative Flugkörpergeschwader
mit je 36 Pershing 1A-Systemen und sechs Flugabwehrraketenregimenter mit 36
Batterien HAWK und 24 Batterien NIKE, letzteres System wurde ab 1987 vom
mobilen System PATRIOT abgelöst[35]. Das Problem der Tiefflugüberwachung konnte in jenen Jahren durch die Einführung des NATO Airborne Early Warning and
Control System (AWACS) gelöst werden.

Insgesamt stellte die westdeutsche Luftwaffe in Mitteleuropa immerhin rund die
Hälfte der Flugabwehrraketensysteme, rund ein Drittel der präsenten Kampfflugzeuge
und der Flugkörperwaffensysteme und 80 Prozent des Führungssystems der NATO-
Luftverteidigung. Die 24-Stunden-Bereitschaft der FlaRak-Verbände und die ständig
präsenten Alarmrotten der Luftverteidigungssofortbereitschaft der NATO (Quick
Reaction Alert) unterstrichen den hohen Einsatzbereitschaftsgrad der Teilstreitkraft[36].
Für die 2. Taktische Luftflotte (2ATAF) waren Mitte der Achtzigerjahre vier Jagdbom-
bergeschwader, ein Aufklärungs- und ein Jagdgeschwader vorgesehen. Davon waren
zwei Jagdbomber- und ein Flugkörpergeschwader atomwaffenfähig.

Die Feindlage

Im NATO-Hauptquartier Europa Mitte (Allied Forces Central Europe/AFCENT)
in Brunssum wurde als »worst-case« mit dem massiven Angriff von 16 Armeen als
erste Staffel mit über 60 Divisionen, und weiteren 6 Armeen als zweite Staffel der
Front mit rund 30 Divisionen gerechnet. Diese konnten innerhalb von zehn bis
fünfzehn Tagen in den Kampfzonen sein. In vier bis sechs weiteren Tagen war es
möglich, die 34 Divisionen der drei westlichen Militärbezirke zur Verstärkung der
ersten Angriffsverbände heranzuführen. Damit war im Bereich der Landstreitkräfte
insgesamt eine bedrohliche 3:1-Überlegenheit erkannt, die in bestimmten Durch-
bruchsabschnitten leicht um ein Vielfaches erhöht werden konnte[37].

Für den gesamten Bereich Europa Mitte wurden knapp 17 000 Kampfpanzer des
Warschauer Paktes bei rund 8000 Kampfpanzern der NATO angenommen. Noch
deutlicher war die konventionelle Überlegenheit bei den Artilleriegeschützen. Den
rund 3000 westlichen Systemen standen über 9000 der Warschauer Pakt-Truppen

---

[34] David C. Isby und Charles Kamps, Jr., Armies of NATO's Central Front, London 1985, S. 232 f.
[35] Wilhelm von Spreckelsen, Wolf-Jochen Vesper, Blazing Skies. Die Geschichte der Flugabwehr-
      raketentruppe der Bundeswehr, Oldenburg 2004.
[36] Weißbuch 1985. Zur Lage und Entwicklung der Bundeswehr. Hrsg. vom Bundesminister der
      Verteidigung, Bonn 1985, S. 202–212.
[37] Einschätzung von Neil Creighton, der 1980 Deputy Chief of Staff for Operations and Intelligence
      AFCENT wurde. In: Military Planning for European Theatre Conflict (wie Anm. 2), S. 46–49.

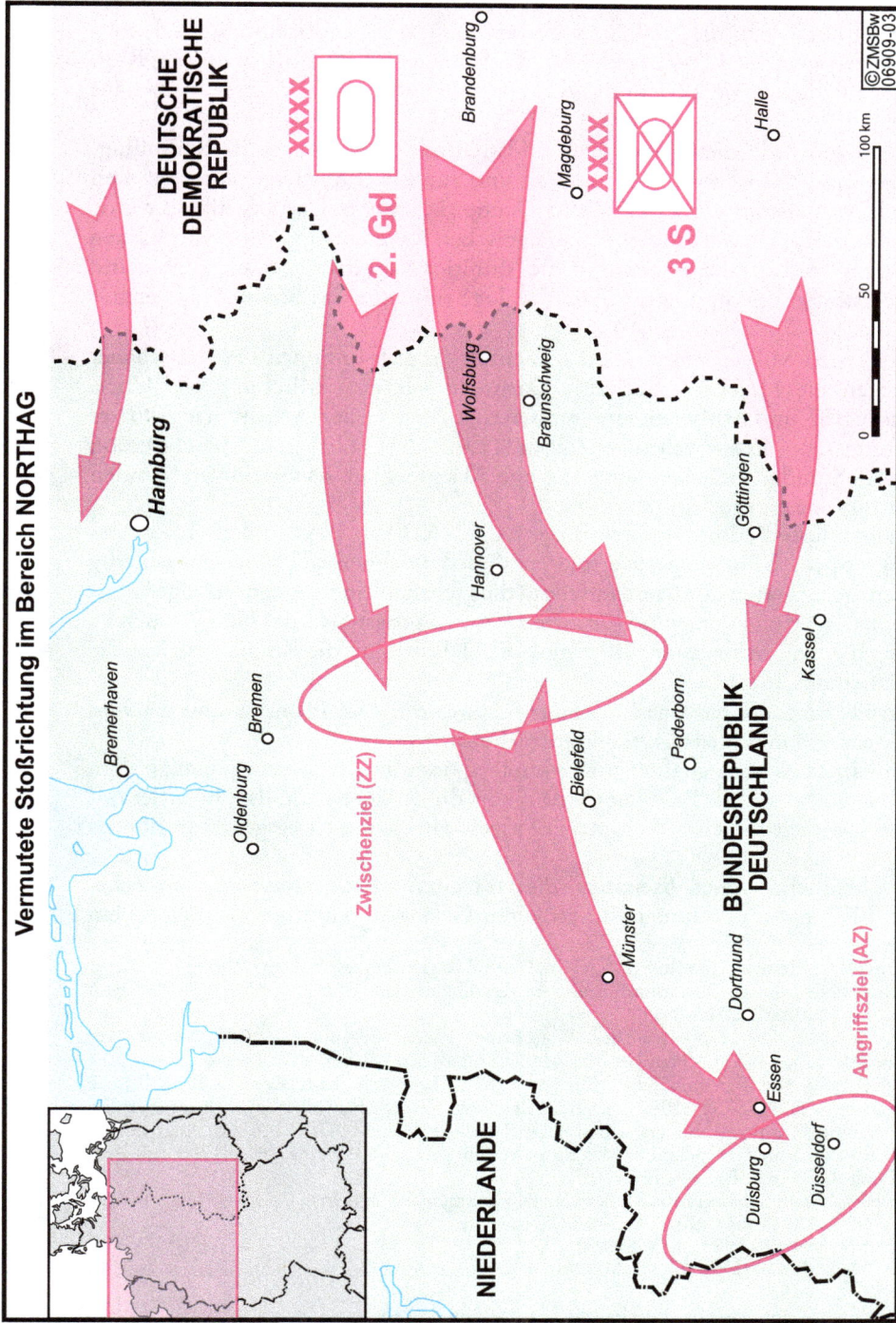

Vermutete Stoßrichtung im Bereich NORTHAG

gegenüber[38]. Dazu kam die qualitative Verbesserung der Landstreitkräfte. Die modernen Panzertypen T-64, T-72 und T-80, die Schützenpanzer BMP-2 und BTR-80 oder die Artilleriesysteme 2-S1 und 2-S3 waren den westlichen Modellen durchaus gewachsen.

Unterstützt wurde diese gewaltige Landstreitmacht von ca. 4400 Kampfflugzeugen, knapp 2000 Kampfhubschraubern und rund 500 mittleren und schweren Kampfbombern, die im Westen der UdSSR stationiert waren. Darüber hinaus wurde der Central Sector von Verbänden der strategischen Raketentruppe und von starken Luftlandetruppen bedroht. Angenommene Munitionsvorräte für 60 bis 70 Tage und weitere logistische Versorgung für über 100 Tage rundeten das Bedrohungsszenario ab[39].

In westlichen Militärkreisen wurden mehrere Angriffsoptionen des Warschauer Paktes gegen die NATO diskutiert[40]. Darunter galt eine Mischung aus Überraschungsangriff und vorbereitetem massiven Angriff – der Angriff nach kurzer Vorbereitungszeit – als am wahrscheinlichsten. Der NATO blieben bei dieser Option nur rund 48 Stunden zwischen Warnung und Kriegsbeginn, davon nur 36 Stunden Vorbereitungszeit für die Truppe[41].

Eine zusätzliche Bedrohung identifizierte die NATO ab 1981 in den Operativen Manövergruppen. Militärexperten trauten diesen hochbeweglichen, selbstständig agierenden, gepanzerten Großverbänden zu, die grenznah eingesetzten Verzögerungskräfte »links liegen zu lassen« und die ersten Verteidigungslinien der NATO rasch zu durchstoßen[42]. Das Schlagwort »Blitzing NATO«[43] machte die Runde und ließ die Militärplaner aufschrecken:

> »The rapid, concealed movement of 3000–4000 vehicles through one or more divisions already engaged in battle is a staff officer's nightmare[44].«

Dennoch kamen Wissenschaftler und Militärexperten in der Gesamtschau zu dem Schluss, wie übrigens viele Politiker und Militärs dieser Jahre auch, dass trotz der militärischen Überlegenheit des Warschauer Paktes keine akute Kriegsgefahr in Europa bestand[45].

Wahrscheinlicher waren Szenarios, die von Grenzstreitigkeiten über verdeckte Aktionen bis hin zum Nehmen von größeren Geländeabschnitten als politischem

---

38 Anthony H. Cordesman, The Role of NATO's Central Region Forces, London 1987, S. 1–24.
39 Korpsbefehl Nr. 1 für die Operationsführung im Verteidigungsfall (GDP 88), 31.3.1988, Anlage A Bedrohung. In: BArch, BH 8-3/437.
40 Dieter Farwick, Die Optionen des Warschauer Paktes gegenüber NATO-Europa. In: Strategiediskussion. NATO-Strategie im Wandel. Alternative Sicherheitskonzepte, strategische Defensive. Hrsg. von Hartmut Bühl, München 1987 (= Bayerische Landeszentrale für politische Bildungsarbeit, D27), S. 91–104. C.J. Dick, Catching NATO Unawares. Soviet Army Surprise and Deception Techniques. In: Jane's International Defence Review (IDR), 1 (1986), S. 1–26.
41 Korpsbefehl Nr. 1 für die Operationsführung im Verteidigungsfall (GDP 88), 31.3.1988, Anlage A Bedrohung. In: BArch, BH 8-3/437.
42 Chris Bellamy, Antecedents of the Modern Soviet Operational Manoeuvre Group (OMG). In: The RUSI Journal, 129 (1984), No. 3, S. 50–58.
43 Dazu Der Spiegel, 48 (1984), S. 158–160.
44 Charles Dick, Soviet Operational Manoeuvre Groups. A Closer Look. In: IDR 6 (1983), S. 769–776, hier S. 774.
45 Siehe auch die Weißbücher der Bundeswehr von 1983 und 1985.

Faustpfand ausgingen. Das damals aktuelle Kriegsbild war also nicht unbedingt deckungsgleich mit dem »worst case«-Szenario, welches den »scharfen« Einsatzplänen zu Grunde lag. Wobei anzumerken ist, dass die GDPs durchaus Handlungsoptionen für unterschiedliche Formen militärischer Aggression vorsahen. Doch das »Worst Case«-Szenario war Schwerpunkt des Denkens und der Ausbildung der NATO-Truppen.

Ein massiver Angriff des Warschauer Paktes war daher auch Grundannahme bei der Erarbeitung des GDP 88. Nach Einschätzung der NATO war 1988 die vermutete Absicht der Westfront des Warschauer Paktes, die Verteidigung im Bereich der Heeresgruppe Nord im Raum zwischen Lüneburg und Harz aufzubrechen, Nebenstöße nördlich der Elbe und südlich des Harzes zu führen, um dort angriffsweise zu binden und als Zwischenziel Übergänge über die Weser zwischen Bremen und Höxter zu nehmen. Mit den Armeen der 2. Operativen Staffel sollte dann das Angriffsziel Raum Wesel-Neuss-Aachen genommen werden.

Die NATO ging davon aus, dass die 2. Gardearmee entlang der Angriffsachse Salzwedel-Fallingbostel-Nienburg mit Angriffsziel Raum Sulingen-Nienburg-Loccum und die 3. Stoßarmee, vermutlich im Schwerpunkt entlang der Angriffsachse beiderseits Bundesautobahn Helmstedt-Hannover und Hameln mit Angriffsziel Raum Rinteln-Hameln-Lemgo vorstieß. Als Reserve wurde eine weitere Armee im Raum Havelberg-Potsdam-Magdeburg vermutet. Als 2. Operative Staffel waren zwei Armeen aus dem Militärbezirk Weißrussland nördlich und südlich von Berlin sowie eine Armee im Raum Leipzig identifiziert[46].

Die vermutete Absicht der ersten beiden Armeen war zunächst die Verzögerungszone der NATO mit je drei Divisionen zu durchstoßen, danach rasch Brückenköpfe über die quer zur Angriffsrichtung verlaufenden Gewässer Elbeseitenkanal (ESK) und Mittellandkanal (MLK) zu erzwingen. Der Angriff wäre dann fortgesetzt worden, wobei Kräfte in erkannte Schwachstellen der Verteidigung konzentriert und eigene Angriffserfolge durch den frühzeitigen Einsatz von Reserven zum Stoß in die Angriffsziele ausgenutzt worden wären.

Die erste Angriffswelle hätte demnach aus rund 2000 Kampfpanzern, 1800 Schützenpanzern und rund 1200 Artilleriegeschützen bestanden. Dazu wären starke Fliegerkräfte, rund 500 Jagdbomber, 320 Jagdflugzeuge und 600 Kampfhubschrauber gekommen. Allein auf dem Gebiet des deutschen I. Korps wurde bei einem Hauptangriff mit rund 380 Einsätzen von Jagdbombern und 1500 Einsätzen von Kampfhubschraubern gerechnet[47].

Eigene Lage und Absicht der NATO-Kommandobehörden

Die Absicht des NATO-Oberbefehlshabers Europa-Mitte war, den Central Sector so nah wie möglich an der innerdeutschen und tschechischen Grenze zu verteidigen und damit die Integrität des NATO-Territoriums zu behaupten oder wiederherzu-

---

[46] 3. Panzerdivision, Operationsbefehl Nr. 1 für die Verzögerung im Gefechtsstreifen 1 (NL) Korps (GDP 88 Teil III), 6. März 1989. In: BArch, BH 8-3/434.
[47] I. (GE) Korps, GDP 88. In: BArch, BH 8-3/437.

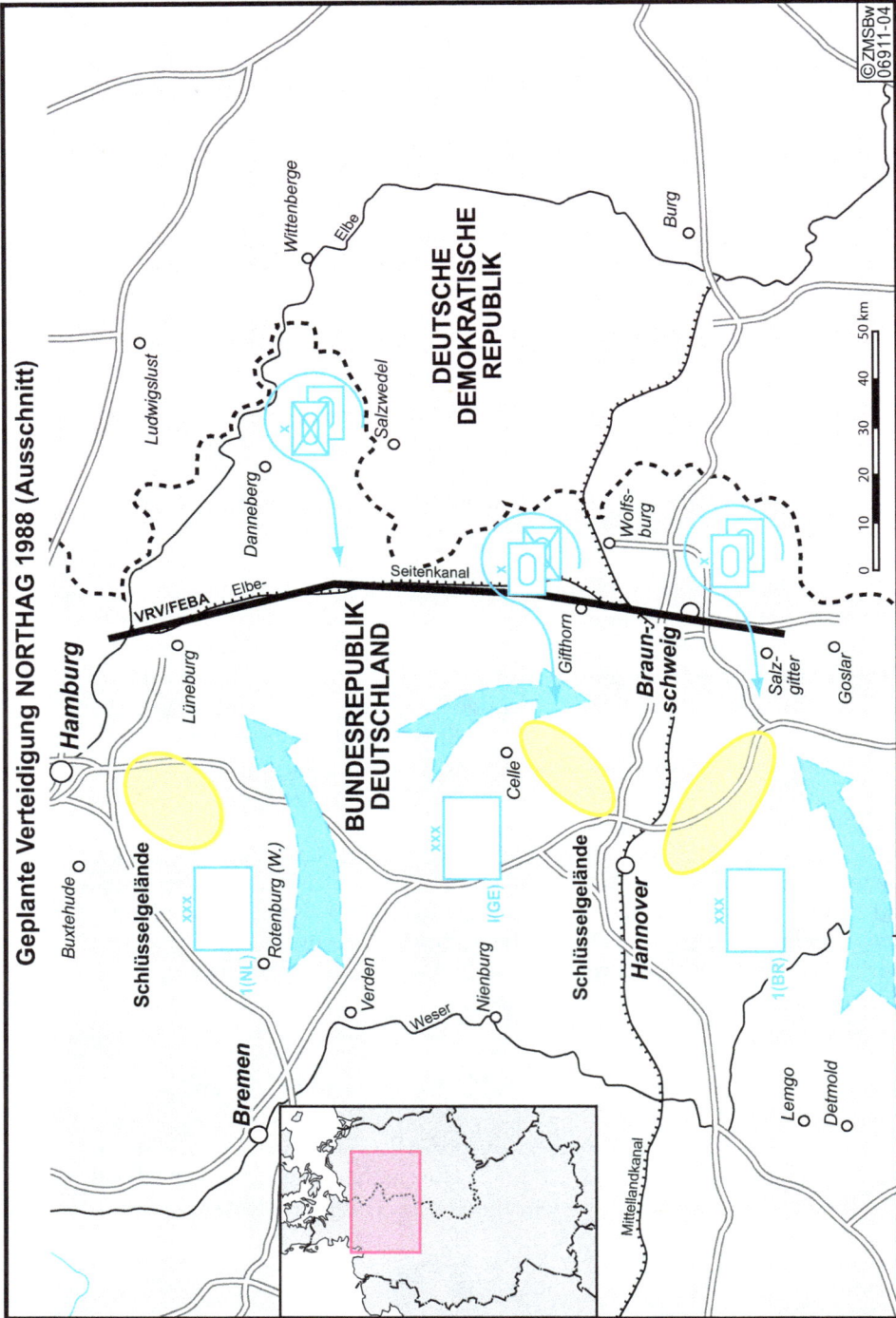

Geplante Verteidigung NORTHAG 1988 (Ausschnitt)

© ZMSBw
06911-04

stellen. Darüber hinaus sollte die erste operative Staffel der Westgruppe konventionell bei eigener Luftüberlegenheit zerschlagen werden, um danach mit den Reserven des Commander in Chief Allied Forces Central Europe (CINCENT) gegen die zweite operative Staffel kämpfen zu können.

Wenn notwendig und freigegeben, sollten Nuklearwaffen eingesetzt werden, um den Konflikt rasch zu beenden und die Abschreckung wieder herzustellen[48]. So genannte vital zones waren das Ruhrgebiet, die Zugangsgebiete zum Rhein zwischen Wesel und Bonn und zwischen Wiesbaden und Karlsruhe. Eine Aufgabe dieser Zonen war nicht vorgesehen. CINCENTs »key terrains« waren hingegen Solling, Bramwald und Reinhardswald. Auch diese Schlüsselgelände, die Stützpfeiler der gesamten Verteidigungsplanung waren, sollten auf keinen Fall von Feindkräften genommen werden.

Der Commander Northern Army Group Central Europe (COMNORTHAG), damals General Sir Brian Kenny, beabsichtigte, mit vier Korps, Schwerpunkt im Süden des Gefechtsstreifens, nebeneinander zu verzögern und zu verteidigen. Mit vier Divisionen in Reserve sollten in erster Priorität Gegenangriffe in die tiefen Flanken eines im Hauptstoß eingebrochenen Feindes geführt werden. In zweiter Priorität konnten die Reservedivisionen zum Auffangen eingebrochener Feindgruppierungen oder zur Verstärkung der vorn eingesetzten Kräfte der Korps freigegeben werden[49].

Dazu wurden drei Phasen der Operation vorgeplant: Die Verzögerung, die Verteidigung und – in Ansätzen – die Folgeoperationen. Ziel solcher nachfolgender Operationen war es, die Schwächen des Feindes durch eigene Initiative auszunutzen. Die Korps stellten sich darauf ein, für diese dritte Phase neue Reserven zu bilden und der Heeresgruppe zur Verfügung zu stellen. Diese Folgeoperationen konnten nicht detailliert vorgeplant werden, waren vielmehr lageabhängig und werden daher im Weiteren nicht betrachtet.

Die geplante Verzögerung

NORTHAG sollte grenznah so verzögern, dass zunächst ausreichend Zeit für den Aufmarsch und das Herstellen der Verteidigungsbereitschaft der Hauptkräfte gewonnen worden wäre. Mit einer Tiefe von 6 bis 60 Kilometer waren zwischen der innerdeutschen Grenze und dem Vorderen Rand der Verteidigung (Forward Edge of Battle Area/FEBA bzw. VRV) die Hauptstoßrichtungen des Feindes aufzuklären und dem Feind hohe Verluste unter Erhaltung der eigenen Kampfkraft zuzufügen. Eine Verzögerung im klassischen Sinne war kaum möglich, die fehlende Tiefe erforderte vielmehr eine zeitlich begrenzte Verteidigung.

Der linke Nachbar des deutschen I. Korps – das niederländische I. Korps – verstärkt durch unterstellte westdeutsche Verzögerungskräfte – sollte zwischen der

---

48 Stellungnahme General a.D. Hans-Henning von Sandrart (von 1987 bis 1991 CINCENT) während der britischen Übung United Shield 2008, an der der Verfasser als militärhistorischer Berater teilnahm.

49 Hierzu und im Folgenden I. (GE) Korps, GDP 88. In: BArch, BH 8-3/437.

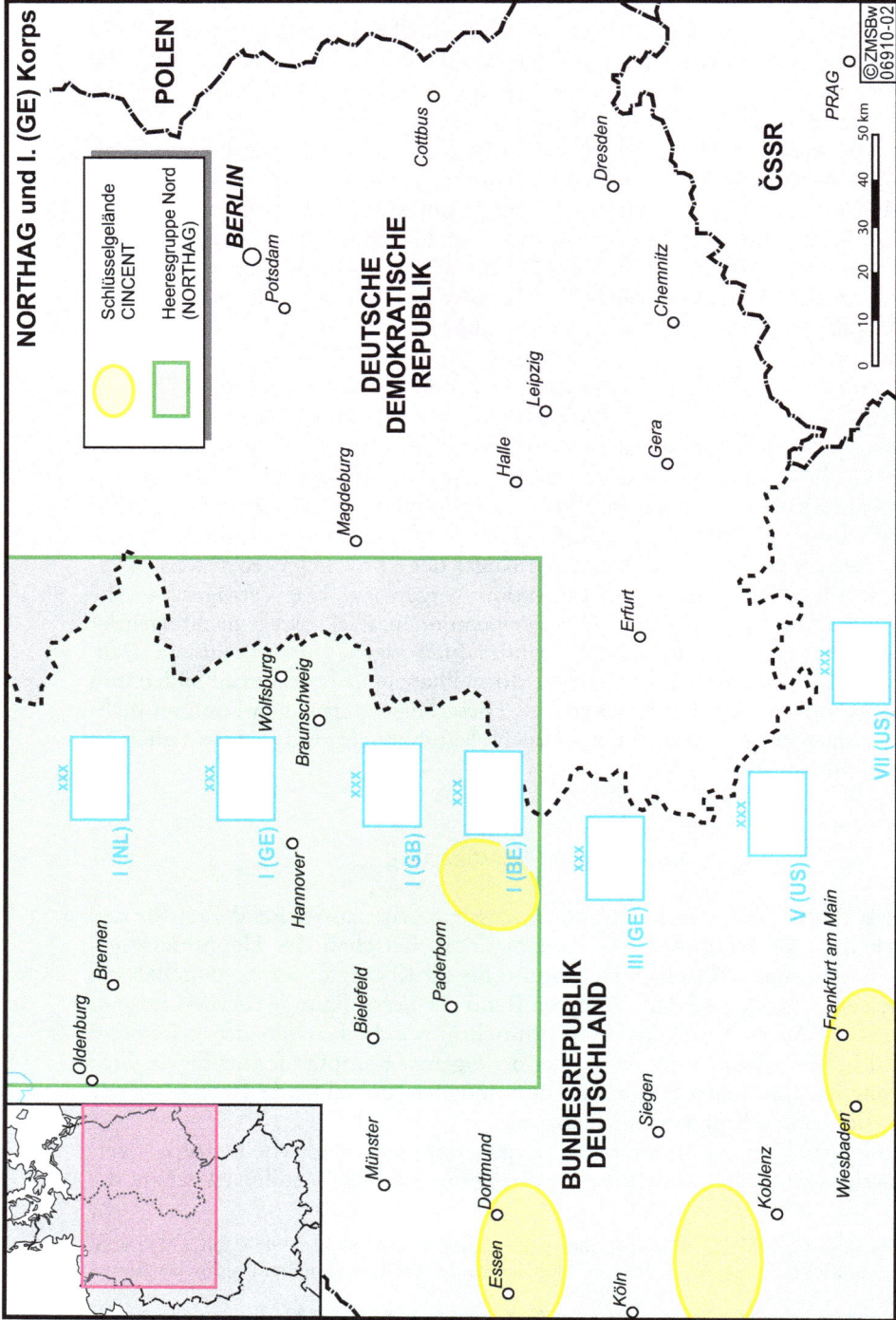

NORTHAG und I. (GE) Korps

Schlüsselgelände CINCENT

Heeresgruppe Nord (NORTHAG)

POLEN

BERLIN

Potsdam

DEUTSCHE DEMOKRATISCHE REPUBLIK

Cottbus

Dresden

ČSSR

PRAG

Chemnitz

Leipzig

Halle

Gera

Magdeburg

Erfurt

Wolfsburg

Braunschweig

Hannover

I (NL)

I (GE)

I (GB)

I (BE)

Bremen

Oldenburg

Bielefeld

Paderborn

III (GE)

V (US)

VII (US)

Münster

Siegen

Koblenz

Dortmund

Essen

Köln

Wiesbaden

Frankfurt am Main

BUNDESREPUBLIK DEUTSCHLAND

0 10 20 30 40 50 km

©ZMSBw 06910-02

Zonengrenze und dem Elbe-Seitenkanal für mindestens 24 Stunden auf einer Breite von rund 40 Kilometer verzögern. In dieser Zeit sollte die Masse des niederländischen Korps die Verteidigungsbereitschaft am Elbe-Seitenkanal herstellen. Der Kräfteansatz für das Verzögerungsgefecht war die niederländische 41. Panzerbrigade und Teile der westdeutschen 3. Panzerdivision.

Interessant hierbei ist, dass in diesem Bereich ein Aufeinandertreffen ost- und westdeutscher Truppen in einer sehr frühen Phase des Krieges erfolgt wäre. Dabei sollte der vorgesehene Einsatz der 5. Armee der NVA gegen das niederländische Korps gerade dies verhindern[50]. Durch die Unterstellung der westdeutschen Verzögerungsverbände wäre jedoch zuerst das grenznah eingesetzte Panzeraufklärungsbataillon 3 aus Lüneburg auf Aufklärungskräfte der NVA gestoßen.

Das britische I. Korps als rechter Nachbar des deutschen Korps sollte zwischen innerdeutscher Grenze und VRV auf einer Breite von rund 70 Kilometer verzögern. Die Briten wollten das Verzögerungsgefecht mit zwei gepanzerten Brigaden führen, wobei die im Süden eingesetzte Brigade das Vorgehen feindlicher Kräfte durch den Harz verzögert hätte.

Das deutsche I. Korps wiederum wollte auf einer Breite von rund 80 Kilometer ebenfalls mit zwei Brigaden verzögern. Die im Norden eingesetzte 11. Panzergrenadierdivision hatte die Panzergrenadierbrigade 32 als Verzögerungsverband eingeplant, die verstärkte Panzerbrigade 2 war der Verzögerungsverband der im Süden eingesetzten 1. Panzerdivision. Die Panzerlehrbrigade 9 aus Munster und die Luftlandebrigade 27 waren bis zur Verfügbarkeit der 3. Panzerdivision als Korpsreserve vorgesehen.

Im Süden schließlich hätte das belgische I. Korps an der Heeresgruppengrenze zur CENTAG mit zwei Brigaden verzögert. Der Gefechtsstreifen war zwischen 35 und 90 Kilometer breit, wofür in der Verteidigung zwei Divisionen eingeplant waren: Die in Westdeutschland stationierte 16. Panzerdivision und die in Belgien stationierte 1. Division. An vorderster Front stand das in Arolsen stationierte Panzeraufklärungsbataillon.

Der Vorbereitungsphase wäre eine hohe Bedeutung für die Gesamtverteidigung zugekommen, da sowohl der Aufmarsch als auch die Herstellung der Verteidigungsbereitschaft der Hauptkräfte nicht wenig Zeit beanspruchten. Umso wichtiger war die Vorwarnzeit für die Verzögerungsverbände. Im schlechtesten Fall ging die NATO von einer Gesamtvorwarnzeit von 48 Stunden zwischen ersten Alarmmaßnahmen bis zum Kriegsbeginn aus. Für die militärischen Vorbereitungen blieben dann nur 36 Stunden.

Das deutsche I. Korps bewertete den entscheidenden Zeitfaktor kritisch. Demnach war das Korps nur in der Lage, den Aufmarsch und die Gefechtsbereitschaft der Verzögerungskräfte sicher zu stellen, wenn bereits vor Beginn der Warnzeit umfangreiche Maßnahmen zur Erhöhung der Einsatzbereitschaft getroffen werden konnten[51]. Die Alternative, der Eilaufmarsch aller aktiven Truppenteile – immerhin allein vier kampfstarke westdeutsche Brigaden – barg hingegen nicht weniger große Probleme, rechtzeitig in die Ausgangspositionen zu gelangen. Die Masse der nieder-

---

50   Siegfried Lautsch, Zur operativen Einsatzplanung der 5. Armee der NVA, S. 48 (wie Anm. 5).
51   I. (GE) Korps, GDP 88. In: BArch, BH 8-3/437.

ländischen Verbände musste von ihrem Heimatland mittels Eisenbahntransport oder auf fünf zugewiesenen Marschstraßen in ihre Einsatzräume verlegen. Erschwerend kam hinzu, dass ein Teil dieser Straßen auch für den Aufmarsch des deutschen I. Korps vorgesehen war[52].

Zwei bereits damals bekannte Problemfelder der geplanten Verzögerung sollen noch kurz genannt werden. Zum einen war dies die hohe Abnutzung der vorne eingesetzten Aufklärungs- und Kampfverbände, die nach der Aufnahme durch die Hauptverteidigungskräfte als Reserven der Divisionen bzw. der Korps benötigt wurden. Den Verzögerungsverbänden wurde zwar eine kurze Zeit der Auffrischung zugestanden, doch zeigten Manöverauswertungen, dass bei einem massiven Angriff des Warschauer Paktes mit erheblich mehr Ausfällen zu rechnen war als in den Operationsplanungen angenommen.

In einem Fachartikel kritisierte ein britischer General diese optimistischen Vorstellungen und zeigte am Beispiel der ungeheuren Artillerievorbereitung der Sowjets, was auf die Covering Forces bei einem Angriff zukam: In einem halbstündigen Vorbereitungsfeuer entlang einer 24 Kilometer breiten Front wäre mehr als doppelt so viel Munition zum Einsatz gekommen wie bei der 8. Armee in einem vergleichbaren Abschnitt vor El Alamein während des Zweiten Weltkrieges[53].

Zum anderen waren die Zeitberechnungen problematisch. Statt der unbedingt notwendigen 24 Stunden, welche die Verzögerungsverbände standhalten sollten, trauten zahlreiche Militärexperten, die sich auf Simulationen und auf Manöverberichte bezogen, diesen Verbänden angesichts des angenommenen Ansturms aus dem Osten höchsten acht (!) Stunden zu[54]. Damit wäre die gesamte Verteidigungsplanung zusammengebrochen, Angriffsverbände in den Aufmarsch der NATO-Truppen gefahren und eine zusammenhängende Verteidigungsoperation kaum mehr möglich gewesen.

Die geplante Verteidigung

Nach Aufnahme der Verzögerungskräfte sollte der linke Nachbar des deutschen I. Korps, das niederländische I. Korps, Nordniedersachsen und Bremen mit VRV Elbe-Seitenkanal zwischen Elbe und Uelzen so weit östlich wie möglich unter Wahrung des Zusammenhangs mit dem deutschen I. Korps verteidigen. Bei einem feindlichen Hauptstoß sollte der Raum zwischen der Autobahn A 7 und der Bundesstraße 3 gehalten werden. Ein Gegenangriff mit bis zu zwei Divisionen in die linke Flanke des Feindes war vorbereitet. Dazu plante das niederländische Korps mit der 4. Division im Norden und der 1. Division im Schwerpunkt im Süden zu verteidigen. Die 5. Division westlich des Elbe-Seitenkanals war Korpsreserve.

---

52 Abkommen zwischen dem 1. (NL) Korps und dem I. (GE) Korps, Anlage T, I. (GE) Korps, GDP 88. In: BArch, BH 8-3/437.
53 Sir Nigel Bagnall, Concepts of LAND/AIR Operations in the Central Region. In: The RUSI Journal, 129 (1984), S. 59–62, hier S. 61.
54 Colin J. McInnes, BAOR in the 1980s. Changes in Doctrine and Organization. In: Defense Analysis, 4 (1988), S. 377–394.

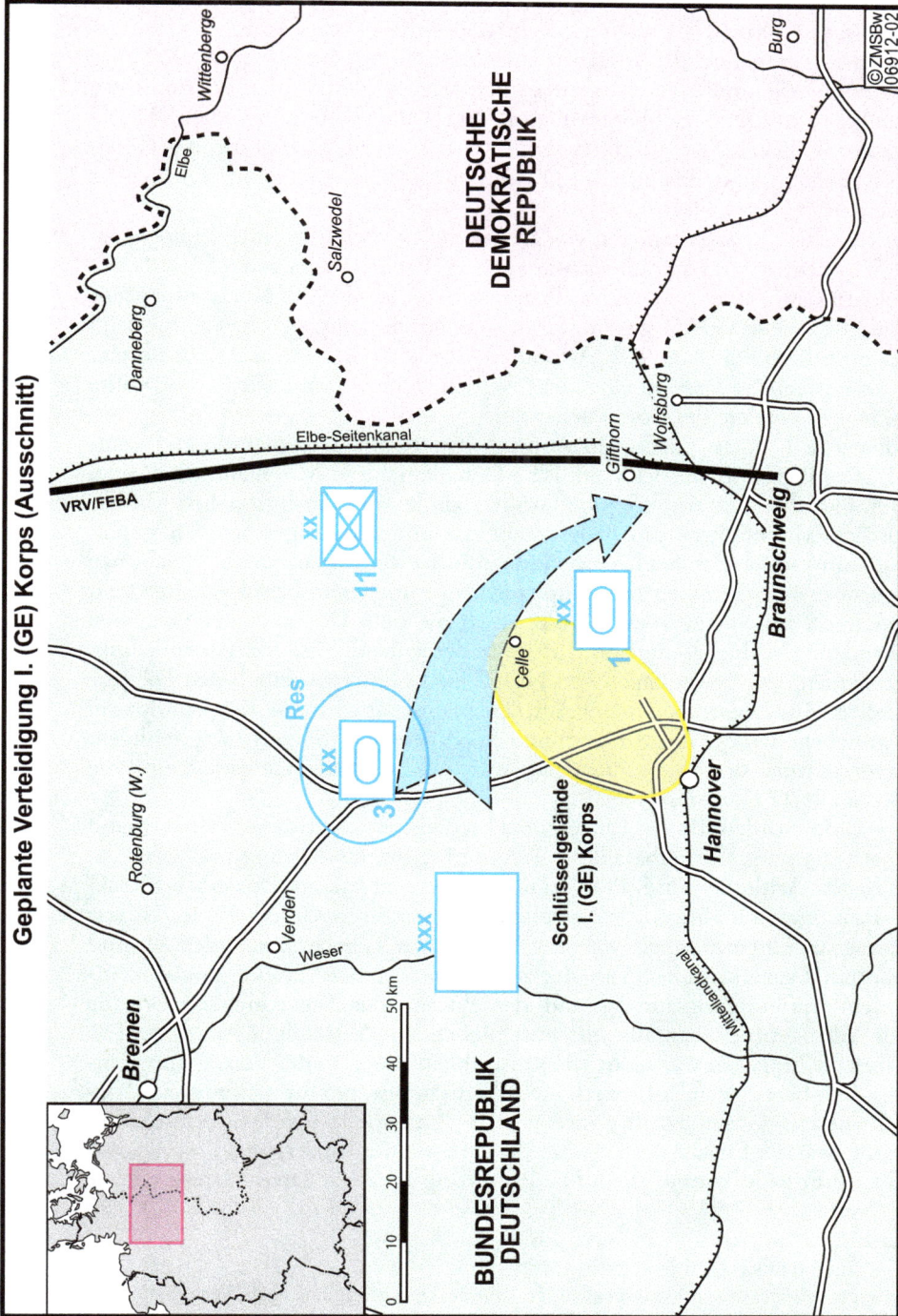

Geplante Verteidigung I. (GE) Korps (Ausschnitt)

©ZMSBw
06912-02

DEUTSCHE
DEMOKRATISCHE
REPUBLIK

BUNDESREPUBLIK
DEUTSCHLAND

Wittenberge
Elbe
Salzwedel
Danneberg
Elbe-Seitenkanal
VRV/FEBA
Wolfsburg
Gifthorn
Burg
Braunschweig
Celle
Hannover
Mittellandkanal
Rotenburg (W.)
Verden
Weser
Bremen

Res
11
1
3

xx
xx
xx
xxx

Schlüsselgelände
I. (GE) Korps

0   10   20   30   40   50 km

Das britische I. Korps als rechter Nachbar des deutschen Korps sollte hingegen Südniedersachsen und die Zugänge zum Paderborner Becken mit VRV zwischen Braunschweig und Harz so weit östlich wie möglich unter Wahrung des
Zusammenhangs mit den Nachbarkorps verteidigen. Bei einem feindlichen Hauptstoß sollte das Schlüsselgelände südlich Hannover und ostwärts Hildesheim gehalten
und ein Gegenangriff mit bis zu zwei Divisionen in die linke Flanke des Feindes
geführt werden.

Das britische I. Korps bestand aus vier Divisionen, wobei 8 Brigaden in Friedenszeiten in Westdeutschland stationiert waren. Insgesamt hätten rund 150 000 britische Soldaten mit über 600 Kampfpanzern und rund 900 Schützenpanzern
im Rahmen der NORTHAG gekämpft. In der Verteidigung sollten auf rund 65
Kilometer Frontbreite die 1. und 4. Armoured Division vorn und die 3. Armoured
Division als bewegliche Reserve eingesetzt werden. Die 2. Infanteriedivision sollte
die rückwärtigen Gebiete des Korps sichern.

Das deutsche I. Korps hatte den Auftrag, den Raum Wierener Berge-Braun-
schweig-Bünde-Barnstorf mit VRV am Elbe-Seitenkanal und Mittellandkanal so zu
verteidigen, dass die vorn angreifenden Großverbände mit konventionellen Mitteln
so weit östlich wie möglich zum Stehen gebracht und zerschlagen worden wären.
Darüber hinaus sollte das Schlüsselgelände nordostwärts Hannover – die Enge
Celle-Hannover – gegen einen im Hauptstoß eingebrochenen Feind gehalten und
ein Gegenangriff mit bis zu zwei Divisionen in die tiefe Flanke des Feindes vorbereitet werden. Die Nord- und Südausgänge des Forstes Lüss sollten unbedingt
verteidigt werden, um Bewegungen von NORTHAG-Reserven durch den Forst sicher zu stellen. Zur Umsetzung dieser Aufträge plante das deutsche Korps, mit zwei
Divisionen nebeneinander mit Schwerpunkt im Papenteich (Süden) zu verteidigen.
Bis zur Verfügbarkeit der 3. Panzerdivision waren die Panzerlehrbrigade 9 und die
Luftlandebrigade 27 Korpsreserve[55].

Dazu war im Norden die 11. Panzergrenadierdivision mit dem Gefechtsverband
11 (v.a. aus Panzergrenadierbataillon 323 und Panzeraufklärungsbataillon 11,
verstärkt durch Artillerie- und Pionierkräfte), der verstärkten Panzerbrigade 33
und der Panzergrenadierbrigade 32 geplant, die Panzergrenadierbrigade 31 war
Divisionsreserve. Ungewöhnlich war der Einsatz des Gefechtsverbandes 11 und
der verstärkten Panzerbrigade 33 in der zeitlich befristeten Verteidigung mit anschließendem Verteidigungsauftrag und der Einsatz der Panzergrenadierbrigade
32 in der Verzögerung ebenfalls mit anschließendem Verteidigungsauftrag. Die
Divisionsreserve hingegen war nicht wie sonst üblich zuerst in der Verzögerung eingesetzt, sondern bezog nach Aufmarsch ihren Verfügungsraum um Unterlüß und bereitete sich auf zwei Gegenangriffsoptionen vor[56]. Im Süden, dem Schwerpunkt der
Verteidigung, war der Einsatz der 1. Panzerdivision mit der Panzergrenadierbrigade 1
und der Panzerbrigade 3 vorgesehen. Die Panzerbrigade 2 war Divisionsreserve.

---

55 I. (GE) Korps, GDP 88. In: BArch, BH 8-3/437.
56 11. Panzergrenadierdivision, Divisionsbefehl Nr. 1 für die Operationsführung im Verteidigungsfall
    (GDP 88), 29.9.1988. In: BArch, BH 8-11/119.

Der Einsatz der Korpsreserven war vielfältig und stellte die Verbände vor große Herausforderungen. Allein die 3. Panzerdivision sollte vier priorisierte Aufträge erfüllen. Priorität 1 hatte der Auftrag, südlich der Aller eingebrochene Feindgruppierungen zwischen Elbe-Seitenkanal/Mittellandkanal und Fuhse durch Gegenangriff zu vernichten (sic!) und die Verteidigung so weit östlich wie möglich fortzusetzen (Deckname THOR). Der zweite Auftrag war, tief eingebrochene Feindverbände in der Enge Celle-Hannover aufzufangen und das Schlüsselgelände des Korps zu halten (Deckname ODIN). Priorität 3 war, nördlich der Aller den Feind im Schmarloh und im Raum Hankensbüttel-Wittingen im Gegenangriff zu zerschlagen und die Verteidigung so weit östlich wie möglich fortzusetzen (Deckname WOTAN).

Schließlich sollte die Division bei Bedarf und Verfügbarkeit noch Feindkräfte in den Gefechtsstreifen der Nachbarkorps angreifen. Darüber hinaus konnte das Korps die Unterstellung der 7. Panzerdivision (NORTHAG-Reserve) beantragen, wenn keine eigenen Reserven mehr zur Verfügung gestanden und ein Durchbruch des Feindes über die Linie ALPHA (Fassberg-Hermannsburg-Westrand Celle) gedroht hätte. Die deutsche 7. Panzerdivision war darauf vorbereitet, drei Gegenangriffs- und zwei Verteidigungsoptionen durchzuführen. Schließlich hätten auch Teile der AFCENT-Reserve, das amerikanische III. Korps, im Gefechtsstreifen des deutschen Korps eingesetzt werden können bzw. auf Befehl NORTHAG eingebrochene Feindgruppierungen im Raum Gifhorn im Gegenangriff zerschlagen oder gegen eingebrochenen Feind in der Tiefe verteidigen sollen[57].

Mit rund 800 Kampfpanzern Leopard 2 und 1 und über 500 Schützenpanzer Marder war das deutsche I. Korps kampfstark und hochbeweglich. Dazu kamen starke konventionelle, aber auch atomare Artilleriekräfte, und allein 56 Panzerabwehrhubschrauber.

Zum Einsatz von Atomsprengkörpern

Die NORTHAG plante, die Operationen so lange wie möglich nichtatomar zu führen. Bei selektiver Freigabe von Atomsprengkörpern beabsichtigte die Heeresgruppe vorrangig den Einsatz zur Gefechtsfeldabriegelung rund 80 Kilometer vor den vordersten eigenen Teilen. Bei der generellen Freigabe der Atomwaffen (General Release) war der Einsatz in gesamter Breite und Tiefe des Verantwortungsbereichs der Heeresgruppe vorgesehen. Die Artillerie der Divisionen und der Korps waren aufgefordert, den atomaren Feuerkampf vorzubereiten, so dass jederzeit der Übergang zum atomaren Einsatz sichergestellt war. Trotz des geplanten Abzuges von 1000 Nuklearwaffen im Zusammenhang mit dem NATO-Doppelbeschluss verfügte die NATO 1981 noch über etwa 6000 Nuklearwaffen in Europa. Bis 1988 sollten weitere 1400 Nuklearwaffen – vor allem die so genannten Atomminen (ADM), die nuklearen Gefechtsköpfe der Luftverteidigung und ein Teil der nuklearen Gefechtsköpfe der Artillerie – aus Europa abgezogen werden. Der Anteil der

---

57 Seit 1978 war eine Brigade der 2. (US) Panzerdivision als »Vorauskommando« des III. (US) Korps in Garlstedt nördlich von Bremen stationiert und der NORTHAG unterstellt.

nuklearen Kurzstreckenwaffen blieb jedoch hoch. Ende der Achtzigerjahre waren zum Beispiel noch 88 LANCE-Waffensysteme in Europa stationiert. 36 davon mit insgesamt 1186 Raketen unterstanden den amerikanischen Streitkräften, 52 mit 553 Raketen den Armeen von sechs weiteren Bündnispartnern, wobei die nuklearen Sprengköpfe unter amerikanischer Aufsicht standen[58].

TWOATAF

Die zweite taktische Luftflotte (2ATAF) der NATO hatte den Auftrag, den Gefechtsstreifen der NORTHAG gegen feindliche Luftangriffe durch Integrated Air Defence (IAD) zu verteidigen. Des Weiteren sollte sie Luftangriffsoperationen im Rahmen von Offensive Counter Air (OCA), Air Interdiction (AI) mit Schwerpunkt gegen feindliche Reserven bzw. zweite Staffeln durchführen und die Korps durch Offensive Air Support (OAS) beim Aufmarsch und in der Verteidigung unterstützen[59].

1984 verfügte die zweite taktische Luftflotte über rund 700 sofort einsatzbereite Flugzeuge. Der Kräftevergleich im Bereich der Kampfflugzeuge war 2,3 zu 1 für die Fliegerkräfte des Warschauer Paktes. Von großem Vorteil für die Warschauer Pakt-Streitkräfte waren die kurzen Versorgungs- und Verstärkungswege und die zahlreichen grenznahen Fliegerhorste (z.B. die vierfache Anzahl an forward operating bases/ dispersal airfields).

Die Luftverteidigung war ein weiteres Betätigungsfeld der Luftflotte. Dazu standen zahlreiche Flugabwehrraketenverbände mit den Waffensystemen HAWK und PATRIOT für die Bekämpfung feindlicher Flugziele in niedrigen und mittleren Höhen bis zu einer Entfernung von 40 Kilometer zur Verfügung. Eine lückenlose Luftraumüberwachung sollte durch den Einsatz zahlreicher Einrichtungen der Luftunterstützungs-/ Luftverteidigungszentrale und zusätzlicher mobiler Radar-Einheiten der US Air Force sichergestellt werden. Technisch hatte der Warschauer Pakt aufgeholt, so dass rund 400 Jagdbomber Su-24 (Fencer) den Central Sector bedrohten. Modernere Kampfflugzeuge wie die MiG-25, MiG-29 oder die Su-27 und Kampfhubschrauber in großen Stückzahlen standen zur Verfügung. Insgesamt war der Warschauer Pakt durchaus in der Lage, in einer sog. Initial Air Operation (IAO) die Luftstreitkräfte der NATO noch am Boden zu zerschlagen und den Aufmarsch der Landstreitkräfte ernsthaft zu beeinträchtigen.

Die zweite Luftflotte war daher gezwungen, ihre Flugzeuge vor einer ersten Angriffswelle zu schützen. Dann wäre die »air campaign« mit Schwerpunkt gegen die ersten ein oder zwei »Wellen«, auch mit eigenen Offensivkräften, gefolgt. Danach war eine Gegenoffensive gegen feindliche Luftwaffen-Infrastruktur vorgesehen. Erst dann hätten die Landstreitkräfte der Heeresgruppe direkt unterstützt werden können. Bis 1989/90 blieb allerdings fraglich, ob es der zweiten taktischen Luftflotte

---

58 Zu den Gesamtzahlen Briefing Book on NATO Summit in London, 5.6.1990, Bush-Library, www. php.isn.ethz.ch/collections/colltopic.cfm?lng=en&id=18780&navinfo=14968 (zuletzt abgerufen am 22.3.2013).
59 I. (GE) Korps, GDP 88. In: BArch, BH 8-3/437.

möglich gewesen wäre, nach den primären Aufgaben noch die Landstreitkräfte wirkungsvoll zu entlasten[60].

Vorbereitete Sperren

Auf den ersten Blick entspricht die Norddeutsche Tiefebene einem idealen Panzergelände. Bei näherem Hinsehen fallen aber die starke Zersiedelung, die vielen geschlossenen Waldgebiete und die zahlreichen Gewässer auf. So waren zum Beispiel der über 50 Meter breite und rund 4 Meter tiefe Elbe-Seitenkanal oder die dicht bewaldeten Wierener Berge solch geeignete natürliche Hindernisse. Diese natürlichen Hindernisse wurden neben den künstlichen Hindernissen in die Verteidigungsplanungen einbezogen. Daher standen die vorbereiteten Sperren im Mittelpunkt der Sperrplanungen der GDPs. Vorbereitet und betreut wurden die Sperren auf bundesdeutschem Gebiet von rund 150 Wallmeistertrupps.

Diese Sperren konnten bei geringem Aufwand für deren Auslösung rasch Wirkung erzielen. Allerdings waren die sofort einsatzbereiten Pionierkräfte begrenzt. Gerade auf Korpsebene waren zahlreiche Pionierverbände nur gekadert[61]. Es gab Trichtersperren, die meist aus drei je fünf Meter tiefen Straßensprengschächten bestanden. Nach Sprengung mit 500 Kilogramm TNT wären Trichter mit einem Durchmesser von etwa 10 Meter und einer Tiefe von 3,5 Meter entstanden. Gegen Panzer waren diese Sperren sehr wirksam, noch dazu wenn sie durch Panzerabwehrminen verstärkt worden wären[62].

Bis 1983 bzw. 1985 war für diese Zwecke auch der ergänzende Einsatz von Atomsprengkörper (ADM) eine Option. Selbst kleinere KT-Werte hätten große Wirkung erzielt. Für einen Trichter von 75 Meter Durchmesser und rund 20 Meter Tiefe, welches von einer ADM mit 0,75 KT ohne größere Vorbereitungen gesprengt worden wäre, hätte im Vergleich ein Pionierbataillon bis zu zwei Tage gearbeitet. Das Problem der ADM war neben dem radioaktiven Fall-out der damit verbundene frühe Übergang zum Einsatz taktischer Nuklearwaffen. Zwar galten die landläufig als »Atomminen« bezeichneten Sprengkörper als Verteidigungswaffe, doch auch ihr Einsatz bedurfte der vorherigen Freigabe durch die NATO bzw. letztlich durch den amerikanischen Präsidenten[63].

Neben den konventionellen Trichtersperren waren Sperreinbauten an Brücken sehr wirksam. Dabei sollte vor allem der Überbau gesprengt werden, um ein späteres Wiederherstellen der Brücken zu ermöglichen. Sämtliche Brücken über die größeren

[60] Sir Patrick Hine, Concepts of Land/Air Operations in the Central Region. In: The RUSI Journal, 129 (1984), S. 63−66, hier S. 65. Unberücksichtigt bleibt die nukleare Doppelrolle der taktischen Luftflotte.

[61] Sperrvorbereitungen im Wehrbereich III, Dienstliche Unterlagen. In: BArch, BH 28-3/267-269. Mein besonderer Dank gilt Oberstleutnant a.D. Klaus Grot für den Hinweis auf die Quellen und für seine Auskünfte als Zeitzeuge.

[62] Allgemein HDv 286/110 Sperrvorbereitungen im Frieden. In: BArch, BHD 1.

[63] David E. Rogers, Atomic Demolition Munitions in NATO's Theater Nuclear Forces (= NHP Working Paper, 2), July 1989.

und für die Operationsplanung relevanten Gewässer waren zur Sprengung vorbereitet. Auch wären in einer frühen Phase die Gewässerufer teilweise mit Minensperren
versehen worden. Schließlich gab es noch Trägerstecksperren und Fallkörpersperren.

In der Forward Combat Zone (FCZ) wurden die vorbereiteten Sperren aufgrund
der Forderungen der dort eingesetzten NATO-Korps von den zuständigen westdeutschen territorialen Kommandobehörden errichtet. Bereits Mitte der Siebzigerjahre
waren in der FCZ des deutschen I. Korps und des belgischen und britischen Korps
rund 450 Sperren vorbereitet und weitere 100 geplant. Im Wehrbereich III lagen
fünf Sperrschwerpunkte bzw. Sperrlinien, darunter eine entlang der Weser und
Diemel und am Mittellandkanal, eine weitere, westlich gelegene im Bereich des
Eggegebirges, des Rothaargebirges und des Teutoburger Waldes[64].

Zusammenfassung

General Hans-Henning von Sandrart hat 2008 zahlreiche Grundvoraussetzungen für
die Umsetzung seiner operativen Planungen als NATO-Oberbefehlshaber Europa-
Mitte beschrieben[65]. Einige dieser als Problembereiche erkannten Voraussetzungen
waren allerdings schwer zu erfüllen. So schätzte er die Alarmierung und Mobilisierung
seiner Verbände als problematisch ein. Neben den bereits angesprochenen geringen
Vorwarnzeiten sah er einen Zeitbedarf von 96 Stunden, in denen alle Kampfbrigaden
aufmarschiert wären.

Die nicht weniger wichtigen amerikanischen Verstärkungskräfte benötigten
dagegen zwischen 30 und 60 Tage, bis diese auf dem Gefechtsfeld Mitteleuropa
verfügbar gewesen wären. Seit 1969 wurde die Rückkehr von Streitkräften nach
Westdeutschland ein- oder mehrmals im Jahr im Rahmen der Reforger-Übungen
praktisch erprobt. Auch das deutsche I. Korps hätte bis zu fünf Tage benötigt, um
die volle Gefechtsbereitschaft nach der personellen und materiellen Auffüllung zu
erreichen.

Als weiteres Zeitproblem benannte er die Dauer des Verzögerungsgefechtes. Die
vorgesehenen 24 Stunden, um die Hauptverteidigungskräfte einsatzbereit in ihre
Stellungen zu bekommen, waren angesichts des angenommenen »Red Storm« sehr
ambitioniert. Auch die Planung, die abgekämpften Verzögerungsverbände nach kurzer Auffrischung als bewegliche Reserven einsetzen zu können, war optimistisch.

Das Problem fehlender Reserven beunruhigte nicht nur den NATO-
Oberbefehlshaber Europa-Mitte. Die Vorneverteidigung war generell durch das
Fehlen operativer Reserven geschwächt. Alle alliierten Korps im Bereich Europa-
Mitte waren »on line« bzw. an vorderster Front eingeplant. Die Heeresgruppenreserve
der NORTHAG war das amerikanische III. Korps, welches in Friedenszeiten nur
eine Brigade in Westdeutschland stationiert hatte. Vier Divisionen, darunter zwei

64   Sperrvorbereitungen im Wehrbereich III, Dienstliche Unterlagen. In: BArch, BH 28-3/267-269.
65   Stellungnahme General a.D. Hans-Henning von Sandrart während der britischen Übung United
     Shield 2008.

westdeutsche Panzerdivisionen sollten diese Lücke füllen, fehlten dadurch jedoch den vorn eingesetzten Korps.

Eine weitere Schwierigkeit ergab sich durch die nationale Führung der vier NORTHAG-Korps. Je nach zugewiesenen Abschnitten konnten die Kommandierenden Generale unterschiedliche Schlachten schlagen. Zum Beispiel wollten die Briten weniger feste Linien wie den Vorderen Rand der Verteidigung (VRV) als vielmehr sogenannte »vital grounds« (Schlüsselgelände) verteidigen[66]. Der Feind sollte bewusst tief in den Korpsgefechtsstreifen eindringen, um ihn in beweglicher Verteidigung schlagen zu können. Für westdeutsche Heeresgenerale stellte dieser Ansatz hingegen eine Bedrohung der Vorneverteidigung dar. Offene Flanken waren zu erwarten, wenn die westdeutsche Verteidigung am VRV am stärksten geplant war.

1984 kritisierte General Sir Nigel Bagnall das Fehlen einer Koordinierungslinie, entlang der das Hauptgefecht geführt werden sollte[67]. Er forderte die Rückkehr der Beweglichkeit in die Operationsplanungen der NATO. Zusammen mit Generalen anderer Bündnisstaaten entwickelte sich so Mitte der Achtzigerjahre eine »Neue Operative Schule«, die innerhalb der NATO das Follow-on Forces Attack-Konzept umsetzen wollte[68].

Schließlich barg der Kampf im eigenen Land große Risiken für eine koordinierte, zusammenhängende Operationsführung. Übungsszenarien mit Flüchtlingsströmen nach Westen, verstopften Aufmarschstraßen für die Verteidigungskräfte usw. vermittelten der militärischen Führung einen Eindruck vom Chaos moderner Landkriegführung. Dennoch sollte die Masse der Bevölkerung nicht evakuiert werden. Es gab nur eine sehr begrenzte Evakuierungszone, die dem Gebiet zwischen der innerdeutschen Grenze und den Brigaderäumen entsprach. Evakuierungsbewegungen sollten erst nach dem Aufmarsch der Korps stattfinden. Dies setzte eine detaillierte Abstimmung zwischen den Ressorts voraus. Städte im Kampfgebiet mit einer Bevölkerung von über 40 000 Einwohnern sollten trotz der Forderungen der Militärs nicht evakuiert werden. Evakuierungsstraßen waren ebenfalls nicht festgelegt[69]. Dem GDP 88 schließlich lag ein »worst case«-Szenario zu Grunde, welches im Kriegsfall unvorstellbare Folgen für Mitteleuropa und speziell das Gebiet der Bundesrepublik Deutschland gehabt hätte[70].

Die großen NATO-Herbstmanöver dienten der Überprüfung und Verbesserung der geplanten Abläufe auf Divisions- und Korpsebene mit Volltruppe. Dabei sollten aber auch taktische und operative Grundsätze in der Praxis geübt werden. Allein die Koordinierungsleistung der höheren Stäbe war dabei beachtlich, musste doch

---

[66] Dazu bereits Ende der Siebzigerjahre Sir John Hackett, Der Dritte Weltkrieg. Hauptschauplatz Deutschland, Gütersloh 1978.

[67] Sir Nigel Bagnall, Concepts of Land/Air Operations in the Central Region. 1st Lecture given at the Royal United Services Institute on 23 May 1984.

[68] Shimon Naveh, In Pursuit of Military Excellence. The Evolution of Operational Theory, London, New York 1997.

[69] Aufenthaltsregelung für die Zivilbevölkerung, Anlage O, I. (GE) Korps, GDP 88. In: BArch, BH 8-3/437.

[70] J. Michael Legge, Theater Nuclear Weapons and the NATO Strategy of Flexible Response (= RAND R-2964-FF), Santa Monica 1983; Roger L.L. Facer, Conventional Forces and the NATO Strategy of Flexible Response (= RAND R-3209-FF), Santa Monica 1985.

zum Beispiel bei den Reforger-Manövern Mitte und Ende der Achtzigerjahre oft der
Einsatz von über 100 000 Soldaten, 10 000 Ketten- und 60 000 Radfahrzeugen ab-
gestimmt werden. Doch gerade diese Manöver kamen dem Szenario eines künftigen
Krieges sicherlich am nächsten[71].

Die bereits von den Zeitgenossen erkannten Problembereiche bei der Umsetzung
der scharfen Einsatzplanungen im Kriegsfalle deuten auf eine Glaubwürdigkeitslücke
der Operationsplanungen der NATO hin, die auch dem Warschauer Pakt nicht verborgen geblieben sein dürfte. Es stellt sich die Frage, ob letztlich nicht doch allein das strategische Nuklearpotenzial der USA hinreichend für eine funktionie-
rende Abschreckung gewesen ist. Der Einsatz von taktischen Nuklearwaffen war
zwar im betrachteten Zeitraum geplant und hätte aufgrund der konventionellen
Überlegenheit des Warschauer Paktes wohl frühzeitig erfolgen müssen, um wichtige
Schlüsselgelände halten zu können. Die Gegenforderung, einer Operationsplanung
mit konventionellen Streitkräften den Vorrang zu geben, war angesichts der Feind-
beurteilung und des eigenen Kräftedispositivs kaum zu realisieren.

Parallel zu den letzten großen NATO-Manövern wies die Politik nicht zuletzt
mit der Rede Gorbačëvs vor den Vereinten Nationen in New York Ende 1988 und
dem damit verbundenen Angebot der Reduzierung der konventionellen Streitkräfte
bereits in eine völlig andere Richtung[72]. Im Jahr zuvor hatten sich zudem die
Mitgliedstaaten des Warschauer Paktes in der Berliner Erklärung öffentlich gegen
einen Angriffskrieg ausgesprochen. Und bereits seit 1985 waren die operativen
Planungen des Warschauer Paktes nicht mehr ausschließlich offensiv ausgelegt[73].
Was es im militärischen Bereich von 1949 bis 1989 unbedingt zu verhindern gegolten hatte, war auf der politischen Bühne nicht mehr aufzuhalten: Der Westen wurde
von der Abrüstungsoffensive Gorbačëvs überrollt.

71 Heeresmanöver der Bundeswehr. Hrsg. von Gerhard Brugmann, Fürstenfeldbruck 2004.
72 Rede vor der UN-Vollversammlung, New York 7.12.1988. In: Europa-Archiv, 44 (1989),
    Dokumente, Folge 1, D23-D37. Allgemein zum Ende des Kalten Krieges siehe The End of the
    Cold War. Its Meaning and Implications. Ed. by Michael J. Hogan, Cambridge 1992.
73 Frank Umbach, Das rote Bündnis. Entwicklung und Zerfall des Warschauer Paktes 1955–1991,
    Berlin 1996, S. 385–468.

Bernd Lemke

Abschreckung, Provokation oder Nonvaleur? Die Allied Mobile Force (AMF) in den Wintex- und HILEX-Übungen 1970–1985

Die Allied Mobile Force im strategischen Gesamtrahmen

Die letzten zwanzig Jahre des Kalten Krieges brachten in wesentlichen Bereichen militärischen und politischen Handelns eine erhebliche Erhöhung der Komplexität, gleichzeitig eine gesteigerte Notwendigkeit zur Beweglichkeit. Seit der zweiten Hälfte der Sechzigerjahre hatten sich die zuvor noch gültigen konfrontativen Muster abgeschwächt und einer zunehmenden Verschränkung und Verzahnung auch zwischen den beiden Bündnissen Platz gemacht. Dies galt nicht nur für die Politik, wo die beginnende Entspannungsperiode zunehmend von komplexem, blockübergreifendem Agieren geprägt war, sondern auch für die Militärstrategie.

Die NATO ging infolge der wachsenden Fähigkeiten der Sowjetunion sowohl bei den nuklearen wie auch den konventionellen Streitkräften neuen Herausforderungen entgegen und wurde dadurch mit einer Vielzahl neuer Optionen und Probleme konfrontiert. Die Allianz hatte zwar die größte Existenzkrise seit ihrer Gründung überwunden und unter anderem eine neue Strategie etabliert (»Flexible Response«), sah sich nun aber, militärisch gesehen, einer vermeintlich immer größer werdenden Bedrohung aus dem Osten gegenüber[1]. Perzipiertes Bedrohungspotenzial, gesteigerte Komplexität und geforderte Flexibilität beeinflussten einander.

Das Bündnis rechnete für den Ernstfall mit der Notwendigkeit, eine mögliche Konfrontation durch die Anwendung vielfältiger politischer und militärischer Maßnahmen zu entschärfen und zu verhindern, dass eine Eskalation erfolgte. Die Option, den Ostblock im Zweifelsfall mit massivem Einsatz von Atomwaffen zu

---

[1] Zur Militärstrategie der NATO in den Siebziger- und Achtzigerjahren vgl. (auch grundsätzlich im Folgenden, wo nicht anders belegt) John S. Duffield, Power Rules. The Evolution of NATO's Conventional Force Posture, Palo Alto 1995, Kap. 6; Holger H. Mey, NATO-Strategie vor der Wende. Die Entwicklung des Verständnisses nuklearer Macht im Bündnis zwischen 1967 und 1990, Baden-Baden 1992, S. 22–82; Richard L. Kugler, Commitment to Purpose. How Alliance Partnership Won the Cold War, Santa Monica 1993, Abschnitt 4 und 5; David M. Walsh, The Military Balance in the Cold War. US perceptions and policy, 1976–85, London, New York 2008, S. 89–172; Lawrence S. Kaplan, NATO Divided, NATO United. The Evolution of an Alliance, Westport 2004, Kap. 4 und 5; Elizabeth D. Sherwood, Allies in Crisis. Meeting Global Challenges to Western Security, New Haven, London 1990, S. 135–188.

Einsatzgebiete der AMF in Strategischer Perspektive, Stand 1968

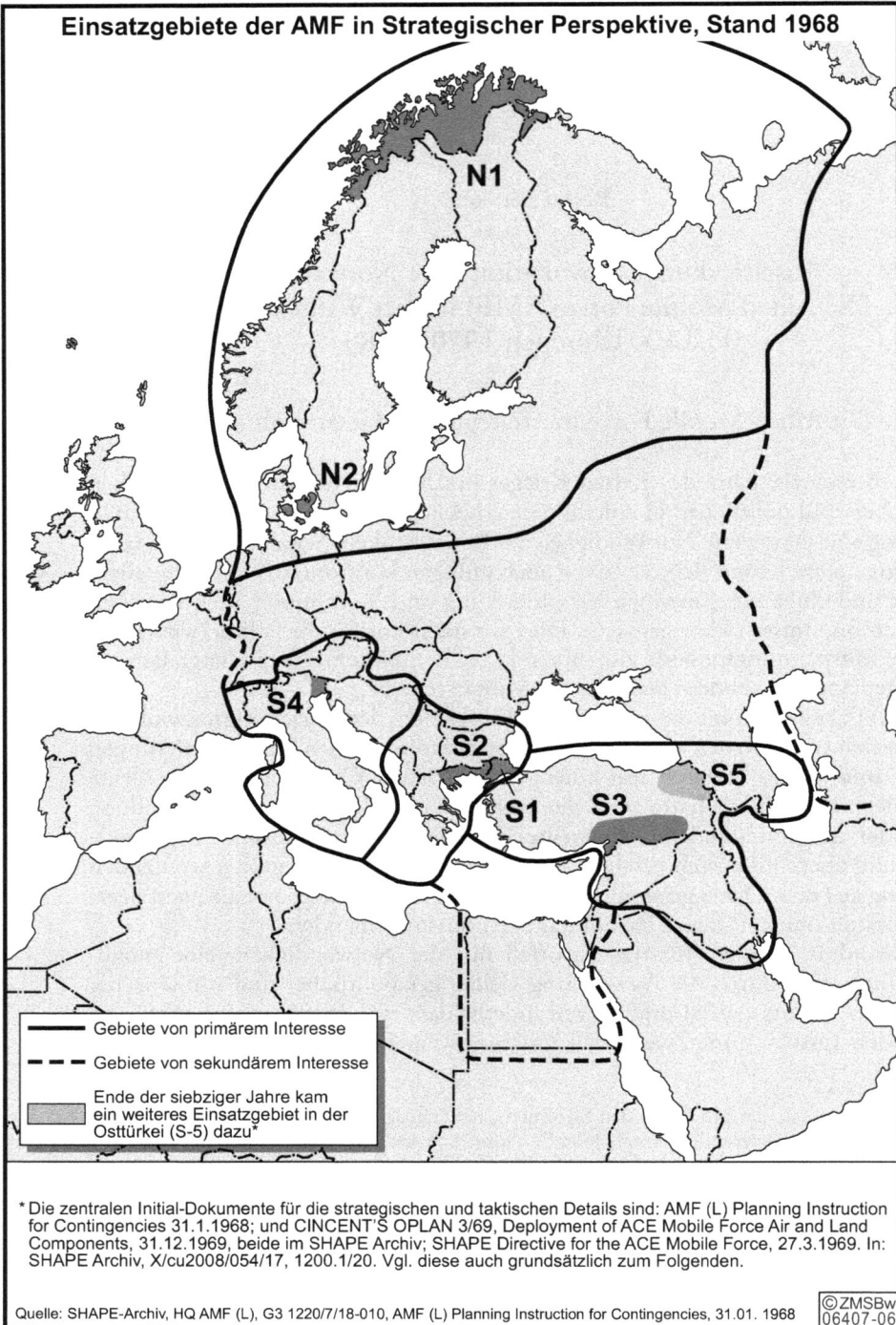

Legende:

— Gebiete von primärem Interesse

--- Gebiete von sekundärem Interesse

Ende der siebziger Jahre kam ein weiteres Einsatzgebiet in der Osttürkei (S-5) dazu*

* Die zentralen Initial-Dokumente für die strategischen und taktischen Details sind: AMF (L) Planning Instruction for Contingencies 31.1.1968; und CINCENT'S OPLAN 3/69, Deployment of ACE Mobile Force Air and Land Components, 31.12.1969, beide im SHAPE Archiv; SHAPE Directive for the ACE Mobile Force, 27.3.1969. In: SHAPE Archiv, X/cu2008/054/17, 1200.1/20. Vgl. diese auch grundsätzlich zum Folgenden.

Quelle: SHAPE-Archiv, HQ AMF (L), G3 1220/7/18-010, AMF (L) Planning Instruction for Contingencies, 31.01. 1968

©ZMSBw
06407-06

besiegen, wie dies noch in den Fünfzigerjahren denkbar erschienen war, stand nicht mehr zur Verfügung, da die Sowjetunion sich anschickte, den Vorsprung der USA bei Nuklearwaffen einzuholen, und seit Beginn der Siebzigerjahre über eine gesicherte Zweitschlagsfähigkeit verfügte.

Im Folgenden wird nun am Beispiel der Allied Mobile Force (AMF), einem Eliteverband zum Einsatz für die Abschreckung an den NATO-Flanken, gefragt, inwieweit es dem Bündnis gelang, den neuen Anforderungen gerecht zu werden und inwieweit die militärische Planung die als notwendig erkannte Flexibilisierung umsetzte. Der Fokus wird dabei auf der Rolle der AMF in den Wintex [Winter Exercise]- und HILEX [High Level Exercise]-Übungen liegen. Dabei soll anhand entsprechender Quellen zumindest ansatzweise auch ein Vergleich mit dem Warschauer Pakt angestellt werden.

Die Allied Command Europe Mobile Force (AMF)[2] wurde im Rahmen der allgemeinen strategischen Entwicklung Ende der Fünfzigerjahre konzipiert und aufgebaut. Dies geschah nach bisherigem Forschungsstand parallel zum Übergang von der »Massive Retaliation« zur »Flexible Response«[3]. Im Zuge der Entwicklung der »Flexible Response« rechnete die NATO zunehmend damit, dass es im Ernstfall zu kleineren Grenzzwischenfällen und begrenzten Aktionen der Sowjets an neuralgischen bzw. schwach verteidigten Punkten der NATO kommen könne. Damit gewann vor allem auch die Situation an den Flanken, hier insbesondere der Süd- und Südostflanke des Bündnisgebietes erheblich an Bedeutung[4].

Die Lage an den Rändern des Bündnisses war von Beginn an aus politischen und militärischen Gründen prekär. Im Norden betraf dies vor allem Norwegen und Dänemark, die einerseits nur sehr begrenzte Kräfte aufbringen konnten, andererseits aus nationalen Interessen gar nicht zu stark von der NATO gebunden werden wollten, und stattdessen zeitweise sogar mit Alternativlösungen spielten (in Form

---

[2] Die gängige Bezeichnung für die Truppe war allgemein »Allied Mobile Force« oder »AMF«. Daher wird sie in der Folge hier verwendet. Die ausführliche Betitelung ist »Allied Command Europe Mobile Force (ACE Mobile Force)«.

[3] Die Allied Mobile Force ist bislang so gut wie kaum erforscht. Ein erster Artikel dazu erschien vor einigen Jahren: Sean M. Maloney, Fire Brigade or Tocsin? NATO's ACE Mobile Force, Flexible Response and the Cold War. In: Journal of Strategic Studies, 27 (2004), No. 4, S. 585–613, http://dx.doi.org/10.1080/1362369042000314529 (kostenpflichtig). Vgl. zuvor eher deskriptiv Götz Steinle, Allied Mobile Force. Ein Mittel zur Krisenbewältigung. In: Truppenpraxis 2 (1991), S. 121–125. Ein Bildband mit Basisinformationen: Carl Schulze, Freedom's Thunderbold. Allied Command Europe Mobile Force (Land), Ramsbury 1998. Am Zentrum für Militärgeschichte und Sozialwissenschaften entsteht zurzeit eine Gesamtstudie zur AMF im Kalten Krieg: Bernd Lemke, Geschichte der Allied Mobile Force (1960–1989) (in Vorbereitung). Zu den Hintergründen der strategischen Entwicklung vgl. im Folgenden grundsätzlich Bruno Thoß, NATO-Strategie und nationale Verteidigungsplanung. Planung und Aufbau der Bundeswehr unter den Bedingungen einer massiven atomaren Vergeltungsstrategie 1952–1960, München 2006, S. 513–601 und Dieter Krüger, Schlachtfeld Bundesrepublik? Europa, die deutsche Luftwaffe und der Strategiewechsel der NATO 1958 bis 1968. In: Vierteljahrshefte für Zeitgeschichte (VfZ) 2 (2008), S. 171–225.

[4] Report by the Secretary General of Progress during the Period 1.1.–30.6.1964, 4.9.1964, S. 33. In: NATO Archiv Brüssel, AC/212, C-M (64) 70.

eines neutralen skandinavischen Militärbündnisses zusammen mit Schweden)[5]. Die geografisch exponierte Lage lud aus westlicher Sicht nachgerade ein, Provokationen, örtlich begrenzte Aggressionen oder Grenzzwischenfälle durchzuführen.

Noch bedrohlicher manifestierte sich die Lage im Süden bzw. Südosten, da die beiden wichtigsten Partner dort, Türkei und Griechenland, nicht nur militärisch eher schwach, sondern aufgrund einer ganzen Reihe von Ursachen unter anderem historischer Provenienz auch noch gegenseitig verfeindet waren. Die neuralgischen Punkte waren hier die Nordgrenzen, die türkische Südgrenze sowie Ostanatolien. Unter allen Umständen galt es zu verhindern, dass der Bosporus unter Feindkontrolle fiel. Schließlich sorgte man sich noch um italienische Nordostgrenze (bei Istrien), die im Falle eines Konfliktes um Jugoslawien bedroht gewesen wäre.

Die AMF sollte bei direkter Bedrohung des NATO-Gebiets in einer dieser Regionen eingesetzt werden, um Stärke zu demonstrieren. Entscheidend war dabei nicht nur die militärische Komponente, sondern auch die politisch-psychologische. Die AMF sollte in der Öffentlichkeit nachdrücklich als flexible Elitetruppe propagiert werden, um dem Aggressor deutlich zu machen, dass, wenn sie eingesetzt würde, sie als multilateraler Einsatzverband und damit als Ausdruck des Willens aller Bündnispartner zu verstehen war. Ein Angriff auf eines ihrer Bataillone wäre dann ein Angriff gegen die NATO und jedes ihrer einzelnen Mitglieder gewesen. Damit wäre dann fast automatisch der Bündnisfall gegeben gewesen. Das Konzept wurde vom Nordatlantikrat in den Sitzungen vom 23. Juni und 6. September 1961 genehmigt[6] und in der Folge auch bestätigt.

Bei einer demgemäßen, direkten Konfrontation hätte es gegolten, den einzelnen Aktionen des Ostblocks entgegenzutreten, möglichst ohne die Eskalation auszulösen. Daher wurden einzelne Fälle durchdekliniert und im Laufe der Zeit auch in entsprechende Einsatzpläne (»Contingency Plans« mit angepassten »Rules of Engagement«) gegossen[7].

---

5   Vgl. dazu Agilof Keßelring, Die Nordatlantische Allianz und Finnland 1949 bis 1961. Perzeptionsmuster und Politik im Kalten Krieg (= Entstehung und Probleme des Atlantischen Bündnisses, 8), München 2009, S. 117–122.

6   Die entscheidende Sitzung zur strategischen Bedeutung der AMF: Summary Record of a restricted meeting of the Council (23.6.1961), 30.6.1961. In: NATO Archiv Brüssel, AC/212, C-R (61) 27; vgl. Summary Record of a meeting of the Council (30.6.1961), 18.7.1961, sowie Summary Record of a meeting of the Council (6.9.1961), 13.9.61, S. 6 f. In: NATO Archiv Brüssel, AC/212, C-R (61) 27.

7   Die Erstellung der Einsatzpläne und –regeln war jedoch ein langwieriges Geschäft und zog sich in einigen Fällen bis in die Achtzigerjahre hinein, dies auch deshalb, weil man sie kontinuierlich änderte und überarbeitete. Vgl. dazu künftig die in Arbeit befindliche Gesamtstudie zur AMF (vgl. Anm. 3). An dieser Stelle sei als Beispiel für die vielfältigen Quellen dazu ein Sachstandsbericht aus der Mitte der Siebzigerjahre genannt: NATO-Rules of Engagement AMF (L), 17.4.1970 und SACEUR Outline COP for the Employment in ACE of the AMF, SACEUR OUTLINE COP 10420, »Hard Glory«, Change 3, 31.1.1976. In: SHAPE Archiv Mons, 16 mm P 01-B R-08 L-187 und P 01-B R-39 L-076B. Das NATO-Basisdokument war Military Committee [MC] 193. SACEUR Outline COP 10420 »Hard Glory«, dat. 15.5.1976, Change-3, 31.1.1976, App. 1 to Ann. C. In: Shape-Archiv, 1220/14-8-2/S-19C/76. Das Defence Planning Committee (DPC) genehmigte MC 193 am 17.7.1972. In: SHAPE Archiv, Summary Record DPC/R (72)12.

Das Szenario umfasste Aktionen des Warschauer Paktes, die von subversiver Tätigkeit bis zum Einsatz regulärer gegnerischer Truppen in Regimentsstärke an der Grenze bzw. schon auf NATO-Terrain reichen konnten. Die Bandbreite möglicher Probleme erstreckte sich dabei von allgemeinen Destabilisierungsversuchen und der Desavouierung der NATO etwa unter Ausnutzung vorgelagerter Mittelstaaten (vor allem Finnland, Syrien, Irak)[8] bis zum direkten Einsatz einzelner Kampfverbände in Bataillons- oder Brigadestärke, hier insbesondere mit Spezialverbänden (Fallschirmjäger und amphibische Einheiten). Dabei stand immer die Gefahr eines Nuklearkrieges im Hintergrund. Der Einsatz der AMF wäre gewissermaßen eine Art letzter Warnung gewesen[9].

Solidarstreitmacht, Bluff oder Provokation?
Die strategisch-politische Bedeutung der AMF

Als Hauptbedrohung sahen die NATO-Stäbe bei derartigen Feindaktionen nicht allein die unmittelbaren eigenen militärtaktischen Nachteile, sondern vielmehr die Gefahr einer Aufweichung der Bündnissolidarität, die ja gerade infolge der ständigen politischen und finanziellen Interessenkonflikte ohnehin nicht unbedingt immer stabil war. Als Gegenmittel (»effective deterrent«) betrachtete der NATO-Militärausschuss vor allem die politische bzw. psychologische Beeinflussung des Gegners, d.h. es sollte dem Warschauer Pakt klargemacht werden, dass der Nutzen solcher Aktionen in keinem Verhältnis zu den Risiken stand[10].

Ein wesentliches Element, um unter diesen besonderen Bedingungen militärisch aktiv zu werden, bildete die AMF. Ihr war als von vornherein flexiblem und voll mobilem Verband im Frieden die öffentlichkeitswirksame Repräsentation der »Flexible Response« zugedacht, im Ernstfall sollte sie als Speerspitze der Abschreckung fungieren[11].

---

[8] Vgl. dazu die Dokumentenserie SG 255 des NATO Public Disclosure Program (PDP), CD013, The Threat to NATO's Southern Flank resulting from Soviet Penetration into the Middle East and North Africa, 24.3.1959 (SG 255/3), 20.8.1963 (SG 255/4), 18.5.1965 (SG 255/5), 1.5.1966 (SG 255/6). Die allgemeine Einschätzung der Staaten im Mittleren Osten (v.a. Syrien und Irak) ergab überraschenderweise ein nicht allzu düsteres Bild. Die Regimes dort schienen keineswegs darauf erpicht, sich von der Sowjetunion an die Kandare nehmen zu lassen. Die eigentliche Gefahr sahen die NATO-Stäbe vor allem in einer allgemeinen Destabilisierung, nicht zuletzt auch vor dem Hintergrund des Palästinakonfliktes.

[9] Zu diesen Szenarien und ihrer Einordnung in die Bündnisstrategie vgl. Summary Record of a restricted meeting of the Council (23.6.1961), 30.6.1961. In: NATO Archiv Brüssel, AC/212, C-R (61) 27; vgl. auch Summary Record of a meeting of the Council (30.6.61), 18.7.1961 und Summary Record of a meeting of the Council (6.9.1961), 13.9.1961, S. 6 f. In: ebd., C-R(61)29; sowie Summary Record of a restricted meeting of the Council (6.9.1961), 12.6.1961, S. 3–5. In: ebd., C-R (61)23.

[10] Understanding of certain terms, 4.4.1958, S. 2. In: NATO PDP, CD 003, MC 78. Der dort noch enthaltene Hinweis auf die nukleare Komponente dürfte in späteren Versionen (von der NATO einstweilen noch nicht freigegeben) beseitigt worden sein.

[11] Ganz zentral hier First Major Report (SHAPE) Mobile Multi-National Forces, 1.10.1971. In: SHAPE Archiv, AC/281-Report (71)36.

Die konkrete Ausformulierung dieser Prinzipien und ihrer Anwendung an den Bündnisflanken erfolgte im Laufe der Sechzigerjahre[12]. Das Problem bestand darin, dass NATO-Verbände mit der erforderlichen Kampfkraft vor Ort kaum vorhanden waren, eine generelle, dauerhafte Verlegung entsprechender Einheiten nicht vorgesehen und derlei »due to the lack of the necessary unanimity among the nations concerned«[13] auch weiterhin kaum zu erwarten war.

Diese Prämissen spielte man als Teil des Szenarios der Stabsrahmenübung FALLEX [Fall Exercise] 66 im Oktober 1966 durch. Im Rahmen der angenommenen Steigerung der Spannung spielten unter anderem auch Nordnorwegen und Thrazien eine prominente Rolle, die Situation dort wurde als derart prekär und wichtig definiert, dass im Übungsablauf von SACEUR dann sogar der Nuklearwaffeneinsatz zum strategischen Schutz des Bosporus verlangt wurde[14]. Dazu kam es dann nicht mehr, da die Übung, zumindest deren erster Teil, nach kurzfristigem Generalangriff an allen Fronten mit Deeskalation und Wiederherstellung der NATO-Grenzen endete.

Wie inzwischen bekannt ist, hatte die NATO dieses positive Ende eher konstruiert. Es gab noch einen zweiten und einen dritten Teil, die beide damals vor den übenden Parlamentariern geheimgehalten wurden, und die einen massiven nuklearen Schlagabtausch mit umfassender gegenseitiger Vernichtung beinhalteten[15]. War diese Erweiterung in der grundsätzlichen Anlage der FALLEX-Reihe als reiner Verfahrensübung von begrenzter politischer Aussagekraft begründet, so erweckt die Lagebeurteilung der NATO in Bezug auf die Erfolgsaussichten konventioneller Verteidigung gerade an den Flanken rückblickend erhebliche Zweifel.

Letztlich konnte man nur auf erhebliche Verstärkungen setzen, wenn man eine halbwegs erfolgversprechende Gegenwirkung unter Vermeidung atomarer Eskalation erzielen wollte. Um innerhalb eines solchen Krisenszenarios handlungsfähig zu bleiben, führte man daher eine neue Kategorie im militärischen Instrumentarium ein, die sog. Schnellen Eingreifverbände, die »Immediate Reaction Forces«[16]. Diese sollten im Unterschied zu den langsamer eintreffenden, allgemeinen Verstärkungen (»Reinforcement Forces«) bei einer ernsthaften politisch-militärischen Konfrontation unter größter Beschleunigung ins betroffene Gebiet geschickt werden, um dort eine Stabilisierung herbeizuführen. Ihre Aufgabe war dabei zunächst bewusst nicht vorrangig militärischer Natur, sondern sollte als Demonstration von Stärke dem Gegner klarmachen, dass aggressive Verhaltensweisen, etwa ein Vorstoß auf Bündnisgebiet, nicht toleriert würden.

Genau dafür war die AMF konzipiert worden. Ihr Hauptauftrag bestand in der Abschreckung, d.h. die ihr zugeordneten Einheiten, meist Eliteverbände, sollten

---

Zum Folgenden vgl. Possible Methods for Improving NATO Capabilities on the Flanks, 14.7.1966. In: NATO PDP, CD020, MCM-73-66.

Possible Methods for Improving NATO Capabilities (wie Anm. 12), S. 5.

Wolfram Dorn, So heiß war der Kalte Krieg. FALLEX 66, Köln 2002, S. 26, 37, 61 f., 67, 81–85, 94, 104, 115 f., 127, 129, 135, 149.

Dorn, So heiß war der Kalte Krieg (wie Anm. 14), S. 145–179.

Zentral hier A Concept for External Reinforcements for the Flanks, 16.4.1968 (auch zum Folgenden). In: NATO PDP, CD020, MCM 23-68.

rasch vor Ort sein, dort ostentativ und öffentlichkeitswirksam auftreten. Dabei war besonders wichtig, dass der Verband multinational zusammengesetzt war, speziell auch Einheiten starker Bündnismitglieder umfasste, die nicht zu den Flankenstaaten zählten (vor allem auch USA, Großbritannien und BRD)[17]. Ob derlei bei der Gegenseite verfangen würde, war allerdings nicht unbedingt sicher. Die AMF bestand zwar aus Eliteverbänden, verfügte aber nur über insgesamt sechs Bataillone, die entsprechend der militärisch-politischen Grundvoraussetzungen und vor allem auch der Bereitschaft der Mitgliedsländer zugeordnet und ausgerüstet waren[18]. An Luftunterstützungskräften waren sechs Staffeln an Jagdbombern vorhanden. Je drei Bataillone bzw. Staffeln waren je einer Flanke (Nord bzw. Süd) zugeordnet. Ihr Einsatz konnte, und dies stellte in der Tat eines der Kernprobleme der AMF dar, vom Warschauer Pakt auch als »Bluff« oder sogar als Provokation aufgefasst werden[19].

Dem Umgang mit den Medien kam daher eine zentrale Bedeutung zu. Die Regierungen der westlichen Welt hatten am Beispiel der Kuba-Krise erkennen müssen, dass effektive Mechanismen für ein »Crisis Management« entwickelt werden mussten, um derart gefährliche Situationen künftig zu vermeiden. Die Presse- und Propagandastrategie, darüber wurde man sich schnell klar, bildete dabei eines der Kernelemente. Davon hing ab, ob die angenommene Bedrohung in einer Krise bewältigt werden konnte[20].

Das Ganze drohte bei einer ernsthaften Konfrontation zu einem psychologischen Pokerspiel mit mehreren, teils widersprüchlichen Optionen und erheblichen Gefahren zu werden. Wie spätestens mit dem »Prager Frühling« von 1968 deutlich wurde, bargen gerade Übungen und Truppenbewegungen an den Grenzen innerhalb des eigenen Bündnisgebietes die Gefahr eines Krieges in sich. Denn der Gegner war nicht ohne weiteres in der Lage, abzuschätzen, ob die Truppenverlegungen einer Aggression dienten oder nicht. Die NATO selbst ging davon aus, dass im Krisenfall ein scharfer Einsatz der AMF erst einmal unter dem Deckmantel einer Übung stattfinden könnte. Bei entsprechender Nervosität und Überreaktion hätte eine Übung schnell zum Ernstfall werden können[21].

---

[17]   Zusätzlich zu den Belegen oben s. insbes. Enclosure 1, Factors Affecting the External Reinforcement of the Flanks. In: NATO PDP, CD020, MCM 23-68.

[18]   Das Hauptquartier dieser Allied Mobile Force Land (AMF (L)) befand sich in Seckenheim/Pfalz, und später beim Hauptquartier der 7. US-Armee in Heidelberg.

[19]   Enclosure 1 (wie Anm. 17), S. 14.

[20]   NATO Military Public Information Requirements in Emergency Situations, 27.10.1965, S. 8 f. In: NATO PDP, CD010, MC 103. Auch für dieses Dokument sind noch keine Nachfolgeversionen freigegeben. Insofern lassen sich die Einflüsse des Strategiewechsels hier nur vermuten. An der Grundproblematik des »Crisis Managements« und seiner Kommunikationsaspekte dürfte sich indes nur wenig geändert haben.

[21]   SHAPE Archiv, E&F/CI.62/38, Le financement de la force mobile, 23.5.1962, S. 2 und SHAPE Archiv, unsigniertes Dokument »ACE Mobile Forces«, 23.5.1962, S. 1.

Zwischen Gegnerperzeption und Übungsmechanismus: Die Allied Mobile Force in den Krisenszenarien der Wintex- und HILEX-Übungen 1971 bis 1982

Der Grundcharakter der Wintex- und HILEX-Übungen in den Sechziger- und Siebzigerjahren

Die Rolle der Allied Mobile Force im Gesamtgefüge der NATO-Strategie und damit auch ihre Bedeutung im historischen Kontext lassen sich am Beispiel der Wintex- und HILEX-Reihe demonstrieren. Diese Stabsrahmenübungen (Command Post Exercises, CPX) zählten zu den wichtigsten Instrumenten der Allianz für die Vorbereitung auf mögliche Krisen- und Kriegsfälle, hier insbesondere das Reagieren auf problematische Entwicklungen (»Crisis Management«). Sie bieten gleichzeitig auch einen guten Einblick in das Spektrum der Gegnerperzeption innerhalb des Bündnisses.

Die Wintex-Übungen, beginnend mit Wintex [Winter Exercise] 71, bildeten die Fortsetzung der FALLEX-Reihe aus den Sechzigerjahren und dienten vor allem der Erprobung der militärischen Befehlswege und Koordinationsinstanzen zur Reaktion auf Aggressionen des Warschauer Paktes[22]. Das Szenario konzentrierte sich meist auf direkte militärische Konfrontationen bis hin zum Nuklearwaffeneinsatz. Der politische Vorlauf dieser angenommenen Krisen war bewusst kurz und statisch gehalten, und zielte auf die Hinführung zum eigentlichen Ziel, dem militärischen Verfahrensablauf. Vor allem in den ersten Übungen verzichtete man bewusst darauf, politische Handlungsalternativen ausführlich, etwa im »Live-Play«, zu erproben und arbeitete diese eher entlang vorgegebener Raster ab. Das Übungsgeschehen verlief daher in den Bahnen progressiver Konfrontation mit einer Tendenz zur Zuspitzung auf die Entscheidung über einen Atomwaffeneinsatz. Diese Frage bildete in den Siebziger- und Achtzigerjahren einen Kernpunkt bei der Ausgestaltung der »Flexible Response«, besaß daher auch Priorität bei der Übungsgestaltung.

Die konkreten Szenarien geben trotz der Konzentration auf die militärischen Aspekte informative Einblicke auch in die jeweiligen politisch-strategischen Perspektiven der NATO und sind daher ausgezeichnete historische Wegmarken. Fast alle Szenarien gingen von einer zumindest im konventionellen Bereich erheblichen Überlegenheit des Warschauer Paktes aus und beinhalteten Abnutzungsschlachten, die die NATO innerhalb weniger Tage in eine bedrohliche Lage brachten.

Die Planer legten dabei zugrunde, dass der Warschauer Pakt massiv und graduell, dann in schneller Folge, an allen Fronten aufmarschierte bzw. seine Marineeinheiten an alle neuralgischen Punkte schickte. Vor allem mit wirtschaftlichem, politischem und auch militärischem Druck würde der Gegner, so nahm man an, den Westen gefügig zu machen versuchen.

---

[22] Bisher sind die Wintex-Übungen erst ansatzweise wissenschaftlich aufgearbeitet worden. Vgl. Axel F. Gablik, »Eine Strategie kann nicht zeitlos sein«. Flexible Response und WINTEX. In: Die Bundeswehr 1955 bis 2005, Rückblenden – Einsichten – Perspektiven. Hrsg. von Frank Nägler, München 2007, S. 313–328.

Dabei spielte man unterschiedliche Modelle durch. Keineswegs glaubte man, dass sich der Ostblock ausschließlich auf den NATO-Mittelabschnitt konzentrieren würde. Daher bezogen die Planer auch die Flanken und andere neuralgische Punkte mit ein. Besondere Beobachtung fand dabei vor allem Jugoslawien, das, vielleicht etwas mechanistisch im Denken, die CSSR nach 1968 als möglicher Krisenherd ablöste[23]. Auch Nordnorwegen und vor allem Griechenland und die Türkei standen im Fokus[24]. An all diesen Punkten wurde eine jeweils ähnliche Palette von Droh- und Aggressionshandlungen angenommen, hier vor allem: aggressive Manöver, scheinbare »Friedens- und Bündnisangebote«, Konsultationen, Grenzverletzungen«, maritimer Aufmarsch, Vorbereitung amphibischer Landeunternehmen, offene und verdeckte Drohungen. Im Falle Jugoslawiens wurde fast immer eine direkte Invasion postuliert, die dann zur Eskalation führte.

All diese Brandherde zählten nicht zufällig zum Einsatzspektrum der AMF, die im Rahmen der Strategieentwicklung, insbesondere der Hinwendung zur »Flexible Response«, als ein Mittel zur Krisenbewältigung und Abschreckung aufgebaut worden war.

---

[23] Jugoslawien als Krisenherd und Ziel möglicher Intervention des Warschauer Paktes mit gewaltsamem Staatsstreich hatte man indes bereits vor dem Prager Frühling angenommen, so z.B. bei FALLEX 66. Dorn (wie Anm. 14), S. 35 und 61. Die Quellen des militärischen Nachrichtendienstes (»Verwaltung Aufklärung«) des Ministeriums für Nationale Verteidigung der DDR (MfNV) berichten durchgängig davon, dass die NATO den gegnerischen Einmarsch in Jugoslawien, teils auch in Finnland als Auftakt für den Krisen- bzw. Kriegsbeginn annahm. Vgl. Abschlußbericht über die strategische Kommandostabsübung »Wintex 71«. Hrsg. im August 1971, S. 58 f. In: BArch, MfNV, Verwaltung Aufklärung, DVW 1/25731/d; Abschlußbericht über die strategische Kommandostabsübung »Wintex 73«. Hrsg. im Juli 1973, S. 65. In: BArch, MfNV, Verwaltung Aufklärung, DVW 1/25734/j; Abschlußbericht über die strategische Kommandostabsübung »Wintex 75«. Hrsg. im August 1975, S. 89. In: BArch, MfNV, Verwaltung Aufklärung, DVW 1/25747; Abschlußbericht über die strategische Kommandostabsübung »Wintex 77«. Hrsg. im August 1977, Anlage 3. In: BArch, MfNV, Verwaltung Aufklärung, DVW 1/94346; Abschlußbericht über die strategische Kommandostabsübung »Wintex/Cimex 81«. Hrsg. im Juli 1981, S. 119. In: BArch, MfNV, Verwaltung Aufklärung, DVW 1/94326; Aufklärungsinformation, Einschätzung der strategischen, militärisch-zivilen NATO-Kommandostabsübung »Wintex/Cimex 85«, Juni 1985, S. 21 f. In: BArch, MfNV, Chef Aufklärung, DVW 1/42713; und Einschätzung der strategischen, militärisch-zivilen NATO-Kommandostabsübung »Wintex/Cimex 87«, Juni 1987, S. 39. In: BArch, MfNV, Chef Aufklärung, Aufklärungsinformation, DVW 1/42713. Zum Quellenwert der Akten aus dem MfNV vgl. Anm. 28. Besonderer Dank gebührt in diesem Zusammenhang Prof. Dr. Jan Hoffenaar vom Nederlands Instituut voor Militaire Historie für den freundlichen Hinweis auf diesen Quellenbestand.

[24] Eine ergiebige Quelle zum griechisch-türkischen Konflikt und seinen teils desaströsen Auswirkungen auf die NATO bilden die entsprechenden Berichte der deutschen Botschafter. Als Beispiel: Botschafter Pauls, Brüssel (NATO), an das AA, Auswirkungen des Konflikts zwischen Griechenland und der Türkei auf das Nordatlantische Bündnis, 18.11.1976. In: Akten zur Auswärtigen Politik der Bundesrepublik Deutschland (AAPD), Bd 2, 1. Juli–31. Dezember 1976. Hrsg. von Horst Möller [u.a.], München 2007, S. 1496–1502, Dok. 330. Freundlicher Hinweis von Stefan M. Brenner. Zu den vielfältigen Konflikten zwischen der Türkei und Griechenland sowie deren Auswirkungen vgl. als Auswahl: Bruce Kuniholm, The Evolving Strategic Significance of Turkey's Relationship with NATO, in: Gustav Schmidt, A History of NATO. The First Fifty Years, Houndmills 2001, Bd 3, S. 339–358, S. Victor Papacosma, Greece and NATO. A Nettlesome Relationship. In: ebd., S. 359–374, Hakan Akbulut, NATO's Feuding Members. The Cases of Greece and Turkey, Frankfurt a.M. 2005. Am Zentrum für Militärgeschichte und Sozialwissenschaften entsteht derzeit eine Studie zu diesem Themenkomplex (Stefan M. Brenner).

Indes ergaben sich bereits bei der ersten Wintex-Übung weitere Perspektiven, die in den Achtzigerjahren, etwa bei den HILEX-Übungen, zum Tragen kommen und für erhebliches Konfliktpotenzial im Bündnis sorgen sollten. Offensichtlich auf Initiative der USA hatten die Planer für Wintex 71 zumindest zeitweise vorgesehen, den Auslöser für die krisenhafte Zuspitzung nicht in Europa selbst zugrundezulegen, sondern eine Krise im Nahen Osten anzunehmen[25]. Diese Ausweitung des Krisenszenarios[26] führte insbesondere mit den europäischen NATO-Partnern zu Friktionen. Es kam zu teils heftigen Diskussionen. Nicht zuletzt in Bonn war man der Ansicht, dass man mit den möglichen Aggressionen des Warschauer Paktes in Europa schon genug zu tun habe und sich hierauf konzentrieren solle. Die Perspektive wurde jedoch einstweilen nicht geändert. Gedachter Auslöser für die Krise war hier der Israelkonflikt bzw. später der Persische Golf[27]. Der Nahe Osten stellte für die NATO seitdem trotz aller Konzentration auf den Mittelabschnitt einen wichtigen »Krisenraum« dar[28]. Für die strategische Position der AMF hatte diese neue Entwicklung nicht gerade positive Auswirkungen.

---

[25] NATO an MOD [Ministry of Defense] London, Major NATO Exercises, 14.4.1969, S. 1 f. (mit Begleitmaterial). In: The National Archives, London (TNA), CAB 164/358, UKDEL NATO [The UK Delegation to the NATO] (A.W.G. LeHardy).

[26] Die geostrategische Expansion war vor allem für die Amerikaner von exorbitanter Bedeutung. Siehe dazu Jed C. Snyder, Defending the Fringe. NATO, the Mediterranean, and the Persian Gulf, Boulder CO 1987, S. XIX–XXI und S. 3–10 sowie S. 36 f.

[27] Beschluss des NATO-Militärausschusses in: TNA, CAB 164/358, UKDEL NATO, Exercise Wintex 71, 18.6.1969, S. 1 (mit Begleitmaterial). Aufgrund der existierenden Zugangsbeschränkungen konnte noch nicht geklärt werden, inwieweit diese Entscheidung dann Bestand hatte. In den Akten des MfNV wurde der Nahe Osten als Spannungsgebiet jedenfalls genannt, dies jedoch neben den NATO-Flanken und Berlin. So etwa im Abschlußbericht über die strategische Kommandostabsübung »Wintex 71«. Hrsg. im August 1971, S. 13. In: BArch, MfNV, Verwaltung Aufklärung, DVW 1/25731/d.

[28] Unter »Krisenraum« sind in diesem Zusammenhang in den Akten des MfNV Regionen zu subsumieren, von denen entscheidende Spannungsverschärfungen ausgingen. Damit waren jedoch nicht automatisch die Räume gemeint, von denen aus dann der direkte militärische Angriff angenommen wurde. Vgl. Abschlußbericht über die strategische Kommandostabsübung »Wintex/Cimex 81«. Hrsg. im Juli 1981, S. 22. In: BArch, MfNV, Verwaltung Aufklärung, DVW 1/94326. Zum Quellenwert der Akten der Verwaltung Aufklärung des MfNV ist in aller Kürze noch Folgendes anzumerken: Die Berichte sind in Bezug auf die an dieser Stelle interessierenden Primärinformationen weitgehend sachlich gehalten und fast frei von ideologischer Färbung. Auch strategisch-politisch gesehen sind Werturteile nur im begrenzten Umfang enthalten, dies vor allem in den ersten Berichten Anfang der Siebzigerjahre. Dabei wurde die NATO als Aggressor mit offensiven bzw. eskalatorischen Absichten rubriziert. Die Beschreibungen der Übungen unterstellten aber etwa nicht, dass die NATO eine Großoffensive auf dem Boden der Staaten des Warschauer Paktes durchspielte o.ä. Die Angaben zu den strategischen Grundlagen (Bedeutung der »Flexible Response«), die entsprechenden Planungen für den Ernstfall (z.B. Verstärkungskräfte, hier auch die AMF) und auch die organisatorische Basis entsprachen im Wesentlichen der westlichen Bündnisrealität. Dennoch ist eine gewisse Vorsicht bei der Bewertung der Unterlagen angebracht. Als Ergänzung zu den Informationen der westlichen Akten sind sie aber, zumindest bis die westlichen Akten frei zugänglich sind, unerlässlich. Ferner bieten sie gute Einblicke in das Bild, das sich der Osten von der NATO-Strategie, insbesondere den konkreten Planungen, machte.

Die HILEX-Übungen, die Ende der Sechzigerjahre ihren Anfang nahmen, waren bewusst als Kontrast zur Wintex-Serie angelegt worden[29]. Im Zentrum stand hierbei flexibles Reagieren auf Krisensituationen insbesondere im politischen Bereich unter Einbeziehung der entsprechenden Entscheidungsträger. Geübt werden sollten hierbei weniger die militärischen Einsatzmechanismen als vielmehr die politische Entscheidungskompetenz bzw. -performanz vor dem Hintergrund der entsprechenden Optionen. Dabei sollten die Übenden einerseits erheblich mehr mit offenen, nicht im Spielplan festgelegte Situationen konfrontiert werden (»Free Play«), andererseits konzentrierte man sich in wesentlich stärkerem Maße auf das »untere Krisenspektrum«, d.h. die Zeit vor der direkten militärischen Konfrontation[30]. Die entsprechenden Übungspläne für diese waren daher auch entsprechend ausgerichtet und konzentrierten sich in erheblich stärkerem Maße auf eine Deeskalation ohne Kernwaffeneinsatz.

Dadurch ergaben sich indes politische Gefahren, die unter den Bedingungen des Kalten Krieges infolge der »realistischeren« Grundanlage um einiges bedeutungsvoller waren als bei anderen Übungen, insbesondere der Wintex-Serie. Die NATO konnte bei derlei Übungen keinen absoluten Geheimhaltungsschutz gewährleisten, daher drangen fast immer – teils sensitive – Informationen an die Öffentlichkeit. In realen Krisensituationen hätte, so fürchteten die NATO-Planer, unter ungünstigen Umständen eine HILEX-Übung, quasi als self-fulfilling prophecy, zu einer ernsthaften Verschärfung der Lage führen können. Theoretisch war es denkbar, dass z.B. ein »Einsatz« der AMF in der Übung als reale Provokation hätte missverstanden werden können, wenn entsprechende Details vorab oder während der Übung an die Öffentlichkeit drangen[31].

Dies galt insbesondere ab Anfang der Achtzigerjahre, als der Warschauer Pakt zunehmende Krisenanfälligkeit an den Tag legte bzw. ökonomisch und politisch unter Druck geriet. Hier sind insbesondere die Polenkrise mit der gewerkschaftlichen Protestbewegung, Afghanistan und nicht zuletzt auch die wachsende Bedeutung Chinas als Konkurrent und Bedrohung für die Sowjetunion zu nennen.

Die entsprechenden features fanden spätestens ab HILEX 9 (1980) in das Krisenszenario Eingang. Ausgegangen wurde für die Übung von zunehmenden ökonomischen Problemen im Warschauer Pakt infolge von Rohstoffknappheit und Produktionsschwierigkeiten (vor allem auch Öl). Ein Teil der Ostblockstaaten, insbesondere die als »progressiver« angenommenen, begannen den Annahmen zufolge daraufhin Verselbständigungstendenzen an den Tag zu legen und sich immer stärker

---

29　Minutes of a Meeting to Discuss the Wintex 71 Draft Operation Order (DIHEART) am 19.9.1969 (22.9.1969), Anlage DXCC Note 3/69 (Draft), S. 4–6 (ausführliches Begleitmaterial). In: TNA, CAB 164/358, MoD, D/DOX 12/71.

30　HILEX 10, Entwurf eines nationalen Erfahrungsberichts, 26.3.1982, S. 2. In: BArch, BW 2/11696, Auswärtiges Amt (A–A).

31　Bei HILEX 10 gab es eine solche »undichte« Stelle, über die geheime Informationen an die Öffentlichkeit gelangten. Vgl. Council Operations and Exercise Committee (COEC)-Sitzung am 18.3.1982, para. II.b. In: BArch, BW 2/11696, Brüssel NATO an A-A. Zu den WINTEX-Übungen vgl. entsprechend die Darstellung des bis zu seiner Enttarnung in der Brüsseler NATO-Verwaltung tätigen, hochrangigen DDR-Spions Rainer Rupp alias »Topas«: Rainer Rupp, Wintex, in: Stopp NATO! Hrsg. von Konstantin Brandt [u.a.], Köln 2009, S. 243–248.

dem Westen zuzuwenden. Höhepunkt dieser intra-Block-Friktionen wäre dann die Bildung einer »Liga moderner sozialistischer Staaten« gewesen (Rumänien, Albanien und Jugoslawien). Die Sowjetunion würde derlei Tendenz mit zunehmender Aggressivität quittieren und wäre dann, quasi als getriebener Akteur, in die Offensive gegangen, um einem eventuellen Erosionsprozess nicht machtlos gegenüberzustehen.

Von dieser Position aus setzte dann der entsprechende Konfrontationskurs ein, hier wieder mit den Schwerpunkten Jugoslawien und den NATO-Flanken. Für die AMF bedeutete diese Perspektive den entscheidenden Ansatzpunkt und letztlich auch die Existenzberechtigung. Anders als in den Wintex-Übungen, wo man sie eher als Routineelement ohne größere Bedeutung behandelte[32], wurde ihr hier ein prominenterer Platz mit ausführlicher Berücksichtigung ihrer Dislozierung eingeräumt.

Indes blieb sie auch bei den HILEX-Übungen nur ein Abschreckungselement unter vielen. Dies hing allerdings auch mit dem Grundcharakter einer Stabsrahmenübung zusammen, die alle Maßnahmen bis zu einem bestimmten Punkt im Spielplan umsetzen sollte. Es blieb natürlich die Hoffnung, dass im Ernstfall eine oder mehrere Maßnahmen, also etwa gerade die Stationierung einer Elitetruppe wie der AMF, zu einer Entschärfung führen würde.

HILEX 9 sollte zu einem Wendepunkt in der strategischen Entwicklung wie auch der Übungsgeschichte der NATO werden. Die Übung fiel zeitlich fast genau mit der sowjetischen Invasion in Afghanistan zusammen und wurde deshalb vor allem wegen der bereits genannten Gefahren abgesagt. In der NATO bestanden erhebliche Bedenken, dass die Sowjetunion provoziert werden könne, wenn öffentlich ruchbar werde, dass die Allianz eine hochrangige Kriegs- und Krisenübung abhielt, während sowjetische Verbände in Afghanistan einmarschierten.

Aber auch für die Allianz selbst hatte der Afghanistan-Einsatz der Roten Armee erhebliche Konsequenzen. Die Amerikaner sahen die Ereignisse dort in Verbindung mit den Geschehnissen um die US-Botschaft in Teheran, und damit als massive Bedrohung ihrer Interessen im Golf. Sie setzten im Bündnis daher die Einbeziehung dieser Region in Übungslagen durch (Carter-Doktrin)[33].

Dies kam in HILEX 10 zum Tragen. Das Übungskonzept war mit HILEX 9 fast identisch, enthielt aber an den entscheidenden Stellen jeweils eine neues, zentrales Element: den Einsatz der Rapid Defense Force (RDF), die dann zur Rapid

---

[32] Vgl. z.B. Major NATO Exercises, 14.4.69, S. 1: »There is to be no AMF play«. In: TNA, CAB 164/358, UKDEL (A.W.G. LeHardy) NATO an MOD London. Zu den übrigen Übungen vgl. die entsprechenden Berichte (wie Anm. 28). Im Übrigen spiegelte das Szenario durchaus die realen Gruppenbildungen und Spaltungen im WP ab. Vgl. dazu Beitrag Bekes, S. 52 f. in diesem Band.

[33] Zur US-Militärstrategie und deren Hintergründe im Mittleren Osten vgl. Amin Saikal, Islamism, the Iranian revolution, and the Soviet invasion of Afghanistan. In: The Cambridge History of the Cold War, Vol. II. Ed. by Melvyn P. Leffler and Odd Arne Westad, Cambridge 2010, S. 112–134; sowie Douglas Little, American Orientalism. The United States and the Middle East since 1945, 3rd ed., Chapel Hill 2008, v.a. Kap. 4 und 7; und David Walsh, The Military Balance in the Cold War. US perceptions and policy 1976–85, (= Cold War History series, 18), London, New York 2008, Kap. 7. Vgl. auch Michael Schmid, Transatlantische und mittelöstliche »Krisenbögen« (Uni Augsburg 2007).

Defence Joint Task Force (RDJTF) wurde, dem Vorläufer des heutigen US Central Command (CENTCOM)[34].

Damit traten die USA in gewisser Weise dieselbe Diskussion los, wie sie etwa schon im Rahmen von Wintex 71 stattgefunden hatte. Die Europäer mutmaßten, durchaus nicht zu Unrecht, dass die die vorrangigen Interessen und Empfindlichkeiten der Amerikaner im Golf beheimatet waren und befürchteten eine Ausdünnung der US-Verstärkungskräfte für Europa.

Als nun die Pläne für die RDF Eingang in NATO-Übungsplanungen fanden, wurden die Amerikaner sofort mit erheblicher Kritik überschüttet und sagten im Übungsverlauf von HILEX 10 zunächst auch zu, die Dislozierung der RDF in den Golf nur mit Truppen ohne NATO-Auftrag durchzuführen. Als die Situation im Übungsverlauf dann allerdings in der Golf-Region eskalierte, vermeldeten die Amerikaner, dass auch zwei Brigaden der NATO-Reserve für den Golf vorgesehen seien.

Als viel gravierender aber erwies sich, dass die Verlegung die US-Lufttransport-kapazitäten einschränkte und damit die Verstärkung für europäischen Schauplatz gefährdete. Dazu kam, dass die RDF-Verbände hochmobile und hochspeziali-sierte Eliteeinheiten (Marines, LL-Verbände) umfassten. Dies beschwor weitere Befürchtungen herauf. Insbesondere die Verstärkung etwa der NATO-Nordflanke (vor allem II. Marine Amphibious Force, MAF) hätte ggf. leiden können, wenn die Amerikaner es als nötig erachtet hätten, noch mehr Truppen in den Golf zu schicken.

Diese Verwerfungen führten, wie aus den Erfahrungsberichten hervorgeht, zu erheblichen Problemen während des Übungsablaufes. Als besonders alarmierend galt die Erkenntnis, dass die Handlungsfähigkeit der NATO litt, wenn man während eines »Ernstfalles« Grundsatzdiskussionen führte[35]. Ferner wurde darauf hingewiesen, dass das gesamte »Crisis Management« der Allianz, das bis dato von weitgehend »klassischen« Konfliktszenarien, d.h. der Konfrontation innerhalb Europas, bestimmt war, für eine grundlegend neue Perspektive mit zweigeteiltem Bedrohungsszenario (»Ambiguous Threat«) nur unzureichend geeignet war und daher überarbeitet werden musste.

---

[34] Der Zusammenhang zwischen den HILEX-Übungen und der RDJTF wurde der Öffentlichkeit bereits damals ansatzweise bekannt, ohne dass jedoch die erheblichen Differenzen und Probleme innerhalb der NATO Erwähnung fanden. Vgl. William M. Arkin, A Global Role for NATO, in: Bulletin of the Atomic Scientists, Januar 1986, S. 4f. Vgl. auch Robert R. Tomes, US Defence Strategy from Vietnam to Operation Iraqi Freedom. Military innovation and the new American way of war, 1973–2003, London, New York 2006, v.a. S. 88–92. Zu den Problemen von NATO-Einsätzen »out-of-area« generell vgl. Bernd Lemke, Globale Probleme einer regionalen Allianz. Die NATO und die Frage militärischen Engagements außerhalb der Bündnisgrenzen bis 1989. In: Sicherheit und Frieden (S+F), 27 (2009), H. 1, S. 24–30; und, mit Konzentration auf die Zeit nach 1990, Stephen J. Cimbala und Peter K. Forster, Multinational Military Intervention. NATO Policy, Strategy and Burden Sharing, Farnham 2010; zus. Olaf Theiler, Die Entfernung der Wirklichkeit von den Strukturen. Die Bedrohungslage der NATO und ihre Wahrnehmung in der westdeutschen Bevölkerung 1985 bis 1990. In: Die Bundeswehr 1955 bis 2005 (wie Anm. 22), S. 353 f.

[35] Offensichtlich hatte es gravierende Meinungsunterschiede gegeben. Vgl. Entwurf eines nationalen Erfahrungsberichts, 26.3.1982 (mit Hintergrundmaterial). In: BArch, BW 2/11696, AA, HILEX 10.

Lackmustest für die »Flexible Response«:
Die AMF in den Wintex- und HILEX-Übungen

Die AMF wurde durch die Ausdehnung der Konfliktperspektiven einerseits in ihrer strategischen Bedeutung geschmälert, andererseits durch die stärkere Pointierung der Prioritäten im Szenario weiter konsolidiert. Die Amerikaner wiesen infolge der neuen Bedrohungen im Golf der NATO-Südflanke nun erheblich mehr Bedeutung bei als der Nordflanke. Auch die Briten nahmen trotz ihrer geografischen Nähe zur Nordflanke eine ähnliche Haltung ein. Jedenfalls kam das Joint Intelligence Committee (JIC) in der Übung Wintex 75, von der die bis dato ausführlichsten Unterlagen aus westlichen Quellenbeständen vorliegen, im Verlauf der Übung zum Schluss: »Although events in the north and central regions have been disquieting we believe that the most serious manifestations of ORANGE are to be found in the south[36].«

Das Ergebnis der Übung erwies sich als teils problematisch. HILEX 10 war von den Planern konzeptionell als Testfall gedacht gewesen. Die für die HILEX-Reihe als essentiell betrachtete Konzentration auf politisch flexibles Krisenmanagement war gesteigert worden, indem jetzt zum ersten Mal wirklich »freie« politische Gestaltungsmöglichkeiten gewährleistet werden sollten[37]. In diesem Punkt ergaben sich eher gemischte Erfahrungen. Es wurde bemängelt, dass trotz hochrangiger ziviler Beteiligung ein wirkliches Durchspielen offener Situationen nicht möglich gewesen sei, da die militärischen Spieler ihre Mobilmachungsmechanismen, die ihnen aus den Wintex-Übungen bekannt waren, viel zu rasch und zu unabhängig anwandten (frühe Auslösung der Alarmstufe »Military Vigilance«). Dadurch wurden Fakten geschaffen, die es der politischen Seite schwierig bis unmöglich machten, im unteren Krisenspektrum flexibel zu reagieren[38].

Dies stand in direktem Zusammenhang mit der Meinung der Militärs, dass die wichtigste Abschreckungsmaßnahme ohnehin die Mobilmachung und der militärische Aufmarsch sei. Der Warschauer Pakt sollte spätestens zu diesem Zeitpunkt realisieren, dass die NATO Ernst machte. Für differenziertere politische Signale, wie z.B. die Stationierung von drei Bataillonen der AMF, hatte zumindest ein Teil der militärischen Führer offensichtlich kein rechtes Verständnis. Es bestand daher die Gefahr, dass es im Ernstfall für eine politische Deeskalation angesichts der militärischen Ablaufautomatismen und einem eher mechanistischen Handeln keinen Spielraum mehr gegeben hätte.

---

[36] Cabinet Joint Intelligence Committee, Exercise Current Exercise Group, 6.1.75, Exercise 19, Wintex 75, Further Review of Orange Intentions, S. 8. In: TNA, CAB 190/68, INT 31(75) 1. Einschränkend ist allerdings zu vermerken, dass diese Aussage nur im Zusammenhang mit der gesamten Übungsanlage zu sehen ist. Letztere sollte ja die Basis für die Reaktionen der Übenden darstellen und kann nicht ohne weiteres als strategische Kernaussage gewertet werden. Dennoch beinhaltet sie eine recht deutliche Tendenz.

[37] Entwurf eines nationalen Erfahrungsberichts, 26.3.1982, S. 2. In: BArch, BW 2/11696, AA, HILEX 10. Diese Information wurde allerdings in einer Randbemerkung mit »?« quittiert.

[38] Entwurf eines nationalen Erfahrungsberichts (wie Anm. 37), S. 3. Ebd., bruessel nato an aa, 15.3.1982, hileks 10, Erster Erfahrungsbericht nach Übungsende.

»Von der Möglichkeit der ›free play inputs‹ wurde allgemein zu wenig Gebrauch gemacht. [...] Dadurch lief die Übung exakt nach Drehbuch ab, ohne dass den Übungsteilnehmern deutlich der Eindruck vermittelt werden konnte, dass ihre Maßnahmen sich auf die Entwicklung der Lage und Beilegung der Krise auswirkten. Daß die Aspekte ›Crisis Management‹ und ›De-escalation‹ in HILEX-10 in manchen Bereichen zu wenig zum Tragen kamen, ist eindeutig auch darauf zurückzuführen, dass die Vorstellung der meisten Übungsteilnehmer durch den Ablauf der Wintex-Übungen geprägt ist, die bisher vor dem Hintergrund einer anderen Seite durch sich ständig steigende Konfrontation gekennzeichnet waren. Abgesehen von einem im Drehbuch vorgesehenen Notenaustausch und dem von der Bundesregierung vorgeschlagenen Treffen der Außenminister wurde in erster Linie militärisch auf die Lageentwicklung reagiert.

Insofern war zu der Anfangsphase einer Wintex-Übung nur wenig Unterschied festzustellen. Als Heilmittel für eine Kriegsverhinderung wurde fast ausschließlich die Erhöhung der Verteidigungsbereitschaft angesehen. Die Weisheit dieser ›defense posture‹ soll hier nicht angezweifelt werden. Die Übungen der HILEX-Serie sollen aber auch die breite Palette der flankierenden Maßnahmen neben der Herstellung der Verteidigungsbereitschaft zum Tragen bringen[39].« Eine dieser »flankierenden Maßnahmen« bestand in der Dislozierung der AMF.

An Schnittstellen wie dieser zogen die Planer die Trennlinie zwischen den Wintex- und HILEX-Übungen. Man hoffte, aus den starren Verfahrensabläufen herauszukommen bzw. diese durch ein flexibleres Spiel, eben die HILEX-Reihe, zu ergänzen. Dazu machte der britische NATO-Botschafter den Vorschlag, die HILEX-Übungen den Wintex-Spielen zeitlich direkt vorzuschalten und damit den neuen Anforderungen der »Flexible Response« Rechnung zu tragen. »I would again urge consideration of the idea [...] that there might be a HILEX type exercise preceeding WINTEX played on a ›real time basis‹. This might start in slow time on or about 10 January 1971 and could include consideration of such events as deployment of the AMF, return to 6 Brigade of BAOR (together with other UK and national reinforcements) [nach Westdeutschland, B.L.] and the declaration of SIMPLE ALERT. WINTEX 71 could then start at reinforced alert and go through to General War with the minimum of participation by the politico/military authorities[40].«

Die damit einher gehende Kritik an den bis Dato gültigen Szenarien (u.a. FALLEX-Übungen) war noch von der Hoffnung gespeist, zu beweglicheren Strategie- und Übungsperspektiven zu gelangen. »[...] does it really make sense to gear the machinery to the most unlikely course of events [rascher Einstieg in den General War, B.L.] and to pay almost no attention to exercising the machinery required to handle events lower down the spectrum? [...] it is entirely unrealistic both on military and political ground (the new strategy, the new image of NATO, present day world conditions etc.) to continue to have NATO's biannual major exercise [FALLEX/Wintex,

---

[39] First Impression Report, in MC/PS am 18. März 1982, S. 3. In: BArch, BW 2/11696, Fü S III an dmv MC/NATO, HILEX 10.

[40] Major NATO Exercises, 14.4.1969, S. 3. UKDEL NATO (A.W.G. LeHardy) an MOD London. In: TNA, CAB 164/358.

B.L.] based on a general war scenario; and thus drastically to reduce the nature and scope of the exercise«[41].

Die eigentliche Rolle der AMF bei den Wintex-Übungen tritt beim derzeitigen Stand der Zugangsbedingungen zu Geheimmaterial wohl am Besten am Beispiel von Wintex 75 zu Tage. Das vorliegende Szenario erlaubt den bislang umfangreichsten und ausführlichsten Einblick in die Gegnerperzeption der NATO. Ausgehend von der bereits oben geschilderten Annahme einer psychologischen Überlegenheit des Ostblocks kam es zu einer zunehmenden Steigerung der Aggressivität, die zu einem Einmarsch in Jugoslawien führte.

Besonders deutlich wurden auch wieder die angenommenen besonderen Gefahren an den Flanken, die im Rahmen einer offenbar von langer Hand geplanten Destabilisierungsstrategie mit entsprechendem Einsatz der Presse durchgespielt wurde (Zeitangabe hier »Zeit vor X-32«)[42]: »ORANGE press treatment of European affairs has dwelt upon the need for solutions to regional problems and attacked NATO attitudes as out-dated, obstructive and unhelpful. Attention has been focused on alleged conflicts between the interests of individual Scandinavian and southern flank countries and membership of NATO. More generally, commentaries have discussed European economic difficulties and linked them with the costs of armaments and membership of NATO[43].«

Einen weiteren Angriffspunkt sah man in fortgesetzten Versuchen, die transatlantische Partnerschaft zu sprengen. Dazu warb der Gegner im Übungsverlauf wiederholt um die USA und Kanada, während die europäischen Kernstaaten unter Druck gerieten, dies mit dem Ziel, das europäische Zentrum gewissermaßen aus dem sie umgebenden Fleisch herauszulösen (Zeitpunkt X-5 vor Übungsbeginn): »[...] trying to isolate the FRG, France and Britain from their partners in NATO«[44].

Die AMF wurde in diesem Szenario als Teil der Abwehr- und Abschreckungsmaßnahmen am 13. Tag vor Übungsbeginn nach Thrazien (griechischer Teil) verlegt. Die Dislozierung löste entsprechenden Protest des Ostblocks aus und trug somit erst einmal zur Verschärfung der Lage bei. Dann aber wurde es in der Übungsanlage still um die AMF. Im Hintergrund standen etwa im Falle der Briten dann auch die mobilen Hauptkräfte bereit: die UK Mobile Force u.a. mit einer kompletten Division und einer Kampfgruppe der RAF, die kombinierte Fallschirmtruppe (Joint Airborne Task Force, JATFOR), die in Verbindung mit der 82. US Luftlandedivision eingesetzt werden sollte, und schließlich die amphibischen Spezialkommandos (41 und 45 Comando Groups), die teilweise mit Hovercrafts ausgerüstet waren.

Die Übungsunterlagen enden am 3. Übungstag (X+3) mit einem gewaltigen gegnerischen Angriff an allen Fronten und unter Einsatz aller Marine- und Luftwaffenkräfte und unter Einbeziehung der Verbündeten im Nahen Osten, d.h.

---

[41] Major NATO Exercises (wie Anm. 40), S. 2.

[42] D.h. in der Zeit vor dem 32. Tag vor Übungsbeginn, d.h. lang- bzw. mittelfristig vor der »heißen« Phase.

[43] Wintex 75, Exercise Intelligence Planning Group, Wintex 75 Political Incidents List, Orange Intelligence Setting, Prior to X−32, 29.7.1974, S. 2. In: TNA London, CAB 190/68, INT 31 (74) 13.

[44] Wintex 75 (wie Anm. 43), Political Incident List, Orange Pre Exercise Period X-9 to X-1 (hier X-5), S. 10.

einem Angriff des Irak und Syriens gegen die Südgrenze der Türkei. Das abschließende Urteil klingt so lakonisch wie düster: »We believe that, in launching an all
out conventional attack, ORANGE aims to destroy NATO as an entity and estab-
lish ORANGE domination of Western Europe[45].« Diese fiktive Voraussage wurde
im weiteren Übungsverlauf umgesetzt. Der anschließende atomare Schlagabtausch
hätte allein über dem Gebiet der BRD mindestens 250 Atomwaffen zur Explosion
gebracht[46].

Der unmittelbare Angriff – dies zieht sich nach Lage der Dinge durch alle Wintex-
Übungen – erfolgte in der Übungsanlage stets fast gleichzeitig an allen Fronten[47].
Der nukleare Ersteinsatz konnte dann nicht nur an den Landfronten, sondern auch
auf See erfolgen. Das britische Kriegskabinett (Üb), dessen Akten zu Wintex 77
ausgewertet werden konnten[48], hatte sich nach einigen Tagen mit der Frage eines
Atomschlages, die fast gleichzeitig von SACLANT und SACEUR angefordert worden waren, zu beschäftigen. SACLANT, der mit dem Aufmarsch massiver sowjetischer Marineverbände, insbesondere von U-Booten, konfrontiert wurde, beantrag-
te den Einsatz von Nuklearwaffen gegen sowjetische U-Boote, die die US Striking
Fleet im Nordatlantik und der norwegischen See bedrohten. Hier sah man eine gute
Gelegenheit, einen demonstrativen Nuklearwaffeneinsatz etwas abseits der kritischen Frontlinien durchzuführen, und gleichzeitig auch die gefährdete Verstärkung
für Norwegen, die II. Marine Amphibious Force, besser zu schützen.

Das britische Übungskabinett diskutierte darüber hinaus den Einsatz von
Atomwaffen gegen Angreifer in Norwegen, wo die Landschlacht offensichtlich nicht
zum Vorteil der NATO verlief. Es ist zu vermuten, dass im Szenario die AMF oder
deren Reste bereits in größter Bedrängnis standen. An diesem Punkt endete die
Übung.

Wie die Aufklärung des Ostblocks beobachtete, stellte Wintex 77 einen Einschnitt
dar. Offensichtlich auf Betreiben der Bundesregierung, die bei einem Durchsickern
entsprechender Informationen öffentliche Proteste und eine Gefährdung der
Entspannungspolitik befürchtete, ging man davon ab, die nukleare Eskalation bis
zum großflächigen Einsatz von Atomwaffen durchzuspielen, sondern beendete die
Übungen jeweils beim Eintritt der untersten Eskalationsstufe[49].

---

[45]   Cabinet Joint Intelligence Committee, Exercise Current Exercise Group, Exercise Wintex 75
       (Delicate Source), S. 4, Exercise+3, Immediate Assessment at 15:30 Hours on 8 March 1975
       (Exercise+3), Aims of ORANGE Attack. In: TNA London, CAB 190/68, INT 31(75) 6.
[46]   Gablik (wie Anm. 22), S. 325.
[47]   Vgl. beispielsweise Abschlussbericht über die strategische Kommandostabsübung »Wintex 71«,
       August 1971, S. 6–17 und S. 58–63. In: BArch, MfNV, Verwaltung Aufklärung, DVW 1–25731/
       d. Zu den übrigen Übungen vgl. die entsprechenden Abschnitte in den Quellenbelegen (wie
       Anm. 23). Neben den drei Hauptabschnitten der NATO in Europa ging man noch von einem
       Angriff der Sowjetunion gegen die Osttürkei über den Kaukasus aus.
[48]   WINTEX 77 CAB COMMITTEE, Minutes of Meetings, 7.–15.3.77. In: TNA, CAB 130 / 958.
       Infolge der Geheimhaltungsbestimmungen konnten weitere Akten, u.a. auch westdeutsche, noch
       nicht ausgewertet werden.
[49]   Abschlußbericht über die strategische Kommandostabsübung »Wintex 77«. Hrsg. im August 1977,
       S. 14 und S. 94. In: BArch, MfNV, Verwaltung Aufklärung, DVW 1/94346.

Eine weitere Zäsur zumindest bei der grundsätzlichen Anlage der Übungen ergab sich ab 1979, als die NATO ernsthaft versuchte, das mechanische Korsett der Wintex-Übungen zu überwinden. Man versuchte, einerseits die zivile politische Ebene stärker zum Zuge kommen zu lassen und wollte andererseits, im Einklang mit den HILEX-Übungen, stärker auf das flexible Reagieren im unteren Eskalationsspektrum abheben. Daher wurden die Übungen auch umbenannt und firmierten fortan unter der Bezeichnung »Wintex-Cimex [Civil Military Exercise]«. »Während noch bei Wintex 77 überwiegend militärische Übungsziele im Vordergrund standen, werden bei Wintex/Cimex 79 während der Krisenphase die militärischen hinter die politischen und zivilen Zielsetzungen zurücktreten. Erst in der zweiten Phase bei Durchführung der konventionellen Verteidigung wird das Erreichen militärischer Übungsziele Vorrang haben[50].«

Für die AMF hatte dies strategisch gesehen keine Auswirkungen. Sie blieb weiterhin eines unter mehreren Abschreckungsinstrumenten und war insofern in das Gesamtspektrum eingebettet. Insbesondere die zivilen Entscheidungsträger dürften ihr indes zumindest verstärkte Beachtung geschenkt haben. Immerhin tauchte sie bei der Vorstellung des Übungskonzeptes vor dem Gemeinsamen Ausschuss, dem Notparlament von Bundestag und Bundesrat, durch Verteidigungsminister Apel an prominenter Stelle auf[51].

Die Übungsanlage ging u.a. davon aus, dass die Sowjetunion massiven Druck diesmal insbesondere gegen die skandinavischen Länder ausübte. Neben propagandistischen Angriffen erfolgten Anläufe zur Bildung einer neuen Nordallianz unter Führung Moskaus und aggressive Aktionen auf See, so etwa die Versenkung eines norwegischen Trawlers. Die norwegische Regierung ging entschlossen gegen den Druck vor und erreichte unter anderem die Dislozierung der AMF in Nordnorwegen (N-1). Wie schon bei vorigen Wintex-Übungen folgte daraufhin ein scharfer Protest der Gegenseite, der jedoch auf die NATO-Partner keinen großen Eindruck machte. Interessant in diesem Zusammenhang ist die Annahme, dass die Dislozierung der AMF insbesondere bei der norwegischen Bevölkerung sehr gemischte Gefühle hinterlassen hätte. Dahinter standen wohl nicht zuletzt auch die traditionellen sicherheitspolitischen Befürchtungen des sehr exponierten Landes.

In den beiden sehr wichtigen Übungen HILEX 9 und 10 stand der transatlantische bzw. globale Aspekt im Vordergrund. Die AMF behielt dort zwar ihren Platz im strategischen Gesamtrahmen, konnte sich aber im Spektrum der Einsatzmittel nicht stärker profilieren. Wie bereits dargestellt, glichen sich die politischen Szenarien beider Übungen, bis auf die – überaus bedeutsame – Frage nach einem Einsatz von US-Kräften im Persischen Golf. Die für den Mittelabschnitt der NATO zuständigen Militärs hielten nichts von einer derartigen, aus ihrer Sicht überflüssigen

50   Wintex/Cimex 79, 4.2.79, S. 4. In: BArch, Fü S III 6, BW 2/9257.
51   Sprechzettel, Bericht des Bundesministers der Verteidigung in der Sitzung des Gemeinsamen Ausschusses am 4. Oktober 1978, 19.9.78, S. 2. In: BArch, BW 2/9257.

Kräfteaufspaltung, indes hatten sie sich damit zu beschäftigen, weil die Amerikaner auf dieser Annahme beharrten[52].

Zurückdrehen ließ sich das Rad nicht, das Golf-Szenario wurde dann tatsächlich durchgespielt[53]. Infolge der Verschärfung der Lage im Iran und der Aggression des Sowjetunion dort[54] verlegten die USA in der Übung am 20. März die RDF mit der 82. Luftlandedivision, zwei Staffeln A-10 Thunderbolt sowie einer Trägerkampfgruppe und der 7. Marine Amphibious Brigade in die Region. Weitere Verlegungen in Divisions- und Brigadestärke, darunter Teile der eigentlich für Europa bestimmten II. Marine Amphibious Brigade, waren vorgesehen und vorbereitet. Die AMF mit ihren drei Bataillonen wurde von der türkischen Regierung am 1. März für das türkische Thrazien (S-1) angefordert und am 5. März, zwei Tage vor Auslösung der »Military Vigilance«, in Alarmbereitschaft versetzt.

Eine der ersten Entscheidungen, die bei Übungsbeginn hätte getroffen werden müssen, war die Dislozierung der AMF. Damit stand die Truppe durchaus an prominenter Stelle, indes stand wohl zu erwarten, dass mit diesem Einsatz die AMF dann wieder aus den aktuellen Vorgängen der Übung verschwunden wäre[55].

Die Frage nach den Großverbänden der RDF blieb jedoch weiter umstritten. Bei der nachfolgenden Diskussion kritisierten beispielsweise die Briten, dass das Golfszenario, das als weitere Bedrohungsvariante eigentlich die »ambiguous threat« ausmache, vor allem im Abschnitt Europa-Mitte meist ignoriert worden sei. »das scenario habe der situation einer nicht eindeutigen bedrohung (ambiguous threat) entsprochen, sei aber als eindeutig (unambiguous) gespielt worden. london habe die moeglichkeiten zu freiem spiel vermisst (uk)«[56].

Fazit

Würde man die Bedeutung der Allied Mobile Force in den letzten zwanzig Jahren des Kalten Krieges unter rein operativen Gesichtspunkten analysieren, käme man wohl auf ein eher ernüchterndes Ergebnis. Die Truppe war zwar unter großen Hoffnungen aufgebaut und in der Frühphase teilweise sogar im Defence Planning Committee (DPC) als wichtiger Eckstein der Abschreckung geführt worden, konnte zumindest

---

[52] Aktennotiz, HILEX 10, hier: out-of-area operation, 8.10.1981 (mit Begleitmaterial). In: BArch, Fü S III 6, BW 2/11696.

[53] Zum Folgenden vgl. Durchführung der Übung HILEX 10 mit Anlage A, Ausgangslage für die Übung HILEX-10. In: BArch, Fü S III 6, Tgb. Nr. 358/82, BW 2/11696.

[54] Das detaillierte Szenario für den Iran in HILEX 10, Entwurf eines nationalen Erfahrungsberichts, 26.3.1982 (mit Hintergrundmaterial). In: BArch, BW 2/11696, Auswärtiges Amt (A-A).

[55] Es ist nicht verwunderlich, dass eigentlich nur die Türken den Einsatz der AMF in der Nachbearbeitung explizit lobten (ansonsten aber auch vor allem die mangelnde Berücksichtigung des Golf-Szenarios kritisierten). Vgl. COEC-Sitzung am 18.3.1982, hot wash up hileks 10 and coec study missions, II. In: BArch, BW 2/11696, Drahtbericht (DB) Nr. 566 Brüssel Nato an A-A, 22.3.1982.

[56] COEC-Sitzung am 18.3.1982, S. II.b. In: BArch, BW 2/11696, DB Nr. 66 von Brüssel NATO an A-A. Die Briten begrüßten den Einsatz der RDF und die »ambiguous threat« nachdrücklich. Vgl. mc sitzung am 18.3.1982, item 4. In: BArch, BW 2/11696, dmv/mc an Fü S.

in den Stabsrahmenübungen auf der höchsten Ebene diesen Erwartungen aber nicht wirklich gerecht werden. Offensichtlich wiesen ihr insbesondere die militärischen Planer eine eher untergeordnete, vor allem in Wintex-Übungen auch starre Rolle zu.

Zwar sollte dieser Befund infolge des Grundcharakters von derlei Übungen, die immer einen in gewisser Weise schematischen Ablauf beinhalten, nicht überbetont werden, dennoch kommt man an der Tatsache nicht vorbei, dass die Position der AMF, die ursprünglich als ein markantes Merkmal der Flexible Response in das strategische Gesamtbild eingebracht worden war, im Vergleich zu den Hauptkräften vor allem auch an der Zentralfront de facto eher untergeordnet blieb.

Selbst in den HILEX-Übungen, die bewusst flexibel angelegt wurden, um politisches »Crisis Management« – dessen Teil die AMF war und die daher dort auch einen prominenteren Platz einnahm – realistisch erproben zu können, kam die Truppe über den Stellenwert einer »flankierenden Maßnahme« nicht hinaus. Die Militärs insbesondere des NATO-Mittelabschnittes betrachteten die Generalmobilmachung und den Aufmarsch der Hauptkräfte, speziell der Panzerverbände, als das entscheidende Abschreckungsinstrument, hinter das alle sonstigen Maßnahmen zurücktraten. Ansonsten rekurrierten insbesondere die Wintex-Übungen hauptsächlich auf die Frage des Ersteinsatzes von Atomwaffen.

Der daraus folgende Mangel an flexibler Übungsgestaltung verweist auf eine grundsätzliche Schwäche der »Flexible Response«: die berechtigten Zweifel an der Realisierung des »Limited War« im Ernstfall[57]. Nur unter sehr optimistischen Grundannahmen konnte man hoffen, einen Großangriff des Ostblocks mit rein konventionellen Mitteln zurückzuschlagen bzw. zu verhindern, wie dies schon im ersten Teil der Übung FALLEX 66 durchgespielt worden war[58], und wie dies offensichtlich auch zumindest in einigen HILEX-Übungen umgesetzt wurde[59]. Die Erfahrungsberichte lassen indes vermuten, dass das politische Abschreckungsinstrumentarium, insbesondere auch die differenzierteren Elemente, im Ernstfall gegenüber dem massierten Gewaltpotenzial ins Hintertreffen geraten wären.

Die Golf-Problematik wirkte insofern verschärfend, als durch sie die Alarm- und Verstärkungspläne mit einem Maximum an Effizienz und Flexibilität gehandhabt werden mussten, was den Kern der »Flexible Response« berührte. Gerade dies (»das nato-alarmsystem flexibel zu handhaben und gleicher weise die verstaerkungsplaene

---

57   Vgl. dazu Ingo Trauschweizer, The Cold War U.S. Army. Building Deterrence for Limited War (Modern War Studies), Lawrence 2008, Kap. 2, 4 und 5.

58   Zu den verschiedenen Teilen von FALLEX 66 siehe oben und Anm. 14.

59   Bei HILEX 10 wurde die Deeskalation und Entspannung offensichtlich noch vor »Simple Alert« erreicht. Vgl. london diplo an AA, Hileks 10, 18.3.1982, para. 3 und Kommentar para. 2. In: BArch, BW 2/11696. Zur Frage von »Free Play« vs. vorgeplanten Übungsenden siehe oben sowie Anm. 30 und 39. Weitere Aussagen sind infolge der Geheimhaltungsbestimmungen einstweilen nicht möglich. Man kann indes vermuten, dass die HILEX-Übungen wohl ohne simulierten Nuklearwaffeneinsatz zu Ende gingen. Dieser Übungsverlauf darf allerdings nicht automatisch mit einer hohen Zuversicht für den Ernstfall gleichgesetzt werden. Bei den Wintex- und HILEX-Übungen wurden offenbar meist unterschiedliche Szenarien bzw. Optionen erprobt. Welche dieser Möglichkeiten dann eintrat, hätte sich im Ernstfall erweisen müssen.

anzuwenden«) war nur zum Teil und nicht in befriedigender Weise geschehen[60]. Es stand zu befürchten, dass die Eskalation so schnell und heftig stattfinden würde wie die mechanisch und effizient durchgeführte Mobilmachung.

Das Schicksal der AMF in Planungen und Kriegsspielen der NATO lässt zumindest erhebliche Zweifel an der Realisierungsfähigkeit der »Flexible Response« aufkommen. Die Wahrscheinlichkeit schneller Eskalation und eines entsprechenden Atomwaffeneinsatzes war trotz gegenteiliger Darstellungen und Bekundungen hoch. Insofern lässt sich auch für die Bedeutung der NATO-Strategie im Gesamtrahmen der letzten 20 Jahre des Kalten Krieges ein eher ernüchterndes Urteil fällen.

Im politischen und diplomatischen Bereich gab es seit 1970 etliche Ansätze zur Beendigung des Kalten Krieges und zur Veränderung des östlichen Blocksystems. In den Kriegsszenarien und insbesondere deren Anwendung in den großen Übungen kamen diese trotz der probeweisen Einführung von mehr Flexibilität zumindest bis Anfang der Achtzigerjahre letztlich nur begrenzt zum Tragen, auch wenn sie, etwa in den »lead-ins«, durchaus Berücksichtigung fanden. Für den Fall einer wirklichen Krise ging es aus Sicht der militärischen Dienststellen vorrangig darum, schnell die Gewaltinstrumente in Position zu bringen. Damit stand man jedoch rasch an der nuklearen Eskalationsschwelle. Insofern hatte sich der Grundcharakter der Kriegsplanungen im Kern seit den Sechzigerjahren und der »Massive Retaliation« kaum verändert.

Von besonderem Interesse ist jedoch die Einordnung der AMF in den historischen Gesamtzusammenhang. Trotz bzw. vielleicht gerade wegen ihrer bestenfalls bedingten strategischen Bedeutung überlebte die AMF die große Zäsur von 1989/90 länger als die meisten großen Kampfverbände, und dürfte sogar einer langlebigsten NATO-Einzelverbände überhaupt gewesen sein. Sie wurde erst im Jahre 2003 aufgelöst, und dann sofort durch eine ähnliche Truppe, die NATO Response Force (NRF), ersetzt. Man könnte die AMF also als eine Keimzelle der NATO für die Zeit nach 1990 betrachten. Insofern stellt sie auch für den Historiker den Übergang von den bereits bekannten Debatten um den Kalten Krieg zu veränderten bzw. anderen Themenfeldern und zu neuen methodischen Ansätzen dar.

---

[60]　Der Deutsche Militärische Vertreter im NATO-Militärausschuss (DMV/MC) an Fü S, Sitzung des NATO-Militärausschusses am 18.3.1982, item 4. In: BArch, BW 2/11696.

VI.

Bundesrepublik und DDR in globaler Perspektive

Roman Deckert

Die militärischen Beziehungen der beiden deutschen Staaten zum Sudan. Ein Extrembeispiel für das Verhältnis von Bundesrepublik und DDR zur »Dritten Welt«

Der vermeintlich marginal-periphere Sudan mit seinen extremen Bedingungen und Entwicklungen[1] war stets ein besonderes Testgelände für die bundesdeutsche wie die westliche Außen- und Sicherheitspolitik. Er ist dies bis heute, wie etwa der Haftbefehl des Internationalen Strafgerichtshofs gegen Präsident Omar Al Bashir und die islamistisch-militanten Ursprünge seines Regimes als früherer »safe haven« für Al Qaida zeigen. Zudem wurden durch die von westlichen Ländern geförderte Sezession Südsudans am 9. Juli 2011 erstmals in Afrika koloniale Grenzen revidiert. Die Bundeswehr beteiligt sich an den Friedensmissionen dort und in der westsudanesischen Region Darfur. Das zusammen könnte schon Anlass genug sein, sich mit dem Land zu beschäftigen. Allerdings zeigt ein Blick in die Vergangenheit des Landes, dass es noch mehr Gründe gibt, die es auch für aktuelle Diskurse relevant machen.

Vor 1945. Deutsche im Lande des Mahdi

Die deutsch-sudanesischen Beziehungen im militärisch-politischen Bereich weisen eine lange Tradition auf, deren Betrachtung für das Verständnis der dortigen Verhältnisse während des Kalten Krieges unerlässlich ist. Der gute Ruf Deutschlands im Sudan gründet sich auch auf der Wahrnehmung, dass die europäische Mittelmacht keinen offiziellen Anteil an dessen Kolonialisierung hatte.

Tatsächlich aber spielte Deutschland bei der Unterwerfung des Landes eine keineswegs unbedeutende Rolle. So setzte Großbritannien als faktische Kolonialmacht Ägyptens, das unter osmanischer Flagge ab 1821 den Bilad as Sudan (das »Land der Schwarzen«) erobert hatte, in den 1870er Jahren auch deutsche »Administratoren« ein. Die bekanntesten waren der schlesische Arzt Eduard Schnitzer alias Emin Pascha

---

[1] Die wichtigsten Merkmale dazu: Der Sudan ist der größte Flächenstaat Afrikas, er war das erste subsaharische Land, das die Unabhängigkeit erlangte, er bildete die Brücke zwischen der arabischen Welt und Innerafrika, und fungiert schließlich als wichtiger Nachbar Ägyptens (es gibt hier Projekte zur Regulierung des oberen Nils, die den Wasserhaushalt Ägyptens entscheidend beeinflussen könnten).

und Carl Christian Giegler, Stellvertreter von Generalgouverneur Charles Gordon[2]. Als sich 1881 der Nubier Muhammed Ahmed zum erwählten Mahdi (Erlöser) ausrief und den Heiligen Krieg, den Dschihad, erklärte, setzte die ägyptische Armee u.a. Krupp-Stahlkanonen ein, von denen viele durch die Mahdisten erbeutet wurden. Bei den Kämpfen kamen auch der deutsche Offizier Götz von Seckendorff und ein Soldat aus Sachsen ums Leben.

Die Niederlage der Briten im Sudan begünstigte den Ausbau des deutschen Kolonialreiches. Etwa sechshundert Sudanesen, die im ägyptischen Armeedienst gestanden hatten, bildeten einen Großteil der deutschen »Schutztruppe« in Tanganjika (Deutsch-Ostafrika, heute Tansania) und schlugen den sogenannten Araber-Aufstand nieder, der wenige Jahre später zum genozidalen Maji-Maji-Krieg führte[3]. Vor diesem Hintergrund erscheint es moralisch nicht gerade integer, dass die deutsche Regierung 1896 humanitäre Gründe anführte, um Großbritannien zu einer Militärexpedition gegen die Mahdisten zu drängen.

Realpolitischer Anlass war die Niederlage des italienischen Kolonialkorps gegen Truppen des äthiopischen Kaisers. In Berlin fürchtete man, dass Frankreich und Belgien über den Südsudan zur ostafrikanischen Küste durchbrechen würden. Noch im gleichen Jahr beauftragte die britische Regierung General Horatio Kitchener, unter ägyptischer Flagge einen Feldzug zur Rückeroberung des Sudans zu organisieren[4]. Die Finanzierung des Kriegs erfolgte durch einen Kredit, den die Caisse de la Dette, das über Ägyptens Schulden wachende internationale Gremium, mit der deutschen Stimme gegen französischen und russischen Widerstand bewilligte[5].

Dem Expeditionskorps, das erneut mit Krupp-Kanonen ausgerüstet wurde[6], schlossen sich deutsche Offiziere als Beobachter an. Prinz Christian von Schleswig-Holstein und Adolf von Tiedemann erlebten genauso wie der junge Winston Churchill am 2. September 1898 die Entscheidungsschlacht von Omdurman, die militärgeschichtlich als ein Wendepunkt hin zur modernen Kriegsführung mit Maschinenwaffen gilt[7]. Churchill zitierte pikiert den deutschen Baron mit einem

2   Wilfried Westphal, Sturm über dem Nil. Der Mahdi-Aufstand. Aus den Anfängen des islamischen Fundamentalismus, Sigmaringen 1998, S. 36, 323 f. Mit dem Sturm der Aufständischen auf die Hauptstadt Khartum 1885 und dem Rückzug der ägyptischen Kolonialherren aus dem Sudan war zum ersten Mal in der afrikanischen Neuzeit eine Rebellion gegen ausländische Besatzer siegreich. In der Forschung gilt der sudanesische Mahdismus teilweise als erste antiwestlich-militante Islamistenbewegung der Neuzeit überhaupt. Richard Hill, A Biographical Dictionary of the Sudan, 2. Aufl., London 1967, S. 205, 335.
3   Jigal Beez, Geschosse zu Wassertropfen. Sozio-religiöse Aspekte des Maji-Maji-Krieges in Deutsch-Ostafrika (1905-1907), Köln 2003, S. 72; Michael Pesek, Koloniale Herrschaft in Deutsch-Ostafrika. Expeditionen, Militär und Verwaltung seit 1880, Frankfurt a.M., New York 2005, S. 302–311.
4   Sudan. The Reconquest Reappraised. Ed. by Edward Spiers, London 1998; Gabriel Warburg, Egypt and the Sudan. Studies in History and Politics, London 1985, S. 13 f.
5   Martin Kröger, »Le bâton égyptien«. Der ägyptische Knüppel. Die Rolle der »ägyptischen Frage« in der deutschen Außenpolitik von 1875/76 bis zur »Entente cordiale«, Frankfurt a.M. 1991, S. 158–168.
6   Winston Churchill, The River War. An Account of the Reconquest of the Sudan, o.O. 2002, S. 30, 43, 85, 99, 186, 195.
7   Michael Asher, Khartoum. The Ultimate Imperial Adventure, London 2005.

Wortspiel zur Wende im deutsch-französischen Krieg am 2. September 1870: »Unser großer Tag und nun auch Ihr großer Tag: Sedan und Sudan[8].«

Der Erste Weltkrieg rückte den Sudan erneut ins Blickfeld der Berliner Strategen. Generalstab und Auswärtiges Amt (AA) ersannen den Plan, die muslimische Bevölkerung in den Kolonien der Kriegsgegner zum Heiligen Krieg aufzufordern. Noch 1914 verkündeten die osmanischen Verbündeten den Dschihad[9], was im Sudan auf besonderen Widerhall stieß[10]. Im britischen Foreign Office war man »extremely nervous« wegen eines möglichen Bündnisses zwischen Sultan Ali Dinar von Darfur und den Mittelmächten[11]. Die Akten des AA belegen, dass dieser 1916 kurz vor seinem Tod um deutsche Unterstützung bat[12].

Ein Jahr später überflog ein deutscher Zeppelin mit Nachschub für die »Schutztruppe« in Deutsch-Ostafrika teilweise den Sudan, musste aber auf der Höhe von Khartum umkehren[13]. Sudanesische Askaris trugen derweil dazu bei, dass General Paul von Lettow-Vorbeck seinen Guerilla-Kampf in Tanganjika bis zum letzten Kriegstag führen konnte[14]. Ein Sudanese nahm auch an der Mission des Generalfeldmarschalls Colmar Freiherr von der Goltz teil, der mit seinem Stab die türkische Armee beriet. Im Irak gehörte dieser der Expedition des Hauptmanns Fritz Klein an, um schließlich an der Palästinafront im Hauptquartier von Otto Liman von Sanders zu dienen. Bis ins hohe Alter arbeitete er später als Ortskraft für die bundesdeutsche Botschaft in Khartum[15].

Im Zweiten Weltkrieg geriet der Sudan mit dem deutschen Vormarsch nach Ägypten erneut in die deutsche Interessensphäre, weshalb das AA ein Gutachten »zur Neuordnung« beider Länder erstellen ließ[16]. Der Großmufti von Kairo versuchte in Erwartung eines deutschen Sieges die Berliner Diplomaten für »die natürliche Einheit zwischen Ägypten und dem Sudan« zu gewinnen[17]. Die Bedrohung durch Rommels Panzerverbände endete erst im Oktober 1942 mit deren Niederlage in der Schlacht von El Alamein, an der auch – auf britischer Seite – Einheiten der Sudanese

---

8   Winston Churchill, Meine frühen Jahre. Weltabenteuer im Dienst, Zürich 1953, S. 228.
9   Zu den Verbindungen und Plänen des Deutschen Reiches bezüglich des »Heiligen Krieges« vgl. Salvador Oberhaus, »Zum wilden Aufstande entflammen«. Die deutsche Propagandastrategie für den Orient im Ersten Weltkrieg am Beispiel Ägypten, Saarbrücken 2007.
10   Michael Pesek, Allah strafe England! Wie die Deutschen im Ersten Weltkrieg den Dschihad entdeckten und Afrikas Muslime zum Heiligen Krieg gegen die feindlichen Alliierten aufstachelten. In: Die Zeit, 19.2.2004.
11   Gérard Prunier, Darfur. The Ambiguous Genocide, London 2005, S. 22.
12   Lossow, 15.11.1916. In: Politisches Archiv des Auswärtigen Amtes (PAAA), Alt R 15147.
13   Gisela Graichen und Horst Gründer, Deutsche Kolonien. Traum und Trauma, Berlin 2005, S. 314–321; vgl. auch Douglas H. Robinson, Deutsche Marine-Luftschiffe 1912–1918, Hamburg, Berlin, Bonn 2005, S. 304–315.
14   Paul von Lettow-Vorbeck, Mein Leben, Biberach a.d. Riß 1957, S. 148.
15   Jovy, 16.11.1973. In: PAAA, Zwischenarchiv, Bd 104888.
16   Materialien zur Neuordnung. Ägypten und der Sudan. Hrsg. vom Deutschen Institut für Außenpolitische Forschung, o.A. [ca. 1942].
17   O.A., 1942–42 (Handakten Ettel). In: PAAA, (Alt) R 27332.

Defence Force teilnahmen[18]. Angeblich wurden deutsche Kriegsgefangene teilweise im Sudan interniert[19].

Sudanesische Soldaten kämpften auch auf europäischen Schlachtfeldern, eine unbekannte Zahl geriet in deutsche Kriegsgefangenschaft und starb in Konzentrationslagern[20]. Trotz dieser Gräuel prägten der »Wüstenfuchs« und sein Afrikakorps auf positive Weise das Deutschlandbild der sudanesischen Militärs. So ließ in späteren Jahren ein sudanesischer General während eines Besuches in der Bundesrepublik »keine Gelegenheit vorübergehen, ohne einen Toast auf Rommel, die deutschen Soldaten, das ganze deutsche Volk und auf die Wiedervereinigung auszubringen«[21].

1955–1965: Militärhilfe als Mittel der Hallstein-Doktrin

Vor diesem historischen Hintergrund wurde der Sudan schon ein Jahrzehnt nach dem Zweiten Weltkrieg für Bundesrepublik und DDR ein Schwerpunktland in der Arabischen Welt und Afrika. Dies lag zunächst daran, dass das sudanesische Parlament Ende 1955 die Unabhängigkeit von der anglo-ägyptischen Kolonialherrschaft beschloss und exakt zur gleichen Zeit in Bonn die Hallstein-Doktrin aus der Taufe gehoben wurde, Letzteres gerade auch, um die Anerkennung der DDR in der »Dritten Welt« zu verhindern.

Der Sudan geriet rasch zum ersten Testfall für die Bonner Doktrin. Seine Machthaber lernten in kurzer Zeit, sich ihr deutschlandpolitisches Wohlwollen von der Bundesregierung teuer erkaufen zu lassen[22]. Die beiden tragenden Säulen wurden Wirtschaftshilfe und militärische Kooperation. Schon kurz nach der sudanesischen Unabhängigkeit von 1956 engagierten sich Bundesnachrichtendienst (BND)[23] und Bundeskriminalamt (BKA) beim Aufbau der sudanesischen Sicherheitsdienste[24]. Diese Ausstattungs- und Ausbildungshilfen setzten sich bis zum Ende des Kalten Krieges fort. Sie standen im Zentrum der Beziehungen beider Staaten, dies nicht zuletzt auch während bilateraler »Eiszeiten«, und waren sowohl für Bonn als auch für Khartum stets ein probater »Verhandlungsjoker«.

Die konkrete Militärhilfe begann mit dem Aufbau einer Fabrik für Infanteriemunition (7,62 mm) in Sheggera, am Rand von Khartum, durch die West-Berliner

---

[18] The Condominium Remembered. Proceedings of the Durham Sudan Historical Records Conference 1982. Ed. by Deborah Lavin, Durham 1991, S. 138 f.

[19] Paul Carell und Günter Böddeker, Die Gefangenen. Leben und Überleben deutscher Soldaten hinter Stacheldraht, Frankfurt a.M. 1980, S. 97.

[20] Julia Okpara-Hofmann, Schwarze Häftlinge und Kriegshäftlinge in deutschen Konzentrationslagern, in: TheBlackBook. Hrsg. vom AntiDiskriminierungsBüro [u.a.], Frankfurt a.M. 2004, S. 56.

[21] Kallmerten, o.A. In: PAAA, B 36, Fiche 23-3, F. 318–322.

[22] Beach, »Confidential«, 22.11.1955. In: National Archives College Park (NACP,) RG 59, GRDS, CDF 1955–59, PD, Box 2613; Wright, »Confidential«, 6.1.1956. In: TNA, FO 371, Bd 124367; von Welck, 10.11.1955. In: PAAA, B 12, Bd 107; de Haas, 11.3.1956. In: Ebd., B 110, Bd 118.

[23] De Haas, 27.7.1959. In: PAAA, B 58, IIIB1, Bd 69.

[24] O.A., 6.6.1958. In: PAAA, B 93, Bd 551.

Firma Fritz Werner Werkzeugmaschinen AG (FWW). Der Vertrag wurde Ende 1958 unterzeichnet, wenige Wochen nachdem die sudanesische Armee unter Führung von General Ibrahim Abboud die Macht ergriffen hatte – der zweite post-koloniale Staatsstreich auf dem Kontinent überhaupt. Das Projekt erfolgte zwar »auf rein kommerzieller Ebene«[25]. Die 1896 gegründete Firma war jedoch 1953 aus berlin- und damit deutschlandpolitischen Gründen über Mittel aus dem Marshallplan (European Recovery Program, ERP) als Sondervermögen zu 100 % in Staatseigentum übergegangen. Ihren Aufsichtsrat kontrollierten Bonner Spitzenbeamte[26].

Das entsprechende Abkommen über die Errichtung der Munitionsfabrik kam auf Betreiben des westdeutschen Gesandten Heinrich de Haas zustande, der zuvor viel Zeit darauf verwendet hatte, die Annahme eines ähnlichen Angebots seitens des Ostblocklandes CSSR durch die sudanesische Regierung zu verhindern[27]. Problematisch war dabei, dass der Vertrag dem selbsterklärten Grundsatz der Bundesregierung aus dem Jahr 1957, kein Kriegsgerät in Spannungsgebiete zu liefern, in eklatanter Weise widersprach[28]. Der Sudan hatte sich wegen der Grenzstreitigkeiten mit Ägypten und der 1955 im Süden ausgebrochenen Rebellion genau in diesem Zeitraum zu einem Spannungsgebiet par excellence entwickelt. Der Bau der Fabrik verstieß zugleich gegen das alliierte Besatzungsstatut, wonach in Berlin kein Kriegsmaterial fabriziert werden durfte. Die FWW verlagerte erst 1960 die Herstellung rein militärischer Ausrüstungen ins hessische Geisenheim und produzierte auch danach Dual-Use-Technik, d.h. Fabrikate, die sowohl im zivilen als auch im militärischen Bereich eingesetzt werden konnten, in Berlin-Marienfelde[29].

Die FWW spielte fortan eine zentrale Rolle im Graubereich einer quasi-amtlichen Paralleldiplomatie. Generaldirektor Dr. Rudolf Meyer, der schon vor 1945 Rüstungsfunktionär gewesen war, hielt fest, dass sich durch die Geschäfte mit den jungen Entwicklungsländern »bei Fritz Werner ein Wissen um persönliche, politische, wirtschaftliche und industrielle Vorgänge, ganz abgesehen von der Verteidigung, [sammelt,] das von allergrößtem Wert ist. [...] Fritz Werner konnte sich mit diesem Wissen für die verschiedensten Bonner Ministerien sehr nützlich machen. [...] Die Vertrauenssphäre der Verteidigung, zu Fritz Werner geöffnet, bedeutet das Öffnen oder zumindest das Offenhalten zur westlichen Welt. So ist Fritz Werner zu einem stillen, aber stetigen und sehr bedeutsamen Botschafter für die deutschen Interessen in diesen Ländern geworden«.

Meyer pries die Firma als eine Art Nachrichtendienst: »Aus diesen Ländern sind stets viele Trainees in den Fritz Werner Betrieben, und selbst, wenn es sich nicht um unmittelbare geschäftliche Vorgänge handelt, ist Fritz Werner die euro-

---

[25] Meyer, August 1965. In: Bundesarchiv Militärarchiv (BArch), BW 1, 2392.

[26] Ulrich Albrecht, Politik und Waffengeschäfte. Rüstungsexport in der BRD, München 1972, S. 59.

[27] O.A., April 1956. In: PAAA, B 2, Fiche 94-2, F. 140.

[28] Werner Kilian, Die Hallstein-Doktrin. Der diplomatische Krieg zwischen der BRD und der DDR 1955-1973. Aus den Akten der beiden deutschen Außenministerien, Berlin 2001, S. 118.

[29] Meyer, 24.2.1961, in: BArch B 102, Bd 177.972; s.a. Erich Schmidt-Eenboom und Karl Winklmair, NATO-Lieferant Berlin. Rüstungswirtschaft und -forschung in Berlin (West), Berlin 1989, S. 7–11, 15–19, 68 f., 71 f.

päische Heimatadresse für alle Sendboten aus diesen Ländern[30].« Ein Enkel des
Firmengründers hatte einst für die Abwehr von Admiral Wilhelm Canaris gearbeitet
und blieb bis in die Siebzigerjahre eine Hauptfigur im Exportgeschäft von FWW[31].
Sein Bruder, ebenfalls ein früherer Canaris-Agent, war Informant von BND und
Militärischem Abwehrdienst (MAD)[32]. Da auch noch spätere Kontakte zwischen
Meyer und BND-Direktor Herbert Rieck wegen einer Zusammenarbeit im Kongo
belegt sind[33], spricht viel für die These von Geheimdienstexperten, dass FWW gene-
rell eng mit der BND-Zentrale in Pullach kooperierte[34].

Zur Geschäftspolitik des bundeseigenen Unternehmens gehörte die Bestechung
ausländischer Entscheidungsträger. Dem Bundesschatzministerium zufolge hatten »die Provisionen im Auslandsgeschäft der Fritz Werner AG volumenmä-
ßig eine Bedeutung, die in keinem rechten Zusammenhang zu Umsatz und
Geschäftsergebnissen steht. [...] Beim Großauftrag Persien (über 50 Mio.) fallen z.B.
20 % Provisionszahlungen an. Ein großer Teil hiervon sind ›Schmiergelder‹, ohne
die nach Auffassung von Sachverständigen keine Aufträge der in Frage stehenden Art
(Munitionsfabrikeinrichtungen) placiert werden können«. Anscheinend gab es dabei
auch Rückzahlungen (sog. Kickbacks) an Manager von FWW[35]. Der Sudan bildete
bei diesen korrupten Praktiken keine Ausnahme. FWW blieb stets darum bemüht,
auf »private Interessen« hoher Militärs und Beamter in Khartum einzugehen[36].

Kurz nach dem Bau der Berliner Mauer gewährte das Bundesministerium
der Verteidigung (BMVg) dem sudanesischen Militärregime eine Rekordhilfe im
Wert von 120 Mio. DM – die erste ihrer Art überhaupt und die umfangreichs-
te, die je einem afrikanischen oder arabischen Staat durch die BRD zuteil wurde[37].
Schwerpunkt war die »Ausrüstung von grenzschutzähnlichen Verbänden« mit 13 165
G3-Sturmgewehren und 2200 Pistolen von Heckler & Koch, 50 Panzerfäusten von
Diehl, 61 Mörsern (81 mm) und 40 Granatwerfern (120 mm) des französischen
Produzenten Hotchkiss-Brandt, 18 italienischen Gebirgshaubitzen (105 mm),
9000 Handgranaten, großen Mengen Munition und Instandsetzungsgerät, sowie
Quartiermeistermaterial (u.a. 10 000 Stahlhelme)[38]. Damit konnte das gesamte su-
danesische Heer ausgerüstet werden[39]. Das Gleiche galt im Grunde für den Fuhrpark:
rund 1200 Kfz, v.a. Daimler-Benz-Lkw der Typen LG 315/46 und Unimog S 404,
aber auch Pionier- und Straßenbaufahrzeuge, Allrad-Pkw, Sanitätswagen, Kräder

30 Meyer, o.A. In: BArch, B 102, Bd 178.115.
31 O.Á., Dezember 1967. In: BArch, B 102, Bd 231.592.
32 Karl-Hans Kern, Die Geheimnisse des Dr. Josef Müller. Mutmaßungen zu den Morden von
    Flossenbürg (1945) und Pöcking (1960), Berlin 2000, S. 41–54.
33 Meyer, 12.12.1970. In: BArch, B 102, Bd 231.593.
34 Peter F. Müller und Peter Mueller: Gegen Freund und Feind. Der BND, Reinbek bei Hamburg
    2002, S. 347.
35 Rüdt, 2.2.1961. In: BArch, B 102, Bd 178.107.
36 Meyer, 23.7.1963. In: BArch, B 102, Bd 178.111.
37 O.Á., »Verschluss-Sache / Nur für den Dienstgebrauch« (VS-NfD), Dezember 1971. In: PAAA,
    B 57, Bd 904.
38 Lege, 9.10.1964. In: BArch, BW 1, 374178; o.A. In: Ebd., BW 1, 2394; o.A. In: Ebd., BW 1 2395;
    o.A., »VS-NfD«, 1.4.1967. In: BArch, B 136, Bd 6898.
39 Die Anzahl der gelieferten Sturmgewehre entsprach fast exakt der Mannschaftsstärke des sudanesi-
    schen Heeres. Vgl. NACP, CREST, CIA-RDP79S00427A000500070002-6.

etc.[40]. Außerdem sagte die Hardthöhe zu, das Funknetz zu modernisieren. Schließlich beinhaltete das Hilfspaket eine zweite Produktionslinie für die Munitionsfabrik von Sheggera. FWW lieferte die Technik, mit der nunmehr auch das Maschinengewehr-Kaliber 9,65 mm (.30) hergestellt werden konnte. Die Kapazität von 500 000 Schuss pro Monat deckte ein Drittel des Bedarfs der sudanesischen Streitkräfte[41].

Das Motiv der Khartumer Generäle für die Kooperation lag vor allem darin, »sich einer einseitigen Bindung an Großbritannien zu entziehen«[42]. Das AA seinerseits bezweckte »in erster Linie, den Sudan von östlichen Einflüssen fern zu halten«[43]. Nahostreferatsleiter Dr. Hans Schirmer erklärte einem US-Kollegen nachträglich: »FedGov[44] is seriously worried about possible Egyptian military campaign against Sudan sparked by chronic border dispute. He reasoned that Nasser's control of Egypt and Arab masses depends on continued dynamism; with setbacks in Syrian separatism and non-productive propaganda campaign against Jordan and Saudi-Arabia, Nasser will be sorely tempted to try for Nile Valley Union. Schirmer explained this was rationale for making Sudan exception to FedGov principle of avoiding military aid relationships with developing countries[45].« Das BMVg hegte aber nicht zuletzt auch rüstungspolitische Eigeninteressen. Zum einen sollten wegen der Umrüstung der Bundeswehr auf neue Waffensysteme Altbestände abgegeben werden. Und zum anderen wollte man der heimischen Rüstungsindustrie mit Neuaufträgen für den Sudan einen Übergang bieten, da der eigene Bedarf in vielen Bereichen bereits gedeckt war. Dies galt insbesondere für das G3-Gewehr[46].

Politisch befand sich das BMVg mit dem AA auf einer Linie. In einem Grundsatzpapier sind folgende Motive aufgelistet: »Der wachsende Einfluß der Ostblockstaaten in den afrikanischen Ländern, dem von westlicher Seite entgegengewirkt werden soll. Die Erkenntnis, daß Entwicklungshilfe ohne Ausrüstungshilfe politisch bedeutungslos zu sein scheint. Größe und Bedeutung des Sudan lassen einen besonders günstigen Erfolg der Hilfe erwarten. Mit dem Sudan beginnend, soll ein Block westlich orientierter Staaten geschaffen werden[47].« Minister Franz Josef Strauß hatte das Ziel ausgegeben, Entwicklungsländer an den Westen zu binden: »Berücksichtigt man ferner den unwahrscheinlichen Ruf des deutschen Soldaten und seiner Leistungen, so bietet sich hier [...] eine ausgezeichnete Möglichkeit, über ideelle und materielle Mithilfe am Aufbau kleinerer Streitkräfte oder Polizeien dieser Länder eine Ausgangsstellung zu schaffen, die eine grundlegende Basis für politische, wirtschaftliche und militärpolitische Beeinflussung dieser Länder darstellt[48].«

---

40 O.A. In: BArch, BW 1, 2401; o.A. In: Ebd., 2402; o.A. In: Ebd., 2406; o.A. In: Ebd., BW 1, 374159; Pankuweit, 25.8.1964. In: Ebd.; o.A. In: Ebd., BW 1, 374160.
41 Bolck, 21.12.1963. In: BArch, BW 1, 2395; Meyer, August 1965. In: Ebd., BW 1, 2392; Dawi 11.4.1963. In: Ebd., BW 1, 2405; Pankuweit 30.11.1965. In: Ebd., BW 1, 374159.
42 Schwartz, 4.4.1969. In: PAAA, B 14, IIA7, Bd 1765.
43 O.A., »VS-NfD«, 26.11.1963. In: PAAA, B 36, Fiche 20-2, F. 112 f.
44 »Federal Government«, d.h. die Bundesregierung.
45 Dowling, »Confidential«, 6.4.1962. In: NACP, RG 59, GRDS, CDF 1960–63, PD, Box 1337.
46 Münch, »VS-NfD«, 4.6.1963. In: BArch, BW 1, 2394; Schulz, 31.10.1963. In: Ebd.
47 O.A. In: BArch, BW 1, 374160.
48 O.A., 20.7.1960. In: BArch, BW 1, 374178.

Armeechef Hassan Beshir Nasr zeigte sich nach einem Besuch in Bonn zutiefst beeindruckt: »Minister Strauss is a Sudanese«[49].

Gleichzeitig diente die Bundesrepublik auch dem geostrategischen Kalkül ihrer
Verbündeten. Doch das heißt keineswegs, dass sie von ihnen dazu gedrängt worden war. Denn es gab offenbar kaum gegenseitige Abstimmung oder auch nur
Information. US-Außenminister Dean Rusk hatte zwar ein starkes Interesse an
der deutsch-sudanesischen Kooperation. Er rätselte aber noch ein halbes Jahr nach
Abschluss des Abkommens über dessen Inhalt[50]. Die britischen Verbündeten wurden
zu ihrem großen Verdruss sogar über ein Jahr lang außen vor gelassen[51].

Nach diesen Irritationen kam es zwar 1963 zu einer deutsch-britischen
Kooperation, als das BMVg beim War Office 40 Saladin- und 57 Ferret-
Panzerspähwagen für den Sudan kaufte, wobei hier das Hauptmotiv die Erfüllung
des Ausgleichsabkommens für den Devisenaufwand der Rheinarmee war[52]. Doch
trotz dieses Arrangements beobachtete London das Bonner Engagement weiter
»ständig mit einem gewissen Misstrauen«[53]. Just am Tag des Vertragsabschlusses be-
schwerte sich die britische Botschaft beim AA über Bonner Pläne, die Hilfe auf die
Luftwaffe auszuweiten. Referatsleiter Schirmer konnte sich »des Eindrucks nicht er-
wehren, dass die Demarche [...] von der Sorge bestimmt wird, dass das bisher für britische Firmen bestehende Monopol für die sudanesische Luftwaffe und den Ausbau
der Flughäfen im Zuge der deutschen Rüstungshilfe gebrochen werden könne[54].«

Offenbar wusste man im AA nicht, dass das BMVg den Ausbau der Basis Wadi
Seidna nördlich von Khartum, die Lieferung von 19 Flugplatzfahrzeugen sowie
von drei leichten Transport- und Aufklärungsflugzeugen des Typs Dornier Do-
27 und einer Percival Pembroke aus britischer Produktion bereits zugesagt hatte[55]. AA-Ministerialdirektor Dr. Hans-Georg Sachs beklagte sich denn auch über
»das eigenmächtige Vorgehen« von Brigadegeneral Herbert Becker, der dem AA
bei den Verhandlungen den Einblick in seine Unterlagen verwehrt hatte[56]. Becker,
Unterabteilungsleiter im BMVg, war ein enger Vertrauter des in der Zwischenzeit
nach der »Spiegel«-Affäre zurückgetretenen Ministers Strauß[57], angeblich pflegte er
bei der Vergabe von Aufträgen Freunde und Verwandte des CSU-Politikers zu be-
günstigen[58]. Der Bundesrechnungshof rügte zumindest die Schenkung der Do-27,
da Strauß sie ohne Beteiligung von Bundesfinanzministerium und Bundestag verfügt
hatte[59].

49 De Haas, 30.3.1961. In: BArch, BW 1, 2027.
50 Rusk, »Secret«, 16.6.1962. In: NACP, RG 59, GRDS, CDF 1960–63, PD, Box 1337.
51 Akten zur Auswärtigen Politik der Bundesrepublik Deutschland (AAPD) 1963, Bd 1, Dok. 119,
    S. 396–398.
52 Knieper 9.12.1964. In: BArch, BW 1, 2404.
53 O.A., »VS-NfD«, 26.11.1963. In: PAAA, B 36, Fiche 20-2, F. 112 f.
54 Zit. nach: AAPD 1963, Bd 1, Dok. 119, S. 396–398.
55 O.A., »VS-NfD«, 1.4.1967. In: BArch, B 136, Bd 6898; Beckmann, o.A. In: BArch, BW 1, 2398;
    o.A. In: Ebd., 2399; o.A. In: Ebd., 2400.
56 Zit. nach: AAPD 1963, Bd 1, S. 493 f., FN 3.
57 Wolfram Bickerich, Franz-Josef Strauß. Die Biographie, Düsseldorf 1996, S. 137–140.
58 Werner Biermann, Strauß. Aufstieg und Fall einer Familie, Berlin 2006, S. 131 f., 144, 162.
59 O.A., 9.2.1965. In: BArch, BW 1, 2379.

Flankiert wurden die Ausstattungshilfen durch umfangreiche Ausbildungsprogramme. Nachdem bereits 1962 eine sudanesische Fallschirmjägerkompanie bei der Bundeswehr ausgebildet worden war[60], kamen in den folgenden zwei Jahren über zweihundert Sudanesen in die Bundesrepublik. 148 Soldaten wurden an Waffen, Kfz und Flugzeugen trainiert, dreizehn zu Piloten qualifiziert. Fünfzig zivile Techniker absolvierten Praktika[61], Dutzende Armeeangehörige hospitierten bei Rüstungsfirmen wie FWW, Heckler & Koch, Diehl und Daimler-Benz[62]. Eine Gruppe von Offizieren nahm an Lehrgängen der Bundeswehr-Führungsakademie teil[63], andere an Trainings des MAD[64]. Außerdem wurden drei Ausbilder, ein Bundeswehroffizier und zwei Mechaniker der Firma Mercedes-Benz in Khartum stationiert[65].

Noch kurz vor dem Sturz des sudanesischen Militärregimes durch einen Volksaufstand im Oktober 1964 gab das BMVg grundsätzliche Zusagen für neue Ausrüstungshilfen. Dabei ging es um den Aufbau einer zentralen Instandsetzungswerkstatt durch FWW und ein Bundeswehrteam, eine dritte Fertigungslinie für die Munitionsfabrik, Rohmaterial für 60 Millionen Schuss, 20 000 G3-Gewehre sowie Bomben und Raketen für Flugzeuge[66]. Diese Pläne hatte man wiederum nicht mit Washington abgestimmt[67], obwohl die US-Botschaft das AA gewarnt hatte, man habe mit Blick auf die Bonner »Geheimniskrämerei« in Sachen Ausrüstungshilfen den Eindruck, »daß es sich um einen Eisberg handele, von dem man nur die Spitze sähe«[68]. Als problematisch erwies sich erneut, dass die Bundesregierung mit den Zusagen ihrer eigenen Richtlinie, kein Kriegsgerät in Krisengebiete zu liefern, zuwider handelte. Botschafter Oswald von Richthofen, der 1935 in die SS eingetreten war[69], hatte nur einen Monat zuvor gemeldet, dass »sudanesische Truppen zumindest in gewissen Gebieten des Südens offenbar nach System verbrannter Erde und Ausrottung der Eingeborenen vorgehen«[70].

Der Sudan spielte auch eine entscheidende Rolle, als im Mai 1965 die meisten arabischen Staaten nach der Aufnahme diplomatischer Beziehungen zwischen BRD und Israel ihre Beziehungen zu Bonn abbrachen. Vorausgegangen war die Enthüllung der streng geheimen westdeutsch-israelischen Militärkooperation durch ägyptische Presseberichte, wonach die Bundesrepublik israelische Waffen an den Sudan geliefert hatte. Die Vorwürfe trafen zu. Die Hardthöhe hatte den sudanesischen Partnern israelische Mörsermunition überlassen. Außenstaatssekretär Prof. Dr. Karl Carstens hatte dem BMVg seine Zustimmung sogar gerade unter der Bedingung gegeben,

---

[60] O.A. In: BArch, BW 1, 2392.
[61] O.A., »VS-NfD«, 1.4.1967, S. 18–20. In: BArch, B 136, Bd 6898; o.A., 22.4.1966. In: BArch, BW 1, 66647.
[62] Pankuweit, 1.12.1964. In: BArch, BW 1, 2387; o.A., 16.5.1963. In: Ebd., 2028.
[63] Henatsch, 26.7.1978. In: Archiv des Instituts für Zeitgeschichte (IfZ), ED 343, Bd 35.
[64] O.A. In: BArch, BW 2, 11219.
[65] O.A. In: BArch, BW 1, 374176; o.A. In: Ebd., 374177.
[66] O.A., 5.10.1964. In: BArch, BW 1, 374161; Mühllehner, 23.9.1964. In: Ebd., BW 1 374178.
[67] Mühllehner, 19.11.1964. In: BArch, BW 1, 2220.
[68] AAPD 1963, Bd 2, Dok. 311, S. 651 f.
[69] Biographisches Handbuch des deutschen Auswärtigen Dienstes 1871–1945, Bd 3. Bearb. von Gerhard Keiper und Martin Kröger, Paderborn 2008, S. 78.
[70] Von Richthofen, 31.8.1964. In: BArch, B 145, Bd 7560.

»daß dem Sudan vorher der Ursprung dieser Munition mitgeteilt werde.« Das Kalkül bestand offenbar darin, dass die sudanesische Armee dringenden Bedarf für die 9600 Schuss (81 mm) hatte. Durch die vorherige Unterrichtung war es ihr eigenes Interesse, die deutsch-israelische Kooperation geheim zu halten, um sich nicht vor den arabischen Verbündeten selbst zu kompromittieren. Außerdem hatte sich das AA für eine Waffenlieferung eingesetzt, die der Sudan an Jordanien weiterreichen sollte[71].

Bis Mai 1965 versuchte die Bundesregierung insbesondere über die Militärhilfen, die sudanesische Übergangsregierung von einem Abbruch der diplomatischen Beziehungen abzuhalten. Im März reiste der Bundestagsabgeordnete und spätere Verteidigungsminister Dr. Gerhard Stoltenberg als »Sonderbotschafter« von Kanzler Prof. Dr. Ludwig Erhard in den Sudan, wo er das Ende 1964 zugesagte 40 Mio.-Paket in Aussicht stellte. Nach seiner Rückkehr riet er außerdem dazu, den Verzicht auf die Rückzahlung der 40 Mio. DM Kreditschulden aus dem Programm von 1961 anzubieten. Außenstaatssekretär Dr. Rolf Lahr bat den Kanzler um seine Zustimmung: »Würde es gelingen, ein wichtiges Land wie den Sudan aus dem Kreis der arabischen Länder, die auf Grund der Kairoer Beschlüsse die Beziehungen mit uns abbrechen, herauszulösen, würde dies nach meiner Auffassung mit der in Frage stehenden Konzession nicht zu hoch bezahlt sein.« Ohnehin habe sich »niemand [...] jemals Illusionen über die Möglichkeiten einer Rückzahlung« gemacht[72]. Die Bemühungen zeitigten allerdings keinen Erfolg, »nach massivem Druck« durch Ägypten folgte der Sudan dem Beschluss der Arabischen Liga[73].

Zur gleichen Zeit tauchten bei den Rebellen im Südsudan westdeutsche Waffen auf, was nicht nur bei der sudanesischen Regierung für Irritationen sorgte. Auch US-Außenminister Rusk mutmaßte, dass dies die Quittung aus Bonn für den Misserfolg sei und ordnete Demarchen an[74]. Eine andere Erklärung liegt allerdings näher. Denn die sudanesische Übergangsregierung hatte Ende 1964 die Rebellen im Ost-Kongo aufgerüstet[75]. Als Moïse Tschombés Truppen den Aufstand Anfang 1965 mit Unterstützung der USA und Belgiens niederschlugen, vermerkte die CIA: »Before Tshombe could open up arms channels, the Sudanese dissidents had found a readier source in the weapons already supplied for the Congolese on both sides of the border, and, as the Congolese rebellion began to disintegrate, the Sudanese Dissidents have acquired a variety of weapons with relative ease[76].« Der BND bemühte sich in einer Stellungnahme an das BMVg um Schadensbegrenzung: »Soweit derartiges Material bei den Kongorebellen aufgetaucht sein sollte, könnte es sich nur um solches han-

[71]   Pankuweit 9.7.1964. In: BArch, BW 1, 2395; o.A. In: Ebd., BW 1, 374160; Diemke, »VS-NfD«, 27.3.1965. In: Ebd., BW 2, 11219. Letztlich stellt sich die Frage, ob es sich bei der Enthüllung um eine fahrlässige oder vorsätzliche Preisgabe des Staatsgeheimnisses gehandelt hatte. Vgl. dazu Kilian, Hallstein-Doktrin (wie Anm. 28), S. 120–122. Nach Lage der Dinge war Letzteres der Fall.
[72]   AAPD 1965, Bd 2, Dok. 169, S. 673 f.
[73]   Meyer-Lindenberg, 3.11.1967. In: PAAA, B 36, Fiche 268–1, F. 46.
[74]   Rusk, »Secret«, 10.9.1965. In: NACP, RG 59, GRDS, CFPF 1964–66, PD, Box 2671.
[75]   Hans-Jürgen Wischnewski, Nord-Süd-Konflikt. Beiträge zur Entwicklungspolitik, Hannover 1968, S. 128.
[76]   O.A. In: TNA, FO 371, Bd 184195, VS 1691/3/G.

deln, das ohne Wissen der Regierung verschoben oder von den Aufständischen erbeutet wurde[77].«

1965–1969: Waffen als »Bonbons« für Wiederannäherung

Auch nach dem Abbruch der diplomatischen Beziehungen kam dem Sudan eine besondere Rolle zu. Er galt zwei Jahre lang als erster Kandidat für eine Wiederaufnahme. So analysierte Ende 1965 auf der Hardthöhe Vize-Staatssekretär Dr. Werner Knieper: »Die Regierung des Sudan scheint in Ordnung zu sein. Sie ist im sogenannten arabischen Block sicherlich am ehesten bereit, aus der Anti-Front auszubrechen. Zudem verbinden uns mit dem Land als einzigem aus diesem ›Block‹ alte Militärhilfe-Beziehungen mit günstigen Folgeerscheinungen für unsere Wirtschaft. Ich würde daher unsere Haltung: Stellt die diplomatischen Beziehungen wieder her, dann bekommt ihr weitere Hilfe, etwas mehr auflockern und den Sudanesen schon bald einige ›Bonbons‹ geben, um ihre wohlwollende Haltung ständig zu schüren, ihnen so dauernd Anlaß zu geben, bei Konferenzen pp. Obstruktion gegen die noch feindlichen Block-Tendenzen zu treiben und die erstbeste Möglichkeit zum Ausbrechen zu suchen[78].«

Verteidigungsstaatssekretär Dr. Karl Gumbel und sein AA-Kollege Lahr waren sich zwar einig, die neue Ausrüstungshilfe »auf Eis« zu legen, weil »die Bemühungen der sudanesischen Armeeleitung, ihre Regierung zur Wiederaufnahme der diplomatischen Beziehungen zu bewegen, nur andauern werden, wenn nicht der Eindruck entsteht, auch ohne diese Bedingung sei schrittweise das Wiederanlaufen der deutschen Ausrüstungshilfe zu erreichen[79].« Dennoch entschied das AA schon Ende 1965, »für kommerzielle Käufe (einschließlich Waffen und Munition) der sudanesischen Regierung in der BRD die Exportgenehmigung stillschweigend zu erteilen[80].« So erlaubte es FWW die Ausfuhr von 500 MG1-Maschinengewehren von Rheinmetall und 5000 G3 der Firma Heckler & Koch, die auf Betreiben des BMVg zehn Sudanesen kostenlos in Oberndorf am Neckar ausbildete. Auch die Anträge der zum Flick-Konzern gehörenden Firma Dynamit-Nobel-Genschow auf Lieferung von zwölf Millionen Patronen, und des Metallwerks Elisenhütte, einem Tochterunternehmen von FWW, für sechs Millionen Schuss, zeichneten die Exportkontrolleure schlicht mit dem Kürzel »KB« (keine Bedenken) ab[81].

Die faktische Fortsetzung der Militärkooperation wurde im Laufe des Jahres 1966 perfekt gemacht. Zunächst gab das AA die Lieferung von 5000 Maschinenpistolen

---

[77]   O.A., »VS-NfD«, 20.7.1966. In: BArch, BW 1, 374161.

[78]   Knieper, 19.9.1965. In: BArch, BW 1, 374161. Knieper, der in der Quartiermeisterabteilung des Wehrmachtsführungsstabes gedient hatte, wurde ein Jahr später Geheimdienstkoordinator im Bundeskanzleramt und arbeitete nach seiner Pensionierung als Rüstungslobbyist. Vgl. Wehrdienst 550/76, 23.2.1976, S. 4; sowie Dieter Krüger, Das Amt Blank. Freiburg i.Br. 1993, S. 192.

[79]   AAPD 1965, Bd 3, S. 1454 f. FN 16.

[80]   Hahn, 2.11.1965. In: BArch, BW 1, 374159.

[81]   Redies, 2.11.1965. In: PAAA, B 57, Bd 736; ders., 3.11.1965. In: Ebd.; Schäfers, 2.9.1965. In: Ebd.; o.A., 25.10.1965. In: Ebd.; o.A., 18.11.1969. In: Ebd.

frei[82]. Für die Firma Carl Walther war der Auftrag von zentraler Bedeutung, um die Serienproduktion des neuen Modells zu starten[83]. Dann wurde Dynamit-Nobel der Export von nochmals zwölf Millionen Schuss Munition erlaubt, FWW die Ausfuhr von weiteren 5000 G3, 500 MG1 und sechs Millionen Patronen[84]. Hinzu kamen 30 gepanzerte Unimogs, und die Industrie-Werke Karlsruhe AG (IWKA) durfte für ihre Anti-Personenmine DM31 werben[85]. Weiterer Nachschub – Munition sowie Ersatzteile für Lkw und Spähpanzer – wurde über den deutsch-britischen Devisenausgleich finanziert und vom War Office geliefert[86]. Vor allem aber erhielt FWW den Auftrag, in der Munitionsfabrik von Sheggera zwei zusätzliche Produktionslinien zu errichten[87]. Die Lieferungen erfolgten in enger Abstimmung mit dem BMVg. Die Luftwaffe übernahm den Transport[88].

Eine Schlüsselrolle in diesen Beziehungen spielte Militärattaché Dr. Wilhelm Diemke, der als ehemaliger Offizier eines deutsch-arabischen Bataillons »großes Vertrauen« bei den Militärs in Khartum genoss[89]. Er unterhielt auch derart gute Beziehungen zu den westlichen Verbündeten[90], dass seine Vorgesetzten ihn der Spionage für Frankreich und Großbritannien verdächtigten, bis ihn der BND entlastete[91]. Darüber hinaus betätigte sich Botschafter a.D. de Haas als einflussreicher Rüstungslobbyist[92].

Die schillerndste Figur in diesem Bereich war indes der ehemalige Wehrmachts-Luftwaffengeneral Adolf Galland. Seine Firma Air Lloyd betrieb mit Mitteln der Entwicklungshilfe eine sudanesische Schule für Hubschrauberpiloten und -mechaniker[93]. Dies war ein weiteres Beispiel dafür, wie die Bonner Ministerialbürokratie unter dem Deckmantel anderer Haushaltstitel die Militärkooperation fortsetzte[94]: die Piloten wurden aus der sudanesischen Luftwaffe rekrutiert[95], Ausbilder war ein beurlaubter Hauptfeldwebel der Bundeswehr[96]. Fliegerlegende Galland selbst war nicht nur der höchstdekorierte Jagdpilot der Luftwaffe im Zweiten Weltkrieg, sondern nach Angaben von Experten auch als Waffenhändler und Verbindungsmann des BND tätig[97].

---

[82] Middelmann, 23.3.1966. In: PAAA, B 57, Bd 736.
[83] O.A. In: BArch, BW 1, 2394.
[84] Middelmann, 20.5.1966. In: PAAA, B 57, Bd 736; von Soden, 28.4.1966. In: Ebd.; o.A., 18.11.1969. In: Ebd.; o.A., 14.12.1966. In: Ebd.
[85] O.A., 1.9.1966. In: PAAA, B 57, Bd 736; o.A., 25.10.1966. In: Ebd.
[86] O.A., 13.6.1967. In: BArch, BW 1, 374161; Herzog, 11.3.1968. In: Ebd., BW 1, 374166; Hartland-Swann, 18.1.1967. In: NAK, FCO 39, Bd 201.
[87] O.A., 3.1.1966. In: BArch, BW 1, 374159.
[88] Hahn, 4.10.1966. In: BArch, BW 1, 374159.
[89] Diemke, 9.4.1965. In: BArch, BW 1, 2021.
[90] Reddaway, »Confidential«, 11.10.1967. In: NAK, WO 32, Bd 20764; o.A., 24.8.1967. In: Ebd.
[91] O.A., 1.2.1965. In: BArch, BW 2, 11219.
[92] Frank, »VS-NfD«, 31.3.1969. In: PAAA, B 36, Fiche 425–2, F. 184 f.; de Haas, o.A. In: Ebd., F. 181 f.
[93] Mez, 7.3.1969. In: PAAA, B 66–416, Bd 626.
[94] Stähle, 11.9.1961. In: BArch, BW 1, 374178; s.a. o.A. In: Ebd., 2404.
[95] Mautner, »Confidential«, 27.1.1965. In: NACP, RG 59, GRDS, CFPF 1964–66, PD, Box 2667.
[96] Mez, 14.2.1969. In: PAAA, B 66–416, Bd 626.
[97] Müller und Mueller, Gegen Freund und Feind (wie Anm. 34), S. 538.

Diese Aktivitäten waren nach wie vor politisch höchst fragwürdig. Berichte des AA aus dem gleichen Zeitraum belegen eindeutig, dass die Armee im Süden »rücksichtslos« vorging[98] und auch bei Grenzstreitigkeiten mit dem Tschad westdeutsche Waffen einsetzte[99]. In einer vom BMVg erbetenen Stellungnahme tat der BND alarmierende Presseberichte über den Südsudan indes als »journalistische Übertreibungen« ab. Weil aber ein Mercedes-Mechaniker, der in der Kriegszone Armee-Lkw reparierte, diese bestätigte[100], machte man sich auf der Hardthöhe keine Illusionen: »Eine Weiterführung der Ausrüstungshilfe kann nicht verhindern, daß der unheilvolle Nord-Südkonflikt weiterschwelt, sondern wird dem Norden nur die Mittel zu einer Verschärfung seines Kampfes geben. Einziger positiver Erfolg einer weiteren Ausrüstungshilfe wird sein können, die sudanesische Regierung davon abzuhalten, die Ostblockstaaten um Hilfe anzugehen[101].«

Kurz darauf setzte Brigadegeneral Konrad Mühllehner, Unterabteilungsleiter im BMVg, den Plan von Dynamit-Nobel durch, 10 000 Mörsergranaten (81 mm) zu liefern, um die »beträchtliche Munitions-Halde« der Bundeswehr abzubauen[102]. Die Flick-Firma durfte zudem hundert Mörser ausführen[103]. Zeitgleich nahmen sieben sudanesische Offiziere an einem dreimonatigen Lehrgang des MAD teil[104].

Wie sehr sich die Praxis von den offiziell verkündeten hohen moralischen Ansprüchen unterschied, zeigt ein 1966 veröffentlichter Essay von Verteidigungsminister Kai-Uwe von Hassel. Der in Ostafrika geborene Christdemokrat schrieb: »Zivile Entwicklungshilfe und Ausrüstungshilfe der Bundesregierung verfolgen das gleiche Ziel: die friedliche Entwicklung der unterstützten Länder. Dabei dient die Ausrüstungshilfe ausschließlich der Aufrechterhaltung von Ruhe und Ordnung, Angriffswaffen werden im Rahmen der Ausrüstungshilfe grundsätzlich nicht geliefert. [...] Die vertraglichen Abmachungen mit den Empfängerstaaten sehen in jedem Fall vor, dass gelieferte Ausrüstung nur für Zwecke verwendet werden darf, die das friedliche Zusammenleben der Völker nicht gefährden. [...] Im Gegensatz zum Osten[105].«

Auch der Sechs-Tage-Krieg im Juni 1967 hielt Bonn nicht von Rüstungslieferungen ab. Einen Monat später genehmigte das AA die Ausfuhr zweier Dornier-Flugzeuge vom Typ Do 28 B-1, die offiziell für Sudan Airways, in Wahrheit aber für die Streitkräfte bestimmt waren[106] – obwohl ein sudanesisches Bataillon auf dem Sinai gekämpft hatte und die ägyptische Luftwaffe die Basis Wadi Seidna, wo mit Bonner Hilfe Hangars gebaut worden waren, zur Unterbringung eigener Flugzeuge nutzte.

---

[98] Mez, 19.3.1966. In: PAAA, B 36, Fiche 212–1, F. 75.
[99] Fischer, 7.10.1966. In: PAAA, B 57, Bd 566.
[100] Hahn, 4.5.1966. In: BArch, BW 1, 374159; Kubel, 23.6.1966. In: Ebd.
[101] O.A. In: BArch, BW 1, 374160.
[102] O.A., 14.12.1966. In: PAAA, B 57, Bd 736; Ingendaay, 11.1.1967. In: Ebd.
[103] O.A., 17.2.1967. In: PAAA, B 57, Bd 73; von Soden, 8.3.1967. In: Ebd., Bd 761.
[104] Von Pilgrim, 4.9.1967. In: BArch, BW 2, 11219; s.a. o.A. In: IfZ, ED 343, Bd 39.
[105] Afrika heute, 4 (1966), S. 23.
[106] O.A., 10.7.1967. In: PAAA, B 57, Bd 736; s.a. Soltmann, 11.4.1968. In: Ebd., B 150, Fiche 124-2, F. 2721 f.; o.A., 7.10.1968. In: NAK, FCO 39, Bd 513.

Der BND hatte demgegenüber bereits im Vorjahr über die »unsichtbaren Hände Israels« im Südsudan berichtet[107].

Das AA verfolgte erst eine restriktivere Linie, als sich Khartum immer mehr der DDR annäherte. Zwar hatten »die Nahost-Experten der NATO-Länder bei ihren Tagungen in Brüssel zum Ausdruck gebracht, daß eine gewisse militärische Zusammenarbeit mit dem Sudan ein weiteres Abgleiten dieses Landes nach Osten verhindern könnte und somit im Interesse des Westens liege.« Dennoch hatte für das AA das nationale Interesse Vorrang. Es blieb auf dem Standpunkt, weitere Lieferungen »nicht ohne ein gewisses Entgegenkommen« in deutschlandpolitischen Fragen freizugeben[108]. Erst nach entsprechendem Wohlverhalten erteilte es Anfang 1969 die Genehmigung zur Ausfuhr zweier weiterer Dornier Do 28 B-1[109].

1969–1971: Munition als letzte Bastion

Die Abhängigkeit von westdeutscher Rüstung verhinderte indes nicht, dass der Sudan nach einem Coup linksgerichteter Armeeoffiziere unter Führung von Jafar Numeiri, der einst in der Bundesrepublik bei der »Panzerwaffe« ausgebildet worden war[110], im Mai 1969 als erstes Land Afrikas diplomatische Beziehungen zur DDR aufnahm. Nach anderen diplomatischen Rückschlägen bot dies für Egon Bahr den entscheidenden Anlaß, in der ausgehenden Großen Koalition eine »Modifizierung« der Hallstein-Doktrin durchzusetzen und die verbliebenen Beziehungen zum Sudan nicht abzubrechen[111]. Damit wurde die Doktrin effektiv aufgegeben, zumal das neue Regime auch andere afrikanische Staaten zur Anerkennung der DDR bewegte.

Auf diesem Tiefpunkt der westdeutsch-sudanesischen Beziehungen erwies sich die Munitionsfabrik in Khartum als größter gemeinsamer Nenner. Noch im Juni 1969 stimmte das AA dem Vorhaben von FWW zu, vier sudanesische Offiziere in Geisenheim und Berlin für die Munitionsproduktion auszubilden. Ein deutsches Team stellte weiterhin vor Ort den Betrieb sicher[112]. Im November gab das AA seine Zustimmung zur Ausfuhr von knapp 800 t an Vorprodukten, »da es sich um einen Sonderfall handelt.« Denn: »Fritz Werner hatte den Auftrag vor der Anerkennung der DDR durch den Sudan abgeschlossen[113].«

Trotzdem bat die sudanesische Führung die DDR Anfang 1970 um Unterstützung beim Bau einer neuen Munitionsfabrik[114]. Auf Weisung der SED-Spitze gab Vize-Verteidigungsminister Heinz Keßler aber keine Zusagen, sondern

---

[107] Hahn, 4.5.1966. In: BArch, BW 1 374159; Schwartz, »VS-NfD«, 20.12.1967. In: Ebd., BW 1, 374161.

[108] Gehlhoff, »Geheim«, 25.11.1968. In: PAAA, B 150, Fiche 141-2, F. 7886 f.

[109] O.A., 11.11.1968. In: PAAA, B 57, Bd 736; o.A. In: Ebd.

[110] Mez, 16.6.1969. In: PAAA, B 36, Fiche 425–3, F. 229.

[111] Egon Bahr, Zu meiner Zeit, München 1998, S. 216–220.

[112] Söhnke, »VS-NfD«, 13.6.1969. In: PAAA, B 36, Fiche 425–3, F. 231–233.

[113] Von Soden, 24.11.1969. In: PAAA, B 57, Bd 736.

[114] O.A. In: BArch, VA-01/23750, S. 093; Kessler, 16.3.1970. In: Ebd., S. 110; Winzer, 6.3.1970. In: Ebd., S. 124 f.

versprach »unter Hinweis auf die äußerst begrenzten Möglichkeiten der DDR« nur eine Prüfung der Wünsche[115]. Nach Absprache mit Moskau erklärten die ostdeutschen Militärs, lediglich die Ausbildung von Spezialisten, insbesondere im Bereich der Munitionsfertigung, zu übernehmen. Die übrigen Leistungen könnten nur auf kommerzieller Basis oder durch die UdSSR erfolgen[116].

Aus Sicht der CIA war das Programm aber nicht zu unterschätzen: »By spring 1970 Sudan had signed a military training agreement with the East Germans who have undertaken to train the Sudanese army in the use of their recently acquired Soviet tanks and to take on some Sudanese army units for radar and electronics training in East Germany. Then, on the heels of the East Germans, the Soviet arms barons turned up in Khartoum. A really massive weapons deal, well embellished with Russian technicians, has been shaping up ever since[117].«

Statt der NVA lieferte dann das Ministerium für Staatssicherheit kostenlos Waffen, Munition, Motorräder, Quartiermaterial etc. Mitte 1970 kam in Port Sudan eine erste, insgesamt 1120 t umfassende Schiffsladung an. Sie enthielt u.a.: 1500 Karabiner S, 1500 Maschinenpistolen MPi 41, 100 leichte Maschinengewehre LMG DP, 500 Pistolen Walter »1001«, über zwei Millionen Schuss Munition und 3000 Gummiknüppel[118]. Die sudanesischen Militärs beschwerten sich allerdings über Ladehemmungen der Kleinwaffen, die bei mehreren Gefechten auftraten. Die Abgabe wurde Anfang 1971 eingestellt, da die DDR fortan mit den Lieferungen Geld verdienen wollte[119].

Das deutsch-deutsche Kräfteverhältnis im Sudan kippte freilich schon Mitte 1971 wieder, nachdem ein Putsch der kommunistischen Fraktion innerhalb des Numeiri-Regimes gescheitert war. Den Boden für die Wiederannäherung an die Bundesrepublik bereitete ein »alter, unbestechlicher und wirtschaftlich-unternehmerisch denkender, erfahrener Freund des Sudans«: FWW-Generaldirektor Meyer. Auf Anweisung Numeiris empfing die Armee den Rüstungsmanager »mit allen Ehren [...] wie einen Potentaten«[120].

Das AA wollte daraufhin Khartum »im Rahmen des Möglichen entgegenkommen« und gab grünes Licht für den Antrag von FWW auf Ausfuhr von 377 t Vorprodukten für die Munitionsherstellung. Die Diplomaten argumentierten spitzfindig, dass die Lieferung »weder Waffen noch Munition« beinhaltete[121]. Noch wenige Monate zuvor hatten sie jedoch einen anderen Antrag von FWW mit der Begründung abgelehnt, dass dies dem nationalen Interesse widerspreche und der Sudan »zum nahöstlichen Spannungsgebiet zu rechnen« sei[122]. In Erwartung neu-

---

115 Winzer, 30.6.1970. In: BArch, NY 4182, Bd 1331, S. 141–148.
116 Beziehungen DDR/Sudan und Sudans zu Drittstaaten, Weiß o.A. In: PAAA, MfAA VVS; o.A., 29.6.1970. In: Stiftung Archiv der Parteien und Massenorganisationen der DDR im Bundesarchiv (BArch SAPMO), DY 30/J IV 2/2, Bd 1289.
117 NACP, CREST, CIA-RDP86T00608R000500170001-9.
118 O.A., 12.1.1971. In: BArch DO 1/1.4., Bd 40081; Ballschmieter, 15.7.1970. In: Ebd., Bd 40080.
119 Ballschmieter, 8.5.1971. In: BArch DO 1/1.4., Bd 40080; Rösner, 27.5.1971. In: Ebd., Bd 40081.
120 Pfisterer, 30.7.1971. In: PAAA, B 66, Bd 694; Dünwald, 7.7.1971. In: Ebd.
121 Dietrich, 20.9.1971. In: PAAA, B 57, IIA4, Bd 921.
122 Bodsch, 5.2.1971. In: PAAA, B 57, IIA4, Bd 921; Dreyer, 12.5.1971. In: Ebd.

er Lieferungen nahm der Sudan zur gleichen Zeit wie Algerien die diplomatischen Beziehungen zur BRD um Weihnachten 1971 wieder auf[123]. Damit erwies sich der Sudan erneut als Vorreiter, denn angesichts der beiden Präzedenzfälle normalisierten auch die meisten anderen arabischen Staaten ihr Verhältnis zu Bonn wieder.

1972–1990: Stellvertreterkonflikte am Horn von Afrika

Vor diesem Hintergrund wurde die bilaterale Militärkooperation zwischen Bonn und Khartum alsbald wiederaufgenommen. »Aus Gründen politischer Priorität« brachte das AA die Hardthöhe 1973 dazu, trotz Haushaltsengpässen den Sudan nachträglich in die Etatplanung aufzunehmen und sechs Mio. DM für die Jahre bis 1976 zu beantragen. Diese sollten für die Beschaffung von Lkw und den Aufbau einer Kfz-Werkstatt benutzt werden, wozu der Bundessicherheitsrat seine Zustimmung gab[124], obwohl das Land weiterhin Krisengebiet war. Zwar hatte der Friedensvertrag von Addis Abeba den Bürgerkrieg im Südsudan 1972 beigelegt. Doch sudanesische Truppen beteiligten sich dafür am Nahost-Krieg von 1973[125]. Dessen ungeachtet ermächtigten die zuständigen Bundestagsgremien 1974 das BMVg zur Durchführung des Programms, wobei das AA mahnte, die Entscheidung nicht publik werden zu lassen[126].

Aktenkundig ist, dass der größte Teil der Lieferungen – »in der Hauptsache Kraftfahrzeuge und Fernmeldegeräte« – 1975 erfolgte[127]. Infanteriewaffen erhielten die sudanesischen Streitkräfte auf kommerziellem Wege. 1974 unterzeichneten sie mit Heckler & Koch einen Kaufvertrag über 3000 G3-Gewehre[128]. Weitere Transfers umfassten MP5-Maschinenpistolen und HK21-Maschinengewehre von Heckler & Koch sowie MG3-Maschinengewehre von Rheinmetall[129].

Belegt ist überdies, dass Armeeangehörige seit 1972 bei der Bundeswehr geschult wurden, vor allem Stabsoffiziere, Kompaniechefs und Bataillonskommandeure, wobei der Sudan zeitweilig das größte Kontingent aller arabischen und afrikanischen Staaten stellte. Außerdem wurden laufend Soldaten und Zivilisten bei Lieferfirmen ausgebildet[130]. Eine Abstimmung mit Washington und London ist nicht dokumentiert.

Ab 1977 gewann der Sudan für die Bonner Außenpolitik direkt an geopolitischer Bedeutung: Zum einen, weil er als einziger arabischer Staat Ägyptens Friedensschluss mit Israel unterstützte, zum anderen, weil das äthiopische Derg-Regime den Bruch

---

123 Dingels, 4.11.1971. In: PAAA, B 36, Fiche 426–4, F. 313–320.
124 O.A., 21.3.1973. In: PAAA, Zwischenarchiv, Bd 104885; Nagel, 27.6.1973. In: Ebd.; Aurisch, 11.12.1973. In: Ebd.
125 O.A., 6.12.1973. In: BArch, BW 2, 11219.
126 Zehentner, »VS-NfD«, 22.4.1974. In: PAAA, Zwischenarchiv, Bd 104885.
127 O.A., 16.12.1975. In: BArch, B 136, Bd 6898.
128 Dreyer, 13.12.1974. In: PAAA, Zwischenarchiv, Bd 104884.
129 Jane's Infantry Weapons 1978. Ed. by Dennis Archer, London 1978, S. 764.
130 Deutscher Bundestag, Drucksache (BT) 10/1591, S. 16; BArch, BW 2, 11219, o.A. 6.12.1973; o.A. In: IfZ, ED 343, Bd 39; Aurisch, 11.12.1973. In: PAAA, B 14, Bd 2095.

mit den USA vollzog und massive Militärhilfen des Ostblocks annahm. Diese benötigte es für den Ogaden-Krieg gegen Somalia und den Kampf gegen oppositionelle Kräfte im Kernland.

Der BRD-Botschafter in Khartum, Dr. Ernst Michael Jovy, hatte schon 1974 dafür plädiert, »dass wir sudanesischer Seite insbesondere im Hinblick auf Entwicklungen in Äthiopien [...] weitestgehend entgegenkommen. [...] Wenn sudanesische Armee nicht gezwungen sein soll, sich betreffend Ausrüstung wieder an Sowjetunion zu wenden, sollten wir in Fragen Auslegung Spannungsgebiet, soweit sie überhaupt in Betracht kommt, großzügig verfahren«[131].

Während die DDR ab Ende der Siebzigerjahre u.a. Hunderttausende Maschinenpistolen AKM aus eigener Herstellung an Äthiopien lieferte[132], stellte sich Sudans Präsident Numeiri offen an die Seite der eritreischen Rebellen, unterstützt von Saudi-Arabien, das islamische Gruppen aufrüstete. Ausweislich des Protokolls der Botschafterkonferenz des AA von 1980 hielten Bundesregierung und US-Administration »westliche Gegenmaßnahmen in diesem Raum zur Wiederherstellung und Aufrechterhaltung des globalen Gleichgewichts für erforderlich und [waren] bereit, diese zu unterstützen.« Dem Sudan kam aus ihrer Sicht eine Schlüsselfunktion zu[133]. Es spricht auch einiges dafür, dass eritreische »Befreiungsbewegungen« bundesdeutsche Hilfen erhielten, zumindest indirekt durch die Duldung saudischer und sudanesischer Aktivitäten[134]. Belegt ist, dass die bundesdeutschen Militärattachéstäbe in Khartum direkte Kontakte zu den eritreischen Rebellen unterhielten[135].

Die neuen Ausrüstungshilfen der Hardthöhe, v.a. Pkw, waren zwar offiziell als »zivil« deklariert[136]. Jedoch pflegte das BMVg – unter Umgehung des AA – enge Kontakte zur bundeseigenen Fritz Werner AG, die nach wie vor die Munitionsfabrik in Khartum betreute[137]. Der größte Teil der Militärkooperation fand indessen auf anderen, teils verschleierten Wegen statt. Von zwanzig Hubschraubern des Typs MBB Bo-105 C, die in »ziviler« Version über die Polizeikooperation geliefert wurden[138], wurde offenbar zumindest ein Geschwader nachträglich zu »Gunships« für die Armee umgerüstet[139]. Die staatliche US Arms Control and Disarmament Agency bezifferte den Wert der bundesdeutschen Rüstungsexporte in den Sudan zwischen 1976 und 1985 auf 480 Mio. Dollar[140]. Dazu zählten auch Handelsgeschäfte, die vor

---

[131] Jovy, »VS-NfD«, 28.11.1974. In: PAAA, Zwischenarchiv, Bd 104885.
[132] Harald Möller, DDR und Dritte Welt, Berlin 2004, S. 166 f.
[133] O.A., 17.3.1980. In: IfZ, ED 343, Bd 38.
[134] Edward Ezell, Small Arms Today, 2. Aufl., Harrisburg, London 1988, S. 146; Martin Zimmermann, Eritrea, 2. Aufl., Essen 1992, S. 145.
[135] Von Münchow, 18.7.1979. In: IfZ, ED 343, Bd 38.
[136] Deutscher Bundestag, Drucksache (BT) 10/1657, S. 29; ebd., 10/815; ebd., 10/1591, S. 16.
[137] Kahle, 4.11.1979. In: IfZ, ED 343, Bd 37; Kahle, 28.4.1979. In: Ebd., Bd 36.
[138] World Armaments and Disarment. SIPRI Yearbook 1981, London 1981, S. 239.
[139] John Keegan, World Armies, 2. Aufl., London 1983, S. 543; s.a. BT 14/6257.
[140] ACDA, World Military Expenditures and Arms Transfers 1971–1980, Washington 1982, S. 117; ebd., 1981–1985, Washington 1987, S. 120.

allem durch Saudi-Arabien finanziert wurden und welche die Bundesrepublik erneut zum wichtigsten Lieferland der sudanesischen Streitkräfte machten[141].

Zwar heißt es in Bundestagsdrucksachen, der letzte Waffenexport in den Sudan sei 1977 erfolgt und die Ausrüstungshilfe schließe »die Lieferung von Waffen und Munition sowie von Maschinen zu ihrer Herstellung ausdrücklich aus«[142]. Dass das Parlament getäuscht wurde, beweist aber eine Ausfuhrgenehmigung von 1978 für FWW-Maschinen zum Ausbau der Munitionsfabrik von Sheggera[143].

Deutsche Infanteriewaffen bezogen die sudanesischen Militärs fortan aus saudischer Lizenzproduktion. Der seinerzeit zuständige Mitarbeiter von Heckler & Koch, Michael Lehmann, erklärte später, Saudi-Arabien habe mit Wissen der deutschen Partner G3-Gewehre aus eigener Lizenzproduktion an den verbündeten Nachbarn exportiert: »Der Trick ist einfach. Von Saudi-Arabien her weiß ich, dass man nicht gewillt ist, eine Endverbleibsklausel in Arabisch zu unterzeichnen, in Englisch wird das akzeptiert. Das heißt, in Englisch ist es wiederum in Saudi-Arabien rechtlich nicht gültig[144].« Eine wichtige Rolle bei diesen Deals spielte offenbar der saudische Waffenhändler Adnan Khashoggi[145].

Auch der berüchtigste Waffenhändler der westdeutschen Geschichte, Gerhard Mertins, wurde im Sudan tätig. Bei einem Besuch in Khartum Ende 1977 mit einem Vertreter der Rüstungsschmiede Thyssen-Rheinstahl gab Mertins, der bereits 1974 Ersatzteile für französische Granatwerfer in den Sudan verkauft hatte[146], zwar gegenüber Botschafter Hans Hermann Kahle keine Auskunft zum konkreten Inhalt seiner Mission. Er erklärte jedoch unumwunden, »daß er an der Lieferung von Waffen an verschiedene Länder des Nahen Ostens und Afrikas interessiert sei.« Dem Botschafter erschien der Besucher, dessen Verwicklung in diverse Skandale weithin bekannt war, suspekt. Zugleich gewann er aber den Eindruck, dass Mertins noch immer über beste Beziehungen »zu allen Stellen, die sich mit Waffenproduktion und -export befassen«, verfügte[147].

1983 erwies sich der Sudan einmal mehr als internationaler »Trendsetter«, da Numeiri das Land als erstes der Arabischen Welt zur Islamischen Republik erklärte und eine radikale Form der Scharia einführte. Schon kurz zuvor war im Südsudan nach elf Jahren eines fragilen Friedens der Bürgerkrieg wieder ausgebrochen. Die neue christlich-liberale Koalition in Bonn hielt eine weiterhin enge Kooperation dennoch für geboten, »weil das Land eine Mittlerrolle beim Interessenausgleich arabischer und afrikanischer Staaten spielen und ein Gegengewicht zu der Achse

[141]   Kahle, 30.11.1977. In: IfZ, ED 343, Bd 33; Jovy, »VS-NfD«, 28.11.1974. In: PAAA, Zwischenarchiv, Bd 104885.
[142]   Deutscher Bundestag, Drucksache (BT) 10/815, S. 5 f., S. 10; BT 10/1591, S. 16; BT 11/8457, S. 5.
[143]   Kahle, 20.3.1978. In: IfZ, ED 343, Bd 34.
[144]   Jürgen Grässlin, Den Tod bringen Waffen aus Deutschland. Von einem, der auszog, die Rüstungsindustrie das Fürchten zu lehren, München 1994, S. 130 f.; Report Mainz, 10 (1990).
[145]   Mansour Khalid, Nimeri and the Revolution of Dis-May, London 1985, S. 120 f.
[146]   Pretzsch, 26.6.1974. In: PAAA, Zwischenarchiv, Bd 104884.
[147]   Kahle, 9.11.1977. In: IfZ, ED 343, Bd 33.

Libyen–Äthiopien–Volksrepublik Jemen bilden und sowjetischen Einflüssen in Afrika entgegenwirken kann[148].«

1984 wurde das von der Bundeswehr und FWW aufgebaute Military Vocational Training Center in Khartum eingeweiht. Eine Beratergruppe der Bundeswehr blieb in der Lehrwerkstatt stationiert, um Fachleute für Wartung und Reparaturen auszubilden[149]. Zugleich setzte die Bundesregierung gegenüber der Öffentlichkeit die Politik der systematischen Verschleierung fort. So hielt sie eine Antwort auf die Frage des Grünen-Abgeordneten Walter Schwenninger nach Waffenlieferungen an den Sudan »nicht für angebracht«[150].

In der DDR setzte sich unterdessen der mächtige Staatssekretär Dr. Alexander Schalck-Golodkowski für eine Wiederannäherung an Khartum ein – aus rein kommerziellen Gründen. 1984 schlug er dem Wirtschaftssekretär des ZK der SED Günter Mittag vor, »in Anbetracht der schlechten Auslastung der Kapazitäten im Flugzeugwerk Dresden« auf das von der sudanesischen Luftwaffe geäußerte Interesse an einer Instandsetzung ihrer MiG-Kampfjets einzugehen[151]. Ein Jahr später gab Schalck-Golodkowski die Anweisung, »Möglichkeiten des Exports spezieller Erzeugnisse an die südsudanesische Befreiungsbewegung (SPLM) zu untersuchen und Verkaufsverhandlungen zu führen«[152]. Ob dieses Doppelspiel zustande kam, ist nicht überliefert. In jedem Fall ist aber davon auszugehen, dass die Rebellen im Süden zumindest auf indirekte Weise an ostdeutsches Kriegsgerät gelangten, da Äthiopien und – anfangs – Libyen ihre Hauptunterstützer waren. Zu Beginn des Jahres 1989 setzten sich die ostdeutschen Außenhändler in Khartum bei einem Auftrag für 500 Armee-Lkw gegen die westdeutsche Konkurrenz durch[153].

Insgesamt sank der westdeutsche Einfluss in der Endphase des Numeiri-Regimes, da die US-Administration unter Reagan zum wichtigsten Partner der sudanesischen Militärs avancierte. Nach Numeiris Sturz 1985 durch eine Volkserhebung endete die amerikanische Dominanz allerdings wieder, denn die neue Regierung vollzog eine Annäherung an den Ostblock, v.a. über enge Militärbeziehungen mit Libyen.

Das BMVg hielt derweil die Stellung in Khartum. Schwerpunkt der Ausrüstungshilfe war das dortige Ausbildungszentrum, wo eine neunköpfige Beratergruppe von Bundeswehrangehörigen stationiert blieb. Anfang 1988 vereinbarten beide Seiten ein neues Dreijahresprogramm im Umfang von 10,9 Mio. DM. Jahr für Jahr erhielten die sudanesischen Streitkräfte zudem ein größeres Kontingent an Lehrgangsplätzen für Generalstabsoffiziere und Bataillonskommandeure[154].

---

[148] Hansen, 16.3.1983. In: Bundesministerium für wirtschaftliche Zusammenarbeit, 112 K 2032, SUD RV 1983, Heft 2.

[149] Deutscher Bundestag, Drucksache (BT) 11/3971, S. 23.

[150] Deutscher Bundestag, Drucksache (BT) 10/815, S. 5 f., S. 10.

[151] Schalck 16.4.1984. In: BArch, DL 2, KoKo, Bd 05, S. 11–14.

[152] O.A., 15.8.1985. In: Archiv der Behörde des Bundesbeauftragten für die Unterlagen des Staatssicherheitsdienstes der ehemaligen Deutschen Demokratischen Republik (BStU), MfS, BKK, 1581, S. 079–082, S. 115–117.

[153] O.A., Juni 1989. In: BArch SAPMO, DY 30, Vorl. SED 18113, Bd 40744.

[154] Deutscher Bundestag, Drucksache (BT) 11/3971, S. 23; BT 11/8457, S. 1.

Wie stark die Beharrungskraft der in den Fünfzigerjahren etablierten Militärkooperation zwischen BRD und Sudan war, zeigt die Tatsache, dass sie auch nach dem
Fall der Berliner Mauer und dem Putsch islamistischer Kräfte unter General Bashir
im Jahr 1989 weiterlief. Die jährlich bewilligte Ausbildungshilfe wurde fortgeführt,
eine fünfköpfige Gruppe von Bundeswehrexperten blieb im Ausbildungszentrum
stationiert[155].

Das Engagement wurde 1990 verlängert, da das Projekt »noch nicht übergabe-
bereit« war, »um keine Entwicklungsruine zu hinterlassen«. Bis 1993 bewilligte das
BMVg neue Mittel, obwohl Bashirs Regime die irakische Invasion Kuwaits unterstützt und die US-Regierung bereits Anfang 1990 die Einstellung aller Militärhilfen
beschlossen hatte[156]. G3-Gewehre erhielt die sudanesische Armee nunmehr aus den
iranischen Arsenalen, die FWW aufgebaut hatte[157].

Fazit

Das Beispiel Sudan ist ein Sonderfall, da der Umfang der Kooperationen Rekord-
dimensionen aufwies und die Auswirkungen mit Blick auf die internen und regionalen Konflikte besonders stark waren. Allerdings stellt die jüngere Geschichte der
Region Sudan / Horn von Afrika jedoch nur eines von vielen möglichen Beispielen
dar, wie sehr die Beziehungen der beiden deutschen Staaten zur »Dritten Welt« insgesamt in den letzten zwanzig Jahren des Kalten Krieges stark von den konfrontativen Handlungsmustern aus der Zeit vor 1970 geprägt blieben, und der neuen
Entspannungs-Dynamik in den Ost-West-Beziehungen in Europa nicht entsprachen.

Die Frage, welche Funktion dieses konfrontative Verhaltensmuster der Bonner
Politik hatte, ist indes einstweilen schwer zu beantworten. Die Voraussetzungen,
Bedingungen und Folgen der Militärhilfe der beiden Staaten gerade in Afrika müssen noch näher erforscht werden. Man könnte hierin eine (zumindest scheinbar)
kontrollierbare Stellvertreterfunktion an der Südflanke der NATO sehen und von
einer Art »Übersprungshandlung« sprechen: Speziell das mit dem Sudan befasste Personal im Bundesverteidigungsministerium, dem Bundesnachrichtendienst
und im Auswärtigen Amt scheint konfrontative Denkmuster aus den Fünfziger-
und Sechzigerjahren des Kalten Krieges perpetuiert zu haben. Ein derartiges
Verhaltensrepertoire konnte in Europa und gerade im deutsch-deutschen Verhältnis
aber nicht mehr ausgespielt werden, da hier mittlerweile andere Spielregeln galten.
Mit einem Engagement in der Dritten Welt schien man weiterhin je nach Perspektive
einen Freiheits- oder Klassenkampf führen und gleichzeitig den eigenen Alliierten
Solidarität signalisieren zu können.

Inwieweit man von einer regelrechten Strategie sprechen kann, muss wegen
der eingeschränkten Zugänglichkeit der betreffenden Quellen noch offenbleiben.
Momentan stellen sich die Entscheidungsprozesse als eine Melange dar. Während

---

[155] Niedersächsischer Landtag Parlamentsprotokoll (NL) 12/14, S. 1131–1137; ebd., 12/14, S. 1475.
[156] Deutscher Bundestag, Drucksache (BT) 12/6513, S. 8 f.
[157] Jane's Defence Weekly 23.5.1992; World Weapons Review, 136 (1992), S. 14.

Staatssekretäre und Ministerialdirektoren die Richtung bestimmten, waren es letztlich vor allem Referatsleiter und Botschafter sowie ominöse Akteure wie FWW, die die Entscheidungsgrundlagen für die Spitzenebene vorfilterten. Sofern überhaupt Strategien formuliert wurden, waren sie ganz wesentlich das Resultat dieser diffusen Prozesse, Mechanismen und Automatismen innerhalb der normativen Kraft des Faktischen.

Das Erbe des »Kalten Krieges« wirkt im Sudan bis heute fort. Erhebliche Mengen der dort kursierenden Kalaschnikows stammen offenbar noch aus DDR-Fertigung. Das westliche G3 – v.a. aus saudischer, iranischer und pakistanischer Lizenzproduktion – ist das am zweithäufigsten verbreitete Gewehr. Die an den Friedensmissionen im Sudan und Südsudan beteiligte Bundeswehr ist von diesem Problem der Kleinwaffen-Proliferation direkt betroffen. Und die Geschichte droht sich unter neuen Vorzeichen zu wiederholen, da Heckler & Koch derzeit eine Lizenzfertigung für den G3-Nachfolger G36 in Saudi Arabien aufbaut[158].

---

[158] WirtschaftsWoche, 21.8.2010.

Klaus Storkmann

Solidarität und Interessenpolitik.
Militärhilfen der DDR für die Dritte Welt

Schwerpunkte und Austragungsorte des Ost-West-Konflikts werden seit längerer Zeit unter Historikern kontrovers diskutiert. Die Bedeutung der sogenannten Dritten Welt für die Geschichte des Kalten Krieges wird zunehmend erkannt, das dortige Agieren der Supermächte und ihrer Blöcke hinterfragt. Mittlerweile besteht weitgehende Übereinstimmung darin, dass Europa für die beiden Blöcke zentral war, die militärische Austragung des Systemkonflikts sich aber während der offenen und verdeckten Auseinandersetzungen zunehmend in die sogenannte Dritte Welt verlagerte[1].

Beide Seiten verfolgten ihre geostrategischen Ziele neueren und neuesten Erkenntnissen zufolge nicht nur in Europa, sondern in allen Weltregionen. Kein Staat der Welt konnte sich dem Streben von USA und UdSSR nach »globaler Dominanz« entziehen. Regionale oder lokale Konflikte entwickelten sich umgehend zu Stellvertreterkriegen innerhalb des Kampfes der Supermächte[2]. Ein Meilenstein für die Entwicklung des wissenschaftlichen Diskurses zum Thema war Odd Arne Westads viel beachtetes Buch, das mit seinem Erscheinen 2007 den Anstoß zu einer bisherige Grenzen transzendierenden Diskussion des Themas gab. Westad veröffentlichte seine Untersuchung unter dem prägnanten Titel »The Global Cold War« und betonte dabei die Bedeutung der »Interventionen in der Dritten Welt«[3].

Der folgende Beitrag bezieht sich auf die aktuelle Historikerdebatte um den global ausgetragenen Ost-West-Konflikt. Er thematisiert jedoch gleichzeitig eine

[1] Bernd Stöver, Der Kalte Krieg 1947–1991. Geschichte eines radikalen Zeitalters, München 2007; John Lewis Gaddis, Der Kalte Krieg. Eine neue Geschichte, München 2007. Zur aktuellen Debatte um Gaddis: Geir Lundestad, The Cold War According to John Gaddis. In: Cold War History, 6 (2006), Nr. 4, S. 535–542; David Painter, A Partial History of the Cold War. In: Cold War History, 6 (2006), Nr. 4, S. 527–534; John Lewis Gaddis, Response to Painter and Lundestad. In: Cold War History, 7 (2007), Nr. 1, S. 117–120.

[2] Zum Agieren der beiden Supermächte in der Dritten Welt: Heiße Kriege im Kalten Krieg. Hrsg. von Bernd Greiner, Christian Th. Müller und Dierk Walter, Hamburg 2006 (= Studien zum Kalten Krieg, 1). Ein Überblick zum aktuellen Forschungstand bzgl. sowjetischer Dritte-Welt-Politik findet sich auch in: Die Sowjetunion und die Dritte Welt. UdSSR, Staatssozialismus und Antikolonialismus im Kalten Krieg 1945–1991. Im Auftrag des Instituts für Zeitgeschichte München–Berlin hrsg. von Andreas Hilger, München 2009, S. 7–17.

[3] Odd Arne Westad, The Global Cold War. Third World Interventions and the Making of Our Times, Cambridge 2007, hier insbesondere S. 272–275.

Lücke in der bisherigen wissenschaftlichen Beschäftigung mit der DDR-Geschichte. Zwar finden die DDR-Außenbeziehungen in letzter Zeit verstärkt wissenschaftliche Beachtung[4], die militärischen Kontakte außerhalb des östlichen Bündnisses wurden dabei aber weitgehend ausgespart. Insgesamt ist die Zahl der Publikationen zu den DDR-Streitkräften und -Sicherheitsorganen zwar kaum mehr zu überblicken. In Anbetracht dessen ist es aber umso erstaunlicher, dass die außereuropäischen Auslandskontakte der NVA bislang in der Forschung allenfalls am Rande behandelt wurden.

Bis heute kursieren zahlreiche Gerüchte und Vermutungen über angebliche DDR-Militärhilfen in verschiedenen Weltregionen, die zumeist auf westlichen Pressemeldungen der Siebziger- und frühen Achtzigerjahre beruhen[5]. So zeigte beispielsweise das Hamburger Magazin »Der Spiegel« im März 1980 auf seinem Titel DDR-Soldaten in Großaufnahme, ein einmontierter Zierstreifen im Stil eines Wehrmachtsärmelbands trug die Aufschrift »Honeckers Afrika-Korps«. Das Magazin berichtete in seiner Titelgeschichte über die vermeintlichen militärischen Aktivitäten der DDR-Streitkräfte in der Dritten Welt: 2720 DDR-Militärberater seien in Afrika im Einsatz, davon allein in Angola 1000 und in Mosambik 600[6].

Der Westberliner »Tagesspiegel« verbreitete im Dezember 1978 unter Berufung auf den bayerischen Ministerpräsidenten und CSU-Vorsitzenden Franz Josef Strauß die Meldung, allein in Angola befänden sich 5000 »Soldaten der DDR-Armee«, vor allem »Elitetruppen wie etwa Fallschirmjäger«. 2000 von ihnen seien »gegenwärtig bei einer Offensive im Einsatz«[7]. Die Tageszeitung »Die Welt« hatte im Februar 1980 die Gesamtzahl der »DDR-Militärexperten« in Afrika gar mit »rund 30 000« angegeben. Zudem gebe die DDR »alljährlich mehr als 200 Millionen Mark für Kriegsmaterial an revolutionäre Kräfte in Schwarzafrika aus«[8].

Berichte über unzählige Militärberater oder gar Truppenkontingente der NVA in der Dritten Welt entsprechen innerhalb der Geschichte der NVA und der DDR-Außenpolitik einem Phänomen vom Schlage des Ungeheuers von Loch Ness. Ohne jede quellengesicherte Basis tauchen die damaligen Pressemeldungen bis in die jüngste Vergangenheit regelmäßig in Publikationen auf und werden auch in aktuellen wissenschaftlichen Veröffentlichungen unkritisch tradiert.

Dies basiert unter anderem auf Darstellungen wie jener Publikation der Akademie für Information und Kommunikation der Bundeswehr aus dem Jahr 1992, in der die solche Pressemeldungen einmal mehr kolportiert wurden: Dort heißt es, die NVA habe sich in Äthiopien an Kämpfen gegen Somalia beteiligt, in Algerien seien

---

4   Aktueller Forschungsstand in: Hermann Wentker, Außenpolitik in engen Grenzen. Die DDR im internationalen System 1949–1989, München 2007. In: Quellen und Darstellung zur Zeitgeschichte, 72 (2007).

5   Für einen erweiterten Literaturüberblick und eine umfassende Darstellung des Forschungsstands vgl. K. Storkmann, Geheime Solidarität. Militärbeziehungen und Militärhilfen der DDR in die »Dritte Welt«, Berlin 2012 (= Militärgeschichte der DDR. Herausgegeben vom Militärgeschichtlichen Forschungsamt, 21) [Phil. Diss. Helmut-Schmidt-Universität / Universität der Bundeswehr Hamburg, 2010].

6   »Wir haben euch Waffen und Brot geschickt«. In: Der Spiegel, 10 (1980), S. 42–61 und Titel.

7   Strauß berichtet von 5000 DDR-Soldaten in Angola, Der Tagesspiegel, 2.12.1978.

8   Honeckers Afrika-Korps ist 30 000 Mann stark, Die Welt, 12.2.1980.

zeitweise über 1000 NVA-Soldaten eingesetzt gewesen, in Nigeria 600, in Mosambik 500, und in Zaire hätten NVA-Spezialisten an der Invasion in Katanga mitgewirkt. Kurz: Die DDR-Armee habe den »weltpolitisch-revolutionären Expansionismus« der Sowjetunion aktiv mitgetragen[9].

Ein weiteres prägnantes Beispiel für die Lebendigkeit der alten Gerüchte liefert noch 2001 Christopher Coker in seinem Beitrag für einen Sammelband zur NATO-Geschichte. Darin bezeichnet er die DDR allen Ernstes »aufgrund ihrer militärischen Stärke« als »Hauptakteur des Warschauer Pakts in Afrika«[10].

Anfängliche Zurückhaltung bei Waffenlieferungen und die Kehrtwende 1967

In einer »streng vertraulichen« internen Aktennotiz des Afroasiatischen Solidaritätskomitee der DDR (AASK) vom November 1964 hieß es: »Waffen oder militärische Ausrüstungen haben folgende Befreiungsbewegungen in den letzten Monaten von uns abgefordert, oder, da sie wussten, dass wir prinzipiell derartige Lieferungen abgelehnt haben, vorgefühlt, ob sich unsere Haltung geändert hat«. Es folgt die Auflistung der Anfragen der simbabwischen ZAPU, der mosambikanischen FRELIMO, der angolanischen MPLA, der PAIGC aus Portugiesisch Guinea, des südafrikanischen ANC, sowie aus Ecuador für diverse lateinamerikanische Befreiungsbewegungen. ANC, FRELIMO und ZAPU hätten neben Waffen auch um militärische Ausbildung ihrer Kämpfer, die ZAPU darüber hinaus um Transportmittel gebeten. Gegenüber Anfragen nach Waffen durch andere Gruppen wie die simbabwische ZANU, die südafrikanische PAC und die mosambikanische UDENAMO habe sich das AASK »dumm gestellt, als ob wir nicht verstanden hätten, worum es geht«[11].

Auch zwei Jahre später hatte sich die Haltung der DDR-Offiziellen noch nicht verändert. Auf Anfrage des kubanischen Verteidigungsministeriums richtete Verteidigungsminister Heinz Hoffmann im November 1966 einen Fragenkatalog an Erich Honecker bzgl. der möglichen Unterstützung lateinamerikanischer Befreiungsbewegungen seitens der DDR: »Verfügt die DDR über Schulen zur Ausbildung von Kämpfern für Partisanen- oder subversiven Krieg? Ist die DDR in der Lage, Waffen und Ausrüstungsgegenstände zu liefern, die von Partisanengruppen benötigt werden? Bestehen evtl. Möglichkeiten, dass ein oder mehrere kubanische Offiziere diese Probleme in der DDR studieren bzw. sich an Ort und Stelle einen Überblick über die vorhanden Möglichkeiten verschaffen können[12]?« Honecker –

9   Dietmar Schössler, Phasen der NVA-Geschichte. In: Volker Koop und Dietmar Schössler, Erbe NVA. Eindrücke aus ihrer Geschichte und den Tagen der Wende. Hrsg. von der Akademie der Bundeswehr für Information und Kommunikation, Waldbröl 1992, S. 259–270, hier S. 269, sowie Schössler, Systematische Aspekte der NVA-Geschichte. In: Ebd., S. 271–284, hier S. 284 f.

10 »[...] given its military strength, the chief actor was the GDR.« Vgl. Christopher Coker, NATO and Africa 1949–89. An Overview, in: A History of NATO. The First Fifty Years, Vol. 1. Ed. by Gustav Schmidt, Basingstoke u.a. 2001, S. 153–171, hier S. 167–169.

11 Aktennotiz AASK, 6.11.1964. In: BArch, DZ 8/31, o. Pag.

12 MfNV, Hoffmann, an Honecker, 10.11.1966. In: BArch, VA-01/19230, Bl. 508 f.

damals Sekretär für Sicherheitsfragen des ZK der SED – notierte neben allen zitierten Fragen »nein«. Das Papier verdeutlicht, dass die DDR-Führung im November 1966 noch nicht bereit war, »Partisanenaktivitäten« in der Dritten Welt zu unterstützen. Weder sollten Kämpfer ausgebildet noch sollten Waffen und Ausrüstung geliefert werden.

Diese Zurückhaltung Ost-Berlins wirft Fragen auf: Konzentrierte sich die SED zunächst auf die (auch militärische) Stabilisierung ihrer Herrschaft im eigenen Land? Standen deshalb militärische Aktivitäten außerhalb Europas nicht auf der Agenda? Warum übte die DDR derartige Zurückhaltung, obgleich die aktive Unterstützung der Befreiungsbewegungen doch von der propagierten Ideologie gedeckt, ja gefordert war? Lag der damaligen Vorsicht eine langfristige Strategie zugrunde? Oder war möglicherweise Moskaus Einschätzung ausschlaggebend? Bedurfte es aus sowjetischer Sicht noch keiner aktiven (militärischen) Rolle der DDR außerhalb? Die überlieferten Akten geben keine klaren Antworten auf diese Fragen. Wenige Wochen später sollte sich die Position der DDR-Führung jedoch drastisch verändern.

Am 10. Januar 1967 beschloss das Politbüro kurzfristig »die Lieferung nichtziviler Güter an nationale Befreiungsbewegungen in Afrika«[13]. Der Beschluss sah vor, dass neben MfS und Volkspolizei auch die NVA militärische Ausrüstungen und Waffen aus ihren Beständen bereitstellen sollte. Als Empfänger wurden die simbabwische ZAPU, die mosambikanische FRELIMO, die PAIGC in Portugiesisch-Guinea und die angolanische MPLA benannt. In den Anlagen des Beschlusses fanden sich detaillierte Auflistungen der zu liefernden Waffen und Munitionsarten[14].

In seiner ausführlichen Begründung der Vorlage gab das Außenministerium Einschätzungen und Bewertungen der jeweiligen Lage vor Ort und zur Stellung der dortigen Befreiungsorganisationen ab. Die FRELIMO sei die »bedeutendste« und »progressivste« Befreiungsbewegung ihres Landes und suche zudem die Zusammenarbeit mit dem sozialistischen Lager. Die Militärhilfen würden daher »in Übereinstimmung mit dem außenpolitischen Prinzip der Unterstützung der nationalen Befreiungsbewegungen« erfolgen. Dies diene auch einer »außenpolitischen Schwerpunktbildung«[15].

Was im Wortlaut wie eine Einzelfallentscheidung aussah, war de facto ein richtungsweisender Grundsatzbeschluss. Darauf deutete auch der Auftrag an die Minister für Nationale Verteidigung und des Innern hin, künftig Reserven aus ihren Beständen für weitere Anforderungen bereitzuhalten. Mit diesem Beschluss änderte die DDR ihre Haltung zu Waffenlieferungen an afrikanische Befreiungsbewegungen fundamental. Galt bis dato Zurückhaltung, waren solche Lieferungen nunmehr nicht nur erlaubt, sondern wurden als Akt der »tätigen Solidarität« mit dem Kampf der afrikanischen Völker ausdrücklich gut geheißen.

---

13   Politbüro-Sitzung, 10.1.1967, TOP 15 u. Anl. 5. In: BArch SAPMO, DY 30/J, IV 2/2/1093.

14   Alle vier Empfänger erhielten die gleichen Ausrüstungen und Waffen, lediglich deren jeweilige Stückzahl variierte. Die Liste reichte von Decken und Stahlhelmen (sowjetischer Ausführung) über Scharfschützengewehre bis hin zu leichten Maschinengewehren. In: Politbüro-Sitzung, 10.1.1967 (wie Anm. 13).

15   Beschlußvorlage MfAA an Politbüro vom 2.1.1967. In: BArch SAPMO, DY 30/J, IV 2/2A/1200, Bl. 244 f.

Im selben Jahr begann die umfangreiche Lieferung militärischen Geräts, darunter Panzer und Kampfflugzeuge, an Ägypten und Syrien in unmittelbarem Zusammenhang mit dem Sechstagekrieg[16]. Wenn auch kein direkter oder gar kausaler Zusammenhang zwischen der Unterstützung der afrikanischen Bewegungen und der Hilfe die die arabischen Streitkräfte besteht, so kann das Jahr 1967 doch als Wendejahr in Bezug auf die Lieferung von DDR-Militärhilfen nach Afrika und Arabien gewertet werden.

Es ist mit großer Wahrscheinlichkeit davon auszugehen, dass die SED-Spitze diesen Richtungswechsel nicht ohne Rücksprache mit der sowjetischen Führung unternahm. Möglicherweise wurde der Politikschwenk sogar von Moskau initiiert. Aussagekräftige Quellen hierzu sind bislang nicht gefunden worden. Doch der Zeitpunkt dieses Paradigmenwechsels in der DDR steht in auffallender Parallelität zu den Bemühungen Ulbrichts, die Anfänge der »neuen Ostpolitik« der Großen Koalition in Bonn zu konterkarieren. Die Führung in Ost-Berlin fühlte sich durch diese neue Politik der Bundesregierung in die Defensive gedrängt. Ulbricht befürchtete eine Isolierung der DDR innerhalb des eigenen Lagers. Gemeinsam mit dem polnischen Parteichef Władysław Gomułka drang er daher auf die Aufrechterhaltung einer gemeinsamen Politik der Ostblockstaaten gegenüber Bonn[17].

In den Folgejahren befassten sich Politbüro und Sekretariat des ZK der SED wiederholt mit Waffen- und Ausrüstungslieferungen in die »Dritte Welt«. Waffenlieferungen an Organisationen und Regierungen resultierten nicht selten aus Aufenthalten einer DDR- beziehungsweise SED-Delegation in den jeweiligen Ländern oder aus Besuchen der Gruppen in Ostberlin.

Ausländische Bitten an die DDR und Entscheidungsprozesse

Die oftmals sehr verschlungenen Entscheidungswege innerhalb der DDR-Spitze waren in sicherheitspolitischer Hinsicht denkbar kurz und überschaubar. »Honecker kümmerte sich um alles, stand über allem[18].« Seine Paraphe »Einverstanden. EH« ersetzte die Entscheidung weiterer Gremien. Dass die formell damit beauftragten Gremien Honeckers »Einverstanden« im Nachhinein teilweise nochmals bestätigten, war nur ein formeller Akt. Die herausgehobene Position des Ersten Mannes der Partei wog in der stark personalisierten Außenpolitik während Honeckers Herrschaft besonders schwer. Dies lag nicht zuletzt daran, dass er sich die Außenpolitik als persönlichen Entscheidungsbereich reserviert hatte.

---

16   Die Militärhilfen für Ägypten ausführlich in: Storkmann, Geheime Solidarität (vgl. Anm. 5).

17   Die DDR und Polen veranlassten im Februar 1967 einen Beschluss der Außenminister der Warschauer-Pakt-Länder, der besagte, dass kein Mitglied des Ostblocks sein Verhältnis zur Bundesrepublik normalisieren dürfe, bevor die DDR dies getan habe. Diese verschärfte Abgrenzungspolitik der DDR wird auch als »Ulbricht-Doktrin« bezeichnet. Vgl. Oliver Bange, Ostpolitik und Détente in Europa. Die Anfänge 1966–1969, Habilitationsmanuskript, Universität Mannheim 2004, S. 37 f. und 847–851.

18   Horst Grunert: Für Honecker auf glattem Parkett. Erinnerungen eines DDR-Diplomaten, 2. korr. Aufl., Berlin 1995, S. 208.

Ausländische Staats-, Partei- und/oder Armeechefs wussten um die Affinität
Honeckers für die »Dritte Welt« und nutzten nach dem Beginn des neuen Kurses der
DDR in dieser Hinsicht ihre persönlichen Kontakte zu ihm, um sich dadurch neue
oder zusätzliche militärische Hilfe der DDR zu sichern. Im harten Kampf um die
Macht in Angola vor der für November 1975 geplanten Unabhängigkeitserklärung
wandte sich bspw. MPLA-Chef Neto in einem Schreiben persönlich an Honecker.
Der Brief wurde vom Militärchef der MPLA, Iko Carreira, bei seinem Besuch in
Ostberlin im August 1975 ZK-Sekretär Horst Dohlus übergeben. Dohlus führte die
Verhandlungen mit den Angolanern. Am selben Tag bestätigte der Generalsekretär
die ihm von Dohlus gemachten Vorschläge zur militärischen Unterstützung. Die
militärische Soforthilfe der DDR für die MPLA sah unter anderem vor: 10 000
Maschinenpistolen (MPi) mit zehn Mio. Schuss Munition, 10 000 Handgranaten,
4000 Splitter- und Hohlraumgranaten, dazu Stahlhelme und Uniformen[19]. In dringenden Fällen wie diesem entschied der Generalsekretär schnell und allein. Ein »formeller« Politbürobeschluss wurde nachgereicht: In der Sitzung vom 9. September
1975 bestätigte das Politbüro »auf Ersuchen« Netos die militärische Soforthilfe[20].
    Der Führer der namibischen SWAPO, Sam Nujoma, wandte sich 1979 mit sei-
ner Bitte um Ausrüstungshilfe ebenfalls direkt an Honecker. »Wir brauchen dazu
Uniformen und andere Ausrüstungs- und Bekleidungsgegenstände für die SWAPO-
Kämpfer«. Honecker gab sein Einverständnis und bat Nujoma, Details über die
DDR-Botschaft in Luanda zu klären[21]. Ausdruck der in der DDR herrschenden
nahezu alleinigen Orientierung am Generalsekretär und dessen Entscheidungen waren die Betitelungen der 1975 bis 1977 an Angola und die MPLA gelieferten militär-
technischen Güter. Jede der drei Hauptpositionen wurde überschrieben mit »Bitte«
beziehungsweise »Ersuchen des Genossen Dr. Neto an Genossen Honecker«[22].
    Honecker kümmerte sich nicht selten bis ins Detail um militärische Lieferungen.
Während seines Gespräches mit dem libyschen Staats- und Armeechef Oberst
Muammar al Gaddafi in Tripolis im Februar 1979 fragte er nach dem »tatsächlichen Bedarf« der libyschen Streitkräfte, »damit wir wissen, was Libyen wirklich
braucht«. Auf der Grundlage eines Berichts der NVA über den Stand der (geplanten) militärischen Zusammenarbeit verhandelten Honecker und Gaddafi dann
unter anderem über Hubschrauberlandeplatzbefeuerungen, Abschussgeräte für
Strela-Flugabwehrraketen und über Feldlazarette[23]. Tripolis war an einer Ausweitung
der Waffenlieferungen interessiert, allerdings unter der Bedingung, dass die DDR
Ausbilder und militärische Berater für diese Waffen nach Libyen entsende. Die
NVA-Spezialisten müssten zudem Arabisch sprechen, forderte Gaddafi. Honecker

---

19   ZK, Hausmitteilung Dohlus an Honecker, 25.8.1975 mit Vermerk Honeckers »Einverstanden
     28.8.75«. In: BArch SAPMO, DY 30, IV B, 2/12/55, 141 f.
20   Politbüro-Sitzung 9.9.1975, TOP 8 u. Anl. 5. In: BArch SAPMO, DY 30/J, IV 2/2/1580.
21   BArch SAPMO, DY 30, IV, 2/2.035/146, Bl. 5–13.
22   BArch, DC 20, 12853, Bl. 5–7.
23   Niederschrift Gespräch Honecker–Gaddafi, Tripolis, 16.2.1979. In: BArch SAPMO, DY 30, 2466,
     Bl. 62–67.

entgegnete, die Ausbildung an den Geräten würde nur in der DDR und auf Deutsch erfolgen. Dafür böte man den libyschen Soldaten aber Deutschkurse in Libyen an[24].

Neben Honecker entfaltete vor allem Werner Lamberz, nominell »nur« ZK-Sekretär für Agitation und Propaganda, im Lauf der 1970er Jahre erstaunliche Aktivitäten in Fragen der Militärhilfen für afrikanische Länder. Gemeinsam mit ZK-Abteilungsleiter Paul Markowski löste er Zeitzeugen aus dem ZK zufolge eine wahre »Afrika-Euphorie« in der SED-Führung aus und setzte sich persönlich stark für eine tatkräftige Unterstützung Afrikas durch die DDR ein[25]. Lamberz bewegte sich dabei auch auf explizit militärischem Gebiet und damit auf ureigenstem NVA-Terrain.

Neben dem südlichen Afrika und Äthiopien bildete Gaddafis Libyen einen Schwerpunkt für Lamberz' Aktivitäten in Sachen Militärhilfen. Im Dezember 1977 reiste er erstmals nach Tripolis. Gegenüber Mummar al-Gaddafi berichtete er zunächst freimütig über die militärische Unterstützung der DDR für Befreiungsbewegungen in Afrika und Nahost »sowohl durch die Ausbildung von Kadern als auch durch die Lieferung von Waffen«. Konkret nannte Lamberz Äthiopien und »die Befreiungsbewegungen in Simbabwe, Palästina und Namibia«[26]. Lamberz erklärte sich zudem »zu einer stärkeren Unterstützung der progressiven arabischen Staaten und verschiedenen Befreiungsbewegungen« bereit und bat Gaddafi ausdrücklich, der DDR bei der Herstellung entsprechender Kontakte behilflich zu sein.

Eingebettet in diese Informationen und »Bitten« trug Lamberz sein Angebot an Gaddafi vor: »Unsere Partei- und Staatsführung ist einverstanden, dem libyschen Volksstaat militärische Hilfe zu gewähren. Wir sind bereit, Offiziere und Unteroffiziere, Flugzeug- und Hubschrauberpiloten, Raketen- und Artilleriespezialisten und Aufklärer in der DDR oder in Libyen auszubilden. Wir sind zu einer umfassenden Unterstützung Ihrer Volksmarine bereit. Wir sind bereit, Waffen zu liefern [...][27].«

Im Gegenzug erbat Lamberz ohne Umschweife einen libyschen Kredit als »Startkapital«[28]. Gaddafi stellte den Kredit in Aussicht[29]. Auf die angebotene militärische Zusammenarbeit ging der Libyer nicht weiter ein, kündigte aber die Entsendung einer Delegation nach Ost-Berlin an, »die alle Fragen klären soll«. Konkret waren Gaddafis Wünsche in Sachen Waffenlieferungen für die Rebellen (»Revolutionäre«) im Tschad[30].

---

24 Niederschrift Gespräch Honecker–Gaddafi (wie Anm. 23).
25 Ulf Engel und Hans-Georg Schleicher publizierten hierzu das Ergebnis ihrer Befragung von Zeitzeugen aus der ZK-Abteilung Internationale Verbindungen. Vgl. Ulf Engel und Hans-Georg Schleicher, Die beiden deutschen Staaten in Afrika. Zwischen Konkurrenz und Koexistenz 1949–1990. In: Hamburger Beiträge zur Afrika-Kunde, 57 (1998), Hamburg 1998, S. 112.
26 Vermerk Gespräch Lamberz–Gaddafi, 12.12.1977, hier Bl. 64, 67. In: BArch SAPMO, DY 30, IV, 2/2.033/125, Bl. 60–80. Dort findet sich auch die Bemerkung, die DDR sei »gewöhnt, für Schritte der sozialistischen Länder als erste bestraft zu werden«. Nahezu ausschließlich auf das Gesprächsprotokoll vom 12.12.1977 stützte Jochen Staadt seinen im April 2008 in der FAZ erschienen Artikel über die Reise von Lamberz nach Tripolis. Vgl. Jochen Staadt, Libysche Hilfe für die DDR, in: FAZ, 21.4.2008, S. 5.
27 BArch SAPMO, DY 30, IV, 2/2.033/125, Bl. 60–80.
28 Ebd.
29 Ebd.
30 Ebd. Lamberz sagte laut seinem Reisebericht die Unterstützung der Befreiungsbewegungen nicht nur im Tschad, sondern in Oman und Dhofar und weitere Hilfe für die POLISARIO in Westsahara

Nach Rückkehr von seiner Libyenreise 1977 stellte Lamberz seine weitreichenden Pläne für die zukünftige Kooperation der DDR mit dem nordafrikanischen Land im Politbüro vor. Im Ergebnis weiterer Verhandlungen und letztlich als Resultat der von Lamberz angestoßenen Kontakte wurde im April 1978 ein erstes Abkommen über die Ausbildung libyscher Offiziere und Unteroffiziere in der DDR unterzeichnet. Es folgten 1981 ein Abkommen über die Ausbildung libyscher Kampfschwimmer und 1982 ein weiteres Abkommen über die Ausbildung libyscher Militärs[31]. Libyen bezahlte die Ausbildung seiner Soldaten mit von der DDR dringend benötigten Devisen, wie von Lamberz in Tripolis gewünscht.

Entsendung von Militärberatern und Ablehnung von Kampfeinsätzen

Trotz der Offerte an Tripolis erlauben die überlieferten Quellen die These, dass die DDR Bitten und Anfragen um Entsendung von militärischem Personal ansonsten grundsätzlich skeptisch gegenüber stand und stattdessen die Ausbildung ausländischer Soldaten in der DDR forcierte.

Ein Beispiel hierfür ist die Reaktion der NVA-Spitze auf sambische Wünsche 1979/80. »Ich möchte Sie [...] noch einmal um Hilfe und Unterstützung auf militärischem Gebiet ersuchen. Wir benötigen insbesondere dringend die Unterstützung Ihrer Genossen, die als Militärberater zu uns kommen sollten«, schrieb Sambias Präsident Kenneth Kaunda an Erich Honecker im März 1980. Verhandlungen mit DDR-Verteidigungsminister Heinz Hoffmann hätten »noch zu keiner Lösung geführt«, beklagte Kaunda[32].

Dieser hatte gemeinsam mit seinem Verteidigungsminister Gray Zulu bereits 1979 um Kampfeinsätze der NVA in ihrem Land gebeten. Konkret sollten NVA-Piloten mit ihren Maschinen den sambischen Luftraum schützen. Armeegeneral Hoffmann lehnte ab: »Der Gedanke der sambischen Seite zum Einsatz von Piloten mit ihrer Kampftechnik musste jedoch als nicht realisierbar zurückgewiesen werden«, meldete der Minister im Juni 1979 Honecker[33]. Ebenfalls 1979 äußerte der Vorsitzende der simbabwischen Befreiungsbewegung ZAPU, Joshua Nkomo, bei seinem Besuch in der DDR den Wunsch nach dem Einsatz von NVA-Offizieren (»militärische Kader«) in den ZAPU-Camps in Sambia. In seinem Bericht an Honecker hob Armeegeneral Hoffmann hervor, »unmissverständlich habe [er] dargelegt, dass eine Entsendung von militärischen Kadern der NVA politisch nicht vertretbar« sei[34].

In der Ablehnung von Berater- und Ausbildereinsätzen zeigte sich über die Einzelfälle Sambia und Simbabwe hinaus eine generelle Linie der Zurückhaltung sei-

---

zu. Ebd., Bl. 118. Im offiziellen Arbeitsprotokoll beider Seiten über die weiteren Beziehungen fand die angestrebte militärische Kooperation keine Erwähnung. Ebd., Bl. 129–132: Arbeitsprotokoll, Tripolis, 14.12.1977.

31 Ausführlich in: Storkmann, Geheime Solidarität (wie Anm. 5).

32 BArch, AZN 32640, Bl. 72–76.

33 Politbürositzung 12.6.1979, TOP 11, Anlage 10. In: BArch SAPMO, DY 30/J, IV 2/2A/2237.

34 BArch, AZN 32638, Bl. 163–165.

tens der DDR-Streitkräfte, was außereuropäische Einsätze anbelangte. Die überlieferten Aktenbeständen belegen, dass die DDR Bitten und Anfragen um Entsendung von militärischem Personal in Drittstaaten regelmäßig ablehnte.

Entgegen den zeitgenössischen westlichen Pressemeldungen lässt sich auf Basis der ausgewerteten Quellen ein über die genannten Fälle hinausgehender Einsatz von NVA-Einheiten in der Dritten Welt bislang nicht belegen. Auch in den überlieferten internen und geheimen Unterlagen finden sich keine Hinweise auf Kampfeinsätze. Kritiker und Zweifler werden sich mit einem solchen Befund nicht zufrieden geben. Sie könnten auf mögliche Aktenvernichtungen Ende 1989 oder auf den generellen Verzicht auf schriftliche Zeugnisse aufgrund der Geheimhaltung und der politischen Brisanz rekurrieren.

Da sich aber zahlreiche schriftliche Belege für andere, deutlich kleinere Einsätze von NVA-Offizieren in Drittstaaten fanden, ist die Vermutung der unterlassenen Archivierung wenig plausibel. In Anbetracht des Dokumentationseifers und des umfangreichen Meldewesens der NVA müssten sich, auch unter Berücksichtigung eventueller Aktenvernichtungen gegen Ende der DDR, Spuren davon noch heute finden. Wie zahlreiche Beispiele belegen, waren Politbüro, die ZK-Abteilungen, vor allem aber Honecker persönlich, mit nahezu allen Fragen der militärischen Auslandskontakte befasst. Ein größerer Einsatz der NVA wäre ohne deren Beteiligung und Zustimmung unmöglich gewesen. Entsprechende Hinweise hätten sich demnach in diesen Beständen finden müssen.

Auch die Rücksichtnahme auf Geheimhaltung als Motiv für eventuelle Nichtarchivierung ist auszuschließen, da die betreffenden Akten niemals für die Einsichtnahme durch die Öffentlichkeit vorgesehen waren. Vieles spricht dafür, dass die DDR-Führung tatsächlich vorsichtig agierte: Eine direkte Beteiligung von NVA-Soldaten oder gar Einheiten an Kampfhandlungen hätte vermutlich weitreichende Folgen gehabt – politische wie militärische. Dieses Risiko scheuten Ost-Berlin und Strausberg gleichermaßen. Die NVA war nicht »Honeckers Afrika-Korps«.

Dennoch waren die DDR-Streitkräfte vereinzelt im Ausland präsent. Bereits 1964 wurden zwei Militärberater in die junge ostafrikanische Inselrepublik Sansibar entsandt. Bis 1970 sind weitere 15 Unteroffiziere und Offiziere der Volksmarine zum Aufbau der Küstenverteidigung dorthin entsandt worden[35]. 1980 verlegten die DDR-Streitkräfte eine Spezialistengruppe unter Leitung eines Generalleutnants für mehrere Wochen nach Angola, um beim Aufbau des Funk- und Nachrichtenwesens zu helfen[36]. 1980/81 bildeten NVA-Offiziere in nicht genannter Anzahl Kampfschwimmer im Irak aus. Von 1980 bis 1987 unterstützten »Spezialisten« dort in ebenfalls nicht genannter Zahl den Aufbau eines Übungsplatzes des chemischen Dienstes[37].

Trotz dieser und anderer Beispiele gilt: Bei der Entsendung von NVA-Beratern agierte die DDR vergleichsweise vorsichtig. Die angesichts der eingangs erwähnten westlichen Pressemeldungen überraschend geringe Präsenz der DDR-Streitkräfte vor Ort muss vor dem Hintergrund gesehen werden, dass »nichtzivile Hilfen« nicht nur

---

35   BArch, DVW 1/114478, Bl. 70 f.
36   BArch, DVW 1/54293.
37   BArch, DVW 1/43753, Bl. 155.

durch die NVA geleistet wurde. Auch die Ministerien für Staatssicherheit (MfS) und des Innern (MdI) waren mit Experten vor Ort. Das MfS führte zudem militärische Schulungen in der DDR durch. Geschätzt waren in den Nehmerländern auch DDR-Techniker, die sich um den Ausbau der Infrastruktur kümmerten und wichtige Reparatur- und Wartungsarbeiten durchführten.

Einer der wichtigsten Empfänger militärischer Hilfe seitens der DDR war Mosambik. In dem südafrikanischen Land tobten über drei Jahrzehnte hinweg Kriege und Bürgerkriege. Im Dezember 1984 töteten oppositionelle Guerillakämpfer in Mosambik neben anderen Ausländern auch acht zivile Entwicklungshelfer aus der DDR. In Reaktion darauf entsandte die NVA im Jahr 1985 mehrere Gruppen von zum Teil hochrangigen Offizieren – darunter zwei Generale – ins Land, um im Generalstab und in Kommandos, Stäben und Einheiten vor Ort zu beraten. Primäre Aufgabe der Offiziere war die Verbesserung des Schutzes der rund 700 im Land verbleibenden zivilen DDR-Entwicklungshelfer in der Landwirtschaft, als technische Berater in Industrie und Bergbau, als Lehrer und als Regierungsberater. Daneben sollten auch die Fähigkeiten der mosambikanischen Streitkräfte gesteigert werden.

Ab Ende 1985 hielten sich ständig drei – dem Militärattaché zugeordnete – NVA-Offiziere im Land als Berater vor Ort auf. In den Akten finden sich zudem Hinweise auf eine in Mosambik eingesetzte »Ministerratsgruppe« aus Mitarbeitern des MfS und des MdI. Über den laufenden Einsatz der Offiziere vor Ort hinaus trat die mosambikanische Regierung 1985 und 1986 mehrfach an die DDR mit dem Wunsch nach weiteren Ausbildern und »Instrukteuren« der NVA heran. Im Juni 1986 ließ Armeegeneral Heinz Keßler, Hoffmanns Nachfolger als Verteidigungsminister, SED-Generalsekretär Honecker und den ZK-Sekretär für Sicherheitsfragen, Egon Krenz, wissen, dass auch er einen solchen Einsatz ablehne: Ein Einsatz von »Instrukteuren« bei der Ausbildung vor Ort wurde aus »politischen Gründen« als »nicht zweckmäßig« bewertet.

Diese »politischen Gründe« liege auf der Hand: Der mediale Druck der – wie sich im Spiegel der überlieferten Quellen herausstellte – falschen oder zumindest deutlich übertriebenen westlichen Presseberichte über »Honeckers Afrikakorps« war groß. Hätte die DDR diesen Meldungen reale Anlässe geboten, hätte sich das Presseecho noch vervielfacht – und mit ihm der politische Schaden. Das wäre von verheerenden Auswirkungen für eines der Hauptanliegen Honeckers gewesen, der Steigerung der ohnehin eher geringen internationalen Reputation der DDR. Diese stellte sich auf der internationale Bühne von Anfang an als Staat des Friedens dar. Die nach außen wie nach innen propagierte Friedenspolitik wäre durch reale (und schwerlich geheimzuhaltende) afrikanische Abenteuer konterkariert worden. Ein durch Kampfeinsätze in afrikanischen Kriegen und Bürgerkriegen zu erwartender Imageschaden konnte daher nicht in Honeckers Sinn sein. Die friedliche Koexistenz im Allgemeinen und die wirtschaftlich wichtigen Beziehungen zum westlichen Ausland (dem »nichtsozialistischen Wirtschaftsgebiet«) im Speziellen wären überschattet worden. All diese Szenarien mögen die Zurückhaltung bei der Entsendung von Soldaten beeinflusst haben.

Statt – wie von den Regierungen in Brazzaville, Maputo, Lusaka oder Tripolis gewünscht – afrikanische Streitkräfte vor Ort zu trainieren, bot die NVA wie erwähnt Ausbildungsleistungen in der DDR an. Insgesamt wurden rund 3000 Soldaten aus 22 Nationen, davon aus 19 regulären Streitkräften und drei bewaffneten Formationen beziehungsweise Parteiarmeen, bei der NVA ausgebildet. Das größte Kontingent stellte die Volksrepublik Kongo (424 Soldaten), gefolgt von Vietnam (390). Syrien ließ 355 Soldaten in der DDR ausbilden, Nicaragua 329, Libyen 283 und Mosambik 281.

Alle anderen Partner folgten mit deutlich geringeren Zahlen: Südjemen 138, Kuba 130, Afghanistan 103, Nordjemen 97, Äthiopien 79, Nordkorea 58, Laos 49, Sambia 44, Kambodscha 30, Tansania 28 und Simbabwe 15. 1989 bildeten die DDR-Luftstreitkräfte iranische Piloten und Techniker auf MiG-21 aus. Für den Irak waren 1977 zehn Sportoffiziere ausgebildet worden. Für die bewaffneten Formationen der palästinensischen PLO wurden 90 Kämpfer zu Offizieren geschult, für den militärischen Arm der libanesischen Drusenpartei Walid Dschumblatts sechs Offiziere. Zudem wurden während der Pinochet-Diktatur 21 »Mitglieder« der KP Chiles in der NVA militärisch trainiert.

Ein überraschendes Ergebnis der Untersuchung war, dass zu keinem Zeitpunkt Angolaner in den DDR-Streitkräften ausgebildet wurden. Zeitgenössische westliche Presseberichte hatten angolanische Soldaten als eines der größten Ausbildungskontingente angegeben[38].

Motive und Ziele der DDR

Analysiert man mögliche Gründe für dieses Engagement der DDR im internationalen Ringen der beiden führenden Weltmächte, so ergibt sich ein komplexes Gemenge möglicher Motivationen. Ideologie, etablierte Denk- und Verhaltensmuster des Ost-West-Konflikts, sowie DDR-spezifische Themen wie die Konkurrenz zur Bundesrepublik und das Streben nach außenpolitischer Anerkennung sowie ökonomische Ziele gehörten dazu. Generell waren die Militärhilfen keine alleinige Angelegenheit der NVA. Vielmehr wurden sie von den außenpolitischen Zielen und ideologischen Grundsätzen der »Staats- und Parteiführung« determiniert und zuweilen bis ins Detail bestimmt.

Die Streitkräfte handelten jeweils im klaren Auftrag der Parteiführung. Sowohl Machtfragen als auch eigene Interessenüberlegungen standen hinter den Entscheidungen, wem Militärhilfen gewährt wurden. Die militärische Unterstützung von Partnern in der Dritten Welt ordnete sich dementsprechend in das Verhaltensmuster der Systemauseinandersetzung zwischen Ost und West ein. Allerdings gab es darin eingebettet noch eine weitere Komponente: den Solidaritätsgedanken. Die in öffentlichen Reden, Kommuniqués und Presseberichten gern und oft betonte Pflicht zur Solidarität findet sich auch im internen Schriftverkehr und unveröffentlichten Gesprächsprotokollen wieder.

---

[38]   Zur Ausbildung ausführlich: Storkmann, Geheime Solidarität (wie Anm. 5).

Ganz offensichtlich prägte der Solidaritätsgedanke auch das Denken und Handeln vieler Entscheidungsträger in SED und NVA. Es wäre daher abwegig, ihn als Motiv auszublenden. Die überlieferten Aktenbeständen und die Zeitzeugen zeichnen ein übereinstimmendes Bild: Die Entscheidungsträger der DDR fühlten sich tatsächlich nicht nur aus ideologischen Gründen, sondern auch aus persönlicher politischer Überzeugung zur Solidarität mit den Völkern Afrikas, Asiens, des Nahen Ostens und Lateinamerikas verpflichtet. Der Solidaritätsgedanke stellt also eine weitere Facette des komplexen Motivationsgeflechts dar, das hinter der Entscheidung der DDR-Führung stand, in den ostdeutschen Streitkräfte ausländische Offiziere, Offizierschüler, Unteroffiziere und Militärärzte meist unentgeltlich auszubilden. Einzig Libyen und Syrien beglichen die gesamten Kosten für die Ausbildung ihrer Militärs – in US-Dollar; anteilig zahlte auch Tansania.

Für die anderen, ärmeren Staaten und Organisationen übernahm die DDR die Kosten für Ausbildung, zumeist auch das Taschengeld für die Trainees und sonstige Beihilfen. Im Falle von Afghanistan, Laos, Kambodscha und Nicaragua übernahm die DDR auch einen Großteil der Flugkosten für die Auszubildenden. Einer Information des Hauptinspekteurs der NVA vom März 1990 zufolge trug die DDR-Regierung insgesamt 86 Prozent der Ausbildungskosten[39]. Zahlreiche Länder und Organisationen erhielten auch militärische Ausrüstung, Bewaffnung und Munition kostenfrei. Verwundete Soldaten befreundeter Organisationen und Staaten wurden meist unentgeltlich in der DDR behandelt. Diese und weitere Beispiele zeigen, dass die DDR Gelder investierte, ohne dabei einen kurzfristigen ökonomischen Mehrwert zu erzielen.

Die Selbstverpflichtung zur Solidarität wurde sowohl aus der Ideologie als auch aus politischen Überzeugungen heraus geboren und am Leben gehalten. Der vorherrschende Tenor sei gewesen: »Wir müssen helfen«, »Wir müssen was tun«, erinnerte sich ein früherer Militärattaché der DDR in Maputo[40]. Hinzu kam, dass die DDR-Führung die afrikanischen Befreiungsbewegungen als »natürliche Verbündete« im weltweiten Kampf gegen den westlichen Machtblock betrachtete. In dieser Einschätzung trafen sich Ideologie und außenpolitisch-strategische Überlegungen.

Bei der Betrachtung der Entwicklung der DDR-Militärhilfe zeichnet sich aber auch so etwas wie eine historische Entwicklungslinie ab. So waren die DDR-Militärkontakte in den Sechzigerjahren noch primär von der deutschlandpolitischen Konkurrenz geprägt. Es ging dabei um die von der DDR vertretene Zwei-Staaten-These und das damit verbundene Ringen der DDR-Führung um internationale Anerkennung. Der Konflikt mit Bonn wurde insbesondere politisch, kulturell und über die militärtechnologische Förderung von Drittstaaten außerhalb der Blöcke ausgetragen. Militärkontakte und Militärhilfen sollten dabei die Aufnahme der po-

---

[39] BArch, AZN 32325, o. Pag.
[40] Zeitzeugengespräch Oberst (NVA) a.D. Helmut Woithe, Schönwalde, 26.11.2008. Er sah ebenso wie Botschafter a.D. Matthes in den Militärkontakten und Militärhilfen nur eine Komponente der Beziehungen zu den afrikanischen Partnern. Für beide war die militärische Kooperation eine, aber keine primäre Komponente der Zusammenarbeit. Zeitzeugengespräch Botschafter a.D. Prof. Helmut Matthes, Potsdam, 28.11.2008.

litischen Beziehungen zu Staaten vorantreiben, mit denen solche Kontakte bislang nicht bestanden, und dadurch das außenpolitische Prestige der DDR steigern.

Die DDR habe ihre Solidarität mit den Ländern der Dritten Welt immer auch als ein Instrument zur Anerkennung ihrer Eigenstaatlichkeit verstanden, wertete Friedrich Schorlemmer zutreffend[41]. In Auseinandersetzung mit der Hallstein-Doktrin, also der Drohung Bonns, die Beziehungen zu Staaten, die die DDR anerkennen, umgehend abzubrechen, entwickelte die DDR-Führung eine Gegenstrategie, die in der Außenpolitik jede nur mögliche Form von Anerkennung zu forcieren suchte. Die Führung der NVA machte sich das vom Zentralkomitee und vom Außenministerium festgelegte Ziel der Steigerung der internationalen Anerkennung und des Ansehens der DDR zu eigen und bilanzierte die Militärbeziehungen und Militärhilfen entsprechend.

Nach der Ratifizierung des Grundlagenvertrags mit mit der Bundesrepublik 1973 und der darauf folgenden diplomatischen Anerkennung der DDR durch viele Staaten aller Erdteile verringerte sich die deutschlandpolitische Motivation der NVA-Auslandsaktivitäten deutlich, existierte aber im Hintergrund bis zum Ende der DDR weiter. Belege für die dauerhafte Rivalität zur Bundesrepublik finden sich vielfach in den Gesprächsprotokollen mit Militärs und Politikern aus Entwicklungsländern und öffentlichen Verlautbarungen der DDR-Führung bis in die Achtzigerjahre.

Mitunter wird die deutsch-deutsche Konkurrenz hier und da als »absolut prägende Klammer« der Afrikapolitik beider Staaten, auch über 1973 hinaus, angeführt[42]. Dem ist zu entgegnen, dass seit Mitte der Siebzigerjahre nicht mehr die deutsch-deutsche Konkurrenz, sondern vielmehr der globale Ost-West-Konflikt die »absolut prägende Klammer« der DDR-Militärpolitik gegenüber Afrika und der übrigen »Dritten Welt« war[43].

Adressat der DDR-Militärdiplomatie war aber nicht nur das Ausland. Zugleich sollte die eigene Bevölkerung erreicht werden. Die Reisen der NVA-Spitze ins neutrale Ausland und der Empfang ausländischer Militärs sollten die internationale Anerkennung der DDR unterstreichen und dokumentieren. Gerade ausländische Besucher waren für die DDR oftmals bereits ein Wert an sich und wurden entsprechend durch die Medien begleitet. Insofern hatten die militärischen Auslandsbeziehungen für die DDR auch eine nicht zu unterschätzende innenpolitische Dimension: Die fehlende innenpolitische Legitimation setzte die SED und Honecker unter Zugzwang, auf der internationalen Bühne Erfolge vorzuweisen. So ist es nicht verwunderlich, dass die Militärhilfen und Militärbeziehungen trotz Geheimhaltung weiter Bereiche dieser Unternehmungen durchaus für die DDR-Presse- und Öffentlichkeitsarbeit genutzt wurden.

---

[41] Friedrich Schorlemmer, Vom Schlüsselwert der Solidarität oder »Vorwärts und nie vergessen ...!«, in: Freundschaftsbande und Beziehungskisten. Die Afrikapolitik der DDR und der BRD gegenüber Mosambik. Im Auftrag der Evangelischen Akademie Sachsen-Anhalt hrsg. von Hans-Joachim Döring und Uta Rüchel, Frankfurt a.M. 2005, S. 23–28, hier S. 26.

[42] Ulf Engel und Hans-Georg Schleicher, Die beiden deutschen Staaten in Afrika. Zwischen Konkurrenz und Koexistenz 1949–1990, Hamburg 1998, S. 1.

[43] Diese Wertung stützt die Position Westads und anderer im eingangs angerissenen Historikerstreit.

Neben den außen- und innenpolitischen sowie ideologischen Motiven bestand ein weiterer Konnex im Zusammenhang von militärischen Lieferungen und handelspolitischen Interessen. Die devisenschwache DDR versuchte – quasi auf dem Nebengleis der solidarischen Hilfe – natürlich auch ökonomische Vorteile zu erzielen. Rückblickend nennen nahezu alle früheren DDR-Verantwortlichen die Devisenknappheit als ein zusätzliches Motiv für die Waffengeschäfte, speziell für jene Deals, die über das MfS-kontrollierte Firmennetzwerk Alexander Schalck-Golodkowskis liefen. Ein früherer SED-Bezirkschef räumt in seinen Erinnerungen ein: »Dadurch pausenlos zur Suche nach Auswegen genötigt, haben wir auch falsche gewählt und Fehler begangen[44].«

Besondere Aktivitäten entfaltete Schalck-Golodkowski Anfang der Achtzigerjahre mit Rückendeckung des für Wirtschaftsfragen zuständigen ZK-Sekretärs Günter Mittag gegenüber Irak und Iran. Der vom Irak 1980 begonnene Krieg gegen Iran bot eine willkommene Gelegenheit, Militärtechnik, Waffen und Munition an beide kriegführenden Seiten zu verkaufen[45]. Im Oktober 1980 richtete der damals knapp ein Jahr von der islamischen Geistlichkeit regierte ölreiche Iran nach harten und verlustreichen Kämpfen gegen die irakischen Angreifer unter Saddam Hussein erstmals Wünsche nach Lieferung von Waffen und Munition auch an die DDR. Über den DDR-Militärattaché bat Teheran »dringend« um Luftabwehr- und Panzerabwehrwaffen, Geschoßwerfer, 122 mm-Geschütze und entsprechende Munition. Notwendig sei »Sofortlieferung«, die Bezahlung würde ebenfalls »sofort« erfolgen[46].

Schalck bot im Gegenzug vornehmlich heimische Produkte an, z.B. Kalaschnikow-Maschinengewehre aus DDR-Produktion und LKW des Typs IFA W50. Speziell die DDR-Lastwagen erfreuten sich einer hohen Nachfrage und stellten 1982 laut Schalck 62 Prozent der Lieferungen an die iranischen Streitkräfte dar, die restlichen 38 Prozent entfielen auf Waffen- und Munitionslieferungen. Der Gesamtumfang der von Schalck organisierten Lieferungen an das iranische Verteidigungsministerium betrug 198,2 Mio. Valutamark, jener der Lieferungen an die iranischen Revolutionsgarden 194,6 Mio. Valutamark[47].

Die SED-Führung agierte insgesamt auf diesem Sektor ihrer Außenpolitik – wie in anderen Situationen – ambivalent. Auf der einen Seite gab man hohe Summen für die »solidarische« (sprich unentgeltliche) militärische Unterstützung der Partner aus, auf der anderen Seite erwirtschafteten militärische Ausbildungsleistungen und der »spezielle« (sprich militärische) Außenhandel dringend benötigte Devisen.

Aus den im Juli 1990 vom Ministerium für Abrüstung und Verteidigung der DDR (MfAV) an das Bundesministerium der Verteidigung in Bonn gemeldeten Daten lässt sich so etwas wie eine vorläufige Abschlussbilanz der Militärhilfen der

44   Werner Eberlein, Geboren am 9. November. Erinnerungen, 2. Aufl., Berlin 2009, S. 432.
45   Dazu bereits ausführlich: Harald Möller, Geheime Waffenlieferungen der DDR im ersten Golfkrieg an Iran und Irak 1980–1988. Eine Dokumentation, Berlin 2002.
46   BArch SAPMO, DY 30, 3176, Bl. 218 f.
47   Ebd., DY 30, 3177, Bl. 245. Weitere aufschlussreiche Dokumente in: Möller, Geheime Waffenlieferungen (wie Anm. 45).

NVA für die Dritte Welt erstellen. Nach den dortigen Angaben des MfAV betrug der Gesamtwert der Unterstützung der NVA seit 1965 insgesamt rund 950 Mio. DDR-Mark. Davon entfielen rund 800 Mio. DDR-Mark auf materielle Lieferungen. Für 145 Mio. DDR-Mark wurden Ausbildungsleistungen erbracht[48]. Im Zeitraum zwischen 1965 und 1990 lässt sich für die finanziellen Aufwendungen des MfNV ein Jahresdurchschnitt von knapp 35,5 Mio. Mark errechnen, davon entfielen auf die materiellen Aufwendungen jährlich knapp 31 Mio. Mark. Die erbrachten Leistungen belasteten den prekären Staatshaushalt. Sie liegen aber deutlich unter den 200 Mio. (DDR-)Mark, die die Presse in der Bundesrepublik als jährlichen Aufwand der DDR für die militärische Unterstützung der Dritten Welt oder allein für Afrika beklagte.

»Alle Versuche ihrer eindeutigen Verortung brechen sich an den Dilemmata und Paradoxien ihrer realen Vielgestaltigkeit«, konstatierten Thomas Lindenberger und Martin Sabrow über die DDR-Geschichte[49]. Gleiches gilt auch für die Militärhilfen der DDR. In der Praxis herrschte eine komplexe und komplizierte gegenseitige Wechselwirkung zwischen Interessenpolitik und Ideologie. In diesem teils ideologisch, teils sehr realpolitisch-strategisch definierten Rahmen bewegten sich die Militärhilfen der DDR gegenüber Drittstaaten.

Der Ost-West-Konflikt spielte sich multilateral ab. Die Erforschung der Militäraktivitäten gegenüber Drittstaaten und speziell der sogenannten Dritten Welt kann daher nicht auf einzelne Akteure wie die DDR beschränkt bleiben. Vielmehr bedarf es künftig der vertieften Analyse der Abstimmungsprozesse mit Moskau und innerhalb der Warschauer Vertragsorganisation.

Handlungsspielraum der DDR gegenüber der sowjetischen Führung

Dass die DDR-Regierung weder in nationalen noch in internationalen Angelegenheiten unabhängig von der Sowjetunion agieren konnte, darüber besteht in der DDR-Forschung Einigkeit. Dennoch lohnt sich gerade im Zusammenhang mit den hier behandelten Vorgängen die Frage nach einem eventuellen Handlungsspielraum der DDR. So zeigen die vorliegenden Forschungsbefunde, dass die militärischen Auslandskontakte der DDR zwar eng mit der Sowjetunion abgestimmt waren, die DDR aber teils durchaus eigene Ziele verfolgte, was in Einzelfällen zu Interessenkonflikten mit Moskau führte.

Die Entscheidungen für oder gegen Militärhilfen für bestimmte Länder nur unter DDR-eigenen oder DDR-internen Gesichtspunkten zu bewerten, hieße, die historischen Zusammenhänge des globalen Systemkonflikts zu verkennen. Erst aus der globalen Perspektive ergeben sich einigermaßen vollständige Tableaus. Als Probe aufs Exempel bieten sich die Militärhilfen für das Regime in Addis Abeba an. Das geo-

48   MfAV, Informationsmappe für Gespräch zwischen Beauftragten des MfAV und des BMVg, Bonn, Juli 1990, o. Pag. In: BArch, DVW 1, 43753, Bl. 138–144.

49   Thomas Lindenberger und Martin Sabrow, Zwischen Verinselung und Europäisierung. Die Zukunft der DDR-Geschichte. In: Deutsches Archiv, 37 (2004), S. 123–127, hier S. 124.

strategisch bedeutsame Äthiopien wurde im Zuge der afrikanischen Entwicklungen für Moskau ein wichtiger Stützpunkt am Horn von Afrika, den es zu halten galt.

Die DDR-Streitkräfte unterstützten das Mengistu-Regime gut zwölf Jahre lang. Die militärischen Hilfeleistungen der NVA für Äthiopien setzten 1977 ein[50]. Bei der Entscheidungsfindung hierzu hatten Ost-Berlin und Havanna die Schrittmacherrolle inne[51]. Als Beleg hierfür lässt sich unter anderem ein im August 1977 verschicktes Schreiben Mengistus an Honecker heranziehen. Darin kündigte der äthiopische Machthaber an, er wolle sich in Berlin mit Honecker und Castro treffen. Gemeinsam sollten die drei Staatschefs dann nach Moskau fliegen und Brežnev überzeugen, den geplanten Hilfsleistungen zuzustimmen, schlug Mengistu laut DDR-Botschaft vor[52].

Moskau wurde tatsächlich 1977 über die einsetzenden militärischen Unterstützungsleistungen seitens der DDR und Kubas unterrichtet. Die sowjetische Führung sei über die konkrete Hilfe der DDR »auf zivilem und nicht zivilem Gebiet« informiert und schätze diese »als effektive und schnelle Hilfe [...] hoch ein«, meldete der DDR-Botschafter im Juli 1977 aus Moskau. Die sowjetischen »Organe«, vor allem der Generalstab, prüften ihrerseits militärische Hilfeleistungen[53]. Tatsächlich finden sich Hinweise, dass die Sowjetunion bereits im Juli 1977 schwere Waffen an Mengistu lieferte[54].

Weitere Ostblockstaaten schlossen sich (entgegen der bis vor wenigen Jahren weitverbreiteten westlichen Annahme von einer Monolithik des Ostblocks) den Schritten Moskaus, Havannas und Ost-Berlins offenbar nicht oder nur sehr zögerlich an – sehr zum Verdruss des sowjetischen Botschafters in Addis Abeba, Anatoli P. Ratanow[55]. Moskau wurde aber auch selbst militärisch aktiv. Im Oktober 1977 waren den Meldungen des DDR-Botschafters zufolge bereits rund 150 sowjetische Offiziere als Ausbilder und Berater eingesetzt, darunter vier Generale und zwanzig Generalstabsoffiziere[56].

Die umfangreiche militärische Unterstützung Äthiopiens unterstreicht: Die vermeintliche Solidarität war weder rein solidarisch noch politisch neutral und zweckfrei. Sie war vielmehr primär der Lagebeurteilung und den Interessen des östlichen Bündnisses und insbesondere den strategischen Interessen Moskaus untergeordnet. Weniger die Sympathie für Mengistus »Sozialismus« als nüchterne geostrategische Überlegungen dürften auch das weitere Vorgehen der Sowjetunion bestimmt haben.

---

[50] Die Militärhilfen für Äthiopien ausführlich in: Storkmann, Geheime Solidarität (wie Anm. 5).

[51] Hermann Wentker schrieb der DDR-Führung die Initiativrolle für die Hinwendung des Ostblocks zum Mengistu-Regime zu. Der geostrategische Wechsel Moskaus von Somalia hin zu Äthiopien sei der »Vorreiterrolle« Havannas und Ost-Berlins geschuldet gewesen. Vgl. Wentker, Außenpolitik in engen Grenzen (wie Anm. 41), S. 464.

[52] DDR-Botschaft Addis Abeba, 5.8.1977. In: BArch SAPMO, DY 30, IV, 2/2.033/119, Bl. 130 f.

[53] DDR-Botschaft Moskau, 16.7.1977. In: BArch SAPMO, DY 30, IV, 2/2.033/119, Bl. 11 f.

[54] Geliefert wurden den Meldungen zufolge u.a. T-34, T-55, MiG-21b, Boden-Luft-Raketen und Artillerie. DDR-Botschaft Addis Abeba, 16.8.1977 und 18.8.1977. In: BArch SAPMO, DY 30, IV, 2/2.033/119, Bl. 134 f., 137 f.

[55] Vermerk Gespräch Rauchfuß–Ratanov, Addis Abeba, 20.11.1977. In: BArch SAPMO, DY 30, IV, 2/2.033/120, Bl. 89–92.

[56] BArch SAPMO, DY 30, IV, 2/2.033/120, Bl. 6–16 und Bl. 89–92.

Wie instabil die politisch-militärischen Bündnisse der afrikanischen Staaten zu den beiden Supermächten mitunter waren, belegte eindrucksvoll der Seitenwechsel Somalias und Äthiopiens in der zweiten Hälfte der Siebzigerjahre. Der Wechsel des somalischen Machthabers Siad Barre in das Lager der USA hatte die Unterstützung des Mengistu-Regimes in Äthiopien durch die Sowjetunion zur Folge. Auf einen, wenn auch wackligen, Alliierten in der Region konnte die UdSSR vor allem militärisch nicht verzichten. Die DDR ihrerseits handelte aber keinesfalls nur als Gehilfe Moskaus. Ihre militärische Unterstützung der Regierung in Addis Abeba in den späten Achtzigerjahren entsprang zunehmend stärker eigenem DDR-Antrieb als einer Order aus Moskau.

Als im März 1988 ein neuerlicher dringender Hilferuf Mengistus Honecker erreichte, entschied dieser persönlich, dass unverzüglich zu helfen und den Bitten Mengistus nachzukommen sei. Der sowjetische Botschafter in der DDR, Vjačeslav I. Kočmassov, sei laut Krenz bereits kurz nach Eingang der Bitte Mengistus informiert worden: »Ihm wurde mitgeteilt, dass die DDR alles in ihren Kräften stehende tun wird, um Äthiopien zu helfen[57].«

Anfang April 1988 überbrachte Kotschemassow die Antwort Moskaus. Die sowjetische Führung war demnach mit den »Maßnahmen« der DDR nicht nur einverstanden, sie hatte bereits selbst »zwecks Hilfeleistung an die äthiopischen Freunde eine Reihe dringlicher Maßnahmen getroffen«. Moskau habe zudem die Absicht, mit der Führung der DDR in Fragen zu Äthiopien »in engstem Kontakt zu bleiben«. Krenz ließ Moskau ausrichten, Honecker sei »sehr einverstanden«[58]. Der Vorgang scheint ein Indiz dafür zu sein, dass noch 1988 – zu Hochzeiten der außenpolitischen Neuorientierung der Sowjetunion unter Gorbačëv – Moskau die militärische Unterstützung des Mengistu-Regimes befürwortete und selbst betrieb.

1989 liefen neuerliche DDR-Waffenlieferungen dann der neuen Linie der sowjetischen Außenpolitik bereits klar zuwider. Als die UdSSR sich unter Gorbačëv zunehmend aus der militärischen Unterstützung der Dritten Welt zurückzog, setzte die DDR ihre Militärhilfen unverändert fort, ja verstärkte diese für Äthiopien und Nicaragua[59] noch. Honecker bezog hier – gerade hier(!) – eine bewusste Gegenposition zur neuen Politik Gorbačëvs.

Am 17. März 1989 hatte ein Vertrauter Mengistus im ZK der SED die Wünsche Äthiopiens vorgetragen: Darunter fanden sich u.a. 100 Panzer T-62 »zur Verteidigung der Städte«[60]. Ebenso schnell wie die Beschlüsse in Ost-Berlin und Strausberg gefasst wurden, wurden auch die Lieferungen realisiert. Die ersten 30 Panzer erreichten bereits Mitte Mai 1989 Äthiopien[61]. Weitere 60 Panzer wurden im Juli 1989 im eritreischen Freihafen Assab entladen[62].

---

57 Hausmitteilung ZK, Krenz an Honecker, 29.3.1988. In: BArch SAPMO, DY 30, 2116, Bl. 54.
58 Ebd., 4.4.1988. In: BArch SAPMO, DY 30, 2116, Bl. 66 f.
59 Zu den Nicaraguahilfen: Klaus Storkmann, »Die Verteidigung der Revolution in Nicaragua unterstützen«. In: Erika Harzer und Willi Volks, Aufbruch nach Nicaragua. Deutsch-deutsche Solidarität im Systemwettstreit, Berlin 2008, S. 170–180.
60 BArch, AZN 8486, Bd 3, Bl. 318–328.
61 BArch, AZN 32673, Bl. 109 f.
62 BArch, AZN 8486, Bd 3, Bl. 256.

Hinweise auf Absprachen mit Moskau fanden sich in den Akten zur Panzerlieferung 1989 bislang nicht mehr. Möglicherweise handelte Honecker 1989 endgültig eigenständig und an der sowjetischen Führung vorbei. Angesichts des ohnehin zerrütteten Verhältnisses zwischen Honecker und Gorbačëv sah sich der Erste Mann der DDR möglicherweise nicht mehr genötigt, große Rücksichten auf Moskau zu nehmen. Hinzu kam die Wende der sowjetischen Äthiopienpolitik.

Gorbačëv forderte Mengistu 1989 mehrfach unmissverständlich zur Einstellung der Kämpfe und zu politischen Verhandlungen mit seinen Gegnern auf[63]. Ein früherer DDR-Diplomat gab sich davon überzeugt, Honecker habe zum einen dem bedrängten Mengistu helfen wollen. Zum anderen seien die Panzer als politische Botschaft an die sowjetische Führung gedacht gewesen, als »Kampfansage an Gorbačëv« und zugleich als Signal an das sowjetische Militär[64]. Dieser Einschätzung zufolge gingen die Panzer zwar nach Äthiopien, der politische Adressat der Lieferung war jedoch Moskau.

Bemerkenswert ist auch, wie die DDR auf der Durchführungsebene in Einzelfällen Absprachen mit der Sowjetunion unterlief, ja Moskau regelrecht hinterging. Konkret finden sich hierfür Beispiele in der Kooperation mit den ägyptischen Streitkräften in den frühen Achtzigerjahren. Sie rief wiederholt Protest von Seiten Moskau hervor. Ebenso wie die politischen und außenwirtschaftlichen Beziehungen rissen auch die Militärkontakte zwischen Kairo und Ost-Berlin beziehungsweise Strausberg nie ab, auch wenn zwischen Kairo und Moskau Eiszeit herrschte[65]. Die ökonomischen Vorteile aus den Geschäften mit Ägyptens Streitkräften waren der DDR-Führung wichtiger als die Treue zu Moskau.

Von Einzelfällen und dem grundlegendem Dissens 1989 abgesehen, wurde die Rolle der UdSSR als Hegemonialmacht durch die Entscheidungsabläufe auch in Fragen der Militärhilfen unterstrichen. Nicht in jedem Fall ist eine solche Abstimmung durch archivierten Schriftverkehr nachweisbar. Dennoch sollte Beachtung finden, was Verteidigungsminister Hoffmann 1978 gegenüber seinem sowjetischen Amtskollegen erklärte und was der als Zeitzeuge befragte langjährige Chef des Hauptstabs, Generaloberst Fritz Streletz, ausdrücklich bestätigte: »Von Seiten des MfNV der DDR wurden bisher alle Lieferungen und Leistungen zur militärischen Unterstützung von Entwicklungsländern mit dem Generalstab der UdSSR koordiniert[66].« Streletz betonte, Militärkontakte und Militärhilfen seien nie ein Alleingang der DDR gewesen. Es galt demnach die Prämisse der Rücksprache mit »Moskau«.

63　Mitteilung über Informationen des Leiters Verwaltung afrikanische Staaten im MfAA der UdSSR, vermutlich März 1989. In: BArch SAPMO, DY 30, IV, 2/2.039/298, Bl. 73 f.; DDR-Botschaft Moskau, 28.3.1989. In: Ebd., Bl. 75 f. Differenzen mit Moskau, da Gorbačëv über die Einstellung der sowjetischen Waffenlieferungen Mengistu zu Verhandlungen und einer friedlichen Konfliktlösung zwingen wollte, sahen rückblickend auch Engel und Schleicher, Die beiden deutschen Staaten in Afrika (wie Anm. 42), S. 249.

64　Der frühere DDR-Botschafter in Äthiopien, Günter Mauersberger, vermutete, Honecker wollte Gorbačëv demonstrieren, dass er Verbündete nicht fallen lasse. Gorbačëv hingegen hatte Mengistu und Äthiopien »aufgegeben«, so Mauersberger. Zeitzeugengespräch Günter Mauersberger, Berlin, 21.1.2009.

65　Zu den Militärkontakten mit Ägypten ausführlich Storkmann, Geheime Solidarität (wie Anm. 5).

66　MfNV, Hoffmann, an MfV UdSSR, Ustinov, 21.2.1978. In: BArch, AZN 30552, Bl. 14 f.

Die Zustimmung oder Ablehnung einer Militärhilfe durch die Sowjetunion war dann das entscheidende Votum[67].

Besondere Aufmerksamkeit der sowjetischen Außenpolitik fand der sich in den Sechzigerjahren zuspitzende Konflikt mit Peking. Dieser wurde auch und gerade auf dem afrikanischen Kontinent ausgetragen. Für die UdSSR galt es unter anderem, Chinas Ambitionen in Afrika einzudämmen. Um nicht selbst in Erscheinung zu treten, beauftragte die Moskauer Führung mehrfach die DDR-Streitkräfte, in verschiedenen afrikanischen Ländern – so in Sansibar 1968 und in der VR Kongo 1973 – aktiv zu werden und Peking mit materiellen Offerten und Einladungen gezielt zuvor zu kommen[68].

Der ständige Spannungsbogen zwischen sowjetischer Einflussnahme und Fremdbestimmung einerseits und nationalen Besonderheiten und Eigenintentionen andererseits trat im Entscheidungsprozeß der NVA-Auslandskontakte zu Tage. Die DDR als »Stellvertreter« und »Springer« im Auftrag der Sowjetunion zu bezeichnen[69], würde aber zu weit gehen und die Qualität der Abstimmungsprozesse zwischen Ost-Berlin, Strausberg und Moskau nicht angemessen widerspiegeln. Diese komplexen Fragen lassen sich nicht auf die verknappende Formel Eigenverantwortlichkeit contra Fremdbestimmung reduzieren.

Auch die mitunter geäußerte Vorstellung, dass jeder Ostblockstaat ein Land der sogenannten Dritten Welt nach einem »Verteilungsschema Moskaus« zu unterstützen hatte[70], lässt sich bislang durch Quellen nicht bestätigen und erscheint angesichts der ausgewerteten Schriftwechsel eher unwahrscheinlich. Der befragte frühere Chef des Hauptstabs der NVA erklärte dazu, jeder Mitgliedsstaat habe sich jeweils bilateral mit der Sowjetunion abgestimmt[71].

Globaler Kalter Krieg?

Die Auseinandersetzung der Supermächte wurde bekanntermaßen auch in der »Dritten Welt« geführt. Die diesbezügliche Bedeutung der Länder des Südens erkannten Ost und West gleichermaßen. Der Ost-West-Konflikt des »Nordens« befeuerte somit die Kriege im »Süden«. Die dortigen Konfliktparteien positionierten sich mehr oder weniger eng an der Seite einer der beiden Supermächte. Moskau und Washington gaben zum Lohn vielfältige materielle und logistische militärische

---

[67] Zeitzeugengespräch Generaloberst a.D. (NVA) Fritz Streletz, Strausberg, 12.3.2009.
[68] Dazu ausführlich in Storkmann, Geheime Solidarität (wie Anm. 5).
[69] Die Bewertung der DDR als »Stellvertreter und Springer« Moskaus in der Dritten Welt u.a. in: Harald Möller, DDR und Dritte Welt. Die Beziehungen der DDR mit den Entwicklungsländern. Ein neues theoretisches Konzept, dargestellt anhand der Beispiele China und Äthiopien sowie Irak/Iran, Berlin 2004, S. 266 f.
[70] So beispielsweise Roman Smolorz, Ostmitteleuropa im Kalten Krieg 1945–1989. In: Tagungsbericht, International Conference, East-Central Europe in the Cold War, 1945–1989, Warschau, 16.–18. Oktober 2008, http://hsozkult.geschichte.hu-berlin.de/tagungsberichte/id=2342&count=2304&recno=105&sort=datum&order=down.
[71] Zeitzeugengespräch Streletz (wie Anm. 67).

Unterstützung bis hin zu Beratern und Ausbildern. Odd Arne Westad geht sogar so weit, festzustellen, dass der Kalte Krieg primär in der Dritten Welt ausgetragen worden sei.

Eindeutig ist, dass die Systemkonfrontation die militärpolitischen Auslandsbeziehungen der DDR dominierte. Die enge Bindung an die Sowjetunion war für die DDR-Führung die raison d'être. Aus der fundamentalen Abhängigkeit Ost-Berlins von Moskau konnte und wollte sich die DDR-Außenpolitik nicht lösen. Sie stimmte ihre diesbezüglichen Aktivitäten eng mit der Sowjetunion ab. Die Rolle der UdSSR als Hegemonialmacht wurde durch die damaligen Entscheidungsabläufe auch in diesen Fragen nie in Frage gestellt.

Für die DDR waren die Militärbeziehungen zur Dritten Welt grundsätzlich in die Strategie und Ideologie der Systemkonfrontation eingebettet, dennoch blieb darin Raum für eigene Interessen. Ist für die Sechzigerjahre ein starker Bezug zur deutsch-deutschen Konkurrenz erkennbar, traten in den Siebzigerjahren zunehmend militärpolitische und ökonomische Motive in den Vordergrund.

Aber auch die Staaten des atlantischen Bündnisses waren in der Dritten Welt aktiv. Im Hinblick auf Militärhilfen, Rüstungslieferungen und Ausbildungsunterstützung der Vereinigten Staaten, Großbritanniens, Frankreichs, der Bundesrepublik Deutschland und anderer Staaten bestehen ebenfalls noch große »weiße Flecken« in der historischen Forschung.

Die DDR-Streitkräfte leisteten zwar zwischen 1964 und 1990 umfangreiche Militärhilfen. Die NVA war dennoch nicht »Honeckers Afrikakorps«, die DDR-Soldaten nicht »Europas Kubaner«. Entscheidend für die Bewertung des Umfangs der DDR-Leistungen ist deren Dimensionierung. Für die ökonomisch ohnehin schwächliche DDR bedeuteten die Militärhilfen eine zusätzliche Belastung. Für Ost-Berlin stellte sich die Frage der Prioritäten: Wie viel von dem, was ohnehin sehr knapp war, konnte an die Dritte Welt abgegeben werden? So betrachtet, leistete die DDR, gemessen an ihren eigenen Verhältnissen, erstaunlich viel, im Blick auf die Ausgaben und Leistungen anderer Staaten aber vergleichsweise wenig. Die Wertung bleibt auch in diesem Punkt nicht ohne Widersprüche: Auch wenn die NVA mehrfach an die Grenzen des Machbaren gegangen zu sein scheint, war zumindest der aus internen Statistiken herauszuarbeitende finanzielle Aufwand überraschend niedrig.

Jason Verber

An der Schnittstelle zwischen kolonialer Vergangenheit und entkolonialisierender Gegenwart. Ost- und westdeutsche Außenpolitik in Südwestafrika/Namibia

In den Siebziger- und Achtzigerjahren stellten die Bundesrepublik Deutschland und die Deutsche Demokratische Republik an der Seite ihrer jeweiligen Bündnisse diametral entgegengesetzte Akteure eines globalen Konflikts widerstreitender Gesellschaftssysteme dar. Damals war keineswegs absehbar, dass sich die Wiedervereinigung derart rasch ereignen würde, wie es dann geschah. Die Integration von West- und Ostdeutschland in das jeweilige Bündnis schien unabänderlich, in den militärisch-politischen Konflikten zwischen den beiden Allianzen engagierten sich beide deutsche Teilstaaten nach Kräften.

Mit der Entspannung zwischen den Blöcken und der Neuen Ostpolitik wurden die Konflikte und der Wettbewerb zwischen den beiden Systemen im Großen und den beiden deutschen Staaten im Kleinen nicht beigelegt, sondern verlagerten sich auf andere, weniger öffentlichkeitswirksame Ebenen.

Ein Schauplatz des globalen Kalten Krieges war Südwestafrika/Namibia. Beide deutschen Staaten entwickelten hier eine Konkurrenz, bei der sie teilweise eigene Interessen verfolgten, die nicht notwendigerweise mit den Interessen der Hegemonialmächte bzw. des jeweiligen Bündnisses (NATO und Warschauer Pakt) deckungsgleich waren. Tatsächlich konnte nur durch internationale friedensfördernde Strukturen wie die Unterstützungseinheit der Vereinten Nationen für die Übergangszeit (United Nations Transition Assistance Group / UNTAG) eine praktikable Lösung für den Bürgerkrieg in Südwestafrika/Namibia gefunden werden. Im Rahmen dieser internationalen Kooperation kam es sogar zu einer Zusammenarbeit zwischen der DDR und der Bundesrepublik, bei der beide Staaten neben einigen anderen Ländern in der Endphase des Konflikts Polizeikräfte zur Erhaltung des Friedens, Gewährleistung von Rechtsstaatlichkeit und Überwachung freier und fairer Wahlen in einen gemeinsamen Einsatz entsandten.

Das war 1989. War diese Verlegung deutsch-deutscher Polizeikräfte nach Namibia eine Art Vorläufer der Wiedervereinigung? Einerseits handelte es sich dabei nicht um das Ergebnis langfristiger Entspannung und bilateraler Zusammenarbeit. Andererseits waren die deutsch-deutschen Anstrengungen als Teil der UNTAG aber tatsächlich ein Beispiel dafür, wie schnell sich Dinge ändern konnten und wie wichtig das internationale Umfeld für die deutsch-deutschen Beziehungen war. In der Tat kam das Ende des Namibiakonflikts im Jahr 1989 beinahe genauso unerwartet wie die deutsche Wiedervereinigung.

Obwohl beide deutsche Staaten in Afrika relativ freie Hand hatten, gestalteten sie ihre dortige Außenpolitik generell natürlich im Einklang mit ihren jeweiligen Bündnispartnern. Dabei engagierten sich Ostdeutschland und die Sowjetunion zusammen mit dem Rest des Warschauer Pakts und anderen »antiimperialistischen Staaten« für die Unabhängigkeit Südwestafrikas und den Sturz des südafrikanischen Apartheidregimes, welches das Nachbarland unterjocht hatte.

Obwohl Westdeutschland und seine NATO-Verbündeten im Prinzip nicht gegen die Unabhängigkeit Südwestafrikas und mit Sicherheit nicht für die Apartheid waren, standen sie in diesem Konflikt auf der anderen Seite. Sie waren in Sorge, dass eine Veränderung des Status quo automatisch zu einer Ausbreitung des Kommunismus im südlichen Afrika und zum Verlust wichtiger wirtschaftlicher und strategischer Beziehungen führe.

Trotz der Überschattung des Regionalkonflikts durch den Kalten Krieg rechtfertigten weder Ost- noch Westdeutschland ihr Engagement bei der Umgestaltung Südwestafrikas in den neuen Staat Namibia allein oder gar vorrangig mit Bezug auf die Politik der Machtblöcke. Westdeutschland, das als NATO-Mitglied seinen Beitrag zur Verteidigung Westeuropas beisteuerte, handelte in Bezug auf Südwestafrika unter Berücksichtigung der Tatsache, dass in der ehemaligen deutschen Kolonie deutschstämmige Nachfahren der Kolonisatoren und Bundesbürger lebten[1]. Ostdeutschland, in der bevorzugten Selbstdarstellung lange Zeit als vorderste Verteidigungslinie des sozialistischen Lagers gegen einen westlichen Militarismus gepriesen, spielte in Namibia die ihm zugedachte Rolle im weltweiten antiimperialistischen Kampf, verfolgte dabei jedoch durchaus auch Partikularinteressen.

In beiden Fällen sollten bestimmte Schlüsselbegriffe, die die außenpolitischen Aktionen begleiteten, diese legitimieren. Im Fall der Bundesrepublik waren offizielle Vertreter darum bemüht, die unangenehme Realität der realen Unterstützung eines rassistischen Regimes in Südafrika zu bemänteln. Für die Deutsche Demokratische Republik suchten offizielle Vertreter Partei und Staat durch Bezüge auf den historischen Weltprozess aufzuwerten.

Der Prozess, in dem Deutsch-Südwestafrika zum unabhängigen Namibia wurde, war lang und verlief keineswegs gradlinig. In einigen wissenschaftlichen Untersuchungen, auch solchen aus Ostdeutschland, wurden die Ursprünge dieses Prozesses in den Aufständen der Herero und Nama Ende des 19. bzw. Anfang des 20. Jahrhunderts gesehen. Dies geschah mit dem Ziel, die Befreiungsbewegung der Zeit nach dem Zweiten Weltkrieg in direkte Verbindung zu diesen Vorläufern zu bringen[2]. Hier lassen sich Analogien zur Selbstdarstellung der Deutschen Demokratischen Republik in ostdeutschen Geschichtswerken feststellen.

---

[1]   Zur Wichtigkeit dieses »Verantwortungsgefühls« für die BRD um 1980 siehe: »Südwester« zwischen Tradition und Aufbruch. Verantwortungsvolle Rolle der Deutschen in Namibia. In: Neue Zürcher Zeitung, 8.11.1980, S. 5.

[2]   Dieter Schaknies, 1904. Als die Herero und Nama zur Waffe griffen. Ein Kapitel aus dem antiimperialistischen Befreiungskampf des Volkes von Namibia. In: Neues Deutschland, 30.3.1974;

In einer weniger ideologisch geprägten Beurteilung würde man wohl das Ende des Ersten Weltkriegs, als die deutschen Kolonien Völkerbundsmandate wurden, als Ausgangspunkt für diesen Prozess ansehen. Die Verantwortung für das Gebiet, das bis zu diesem Zeitpunkt Deutsch-Südwestafrika hieß, wurde zu diesem Zeitpunkt der Südafrikanischen Union übertragen. Die Union selbst war erst einige Jahre zuvor gegründet worden; sie entstand als Produkt des Südafrika-Gesetzes (South Africa Act), das im Gefolge der Burenkriege 1909 vom britischen Parlament verabschiedet worden war und welches die beiden ehemaligen Burenrepubliken und die beiden britischen Kolonien am Kap zu einem Dominion unter der britischen Krone vereinigte. Der Völkerbund fügte diesen vier Provinzen nach 1918 noch Südwestafrika hinzu, das, obgleich es selbst keine Provinz war, laut Satzung des Völkerbundes »nicht besser verwaltet werden könne [...] als nach den Gesetzen des Mandatars und als integrierender Bestandteil seines Gebiets«[3].

Die Festlegungen dieser Abschnitte aus der Satzung des 1920 gegründeten Völkerbunds, die Rolle und Verantwortung der Mandatsmächte in Bezug auf Mandate der »Klasse C« – einschließlich der ehemaligen südpazifischen Gebiete Deutschlands – beschrieben, bestimmten im Wesentlichen das Schicksal Südwestafrikas für das nächste halbe Jahrhundert. Die Union und später die Republik Südafrika hielten das Gebiet fest unter ihrer Kontrolle. Obgleich sie es nie annektierten, behandelten sie es in beinahe jeder Hinsicht als Teil des eigenen Landes. Auch wenn die Bestimmungen der Satzung eine solche Kontrolle vorsahen, war die Dauer dieser Kontrolle nicht unbedingt beabsichtigt gewesen.

Der Völkerbund wollte mit seinen Mandaten für die Völker, die »noch nicht imstande sind, sich unter den besonders schwierigen Bedingungen der heutigen Welt selbst zu leiten«, eine Art Übergang schaffen[4]. Während Mandatare wie Großbritannien und Frankreich in den ehemaligen deutschen Kolonien auch eine Möglichkeit sahen, ihre Einflusszonen zu erweitern, führte das Mandatssystem mit der Zeit nicht zur Ausdehnung der Kolonialprojekte dieser Mächte, sondern hatte einen eher mäßigenden und moderierenden Einfluss.

Dies lag daran, dass die internationale Überwachung in Form der Ständigen Mandatskommission im Endeffekt ein stärkeres Bewusstsein für Rechenschaftspflicht und Verantwortung gegenüber den Interessen der einheimischen Völker in Regionen wie Tanganjika, Togo und Kamerun förderte. Der Schwerpunkt wurde zunehmend auf »Treuhandschaft« statt auf Annexion gelegt; dies wurde nach dem Zweiten Weltkrieg weiter verstärkt, als der Völkerbund durch die Vereinten Nationen und das Mandatssystem durch das Treuhandsystem ersetzt wurden. Dieses neue System bestimmte ausdrücklich die »progressive Entwicklung zur Selbstverwaltung bzw.

Programm Aktionswoche vom 21.4.–1.5.1978. Im Auftr. des Kommunistischen Bundes Westdeutschland. In: Kommunistische Volkszeitung, 20.4.1978.

[3] Artikel 22 der Satzung des Völkerbundes vom 28. April 1919. Die Satzung selbst war Teil der einzelnen nach dem Ersten Weltkrieg geschlossenen Pariser Vorortverträge, dem Vertrag von Versailles (geschlossen am 28.6.1919), dem Vertrag von Saint-Germain-en-Laye (10.9.1919), dem Vertrag von Neuilly-sur-Seine (27.11.1919), dem Vertrag von Trianon (4.6.1920), und schließlich dem Vertrag von Sèvres (10.8.1920, revidiert im Vertrag von Lausanne, 24.7.1923).

[4] Artikel 22 der Satzung des Völkerbundes.

Unabhängigkeit« für Treuhandgebiete, die beinahe alle früheren Mandatsgebiete beinhalteten[5].

Die Ausnahme bildete Südwestafrika. Südafrika weigerte sich, die strengere internationale Überprüfung seiner Mandatschaft für Südwestafrika durch das Treuhandsystems zu akzeptieren. Obwohl die National Party in Südafrika die Apartheid erst 1948 offiziell einführte, hatten sich die schon Jahrzehnte vorher etablierte Diskriminierung und Rassentrennung in der Union auch auf ihr Mandatsgebiet ausgeweitet. Diese Politik missfiel dem UN-Treuhandrat, dessen Aufgabe es war, sicherzustellen, dass die Treuhänder »Achtung vor den Menschenrechten und Grundfreiheiten für alle ohne Unterschied der Rasse, des Geschlechts, der Sprache oder der Religion [...] fördern«[6].

Zahlreiche Bemühungen, die Mandatschaft Südafrikas zu beenden und Südwestafrika in das Treuhandsystem aufzunehmen, blieben erfolglos. So brachten zum Beispiel Äthiopien und Liberia die Angelegenheit 1960 vor den Internationalen Gerichtshof, der den Fall abwies. 1966 erklärte die Generalversammlung der Vereinten Nationen in ihrer Resolution 2145 die Kündigung des Mandats, da Südafrika seinen Verpflichtungen nicht nachgekommen sei. Fünf Jahre später entschied der Internationale Gerichtshof erneut. Diesmal befand er, dass die Präsenz Südafrikas in Namibia illegal sei und forderte den sofortigen Rückzug. Südafrika ignorierte sämtliche Entscheidungen internationaler Gremien und weigerte sich beharrlich, die Kontrolle über das Gebiet aufzugeben.

Ab Ende der Fünfzigerjahre begannen Teile der afrikanischen Einwohnerschaft Südwestafrikas/Namibias, ihren Widerstand gegen die südafrikanische Vorherrschaft zu intensivieren. Die zunächst dominierenden Organisationen wie der »Ovamboland Volkskongress« und die »Ovamboland Volksorganisation«, wurden Anfang der Sechzigerjahre von zwei konkurrierenden Befreiungsbewegungen verdrängt. Die erste, die »Südwestafrikanische Nationalunion« (SWANU), rekrutierte die Mehrzahl ihrer Mitglieder aus dem Volk der Herero. Die zweite, erfolgreichere Gruppe war der direkte Nachfolger der »Ovamboland Volksorganisation«: die »Südwestafrikanische Volksorganisation« (SWAPO); sie wurde vor allem vom Volk der Ovambo unterstützt.

Die Historikerin Lauren Dobell führt den Erfolg der SWAPO zum Teil auf die 1962 getroffene Entscheidung der Organisation zurück, sich vom einfachen Protest und von politischem Engagement zu verabschieden und zum bewaffneten Kampf überzugehen. Noch wichtiger waren jedoch die Bündnisnetzwerke der SWAPO, die es der Organisation ermöglichten, einen großen Kreis internationaler Unterstützer zu generieren[7].

---

[5]   Michael D. Callahan, Mandates and Empire. The League of Nations and Africa, 1914–1931, Brighton 1999; Michael D. Callahan, A Sacred Trust. The League of Nations and Africa, 1929–1946, Brighton 2004.
[6]   Charta der Vereinten Nationen, 26.6.1945.
[7]   Lauren Dobell, Swapo's Struggle for Namibia, 1960–1991. War by Other Means, Basel 1998 (= Namibia studies series, 3); The Transition to Independence in Namibia. Hrsg. von Lionel Cliffe, Boulder 1994; Namibia's Liberation Struggle. The Two-Edged Sword. Hrsg. von Colin Leys und John S Saul, London 1995; Laurent C. W Kaela, The Question of Namibia, New York 1996; Colin

Historiker, Politikwissenschaftler und andere haben in der Forschung zur SWAPO sowie zu Südwestafrika und Namibia dem internationalen Charakter des Konflikts große Bedeutung beigemessen – mit gutem Grund. Einerseits hat die Forschung erkannt, mit welchem Erfolg die SWAPO ihre eigenen lokalen Zielsetzungen erfolgreich zu einem regionalen und später sogar globalen Kreuzzug gegen die Apartheid und die Überreste des Kolonialismus auszudehnen verstand. Dank internationaler Unterstützung bekam die SWAPO alles, von Finanzmitteln bis hin zu Ausrüstungen. Bereitgestellt wurden diese von verschiedenen sozialistischen Staaten und linksgerichteten Parteien. Darüberhinaus erhielten SWAPO-Mitglieder von den Mitgliedsstaaten des Warschauer Paktes auch militärische Ausbildung sowie Hilfe bei der Einrichtung von Operationsbasen in Nachbarstaaten Namibias.

Andererseits haben Historiker und Politikwissenschaftler Südwestafrika/Namibia als Schauplatz einer Stellvertreterauseinandersetzung im Rahmen des Kalten Kriegs beschrieben, wobei die Westmächte, einschließlich der Vereinigten Staaten und Westdeutschlands, die dramatische Situation im Land mehr oder weniger ignorierten, und angesichts kommunistisch initiierter Aufstände und Interventionen Südafrika verdeckt und offen unterstützten[8]. Südafrika bemühte sich zum damaligen Zeitpunkt erfolgreich, sich als letzte Bastion der Demokratie im südlichen Afrika darzustellen und, was noch wichtiger ist, als letzte strategische Stellung und Schutzmacht für den ungehinderten Zugang zu den Rohstoffen des Nachbarlandes durch westliche Industrienationen innerhalb des weltweiten Kampfes gegen den Kommunismus.

Westdeutschland stand als NATO-Land natürlich auf der Seite derjenigen Parteien, die diesen Kampf unterstützten. Trotz Entspannung und Ostpolitik blieben Westdeutschland, die Vereinigten Staaten und ihre Verbündeten weiterhin engagierte Verfechter des »Containment«, dem Kampf gegen die Ausbreitung des Kommunismus; berühmte Beispiele hierfür sind der Krieg der USA in Vietnam, aber auch die heimliche Unterstützung Portugals durch Westdeutschland und andere westeuropäische Staaten im Kampf dieser Kolonialmacht gegen kommunistisch unterstützte Befreiungsbewegungen in Afrika.

Dieses Engagement verwies auf einen Glauben an die Ideale der Demokratie und der freien Marktwirtschaft, aber auch auf einen gewissen Grad an realpolitischem Pragmatismus. Zum Einen verbargen sich hinter vielen schönen Sonntagsreden handfeste wirtschaftliche Interessen. Westdeutsche Unternehmen hatten von Projekten im portugiesischen Afrika enorm profitiert, nicht zuletzt vom ökologisch verheerenden Cabora Bassa Staudamm[9]. Dasselbe galt für Südwestafrika und

---

Leys, Histories of Namibia. Living Through the Liberation Struggle. Life Histories Told to Colin Leys and Susan Brown, London 2005.

[8] Lauren Dobell argumentiert, dass der Erfolg der SWAPO darauf zurückzuführen ist, dass die Organisation in der Lage war, eine Vielzahl von Umständen abzuwägen und eine Reihe von »Sprachen« zu sprechen – die Sprache Afrikas, der VN, die Sprache des Kalten Krieges etc. Dobell, Swapo's Struggle for Namibia (wie Anm. 7), S. 37.

[9] Labanta Negro vom 10.2.1968. In: BArch SAPMO, DY 30, IV, A 2/20/920; Überall Deutschland. In: Der Spiegel, 15.12.1969; Jens Gundlach, Bonn steht zu seiner Bürgschaft für Cabora Bassa. In: Die Welt, 8.4.1971; Deutsches Komitee für Angola, Guinea-Bissau und Moçambique,

Südafrika, wo sich Westdeutschland und seine NATO-Verbündeten nicht nur den Zugang zu wertvollen Rohstoffen wie Kupfer, Gold, Silber, Blei, Zinn und Uran sicherten, sondern auch den Wirtschaftsinteressen dienten, die mit der Ausbeutung dieser Ressourcen verbunden waren. Die Rössing Uranium Mine in Südwestafrika zog Investitionen der 1967 gegründeten und in Staatsbesitz befindlichen westdeutschen Urangesellschaft mbH (Frankfurt a.M., 1992 an Frankreich [Cogema bzw. heute Areva] verkauft) und der westdeutschen Regierung an. Zwischen 1976 und 1986 deckte die namibische Mine 30 Prozent des westdeutschen Uranbedarfs und versorgte Reaktoren der Nordwestdeutsche Kraftwerke AG (heute E.ON Energie) sowie der Rheinisch-Westfälischen Elektrizitätswerk AG (RWE)[10].

Führende Vertreter Westdeutschlands und die westdeutsche Öffentlichkeit blickten aber auch zunehmend auf das Schicksal der in Südwestafrika lebenden Deutschen und deutschstämmigen Siedler, um ihre Unterstützung des südafrikanischen Vorgehens gegen die marxistischen Befreiungsbewegungen Südwestafrikas, insbesondere die »Südwestafrikanische Volksorganisation« (SWAPO), zu rechtfertigen.

Dabei geriet auch die Geschichte der deutschen Besiedelung Südwestafrikas wieder in den Blick. Diese hatte schon vor der Gründung der Kolonie im Jahre 1884 begonnen, allerdings kam es erst um die Jahrhundertwende zu einer umfassenden Zuwanderung aus dem Reichsgebiet. Doch selbst damals blieb die Gesamtzahl der Deutschen, die vor dem Ersten Weltkrieg in der Kolonie lebten, relativ gering. Sie lag bei etwa 12 000. Obwohl viele Deutsche nach dem Krieg vertrieben wurden, blieben etwa 6000 vor Ort. Innerhalb weniger Jahre kamen wieder Hunderte weitere hinzu[11]. Darüber hinaus brüsteten sich führende Vertreter Südafrikas nach dem

---

»Betreff: 1) Militärhilfe BRD–Portugal. 2) Mitarbeit einer 6. deutschen Firma am Cabora Bassa Projekt. 3) NATO-Mitglied Norwegen unterstützt Befreiungsbewegungen in den portugiesischen Kolonien«, vom November 1971. In: Archiv der sozialen Demokratie (AdsD), SPD-Bundestagsfraktion 6. WP, 391; Fragestunde. In: Deutscher Bundestag 6, Nr. 164 (21.1.1972), 9456–9461; SPD-Bundestagsfraktion, 7. WP, 166, »Kleine Anfrage der Abgeordneten Walkhoff, Däubler-Gmelin, Hansen, Schäfer (Appenweier), Prof. Dr. Slott, Möllemann, Dr. Bangemann und Kollegen betr.: Lieferung von Waffen und militärisch verwendbaren Ausrüstungsgütern durch die Bundesregierung und Firmen der Bundesrepublik Deutschland an Portugal und deren Einsatz in den portugiesischen Kolonien Angola, Guinea-Bissau und Moçambik«, o.D. 1973. In: AdsD; Fragestunde. In: Deutscher Bundestag 7, Nr. 21 (16.3.1973), 1007–1020; Imperialismus heute, vom 30.7.1973. In: Deutsches Rundfunkarchiv Berlin (DRA), Schriftgutbestand Fernsehen, Bestand Der schwarze Kanal, E084-05-02/0003/032, Nr. 695; Keine Waffen für Unabhängigkeitskrieg. SPD-Abgeordnete fordert Druck auf Portugal / Hilfe für Südwestafrikaner. In: Frankfurter Allgemeine Zeitung, 14.9.1973; Anlage 12, in: Deutscher Bundestag 7, Nr. 52 (21.9.1973): 2952–2953; Kolonialisten geben nicht auf, vom 11.8.1975. In: DRA, Schriftgutbestand Fernsehen, Bestand Der schwarze Kanal, E084-05-02/0003/135, Nr. 799; Menschenhändler und Waffenhändler, vom 2.7.1984. In: DRA Berlin, Schriftgutbestand Fernsehen, Bestand Der schwarze Kanal, E028-00-06/0004/027, Nr. 1245.

10 Eppler warnt vor Bundeshilfe für Südwest-Uranprojekt. In: Die Welt, 19.11.1970; Nr. 799 Kolonialisten geben nicht auf (wie Anm. 9); Teufels Großmutter. In: Der Spiegel, 30.6.1980; Joachim Drews, Wie zwei gefährliche Skorpione in der Flasche. In: Deutsches Monatsblatt, Juli 1982.

11 Guido G. Weigend, German Settlement Patterns in Namibia. In: Geographical Review, 75 (1985), Nr. 2, S. 163; Daniel Joseph Walther, Creating Germans Abroad. Cultural Policies and National Identity in Namibia, Athen 2002, S. 112–114.

Zweiten Weltkrieg, dass Südafrika – und vor allem Südwestafrika – zum häufigsten Ziel deutscher Emigranten geworden sei[12].

Obwohl die politischen Parteien Westdeutschlands hinsichtlich der Lage in Südwestafrika unterschiedliche Standpunkte vertraten, waren sie sich einig, dass die Bundesrepublik gegenüber den Deutschstämmigen dort besondere Verantwortung trage. So erklärte ein CDU-Politiker 1976: »In Südwestafrika stehen erhebliche westliche Interessen auf dem Spiel, aber auch das Schicksal zahlreicher Deutscher[13].« In ähnlicher Weise erklärte die CDU/CSU Bundestagsfraktion 1981: »Aufgrund historischer Verbindungen mit diesem Land sowie wegen der dort lebenden deutschen Staatsbürger und deutschstämmigen Südwester hat die Bundesrepublik Deutschland ein besonderes Interesse an einer friedlichen Lösung auf der Grundlage freier Wahlen« – einer Lösung, die »unter dem terroristischen Druck der SWAPO« unmöglich sei[14].

Sowohl in der Opposition als auch – von Oktober 1982 an – in der Regierung wies die CDU/CSU wiederholt auf diese Interessen und die Verantwortung für die dort lebenden Landsleute hin, um die Vorschläge der SPD für Verhandlungen und zur Zusammenarbeit mit der SWAPO zu diskreditieren: »Immer wieder hat die Bundesregierung, die alte wie die jetzige, ihre besondere Verantwortung für jenen Teil der Welt bekundet: weil dieses Gebiet einmal deutsch war und heute noch viele deutsche Siedler dort leben[15].« Auch waren die Konservativen in der CDU/CSU nicht die Einzigen, die aufgrund der dort lebenden deutschen Minderheit eine »besondere Verantwortung« gegenüber Südwestafrika/Namibia propagierten[16]. Stimmen der äußersten Rechten nutzten eine ähnliche Taktik, um die vermeintlich SWAPO-freundliche Regierungspolitik anzugreifen. So erschien zum Beispiel in einer rechtsextremen Zeitung ein Artikel, in dem Außenminister Hans-Dietrich Genscher beschuldigt wurde, sich »mehr um das Wohl schwarzer Terroristen als um die Zukunft friedlicher Deutschsüdwestafrikaner [zu kümmern], die mit ihrer fleißigen Aufbauarbeit dort das gleiche Heimatrecht erworben haben wie etwa die Dänen in Südschleswig«[17].

---

12 Schreiben von Rudolf Holzhausen an das Auswärtige Amt, Betr.: Bisheriger Commercial Secretary bei der Südafrikanischen Gesandtschaft in Köln, J. Smit, vom 21.3.1952. In: Politisches Archiv des Auswärtigen Amtes (PAAA), Bestand B 11 (Länderabteilung), 986, Bl. 90 f., hier Bl. 90.

13 Zu dem Problem SWAPO (South West Africa People's Organization) erklärt der CDU-Bundestagsabgeordnete Dr. Alois Mertes (Gerolstein). In: CDU/CSU Fraktion im Deutschen Bundestag Pressedienst, 5.3.1976.

14 Manfred Wörner, Hans Stercken und Hans H. Klein, Im Hinblick auf die Beratungen über die Unabhängigkeit Südwestafrikas/Namibias, die jetzt in ein entscheidendes Stadium treten, erklären der stellvertretende Vorsitzende der CDU/CSU-Bundestagsfraktion, Dr. Manfred Wörner, sowie die Mitglieder des Auswärtigen Ausschusses Dr. Hans Stercken und Hans Klein (München) (CSU) folgendes, in: CDU/CSU Fraktion im Deutschen Bundestag Pressedienst (24.3.1981), 3; Hans Stercken, Nachrüstungsbeschluß für Namibia. Macht SWAPO-Druck demokratische Wahlen zur Farce? Deutschland-Union-Dienst, 15.12.1982.

15 Karl-Heinz Hornhues, Namibia. 1989 unabhängig? Unsere besondere deutsche Verantwortung. In: Deutschland-Union-Dienst, Nr. 154, 15.8.1988, S. 4.

16 Karl-Heinz Hornhues und Alois Graf von Waldburg-Zeil, Namibia braucht Unterstützung der Bundesrepublik Deutschland. In: Deutschland-Union-Dienst, 27. 1.1989.

17 »Lump, Verräter, Schwein!« Genscher im Siedekessel südwestafrikanischen Volkszornes. In: Deutsche-National-Zeitung, 20.10.1978.

Die CDU und CSU besaßen keineswegs ein Monopol auf eine derartige Aus-
drucksweise. Möglicherweise in Reaktion auf Kritik von Seiten der Rechten brachte Außenminister Genscher mindestens einmal seine Sorge um die »Namibia-
Deutschen« zum Ausdruck, und die SPD akzeptierte generell die Prämisse, dass die
deutsche Minderheit in Namibia bei der Formulierung westdeutscher Antworten
und Politik in Bezug auf Südwestafrika/Namibia mindestens genauso viel Rücksichtnahme verdiene wie die einheimischen Völker[18].

Dies war, wie eine Zeitung feststellte, eines der wenigen Themen, bei dem
sich alle Seiten auf einen gemeinsamen Standpunkt einigen konnten: »In einem
grundsätzlichen Punkt der höchst kontrovers geführten Diskussion um Namibia
sind alle im Bundestag vertretenen Parteien einig: Auf Grund der historischen
Hypothek gegenüber der ehemaligen deutschen Kolonie habe die Bundesrepublik
eine besondere Verantwortung in den internationalen Bemühungen zur Lösung des
Entkolonisierungskonflikts[19].«

Dennoch hielt die SPD an der Überzeugung fest, dass die SWAPO trotz all ihrer
Fehler die beste Vertreterin der afrikanischen Interessen in Südwestafrika/Namibia
sei. Infolgedessen vollführte die Partei eine Gratwanderung: Willy Brandt, der
Vorsitzende der SPD, versicherte SWAPO-Führer Sam Nujoma, dass sich seine Partei
ihrer Verantwortung bewusst sei – für Namibia und die dort lebenden Deutschen[20].
Andere Parteien schlossen sich dieser Rhetorik der Verantwortung ebenfalls an: die
FDP rechtfertigte die Entsendung westdeutscher Polizeikräfte als Teil der UNTAG
wie folgt:

»Unser Land trägt für Schicksal und Zukunft Namibias eine besondere
Verantwortung. Das ist als Prinzip auch von allen Fraktionen immer wieder betont
worden. Die enge Verknüpfung zwischen uns und diesem Land im südlichen Afrika
ergibt sich zum einen aus der Geschichte, zum anderen aus der Tatsache, daß in
der ehemaligen deutschen Kolonie eben noch sehr viele Deutsche leben, die einen
mit einem Paß der Bundesrepublik Deutschland in der Tasche, viele andere zwar
nicht mehr als deutsche Staatsbürger, sehr wohl aber mit der engen Verbindung zur
Heimat ihrer Vorväter im Herzen und, durchaus wörtlich, auf den Lippen[21].«

Die wohlfeile Versicherung, sich um das Schicksal Deutscher und Deutsch-
sprachiger in Südwestafrika zu sorgen, reichte von der politischen Rhetorik bis zum
öffentlichen Diskurs in Westdeutschland. Die westdeutsche Presse maß den entsprechenden Zahlen große Bedeutung bei: »In dem Land von der zweifachen Größe
Frankreichs leben unter 700 000 Farbigen 6500 Deutsche mit Bundespaß, 1500

18   Genscher: Sorge um Namibia-Deutsche. Treffen mit Swapo-Führer Nujoma in Paris / Für UN-
     Lösungsplan. In: Frankfurter Allgemeine Zeitung, 20.2.1984; Lenelotte von Bothmer, Keine Hilfe
     durch Waffen. Die deutsche Haltung zu Namibia. In: SPD-Pressedienst, 28.12.1976, S. 3.
19   Henning Melber, Namibia-Politik. Umgang mit einer »historischen Hypothek«. Afrika-Experte
     bilanziert das Bemühen Bonns um einen Unabhängigkeitsplan für die ehemals deutsche Kolonie,
     in: Frankfurter Rundschau, 22.6.1987.
20   Bernt Conrad, Nujoma droht Deutschen in Namibia. Swapo-Chef attackiert Bonn wegen angebli-
     cher Waffenlieferungen nach Südafrika. In: Die Welt, 29.5.1981.
21   Ulrich Irmer, BGS-Entsendung ausgesprochen nützlich und notwendig. In: FDP Plenum heute,
     Nr. 926, 15.9.1989.

Doppelstaatler mit Bonner und einem anderen Paß und 17 000 Deutschstämmige.« Andere Schätzungen reichten bis zu 30 000 Deutschstämmigen[22].

Einzig in der außerparlamentarischen Linken gab es Stimmen, die die Meinung vertraten, dieses Verantwortungsbewusstsein sei fehl am Platze. Auf einem westdeutschen Flugblatt für die Freiheit Namibias wurde denn auch gefragt: »Warum geht uns das was an?« Die Antwort: »Schon zur deutschen Kolonialzeit wurden die Bodenschätze Namibias ausgebeutet, die Bevölkerung unterdrückt. Die Hereros, die sich der Herrschaft widersetzten, wurden von deutschen Kolonialstreitkräften niedergemacht, 80 Prozent von ihnen ausgerottet. Die Unterdrückungsmethoden der Südafrikaner waren nicht weniger brutal[23].« Das Flugblatt bezog sich auf den von der Deutschen Schutztruppe 1904 und 1905 begangenen Völkermord, dem auch etwa 50 Prozent der Nama zum Opfer fielen.

Generell konzentrierte sich die Aufmerksamkeit in der Bundesrepublik auf die Deutschen, nicht auf die Namibier; auf deutsche Opfer, nicht die afrikanischen. Die SWAPO erkannte das als wirksamen Hebel, um Westdeutschland unter Druck zu setzen. Ihr Generalsekretär Sam Nujoma drohte 1981: »Wenn die Eskalation des Krieges [in Südwestafrika] weitergeht, werden die Namibia-Deutschen sterben. Und wir werden die Bundesrepublik Deutschland dafür verantwortlich machen, weil sie das rassistisch-kolonialistische Südafrika mit Geld und Waffenlieferungen unterstützt[24].«

Mit solchen Stellungnahmen machte sich die Befreiungsbewegung bei den Westdeutschen, die in den Siebzigerjahren einiges an marxistischem Terror zu ertragen hatten, nicht gerade beliebt. Die Ähnlichkeiten zwischen der Taktik radikaler Gruppen wie der Roten Armee Fraktion (RAF) in Westdeutschland und Gruppen, die von der Sowjetunion, der DDR und Kuba im südlichen Afrika unterstützt wurden, waren kaum zu übersehen. Dazu gehörten Autobomben, Entführungen und Angriffe auf Regierung, Polizei und militärische Einrichtungen[25]. In diesem Kontext ist es nicht verwunderlich, dass in Westdeutschland viele der Meinung waren, dass ein von Weißen geführtes Südafrika die letzte Bastion der Demokratie und der freien Marktwirtschaft sei.

Westdeutschland engagierte sich nicht nur innenpolitisch, sondern auch auf internationaler Ebene zugunsten der Deutschen und Deutschsprachigen in Namibia. Die Bundesrepublik unterhielt trotz internationalen Drucks während der südafrikanischen Besatzung in der ehemaligen Kolonie jahrelang ein Konsulat. Und als die Vereinten Nationen 1976 eine Resolution verabschiedeten, die den Namibiern das

---

[22] Genschers Afrika-Kurs. In: Der Spiegel, 3.11.1975; Harald Ganns, Afrikapolitik. In: Bayernkurier, 13.8.1977; »Südwester« zwischen Tradition und Aufbruch. Verantwortungsvolle Rolle der Deutschen in Namibia. In: Neue Zürcher Zeitung, 8.11.1980; Florian Stumfall, Hoffnungen nach der Bonner Wende. Deutsche in Südwestafrika. In: Bayernkurier, 9.10.1982; Ungewisse Zukunft für Namibias Deutsche. Schwierige Identitätssuche der »Südwester«. In: Neue Zürcher Zeitung, 17.7.1983, S. 5.

[23] Freiheit für Namibia, Anti Apartheid Bewegung Mitgliederrundbrief, 12.12.1975.

[24] Nujoma droht Deutschen (wie Anm. 20).

[25] Die RAF und der linke Terrorismus. Hrsg. von Wolfgang Kraushaar, Hamburg; Willi Winkler, Die Geschichte der RAF, Berlin 2007; Stefan Aust, Der Baader-Meinhof-Komplex, Hamburg 2008.

Recht zuerkannte, für ihre Unabhängigkeit zu kämpfen, enthielt sich Westdeutschland der Stimme. Dabei verwies die Bundesregierung erneut auf die Sorgen um das Schicksal weißer Siedler und sprach sich für Verhandlungen zur Reduzierung von Instabilität und Unruhen aus[26]. Obwohl nicht in solche Begriffe gefasst, verfolgte Westdeutschland letztendlich in Südwestafrika eine stärker (und kompromissloser) antikommunistische Außenpolitik als die meisten seiner NATO-Partner[27].

Im Gegensatz zu westdeutschen Sorgen um deutsche und deutschsprachige Siedler in Südwestafrika stellten die ostdeutschen Medien den Entkolonialisierungsprozess im südlichen Afrika in den Mittelpunkt ihrer Berichterstattung. Sie porträtierten jene Afrikaner, die für ein Ende der südafrikanischen Besatzung des Landes kämpften, und feierten insbesondere den bewaffneten Kampf der SWAPO gegen das als verbrecherisch angeprangerte südafrikanische Besatzungsregime. Die DDR bzw. die SED ließen nichts unversucht, um die Bemühungen der SWAPO – und die eigene Unterstützung dieser Bemühungen – als jüngste Episode in einem gemeinsamen, weltweiten antiimperialistischen Kampf einzuordnen, der bis ins 19. Jahrhundert zurückreiche. Diese Charakterisierung basierte auf den Idealen des Marxismus-Leninismus, zeigte aber auch den politischen Pragmatismus des Kalten Krieges, da Ostdeutschland gleichzeitig intensiv darum bemüht war, politische und wirtschaftliche Verbindungen außerhalb der Satellitenstaaten der Sowjetunion auf- und auszubauen und sich selbst sowohl im Inland als auch im Ausland weiter zu legitimieren.

Genau wie für Westdeutschland waren der Handel bzw. wirtschaftliche und geostrategische Interessen ein wichtiger Faktor für das außenpolitische Engagement der DDR im südlichen Afrika. Die ostdeutsche Gesellschaft befand sich in einer prekären Lage, sie balancierte zwischen der provokant zur Schau gestellten Konsumgesellschaft Westberlins, Westdeutschlands und Westeuropas und dem wesentlich niedrigeren Lebensstandard im restlichen Ostblock. Trotz größtmöglicher Anstrengungen von Partei und Staat hatte es die ostdeutsche Wirtschaft bis zu diesem Zeitpunkt nicht vermocht, mit ihrem westdeutschen Pendant gleichzuziehen.

Allein um den Lebensstandard aufrechtzuerhalten, den die ostdeutsche Gesellschaft erreicht hatte – und der höher war als andernorts in Osteuropa –, mussten von dem rohstoffarmen Land Energieträger und Verbrauchsgüter in erheblichem Umfang importiert werden. Die daraus folgende negative Handelsbilanz verschärfte die Notwendigkeit, den Handel mit potenziellen Märkten für ostdeutsche Waren zu intensivieren. Führende ostdeutsche Politiker sahen in Namibia genau dieses Potenzial. »Aus der langjährigen traditionellen solidarischen Haltung der DDR zur SWAPO ergeben sich nutzbare Möglichkeiten für die Entwicklung gegenseitig vorteilhafter politischer und außenwirtschaftlicher Beziehungen mit dem unabhängigen Namibia[28].«

---

[26] Lenelotte von Bothmer, Keine Hilfe durch Waffen. Die deutsche Haltung zu Namibia. In: SPD-Pressedienst, 28.12.1976.

[27] Selbst die USA war zu diesem Zeitpunkt bereit, die SWAPO als Verhandlungspartner zu akzeptieren, siehe Alex Thomson, U.S. foreign policy towards apartheid South Africa, 1948–1994. Conflict of interests, New York 2008, S. 73.

[28] Minister für Auswärtige Angelegenheiten und Abt. Internationale Verbindungen, »Vorlage für das Sekretariat des ZK der SED«, o.D. [1989], S. 15–20. In: BArch SAPMO, DY 30/J, IV, 2/3A/4821.

Als sich ostdeutsche Polizeikräfte auf ihre Teilnahme am UN-Friedenseinsatz UNTAG in der vom Bürgerkrieg zerrissenen Region im südlichen Afrika vorbereiteten, sahen führende ostdeutsche Politiker darin willkommene Gelegenheiten: »Die Anwesenheit von DDR-Bürgern in Namibia könnte genutzt werden, detailliertere Kenntnisse über das Land zu erlangen, was künftige Schritte zur Entwicklung politisch-diplomatischer, ökonomischer und kultureller Beziehungen der DDR mit einem unabhängigem Namibia erleichtern würde[29].«

Wie ihre Amtskollegen im Westen rechtfertigten die ostdeutschen Politiker ihre Außenpolitik mit einer Verantwortung, allerdings in diesem Fall nicht gegenüber den dort lebenden Deutschen oder Deutschsprachigen, sondern gegenüber den unterdrückten indigenen Völkern. Die Staatspropaganda stellte dabei Parallelen her zwischen den Befreiungsbewegungen in Afrika und dem Kampf von DDR bzw. SED gegen die Machenschaften des Imperialismus: »Die Deutsche Demokratische Republik ist ein fester und wesentlicher Teil dieser antiimperialistischen Einheitsfront. Sie steht an einem Abschnitt des Kampfes, der für alle antiimperialistischen Kräfte wichtig ist und der die Kampfbedingungen aller wesentlich mitbestimmt[30].« Die SED hatte sich seit langem als »progressiver« Streiter in diesem Klassenkampf definiert und den ostdeutschen Staat als endgültigen Triumph der deutschen Arbeiterklasse über Imperialisten und Kapitalisten dargestellt.

Die ostdeutsche Propaganda zog dabei auch direkte Parallelen zwischen ostdeutschen Erfahrungen und denen der Namibier. Erich Honecker beschrieb gegenüber Vertretern der Befreiungsbewegung, wie Ostberlin und ganz Ostdeutschland dank der Tatkraft der DDR-Staatsbürger und der Anstrengungen der DDR um die Sicherung des Friedens »aus den Ruinen des Zweiten Weltkriegs entstanden« sei. »Wir werden bestrebt sein [...] Ihnen in Ihrem schweren Kampf zu helfen. Für Sie ist der Kampf gegen das Apartheidregime, für die Befreiung Namibias noch viel schwieriger als unser tagtäglicher Kampf um den Wiederaufbau. Aber jetzt sind wir soweit und möchten mit Erfolg in dieser Richtung weiterwirken[31].« Der lange harte Kampf gegen den Imperialismus sei nicht ein abstraktes Ringen, sondern ein täglicher Kampf, der von den Völkern in Namibia und Ostdeutschland gleichermaßen geführt werde.

Konkret beinhaltete die Unterstützung der DDR für die SWAPO Solidaritätssendungen mit Decken, Medikamenten und Uniformen sowie die Berufsausbildung für Abgesandte der Befreiungsbewegung in der DDR, außerdem reisten DDR-

---

29 Minister für Auswärtige Angelegenheiten, »Vorlage für das Sekretariat des ZK der SED. Betreff: Teilnahme der DDR an der Gruppe der Wahlbeobachter im Rahmen der zivilen Komponente der UN-Gruppe zur Unterstützung des Überganges Namibias in die Unabhängigkeit (UNTAG) im Zeitraum Oktober-November 1989«, 22.8.1989, S. 12–14. In: BArch SAPMO, DY 30/J, IV, 2/3A/4868.

30 Afro-Asiatisches Solidaritätskomitee in der Deutschen Demokratischen Republik, »Tagung der Afro-Asiatischen Solidaritätskomitees der DDR am 10.12.1965. Referat«, 10.12.1965. In: BArch SAPMO, DY 30, IV, A 2/20/113.

31 »Stenografische Niederschrift des Gesprächs des Generalsekretärs des Zentralkomitees der SED und Vorsitzenden des Staatsrates der DDR, Genossen Erich Honecker, mit einer Delegation der afrikanischen Frontstaaten am Dienstag, dem 21. April 1987 im Amtssitz des Staatsrates«, 21.4.1987, S. 42. In: BArch SAPMO, DY 30/J, IV, 2/2A/3012, Fiche 1.

Lehrer nach Afrika, namibische Kinder aus Flüchtlingslagern wurden in der DDR aufgenommen[32]. So trafen am 18. Dezember 1979 achtzig namibische Kinder im Jagdschloss Bellin (bei Güstrow/Mecklenburg) ein, das kurzfristig von der Bezirksparteischule zum »SWAPO-Kinderheim« umfunktioniert worden war[33]. Als das Programm erweitert wurde, gliederte man die älteren SWAPO-Kinder in die »Schule der Freundschaft« in Staßfurt ein[34]. Solche Bemühungen galten als »lebendiger Ausdruck der engen Verbundenheit der Länder des Sozialismus und der nationalen Befreiungsbewegung. Die in dieser Schule zu lösenden Aufgaben sind als eine solche Kampfaufgabe zu begreifen, die sich einordnet in die weltweite

---

[32] Solidaritätskomitee der DDR, Abteilung Internationale Verbindungen, »Vorlage für das Sekretariat des ZK der SED. Betrifft: Übergabe von Solidaritätssendungen an die SWAPO in Dar es Salaam und die FRELIMO in Lourenço Marques sowie an die Regierung Madagaskars und die AKFM in Tananarive (2 Sondermaschinen der Interflug)«, 1975. In: BArch SAPMO, DY 30/J, IV, 2/3A/2766, Bl. 56–58, hier Bl. 56 f.; »Vermerk über die Begegnung des Generalsekretärs der SED und Vorsitzenden des Staatsrates der DDR, Erich Honecker, mit dem Präsidenten der SWAPO, Sam Nujoma, am 18.2.1979 in Luanda«, 1979. In: BArch SAPMO, DY 30, IV, 2/2.035/146, Fiche 1, S. 5–14, hier S. 9; »Protokoll Nr. 53 vom 16.5.1977«, S. 1–6. In: BArch SAPMO, DY 30/J, IV, 2/3A/2979; Paul Markowski, »Information 156/1977 für das Politbüro. Betrifft: Gespräch des Genossen Kurt Seibt, Vorsitzender der Zentralen Revisionskommission der SED und Präsident des Solidaritätskomitees der DDR, mit Genossen Sam Nujoma, Präsident der Südwestafrikanischen Volksorganisation (SWAPO) von Namibia«, 28.11.1977. In: BArch SAPMO, DY 30, IV, B 2/20/66; »Protokoll Nr. 32 vom 30.6.1981«. In: BArch SAPMO, DY 30/J, IV, 2/3A/3652, S. 1–6; Abteilung Internationale Verbindungen, »Vorlage für das Politbüros des ZK der SED. Betreff: Bericht über den Besuch des Präsidenten der Südwestafrikanischen Volksorganisation (SWAPO) von Namibia, Sam Nujoma, vom 11.2. bis 26.2.1982 in der DDR«, 16.3.1982. In: BArch SAPMO, DY 30/J, IV, 2/2A/2464, Fiche 1, S. 66–75; Abteilung Internationale Verbindungen, »Vorlage für das Politbüro des ZK der SED. Betreff: Bericht über den Besuch des Präsidenten der Südwestafrikanischen Volksorganisation (SWAPO) von Namibia, Sam Nujoma, vom 8.9.–25.9.1983 in der DDR. Solidaritätsleistungen gegenüber der SWAPO 1983/84«, September 1983. In: BArch SAPMO, DY 30/J, IV, 2/2A/2601, Fiche 1, S. 28–40.

[33] Abteilung Volksbildung, »Vorlage für das Sekretariat des ZK der SED. Betr.: Errichtung eines Kinderheimes für namibische Vorschulkinder in der DDR«, 12.9.1979; BArch SAPMO, DY/30/5756, »Information zum Stand der Realisierung der Beschlüsse des Sekretariats des ZK zur Weiterführung der Arbeit des SWAPO-Kinderheims Bellin«, o.D., 1982. In: BArch SAPMO, DY 30/J, IV, 2/3A/3366, Bl. 64–71; vgl. zu Bellin auch: Susanne Timm, Parteiliche Bildungszusammenarbeit. Das Kinderheim Bellin für namibische Flüchtlingskinder in der DDR, Münster 2007.

[34] Abteilung Volksbildung, »Vorlage für das Sekretariat des ZK der SED. Betrifft: Erweiterung der Aufnahmekapazität des Kinderheimes Bellin für namibische Kinder in der DDR«, 6.7.1981. In: BArch SAPMO, DY 30/J, IV, 2/3A/3657, Bl. 13–21; »Protokoll Nr. 36 vom 13.7.1981«, S. 1–9. In: BArch SAPMO, DY 30/J, IV, 2/3A/3657; »Bericht über die Realisierung des Beschlusses des Sekretariats des ZK der SED vom 13.7.1981 über die Erweiterung der Aufnahmekapazität des Kinderheimes Bellin für namibische Kinder in der DDR (Beschluß des Sekretariats des ZK vom 28.1.1982)«, o.D., 1982. In: BArch SAPMO, DY 30, 5756; »Information zum Stand der Realisierung der Beschlüsse des Sekretariats des ZK zur Weiterführung der Arbeit des SWAPO-Kinderheims Bellin« (wie Anm. 33); »Protokoll Nr. 13 vom 28.1.1982«. In: BArch SAPMO, DY 30/J, IV, 2/3A/3746; L. Oppermann et al., »Vorlage für das Sekretariat des ZK. Betreff: Sicherung der Weiterführung der Betreuung, Bildung und Erziehung von Kindern der SWAPO in der DDR«, 27.1.1984. In: BArch SAPMO, DY 30/J, IV, 2/3A/4045, Bl. 10–13.

Klassenauseinandersetzung, als direkter Beitrag zur Entstehung und des Vormarsches des Sozialismus in Afrika«[35].

Ostdeutschland habe auch eine besondere Verantwortung für Namibia aufgrund der Rolle, die der deutsche Imperialismus – der Vergangenheit und Gegenwart – in der Region spiele:

> »Und wir vergessen nie, wenn wir diesen Standpunkt verfechten, daß es schließlich der deutsche Imperialismus ist, die Regierung und die Monopole der westdeutschen Bundesrepublik, die ein besonders enges politisches, nuklear-militärisches und ökonomisches Bündnis mit Vorster, Smith und Salazar [den autoritären Machthabern in Südafrika, Rhodesien und Portugal] abgeschlossen haben. Ein Bündnis, das auf die Traditionen des Hitlerfaschismus, seine ideologischen Quellen und politischen Praktiken zurückgeht und von seinen Nachfolgern fortgeführt und perfektioniert wird[36].«

Da sich die DDR-Führung selbst weder den Tätern zugehörig fühlte, die die imperialistische Expansion Deutschlands in Afrika exekutierten, noch als deren Erbe, richtete sie ihr Verantwortungsgefühl auf die politischen Verbündeten – aber nicht auf alle Opfer deutscher kolonialer Verbrechen. Die SWAPO erhielt Hilfe und moralische Unterstützung also nicht aufgrund der Kolonialverbrechen – die SWAPO hatte viele verbliebene Herero für ihre Sache gewonnen –, sondern aus politischer Opportunität. Die SWAPO war den DDR-Funktionären zufolge die fortschrittlichste Kraft im Land, und was noch wichtiger war, sie hatte sich mit der Sowjetunion verbündet, im Gegensatz zu ihren Rivalen von der SWANU, die von der Volksrepublik China unterstützt wurden. Andere, vergleichbare Organisationen in Afrika wie die FRELIMO (Mosambik), erhielten ähnliche Unterstützung. Die »Schule der Freundschaft« war ursprünglich auch für Kinder aus Mosambik gebaut worden[37].

Die ostdeutschen Anstrengungen, der »brüderlichen« Verantwortung im »antiimperialistischen« Kampf gerecht zu werden, bewegten sich außenpolitisch im Einklang mit der Sowjetunion[38]. Tatsächlich hofften die DDR-Staats- und Parteifunktionäre auf Anerkennung für die besondere Rolle der DDR im Warschauer Pakt und in der internationalen Gemeinschaft. Dem Schatten der Sowjetunion zu entfliehen, erwies

---

[35] Abteilung Volksbildung, »Information. Betreff: Zur Arbeit der Grundorganisation der SED in der »Schule der Solidarität« (Objekt Moçambique)«, 2.9.1982, S. 1 f. In: BArch SAPMO, DY 30, 5756.

[36] Hartmut Schilling, Beitrag auf der Internationalen Konferenz zur Unterstützung der Völker der portugiesischen Kolonien, Südafrikas, Südwestafrikas und Zimbabwes (Khartoum, Sudan, 18.–20. Januar 1969), 13. Januar 1969, S. 2. In: BArch SAPMO, DY 30, IV, A 2/20/796.

[37] Solidaritätskomitee der DDR, Abteilung Internationale Verbindungen, »Vorlage für das Sekretariat des ZK der SED. Betrifft: Übergabe von Solidaritätssendungen an die SWAPO in Dar es Salaam und die FRELIMO in Loucernco Marques sowie an die Regierung Madagaskars und die AKFM in Tananarive (2 Sondermaschinen der Interflug)«. In: BArch SAPMO, DY 30/J, IV, 2/3A/2766, Bl. 56–58; Siehe auch z.Bsp. für Angola: Gerhard Weiss, »Vorlage für das Politbüro des ZK der SED. Betreff: Solidaritätssendung für die Volksrepublik Angola«, 2.2.1976. In: BArch SAPMO, DY 30/J, IV, 2/2A/1951, Fiche 2, S. 108–119; »Protokoll Nr. 06 vom 21.1.1977«. In: BArch SAPMO, DY 30/J, IV, 2/3A/2930, Bl. 1–5; »Protokoll Nr. 32/79 vom 26.3.1979«. In: BArch SAPMO, DY 30/J, IV, 2/3A/3281, Bl. 2–6.

[38] Die DDR und die Sowjetunion waren Partner im wahrsten Sinne des Wortes. DDR-Techniker haben bspw. in Namibia sowjetische Flakgeschützsysteme für die SWAPO installiert. Peter Vanneman, Soviet strategy in Southern Africa. Gorbachev's pragmatic approach, Stanford 1990, 41–42.

sich jedoch als schwierig: Auf der »Internationalen Konferenz der Solidarität mit dem Kampf der afrikanischen und asiatischen Völker gegen Imperialismus« im Jahre 1978 erkannte die Mehrzahl der Redner die historische Rolle der Sowjetunion an. Nur wenige erwähnten die Rolle der DDR[39].

Doch mit dem Ende der Hallstein-Doktrin und der Aufnahme der Deutschen Demokratischen Republik in die Vereinten Nationen hatten die ostdeutschen Funktionäre die angestrebten Erfolge errungen: es ging um die staatliche Anerkennung im westlichen und neutralen Ausland, insbesondere unter den blockfreien Staaten. Ob diese Bemühungen dazu beitrugen, die Anerkennung des Regimes im eigenen Land zu verbessern, ist eine andere Frage. Doch die innenpolitische Stabilisierung war eindeutig eines der Ziele der DDR-Außenpolitik. Stellte man die DDR in den Mittelpunkt einer beeindruckenden siegreichen Geschichte, dann erhielten sie und ihre Staatspartei jene historische Legitimierung, die bislang fehlte. Gleichzeitig konnte die DDR-Propaganda dabei Westdeutschland als Bollwerk des deutschen Imperialismus und Militarismus anprangern und eine Verbindung zwischen Kolonialzeit, Nationalsozialismus und Gegenwart herstellen, und so den westdeutschen Staat und seine Regierung moralisch verurteilen.

In den Siebziger- und Achtzigerjahren zeigten beide deutsche Staaten größere Unabhängigkeit in der Außenpolitik, als dies in den vorangegangenen Jahrzehnten der Fall war. Die Bundesrepublik und die Deutsche Demokratische Republik agierten weiterhin im Rahmen der allgemeinen Parameter ihrer jeweiligen Bündnisse – und folgten keineswegs dem Beispiel der nach Bündnisfreiheit strebenden Franzosen bzw. Jugoslawen und Albaner –, doch in beiden Staaten wurde die Außenpolitik zunehmend stärker von der Innenpolitik und nationalen Interessen bestimmt statt von Blockinteressen.

Für Westdeutschland galt dies vor allem in Bezug auf Subsahara-Afrika, und ging über den Rahmen des Nordatlantikvertrags hinaus. Die Bundesrepublik reihte sich ein in den Kampf gegen den Kommunismus, tat dies jedoch nicht nur aus einem Bekenntnis zu Demokratie, westlichem Freiheitsbegriff und Marktwirtschaft, sondern auch, um handfeste westdeutsche Wirtschaftsinteressen in der Region zu verteidigen. Zusätzlich diente die Afrikapolitik Bonns als Antwort auf innenpolitischen Druck.

Ostdeutschland agierte trotz der strafferen Führung innerhalb des Warschauer Pakt außerhalb Europas ebenfalls zumindest teilweise auf eigene Rechnung[40]. Anstatt jedoch konsequent ihren eigenen Weg zu gehen, war die DDR letztlich immer bestrebt, sich im Zweifelsfall als vorbildliches Mitglied des Warschauer Pakts zu bewei-

---

[39] »Bericht der Delegation der DDR zur Internationalen Konferenz der Solidarität mit dem Kampf der afrikanischen und arabischen Völker gegen Imperialismus und Reaktion vom 14. bis 17.9.1978 in Addis Abeba/Äthiopien«. In: BArch SAPMO, DY 30/J, IV, 2/2A/2179, Fiche 2, Bl. 102–122, hier Bl. 104 f.

[40] Nach Gareth M. Winrow, »the GDR's Afrikapolitik was not solely a replica in miniature of Soviet policy«, aber »the East German government has remained obliged to follow the USSR's policy on those issues which Moscow perceived important, especially in Europe«. Vgl. Gareth M. Winrow, The foreign policy of the GDR in Africa, Cambridge 1990 (= Soviet and East European Studies, 78), S. 1–3.

sen. Insgesamt handelte die DDR-Führung also zwar aufgrund ihres Glaubens an die kommunistische Sache, unterstützte dabei aber gleichzeitig ihre innenpolitische Agenda und förderte ihre eigenen Interessen[41].

Das Handeln der BRD und der DDR in Bezug auf Namibia offenbart wichtige Rahmenbedingungen für den Weg zur Wiedervereinigung von Deutschland und Europa. In der westdeutschen Sorge um Deutsche, Deutschsprachige und die Nachkommen Deutscher in Südwestafrika findet man die Reste westdeutscher Ansprüche auf den Status als alleiniger Nachfolgestaat des »Dritten Reichs« und auf das Recht, im Namen aller Deutscher zu sprechen. Eine solche Position war für beide deutschen Staaten auf dem Weg zur Wiedervereinigung hinderlich[42]. Die DDR-Politik zeigte, dass sich der ostdeutsche Staat und die SED noch immer als integrale Bestandteile des weltweiten antiimperialistischen Lagers sahen. Eine solche Selbsteinschätzung weist darauf hin, dass zumindest für viele an der Macht eine künftige Wiedervereinigung nur mit enormen Kompromissen auf westdeutscher Seite vorstellbar war.

Zunehmende Autonomie im Bereich der Außenpolitik verweist aber nicht nur auf eine Veränderung der deutschen Souveränität durch Ostpolitik und Entspannung, sondern auch auf das sich ändernde Verhältnis von Außen- und Innenpolitik in beiden deutschen Staaten. Im Westen führten grundlegende Veränderungen in der Wählerschaft und der Regierung (Entstehung der »grünen« Partei etc.) selbst dazu, dass die Politik offener wurde. Dies geschah einerseits mit Rücksicht auf diese Notwendigkeiten heraus und andererseits aber auch mit Absicht[43].

Dies galt gleichermaßen auch für die bundesdeutsche Außenpolitik. In einigen Fällen mögen sich die Ziele der Politik wenig geändert haben, doch um diese Ziele zu rechtfertigen, musste man sich plötzlich wesentlich mehr um die Sorgen des westdeutschen Normalbürgers kümmern. In der DDR musste sich die Außenpolitik dank der Neuen Ostpolitik des westdeutschen Bundeskanzlers Willy Brandt und der Mitgliedschaft des Landes in den Vereinten Nationen nicht länger darauf konzentrieren, Freunde zu gewinnen, sondern darauf, wie man diese hart erkämpften Freundschaften zum eigenen Vorteil nutzen konnte. Ostdeutsche Funktionäre bemühten sich, neue und bestehende Beziehungen in Partnerschaften umzuwandeln, die es dem ostdeutschen Staat ermöglichen sollten, seine wirtschaftlichen Probleme zu mindern und seine politische Legitimität zu stärken.

---

41 Joachim Scholtyseck, Die Außenpolitik der DDR, München 2003.
42 Siehe Rüdiger M. Booz, Hallsteinzeit. Deutsche Außenpolitik 1955–1972, Bonn 1995; Alexander Troche, Ulbricht und die Dritte Welt. Ost-Berlins »Kampf« gegen die Bonner »Alleinvertretungsanmaßung«, Erlangen 1996; Werner Kilian, Die Hallstein-Doktrin. Der diplomatische Krieg zwischen der BRD und der DDR 1955–1973, aus den Akten der beiden deutschen Außenministerien, Berlin 2001 (= Zeitgeschichtliche Forschungen, 7); William Glenn Gray, Germany's Cold War. The Global Campaign to Isolate East Germany, 1949–1969, Chapel Hill 2003.
43 Andrei S. Markovits und Phillip S. Gorski, The German Left. Red, Green and Beyond, Oxford 1993.

Abkürzungen

AAPD	Akten zur Auswärtigen Politik der Bundesrepublik Deutschland
AASK	Afroasiatisches Solidaritätskomitee der DDR
ACT	Allied Command Transformation
ADM	Atomic Demolition Munitions
AFCENT	Allied Forces Central Europe
AI	Air Interdiction
AMF	Allied Command Europe Mobile Force
ANC	African National Congress
Anm.	Anmerkung
ASP	Atomic Strike Plans
ATAF	Allied Tactical Air Force
AWACS	Airborne Early Warning and Control System
BAOR	British Army of the Rhine
Bd/Bde	Band / Bände
BMVg	Bundesministerium der Verteidigung
BRD	Bundesrepublik Deutschland
BT	Deutscher Bundestag, Protokolle und Drucksachen
CAS	Close Air Support
CENTAG	Central Army Group
Cimex	Civil Military Exercise
CINCENT	Commander in Chief Allied Forces Central Europe
CMFA	Council of Ministers of Foreign Affairs
COEC	Council Operations and Exercise Committee
COMLANDCENT	Commander Allied Land Forces Central Europe
COMNORTHAG	Commander Northern Army Group Central Europe
CPX	Command Post Exercise
CWIHP	Cold War International History Project
CWÜ	Chemiewaffen-Übereinkommen, auch: Chemiewaffen-Konvention (CWK)
DA	Demokratischer Aufbruch
DDR	Deutsche Demokratische Republik
DIA	Defense Intelligence Agency
DJ	Demokratie Jetzt
DPC	Defence Planning Committee
DSU	Deutsche Soziale Union

DzD	Dokumente zur Deutschlandpolitik
Ed.	Edited
EDP	Emergency Defense Plan
ESK	Elbe-Seitenkanal
ESS	Europäisches Sicherheitssystem
EWG	Europäische Wirtschaftsgemeinschaft
FALLEX	Fall Exercise
FCZ	Forward Combat Zone
FEBA/VRV	Forward Edge of Battle Area/Vorderer Rand der Verteidigung
FOFA	Follow-on Forces Attack
FRELIMO	Frente de Libertação de Moçambique
FRUS	Foreign Relations of the United States
GDP	General Defense Plan
GSSD	Gruppe der Sowjetischen Streitkräfte in Deutschland
Hilex	High Level Exercise
HOT	Haut subsonique optiquement téléguidé
Hrsg.	Herausgegeben
i.V.	in Vorbereitung
IAO	Initial Air Operation
IC	Intelligence Community
IFM	Initiative Frieden und Menschenrechte
IM	Inoffizieller Mitarbeiter
INF	Intermediate Range Nuclear Forces
ITMG	Internationale Tagung für Militärgeschichte
JATFOR	Joint Airborne Task Force
JIC	Joint Intelligence Committee
Kap.	Kapitel
KPdSU	Kommunistische Partei der Sowjetunion
KSE	(Vertrag über) Konventionelle Streitkräfte in Europa
KSZE	Konferenz für Sicherheit und Zusammenarbeit in Europa
KVAE	Konferenz über Sicherheits- und Vertrauensbildende Maßnahmen und Abrüstung in Europa
LSE	London School of Economics
MAD	Mutual Assured Destruction
MAF	Marine Amphibious Force
MB	Militärbezirk
MBFR	Mutual Balanced Forces Reductions
MC	Military Committee
MfAV	Ministerium für Abrüstung und Verteidigung
MfNV	Ministerium für Nationale Verteidigung
MIRV	Multiple Independently targetable Reentry Vehicle
MLK	Mittellandkanal
MPLA	Movimento Popular de Libertação de Angola
NATO	North Atlantic Treaty Organization

NORTHAG	Northern Army Group
NPG	Nukleare Planungsgruppe
NRF	NATO Response Force
NRO	National Reconnaissance Office
NSA	National Security Agency
NVA	Nationale Volksarmee
OAS	Offensive Air Support
OCA	Offensive Counter Air
OMG	Operational Manoeuvre Group
PAC	Pan-africanist Congress of Azania
PAIGC	Partido Africano da Independência da Guiné e Cabo
PBA	Politischer Beratender Ausschuss
PHP	Parallel History Project
PLO	Palestine Liberation Organization
Polisario	Frente Popular para la Liberación de Saguía el Hamra y Río de Oro
RAF	Rote Armee Fraktion
RDF	Rapid Defence Force
RDJTF	Rapid Defence Joint Task Force
RGW	Rat für gegenseitige Wirtschaftshilfe
SACEUR	Supreme Allied Commander Europe
SACLANT	Supreme Allied Commander Atlantic
SALT	Strategic Arms Limitation Talks
SBZ	Sowjetische Besatzungszone
SED	Sozialistische Einheitspartei Deutschlands
SNIE	Special National Intelligence Estimate
START	Strategic Arms Reduction Talks
SWANU	Southwest African National Union
SWAPO	South West African People's Organization
TNT	Trinitrotoluol
TOW	Tube Launched Optically Tracked Wire Guided Missile
UDENAMO	União Democrática Nacional de Moçambique
UdSSR	Union der Sozialistischen Sowjetrepubliken
UNTAG	United Nations Transition Assistance Group
USA	United States of America
VBM	Vertrauensbildende Maßnahmen
Vgl.	Vergleiche
VOF	Vereinigte Ostseeflotte
VSBM	Vertrauens- und Sicherheitsbildende Maßnahmen
WGT	Westgruppe der Truppen
Wintex	Winter Exercise
WP/WVO	Warschauer Pakt bzw. Warschauer Vertragsorganisation
ZANU	Zimbabwe African National Union
ZAPU	Zimbabwe African Peoples Union

ZDF   Zweites Deutsches Fernsehen
ZK   Zentralkomitee
Zus.   Zusätzlich

Personenregister

Abboud, Ibrahim 339
Adenauer, Konrad 10, 32, 38–41, 167 f., 188, 208
Ahmed, Muhammed 336
Al Bashir, Omar 335, 354
Andrew, Christopher 138 f.
Andropov, Jurij V. 137, 139, 142 f.
Andropow, Jurij V. 139
Apel, Hans 168, 212, 328
Aristow, Awerki B. 112

Bahr, Egon 10, 41, 43, 82, 92, 100, 102, 167, 209, 211 f., 228, 348
Bahro, Rudolf 252
Baker, James 158, 161
Barre, Siad 373
Bačev, Ivan 186–188, 190
Becker, Herbert 342
Bem, Józef 113
Berg, Hermann von 252
Biedenkopf, Kurt 207 f.
Biermann, Wolf 23, 95, 251
Bock, Siegfried 94
Bozo, Frederic 161
Brandt, Willy 10, 34, 38–43, 53, 75, 82, 92, 100, 167, 186, 188–190, 194, 207, 209, 211 f., 236 f., 384, 391
Brežnev, Leonid 2, 10, 18, 48, 55, 64, 71, 73, 81, 90, 94, 111, 115, 126, 156, 184, 190, 192–194, 199, 372
Brook-Shepherd, Gordon 137
Brown, Archie 153
Brüsewitz, Oskar 95, 252

Bush, George H.W. 141, 153, 158, 161 f., 166
Byrne, Malcolm 6

Callaghan, James 176
Canaris, Wilhelm 340
Carreira, Iko 362
Carstens, Karl 42, 343
Carter, Jimmy 57, 81, 97, f., 118 f., 131, 170, 176, 178, 181 f., 322
Castro Ruz, Fidel Alejandro 117, 372
Ceauşescu, Nicolae 112, 187, 194, 199 f.
Černaev, Anatolij 161
Černenko, Konstantin U. 143
Chruščëv, Nikita 10, 14 f., 71, 185
Churchill, Winston 35, 336
Coker, Christopher 359
Coppik, Manfred 220

Danilevič, Andrej 130, 144
David, Václav 187
Demičev, Petr N. 143
Diemke, Wilhelm 346
Dinar, Ali 337
Dobell, Lauren 380
Dobrynin, Anatoli 34
Dohlus, Horst 362
Dolgich, Wladimir I. 143
Dülffer, Jost 243

Eppelmann, Rainer 202
Eppler, Erhard 212
Erhard, Ludwig 181, 344
Ermarth, Fritz 145

Fenwick, Millicent 95
Fischer, Oskar 185
Ford, Gerald M. 172, 174
Frasyniuk, Władysław 122

Gaddafi, Muammar al 362 f.
Gaddis, John 5
Galland, Adolf 346
Garthoff, Raymond 48
Gassert, Philipp 234
Gaulle, Charles de 10, 42, 171, 194
Geißler, Heiner 237
Genscher, Hans-Dietrich 384
Gheorgiu, Gheorge 185
Giegler, Carl Christian 336
Gierek, Edward 111 f., 117
Giscard d'Estaing, Valéry 92, 117, 176
Goldberg, Arthur 97 f.
Goltz, Colmar von der 337
Gomułka, Władysław 186, 188 f., 361
Gonzales, Felipe 153
Goodby, James 78 f.
Gorbačëv, Michail 2, 13, 15, 19, 24 f., 27, 49, 59–61, 63, 66, 84 f., 98 f., 123, 143, 149, 151, 153–159, 161 f., 196 f., 199 f., 231, 235, 254, 256 f., 282, 310, 373 f.
Gordievskij, Oleg 137–140, 142, 147–149
Gordon, Charles 336
Görtemaker, Manfred 161
Grass, Günther 108
Gratschev, Andreij 161
Gribkov, Anatolij 144, 147
Gromyko, Andrej A. 58, 80 f., 85, 117, 142 f., 187
Grósz, Károly 199
Gumbel, Karl 345

Haas, Heinrich de 339, 346
Haig, Alexander 119, 292
Hallstein, Walter 21, 26, 32, 42, 338, 348, 369, 390

Harmel, Pierre 10, 33, 167, 208–210, 212, 220
Hartman, Arthur 81
Hassel, Kai-Uwe von 347
Havemann, Robert 252
Hertle, Hans-Hermann 161
Heuser, Beatrice 287
Hillenbrand, Martin 77
Hitler, Adolf 37
Hoffmann, Heinz 359, 364, 374
Hoffmann, Theodor 28
Honecker, Erich 27, 40, 57, 94, 116, 142, 195, 199 f., 236, 239 f., 242, 358 f., 361–366, 369, 372–374, 376, 387
Horn, Gyula 65
Hrabal, Bohumil 108
Husák, Gustáv 195

Irwin, John 78
Ismay, Hastings 38, 165

Jarinitsch, Waleri 147
Jaruzelski, Piotr 63
Jaruzelski, Wojciech 115
Jazov, Dmitri T. 202
Johnson, Lyndon B. 10, 16, 38, 42, 48, 71, 75 f., 179, 291
Jovy, Ernst Michael 351

Kádár, János 48, 55, 58, 113, 194
Kahle, Hans Hermann 352
Kania, Stanisław 115–117
Kapitonov, Ivan W. 143
Kaunda, Kenneth 364
Kennan, George F. 33, 37
Kennedy, John F. 10, 14, 16, 32–34, 41, 71, 75
Keßler, Heinz 348, 366
Khashoggi, Adnan 352
Kiesinger, Kurt Georg 10, 42, 100, 179, 186, 188, 291
Kissinger, Henry 16, 34, 67, 69–75, 77, 80 f., 89 f., 172

Kitchener, Horatio 336
Klein, Fritz 337
Knieper, Werner 345
Knopp, Guido 2
Kohl, Helmut 16, 28, 36, 63, 65 f.,
    98, 141, 153, 158, 161 f., 178, 201,
    203, 207, 210 f., 215, 220, 236 f.,
    260
Kostikov, Piotr 111
Kotmassov, Vjačeslav I. 373
Kowaljow, Anatoli G. 188, 195
Krenz, Egon 240, 366, 373
Krjučkov, Vladimir A. 144, 147
Krüger, Dieter 292
Kukliński, Ryszard 117
Kulikov, Viktor 144, 147
Kuznecov, Vassilij V. 143

Lahr, Rolf 344 f.
Lamberz, Werner 363 f.
Leber, Georg 168
Leffler, Melvin 156
Lenin, Vladimir I. 10, 35, 71, 110
Lesetschko, Michail A. 193
Lettow-Vorbeck, Paul von 337
Levesque, Jacques 156, 159
Liebknecht, Karl 239
Liman von Sanders, Otto 175, 337
Lindenberger, Thomas 241, 371
Lis, Bogdan 122
Lundestad, Geir 5
Luns, Joseph 165, 180
Luxemburg, Rosa 239

Mack, Hans-Joachim 293
Maizière, Lothar de 28, 202
Mann, Michael 230
Markowski, Paul 363
Mastny, Vojtech 147
Matlock, Jack 154
Mengistu, Haile Mariam 372–374
Mertes, Alois 237
Mertins, Gerhard 352
Meschduretschki, Petar 188

Meuschel, Sigrid 243
Meyer, Rudolf 339 f., 349
Michnik, Adam 122
Mielke, Erich 97, 112
Mittag, Günter 353, 370
Mitterrand, François 153, 158, 161 f.,
    181
Mladenow, Petar 195, 198 f.
Mock, Alois 65
Modrow, Hans 201, 240, 259
Möllemann, Jürgen 209
Molotov, Vjačeslav M. 50
Moltke, Helmuth von 175
Mühllehner, Konrad 347
Nasr, Hassan Beshir 342
Nasser, Gamal Abdel 341
Naumann, Klaus 28
Németh, Miklós 65 f.
Neto (MPLA-Chef) 362
Nikolow, Raiko 187
Nixon, Richard M. 15 f., 34, 38,
    67–75, 77, 89 f., 179, 190, 291
Nkomo, Joshua 364
Nujoma, Sam 362, 384 f.
Numeiri, Jafar 348 f., 351–353
Nuti, Leopoldo 243

Ogarkov, Nikolai V. 134–136
Orlov, Juri F. 95
Orwell, George 108

Péter, János 187
Petrow, Ljuben 195
Petrow, Stanislaw 147
Pompidou, Georges 92
Ponomarëv, Boris N. 58, 143

Rakowski, Mieczysław 200
Rapacki, Adam 187, 189
Ratanow, Anatoli P. 372
Reagan, Ronald 4, 13, 15, 19, 84 f.,
    97 f., 102, 119–122, 131–134, 141,
    143, 149, 153–155, 207, 234, 353
Rice, Condoleeza 161

Richthofen, Oswald von 343
Rieck, Herbert 340
Rogers, Bernard W. 292
Rogers, William Pierce 75, 77
Romaszewski, Zbigniew 120
Rommel, Erwin 337 f.
Roosevelt, Franklin Delano 35
Rusk, David Dean 75, 342, 344
Ryškov, Nikolaj I. 144

Sabrow, Martin 371
Sacharov, Andrej D. 97
Sachs, Hans-Georg 342
Salazar, Antonio de Oliveira 389
Sandrart, Hans-Henning von 308
Sarotte, Mary Elise 151, 159, 161
Šcerbickij, Vladimir V. 143
Schalck-Golodkowski, Alexander 353, 370
Schaparow, Viktor 200
Scheel, Walter 38, 79, 167, 194 f.
Schirmer, Hans 341 f.
Schleswig-Holstein, Christian von 237, 336
Schmidt, Helmut 22, 57 f., 83, 98, 101, 121 f., 166, 168 f., 171 f., 176 f., 180–182, 203, 207, 210–212, 215, 220, 228, 238
Schnitzer, Eduard 335
Schorlemmer, Friedrich 253, 369
Schuchardt, Helga 210
Schumacher, Kurt 39
Schwartz, David 243
Schwenninger, Walter 353
Scott, Len 129, 142, 146, 148
Scowcroft, Brent 161
Seckendorff, Götz von 336
Semënov, Vladimir S. 121 f.
Ševardnadze, Eduard A. 61, 155 f., 158, 161, 202
Shultz, George P. 84 f., 154
Smith, Ian 389
Solomenzev, Michail S. 144
Sonnenfeldt, Helmut 90

Soutou, Georges-Henri 4
Späth, Lothar 237
Speidel, Hans 291
Stalin, Iosif V. 32, 35, 49, 156, 183, 248
Stibi, Georg 185
Stoltenberg, Gerhard 237, 344
Strauß, Franz Josef 341 f., 358
Streletz, Fritz 374
Suslov, Michail A. 111, 115
Szabo, Steven 161

Teltschik, Horst 28, 161
Thatcher, Margaret 63, 121, 141, 153, 158, 161, 181
Tiedemann, Adolf von 336
Tito, Josip Broz 194
Totu, Ioan 199
Tschombé, Moïse 344
Tuchin, Valentin 95

Ulbricht, Walter 39, 41, 184–188, 190, 361
Ustinov, Dmitrij 143, 169

Vance, Cyrus 98
Verheugen, Günter 210
Vest, George 78 f.
Villaume, Poul 6
Vogel, Bernhard 237
Vogel, Hans-Jochen 208
Voigt, Karsten 212
Vorster, Balthazar Johannes 389
Vučetič, Evgenij V. 233

Wałęsa, Lech 1 f., 6
Weinberger, Caspar 141
Weizsäcker, Carl Friedrich von 33
Weizsäcker, Richard von 42, 237
Westad, Odd Arne 5, 357, 376
Wheeler, Nicholas 129, 142, 146, 148
Wilson, Harold 190
Wilson, Woodrow 35

Winzer, Otto 41, 187
Wohlforth, William 161
Wojtkowski, Mirosław 121
Wojtyła, Karol 108, 254
Wörner, Manfred 180, 208, 215, 237
Worotnikow, Witali I. 144

Zelikow, Phillip 161
Ziemann, Benjamin 231, 234
Živkov, Todor 187, 192, 194 f., 197, 199 f.
Zubkow, Władisław 161
Zulu, Gray 364

Die Autoren

Jordan Baev ist Professor und Mitarbeiter am G.S. Rakovsky Defense and Staff College und der Universität Sofia

Oliver Bange ist Wissenschaftlicher Mitarbeiter am ZMSBw, Potsdam, und Privatdozent an der Universität Mannheim

Csaba Békés ist Direktor des Cold War History Research Centre sowie Senior Research Fellow des 1956-Institutes, beide in Budapest

Roman Deckert ist Länderexperte für Sudan bzw. Südsudan und Wissenschaftlicher Mitarbeiter am Berliner Think Tank »media in cooperation and transition« (mict)

Rainer Eckert ist Professor und Direktor des Zeitgeschichtlichen Forums, Leipzig, und Professor an der Universität Leipzig

Tim Geiger ist Mitarbeiter des Instituts für Zeitgeschichte München-Berlin und arbeitet im Auswärtigen Amt in der Editionsgruppe der »Akten zur Auswärtigen Politik der Bundesrepublik Deutschland« (AAPD)

Helmut R. Hammerich ist Historiker im Forschungsbereich »Sicherheitspolitik und Streitkräfte«, Abteilung Forschung, des ZMSBw, Potsdam

Joseph P. Harahan war Leitender Historiker der Defense Threat Reduction Agency, U.S. Department of Defense

Wanda Jarząbek ist Privatdozentin und Wissenschaftliche Mitarbeiterin am Institut für Politische Wissenschaften an der Akademie der Wissenschaften in Warschau und Mitherausgeberin des Polnisch-Deutschen Jahrbuchs

Stephan Kieninger promoviert an der Universität Mannheim und ist Wissenschaftlicher Mitarbeiter bei der Aktenedition »Dokumente zur Deutschlandpolitik« (Bundesarchiv)

Mark Kramer ist Professsor und Direktor des Harvard Cold War Studies Program und Senior Fellow am Davis Center for Russian and Eurasian Studies an der Universität Harvard

Siegfried Lautsch ist ehemaliger Stabsoffizier der Nationalen Volksarmee und der Bundeswehr. Er studierte Militärwissenschaft an der Frunze-Akademie in Moskau und leitete von 1983 bis 1987 die Operationsabteilung des Militärbezirks V der DDR

Bernd Lemke ist Wissenschaftlicher Mitarbeiter im Projektbereich Einsatzgeschichte, Abteilung Einsatz, am ZMSBw, Potsdam

Heiner Möllers ist Bereichsleiter Medien im ZMSBw, Potsdam

Holger Nehring ist Dozent für europäische Zeitgeschichte an der Universität Sheffield sowie Vorsitzender des Arbeitskreises Historische Friedensforschung

Gottfried Niedhart ist emeritierter Professor für Neuere Geschichte an der Universität Mannheim

Klaus Storkmann ist stellvertretender Leiter der Arbeitsgruppe im Bundesarchiv-Militärarchiv (Freiburg i.Br.) des ZMSBw, Potsdam

Jason Verber ist Assistant Professor of Modern European and African History an der Austin Peay State University, Clarksville, TN